山东统计年鉴

SHANDONG STATISTICAL YEARBOOK

2024

（总第36期No．36）

山　东　省　统　计　局　编
国家统计局山东调查总队

Compiled by

Shandong Provincial Bureau of Statistics

Survey Office of the National Bureau of Statistics in Shandong

中国统计出版社
China Statistics Press

图书在版编目（CIP）数据

山东统计年鉴. 2024 = Shandong Statistical Yearbook 2024 : 汉英对照 / 山东省统计局, 国家统计局山东调查总队编. -- 北京 : 中国统计出版社, 2024. 11. -- ISBN 978-7-5230-0574-3

Ⅰ. C832.52-54

中国国家版本馆 CIP 数据核字第 2024DA9751 号

山东统计年鉴 2024

作　　者/ 山东省统计局　国家统计局山东调查总队
责任编辑/ 周小睿
执行编辑/ 刘　琛
责任校对/ 张圣红　董　侠　赵善胜　张　静
装帧设计/ 程潇濛
出版发行/ 中国统计出版社有限公司
地　　址/ 北京市丰台区西三环南路甲 6 号
邮政编码/ 100073
电　　话/ 邮购（010）63376909　书店（010）68783171
网　　址/ http://www.zgtjcbs.com
印　　刷/ 济南百思特印业有限公司
经　　销/ 新华书店
开　　本/ 890mm×1240mm　1/16
字　　数/ 1800 千字
印　　张/ 39.25
版　　别/ 2024 年 11 月第 1 版
版　　次/ 2024 年 11 月第 1 次印刷
定　　价/ 460.00 元　Price:460.00 yuan (RMB)

本书附同版本 CD-ROM 一张，光盘内容以书面文字为准。
如有印装差错，由本社发行部调换。

《山东统计年鉴 2024》
编辑委员会

Shandong Statistical Yearbook 2024

EDITORIAL BOARD AND STAFF

编 辑 说 明

一、《山东统计年鉴》是一部全面反映山东省国民经济和社会发展情况的资料性年刊，是认识和研究山东省情、制定政策、指导国民经济发展的重要资料和历史性工具书。

二、《山东统计年鉴 2024》共包括特载、统计表和附录三大部分。特载部分包括政府工作报告、统计公报和统计工作综述，综合反映全省经济社会发展概况和山东省统计工作情况。

统计表部分收录了 2023 年度山东省国民经济和社会发展方面的统计数据，共有二十二篇：第一篇，综合；第二篇，国民经济核算；第三篇，人口；第四篇，就业、工资和社会保障；第五篇，固定资产投资；第六篇，对外经济和旅游；第七篇，能源；第八篇，财政和金融；第九篇，价格指数；第十篇，居民生活；第十一篇，城市建设；第十二篇，资源和环境；第十三篇，农业；第十四篇，工业；第十五篇，建筑业；第十六篇，规模以上服务业；第十七篇，运输和邮电；第十八篇，批发和零售、住宿和餐饮业；第十九篇，教育和科技；第二十篇，文化、体育和卫生；第二十一篇，公共管理和社会服务；第二十二篇，各县（市、区）主要经济指标。

各篇章插页后附有简要说明，概括介绍各篇主要内容和资料来源；各篇章最后附有主要统计指标解释，简要介绍指标的概念、统计方法、统计口径和统计范围。

附录部分包括全国各省（市、自治区）主要经济指标、部分国际统计资料、《统计公报》和山东省统计局工作大事记等。

三、本年鉴所列各项指标，《统计公报》使用的数字为快报数或初步统计数；其他各部分除特别说明外为正式年报数据，涉及的历史数据，以最新出版的本年鉴数据为准。凡与本年鉴数据不符的一律以本年鉴为准。

四、本年鉴的编辑，已根据现行国家统计制度，对统计指标概念、口径、范围、计算方法、计算价格等，作了统一调整，并分别在各部分的主要指标解释或表末加以注释；各表中价值量指标，凡未加说明的，均按当年价格计算。部分数据合计数或相对数由于单位取舍不同而产生的计算误差均未作机械调整。年鉴中的“空格”表式该项统计指标不足本表最小单位数、数据不详或无该项数据，“#”号表式其中的主要项，“①”表式本表下有注解

五、《山东统计年鉴》公开出版以来，受到了广大读者的关心与支持，对此深表谢意。本年鉴编辑中难免存在不足之处，恳请广大读者提出宝贵意见，以便改进、提高。

PREFACE

I. *Shandong Statistical Yearbook* is an annual publication, which covers very comprehensive data and reflects various aspects of Shandong's social and economic development. It can also work as an important and historical reference book which will play a great role in comprehending and studying the basic conditions of Shandong, making policies, and guiding the development of society and economy.

II. The yearbook contains the following three parts: part one feature, part two statistics and part three appendixes. Feature mainly includes Government Work Report, Shandong Statistics Communique and Summary of Shandong Statistical Undertaking, comprehensively reflecting the development of society and economy and showing the achievements in statistics of Shandong Province.

Part 2 contains the following twenty-two chapters, 1. General Survey; 2. National Accounts; 3. Population; 4. Employment, Wages and Social Security ; 5. Investment in Fixed Assets; 6. Foreign Trade and Tourism; 7. Energy; 8. Government Finance and Financial Intermediation; 9. Price Indices; 10. People's Livelihood; 11. City Construction; 12. Natural Resources and Environment; 13. Agriculture; 14. Industry; 15. Construction; 16.Service Enterprise Above Designated Size; 17. Transport, Postal and Telecommunication Services; 18. Wholesale, Retail, Hotels and Catering Services; 19. Education, Science and Technology; 20. Culture,Sports and Health;21.Public Management and Social Services;22. Main Indicators of Counties (Cities and Districts at County Level).

In brief introduction at the beginning of each chapter, main coverage of this chapter, data sources and statistical coverage are concerned. In addition, explanatory notes on main statistical indicators are provided at the end of each chapter, giving a brief explanation of statistical indicators, such as definition, statistical methods, statistical coverage and statistical scope.

Appendix contains the main economic indicators of some other provinces (municipality), international statistics, Shandong Statistics Communiqué and Events of Shandong Provincial Bureau of Statistics.

III. Data used in Shandong Statistics Communiqué are preliminary statistics, data in other chapters are official annual data, unless otherwise stated. For updated historical data, please refer to the newly published version of the *Yearbook*. Data in Shandong Statistical Yearbook are all verified and should be based on this standard.

IV. In *Shandong Statistical Yearbook*, statistical definitions, statistical coverage, statistical methods and prices are adjusted according to the current state statistical standards, and all changes have been noted at the end of the table or in the explanatory notes. Data in value terms are calculated at current prices if there are no notes. Statistical discrepancies on totals and relative figures due to rounding are not adjusted. (blank space) indicates that the figure is not large enough to be measured with the smallest unit in the table , or the data are unknown, or are not available; " # " indicates a major breakdown of the total; " ① " indicates footnotes at the end of the table.

V. After this yearbook was published, it has received lots of concerns and support from readers whom we should thank. Because of our ability, it is inevitable that there are shortcomings in this book, so we welcome all candid comments and criticism from our readers to perfect this book and to offer readers better service.

目 录

Contents

第一篇 综 合
CHAPTER 1 General Survey

第二篇　国民经济核算
CHAPTER 2 National Accounts

第三篇　人　口
CHAPTER 3 Population

第四篇　就业、工资和社会保障
CHAPTER 4 Employment , Wages and Social Security

第五篇 固定资产投资
CHAPTER 5 Investment in Fixed Assets

第六篇　对外经济和旅游
CHAPTER 6 Foreign Trade and Tourism

第七篇 能 源
CHAPTER 7 Energy

第八篇 财政和金融
CHAPTER 8 Government Finance and Financial Intermediation

第九篇 价格指数
CHAPTER 9 Price Indices

第十篇 居民生活
CHAPTER 10 People's Livelihood

第十一篇 城市建设
CHAPTER 11 City Construction

第十二篇 资源和环境
CHARPTER 12 Natural Resources and Environment

第十三篇 农 业
CHAPTER 13 Agriculture

第十四篇 工 业
CHAPTER 14 Industry

第十五篇 建筑业
CHAPTER 15 Construction

第十六篇 服务业
CHAPTER 16 Service Enterprises

第十七篇 运输和邮电
CHAPTER 17 Transport, Post and Telecommunication Services

第十八篇　批发和零售业、住宿和餐饮业
CHAPTER　18　Wholesale, Retail, Hotels and Catering Services

第十九篇 教育和科技
CHAPTER 19 Education, Science and Technology

第二十篇 文化、体育和卫生
CHAPTER 20 Culture, Sports and Health

第二十一篇　公共管理和社会服务
CHAPTER 21 Public Management and Social Services

第二十二篇　各县（市、区）主要经济指标
CHAPTER　22　Main Indicators of Counties (Cities and Districts at County Level)

附　录
APPENDICES

第1篇

综　合

General Survey

简 要 说 明

一、本篇资料的主要内容

本篇资料是对全省乡镇以上行政区划、分行业法人单位数和国民经济、社会发展的综合反映，主要包括行政区划、法人单位数和平均每天社会经济活动、国民经济主要比例关系、国民经济和社会发展主要指标占全国的比重、国民经济和社会发展主要指标及其增长速度等资料。

二、本篇资料的来源

1.“行政区划一览表”主要包括2023年底各（地级）市、各县（市、区）和乡镇级的行政区划资料，数据来源于省民政厅。

2.法人单位情况由省统计局普查中心整理提供。

3.国民经济和社会发展综合部分来源于本年鉴各篇章中的资料，由省统计局综合处加工整理。

Brief Introduction

I. Main Content

Data in this chapter cover the main indicators on divisions of administrative areas, corporate units and national economy and social development, including divisions of administrative areas, number of corporate units and average daily social and economic activities, ratio, and percentage of main indicators of Shandong to the whole nation and growth rate.

II. Source of Data

(1) Data on divisions of administrative areas are provided by Shandong Provincial Department of Civil Affairs.

(2) Data on corporate units situation are provided and compiled by the Census Center of Shandong Provincial Bureau of Statistics.

(3) Data on general survey of economy and society are based on those of different chapters and compiled by the Division of Comprehensive Statistics of Shandong Provincial Bureau of Statistics.

1-1　行政区划(2023年底)

Divisions of Administrative Areas (Year-end of 2023)

单位:个　　　　(unit)

地　区	Region	县级单位数 Numbers of Counties	市辖区 Districts under the Jurisdiction of Cities	县级市 Cities at County Level	县 County	乡镇级单位数 Numbers of Towns	街道办事处 Street Communities	乡 Townships	镇 Towns
全　省	**Total**	**136**	**58**	**26**	**52**	**1825**	**696**	**57**	**1072**
济南市	Jinan	12	10		2	161	132		29
青岛市	Qingdao	10	7	3		144	108		36
淄博市	Zibo	8	5		3	88	31		57
枣庄市	Zaozhuang	6	5	1		65	21		44
东营市	Dongying	5	3		2	40	15	2	23
烟台市	Yantai	11	5	6		153	65	6	82
潍坊市	Weifang	12	4	6	2	120	61		59
济宁市	Jining	11	2	2	7	156	49	4	103
泰安市	Tai'an	6	2	2	2	88	20	6	62
威海市	Weihai	4	2	2		72	24		48
日照市	Rizhao	4	2		2	55	16	4	35
临沂市	Linyi	12	3		9	156	30	6	120
德州市	Dezhou	11	2	2	7	134	29	14	91
聊城市	Liaocheng	8	2	1	5	135	32	5	98
滨州市	Binzhou	7	2	1	4	91	29	4	58
菏泽市	Heze	9	2		7	167	34	6	127

1-2 国民经济和社会发展主要指标

类 别		Category		2000	2010
一、人 口		**Population**			
年末常住人口	(万人)	Total Population at the Year-end	(10 000 persons)	8997	9579
按性别分		**By Sexual**			
男	(万人)	Male	(10 000 persons)	(4562)	(4839)
女	(万人)	Female	(10 000 persons)	(4413)	(4697)
按农村城镇分		**Agricultural and Non-agricultural Population**			
农村人口	(万人)	Agricultural Population	(10 000 persons)	5564	4817
城镇人口	(万人)	Non-agricultural Population	(10 000 persons)	3433	4762
人口密度	(人/平方公里)	Population Density	(persons/sq.km)	574	610
二、就业人员和劳动工资		**Employment and Wages**			
年末就业人员	(万人)	Year-end Employed Persons	(10 000 persons)	5387	5940
第一产业	(万人)	Primary Industry	(10 000 persons)	2807	2257
第二产业	(万人)	Secondary Industry	(10 000 persons)	1293	1853
第三产业	(万人)	Tertiary Industry	(10 000 persons)	1287	1830
乡村就业人员	(万人)	Rural Employed Persons	(10 000 persons)	3394	3166
城镇就业人员	(万人)	Urban Employed Persons	(10 000 persons)	1993	2774
在岗职工年末人数	(万人)	Number of Staff and Workers at the Year-end	(10 000 persons)	790.1	919.9
#国有单位	(万人)	State-owned Units	(10 000 persons)	542.1	422.4
就业人员工资总额	(亿元)	Total Wages Bill	(100 million yuan)	695.1	3166.7
#国有单位	(亿元)	State-owned Units	(100 million yuan)	524.4	1683.5
就业人员平均工资	(元)	Average Wage	(yuan)	8772	33321
#国有单位	(元)	State-owned Units	(yuan)	9655	38490
三、国民经济核算		**National Accounts**			
地区生产总值	(亿元)	Gross Domestic Product	(100 million yuan)	8278.06	33922.49
第一产业	(亿元)	Primary Industry	(100 million yuan)	1252.08	3411.34
第二产业	(亿元)	Secondary Industry	(100 million yuan)	4120.19	17733.08
第三产业	(亿元)	Tertiary Industry	(100 million yuan)	2905.79	12778.07
人均地区生产总值	(元)	Per Capita GDP	(yuan)	9260	35599
四、固定资产投资		**Investment in Fixed Assets**			
全社会固定资产投资额	(亿元)	Total Investment in Fixed Assets	(100 million yuan)	2542.65	23276.69
国有经济	(亿元)	State-Owned Units	(100 million yuan)	1153.65	3648.45
集体经济	(亿元)	Collective-Owned Units	(100 million yuan)	679.48	2627.32
个体经济	(亿元)	Individuals Economy	(100 million yuan)	353.93	6505.00
其他经济	(亿元)	Others	(100 million yuan)	355.59	10495.92
房地产开发投资	(亿元)	Investment in Real Development	(100 million yuan)	223.29	3249.37

注：1.2000和2010年年末常住人口为人口普查数，2020年为根据第七次人口普查数据推算数，其余年份均为人口抽样调查数，括号内为公安户籍人口数。
2.根据第七次人口普查结果，对全省2011—2019年年末总人口及相关指标、人均地区生产总值数据进行了修订。
3.根据第七次人口普查结果，对全省2000—2019年年末就业人员及相关指标数据进行了修订。
4.2010年起，职工年末人数、就业人员工资总额、就业人员平均工资数据为城镇非私营单位口径。
5.根据第四次经济普查结果，对全省2000—2018年生产总值及相关数据进行了修订。

Main Indicators on National Economic and Social Development

2012	2013	2014	2015	2016	2017	2018	2019	2020	2021	2022	2023
9708	9746	9808	9866	9973	10033	10077	10106	10165	10170	10163	10123
(4868)	(4883)	(4960)	(4999)	(5049)	(5089)	(5130)	(5153)	(5162)	(5169)	(5160)	(5142)
(4712)	(4729)	(4787)	(4823)	(4872)	(4919)	(4966)	(4995)	(5011)	(5023)	(5019)	(5005)
4657	4536	4436	4245	4076	3934	3884	3854	3756	3667	3603	3489
5051	5210	5372	5621	5897	6099	6193	6252	6409	6503	6559	6634
616	619	620	624	630	634	636	637	643	644	643	641
5892	5840	5798	5773	5728	5693	5621	5561	5510	5475	5338	5370
2068	1974	1879	1795	1707	1623	1535	1446	1372	1316	1284	1267
1915	1916	1919	1922	1907	1907	1877	1852	1840	1850	1804	1818
1909	1951	2000	2055	2114	2163	2209	2263	2298	2309	2250	2285
2981	2873	2771	2656	2538	2437	2338	2258	2165	2089	2041	2018
2911	2967	3027	3117	3191	3256	3283	3303	3345	3386	3297	3352
1060.2	1237.6	1210.0	1178.0	1155.5	1130.3	1065.4	1000.1	1027.8	1039.1	1022.7	1018.5
431.8	397.6	386.2	374.6	372.1	369.6	345.4	330.6	360.8	367.3	368.2	359.0
4628.2	6098.9	6545.4	7054.6	7531.7	8059.3	8260.5	8688.9	9597.4	10457.7	11046.3	11574.2
2125.1	2184.5	2334.1	2677.1	2940.3	3191.7	3212.7	3378.2	3952.3	4291.5	4718.6	4651.9
41904	46998	51825	57270	62539	68081	73593	81446	87749	94768	102247	107131
47894	52811	58485	69050	76903	83845	89598	98587	106784	113670	125235	126459
42957.31	47344.33	50774.84	55288.79	58762.46	63012.10	66648.87	70540.48	72798.17	82875.17	87576.93	92068.70
4047.06	4454.11	4662.81	4902.82	4830.25	4832.71	4950.52	5116.99	5364.35	6029.03	6296.50	6506.19
21275.89	22615.89	23588.02	24814.88	25565.04	26925.59	27523.67	28171.78	28456.66	32834.49	34562.34	35987.92
17634.36	20274.33	22524.01	25571.09	28367.17	31253.80	34174.68	37251.71	38977.16	44011.65	46718.09	49574.59
44348	48673	51933	56205	59239	62993	66284	69901	71825	81510	86143	90771
31255.96	36789.07	42495.55	48312.46	53322.49	55202.73						
3949.65	4757.31	5455.94	6304.58	7497.32	9568.25						
3129.27	3113.17	3380.39	3125.74	1545.38	1496.62						
9879.75	12827.66	16215.47	20268.78	22191.42	22328.55						
14297.30	16090.93	17443.75	18613.36	22088.37	21809.31						
4708.31	5444.53	5817.95	5892.16	6323.38	6637.25	7552.97	8614.89	9450.49	9819.75	9225.91	8541.23

a) Data of 2000 and 2010 are based on the national census,that of 2020 are calculated according to the data of the Seventh National Census,and others are based on the sample surveys.Data in the brackets are taken from the annual of the Public Security Departments.
b) According to the Seventh National Census,the data of Total population,GDP per capita from 2011 to 2019 of Shandong Province have been revised.
c) According to the Seventh National Census,the data of Employed Persons from 2000 to 2019 of Shandong Province have been revised.
d) Since 2010, data of number of Staff and Workers,Total Wages Bill,Average Wage refer to the range of employed persons on the job of Urban Non.
e) According to the Fourth National Economic Census, the data of GDP from 2000 to 2018 have been revised.

1–2 续表 1

类别		Category		2000	2010
五、能　源		**Energy**			
一次能源生产总量	(万吨标煤)	Total Primary Energy Output	(10 000 tons of SCE)	9648.75	16055.71
原　煤		Crude Coal		5741.96	11913.14
原　油		Crude Oil		3822.49	3980.08
天然气		Natural Gas		83.54	129.01
一次电力		Primary Electricity		0.76	33.48
六、财　政		**Government Finance**			
一般公共预算收入	(亿元)	General Public Budget Revenue	(100 million yuan)	463.68	2749.38
#税收收入		Tax Revenue		392.90	2149.90
#增值税		Value Added Tax		89.69	378.23
营业税		Business Tax		87.66	631.51
企业所得税		Company Income Tax		81.87	293.31
个人所得税		Personal Income Tax		24.75	81.01
资源税		Resource Tax		6.22	33.29
城市维护建设税		Urban Maintenance and Development Tax		27.62	130.74
房产税		Tax on Real Estates		15.56	64.65
城镇土地使用税		Urban Land Using Tax		8.82	137.69
土地增值税		Land Value-added Tax		0.74	66.19
车船税		Tax on Vehicle and License		3.19	23.27
行政事业性收费收入		Income from Administrative Work Fees		30.57	203.02
一般公共预算支出	(亿元)	Expenditure for General Public Budget	(100 million yuan)	613.08	4145.03
#一般公共服务支出		Expenditure for General Public Service Expenditure			544.31
教育支出		Expenditure for Education			770.45
社会保障和就业支出		Expenditure for Social Security and Employment			416.77
卫生健康支出		Expenditure for Health			250.77
农林水支出		Expenditure for Farming、Forestry and Irrigation Affairs			465.98
七、金　融		**Financial Intermediation**			
金融机构人民币存款余额	(亿元)	RMB Deposits	(100 million yuan)	7471.20	41104.96
#住户存款		Household Deposits		4466.72	19648.21
金融机构人民币贷款余额	(亿元)	RMB Loans	(100 million yuan)	6209.05	30722.64
八、价格指数		**Price Indices**			
居民消费价格总指数	(上年=100)	Consumer Price Index	(preceding year=100)	100.2	102.9
商品零售价格总指数	(上年=100)	Retail Price Index	(preceding year=100)	98.6	102.7
工业生产者出厂价格指数	(上年=100)	Producer Price Indices for Industrial Products	(preceding year=100)	105.9	107.2
工业生产者购进价格指数	(上年=100)	Industrial Producer Purchasing Price Indices	(preceding year=100)	104.7	109.3
九、居民生活		**People's Livelihood**			
全体居民生活		**All Households Livelihood**			
年末人均住房建筑面积	(平方米)	Per Capita Space of Living House at Year-end	(sq.m)		
人均可支配收入	(元)	Annual Per Capita Disposable Income of All Households	(yuan)	4095	12922
人均消费支出	(元)	Annual Per Capita Consumption Expenditure of All Households	(yuan)	2982	8560
农村居民生活		**Rural's Livelihood**			
年末人均住房建筑面积	(平方米)	Per Capita Space of Living House at Year-end	(sq.m)	23.6	34.7
人均可支配收入	(元)	Annual Per Capita Disposable Income of Rural Households	(yuan)	2663	7034
人均消费支出	(元)	Annual Per Capita Consumption Expenditure of Rural Households	(yuan)	1743	4472

注：1.2009年开始，一次电力包含水电、风电、核电、生物质发电和太阳能光伏发电,2000年数据为水电。
2.2014年及以前住户存款数据为储蓄存款口径数据。
3.从2013年起，全省实施城乡住户调查一体化改革，根据国家统一规定，2018年，按照新指标口径对居民收支调查历史数据进行修正。

continued

2012	2013	2014	2015	2016	2017	2018	2019	2020	2021	2022	2023
16973.80	15165.08	15220.40	14693.06	13616.76	13710.27	13102.01	12539.10	12205.72	11543.68	11804.52	12935.27
12528.16	10722.56	10699.80	10277.40	9404.96	9623.27	8827.54	7820.68	7422.75	6322.85	6026.26	6191.24
3963.94	3894.94	3876.09	3751.91	3301.96	3192.79	3203.20	3177.70	3170.31	3158.22	3143.33	3163.01
75.71	65.11	62.89	57.70	56.23	49.72	52.80	56.10	63.43	68.42	87.69	96.89
79.19	116.19	133.13	161.90	229.07	305.89	484.11	742.71	817.13	1142.09	1366.66	1700.97
4059.43	4559.95	5026.83	5529.33	5860.18	6098.63	6485.40	6526.71	6559.93	7284.46	7104.10	7464.78
3050.20	3533.49	3965.76	4203.12	4212.59	4419.40	4897.92	4849.29	4757.62	5475.99	4795.52	5229.66
438.12	489.56	596.96	594.98	1129.75	1705.96	1902.12	1958.67	1814.47	2030.31	1436.36	2027.15
896.64	1068.33	1135.92	1252.40	650.45							
441.64	445.95	483.01	498.72	503.24	620.30	677.38	696.20	686.55	867.43	839.56	724.94
95.11	104.59	115.18	143.12	143.15	186.73	215.30	147.47	182.06	243.40	265.47	260.17
91.11	92.62	119.57	103.81	95.18	99.56	119.75	119.98	108.27	126.15	158.04	160.60
198.88	217.84	231.33	243.71	250.83	261.82	306.46	290.13	283.97	324.72	311.01	319.84
100.83	111.75	122.49	133.86	143.36	157.81	168.25	166.73	165.57	188.96	213.81	229.61
211.69	229.16	264.69	358.75	393.74	398.18	396.84	337.27	299.89	302.53	315.51	315.09
145.21	205.91	257.74	259.51	293.15	367.18	390.79	404.28	433.38	487.11	494.59	431.42
35.86	40.26	46.65	53.31	61.00	69.37	75.85	78.10	82.30	94.43	99.09	101.57
305.29	284.12	302.20	296.74	328.25	320.28	303.52	307.22	308.32	336.99	337.75	295.72
5904.52	6688.80	7177.31	8250.01	8755.21	9258.40	10100.96	10739.76	11233.52	11713.16	12128.63	12581.74
705.51	749.96	725.33	738.11	783.56	857.51	943.35	1061.95	1118.07	1136.11	1209.32	1193.50
1311.80	1399.67	1461.05	1690.62	1825.99	1890.00	2006.50	2156.14	2283.84	2411.09	2626.48	2713.74
596.48	681.98	763.53	904.64	992.66	1131.96	1253.99	1444.63	1657.53	1863.39	1964.44	2181.75
422.91	485.86	605.67	701.43	790.19	829.27	885.15	912.07	1045.50	1092.72	1234.10	1253.98
673.82	748.14	772.84	964.42	943.44	953.59	998.50	1075.98	1065.29	1026.95	1118.86	1051.73
54301.53	62077.88	67498.29	74524.16	83414.88	88531.71	94298.18	102676.38	116155.37	127871.85	143590.55	157789.80
26343.31	29796.08	33178.56	37320.02	41350.93	44035.84	48434.98	55232.15	64258.40	72255.34	84665.25	96869.11
40021.49	44761.26	50058.64	55437.00	61726.88	67575.96	74879.40	83702.97	95411.56	108436.77	121533.28	136576.86
102.1	102.2	101.9	101.2	102.1	101.5	102.5	103.2	102.8	101.2	101.7	100.1
101.6	101.4	101.0	100.2	101.3	100.8	102.2	102.2	102.0	101.4	102.3	
98.4	98.4	98.4	95.2	98.5	105.5	103.7	99.7	98.1	110.3	105.1	96.5
99.2	98.4	98.2	95.0	98.0	107.3	103.6	99.2	97.5	109.5	105.8	97.0
	37.9	38.7	38.5	39.6	39.9	39.6	39.9	40.0	41.3	41.7	43.7
17127	19008	20864	22703	24685	26930	29205	31597	32886	35705	37560	39890
10902	11897	13329	14578	15926	17281	18780	20427	20940	22821	22640	24293
38.4	39.6	40.3	40.9	42.1	42.5	43.2	43.5	43.4	44.0	44.6	48.7
9506	10687	11882	12930	13954	15118	16297	17775	18753	20794	22110	23776
6304	6877	7962	8748	9519	10342	11270	12309	12660	14299	14687	16075

a) Since 2009, Primary Electricity includes that generated by hydro power, wind power, nuclear power, bio-energy and solar PV power. Data of 2000 refer to hydro power.

b) Data of Household Deposits before 2014 refers to Urban and Rural Household Savings Deposits .

c)An integrated household survey programme has been implemented since 2013,instead of the two separate urban and rural household surveys.In 2018 according to national uniform regulation,the historical data of residents'income and expenditure are revised according to the new survey programme.

1–2 续表 2

类 别	Category	2000	2010
城镇居民生活	**Urban's Livelihood**		
年末人均住房建筑面积（平方米）	Per Capita Space of Living House at Year-end (sq.m)	13.8	32.1
人均可支配收入 （元）	Annual Per Capita Disposable Income of Urban Households (yuan)	6417	18971
人均消费支出 （元）	Annual Per Capita Consumption Expenditure of Urban Households (yuan)	4991	12761
十、农林牧渔业	**Farming,Forestry,Animal Husbandry and Fishery**		
农林牧渔业总产值 （亿元）	Gross Output Value of Farming Forestry, Animal Husbandry and Fishery (100 million yuan)	2294.35	6573.77
农 业	Farming	1300.44	3588.42
林 业	Forestry	47.62	86.53
牧 业	Animal Husbandry	599.17	1796.52
渔 业	Fishery	347.12	829.77
农林牧渔专业及辅助性活动	Output Value of Farming,Forestry,Animal Husbandry and Fishery professions and auxiliary activities		272.52
农业生产情况	**Farming**		
粮食总产量 （万吨）	Total Output of Grain (10 000 tons)	3837.7	4502.8
粮食单产 （千克/公顷）	Grain (kilogram/hectare)	4938	6043
棉花总产量 （万吨）	Total Output of Cotton (10 000 tons)	59.0	59.0
棉花单产 （千克/公顷）	Cotton (kilogram/hectare)	1085	945
油料总产量 （万吨）	Total Output of Oil-bearing Crops (10 000 tons)	356.9	347.7
油料单产 （千克/公顷）	Oil-bearing Crops (kilogram/hectare)	3730	4317
肉类总产量 （万吨）	Total Output of Grain (10 000 tons)	500.0	754.0
猪存栏 （万头）	Number of Pigs (10 000 heads)	2401.8	2871.6
牛存栏 （万头）	Number of Cattles (10 000 heads)	779.9	440.3
羊存栏 （万只）	Number of Sheep and Goats (10 000 heads)	2260.1	1926.9
家禽存栏 （万只）	Number of Poultry (10 000 heads)	47789.9	58214.0
猪出栏 （万头）	Slaughtered Pigs (10 000 heads)	3213.2	4425.5
牛出栏 （万头）	Slaughtered Cattle (10 000 heads)	322.2	413.0
羊出栏 （万只）	Slaughtered Sheep (10 000 heads)	2375.7	2707.4
家禽出栏 （万只）	Slaughtered Poultry (10 000 heads)	91195.0	169549.8
禽蛋产量 （万吨）	Poultry Eggs (10 000 tons)	301.0	384.8
奶类产量 （万吨）	Milk (10 000 tons)	62.7	231.0
水产品总产量 （吨）	Total Aquatic Products (tons)	6306551	7838259
海水产品 （吨）	Seawater Aquatic Products (tons)	5375169	6463345
海洋捕捞 （吨）	Catching in Ocean (tons)	2780483	2350888
海水养殖 （吨）	Seawater Aquiculture (tons)	2594685	3962643
淡水产品产量 （吨）	Freshwater Aquatic Products (tons)	931382	1374914
捕捞量 （吨）	Catching (tons)	81214	130896
养殖量 （吨）	Freshwater Aquiculture (tons)	850168	1244018
水产品养殖面积 （万亩）	Aquiculture Area (10 000 mu)	788.4	1136.5
海 水 （万亩）	Seawater Aquiculture Area (10 000 mu)	420.7	751.4
淡 水 （万亩）	Freshwater Aquiculture Area (10 000 mu)	367.6	385.1
十一、工 业	**Industry**		
全部工业增加值 （亿元）	Value Added of Industry Enterprises (100 million yuan)	3620.06	15449.95
十二、建筑业	**Construction**		
建筑业增加值 （亿元）	Value Added of Construction Enterprises (100 million yuan)	500.13	2283.13

continued

2012	2013	2014	2015	2016	2017	2018	2019	2020	2021	2022	2023
33.4	36.4	37.3	36.4	37.5	37.6	36.8	37.1	37.3	39.3	39.5	40.1
24496	26882	29222	31545	34012	36789	39549	42329	43726	47066	49050	51571
15349	16646	18323	19854	21495	23072	24798	26731	27291	29314	28555	30251
7817.84	8577.06	8988.18	9283.92	9075.60	9140.36	9397.39	9671.67	10190.58	11468.01	12130.71	12531.90
3829.19	4335.77	4556.10	4662.61	4387.51	4403.23	4678.26	4914.43	5168.36	5814.56	6206.54	6462.43
107.01	120.30	131.53	139.92	147.48	165.09	181.63	197.70	214.20	219.94	227.29	244.47
2328.69	2410.56	2478.81	2602.08	2620.29	2501.37	2432.67	2412.06	2571.87	2904.24	3003.54	2973.68
1227.81	1347.03	1420.85	1447.28	1409.65	1475.96	1425.91	1397.42	1432.08	1652.60	1729.65	1807.64
325.14	363.40	400.90	432.03	510.66	594.70	678.92	750.06	804.06	876.68	963.69	1043.69
4815.8	4883.4	5038.3	5147.4	5332.3	5374.3	5319.5	5357.0	5446.8	5500.7	5543.8	5655.3
6214	6099	6087	6123	6261	6356	6329	6444	6577	6584	6622	6742
51.4	43.4	44.2	33.9	32.9	20.7	21.7	19.6	18.3	14.0	14.5	12.6
1012	923	1122	1042	1179	1185	1184	1158	1281	1273	1278	1304
341.8	341.6	329.6	318.7	317.1	318.3	310.9	289.0	290.9	285.9	274.0	280.7
4404	4386	4355	4302	4310	4389	4370	4236	4366	4420	4390	4472
822.6	838.2	836.8	845.5	837.1	866.0	854.7	704.0	728.0	819.3	844.5	910.1
3101.2	3167.0	3179.5	3147.3	3086.8	3040.3	2985.6	2176.5	2933.9	3151.0	3005.4	2801.2
433.7	424.3	410.5	407.6	391.9	401.5	380.6	364.2	278.7	279.8	283.3	269.0
1850.3	1797.9	1765.0	1767.9	1693.1	1754.0	1801.4	1837.4	1501.7	1466.4	1459.1	1353.2
70959.8	70261.3	69911.9	71816.0	78056.1	76604.5	75614.9	78864.3	83642.4	84578.1	81838.0	90517.0
4800.8	5043.0	5245.7	5156.4	5093.2	5180.7	5082.3	3176.4	3344.8	4401.7	4528.4	4659.7
385.3	382.6	372.4	370.2	360.8	361.6	363.4	345.9	275.7	280.0	275.6	268.5
2493.4	2472.1	2530.6	2527.1	2540.8	2629.8	2682.4	2701.1	2491.6	2373.4	2376.8	2297.4
199140.7	195931.9	182274.9	192052.0	214261.0	220423.3	217200.2	231299.1	252670.8	263535.7	271178.2	310282.1
402.4	396.6	388.4	424.3	441.1	445.1	447.4	450.6	482.2	456.6	439.3	463.5
248.6	237.7	244.7	240.7	233.8	231.3	232.5	234.5	241.6	288.4	304.5	318.3
7885248	8084522	8464587	8722448	8899622	8680030	8614032	8232724	8286092	8544248	8812740	9139462
6524046	6654179	7085761	7352063	7541952	7371727	7360685	7062086	7180937	7403008	7622454	7905131
2161603	2087829	2286654	2356409	2414112	2180891	2149830	2091101	2039543	2029166	2061660	2095102
4362443	4566350	4799107	4995654	5127840	5190836	5210855	4970985	5141394	5373842	5560794	5810029
1361202	1430344	1378826	1370385	1357670	1308303	1253347	1170638	1105155	1141240	1190286	1234331
112783	115167	90661	83086	93900	83730	82821	89290	95634	95733	99912	104956
1248419	1315177	1288165	1287299	1263770	1224573	1170526	1081348	1009521	1045507	1090374	1129375
1205.2	1240.4	1252.7	1269.2	1259.3	1250.4	1173.4	1138.3	1116.9	1147.8	1158.5	1205.7
785.6	820.2	822.7	844.8	907.2	915.6	856.3	842.3	870.5	912.6	926.2	969.0
419.6	420.1	429.9	424.4	352.1	334.8	317.1	296.1	246.4	235.3	232.3	236.6
18421.90	19475.30	20178.23	21156.50	21695.98	22515.81	22613.01	22755.13	22986.45	26894.08	28296.99	29191.15
2853.99	3188.60	3476.06	3731.63	3909.44	4441.01	5024.90	5532.77	5574.19	6068.10	6391.34	6961.09

1-2 续表 3

类　　别		Category		2000	2010
十三、交通运输邮电		**Transport,Post and Telecommunication Services**			
铁路通车里程	(公里)	Length of Railways	(km)	2672	3833
公路通车里程	(公里)	Length of Highways	(km)	70686	229858
#晴雨通车	(公里)	Length of Highways Operating under All Weathers	(km)	70038	228906
内河通航里程	(公里)	Length of Navigable Inland Waterways	(km)	1476	1150
客运量	(万人)	Passenger Traffic	(10 000 persons)	66128	248720
铁　路		Railways		3840	6041
公　路		Highways		61466	240044
水　路		Waterways		822	2635
客运周转量	(百万人公里)	Passenger Turnover	(million passenger-km)	54873	164471
铁　路		Railways		22180	42135
公　路		Highways		32358	121151
水　路		Waterways		335	1185
货运量	(万吨)	Freight Traffic	(10 000 tons)	92483	298055
铁　路		Railways		11253	18056
公　路		Highways		76778	264366
水　路		Waterways		4452	15633
货运周转量	(百万吨公里)	Freight Turnover	(million ton-km)	403315	1174705
铁　路		Railways		79964	144775
公　路		Highways		40575	621680
水　路		Waterways		282776	408250
沿海主要港口货物吞吐量	(万吨)	Volume of Freight Handled in Major Coastal Ports	(10 000 tons)	16025	86421
邮政局总计	(处)	Number of Post & Telecommunications Offices	(unit)	3011	2840
函　件	(万件)	Number of Letters	(10 000 pcs)	32878	53963
电信业务总量	(亿元)	Business Volume of Telecommunication Services	(100 million yuan)	186.5	1920.9
互联网宽带接入用户	(万户)	Number of Internet Broad Band Subscribers	(10 000 subscribers)		
移动电话用户	(万户)	Number of Mobile Telephone	(10 000 subscribers)	501.0	6190.4
民用汽车拥有量	(万辆)	Number of Private Vehicles	(10 000 subscribers)	112.3	842.7
十四、国内贸易		**Domestic Trade**			
社会消费品零售总额	(亿元)	Total Retail Sales of Consumer Goods	(100 million yuan)	2988.30	12028.30
商品零售		Retail Sales			10829.15
餐饮收入		Catering Income			1199.15
十五、对外经济和旅游		**Foreign Trade and Tourism**			
对外贸易		Foreign Economy and Trade			
海关进出口总值	(万美元)	Total Value of Imports and Exports	(10 000 USD)	2498998	18895085
海关出口总值	(万美元)	Total Exports	(10 000 USD)	1552905	10424695
#一般贸易		General Trade		746563	4973019
来料加工装配贸易		Processing and Assembling with Customer's Materials		293008	750340
进料加工贸易		Processing and Assembling with Import Materials		507050	4230872
海关进口总值	(万美元)	Total Imports	(10 000 USD)	946093	8470390

注：1.交通运输部2014年修订了公路、水运运输量统计试行方案，统计口径发生了变化。
2.表中2000年电信业务总量按1990年不变价格计算，2010年按2000年不变价格计算。2011—2015年电信业务总量按2010年价格计算；2016—2020年，按2015年价格计算；自2021年起，按上年不变价格计算。
3.2019年起，公路货运量采用全国公路货运量专项调查数据，与往年数据不可比。
4.2020年起，铁路客货运量、周转量为济南局、北京局、郑州局在山东省内数据，口径为国家铁路；铁路通车里程含地方铁路。

continued

2012	2013	2014	2015	2016	2017	2018	2019	2020	2021	2022	2023
4306	4397	4546	4863	4882	5115	5676	5972	6881	7198	7327	7694
244586	252785	259514	263447	265720	270590	275642	280325	286814	288143	291759	293411
243779	252066	259031	262986	265265	270150	275344	280186	286741	283469	288228	291708
1150	1150	1150	1150	1150	1150	1150	1150	1117	1117	1117	1117
264935	269391	73582	59625	62727	64536	66613	67317	30096	28350	16386	33259
7650	8484	9508	10666	11904	13388	14525	15722	9797	12164	7321	18265
254711	258327	62052	46960	48823	49111	50044	49581	19475	15139	8247	12442
2574	2580	2022	1999	2000	2037	2044	2014	824	1047	818	2552
183196	189285	114056	112745	116882	122676	126935	127981	59517	70560	41481	97968
50951	54995	61734	64444	68442	73365	76302	77287	43191	52392	31333	80918
130995	133137	51141	47137	47240	48104	49357	49256	15931	17783	9829	16213
1250	1153	1181	1164	1200	1207	1276	1439	395	385	319	837
330270	344401	260983	258444	281557	322564	349481	304732	308627	333420	322708	336140
19814	19043	16792	15786	16745	17853	18710	20850	23189	22895	24717	25349
296752	311812	230018	227934	249752	288052	312807	266124	267230	291196	276906	285567
13704	13546	14172	14724	15060	16659	17964	17758	18208	19329	21085	25224
1099119	1026088	817690	833415	879552	962225	995988	1007631	1034063	1200214	1420835	1497081
149384	138910	123808	107728	113668	121363	126468	143456	156609	168212	183155	179641
705922	749888	571138	587699	607143	665022	685968	674620	678440	751761	791263	799935
243813	137290	122744	137988	158741	175840	183552	189555	199014	280241	446417	517505
106655	118137	128593	134218	142856	151571	161512	161064	168881	178158	189036	197399
2856	2861	2870	2870	2878	2880	2873	2889	3005	2979	2903	2908
45663	42389	29233	18787	10328	6978	6369	6263	4341	3796	3212	3839
797.6	863.7	1067.8	1253.1	863.4	1494.8	3651.9	5786.6	7200.1	1002.0	1104.4	1127.7
1364.1	1465.1	1523.9	1625.7	2366.5	2588.7	2884.8	3186.1	3445.6	3863.7	4264.7	4581.9
7588.9	8333.4	8664.1	9413.8	9594.5	9943.9	10569.6	10785.5	10907.1	11248.5	11700.4	12002.1
1122.3	1277.4	1407.2	1553.6	1750.5	1952.9	2148.3	2351.0	2537.1	2736.8	2897.0	3030.5
15785.25	17703.85	19706.36	21550.95	23482.07	25527.94	27480.28	29251.18	29248.05	33714.54	33236.16	36141.83
14181.87	15926.53	17744.99	19346.19	20996.37	22794.81	24421.00	25895.16	26118.91	29886.32	29608.48	31796.35
1603.38	1777.32	1961.37	2204.76	2485.70	2733.13	3059.28	3356.02	3129.14	3828.22	3627.68	4345.48
24554487	26715854	27711549	24174867	23420733	26305670	29239097	29628464	31844703	45386886	48124178	46438326
12873171	13450998	14474545	14406069	13715826	14710207	16013984	16143995	18903512	27184375	28807650	27616130
6875045	7603996	8373918	9042024	8653875	9428956	11047764	11256710	13853845	19567326	20730233	20002902
867657	866031	802064	739933	716557	651868	601424	605165	497612	553192	671168	667976
4566215	4392892	4734553	4183875	3904404	4151643	3918203	3496008	3466764	4257732	4915525	4651984
11681316	13264856	13237004	9768798	9704906	11595464	13225113	13484469	12941191	18202512	19316527	18822195

a) The pilot statistical investigation program on passenger highway and turnover was revised in 2014,and the statistical scope was adjusted.

b) Business volume of telecommunication service of 2000 was calculated at 1990 constant prices, and that of 2010 was calculated at 2000 constant prices, and that from 2011 to 2015 was calculated at 2010 constant prices,and that from 2016 to 2020 was calculated at 2015 constant prices, and since 2021, that was calculated at the last year constant prices.

c) The road freight volume adopts the special survey data of national road freight volume since 2019, and not comparable with the previous.

d) Since2020, the railway passenger and freight volume and turnover refer to the data of Jinan Bureau,Beijing Bureau and Zhengzhou Bureau in Shan -dong Province,the caliber is national railway,and the data of railways length includes the local railways.

1-2 续表 4

类　　别	Category	2000	2010
利用外资	**Utilization of Foreign Capital**		
新设外商直接投资企业数　(个)	Number of newly established Companies by foreign direct investment (unit)	2728	1632
实际使用外商直接投资 (万美元)	Direct Foreign Investments (10 000 USD)	297119	916833
对外承包工程和劳务合作	**Foreign Contracted Projects Labor Cooperation**		
合同金额　(万美元)	Contracted Value (10 000 USD)	61601	1092504
营业额　(万美元)	Value of Business (10 000 USD)	45229	602415
年末在外人数　(人)	Population in Foreign Countries and Regions (person)	35028	102149
旅　游	**Tourism**		
接待海外旅游人数　(万人次)	International Tourists (10 000 person-times)	72.3	366.8
外国人	Foreigners	48.0	277.9
港澳台胞	Compatriots from Hong Kong Macao and Taiwan	24.3	88.9
旅游外汇收入　(万元)	Foreign Exchange Earnings (10 000 yuan)	260839	1458866
旅游外汇收入　(万美元)	Foreign Exchange Earnings (10 000 USD)	31513	215506
人民币对主要外币年平均汇价(中间价)	**Average Exchange Rate of RMB Yuan Against Main Convertible Currencies (Middle Rate)**		
100美元　(人民币元)	100 US Dollars (RMB yuan)	827.84	676.95
100日元　(人民币元)	100 Japanese Yen (RMB yuan)	7.69	7.73
100港元　(人民币元)	100 Hong Kong Dollars (RMB yuan)	106.18	87.13
100欧元　(人民币元)	100 Euros (RMB yuan)		897.25
十六、教　育	**Education**		
普通高等学校	**Regular Institutions of Higher Education**		
学校数　(所)	Number of Schools (unit)	58	133
招生数　(人)	New Enrollment (person)	124817	495722
在校学生数　(人)	Total Enrollment (person)	303826	1631373
毕业生数　(人)	Graduates (person)	49687	444003
教职工数　(人)	Teachers and Staff (person)	54910	139100
专任教师数　(人)	Full-time Teachers (person)	24764	91413
中等专业学校基本情况	**Secondary Professional Schools**		
学校数　(所)	Number of Schools (unit)	243	640
招生数　(人)	New Enrollment (person)	93493	426954
毕业生数　(人)	Graduates (person)	103629	439337
在校学生数　(人)	Total Enrollment (person)	333184	1131621
教职工数　(人)	Teachers and Staff (person)	37241	78769
专任教师数　(人)	Full-time Teachers (person)	20409	55465
普通中学基本情况	**Regular Senior Secondary Schools**		
学校数　(所)	Number of Schools (unit)	4575	3645
招生数　(万人)	New Enrollment (10 000 persons)	234.18	164.12
毕业生数　(万人)	Graduates (10 000 persons)	167.96	156.89
在校学生数　(万人)	Total Enrollment (10 000 persons)	678.60	501.07
教职工数　(人)	Teachers and Staff (person)	430754	438787
专任教师数　(人)	Full-time Teachers (person)	350353	372082
技工学校基本情况	**Technical Schools**		
学校数　(所)	Number of Schools (unit)	279	209
招生数　(人)	New Enrollment (person)	48008	136995
毕业生数　(人)	Graduates (person)	66546	133615
在校学生数　(人)	Total Enrollment (person)	137718	397719
教职工数　(人)	Teachers and Staff (person)	24484	18183
专任教师数　(人)	Full-time Teachers (person)	14066	14962

注:1.2004年起实行新的外商投资统计制度,取消对外借款部分,外商直接投资数据为商务部反馈数。2008年实际使用外资采用全口径统计方式。2019年起，实际使用外资采用商务部通报口径，不包含股东贷款、投资性公司投资，合同外资不再统计。
2.2010年起，中等专业学校数据改为中等职业学校口径。
3.因新冠肺炎疫情影响，2021年起暂停入境旅游数据核算，2024年恢复相关数据核算。

continued

2012	2013	2014	2015	2016	2017	2018	2019	2020	2021	2022	2023
1333	1405	1352	1509	1477	1479	2156	2517	3060	3064	2329	2518
1235267	1405315	1519511	1630090	1682556	1785731	2051636	1468933	1764763	2151578	2287422	1753076
988209	1078349	1237694	1344383	1355479	1393003	1548846	1364140	1051092	1181608	1101849	915498
898864	940828	1021544	1120799	1195427	1278651	1314181	1256300	1030379	1016257	987405	1001396
103736	98988	115328	116100	119655	130384	125224	133849	89162	71218	60808	59819
469.9	452.7	445.7	460.8	485.5	494.4	513.1	521.3	52.8			
342.2	327.4	325.7	335.9	352.7	353.1	366.1	370.9	44.2			
127.7	125.3	120.0	124.9	132.8	141.3	147.0	150.4	8.6			
1845554	1691487	1667300	1804062	2034836	2143055	2226223	2354552	144162			
292365	273120	271424	289651	306345	317405	336420	341314	20900			
631.25	619.32	614.28	622.84	664.23	675.18	661.74	689.85	689.76	645.15	672.61	704.67
7.90	6.33	5.82	5.15	6.12	6.02	5.99	6.33	6.46	5.87	5.13	5.04
81.38	79.85	79.22	80.34	85.58	86.64	84.43	88.05	88.93	83.00	85.89	90.02
810.67	822.19	816.51	691.41	734.26	763.03	780.16	772.55	787.55	762.93	707.21	764.25
137	140	142	143	144	145	145	146	152	153	153	156
498621	527539	580763	595646	624408	612660	629065	741661	729927	780954	853325	908800
1658490	1698545	1796665	1900612	1995880	2015345	2040793	2183944	2291481	2429912	2527073	2672548
474266	475858	464076	474195	509142	571220	585871	577980	605379	617855	734267	745225
142370	142240	143939	147035	150345	154311	158526	164932	172041	177805	182225	189835
96058	98685	101380	104724	107748	110807	112717	117609	124215	129888	135492	144793
560	525	460	435	428	401	398	391	397	400	414	413
404670	363547	319143	294033	288180	261190	245355	267223	297527	293603	299584	300762
380451	378626	354032	320353	286687	248347	250210	259891	233426	221047	253917	290260
1147012	1031585	948167	857264	809826	793357	750142	730464	777416	839144	880975	882941
71449	66810	64488	62319	60613	60408	59304	58249	58824	60026	62874	66107
52430	50243	49274	48926	48244	48659	48269	48099	49169	53576	56263	59389
3522	3464	3461	3446	3504	3560	3671	3791	3920	4019	4055	4109
159.88	158.53	153.58	151.12	160.35	164.39	164.26	176.10	187.62	187.58	192.21	199.25
153.20	156.04	153.73	156.01	157.62	151.42	148.46	157.56	166.72	163.43	172.84	185.67
492.64	488.48	486.06	479.93	482.41	494.85	509.93	528.13	548.68	570.76	587.63	598.89
464942	466088	471653	475798	484579	502004	515123	536931	558935	586421	590836	597284
376819	382340	386923	390059	397471	410339	419903	435808	453428	471988	478343	482535
213	207	203	194	194	194	181	181	181	194	207	215
154546	144165	128007	131550	133600	129109	135184	151122	173803	169851	172380	184243
113066	121782	108046	98154	89629	103815	96351	91679	95962	104221	127154	134699
401207	369922	329473	318182	335348	332634	329897	355409	405418	442034	455069	447812
29909	30860	29404	29228	29133	29294	29388	29438	29943	32647	33658	30859
21451	23977	23000	22613	22908	22565	22525	22294	23573	26284	26793	

a) Since 2004,foreign loads is canceled according to the new statistical system on foreign investments, data of foreign direct investments come from th Ministry of Commerce.In 2008 the foreign capital actually utilized is changed to the actual received foreign capital.From 2019,Actual use of foreign capital uses Bulletin of the Ministry of Commerce,does not contain shareholder loan and the investment from investment companies,and contract foreign investment is no longer counted.

b) Data of secondary professional schools refer to the caliber of secondary vocational school since 2010 .

c) Since 2021,the accounting of inbound tourism data has been suspended due to the impact of COVID-19,which has been restarted in 2024.

1-2 续表 5

类 别		Category		2000	2010
小学基本情况		**Regular Primary Schools**			
学校数	(所)	Number of Schools	(unit)	26017	12405
招生数	(万人)	New Enrollment	(10 000 persons)	104.5	111.3
毕业生数	(万人)	Graduates	(10 000 persons)	195.1	110.3
在校学生数	(万人)	Total Enrollment	(10 000 persons)	774.9	629.3
教职工数	(人)	Teachers and Staff	(person)	440161	417504
专任教师	(人)	Full-time Teachers	(person)	408200	387453
成人高等学校基本情况		**Adult Institutions of Higher Education**			
学校数	(所)	Number of Schools	(unit)	40	18
招生数	(人)	New Enrollment	(person)	82423	133191
毕业生数	(人)	Graduates	(person)	70810	110347
在校学生数	(人)	Total Enrollment	(person)	219977	388741
教职工数	(人)	Teachers and Staff	(person)	14090	4225
专任教师	(人)	Full-time Teachers	(person)	7084	2946
十七、科　技		**Science and Technology**			
重要科技成果		**Major Scientific Achievements**			
成果数量	(项)	Number of Achievements	(unit)	3728	2367
#农　业	(项)	Agricultural	(unit)	575	391
工　业	(项)	Industry	(unit)	1289	751
国际领先先进水平	(项)	Internationally Advanced	(unit)	599	676
国内领先先进水平	(项)	Nationally Advanced	(unit)	2861	1316
专利情况		**Patent Applications**			
申请量	(件)	Number of Patent Applications Examined	(unit)	10019	80856
授权量	(件)	Number of Patent Applications Granted	(unit)	6962	51490
#发明专利	(件)	Inventions	(unit)		4106
十八、卫生和文化		**Health and Culture**			
卫生机构数	(个)	Number of Health Institutions	(unit)	17118	16496
#医院(卫生院)	(个)	Hospitals and Township Hospitals	(unit)	3150	3099
卫生机构床位数	(万张)	Number of Beds in Health Institutions	(10 000 units)	21.5	38.2
卫生技术人员数	(万人)	Medical Technical Personnel	(10 000 persons)	31.5	44.1
#执业(助理)医师	(万人)	Licensed (Assistant) Doctors	(10 000 persons)	14.5	17.8
注册护士	(万人)	Registered Nurse	(10 000 persons)	9.2	15.6
文化(艺术)馆		**Cultural(Arts) Centers**			
机构数	(个)	Number of Institutions	(unit)	159	158
人　数	(人)	Number of Employed Persons	(person)	3055	3055
文化站		**Cultural Stations**			
机构数	(个)	Number of Institutions	(unit)	2422	1855
人　数	(人)	Number of Employed Persons	(person)	3304	4543
艺术表演团体		**Arts Performance Troupes**			
机构数	(个)	Number of Institutions	(unit)	118	119
人　数	(人)	Number of Employed Persons	(person)	5943	6268
剧场(院)		**Theaters and Music Halls**			
机构数	(个)	Number of Institutions	(unit)	105	91
人　数	(人)	Number of Employed Persons	(person)	2473	1904
图书馆		**Libraries**			
机构数	(个)	Number of Institutions	(unit)	133	149
人　数	(人)	Number of Employed Persons	(person)	2506	2680
博物馆		**Museums**			
机构数	(个)	Number of Institutions	(unit)	59	114
人　数	(人)	Number of Employed Persons	(person)	1633	2456

注：1.自2011年，医疗卫生机构数含村卫生室，自2013年，含部分计划生育技术服务机构。
2.2017年以前，专利申请量是指国家知识产权局受理的专利申请数量；从2017年开始，是指国家知识产权局受理的按规定缴足申请费、符合进入初步审查阶段条件的专利申请数量。
3.自2023年起，博物馆统计口径调整为国有博物馆。

continued

2012	2013	2014	2015	2016	2017	2018	2019	2020	2021	2022	2023
11573	11151	10770	10404	10027	9738	9674	9646	9619	9458	9063	8654
109.6	115.7	124.7	124.4	123.9	127.0	129.6	127.9	129.6	137.9	130.6	180.2
106.2	103.3	101.0	98.9	107.2	111.0	111.5	117.8	125.2	125.7	125.4	128.4
627.7	626.0	648.5	674.6	691.3	708.5	726.0	738.6	743.3	755.8	760.6	812.1
387203	383692	378886	379239	386405	391838	392333	396465	400114	410021	410354	415138
382562	387312	389080	396368	408856	421877	430702	442729	454285	468276	467563	477406
17	11	11	11	11	11	11	11	11	11	11	11
166515	165522	178737	163012	179199	157559	233966	292911	414972	451062	529350	524242
120404	128297	147592	161377	167440	279185	181058	158662	223507	280241	397487	429796
428180	459803	485274	484493	502274	375102	426995	556026	742379	906118	1032978	1124505
4286	2843	2259	2200	1604	1580	1479	1257	1248	1140	1262	1296
2917	1982	1544	1493	1082	1048	970	785	777	702	764	762
2393	2332	2955	3011	3016	2537	1791	2552	2342	2908	3075	3529
338	297	440	385	421	363	232	316	338	329	346	294
853	866	1095	1019	919	796	451	807	673	754	820	1113
609	681	817	967	762	610	416	735	485	638	730	875
1349	1067	1146	1212	1095	973	682	957	988	1002	1066	1367
128614	155170	158619	193220	212911	204861	238795	263407	369349	369470	408136	424640
75522	76976	72818	98101	98093	100522	132382	146481	238778	329838	342290	273523
7454	8913	10538	16881	19404	19090	20338	20652	26745	36345	48696	55318
68840	75475	77066	77435	77050	79099	81512	83661	84870	85716	86024	88195
3188	3426	3491	3556	3643	4108	4219	4203	4202	4194	4191	4352
47.3	49.0	50.0	51.9	54.3	58.5	60.8	63.0	64.7	67.4	69.4	73.9
53.0	59.8	60.4	61.9	64.3	68.9	73.9	78.3	81.4	85.3	87.6	93.5
20.0	23.2	23.1	23.7	24.5	26.5	29.0	31.5	32.9	34.3	35.0	37.2
19.2	24.0	24.6	25.4	26.9	29.4	32.3	34.1	35.6	37.6	38.7	41.8
158	159	158	157	157	157	157	157	158	158	158	158
3033	3062	3047	3034	3006	2978	2950	2864	2887	2974	2993	3058
1821	1807	1811	1814	1816	1815	1819	1815	1821	1821	1823	1823
4987	4915	5181	5534	5262	5334	5329	5581	5628	6194	6129	6571
104	103	104	104	103	105	105	104	103	101	101	92
5722	5557	5728	5368	5651	5689	5539	5665	5381	5237	4987	4700
93	93	93	92	93	100	106	93	87	82	77	65
2083	1719	1734	1632	1602	1821	1902	1732	1712	1618	1459	1495
150	153	153	154	154	154	154	154	154	153	153	153
2647	2760	2730	2750	2828	2877	2843	2816	2904	2995	3182	3256
178	194	243	312	393	485	517	541	577	629	665	348
4353	4748	5369	6310	7152	7976	8059	8319	8871	10114	10391	8247

a) Since 2011,the number of health institutions includes village clinics, and since 2013, it includes family planning technical services institutions.

b) Before 2017, the amount of patent application refers to the number of patent applications accepted by the State Intellectual Property Office; from 2017, it refers to the amount of application fees paid by the State Intellectual Property Office and the number of patent applications that have enterec the preliminary examination stage.

c) Since 2023, statistical caliber of museums has been adjusted to the number of State owned museums.

1-3 国民经济和社会发展主要指标增长速度

单位:%

类别	Category	2000	2010	2012
一、人 口	**Population**			
年末总人口	Population at the Year-end	1.29	1.24	0.44
按性别分	**By Sexual**			
男	Male	(0.55)	(0.98)	-(0.04)
女	Female	(0.64)	(0.85)	-(0.20)
按农村城镇分	**Agricultural and Non-agricultural Population**			
农村人口	Agricultural Population		-1.65	-1.94
城镇人口	Non-agricultural Population		4.16	2.75
人口密度	Population Density	1.23	1.16	0.49
二、就业人员和劳动工资	**Employment and Wages**			
年末就业人员	Year-end Employed Persons	1.4	1.6	-0.4
第一产业	Primary Industry	-0.2	-2.0	-4.5
第二产业	Secondary Industry	3.8	4.0	1.8
第三产业	Tertiary Industry	2.4	4.0	2.1
乡村就业人员	Rural Employed Persons	-6.9	-0.4	-3.1
城镇就业人员	Urban Employed Persons	19.4	4.1	2.5
在岗职工年末人数	Number of Staff and Workers at the Year-end	-2.4	3.4	5.4
#国有单位	State-owned Units	-4.3	2.2	1.7
就业人员工资总额	Total Wages Bill	12.1	17.3	17.0
#国有单位	State-owned Units	10.2	15.2	12.7
就业人员平均工资	Average Wage	14.6	13.3	11.4
#国有单位	State-owned Units	15.1	11.5	10.2
三、国民经济核算	**National Accounts**			
地区生产总值	Gross Domestic Product	9.5	10.4	9.7
第一产业	Primary Industry	2.4	3.1	4.5
第二产业	Secondary Industry	10.8	11.7	10.3
第三产业	Tertiary Industry	10.6	10.3	10.1
人均地区生产总值	Per Capita GDP	8.5	9.4	9.0
四、固定资产投资	**Investment in Fixed Assets**			
全社会固定资产投资额	Total Investment in Fixed Assets	14.4	22.3	20.2
国有经济	State-Owned Units	10.6	18.2	12.0
集体经济	Collective-Owned Units	6.9	13.8	21.6
个体经济	Individuals Economy	13.9	24.3	25.8
其他经济	Others	52.7	24.9	50.1
房地产开发投资	Investment in Real Development	28.6	33.8	14.6

注：1.年末总人口及农村、城镇人口2011—2019年增速根据第七次人口普查修订数计算；括号内为根据公安户籍人口数计算。
2.就业人员及相关指标2005—2019年增速根据第七次人口普查修订数计算。
3.2010年起，职工年末人数、就业人员工资总额、就业人员平均工资数据为城镇非私营单位就业人员口径。
4.根据第四次经济普查结果，对全省2000—2018年生产总值及相关数据进行了修订。

Growth Rates of Main Indicators on National Economic and Social Development

(%)

2013	2014	2015	2016	2017	2018	2019	2020	2021	2022	2023
0.39	0.64	0.59	1.08	0.60	0.44	0.29	0.58	0.05	-0.07	-0.39
(0.31)	(1.57)	(0.79)	(1.00)	(0.79)	(0.80)	(0.45)	(0.16)	(0.14)	-(0.18)	-(0.35)
(0.36)	(1.22)	(0.75)	(1.02)	(0.96)	(0.95)	(0.58)	(0.32)	(0.24)	-(0.08)	-(0.26)
-2.60	-2.20	-4.31	-3.98	-3.48	-1.27	-0.77	-2.55	-2.36	-1.74	-3.16
3.15	3.11	4.64	4.91	3.43	1.54	0.95	2.51	1.47	0.87	1.13
0.50	0.16	0.65	0.96	0.63	0.32	0.16	0.94	0.16	-0.16	-0.31
-0.9	-0.7	-0.4	-0.8	-0.6	-1.3	-1.1	-0.9	-0.6	-2.5	0.6
-4.6	-4.8	-4.4	-4.9	-4.9	-5.4	-5.8	-5.1	-4.1	-2.4	-1.3
0.03	0.2	0.2	-0.8	-0.01	-1.6	-1.4	-0.6	0.5	-2.5	0.8
2.2	2.5	2.7	2.8	2.4	2.1	2.5	1.5	0.5	-2.6	1.6
-3.6	-3.5	-4.2	-4.4	-4.0	-4.0	-3.4	-4.1	-3.5	-2.3	-1.1
1.9	2.0	3.0	2.3	2.1	0.8	0.6	1.3	1.2	-2.6	1.7
16.7	-2.2	-2.6	-1.9	-2.2	-5.7	-6.1	2.8	1.1	-1.6	-0.4
-7.9	-2.9	-3.0	-0.7	-0.7	-2.6	-4.3	9.1	1.8	0.2	-2.5
31.8	7.3	7.8	6.8	7.0	2.5	5.2	10.5	9.0	5.6	4.8
2.8	6.8	14.7	9.8	8.5	0.7	5.2	17.0	8.6	10.0	-1.4
12.2	10.3	10.5	9.2	8.9	8.1	10.7	7.7	8.0	7.9	4.8
10.3	10.7	18.1	11.4	9.0	6.9	10.0	8.3	6.4	10.2	1.0
9.4	8.5	7.8	7.4	7.3	6.3	5.3	3.5	8.3	3.9	6.0
3.5	3.8	4.2	3.8	3.6	2.7	1.1	2.7	7.5	4.1	4.5
9.8	8.8	7.1	6.2	6.0	4.1	2.6	3.2	6.3	3.9	6.5
10.3	9.2	9.6	9.3	9.3	8.9	8.2	3.8	9.8	3.9	5.8
8.9	7.9	7.1	6.5	6.4	5.8	4.9	3.0	7.9	3.9	6.2
17.7	15.5	13.7	10.4	7.2	4.1	-8.3	3.3	5.1	5.5	4.6
21.8	14.7	15.6	18.9	30.8	3.1	8.4	-12.4	2.7	14.0	4.6
0.7	8.6	-7.5	-50.6	-2.1	-37.0	-16.8	-54.2	2.2	15.4	-18.1
31.1	26.4	25.0	9.5	4.9	16.7	-29.8	4.0	13.6	0.6	1.3
13.7	8.4	6.7	18.7	-1.3	-4.2	4.9	12.4	0.9	5.3	7.0
15.6	6.9	1.3	7.3	5.0	13.8	14.1	9.7	3.9	-6.0	-8.8

a) The growth rate on Total population,ural and urban population from 2011 to 2019 are calculated according to the data of the Seventh National Census.Data in the brackets are based on the data from the are based on the sample surveys.
b) The growth rate of employed persons and related indicators from 2005 to 2019 is calculated according to the data of the Seventh National Census.
c) Since 2010, data of number of Staff and Workers,Total Wages Bill,Average Wage refer to the range of employed persons on the job of Urban Non.
d) According to the Fourth National Economic Census, the data of GDP from 2000 to 2018 have been revised.

1-3 续表 1

单位:%

类　　别	Category	2000	2010	2012
五、能　源	**Energy**			
能源生产总量	Total Energy Production	-6.5	10.0	6.1
原　煤	Crude Coal	-10.6	14.3	8.1
原　油	Crude Oil	0.4	-1.5	-0.2
天然气	Natural Gas	-6.2	7.5	17.7
一次电力	Primary Electricity		113.8	48.4
六、财　政	**Government Finance**			
一般公共预算收入	General Public Budget Revenue	14.6	25.0	17.5
#税收收入	Tax Revenue	14.6	25.0	17.2
#增值税	Value Added Tax	14.7	16.6	5.9
营业税	Business Tax	11.0	34.2	17.1
企业所得税	Company Income Tax	29.6	33.1	10.8
个人所得税	Personal Income Tax	31.9	25.3	-1.5
资源税	Resource Tax	4.1	1.5	137.5
城市维护建设税	Urban Maintenance and Development Tax	16.0	19.9	10.7
房产税	Tax on Real Estates	15.4	11.7	36.2
城镇土地使用税	Urban Land Using Tax	22.8	13.9	33.6
土地增值税	Land Value-added Tax	111.9	51.0	37.4
车船税	Tax on Vehicle and License	64.2	31.5	20.6
行政事业性收费收入	Income from Administrative Fees	43.9	18.3	9.5
一般公共预算支出	General Public Budget Expenditure	11.5	26.8	18.0
#一般公共服务支出	Expenditure for General Public Services		11.1	14.1
教育支出	Expenditure for Education		25.6	25.2
社会保障和就业支出	Expenditure for Social Safety Net and Employment Effort		21.6	18.9
卫生健康支出	Expenditure for Health Care		32.5	17.4
农林水支出	Expenditure for Agriculture, Forestry and Water Conservancy		26.2	19.5
七、金　融	**Financial Intermediation**			
金融机构人民币存款余额	RMB Deposits	13.8	18.5	17.2
#住户存款	Household Deposits	8.7	15.0	18.8
金融机构人民币贷款余额	RMB Loans	9.3	18.3	21.9
八、价格	**Price Indices**			
居民消费价格	Consumer Price	0.2	2.9	2.1
商品零售价格	Retail Price	-1.4	2.7	1.6
工业生产者出厂价格	Producer Price for Industrial Products	5.9	7.2	-1.6
工业生产者购进价格	Industrial Producer Purchasing Price	4.7	9.3	-0.8
九、居民生活	**People's Livelihood**			
全体居民生活	**All Households Livelihood**			
年末人均住房建筑面积	Per Capita Space of Living House at Year-end			
人均可支配收入	Annual Per Capita Disposable Income of All Households		13.4	13.6
人均消费支出	Annual Per Capita Consumption Expenditure of All Households		9.8	10.6
农村居民生活	**Rural's Livelihood**			
年末人均住房建筑面积	Per Capita Space of Living House at Year-end	-5.8	1.4	5.8
人均可支配收入	Annual Per Capita Disposable Income of Rural Households	4.3	14.3	13.2
人均消费支出	Annual Per Capita Consumption Expenditure of Rural Households	4.9	8.2	14.8

注：1.2009年开始，一次电力包含水电、风电、核电、生物质发电和太阳能光伏发电,2000年数据为水电。
2.2014年及以前住户存款数据为储蓄存款口径数据。
3.从2013年起,全省实施城乡住户调查一体化改革,根据国家统一规定,2018年,按照新指标口径对居民收支调查历史数据进行修正。

continued

(%)

2013	2014	2015	2016	2017	2018	2019	2020	2021	2022	2023
-10.7	0.4	-3.5	-7.3	0.7	-4.4	-4.3	-2.7	-5.4	2.3	9.6
-14.4	-0.2	-3.9	-8.5	2.3	-8.3	-11.4	-5.1	-14.8	-4.7	2.7
-1.7	-0.5	-3.2	-12.0	-3.3	0.3	-0.8	-0.2	-0.4	-0.5	0.6
-14.0	-3.4	-8.2	-2.5	-11.6	6.2	6.3	13.1	7.9	28.2	10.5
46.7	14.6	21.6	41.5	33.5	58.3	53.4	10.0	39.8	19.7	24.5
12.3	10.2	10.0	8.5	6.6	6.3	0.6	0.5	11.0	-2.5	5.1
15.8	12.2	6.0	4.6	9.1	10.8	-1.0	-1.9	15.1	-12.4	9.1
11.7	21.9	-0.3	32.8	5.4	11.5	3.0	-7.4	11.9	-29.3	41.1
19.1	6.3	10.3	-20.9							
1.0	8.3	3.3	0.9	23.3	9.2	2.8	-1.4	26.3	-3.2	-13.7
10.0	10.1	24.3	持平	30.4	15.3	-31.5	23.5	33.7	9.1	-2.0
1.7	29.1	-13.2	-8.3	4.6	20.3	0.2	-9.8	16.5	25.3	1.6
9.5	6.2	5.4	2.9	4.4	17.1	-5.3	-2.1	14.4	-4.2	2.8
10.8	9.6	9.3	7.1	10.1	6.6	-0.9	-0.7	14.1	13.2	7.4
8.3	15.5	35.5	9.8	1.1	-0.3	-15.0	-11.1	0.9	4.3	-0.1
41.8	25.2	0.7	13.0	25.3	6.4	3.5	7.2	12.4	1.5	-12.8
12.3	15.9	14.3	14.4	13.7	9.3	3.0	5.4	14.7	4.9	2.5
-6.9	6.4	-1.8	10.6	-2.4	-5.2	1.2	0.4	9.3	0.2	-12.4
13.3	7.3	14.9	6.1	5.2	9.1	6.3	4.6	4.3	3.5	3.7
6.3	-3.3	1.8	6.3	9.4	9.9	12.6	5.3	1.6	6.4	-1.3
6.7	4.4	15.7	7.4	3.5	6.1	7.5	5.9	5.6	8.9	3.3
14.3	12.0	18.5	9.9	14.0	10.9	15.2	14.7	12.4	5.4	11.1
14.9	24.7	15.8	12.7	4.9	6.5	3.0	14.6	4.5	12.9	1.6
11.0	3.3	24.8	-2.3	1.1	4.5	7.8	-1.0	-3.6	9.0	-6.0
14.3	8.7	9.4	11.9	6.1	6.2	8.9	13.1	10.1	12.3	9.9
13.1	11.4	8.9	10.8	6.5	9.9	14.0	16.3	12.4	17.2	14.4
4.3	11.8	10.7	11.3	9.5	10.4	11.8	14.0	13.7	12.1	12.4
2.2	1.9	1.2	2.1	1.5	2.5	3.2	2.8	1.2	1.7	0.1
1.4	1.0	0.2	1.3	0.8	2.2	2.2	2.0	1.4	2.3	
-1.6	-1.6	-4.8	-1.5	5.5	3.7	-0.3	-1.9	10.3	5.1	-3.5
-1.6	-1.8	-5.0	-2.0	7.3	3.6	-0.8	-2.5	9.5	5.8	-3.0
	2.1	-0.5	2.9	0.5	-0.6	0.9		3.4	0.9	4.9
11.0	9.8	8.8	8.7	9.1	8.4	8.2	4.1	8.6	5.2	6.2
9.1	12.0	9.4	9.2	8.5	8.7	8.8	2.5	9.0	-0.8	7.3
2.9	1.7	1.6	2.9	1.0	1.6	0.8	-0.3	1.5	1.3	9.2
12.4	11.2	8.8	7.9	8.3	7.8	9.1	5.5	10.9	6.3	7.5
9.1	15.8	9.9	8.8	8.6	9.0	9.2	2.9	12.9	2.7	9.5

a) Since 2009, Primary Electricity includes that generated by hydro power, wind power, nuclear power, bio-energy and solar PV power. Data of 2000 refer to hydro power.

b) Data of Household Deposits before 2014 refers to Urban and Rural Household Savings Deposits .

c)An integrated household survey programme has been implemented since 2013,instead of the two separate urban and rural household surveys.In 2018 according to national uniform regulation,the historical data of residents' income and expenditure are revised according to the new survey programme.

1-3 续表 2

单位:%

类　别	Category	2000	2010	2012
城镇居民生活	**Urban's Livelihood**			
年末人均住房建筑面积	Per Capita Construction Area of Buildings	5.0	0.9	0.8
人均可支配收入	Annual Per Capita Disposable Income of Urban Households	11.3	11.6	13.0
人均消费支出	Annual Per Capita Consumption Expenditure of Urban Households	11.0	9.0	8.4
十、农林牧渔业	**Farming,Forestry,Animal Husbandry and Fishery**			
农林牧渔业总产值	**Gross Output Value of Farming Forestry,Animal Husbandry and Fishery**	**3.9**	**3.6**	**4.7**
农　业	Farming	4.0	2.5	2.5
林　业	Forestry	6.2	9.9	3.4
牧　业	Animal Husbandry	5.4	3.9	7.7
渔　业	Fishery	0.5	4.9	4.1
农林牧渔专业及辅助性活动	Output Value of Farming,Forestry,Animal Husbandry and Fishery professions and auxiliary activities		9.9	7.7
农业生产情况	**Farming**			
粮食总产量	Total Output of Grain	-10.1	1.4	2.4
粮食单产	Grain	-6.3	-0.7	0.7
棉花总产量	Total Output of Cotton	50.5	-25.3	-15.4
棉花单产	Cotton	1.2	-17.9	-2.9
油料总产量	Total Output of Oil-bearing Crops	11.4	-0.4	-0.6
油料单产	Oil-bearing Crops	3.2	-0.7	0.9
肉类总产量	Total Output of Grain	-4.7	3.2	7.8
猪存栏	Number of Pigs	-6.2	0.9	3.4
牛存栏	Number of Cattles	-20.2	-2.7	-1.1
羊存栏	Number of Sheep and Goats	-10.9	-0.6	-2.0
家禽存栏	Number of Poultry	-10.4	6.3	11.2
猪出栏	Slaughtered Pigs	-1.1	4.2	9.4
牛出栏	Slaughtered Cattle	-17.6	-3.2	-1.2
羊出栏	Slaughtered Sheep	-16.3	-4.2	-2.1
家禽出栏	Slaughtered Poultry	-9.0	5.2	9.7
禽蛋产量	Poultry Eggs	-13.8	2.0	0.2
奶类产量	Milk	2.3	4.9	5.4
水产品总产量	Total Aquatic Products	0.5	4.0	-3.1
海水产品	Seawater Aquatic Products	-1.2	3.2	-1.9
海洋捕捞	Catching in Ocean	-7.4	-4.0	-14.0
海水养殖	Seawater Aquiculture	6.5	3.9	5.5
淡水产品产量	Freshwater Aquatic Products	11.2	8.1	-8.7
捕捞量	Catching	1.5	2.0	-16.7
养殖量	Freshwater Aquiculture	12.2	8.8	-7.9
水产品养殖面积	Aquiculture Area	9.1	10.4	2.6
海　水	Seawater Aquiculture Area	25.2	13.5	2.3
淡　水	Freshwater Aquiculture Area	-4.9	4.9	3.3
十一、工　业	**Industry**			
全部工业增加值	Value Added of Industry Enterprises	10.9	11.6	10.8
十二、建筑业	**Construction**			
建筑业增加值	Value Added of Construction Enterprises	10.1	11.9	7.0

continued

(%)

2013	2014	2015	2016	2017	2018	2019	2020	2021	2022	2023
8.8	2.5	-2.5	3.2	0.3	-2.2	0.9	0.5	5.2	0.6	1.5
9.7	8.7	8.0	7.8	8.2	7.5	7.0	3.3	7.6	4.2	5.1
8.5	10.1	8.4	8.3	7.3	7.5	7.8	2.1	7.4	-2.6	5.9
3.8	**4.0**	**4.3**	**4.4**	**4.0**	**3.0**	**0.8**	**3.0**	**8.6**	**4.8**	**5.1**
4.4	4.6	4.7	5.0	4.4	3.9	3.1	3.4	4.3	4.7	4.1
9.0	9.7	8.1	9.5	9.9	9.3	9.2	6.3	1.7	8.5	9.9
2.1	2.4	3.1	2.6	3.7	-0.1	-4.6	2.3	19.2	3.5	6.4
3.3	2.7	3.2	2.0	-0.5	0.8	-2.5	1.3	5.9	4.4	4.4
9.5	9.3	8.5	15.8	12.5	13.5	9.3	5.3	8.2	9.1	8.2
1.4	3.2	2.2	3.6	0.8	-1.0	0.7	1.7	1.0	0.8	2.0
-1.9	-0.2	0.6	2.2	1.5	-0.4	1.8	2.1	0.1	0.6	1.8
-15.5	1.8	-23.3	-3.0	-37.1	4.8	-9.7	-6.6	-23.4	3.3	-13.1
-8.8	21.5	-7.1	13.1	0.6	-0.1	-2.2	10.6	-0.6	0.4	2.0
-0.1	-3.5	-3.3	-0.5	0.4	-2.3	-7.1	0.7	-1.7	-4.2	2.5
-0.4	-0.7	-1.2	0.2	1.8	-0.4	-3.1	3.1	1.2	-0.7	1.9
1.9	-0.2	1.0	-1.0	3.5	-1.3	-17.6	3.4	12.5	3.1	7.8
2.1	0.4	-1.0	-1.9	-1.5	-1.8	-27.1	34.8	7.4	-4.6	-6.8
-2.2	-3.2	-0.7	-3.9	2.4	-5.2	-4.3	-23.5	0.4	1.3	-5.1
-2.8	-1.8	0.2	-4.2	3.6	2.7	2.0	-18.3	-2.4	-0.5	-7.3
-1.0	-0.5	2.7	8.7	-1.9	-1.3	4.3	6.1	1.1	-3.2	10.6
5.0	4.0	-1.7	-1.2	1.7	-1.9	-37.5	5.3	31.6	2.9	2.9
-0.7	-2.7	-0.6	-2.5	0.2	0.5	-4.8	-20.3	1.6	-1.6	-2.6
-0.9	2.4	-0.1	0.5	3.5	2.0	0.7	-7.8	-4.7	0.1	-3.3
-1.6	-7.0	5.4	11.6	2.9	-1.5	6.5	9.2	4.3	2.9	14.4
-1.4	-2.1	9.2	4.0	0.9	0.5	0.7	7.0	-5.3	-3.8	5.5
-4.4	3.0	-1.6	-2.9	-1.0	0.5	0.8	3.0	19.4	5.6	4.5
2.5	4.7	3.0	2.0	-2.5	-0.8	-4.4	0.6	3.1	3.1	3.7
2.0	6.5	3.8	2.6	-2.3	-0.1	-4.1	1.7	3.1	3.0	3.7
-3.4	9.5	3.1	2.4	-9.7	-1.4	-2.7	-2.5	-0.5	1.6	1.6
4.7	5.1	4.1	2.6	1.2	0.4	-4.6	3.4	4.5	3.5	4.5
5.1	-3.6	-0.6	-0.9	-3.6	-4.2	-6.6	-5.6	3.3	4.3	3.7
2.1	-21.3	-8.4	13.0	-10.8	-1.1	7.8	7.1	0.1	4.4	5.0
5.3	-2.1	-0.1	-1.8	-3.1	-4.4	-7.6	-6.6	3.6	4.3	3.6
2.9	1.0	1.3	-0.8	-0.7	-6.2	-3.0	-1.9	2.8	0.9	4.1
4.4	0.3	2.7	7.4	0.9	-6.5	-1.6	3.4	4.8	1.5	4.6
0.1	2.3	-1.3	-17.1	-4.9	-5.3	-6.6	-16.8	-4.5	-1.3	1.9
10.1	8.8	6.9	6.1	6.2	4.5	2.0	3.4	7.5	4.2	6.3
9.6	9.2	8.1	6.0	4.4	4.2	6.5	1.5	1.4	2.9	8.0

1-3 续表 3

单位:%

类 别	Category	2000	2010	2012
十三、交通运输邮电	**Transport,Post and Telecommunication Services**			
铁路通车里程	Length of Railways	持平	5.9	3.1
公路通车里程	Length of Highways	4.2	1.4	4.9
#晴雨通车	Length of Highways Operating under All Weathers	4.5	1.6	5.0
内河通航里程	Length of Navigable Inland Waterways	持平	13.6	持平
客运量	Passenger Traffic	11.4	6.2	5.8
铁 路	Railways	4.6	4.0	15.7
公 路	Highways	12.1	6.2	5.5
水 路	Waterways	-4.8	14.9	7.1
客运周转量	Passenger Turnover	5.9	3.6	6.0
铁 路	Railways	7.8	10.9	11.1
公 路	Highways	12.2	1.2	4.2
水 路	Waterways	-19.1	18.9	5.2
货运量	Freight Traffic	15.3	4.8	4.9
铁 路	Railways	6.6	-7.9	0.5
公 路	Highways	13.4	5.1	6.2
水 路	Waterways	14.1	17.7	3.5
货运周转量	Freight Turnover	26.7	7.2	-12.7
铁 路	Railways	8.7	7.9	-2.1
公 路	Highways	14.8	2.8	6.6
水 路	Waterways	70.9	14.4	5.5
沿海主要港口货物吞吐量	Volume of Freight Handled in Major Coastal Ports	15.2	18.3	10.9
邮政局总计	Number of Post & Telecommunications Offices	-31.8	-0.8	0.2
函 件	Number of Letters	-6.4	3.6	-0.8
电信业务总量	Business Volume of Telecommunication Services	32.1	21.1	10.2
互联网宽带接入用户	Number of Internet Broad Band Subscribers			18.2
年末移动电话用户	Number of Mobile Telephone	101.2	15.9	6.6
民用汽车拥有量	Number of Private Vehicles	14.4	18.7	15.9
十四、国内贸易	**Domestic Trade**			
社会消费品零售总额	**Total Retail Sales of Consumer Goods**	**12.4**	**16.9**	**13.2**
商品零售	Retail Sales			13.4
餐饮收入	Catering Income			11.9
十五、对外经济和旅游	**Foreign Trade and Tourism**			
对外贸易	Foreign Economy and Trade			
海关进出口总值	Total Value of Imports and Exports	36.8	36.3	4.1
海关出口总值	Total Exports	34.1	31.0	2.4
#一般贸易	General Trade	37.9	36.7	6.3
来料加工装配贸易	Processing and Assembling with Customer's Materials	34.0	7.5	2.9
进料加工贸易	Processing and Assembling with Import Materials	28.4	28.4	-3.6
海关进口总值	Total Imports	41.4	43.5	6.0

注：1.交通运输部2014年修订了公路、水运运输量统计试行方案，统计口径发生了变化。
2.表中2000年电信业务总量按1990年不变价格计算，2010年按2000年不变价格计算。2011—2015年电信业务总量按2010年价格计算；2016—2020年，按2015年价格计算；自2021年起，按上年不变价格计算。
3.2019年起，公路货运量采用全国公路货运量专项调查数据，与往年数据不可比。
4.2020年起，铁路客货运量、周转量为济南局、北京局、郑州局在山东省内数据，口径为国家铁路；铁路通车里程含地方铁路。

continued

(%)

2013	2014	2015	2016	2017	2018	2019	2020	2021	2022	2023
2.1	3.4	7.0	0.4	4.8	11.0	5.2		4.6	1.8	5.0
3.4	2.7	1.5	0.9	1.8	1.9	1.7	2.3	0.5	1.3	0.6
3.4	2.8	1.5	0.9	1.8	1.9	1.8	2.3	-1.1	1.7	1.2
持平	持平	持平	持平	持平	持平	持平	-2.9	持平	持平	持平
1.7	-1.0	-19.0	5.2	2.9	3.2	1.1	-55.9	-5.8	-42.2	103.0
10.9	12.1	12.2	11.6	12.5	8.5	8.2	-41.0	24.2	-39.8	149.5
1.4	-3.1	-24.3	4.0	0.6	1.9	-0.9	-60.7	-22.3	-45.5	50.9
0.2	11.8	-1.1	0.1	1.8	0.3	-1.5	-59.1	27.1	-21.9	212.0
3.3	5.5	-1.1	3.7	5.0	3.5	0.8	-55.4	18.6	-41.2	136.2
7.9	12.3	4.4	6.2	7.2	4.0	1.3	-47.9	21.3	-40.2	158.3
1.6	-1.7	-7.8	0.2	1.8	2.6	-0.2	-67.7	11.6	-44.7	65.0
-7.8	7.3	-1.5	3.1	0.6	5.7	12.7	-72.5	-2.5	-17.1	162.4
4.3	0.1	-1.0	8.9	14.6	8.3		1.2	8.0	-3.2	4.2
-3.9	-11.8	-6.0	6.1	6.6	4.8	11.4	10.2	-1.3	8.0	2.6
5.1	1.0	-0.9	9.6	15.3	8.6		0.4	9.0	-4.9	3.1
-1.2	2.7	3.9	2.3	10.6	7.8	-1.1	2.5	6.2	9.1	19.6
-6.6	0.9	1.9	5.6	9.4	3.5	1.2	1.9	16.1	18.4	5.4
-7.0	-10.9	-13.0	6.0	6.8	4.2	13.4	3.9	7.4	8.9	-1.9
6.2	3.9	2.9	3.3	9.5	3.1	-1.7	0.6	10.8	5.3	1.1
2.1	1.3	12.4	15.0	10.8	4.4	3.3	5.0	40.8	59.3	15.9
10.8	8.9	4.4	6.4	6.1	6.6	-0.3	4.9	5.5	6.1	4.4
0.2	0.3	持平	0.3	0.1	-0.2	0.6	4.0	-0.9	-2.6	0.2
-7.2	-31.0	-35.7	-45.0	-32.4	-8.7	-1.7	-30.7	-12.6	-15.4	19.5
8.3	23.6	17.3	49.3	73.1	144.3	58.5	24.4	30.1	29.6	16.2
7.4	4.0	6.7	45.6	9.4	11.4	10.4	8.1	12.1	10.4	7.4
9.8	4.0	8.7	1.9	3.6	6.3	2.0	1.1	3.1	4.0	2.6
13.8	10.2	10.4	12.7	11.6	10.0	9.4	7.9	7.9	5.9	4.6
12.2	**11.3**	**9.4**	**9.0**	**8.7**	**7.6**	**6.4**	持平	**15.3**	**-1.4**	**8.7**
12.3	11.4	9.0	8.5	8.6	7.1	6.0	0.8	14.4	-0.9	7.4
10.8	10.4	12.4	12.7	10.0	11.9	9.7	-6.2	22.4	-5.2	19.9
8.8	3.7	-12.8	-3.1	12.3	11.2	1.3	7.5	42.5	6.0	-3.5
4.5	7.6	-0.5	-4.8	7.2	8.9	0.8	17.1	43.8	6.0	-4.1
10.6	10.1	8.0	-4.3	9.0	17.2	1.9	23.1	41.2	5.9	-3.5
-0.2	-7.4	-7.7	-3.2	-9.0	-7.7	0.6	-17.8	11.2	21.3	-0.5
-3.8	7.8	-11.6	-6.7	6.3	-5.6	-10.8	-0.8	22.8	15.4	-5.4
13.6	-0.2	-26.2	-0.7	19.5	14.1	2.0	-4.0	40.7	6.1	-2.6

a) The pilot statistical investigation program on passenger highway and turnover was revised in 2014,and the statistical scope was adjusted.

b) Business volume of telecommunication service of 2000 was calculated at 1990 constant prices, and that of 2010 was calculated at 2000 constant prices, and that from 2011 to 2015 was calculated at 2010 constant prices,and that from 2016 to 2020 was calculated at 2015 constant prices, and since 2021, that was calculated at the last year constant prices.

c) The road freight volume adopts the special survey data of national road freight volume since 2019, and not comparable with the previous.

d) Since2020, the railway passenger and freight volume and turnover refer to the data of Jinan Bureau,Beijing Bureau and Zhengzhou Bureau in Shan-dong Province,the caliber is national railway,and the data of railways length includes the local railways.

1-3 续表 4

单位:%

类　别	Category	2000	2010	2012
利用外资	**Utilization of Foreign Capital**			
新设外商直接投资企业数	Number of newly established Companies by foreign direct investment	58.9	11.2	-7.0
实际利用外商直接投资	Direct Foreign Investments	20.4	14.5	10.7
对外承包工程和劳务合作	**Foreign Contracted Projects Labor Cooperation**			
合同金额	Contracted Value	-9.0	17.2	4.2
营业额	Value of Business	-28.9	18.3	9.6
年末在外人数	Population in Foreign Countries and Regions	13.1	5.9	-4.5
旅　游	**Tourism**			
接待海外旅游人数	International Tourists	16.3	18.3	10.8
外国人	Foreigners	14.9	15.2	9.6
港澳台胞	Compatriots from Hong Kong Macao and Taiwan	23.5	29.1	14.1
旅游外汇收入(人民币)	Foreign Exchange Earnings(RMB)	18.8	21.0	12.0
旅游外汇收入(美元)	Foreign Exchange Earnings(USD)	18.8	22.1	14.6
人民币对主要外币年平均汇价（中间价）	**Average Exchange Rate of RMB Yuan Against Main Convertible Currencies (Middle Rate)**			
100美元	100 US Dollars	-0.03	-0.9	-2.3
100日元	100 Japanese Yen	-8.5	5.9	-2.5
100港元	100 Hong Kong Dollars	-0.4	-1.1	-1.9
100欧元	100Euros		-5.8	-9.9
十六、教　育	**Education**			
普通高等学校	**Regular Institutions of Higher Education**			
学校数	Number of Schools	11.5	3.9	-1.4
招生数	New Enrollment	51.5	-1.1	0.3
毕业生数	Graduates	0.2	2.9	0.3
在校学生数	Total Enrollment	42.2	2.4	0.8
教职工数	Teachers and Staff	10.7	1.7	-0.2
专任教师	Full-time Teachers	16.5	1.9	1.5
中等专业学校	**Secondary Professional Schools**			
学校数	Number of Schools	-3.2		-5.2
招生数	New Enrollment	-23.6		-9.0
毕业生数	Graduates	-2.9		-1.6
在校学生数	Total Enrollment	-3.2		-2.6
教职工数	Teachers and Staff	-5.2		-3.7
专任教师	Full-time Teachers	-4.2		-2.1
普通中学	**Regular Senior Secondary Schools**			
学校数	Number of Schools	-0.2	-2.8	-1.3
招生数	New Enrollment	5.4	2.4	-1.2
毕业生数	Graduates	1.9	-1.1	-2.9
在校学生数	Total Enrollment	9.4	0.3	-1.8
教职工数	Teachers and Staff	3.9	-0.8	0.5
专任教师	Full-time Teachers	4.9	-0.1	持平
技工学校	**Technical Schools**			
学校数	Number of Schools	-7.6	6.6	2.4
招生数	New Enrollment	-5.7	-6.8	3.4
毕业生数	Graduates	-6.9	-4.8	-8.4
在校学生数	Total Enrollment	-14.7	0.4	5.2
教职工数	Teachers and Staff	-15.2	-27.2	22.7
专任教师	Full-time Teachers	-3.2	-22.8	1.9

注:1.2004年起实行新的外商投资统计制度,取消对外借款部分,外商直接投资数据为商务部反馈数。2008年实际使用外资采用全口径统计方式。2019年起，实际使用外资采用商务部通报口径，不包含股东贷款、投资性公司投资，合同外资不再统计。
2.2010年起，中等专业学校数据改为中等职业学校口径。
3.因新冠肺炎疫情影响，2021年起暂停入境旅游数据核算，2024年恢复相关数据核算。

continued

(%)

2013	2014	2015	2016	2017	2018	2019	2020	2021	2022	2023
5.4	-3.8	11.6	-2.1	0.1	45.8	16.7	21.6	0.1	-24.0	8.1
13.8	8.1	7.3	3.2	6.1	14.9	18.6	20.1	21.9	6.3	-23.4
12.1	14.8	8.6	0.8	2.8	11.2	-11.9	-22.9	12.4	-6.8	-16.9
4.5	8.6	9.7	6.7	7.0	2.8	-4.4	-18.0	-1.4	-2.8	1.4
2.3	16.5	0.7	3.1	9.0	-4.0	6.9	-33.4	-20.1	-14.6	-1.6
-3.7	-1.6	3.4	5.4	1.8	3.8	1.6	-89.9			
-4.3	-0.5	3.1	5.0	0.1	3.7	1.3	-88.1			
-1.8	-4.3	4.1	6.3	6.4	4.0	2.3	-94.3			
-8.3	-1.4	8.2	12.8	5.3	3.9	5.8	-93.9			
-6.6	-0.6	6.7	5.8	3.6	6.0	1.5	-93.9			
-1.9	-0.8	1.4	6.6	1.6	-2.0	4.2	持平	-6.5	4.3	4.8
-19.9	-8.1	-11.4	18.8	-1.6	-0.6	5.8	2.0	-9.1	-12.7	-1.8
-1.9	-0.8	1.4	6.5	1.2	-2.6	4.3	1.0	-6.7	3.5	4.8
1.4	-0.7	-15.3	6.2	3.9	2.2	-1.0	1.9	-3.1	-7.3	8.1
2.2	1.4	0.7	0.7	0.7	持平	0.7	4.1	0.7	持平	2.0
5.8	10.1	2.6	4.8	-1.9	2.7	17.9	-1.6	7.0	9.3	6.5
0.3	-2.5	2.2	7.4	12.2	2.6	-1.3	4.7	2.1	18.8	1.5
2.4	5.8	5.8	5.0	1.0	1.3	7.0	4.9	6.0	4.0	5.8
-0.1	1.2	2.2	2.3	2.6	2.7	4.0	4.3	3.4	2.5	4.2
2.7	2.7	3.3	2.9	2.8	1.7	4.3	5.6	4.6	4.3	6.9
-6.3	-12.4	-5.4	-1.6	-6.3	-0.7	-1.8	1.5	0.8	3.5	-0.2
-10.2	-12.2	-7.9	-2.0	-9.4	-6.1	8.9	11.3	-1.3	2.0	0.4
-0.5	-6.5	-9.5	-10.5	-13.4	0.8	3.9	-10.2	-5.3	14.9	14.3
-10.1	-8.1	-9.6	-5.5	-2.0	-5.4	-2.6	6.4	7.9	5.0	0.2
-6.5	-3.5	-3.4	-2.7	-0.3	-1.8	-1.8	1.0	2.0	4.7	5.1
-4.2	-1.9	-0.7	-1.4	0.9	-0.8	-0.4	2.2	9.0	5.0	5.6
-1.6	-0.1	-0.4	1.7	1.6	3.1	3.3	3.4	2.5	0.9	1.3
-0.8	-3.1	-1.6	6.1	2.5	-0.1	7.2	6.5	持平	2.5	3.7
1.9	-1.5	1.5	1.0	-3.9	-2.0	6.1	5.8	-2.0	5.8	7.4
-0.8	-0.5	-1.3	0.5	2.6	3.0	3.6	3.9	4.0	3.0	1.9
0.2	1.2	0.9	1.8	3.6	2.6	4.2	4.1	4.9	0.8	1.1
1.5	1.2	0.8	1.9	3.2	2.3	3.8	4.0	4.1	1.3	0.9
-2.8	-1.9	-4.4	持平	持平	-6.7	持平	持平	7.2	6.7	3.9
-6.7	-11.2	2.8	1.6	-3.4	4.7	11.8	15.0	-2.3	1.5	6.9
7.7	-11.3	-9.2	-8.7	15.8	-7.2	-4.8	4.7	8.6	22.0	5.9
-7.8	-10.9	-3.4	5.4	-0.8	-0.8	7.7	14.1	9.0	2.9	-1.6
3.2	-4.7	-0.6	-0.3	0.6	0.3	0.2	1.7	9.0	3.1	-8.3
11.8	-4.1	-1.7	1.3	-1.5	-0.2	-1.0	5.7	11.5	1.9	

a) Since 2004,foreign loads is canceled according to the new statistical regulations on foreign investments, data of foreign direct investments come from the Ministry of Commerce.In 2008 the foreign capital actually utilized is changed to the actual received foreign capital.From 2019,Actual use of foreign capital uses Bulletin of the Ministry of Commerce,does not contain shareholder loan and the investment from investment companies,and contract foreign investment is no longer counted.

b) Data of secondary professional schools refer to the caliber of secondary vocational school since 2010 .

c) Since 2021,the accounting of inbound tourism data has been suspended due to the impact of COVID-19,which has been restarted in 2024.

1-3 续表 5

单位:%

类　　别	Category	2000	2010	2012
小　学	**Regular Primary Schools**			
学校数	Number of Schools	-11.7	-3.5	-3.9
招生数	New Enrollment	-10.0	9.4	-8.2
毕业生数	Graduates	1.9	0.7	-0.6
在校学生数	Total Enrollment	-11.0	0.4	-2.5
教职工数	Teachers and Staff	-2.4	-0.8	-1.6
专任教师	Full-time Teachers	-2.5	-0.6	-1.0
成人高等学校	**Adult Institutions of Higher Education**			
学校数	Number of Schools	持平	-14.3	持平
招生数	New Enrollment	-5.4	-2.1	12.8
毕业生数	Graduates	14.9	5.0	-16.8
在校学生数	Total Enrollment	-0.5	3.0	10.8
教职工数	Teachers and Staff	-1.7	-32.3	8.5
专任教师	Full-time Teachers	-0.7	-28.9	6.8
十七、科　技	**Science and Technology**			
重要科技成果	**Major Scientific Achievements**			
成果数量	Number of Achievements	1.1	0.1	0.6
#农　业	Agricultural	3.2	27.8	10.8
工　业	Industry	1.5	-11.5	18.0
国际领先先进水平	Internationally Advanced	-19.5	-10.0	-5.9
国内领先先进水平	Nationally Advanced	4.5	-6.8	4.1
专利情况	**Patent Applications**			
申请量	Number of Patent Applications Examined	16.7	20.9	17.3
授权量	Number of Patent Applications Granted	6.5	49.2	28.3
#发明专利	Inventions		43.3	27.3
十八、卫生和文化	**Health and Culture**			
卫生机构数	Number of Health Institutions	17.2	9.3	0.8
#医院(卫生院)	Hospitals and Township Hospitals	持平	2.5	1.7
卫生机构床位数	Number of Beds in Health Institutions	0.7	10.1	13.8
卫生技术人员数	Medical Technical Personnel	2.3	8.6	10.0
#执业(助理)医师	Licensed (Assistant) Doctors	4.3	5.3	7.8
注册护士	Registered Nurse	2.3	12.5	12.1
文化(艺术)馆	**Cultural (Arts) Centers**			
机构数	Number of Institutions	0.6	持平	-1.3
人　数	Number of Employed Persons	-4.4	-1.9	-1.7
文化站	**Cultural Stations**			
机构数	Number of Institutions	-2.8	-0.6	-0.4
人　数	Number of Employed Persons	0.3	-1.1	7.4
艺术表演团体	**Arts Performance Troupes**			
机构数	Number of Institutions	0.9	0.8	-10.3
人　数	Number of Employed Persons	-2.2	-0.2	-7.2
剧场(院)	**Theaters and Music Halls**			
机构数	Number of Institutions	-1.9	11.0	持平
人　数	Number of Employed Persons	-2.8	16.1	-2.4
图书馆	**Libraries**			
机构数	Number of Institutions	持平	-0.7	持平
人　数	Number of Employed Persons	-1.9	0.4	-1.9
博物馆	**Museums**			
机构数	Number of Institutions	3.5	2.7	48.3
人　数	Number of Employed Persons	-1.8	6.5	56.2

注：1.自2011年，医疗卫生机构数含村卫生室，自2013年，含部分计划生育技术服务机构。
2.2017年以前，专利申请量是指国家知识产权局受理的专利申请数量；从2017年开始，是指国家知识产权局受理的按规定缴足申请费、符合进入初步审查阶段条件的专利申请数量。
2.自2023年起，博物馆统计口径调整为国有博物馆。

continued

(%)

2013	2014	2015	2016	2017	2018	2019	2020	2021	2022	2023
-3.6	-3.4	-3.4	-3.6	-2.9	-0.7	-0.3	-0.3	-1.7	-4.2	-4.5
5.6	7.8	-0.2	-0.4	2.5	2.1	-1.4	1.4	6.4	-5.3	37.9
-2.7	-2.2	-2.1	8.3	3.6	0.5	5.6	6.3	0.5	-0.2	2.3
-0.3	3.6	4.0	2.5	2.5	2.5	1.7	0.6	1.7	0.6	6.8
-0.9	-1.3	0.1	1.9	1.4	0.1	1.1	0.9	2.5	0.1	1.2
1.2	0.5	1.9	3.2	3.2	2.1	2.8	2.6	3.1	-0.2	2.1
-35.3	持平	持平	持平	持平	持平	持平	持平	持平	持平	持平
-0.6	8.0	-8.8	9.9	-12.1	48.5	25.2	41.7	8.7	17.4	-1.0
6.6	15.0	9.3	3.8	66.7	-35.1	-12.4	40.9	25.4	41.8	8.1
7.4	5.5	-0.2	3.7	-25.3	13.8	30.2	33.5	22.1	14.0	8.9
-33.7	-20.5	-2.6	-27.1	-1.5	-6.4	-15.0	-0.7	-8.7	10.7	2.7
-32.1	-22.1	-3.3	-27.5	-3.1	-7.4	-19.1	-1.0	-9.7	8.8	-0.3
-2.5	26.7	1.9	0.2	-15.9	-29.4	42.5	-8.2	24.2	5.7	14.8
-12.1	48.1	-12.5	9.4	-13.8	-36.1	36.2	7.0	-2.7	5.2	-15.0
1.5	26.4	-6.9	-9.8	-13.4	-43.3	78.9	-16.6	12.0	8.8	35.7
11.8	20.0	18.4	-21.2	-19.9	-31.8	76.7	-34.0	31.5	14.4	19.9
-20.9	7.4	5.8	-9.7	-11.1	-29.9	40.3	3.2	1.4	6.4	28.2
20.6	2.2	21.8	10.2		16.6	10.3	40.2	持平	10.5	4.0
1.9	-5.4	34.7	持平	2.5	31.7	10.7	63.0	38.1	3.8	-20.1
19.6	18.2	60.2	14.9	-1.6	6.5	1.5	29.5	35.9	34.0	13.6
9.6	2.1	0.5	-0.5	2.7	3.1	2.6	1.4	1.0	0.4	2.5
7.5	1.9	1.9	2.4	12.8	2.7	-0.4	持平	-0.2	-0.1	3.8
3.4	2.1	3.8	4.5	7.8	4.0	3.5	2.7	4.2	2.9	6.5
12.8	1.0	2.5	3.9	7.2	7.1	6.0	4.0	4.8	2.7	6.7
15.7	-0.4	2.6	3.4	8.0	9.6	8.7	4.5	4.1	2.1	6.3
25.3	2.3	3.4	5.8	9.2	9.9	5.8	4.2	5.8	2.8	7.9
0.6	-0.6	-0.6	持平	持平	持平	持平	0.6	持平	持平	持平
1.0	-0.5	-0.4	-0.9	-0.9	-0.9	-2.9	0.8	3.0	0.6	2.2
-0.8	0.2	0.2	0.1	-0.1	0.2	-0.2	0.3	持平	0.1	持平
-1.4	5.4	6.8	-4.9	1.4	-0.1	4.7	0.8	10.1	-1.0	7.2
-1.0	1.0	持平	-1.0	1.9	持平	-1.0	-1.0	-1.9	持平	-8.9
-2.9	3.1	-6.3	5.3	0.7	-2.6	2.3	-5.0	-2.7	-4.8	-5.8
持平	持平	-1.1	1.1	7.5	6.0	-12.3	-6.5	-5.7	-6.1	-15.6
-17.5	0.9	-5.9	-1.8	13.7	4.4	-8.9	-1.2	-5.5	-9.8	2.5
2.0	持平	0.7	持平	持平	持平	持平	持平	-0.6	持平	持平
4.3	-1.1	0.7	2.8	1.7	-1.2	-0.9	3.1	3.1	6.2	2.3
9.0	25.3	28.4	26.0	23.4	6.6	4.6	6.7	9.0	5.7	
9.1	13.1	17.5	13.3	11.5	1.0	3.2	6.6	14.0	2.7	

a) Since 2011,the number of health institutions includes village clinics,and since 2013 ,it includes family planning technical services institutions.
b) Before 2017, the amount of patent application refers to the number of patent applications accepted by the State Intellectual Property Office; from 2017,it refers to the amount of application fees paid by the State Intellectual Property Office and the number of patent applications that have entered the preliminary examination stage.
c) Since 2023, statistical caliber of museums has been adjusted to the number of State owned museums.

1-4 全省经济和社会发展结构指标

Composition Indicators on National Economic and Social Development

单位:% (%)

项目	Item	2015	2018	2019	2020	2021	2022	2023
一、地区生产总值比例	**Structure of Gross Domestic Product**							
第一产业	Primary Industry	8.9	7.4	7.3	7.4	7.3	7.2	7.1
第二产业	Secondary Industry	44.9	41.3	39.9	39.1	39.6	39.5	39.1
第三产业	Tertiary Industry	46.2	51.3	52.8	53.5	53.1	53.3	53.8
二、常住人口比例	**Structure of Population**							
按性别分	Sexual Structure							
男	Male	50.5	50.2	49.8	50.7	50.8	50.7	50.5
女	Female	49.5	49.8	50.2	49.3	49.2	49.3	49.5
按年龄分	Age							
0-14岁	Aged 0-14	16.6	18.1	18.0	18.8	18.4	17.9	17.3
15-64岁	Aged 15-64	71.2	66.9	66.2	66.1	65.7	65.4	65.3
65岁及以上	Aged 65 and Over	12.2	15.0	15.8	15.1	15.9	16.7	17.4
按农村城镇分	Agricultural and Non-agricultural Structure							
农村人口	Agricultural Structure	43.03	38.54	38.14	36.95	36.06	35.46	34.47
城镇人口	Non-agricultural Structure	56.97	61.46	61.86	63.05	63.94	64.54	65.53
三、社会就业人员比例	**Structure of Employment**							
第一产业	Primary Industry	31.1	27.3	26.0	24.9	24.0	24.1	23.6
第二产业	Secondary Industry	33.3	33.4	33.3	33.4	33.8	33.8	33.9
第三产业	Tertiary Industry	35.6	39.3	40.7	41.7	42.2	42.2	42.6
四、农林牧渔业总产值比例	**Structure of Gross Output Value of Agriculture**							
农业	Farming	50.2	49.8	50.8	50.7	50.7	51.2	51.6
林业	Forestry	1.5	1.9	2.0	2.1	1.9	1.9	2.0
牧业	Animal Husbandry	28.0	25.9	24.9	25.2	25.3	24.8	23.7
渔业	Fishery	15.6	15.2	14.4	14.1	14.4	14.3	14.4
农林牧渔专业及辅助性活动	Farming,Forestry,Animal Husbandry and Fishery professions and auxiliary activities	4.7	7.2	7.8	7.9	7.6	7.9	8.3
五、全社会固定资产投资比例	**Structure of Investment in Fixed Assets**							
国有经济	State-owned Units	13.0	20.1	23.8	20.2	19.7	21.3	21.0
集体经济	Collective-owned Units	6.5	1.2	1.1	0.5	0.5	0.5	0.4
个体经济	Self-employed Units	42.0	39.1	29.9	30.1	32.5	31.0	30.4
其他经济	Others	38.5	39.6	45.2	49.3	47.3	47.2	48.2
六、社会消费品零售总额比例	**Structure of Total Retail Sales of Consumer Goods**							
城镇	Urban	79.9	79.5	79.4	82.2	83.3	84.1	84.0
乡村	Rural	20.1	20.5	20.6	17.8	16.7	15.9	16.0
七、人民生活	**People's Livelihood**							
城乡居民收入比(农村居民收入为1)	Urban and Rural Income Ratio(Rural Income as 1)	2.44	2.43	2.38	2.33	2.26	2.22	2.17
城镇居民人均消费支出	Of Per Capita Consumption Expenditure of Urban Households							
食品烟酒	Food, Tobacco and Liquor	27.8	26.3	26.1	26.8	26.2	27.0	27.4
交通通信	Transport and Communications	13.8	14.5	14.1	13.5	14.7	13.9	14.9
教育文化娱乐	Education, Cultural and Recreation	10.8	11.7	11.9	11.7	12.5	11.7	12.4
医疗保健	Health Care and Medical Services	7.1	7.9	8.2	8.4	8.2	8.2	8.6
农村居民人均消费支出	Of Per Capita Consumption Expenditure of Rural Households							
食品烟酒	Food, Tobacco and Liquor	30.4	28.1	27.8	29.4	29.6	29.5	29.5
交通通信	Transport and Communications	15.9	16.6	16.2	16.7	17.0	17.3	17.5
教育文化娱乐	Education, Cultural and Recreation	10.4	11.2	11.6	10.2	10.5	10.5	11.0
医疗保健	Health Care and Medical Services	10.5	10.7	10.9	11.2	10.5	10.7	11.0

注：表中2015—2019年常住人口比例、就业人员比例根据第七次人口普查结果进行了修订。

a) According to the Seventh National Census, the data of Structure of Population and Employment between 2015 to 2019 have been revised.

1-4 续表 continued

单位:% (%)

项 目	Item	2015	2018	2019	2020	2021	2022	2023
八、一般公共预算收入与地区生产总值之比	**Proportion of General Public Budget Revenue to GDP**	**10.0**	**9.7**	**9.3**	**9.0**	**8.8**	**8.1**	**8.1**
九、一般公共预算收入比例	**Of General Public Budget Revenue**							
税收收入	Tax Revenue	76.0	75.5	74.3	72.5	75.2	67.5	70.1
#国内增值税	Domestic Value-added Tax	10.8	29.3	30.0	27.7	27.9	20.2	27.2
企业所得税	Corporate Income Tax	9.0	10.4	10.7	10.5	11.9	11.8	9.7
个人所得税	Individual Income Tax	2.6	3.3	2.3	2.8	3.3	3.7	3.5
十、一般公共预算支出比例	**Of of General Public Budget Expenditure**							
一般公共服务支出	Expenditure for General Public Service	8.9	9.3	9.9	10.0	9.7	10.0	9.5
科学技术支出	Expenditure for Science and Technology	1.9	2.3	2.8	2.7	3.2	2.6	2.6
教育支出	Expenditure for Education	20.5	19.9	20.1	20.3	20.6	21.7	21.6
社会保障和就业支出	Expenditure for Social Safety Net and Employment Effort	11.0	12.4	13.5	14.8	15.9	16.2	17.3
十一、交通运输	**Structure of Transport**							
货运量比例	Structure of Freight Traffic							
铁路	Railways	6.1	5.4	6.8	7.5	6.9	7.7	7.5
公路	Highways	88.2	89.5	87.3	86.6	87.3	85.8	85.0
水运	Waterways	5.7	5.1	5.8	5.9	5.8	6.5	7.5
十二、邮电通信业	**Postal and Telecommunication Services**							
电话普及率(含移动电话)(部/百人)	Popularization Rate of Telephone (Include Mobile Telephone) (set/100 persons)	106.7	113.3	118.5	118.4	121.5	126.3	129.4
移动电话普及率(部/百人)	Popularization Rate of Mobile Telephone (set/100 persons)	95.4	104.9	106.7	107.3	110.6	115.1	118.6
十三、R&D经费支出比例	**Structure of R&D Expenditure**							
#基础研究	Basic Research	2.1	3.0	3.8	3.0	3.8	4.1	4.2
应用研究	Applied Research	5.4	6.8	6.6	6.6	6.1	7.5	7.4
试验发展	Experimental Development	92.5	90.3	89.5	90.4	90.1	88.4	88.4
#政府资金	Government Funds	7.8	8.3	9.8	8.6	8.9	8.5	8.3
企业资金	Enterprises Funds	90.2	88.9	88.7	90.3	90.0	90.1	90.2
十四、卫生	**Public Health**							
卫生技术人员	**Structure of Medical Technical Personnel**							
#执业(助理)医师	Licensed (Assistant) Doctors	38.3	39.3	40.3	40.5	40.2	39.9	39.8
注册护士	Registered Nurses	41.1	43.7	43.6	43.7	44.1	44.2	44.7
每万人口执业(助理)医师数 (人)	Number of Licensed (Assistant) Doctors per 10 000 Population (person)	24.0	28.8	31.2	32.4	33.7	34.4	36.7
每万人口医疗卫生机构床位数 (张)	Number of Beds of Hospitals and Health Centers per 10 000 Population (bed)	52.6	60.4	62.3	63.7	66.3	68.3	73.0

1-5 平均每天社会经济活动

Selected Indicators on Average Daily Social and Economic Activities

指标名称	Item	2018	2019	2020	2021	2022	2023
一、全省每天创造的财富	**Daily Production**						
地区生产总值 （万元）	Gross Domestic Product (10 000 yuan)	1825996	1932616	1994470	2270553	2399368	2522430
农林牧渔业总产值（万元）	Gross Output Value of Farming, Forestry, Animal Husbandry and Fishery (10 000 yuan)	257463	264977	279194	314192	332348	343340
建筑业总产值 （万元）	Gross Output Value of Construction (10 000 yuan)	353378	390939	409515	449645	481086	514572
一般公共预算收入（万元）	General Public Budget Revenue (10 000 yuan)	177682	178814	179724	199574	194633	204514
原 盐 （吨）	Salt (ton)	30652	29364	24611	20351	20827	28234
布 （万米）	Cloth (10 000 m)	1841	1216	1126	1148	1126	1328
发电量 （万千瓦时）	Electricity (10 000 kW·h)	161155	161568	159080	170146	169961	177637
原 油 （万吨）	Crude Oil (10 000 tons)	6.14	6.13	6.08	6.06	6.03	6.07
粗 钢 （吨）	Steel (ton)	196636	174164	219000	209570	208227	204271
汽 车 （辆）	Motor Vehicles (unit)	3734	3113	3173	2940	3277	5330
二、全省每天消费量	**Daily Consumption**						
社会消费品零售额（万元）	Total Retail Sails of Consumer Goods (10 000 yuan)	752884	801402	801316	923686	910580	990187
三、其他经济活动	**Other Daily Economic Activities**						
铁路、公路和水路客运人数 （万人）	Passenger Traffic (10 000 persons)	182.5	184.4	82.5	77.7	44.9	91.1
铁路、公路和水路货运量 （万吨）	Freight Traffic (10 000 tons)	957.5	834.9	845.6	913.5	884.1	920.9
住宅竣工面积 （平方米）	Floor Space of Residential Buildings Completed (sq.m)	220742	211908	196508	235526	134516	181311
四、全省人口变动和婚姻	**Daily Population Changes and Marriages**						
出生人口 （人）	Birth (person)	3644	3233	2384	2056	1869	1670
死亡人口 （人）	Death (person)	1973	2055	2027	2050	2128	2276
结婚对数 （对）	Marriages (couples)	1641	1460	1335	1267	1152	1319
离婚对数 （对）	Divorces (couples)	752	780	711	513	507	602

注:1.2020年起，铁路客货运量、周转量为济南局、北京局、郑州局在山东省内数据，口径为国家铁路。
2.平均每天出生人口和死亡人口数按常住人口计算。

a) The railway passenger and freight volume and turnover refer to the data of Jinan Bureau, Beijing Bureau and Zhengzhou Bureau in Shandong Province,the caliber is national railway.

b) Data on average daily births and deaths refers to permanent resident population.

1-6 国民经济和社会发展主要指标占全国的比重(2023年)

Proportion of Main Economic and Social Indicators to the Whole Country(2023)

指标名称		Item		山东 Shandong	全国 China	山东占全国比重(%) Proportion of Shandong to China (%)
一、人口与就业		**Population and Employment**				
年末总人口	(万人)	Population at the Year-end	(10 000 persons)	10123	140967	7.2
就业人员	(万人)	Employment	(10 000 persons)	5370	74041	7.3
二、生产总值	**(亿元)**	**Gross Domestic Product**	**(100 million yuan)**	**92068.7**	**1260582.1**	**7.3**
第一产业	(亿元)	Primary Industry	(100 million yuan)	6506.2	89755.2	7.2
第二产业	(亿元)	Secondary Industry	(100 million yuan)	35987.9	482588.5	7.5
第三产业	(亿元)	Tertiary Industry	(100 million yuan)	49574.6	688238.4	7.2
三、人均地区生产总值	**(元)**	**Per Capita Gross Domestic Product**	**(yuan)**	**90771**	**89358**	
四、农林牧渔业总产值	**(亿元)**	**Gross Output Value of Farming, Forestry, Animal Husbandry and Fishery**	**(100 million yuan)**	**12531.9**	**158507.2**	**7.9**
五、主要工农业产品产量		**Output of Major Farm and Industrial Products**				
粮　食	(万吨)	Grain	(10 000 tons)	5655.3	69541.0	8.1
棉　花	(万吨)	Cotton	(10 000 tons)	12.6	561.8	2.2
油　料	(万吨)	Oil-bearing Crops	(10 000 tons)	280.7	3863.7	7.3
肉　类	(万吨)	Meat	(10 000 tons)	910.1	9748.2	9.3
水产品	(万吨)	Aquatic products	(10 000 tons)	913.9	7116.2	12.8
原　油	(万吨)	Crude Oil	(10 000 tons)	2214.1	20472.2	10.8
原　盐	(万吨)	Salt	(10 000 tons)	1030.6	5268.6	19.6
纱	(万吨)	Yarn	(10 000 tons)	397.6	2388.2	16.6
布	(亿米)	Cloth	(100 million m)	48.5	318.9	15.2
农用化肥(折纯)	(万吨)	Chemical Fertilizer	(10 000 tons)	472.7	5683.8	8.3
水　泥	(万吨)	Cement	(10 000 tons)	12969.7	201940.2	6.4
平板玻璃	(万重量箱)	Plate Glass	(10 000 weight cases)	8680.8	98752.8	8.8
粗　钢	(万吨)	Steel	(10 000 tons)	7455.9	102886.0	7.2
汽　车	(万辆)	Motor Vehicles	(10 000 units)	194.5	3009.9	6.5
家用电冰箱	(万台)	Household Refrigerators	(10 000 units)	964.2	9942.3	9.7
彩色电视机	(万台)	Color Television Sets	(10 000 units)	2431.6	19807.8	12.3
家用洗衣机	(万台)	Household Washing Machines	(10 000 units)	935.3	10529.4	8.9
六、房地产开发投资	**(亿元)**	**Investment in Real Estate Development**	**(100 million yuan)**	**8541.2**	**112142.3**	**7.6**
七、财政金融		**Finance and Financial Intermediation**				
地方一般公共预算收入	(亿元)	General Public Budget Revenue	(100 million yuan)	7464.8	117228.7	6.4
地方一般公共预算支出	(亿元)	General Public Budget Expenditure	(100 million yuan)	12581.7	236403.5	5.3
住户本外币存款余额	(亿元)	RMB Savings and Deposit of Urban and Rural Households at the Year-end	(100 million yuan)	97230.0	1378765.5	7.1
八、国内贸易		**Domestic Trade**				
社会消费品零售总额	(亿元)	Total Retail Sales of Consumer Goods	(100 million yuan)	36141.8	471495.2	7.7
九、外贸外经旅游		**Foreign Trade and Tourism**				
进出口总额	(亿元)	Total Value of Imports and Exports	(10 000yuan)	32665.9	417510.1	7.8
出口总额	(亿元)	Exports	(10 000yuan)	19428.6	237656.4	8.2
十、价格指数		**Price Indices**				
居民消费价格指数	(上年=100)	Consumer Price Indices	(preceding year=100)	100.1	100.2	
工业生产者出厂价格指数	(上年=100)	Producer Price Indices for Industrial Products	(preceding year=100)	96.5	97.0	
农产品生产者价格指数	(上年=100)	Producer Price Indices for Farm Products		101.0	97.7	
十一、人民生活		**People's Livelihood**				
城镇非私营单位就业人员平均工资	(元)	Average Wage of Employed Persons in Urban Units	(yuan)	107131	120698	
全体居民人均可支配收入	(元)	Disposable Income of All Households	(yuan)	39890	39218	
城镇居民人均可支配收入	(元)	Disposable Income of Urban Households	(yuan)	51571	51821	
农村居民人均可支配收入	(元)	Disposable Income of Rural Households	(yuan)	23776	21691	
十二、教育、卫生		**Education and Health Care**				
研究生在校生数	(万人)	Total Enrollment of Institutions of Higher Education	(10 000 persons)	17.6	388.3	4.5
医院床位数	(万张)	Number of Hospital Beds	(10 000 beds)	57.1	800.5	7.1
卫生技术人员数	(万人)	Number of Medical Technical Personnel	(10 000 persons)	93.5	1248.8	7.5

1−7 按行业分法人单位数

Number of Corporate Units by Sector

单位：个 (unit)

行　业	Sector	2019	2020	2021	2022
总　计	**Total**	**2309350**	**2842426**	**3261425**	**3546905**
农、林、牧、渔业	Agriculture,Forestry,Animal Husbandry and Fishing	125306	160524	176239	186582
采矿业	Mining	2558	2795	2759	2817
制造业	Manufacturing	354724	416009	454353	473971
电力、燃气及水的生产和供应业	Production and Supply of Electric Power and Heat Power	6939	7884	9284	10700
建筑业	Construction	185126	245179	299765	337283
批发和零售业	Wholesale and Retail Trade	728791	906404	1063075	1168922
交通运输、仓储和邮政业	Traffic,Transport,Storage and Post	66140	82583	94666	101311
住宿和餐饮业	Hotels and Catering Services	34177	41439	49281	54539
信息传输、软件和信息技术服务业	Information Transfer, Software and Information Technology Services	81022	105443	130317	146362
金融业	Financial Intermediation	8144	9842	11655	13055
房地产业	Real Estate	62011	73834	84202	87970
租赁和商务服务业	Leasing and Business Services	232003	297319	356897	391014
科学研究和技术服务业	Scientific Research and Technical Service	119160	153680	188504	214342
水利、环境和公共设施管理业	Management of Water Conservancy,Environment and Public Facilities	14663	20713	26329	29965
居民服务、修理和其他服务业	Households Services, Repair and Other Services	39141	47685	54892	58525
教　育	Education	52077	63276	65006	68579
卫生和社会工作	Health and Social Work	20243	22428	20417	23184
文化、体育和娱乐业	Culture,Sports and Entertainment	43350	50216	55878	58476
公共管理、社会保障和社会组织	Public management,Social Security and Social Organization	133775	135173	117906	119308
国际组织	International Organization				

1-8　按机构类型分法人单位数

Number of Corporate Units by Status of Organization

单位:个　(unit)

机构类型	Organization Status	2015	2016	2017	2018	2019	2020	2021	2022
合　计	**Total**	**1269917**	**1652065**	**2014790**	**1801301**	**2309350**	**2842426**	**3261425**	**3546905**
企　业	Enterprises	1048470	1344176	1675975	1547260	1982468	2483474	2928948	3202941
事业单位	Institutions	40919	44903	48350	50681	47378	47480	39744	40425
机　关	Agencies & Organizations	12411	12826	12304	12465	12213	12417	10835	11087
社会团体	Social Groups	15919	18819	20929	13337	17384	18876	14015	16478
民办非企业单位	Private Non-enterprise Units	16098	19740	24624	28723	34781	39907	34220	40781
基金会	Foundation	81	99	115	116	153	185	195	239
居委会	Neighborhood Committee	7507	7323	7048	7307	7463	7424	6905	6924
村委会	Village Committee	73947	73909	73453	71411	73870	73589	67156	65294
农民专业合作社	Professional Farmers Cooperatives		110936	136031	58750	122477	148883	151584	154682
其他组织机构	Others	54565	19334	15961	11251	11163	10191	7823	8054

1-9　按地区分法人单位数

Number of Corporate Units by Region

单位:个　(unit)

地　区	Region	2015	2016	2017	2018	2019	2020	2021	2022
全省总计	**Total**	**1269917**	**1652065**	**2014790**	**1801301**	**2309350**	**2842426**	**3261425**	**3546905**
济 南 市	Jinan	119575	144859	162066	200414	285944	363089	421843	459615
青 岛 市	Qingdao	230230	302471	345793	359226	427061	504379	553871	589565
淄 博 市	Zibo	68198	89514	115280	97597	114573	134612	150309	161377
枣 庄 市	Zaozhuang	37887	47322	60639	38717	62031	79353	91359	102009
东 营 市	Dongying	28465	39590	49073	39374	51023	63279	75052	85250
烟 台 市	Yantai	118699	151831	168440	182515	200567	231694	257964	278651
潍 坊 市	Weifang	115593	154860	194938	174232	229327	276417	304145	326280
济 宁 市	Jining	101533	123715	153557	130348	177396	214475	248556	268358
泰 安 市	Tai'an	56600	69235	79894	65349	72766	92032	115482	128856
威 海 市	Weihai	51595	69610	86039	64510	78757	92520	106762	115539
日 照 市	Rizhao	29516	37205	48228	52880	69645	86002	95960	107728
莱 芜 市	Laiwu	17200	22005	28270	29883				
临 沂 市	Linyi	92164	121410	167916	109478	178389	241088	294325	329282
德 州 市	Dezhou	51189	64949	83694	70831	91383	111800	120371	131061
聊 城 市	Liaocheng	46442	59745	80289	60844	90489	123109	152017	162040
滨 州 市	Binzhou	44869	61010	76260	58839	85354	110797	128797	141328
菏 泽 市	Heze	60162	92734	114414	66264	94645	117780	144612	159966

注：根据行政区划调整，2019年起，莱芜市并入济南市，以下表同。

a)According to administrative division adjustment,Laiwu City merged into Jinan City from 2019.The same applies to tables following.

主要统计指标解释

行政区划 指国家对行政区域的划分。根据宪法规定，我国的行政区域划分如下：(1)全国分为省、自治区、直辖市；(2)省、自治区分为自治州、县、自治县、市；(3)自治州分为县、自治县、市；(4)县、自治县分为乡、民族乡、镇；(5)直辖市和较大的市分为区、县；(6)国家在必要时设立的特别行政区。

国民经济行业分类 自2017年年报和2018年定期报表开始使用新的《国民经济行业分类》(GB/T4754-2017)。该分类是由国家统计局组织修订，原国家质量监督检验检疫总局和中国国家标准化管理委员会于2017年6月30日发布。这次修订是在2011年分类标准的基础上，结合我国经济活动特点，参照联合国《全部经济活动的国际标准产业分类》(ISIC/Rev.4)进行的。修订后的《国民经济行业分类》(GB/T4754-2017)共有门类20个，大类97个，中类473个，小类1382个。

企业登记注册类型 是以在市场监管部门登记注册的各类企业为划分对象，以市场监管部门对企业登记注册的类型为依据，将企业登记注册类型分为内资企业、港澳台商投资企业和外商投资企业三大类。内资企业包括国有企业、集体企业、股份合作企业、联营企业、有限责任公司、股份有限公司、私营企业和其他企业；港澳台商投资企业和外商投资企业分别包括合资经营企业、合作经营企业、独资经营企业和股份有限公司等。

国有企业 指企业全部资产归国家所有，并按《中华人民共和国企业法人登记管理条例》规定登记注册的非公司制的经济组织。不包括有限责任公司中的国有独资公司。

集体企业 指企业资产归集体所有，并按《中华人民共和国企业法人登记管理条例》规定登记注册的经济组织。

股份合作企业 指以合作制为基础，由企业职工共同出资入股，吸收一定比例的社会资产投资组建，实行自主经营，自负盈亏，共同劳动，民主管理，按劳分配与按股分红相结合的一种集体经济组织。

联营企业 指两个及两个以上相同或不同所有制性质的企业法人或事业单位法人，按自愿、平等、互利的原则，共同投资组成的经济组织。联营企业包括国有联营企业、集体联营企业、国有与集体联营企业和其他联营企业。

有限责任公司 指根据《中华人民共和国公司登记管理条例》规定登记注册，由两个以上、五十个以下的股东共同出资，每个股东以其所认缴的出资额对公司承担有限责任，公司以其全部资产对其债务承担责任的经济组织。有限责任公司包括国有独资公司以及其他有限责任公司。

股份有限公司 指根据《中华人民共和国公司登记管理条例》规定登记注册，其全部注册资本由等额股份构成并通过发行股票筹集资本，股东以其认购的股份对公司承担有限责任，公司以其全部资产对其债务承担责任的经济组织。

私营企业 指由自然人投资设立或由自然人控股，以雇佣劳动为基础的营利性经济组织。包括按照《公司法》、《合伙企业法》以及《个人独资企业法》规定登记注册的私营独资企业、私营合伙企业、私营有限责任公司、私营股份有限公司和个人独资企业。

其他企业 指上述企业之外的其他内资经济组织。

与港澳台商合资经营企业 指港澳台地区投资者与内地企业依照《中华人民共和国外商投资法》及有关法律的规定，按合同规定的比例投资设立，分享利润、分担风险和亏损的企业。

与港澳台商合作经营企业 指港澳台地区投资者与内地企业依照《中华人民共和国外商投资法》及有关法律的规定，依照合作合同的约定进行投资或提供条件设立，分配利润、分担风险和亏损的企业。

港澳台商独资经营企业 指依照《中华人民共和国外商投资法》及有关法律的规定，在内地由港澳台地区投资者全额投资设立的企业。

港澳台商投资股份有限公司 指根据国家有关规定，经商务部(原外经贸部)批准设立，并且其中港、澳、台商的股本占公司注册资本的比例达25%以上的股份有限公司。凡其中港、澳、台商的股本占公司注册资本的比例小于25%的，属于内资中的股份有限公司。

其他港澳台商投资企业 指在中国境内参照原《外国企业或个人在中国境内设立合伙企业管理办法》和《外商投资合伙企业登记管理规定》，依法设立的港、澳、台商投资合伙企业等。

中外合资经营企业 指外国企业或外国人与中国内地企业依照《中华人民共和国外商投资法》及有关法律的规定，按合同规定的比例投资设立，分享利润和分担风险和亏损的企业。

中外合作经营企业 指外国企业或外国人与中国内地企业依照《中华人民共和国外商投资法》及有关法律的规定，依照合作合同的约定进行投资或提供条件设立，分配利润、分担风险和亏损的企业。

外资企业 指依照《中华人民共和国外商投资法》及有关法律的规定，在中国内地由外国投资者全额投资设立的企业。

外商投资股份有限公司 指根据国家有关规定，经商务部（原外经贸部）批准设立，并且其中外资的股本占公司注册资本的比例达25%以上的股份有限公司。凡其中外资股本占公司注册资本的比例小于25%的，属于内资企业中的股份有限公司。

其他外商投资企业 指在中国境内依照原《外国企业或个人在中国境内设立合伙企业管理办法》和《外商投资合伙企业登记管理规定》，依法设立的外商投资合伙企业等。

Explanatory Notes on Main Statistical Indicators

Divisions of Administrative Areas refers to the division of administrative areas by the state. The Constitution of the People Republic of China stipulates that the administrative areas in China are divided as: 1) The whole country is divided into provinces, autonomous regions and municipalities directly under the central government; 2) Provinces and autonomous regions are divided into autonomous prefectures, counties, autonomous counties and cities; 3) Autonomous prefectures are divided into counties, autonomous counties and cities; 4) Counties and autonomous counties are divided into townships, nationality townships and towns; 5) Municipalities and large cities are divided into districts and counties, 6) The state shall, when necessary, establish special administrative regions.

Industrial Classification of the National Economy The new *Industrial Classification of the National Economy* (GB/T 4754-2017) is introduced starting from the compilation of 2017 annual statistics and 2018 monthly or quarterly statistics. The revision, based on the 2011 classification, was organized by the National Bureau of Statistics taking into consideration of the characteristics of economic activities in China and the *International Standards of the Industrial Classification of All Economic Activities* (ISIC/Rev.4) of the United Nations. The new *Classification* was promulgated by the former National Administration of Quality Supervision, Inspection and Quarantine and the Standardization Administration of the People's Republic of China on June 30, 2017. The revised version of the *Industrial Classification of the National Economy* (GB/T 4754-2017) is composed of 20 sections, 97 divisions, 473 groups and 1382 classes.

Registration Status of Enterprises (units) Enterprises are classified into 3 categories, namely enterprises with domestic investment, enterprises with investment from Hong Kong, Macao and Taiwan, and enterprises with foreign investment, according to the registration status of an enterprise in market supervision administration. Domestic-invested enterprises include state-owned enterprises, collective-owned enterprises, cooperative enterprises, joint ownership enterprises, limited liability corporations, share-holding corporations Ltd., private enterprises and other enterprises. Included in the enterprises with investment from Hong Kong, Macao and Taiwan and enterprises with foreign investment are joint-venture enterprises, cooperative enterprises, sole-proprietorship enterprises and share-holding corporations Ltd.

State-owned Enterprises refer to non-corporation economic units where the entire assets are owned by the state and which have been registered in accordance with the *Regulation of the People's Republic of China on the Management of Registration of Corporate Enterprises*. Not included from this category are state sole-proprietorship corporations in the limited liability corporations.

Collective-owned Enterprises refer to economic units where the assets are owned collectively and which have been registered in accordance with the *Regulation of the People's Republic of China on the Management of Registration of Corporate Enterprises*.

Cooperative Enterprises refer to a form of collective economic units (enterprises) where capitals come mainly from employees as their shares, with certain proportion of capital from the outside, where production is organized on the basis of independent operation, independent accounting for profits and losses, joint work, democratic management, and a distribution system that integrates remuneration according to work with dividend according to capital share.

Joint Ownership Enterprises refer to economic units established by two or more corporate enterprises or corporate institutions of the same or different ownership, through joint investment on the basis of voluntary participation, equality, and mutual benefits. They include state joint ownership enterprises; collective joint ownership enterprises; joint state-collective enterprises; and other joint ownership enterprises.

Limited Liability Corporations refer to economic units established with investment from 2-50 investors and registered in accordance with the *Regulation of the People's Republic of China on the Management of Registration of Corporations*, each investor bearing limited liability to the corporation depending on its share of investment, and the corporation bearing liability to its debt to the maximum of its total assets. Limited liability corporations include state sole-proprietorship corporations and other limited liability corporations.

Share-holding Corporations Ltd. refer to economic units registered in accordance with the *Regulation of the People's Republic of China on the Management of Registration of Corporations*, with total registered capital divided into equal shares and additional capitals raised through issuing stocks. Each investor bears limited liability to the corporation depending on the holding of shares, and the corporation bears liability to its debt to the maximum of its total assets.

Private Enterprises refer to profit-making economic units invested and established by natural persons, or controlled by natural persons, using employed labour. Included in this category are private sole-proprietorship enterprise, private partnership enterprise, private limited liability companies, private limited-liability company by shares and individual sole-proprietorship enterprise registered in accordance with the *Company Law*, *the Law on Partnership Business* and *the Law on Individual Proprietorship Enterprises*.

Other Domestic-Invested Enterprises refer to domestic-invested economic units other than those mentioned above.

Joint Venture Enterprises with Hong Kong, Macao and Taiwan are enterprises jointly established by investors from Hong Kong, Macao and Taiwan with enterprises in the mainland of China in accordance with the former *Foreign Investment Law of the People's Republic of China* and other relevant laws, where the establishment of the investment and the sharing of profits, taking risks and loss are stipulated in joint venture contracts.

Cooperative Enterprises with Hong Kong, Macao and Taiwan established by investors from Hong Kong, Macao and Taiwan with enterprises in the mainland of China in accordance with the former *Foreign Investment Law of the People's Republic of China* and other relevant laws, where the investment or provision of facilities and the sharing of profits and risks are stipulated under cooperative contracts.

Sole-proprietorship Enterprises with Investment from Hong Kong, Macao and Taiwan refer to enterprises established in the mainland of China with exclusive investment from investors from Hong Kong, Macao and Taiwan in accordance with the former *Foreign Investment Law of the People's Republic of China* and other relevant laws.

Share-holding Corporations Ltd. with Investment from Hong Kong, Macao and Taiwan refer to share-holding corporations Ltd. established with the approval from the Ministry of Commerce（the former Ministry of Foreign Trade and Economic Relations）in line with relevant state regulations, where the share of investment from Hong Kong, Macao or Taiwan businessmen exceeds 25% of the total registered capital of the corporation. In case the share of investment from Hong Kong, Macao or Taiwan is less than 25% of the total registered capital, the enterprise is to be classified as domestic-invested share-holding corporation Ltd.

Other Enterprises with Funds From Hong Kong, Macao and Taiwan refer to partnership enterprises with investments from Hong Kong, Macao and Taiwan established within the territory of China in accordance with former *Administrative Measures on the Establishment of Partnership Enterprises in China by Foreign Enterprises or Foreign Individuals* and *Regulations for the Administration of the Registration of Foreign-invested Partnership Enterprises*.

Joint Venture Enterprises with Foreign Investment refer to enterprises jointly established by foreign enterprises or foreigners with enterprises in the mainland of China in accordance with the former *Foreign Investment Law of the People's Republic of China* and other relevant laws, where the sharing of investment, profits and risks and loss are stipulated in contracts.

Cooperative Enterprises with Foreign Investment refer to enterprises jointly established by foreign enterprises or foreigners with enterprises in the mainland of China in accordance with the former *Foreign Investment Law of the People's Republic of China* and other relevant laws, where the investment or provision of facilities and the sharing of profits and taking risks and loss are stipulated in cooperative contracts.

Sole-proprietorship Enterprises with Foreign Investment refer to enterprises established in the mainland of China with exclusive investment from foreign investors in accordance with the former *Foreign Investment Law of the People's Republic of China* and other relevant laws.

Share-holding Corporations Ltd. with Foreign Investment refer to share-holding corporations Ltd. Established with the approval from the Ministry of Commerce （the former Ministry of Foreign Trade and Economic Relations） in line with relevant state regulations, where the share of investment from foreign investors exceeds 25% of the total registered capital of the corporation. In case the share of foreign investment is less than 25% of the total registered capital, the enterprise is to be classified as domestic-invested share-holding corporation Ltd.

Other Enterprises with Foreign Funds refer to partnership enterprises established within the territory of China in accordance with former *Administrative Measures on the Establishment of Partnership Enterprises in China by Foreign Enterprises or Foreign Individuals* and *Regulations for the Administration of the Registration of Foreign-invested Partnership Enterprises*.

第 2 篇

国民经济核算

National Accounts

简 要 说 明

一、本篇资料的主要内容

本篇资料从宏观上反映了经济发展的总体状况和发展水平，主要包括地区生产总值及其增长、结构、三次产业对经济增长的贡献等方面的资料。

根据国家统计局统一要求，支出法地区生产总值历史数据修订工作正在进行中，故暂时无法提供按支出法计算的地区生产总值及居民消费水平等数据。

二、本篇资料的来源

本篇资料来源于国民经济核算统计报表，由省统计局核算处整理提供。

Brief Introduction

I. Main Content

Data in the chapter reflect the overall situation and development of economy on the macro level, including growth rate and components of GDP, share of the three industries to the increase of GDP and household consumption expenditure.

According to the unified work arrangement of the National Bureau of Statistics, the work of revising the historical data of GDP by Expenditure Approach is in progress, so data of GDP by Expenditure Approach and the Resident Consumption Level can’t be provided temporarily.

II. Source of Data

Data in this chapter are prepared according to the data of national accounts and compiled by the Division of National Accounts of Shandong Provincial Bureau of Statistics.

2-1 主要年份地区生产总值
Gross Domestic Product in Major Years

单位:亿元 (100 million yuan)

年份 Year	地区生产总值 Gross Domestic Product	第一产业 Primary Industry	第二产业 Secondary Industry	第三产业 Tertiary Industry	#工业 Industry	#建筑业 Construction	人均地区生产总值(元) Per Capita GDP (yuan)
1952	43.81	29.55	7.27	6.99	6.82	0.45	91
1955	57.78	35.52	11.42	10.84	10.81	0.61	113
1957	61.39	31.95	17.59	11.85	16.62	0.97	116
1962	64.38	30.42	16.91	17.05	15.90	1.01	120
1965	86.25	42.24	28.96	15.05	25.99	2.97	152
1970	126.31	52.23	53.71	20.37	50.16	3.55	199
1975	166.19	65.54	75.31	25.34	69.76	5.55	240
1978	225.45	75.06	119.35	31.04	108.53	10.82	316
1979	251.60	91.12	127.68	32.80	114.67	13.01	350
1980	292.13	106.43	146.11	39.59	130.55	15.56	402
1981	346.57	132.21	155.41	58.95	138.09	17.32	472
1982	395.38	154.07	166.05	75.26	147.10	18.95	531
1983	459.83	185.57	178.75	95.51	159.15	19.60	611
1984	581.56	222.13	239.27	120.16	214.20	25.07	765
1985	680.46	235.96	293.07	151.43	259.42	33.65	887
1986	742.05	252.73	313.21	176.11	274.80	38.41	956
1987	892.29	287.31	384.57	220.41	341.31	43.26	1131
1988	1117.66	331.94	497.10	288.62	435.51	61.59	1395
1989	1293.94	359.14	579.65	355.15	513.97	65.68	1595
1990	1511.19	425.29	635.98	449.92	568.25	67.73	1815
1991	1810.54	521.85	745.90	542.79	663.90	82.00	2122
1992	2196.53	534.62	999.11	662.80	889.59	109.52	2557
1993	2770.37	596.63	1355.71	818.03	1201.67	154.04	3212
1994	3844.50	775.03	1891.43	1178.04	1692.10	199.33	4441
1995	4953.35	1010.13	2355.78	1587.44	2098.06	257.73	5701
1996	5883.80	1200.17	2784.09	1899.54	2475.99	308.10	6746
1997	6537.07	1195.00	3147.37	2194.70	2796.02	351.35	7461
1998	7021.35	1215.81	3408.06	2397.49	3008.45	399.61	7968
1999	7493.84	1221.00	3644.32	2628.52	3197.16	447.16	8483
2000	8278.06	1252.08	4120.19	2905.79	3620.06	500.13	9260
2001	9076.22	1340.46	4466.74	3269.02	3911.03	555.71	10063
2002	10076.52	1369.15	5037.63	3669.74	4364.37	673.26	11120
2003	10903.23	1456.98	5720.01	3726.24	4995.68	724.33	11977
2004	13308.08	1748.22	7327.61	4232.25	6497.70	829.91	14540
2005	15947.51	1928.17	8841.13	5178.21	7875.58	965.55	17308
2006	18967.80	2098.26	10568.49	6301.05	9467.48	1101.01	20443
2007	22718.06	2451.01	12529.41	7737.64	11233.13	1296.28	24329
2008	27106.22	2876.20	14911.50	9318.52	13310.80	1600.70	28861
2009	29540.80	3076.19	15919.67	10544.94	13998.52	1921.15	31282
2010	33922.49	3411.34	17733.08	12778.07	15449.95	2283.13	35599
2011	39064.93	3768.55	19926.11	15370.27	17280.78	2645.33	40581
2012	42957.31	4047.06	21275.89	17634.36	18421.90	2853.99	44348
2013	47344.33	4454.11	22615.89	20274.33	19475.30	3188.60	48673
2014	50774.84	4662.81	23588.02	22524.01	20178.23	3476.06	51933
2015	55288.79	4902.82	24814.88	25571.09	21156.50	3731.63	56205
2016	58762.46	4830.25	25565.04	28367.17	21695.98	3909.44	59239
2017	63012.10	4832.71	26925.59	31253.80	22515.81	4441.01	62993
2018	66648.87	4950.52	27523.67	34174.68	22613.01	5024.90	66284
2019	70540.48	5116.99	28171.78	37251.71	22755.13	5532.77	69901
2020	72798.17	5364.35	28456.66	38977.16	22986.45	5574.19	71825
2021	82875.17	6029.03	32834.49	44011.65	26894.08	6068.10	81510
2022	87576.93	6296.50	34562.34	46718.09	28296.99	6391.34	86143
2023	92068.70	6506.19	35987.92	49574.59	29191.15	6961.09	90771

注:1. 本表按当年价格计算。
2. 根据第四次经济普查结果，对全省2000—2018年生产总值进行了修订。
3. 2023年数据为初步核算数(以下相关表同)。
4. 根据第七次人口普查结果，对全省2011—2019年人均生产总值进行了修订(以下相关表同)。

a) Data in this table are calculated at current prices.
b) According to the Fourth National Economic Census, the data of GDP from 2000 to 2018 of Shandong have been revised.
c) The data of 2022 come form the number of preliminary accounting(the same as in the following tables).
d)According to the Seventh National Census,the data of GDP per capita from 2011 to 2019 of Shandong have been revised(the same as in the following tables).

2-2 主要年份地区生产总值指数
Indices of Gross Domestic Product in Major Years

(以1952年为100) (1952=100)

年 份 Year	地 区 生产总值 Gross Domestic Product	第一产业 Primary Industry	第二产业 Secondary Industry	第三产业 Tertiary Industry	#工 业 Industry	#建筑业 Construction
1952	100.0	100.0	100.0	100.0	100.0	100.0
1955	127.4	115.6	155.2	147.0	157.1	127.3
1957	137.4	101.6	261.9	154.6	264.5	222.5
1962	113.4	69.6	214.8	184.4	213.0	238.4
1965	171.1	107.1	404.7	197.9	385.5	679.0
1970	251.6	129.1	752.8	261.0	747.3	825.5
1975	361.5	154.4	1364.7	310.7	1372.4	1222.2
1978	466.1	174.3	1945.2	379.7	1904.6	2547.8
1979	496.9	188.7	2067.8	395.2	2001.7	3066.1
1980	557.7	207.2	2315.5	470.1	2230.1	3612.1
1981	589.9	220.6	2388.6	524.9	2326.7	3369.6
1982	656.3	244.3	2522.3	667.6	2440.2	3786.0
1983	747.4	283.3	2712.8	825.9	2644.2	3803.4
1984	877.3	335.1	3191.5	951.8	3085.0	4824.9
1985	977.4	342.3	3780.2	1094.0	3612.6	6280.4
1986	1038.4	340.0	4184.8	1189.3	4029.1	6546.0
1987	1182.0	365.0	4898.3	1391.9	4786.5	6703.9
1988	1330.2	364.1	6007.7	1526.1	5850.6	8493.7
1989	1383.0	361.7	6431.1	1568.0	6348.5	7929.7
1990	1455.6	381.0	6890.7	1578.2	6856.4	7761.3
1991	1668.4	435.0	7852.0	1830.7	7881.5	8192.2
1992	1950.5	435.6	10095.2	2129.1	10201.7	9881.3
1993	2347.5	462.2	12928.1	2553.8	13124.4	12085.4
1994	2728.7	495.9	15178.6	3081.3	15432.8	13962.6
1995	3110.0	540.3	17316.2	3604.3	17555.3	16412.5
1996	3484.8	575.9	19711.9	4053.9	19965.0	18865.3
1997	3871.4	578.6	22218.1	4639.7	22500.5	21290.6
1998	4287.6	611.3	24899.0	5159.4	25218.7	23828.6
1999	4717.3	640.1	27902.2	5639.3	28300.6	26321.9
2000	5164.9	655.1	30913.4	6235.7	31374.3	28976.9
2001	5650.4	679.9	34004.5	6920.0	34524.3	31789.3
2002	6272.0	696.5	38736.5	7636.1	39113.1	37653.9
2003	6949.4	734.4	43967.8	8314.1	44593.1	41416.4
2004	7818.0	784.7	50992.2	9086.7	52513.4	42711.3
2005	8803.1	821.9	58393.5	10205.3	60374.9	47310.5
2006	9885.9	862.4	66431.1	11485.2	68961.9	52054.1
2007	11062.3	895.8	75125.0	12936.9	78460.7	55838.7
2008	12135.4	938.2	82158.3	14473.5	86163.7	58781.6
2009	13324.6	976.1	91377.0	15793.2	94658.2	72879.4
2010	14710.4	1006.3	102047.6	17417.1	105682.9	81575.7
2011	16284.4	1044.0	113741.2	19420.7	118589.2	86765.1
2012	17864.0	1091.4	125476.1	21387.1	131379.7	92815.2
2013	19543.2	1129.5	137729.1	23587.1	144601.3	101726.2
2014	21204.4	1172.2	149816.6	25748.1	157319.4	111049.5
2015	22858.3	1220.9	160408.1	28212.8	168215.0	120084.1
2016	24554.6	1267.8	170359.5	30833.1	178426.6	127264.4
2017	26352.1	1312.9	180536.8	33693.5	189478.4	132822.5
2018	28013.0	1347.8	188000.6	36697.4	197929.8	138455.7
2019	29483.7	1362.1	192953.8	39713.3	201840.0	147443.8
2020	30500.9	1398.3	199064.2	41224.4	208778.9	149686.1
2021	33018.0	1502.5	211563.7	45265.6	224336.1	151738.8
2022	34317.1	1564.6	219810.3	47046.1	233702.8	156134.7
2023	36364.7	1634.5	234020.0	49783.0	248310.6	168605.4

注：本表按可比价格计算。
a) Data in this table are calculated at constant prices.

2-2 续表 continued

(以上年为100) (preceding year=100)

年份 Year	地区生产总值 Gross Domestic Product	第一产业 Primary Industry	第二产业 Secondary Industry	第三产业 Tertiary Industry	#工业 Industry	#建筑业 Construction	人均地区生产总值 Per Capita GDP
1955	109.5	110.4	104.5	112.2	104.7	101.6	107.0
1957	96.5	87.5	110.8	101.9	112.9	83.0	95.2
1962	97.4	106.8	79.8	108.2	80.7	70.7	95.1
1965	122.0	126.6	130.0	102.5	125.7	180.2	120.4
1970	115.7	103.5	126.1	117.4	127.1	114.9	112.6
1975	129.2	110.6	159.8	104.7	163.6	113.1	127.8
1978	110.1	94.0	125.4	100.8	123.5	152.1	109.1
1979	106.6	108.2	106.3	104.1	105.1	120.3	105.8
1980	112.2	109.8	112.0	118.9	111.4	117.8	111.0
1981	105.8	106.5	103.2	111.7	104.3	93.3	104.7
1982	111.3	110.8	105.6	127.2	104.9	112.4	109.7
1983	113.9	116.0	107.6	123.7	108.4	100.5	112.7
1984	117.4	118.3	117.6	115.3	116.7	126.9	116.2
1985	111.4	102.1	118.4	114.9	117.1	130.2	110.4
1986	106.2	99.3	110.7	108.7	111.5	104.2	105.0
1987	113.8	107.3	117.0	117.0	118.8	102.4	112.0
1988	112.5	99.7	122.6	109.6	122.2	126.7	110.8
1989	104.0	99.3	107.0	102.7	108.5	93.4	102.7
1990	105.3	105.3	107.1	100.6	108.0	97.9	102.6
1991	114.6	114.2	114.0	116.0	115.0	105.6	111.8
1992	116.9	100.2	128.6	116.3	129.4	120.6	116.1
1993	120.4	106.1	128.1	120.0	128.6	122.3	119.9
1994	116.2	107.3	117.4	120.7	117.6	115.5	115.8
1995	114.0	108.9	114.1	117.0	113.8	117.5	113.6
1996	112.1	106.6	113.8	112.5	113.7	114.9	111.6
1997	111.1	100.5	112.7	114.4	112.7	112.9	110.6
1998	110.8	105.7	112.1	111.2	112.1	111.9	110.1
1999	110.0	104.7	112.1	109.3	112.2	110.5	109.4
2000	109.5	102.4	110.8	110.6	110.9	110.1	108.5
2001	109.4	103.8	110.0	111.0	110.0	109.7	108.4
2002	111.0	102.5	113.9	110.3	113.3	118.4	110.5
2003	110.8	105.4	113.5	108.9	114.0	110.0	110.3
2004	112.5	106.8	116.0	109.3	117.8	103.1	111.9
2005	112.6	104.7	114.5	112.3	115.0	110.8	111.8
2006	112.3	104.9	113.8	112.5	114.2	110.0	111.5
2007	111.9	103.9	113.1	112.6	113.8	107.3	111.2
2008	109.7	104.7	109.4	111.9	109.8	105.3	109.1
2009	109.8	104.0	111.2	109.1	109.9	124.0	109.2
2010	110.4	103.1	111.7	110.3	111.6	111.9	109.4
2011	110.7	103.7	111.5	111.5	112.2	106.4	109.6
2012	109.7	104.5	110.3	110.1	110.8	107.0	109.0
2013	109.4	103.5	109.8	110.3	110.1	109.6	108.9
2014	108.5	103.8	108.8	109.2	108.8	109.2	107.9
2015	107.8	104.2	107.1	109.6	106.9	108.1	107.1
2016	107.4	103.8	106.2	109.3	106.1	106.0	106.5
2017	107.3	103.6	106.0	109.3	106.2	104.4	106.4
2018	106.3	102.7	104.1	108.9	104.5	104.2	105.8
2019	105.3	101.1	102.6	108.2	102.0	106.5	104.9
2020	103.5	102.7	103.2	103.8	103.4	101.5	103.0
2021	108.3	107.5	106.3	109.8	107.5	101.4	107.9
2022	103.9	104.1	103.9	103.9	104.2	102.9	103.9
2023	106.0	104.5	106.5	105.8	106.3	108.0	106.2

2-3 主要年份地区生产总值构成

Composition of Gross Domestic Product in Major Years

单位:% (%)

年 份 Year	地 区 生产总值 Gross Domestic Product	第一产业 Primary Industry	第二产业 Secondary Industry	第三产业 Tertiary Industry	#工 业 Industry	#建筑业 Construction
1952	100	67.4	16.6	16.0	15.6	1.0
1955	100	61.5	19.7	18.8	18.7	1.0
1957	100	52.0	28.7	19.3	27.1	1.6
1962	100	47.2	26.3	26.5	24.7	1.6
1965	100	49.0	33.5	17.5	30.1	3.4
1970	100	41.4	42.5	16.1	39.7	2.8
1975	100	39.4	45.3	15.3	42.0	3.3
1978	100	33.3	52.9	13.8	48.1	4.8
1979	100	36.2	50.8	13.0	45.6	5.2
1980	100	36.4	50.0	13.6	44.7	5.3
1981	100	38.2	44.8	17.0	39.8	5.0
1982	100	39.0	42.0	19.0	37.2	4.8
1983	100	40.3	38.9	20.8	34.6	4.3
1984	100	38.2	41.1	20.7	36.8	4.3
1985	100	34.7	43.0	22.3	38.1	4.9
1986	100	34.1	42.2	23.7	37.0	5.2
1987	100	32.2	43.1	24.7	38.3	4.8
1988	100	29.7	44.5	25.8	39.0	5.5
1989	100	27.8	44.8	27.4	39.7	5.1
1990	100	28.1	42.1	29.8	37.6	4.5
1991	100	28.8	41.2	30.0	36.7	4.5
1992	100	24.3	45.5	30.2	40.5	5.0
1993	100	21.5	49.0	29.5	43.4	5.6
1994	100	20.2	49.2	30.6	44.0	5.2
1995	100	20.4	47.6	32.0	42.4	5.2
1996	100	20.4	47.3	32.3	42.1	5.2
1997	100	18.3	48.1	33.6	42.7	5.4
1998	100	17.3	48.5	34.2	42.8	5.7
1999	100	16.3	48.6	35.1	42.6	6.0
2000	100	15.1	49.8	35.1	43.7	6.0
2001	100	14.8	49.2	36.0	43.1	6.1
2002	100	13.6	50.0	36.4	43.3	6.7
2003	100	13.4	52.4	34.2	45.8	6.6
2004	100	13.1	55.1	31.8	48.8	6.2
2005	100	12.1	55.4	32.5	49.4	6.1
2006	100	11.1	55.7	33.2	49.9	5.8
2007	100	10.8	55.1	34.1	49.4	5.7
2008	100	10.6	55.0	34.4	49.1	5.9
2009	100	10.4	53.9	35.7	47.4	6.5
2010	100	10.1	52.2	37.7	45.5	6.7
2011	100	9.6	51.1	39.3	44.2	6.8
2012	100	9.4	49.5	41.1	42.9	6.6
2013	100	9.4	47.8	42.8	41.1	6.7
2014	100	9.2	46.4	44.4	39.7	6.8
2015	100	8.9	44.9	46.2	38.3	6.7
2016	100	8.2	43.5	48.3	36.9	6.7
2017	100	7.7	42.7	49.6	35.7	7.0
2018	100	7.4	41.3	51.3	33.9	7.5
2019	100	7.3	39.9	52.8	32.3	7.8
2020	100	7.4	39.1	53.5	31.6	7.7
2021	100	7.3	39.6	53.1	32.5	7.3
2022	100	7.2	39.5	53.3	32.3	7.3
2023	100	7.1	39.1	53.8	31.7	7.6

注:本表按当年价格计算。

a)Data in this table are calculated at current prices.

2-4 地区生产总值

Gross Domestic Product

单位:亿元 (100 million yuan)

分 组	Sector	2022	2023	2022年为2021年% 2021=100	2023年为2022年% 2022=100
地区生产总值	**Gross Domestic Product**	**87576.93**	**92068.70**	**103.9**	**106.0**
第一产业	Primary Industry	6296.50	6506.19	104.1	104.5
第二产业	Secondary Industry	34562.34	35987.92	103.9	106.5
第三产业	Tertiary Industry	46718.09	49574.59	103.9	105.8
农林牧渔业	Agriculture, Forestry, Animal Husbandry and Fishery	6775.25	7026.85	104.8	104.8
工 业	Industry	28296.99	29191.15	104.2	106.3
建筑业	Construction	6391.34	6961.09	102.9	108.0
批发和零售业	Wholesale and Retail Trades	12097.70	12868.25	103.7	107.0
交通运输、仓储和邮政业	Transport, Storage and Postal Services	4721.47	5190.20	105.9	105.9
住宿和餐饮业	Hotels and Catering Services	1283.86	1518.19	101.2	115.6
信息传输、软件和信息技术服务业	Information Transmission, Software and Information Technology	2243.08	2459.34	114.2	112.8
金融业	Financial Intermediation	5227.33	5500.65	106.0	107.0
房地产业	Real Estate	4557.52	4581.50	96.2	99.5
租赁和商务服务业	Leasing and Business Services	2359.37	2618.20	100.3	110.2
科学研究和技术服务业	Scientific Research and Technical Services	1835.01	1994.76	101.8	107.7
水利、环境和公共设施管理业	Management of Water Conservancy, Environment and Public Facilities	402.10	418.06	104.2	102.7
居民服务、修理和其他服务业	Service to Households, Repair and Other Services	1433.91	1533.26	103.2	107.7
教 育	Education	3294.97	3334.26	106.2	99.1
卫生和社会工作	Financial Intermediation	2067.34	2218.88	108.9	105.7
文化、体育和娱乐业	Culture, Sports and Recreation	555.43	609.58	100.5	109.0
公共管理、社会保障和社会组织	Public Management,Social Security and Social Organization	4034.26	4044.48	102.8	100.5
人均地区生产总值 (元)	**Per Capita GDP (yuan)**	**86143**	**90771**	**103.9**	**106.2**

注:本表绝对数按当年价格计算,指数按可比价格计算。
a) Absolute figure in this table are calculated at current prices.Indices are calculated at constant prices.

2−5　三次产业对经济增长的贡献率及拉动百分点

Share and Contribution of the Three Industries to the Increase of GDP

单位:%　　　　(%)

年　份 Year	贡　献　率 Share			地　区 生产总值 增 长 率 Increase Rate of Gross Domestic Product	拉动百分点(个) Contribution (unit)		
	第一产业 Primary Industry	第二产业 Secondary Industry	第三产业 Tertiary Industry		第一产业 Primary Industry	第二产业 Secondary Industry	第三产业 Tertiary Industry
1980	25.6	53.4	21.0	12.2	3.1	6.5	2.6
1981	42.0	25.2	32.8	5.8	2.4	1.5	1.9
1982	36.2	22.4	41.4	11.3	4.1	2.5	4.7
1983	43.3	23.3	33.4	13.9	6.0	3.2	4.7
1984	40.3	41.0	18.7	17.4	7.0	7.1	3.3
1985	7.3	65.4	27.3	11.4	0.8	7.5	3.1
1986	-3.7	73.7	30.0	6.2	-0.2	4.6	1.8
1987	17.6	55.3	27.1	13.8	2.4	7.6	3.8
1988	-0.6	83.2	17.4	12.5	-0.1	10.4	2.2
1989	-4.6	89.3	15.3	4.0	-0.2	3.6	0.6
1990	27.0	70.3	2.7	5.3	1.4	3.7	0.2
1991	27.2	40.2	32.6	14.6	4.0	5.9	4.7
1992	0.3	70.7	29.0	16.9		12.0	4.9
1993	7.2	63.4	29.4	20.4	1.5	12.9	6.0
1994	9.5	52.5	38.0	16.2	1.5	8.5	6.2
1995	12.5	49.8	37.7	14.0	1.7	7.0	5.3
1996	10.2	56.8	33.0	12.1	1.2	6.9	4.0
1997	0.8	57.6	41.6	11.1	0.1	6.4	4.6
1998	8.4	57.3	34.3	10.8	0.9	6.2	3.7
1999	7.2	62.1	30.7	10.0	0.7	6.2	3.1
2000	3.6	59.8	36.6	9.5	0.3	5.7	3.5
2001	6.1	52.9	41.0	9.4	0.6	4.9	3.9
2002	3.2	63.3	33.5	11.0	0.4	6.9	3.7
2003	6.7	64.2	29.1	10.8	0.7	7.0	3.1
2004	6.9	67.2	25.9	12.5	0.9	8.4	3.2
2005	4.5	62.5	33.0	12.6	0.6	7.8	4.2
2006	4.9	62.0	33.1	12.3	0.6	7.6	4.1
2007	3.7	61.7	34.6	11.9	0.4	7.4	4.1
2008	5.1	54.8	40.1	9.7	0.5	5.3	3.9
2009	4.1	64.8	31.1	9.8	0.4	6.4	3.0
2010	2.8	64.4	32.8	10.4	0.3	6.7	3.4
2011	3.5	56.0	40.5	10.7	0.4	6.0	4.3
2012	4.4	56.0	39.6	9.7	0.4	5.5	3.8
2013	3.3	55.0	41.7	9.4	0.3	5.2	3.9
2014	3.8	54.8	41.4	8.5	0.3	4.7	3.5
2015	4.3	48.3	47.4	7.8	0.3	3.8	3.7
2016	4.6	37.5	57.9	7.4	0.3	2.8	4.3
2017	4.2	36.2	59.6	7.3	0.3	2.7	4.3
2018	3.5	28.7	67.8	6.3	0.2	1.8	4.3
2019	1.6	21.5	76.9	5.3	0.1	1.1	4.1
2020	5.9	38.4	55.7	3.5	0.2	1.3	2.0
2021	6.7	29.7	63.6	8.3	0.5	2.6	5.2
2022	7.7	38.0	54.3	3.9	0.3	1.5	2.1
2023	5.5	41.6	52.9	6.0	0.3	2.5	3.2

注:本表按可比价格计算。

a) Data in this table are calculated at constant prices.

2-6 各市地区生产总值
Gross Domestic Product by Region

单位:亿元 (100 million yuan)

地区	Region	地区生产总值 Gross Domestic Product				第一产业增加值 Value-added of Primary Industry			
		2022	2022年为2021年% 2021=100	2023	2023年为2022年% 2022=100	2022	2022年为2021年% 2021=100	2023	2023年为2022年% 2022=100
全省	**Total**	**87576.93**	**103.9**	**92068.70**	**106.0**	**6296.50**	**104.1**	**6506.19**	**104.5**
济南市	Jinan	12020.73	103.1	12757.42	106.1	420.54	103.0	429.53	104.1
青岛市	Qingdao	14968.32	103.9	15760.34	105.9	477.89	102.2	492.75	104.1
淄博市	Zibo	4387.49	104.7	4561.79	105.5	188.64	105.0	194.20	104.5
枣庄市	Zaozhuang	2036.93	104.5	2156.74	106.4	194.13	104.4	200.82	104.3
东营市	Dongying	3682.00	104.3	3899.06	107.0	191.51	105.5	195.24	104.2
烟台市	Yantai	9509.05	105.1	10162.46	106.6	662.39	105.1	696.19	104.7
潍坊市	Weifang	7299.96	103.7	7606.01	105.1	646.66	102.5	674.31	104.7
济宁市	Jining	5305.94	104.4	5516.47	106.5	610.64	104.8	627.89	104.5
泰安市	Tai'an	3195.64	104.3	3323.86	106.4	350.62	104.5	361.84	104.6
威海市	Weihai	3406.59	101.5	3513.54	105.7	354.80	103.0	368.68	104.6
日照市	Rizhao	2300.72	103.8	2390.86	105.6	207.89	103.7	218.47	105.2
临沂市	Linyi	5775.77	104.2	6105.17	106.3	511.00	105.0	529.54	104.8
德州市	Dezhou	3631.35	104.4	3805.27	106.0	369.77	102.1	377.95	104.2
聊城市	Liaocheng	2805.03	104.3	2926.36	106.1	400.00	105.6	413.85	104.5
滨州市	Binzhou	3005.03	103.9	3118.85	105.0	296.60	104.7	303.22	104.6
菏泽市	Heze	4245.35	104.2	4464.49	106.8	413.18	105.2	422.13	104.2

注:本表绝对额按当年价格计算,指数按可比价格计算。
a)Absolute figure in this table are calculated at current prices while indices at constant prices.

2-6 续表 1 continued

单位:亿元 (100 million yuan)

地区	Region	第二产业增加值 Value-added of Primary Industry				第三产业增加值 Value-added of Primary Industry			
		2022	2022年为2021年% 2021=100	2023	2023年为2022年% 2022=100	2022	2022年为2021年% 2021=100	2023	2023年为2022年% 2022=100
全省	**Total**	**34562.34**	**103.9**	**35987.92**	**106.5**	**46718.09**	**103.9**	**49574.59**	**105.8**
济南市	Jinan	4095.20	102.2	4312.01	107.8	7504.99	103.5	8015.88	105.2
青岛市	Qingdao	5120.07	101.5	5268.39	105.6	9370.36	105.3	9999.20	106.1
淄博市	Zibo	2152.02	103.9	2220.99	106.3	2046.83	105.4	2146.60	104.7
枣庄市	Zaozhuang	785.64	101.9	822.86	107.5	1057.16	106.4	1133.06	105.9
东营市	Dongying	2112.53	105.6	2222.88	107.3	1377.96	102.3	1480.94	106.9
烟台市	Yantai	4057.00	108.5	4278.29	107.6	4789.66	102.5	5187.98	106.1
潍坊市	Weifang	3019.82	104.0	3088.15	104.4	3633.48	103.7	3843.55	105.7
济宁市	Jining	2008.33	104.4	2073.59	107.3	2686.97	104.3	2814.99	106.2
泰安市	Tai'an	1269.39	106.4	1349.78	108.3	1575.63	102.6	1612.24	105.3
威海市	Weihai	1284.57	98.6	1331.58	106.4	1767.22	103.3	1813.28	105.3
日照市	Rizhao	907.07	101.1	934.34	106.4	1185.76	105.8	1238.05	105.0
临沂市	Linyi	2246.25	104.0	2374.20	107.9	3018.52	104.1	3201.43	105.4
德州市	Dezhou	1473.83	103.5	1527.37	106.2	1787.75	105.6	1899.95	106.1
聊城市	Liaocheng	1039.89	105.1	1083.54	106.5	1365.14	103.4	1428.97	106.2
滨州市	Binzhou	1288.09	105.2	1300.45	101.8	1420.34	102.7	1515.18	107.8
菏泽市	Heze	1702.16	103.5	1799.52	107.3	2130.01	104.6	2242.84	106.8

2-6 续表 2 continued

单位:亿元 (100 million yuan)

地区	Region	工业增加值 Value-added of Industry 2022	2022年为2021年% 2021=100	2023	2023年为2022年% 2022=100	人均地区生产总值(元) Per Capita GDP (yuan) 2022	2022年为2021年% 2021=100	2023	2023年为2022年% 2022=100
全省	**Total**	**28296.99**	**104.2**	**29191.15**	**106.3**	**86143**	**103.9**	**90771**	**106.2**
济南市	Jinan	2777.20	101.4	2886.07	107.9	128216	102.1	135347	105.5
青岛市	Qingdao	3880.17	101.8	3937.03	105.0	145332	102.7	152174	105.3
淄博市	Zibo	1816.39	103.2	1855.08	105.9	93205	104.7	97267	105.8
枣庄市	Zaozhuang	629.03	101.9	653.45	107.7	53026	104.9	56463	107.0
东营市	Dongying	2051.44	106.2	2127.57	107.2	167212	104.0	176628	106.7
烟台市	Yantai	3501.35	109.5	3682.35	107.5	134485	105.4	144241	107.0
潍坊市	Weifang	2536.04	104.7	2587.69	104.5	77586	103.6	80970	105.3
济宁市	Jining	1740.90	106.2	1782.16	107.4	63823	104.8	66741	107.1
泰安市	Tai'an	841.63	106.6	875.59	107.5	58983	105.0	61841	107.2
威海市	Weihai	1108.14	99.4	1139.15	105.8	116816	101.3	120504	105.7
日照市	Rizhao	726.80	100.8	744.01	106.8	77465	103.8	80820	106.0
临沂市	Linyi	1868.63	103.4	1963.87	107.8	52477	104.3	55661	106.6
德州市	Dezhou	1313.17	103.8	1352.43	105.9	64991	104.7	68494	106.6
聊城市	Liaocheng	897.07	105.8	928.79	106.3	47420	104.8	49760	106.7
滨州市	Binzhou	1167.48	105.2	1169.88	100.7	76574	104.1	79738	105.3
菏泽市	Heze	1442.50	103.7	1515.83	107.1	48753	104.9	51557	107.4

2-7 各市地区生产总值构成

Composition of Gross Domestic Product by Region

单位:% (%)

地区	Region	地区生产总值 Gross Domestic Product 2022	2023	第一产业 Primary Industry 2022	2023	第二产业 Secondary Industry 2022	2023	第三产业 Tertiary Industry 2022	2023
全省	**Total**	**100.0**	**100.0**	**7.2**	**7.1**	**39.5**	**39.1**	**53.3**	**53.8**
济南市	Jinan	100.0	100.0	3.5	3.4	34.1	33.8	62.4	62.8
青岛市	Qingdao	100.0	100.0	3.2	3.1	34.2	33.4	62.6	63.4
淄博市	Zibo	100.0	100.0	4.3	4.3	49.0	48.7	46.7	47.1
枣庄市	Zaozhuang	100.0	100.0	9.5	9.3	38.6	38.2	51.9	52.5
东营市	Dongying	100.0	100.0	5.2	5.0	57.4	57.0	37.4	38.0
烟台市	Yantai	100.0	100.0	7.0	6.9	42.7	42.1	50.4	51.1
潍坊市	Weifang	100.0	100.0	8.9	8.9	41.4	40.6	49.8	50.5
济宁市	Jining	100.0	100.0	11.5	11.4	37.9	37.6	50.6	51.0
泰安市	Tai'an	100.0	100.0	11.0	10.9	39.7	40.6	49.3	48.5
威海市	Weihai	100.0	100.0	10.4	10.5	37.7	37.9	51.9	51.6
日照市	Rizhao	100.0	100.0	9.0	9.1	39.4	39.1	51.5	51.8
临沂市	Linyi	100.0	100.0	8.8	8.7	38.9	38.9	52.3	52.4
德州市	Dezhou	100.0	100.0	10.2	9.9	40.6	40.1	49.2	49.9
聊城市	Liaocheng	100.0	100.0	14.3	14.1	37.1	37.0	48.7	48.8
滨州市	Binzhou	100.0	100.0	9.9	9.7	42.9	41.7	47.3	48.6
菏泽市	Heze	100.0	100.0	9.7	9.5	40.1	40.3	50.2	50.2

注:本表按当年价格计算。

a)Data in this table are calculated at current prices.

2-8 各市三次产业对经济增长的贡献率及拉动百分点(2023年)

Share and Contribution of the Three Industries to the Increase of GDP by Region(2023)

单位:% (%)

地区	Region	贡献率 Share			地区生产总值增长率 Increase Rate of Gross Domestic Product	拉动百分点(个) Contribution (unit)		
		第一产业 Primary Industry	第二产业 Secondary Industry	第三产业 Tertiary Industry		第一产业 Primary Industry	第二产业 Secondary Industry	第三产业 Tertiary Industry
全省	**Total**	**5.5**	**41.6**	**52.9**	**6.0**	**0.3**	**2.5**	**3.2**
济南市	Jinan	2.4	43.0	54.5	6.1	0.1	2.6	3.3
青岛市	Qingdao	2.3	31.6	66.1	5.9	0.1	1.9	3.9
淄博市	Zibo	3.5	55.0	41.5	5.5	0.2	3.0	2.3
枣庄市	Zaozhuang	6.4	43.9	49.7	6.4	0.4	2.8	3.2
东营市	Dongying	3.3	58.9	37.8	7.0	0.2	4.1	2.6
烟台市	Yantai	5.3	47.3	47.4	6.6	0.3	3.1	3.1
潍坊市	Weifang	8.1	35.5	56.4	5.1	0.4	1.8	2.9
济宁市	Jining	8.3	42.8	49.0	6.5	0.5	2.8	3.2
泰安市	Tai'an	8.0	50.3	41.7	6.4	0.5	3.2	2.7
威海市	Weihai	8.3	41.6	50.1	5.7	0.5	2.4	2.8
日照市	Rizhao	8.1	43.9	48.0	5.6	0.4	2.4	2.7
临沂市	Linyi	7.0	46.9	46.2	6.3	0.4	2.9	2.9
德州市	Dezhou	7.4	41.0	51.7	6.0	0.4	2.4	3.1
聊城市	Liaocheng	10.5	38.4	51.0	6.1	0.6	2.3	3.1
滨州市	Binzhou	8.8	14.7	76.4	5.0	0.4	0.7	3.8
菏泽市	Heze	6.2	42.3	51.5	6.8	0.4	2.9	3.5

注:本表按可比价计算。
a)Data in this table are calculated at constant prices.

主要统计指标解释

国内生产总值（GDP） 指一个国家（或地区）所有常住单位在一定时期内生产活动的最终成果。

国内生产总值有三种表现形态，即价值形态、收入形态和产品形态。

从价值形态看，它是所有常住单位在一定时期内生产的全部货物和服务价值超过同期中间投入的全部非固定资产货物和服务价值的差额，即所有常住单位的增加值之和；

从收入形态看，它是所有常住单位在一定时期内创造并分配给常住单位和非常住单位的初次收入分配之和；

从产品形态看，它是所有常住单位在一定时期内最终使用的货物和服务价值与货物和服务净出口价值之和。

在实际核算中，国内生产总值有三种计算方法，即生产法、收入法和支出法。三种方法分别从不同的方面反映国内生产总值及其构成。

①生产法 是从生产过程中生产的货物和服务总产品价值入手，剔除生产过程中投入的中间产品的价值，得到增加价值的一种方法，公式为：

增加值＝总产出－中间投入

总产出 是一定时期内一个国家（或地区）常住单位生产的所有货物和服务的价值。既包括新增价值，也包括转移价值。

中间投入 是常住单位在生产或提供货物与服务过程中，消耗和使用的所有非固定资产货物和服务的价值。中间投入也称为中间消耗。

增加值 是指常住单位生产过程创造的新增价值和固定资产的转移价值。按生产法计算它等于总产出减去中间投入。

②收入法 收入法也称分配法，按收入法计算国内生产总值是从生产过程创造收入的角度，对常住单位的生产活动成果进行核算。按照这种计算方法，增加值由劳动者报酬、生产税净额、固定资产折旧和营业盈余四个部分组成。

用公式表示为：

增加值＝劳动者报酬+生产税净额+固定资产折旧+营业盈余

国民经济各部门的增加值之和等于国内生产总值。

劳动者报酬 指劳动者因从事生产活动所获得的全部报酬。它包括劳动者获得的各种形式工资、奖金和津贴，既包括货币形式的，也包括实物形式的，它还包括劳动者所享受的公费医疗和医疗卫生费、上下班交通补贴和单位直接支付的社会保险费等。

生产税净额 生产税减生产补贴后的差额。

生产税指政府对生产单位生产、销售和从事经营活动以及因从事生产活动使用某些生产要素，如固定资产、土地、劳动力所征收的各种税、附加费和规费。具体包括销售税金及附加、增值税、管理费中开支的各种税、应交纳的养路费、排污费和水电费附加、烟酒专卖上缴政府的专项收入等。

生产补贴与生产税相反，是政府对生产单位的单方面收入转移，因此视为负生产税处理，包括政策亏损补贴、粮食系统价格补贴、外贸企业出口退税收入等。

固定资产折旧 指一定时期内为弥补固定资产损耗按照核定的固定资产折旧率提取的固定资产折旧，或按国民经济核算统一规定的折旧率虚拟计算的固定资产折旧。它反映了固定资产在当期生产中的转移价值。各种类型企业和企业化管理的事业单位的固定资产折旧指实际计提并计入成本费用中的折旧费；不计提折旧的单位，如政府机关、非企业化管理的事业单位和居民住房的固定资产折旧则是按照统一规定的折旧率和固定资产原值计算的虚拟折旧。

营业盈余 是指常住单位创造的增加值扣除劳动者报酬、生产税净额和固定资产折旧后的余额。它相当于企业的营业利润加上生产补贴，但要扣除从利润中开支的工资和福利等。

③支出法 支出法是从最终使用角度来反映国内生产总值最终去向的一种方法。最终使用包括货物和服务的最终消费支出、资本形成总额、货物和服务净出口三部分。

最终消费 指常住单位在一定时期内对于货物和服务的全部最终消费支出，也就是常住单位为满足物质、文化和精神生活的需要，从本国经济领土和国外购买的货物和服务的支出；不包括非常住单位在本国经济领土内的消费支出。最终消费分为居民消费和政府消费。

居民消费 指常住住户对货物和服务的全部最终消费支出。居民消费按市场价格计算，即按居民支付的购买者价格计算。购买者价格是购买者取得货物所支付的价值，包括购买者支付的运输和商业费用。

居民消费除了直接以货币形式购买货物和服务的消费之外，还包括以其他方式获得的货物和服务的消费支出，即所谓的虚拟消费支出。居民虚拟消费支出包括以下几种类型：单位以实物报酬及实物转移的形式提供给劳动者的货物和服务；住户生产并由本住户消费的货物和服务，其中的服务仅指住户的自有住房服务；金融机构提供的金融媒介服务；保险公司提供的保险服务。

政府消费 指政府部门为全社会提供公共服务的消费支出和免费或以较低价格向住户提供的货物和服务的净支出。前者等于政府服务的产出价值减去政府单位所获得的经营收入的价值，政府服务的产出价值等于它的经常性业务支出加上固定资产折旧；后者等于政府部门免费或以较低价格向住户提供的货物和服务的市场价值减去向住户收取的价值。

资本形成总额 指常住单位在一定时期内获得减去处置的固定资产和存货的净额，包括固定资本形成总额和存货增加两部分。

固定资本形成总额 指常住单位购置、转入和自产自用的固定资产价值，扣除销售和转出的价值，包括有形固定资产形成总额和无形固定资产形成总额。有形固定资产形成总额包括一定时期内完成的建筑工程、安装工程和设备工器具购置（减处置）价值，商品房销售增值，土地改良形成的固定资产，新增役、种、奶、毛、娱乐用牲畜和新增经济林木价值。无形固定资产形成总额包括矿藏勘探、计算机软件、娱乐和文学艺术品原件等获得减处置的价值。

存货增加 指常住单位存货实物量变动的市场价值，即期末价值减期初价值的差额。存货增加可以是正值，也可以是负值；正值表示存货上升，负值表示存货下降。它包括生产单位购进的原材料、燃料和储备物资等存货，以及生产单位生产的产成品、在制品等存货等。

货物和服务净出口 指货物和服务出口减货物和服务进口的差额。出口包括常住单位向非常住单位出售或无偿转让的各种货物和服务的价值；进口包括常住单位从非常住单位购买或无偿得到的各种货物和服务的价值。由于服务活动的提供与使用同时发生，因此服务的进出口业务并不发生出入境现象，一般把常住单位从国外得到的服务作为进口，非常住单位从本国得到的服务作为出口。货物的出口和进口都按离岸价格计算。

三次产业 三次产业的划分是世界上较为常用的产业结构分类，但各国的划分不尽一致。根据《国民经济行业分类》（GB/T 4754—2017）和《三次产业划分规定》，我国的三次产业划分是：

第一产业 指农、林、牧、渔业（不含农、林、牧、渔专业及辅助性活动）。

第二产业 指采矿业（不含开采专业及辅助性活动），制造业（不含金属制品、机械和设备修理业），电力、热力、燃气及水生产和供应业，建筑业。

第三产业 即服务业，是指除第一产业、第二产业以外的其他行业。

当年价格 指报告期的实际价格，如工业品的出厂价格，农产品的收购价格，商业的零售价格等。按当年价格计算，是指一些以货币表现的物量指标，如工农业总产值、国内生产总值等，按照当年的实际价格来计算总量。使用当年价格计算的数字，是为了使国民经济各项指标互相衔接，便于考察当年社会经济效益，便于对生产流通、生产和分配、生产和消费进行经济核算和综合平衡。

按当年价格计算的价值指标，在不同年份之间进行对比时，因为包含有各年间价格变动的因素，不能确切地反映实物量的增减变动。必须消除价格变动因素后，才能真实反映经济发展动态。因此，在计算增长速度时都使用按可比价格计算的数字。

可比价格 指计算各种总量指标所采用的扣除了价格变动因素的价格，可进行不同时期总量指标的对比。按可比价格计算总量指标有两种方法：一种是直接用产品产量乘某一年的不变价格计算；另一种是用价格指数进行换算。

不变价格 指以同类产品某一时期的平均价格作为固定价格，用于计算各时期的产品价值。按不变价格计算的产品价值消除了价格变动因素，不同时期对比可以反映生产的发展速度。新中国成立后，随着工农业产品价格水平的变化，国家统计局先后八次制定了全国统一的工业产品不变价格和农业产品不变价格。从 1949 年到 1957 年使用 1952 年工（农）业产品不变价格，从 1957 年到 1971 年使用 1957 年不变价格，从 1971 年到 1981 年使用 1970 年不变价格，从 1981 年到 1990 年使用 1980 年不变价格，从 1991 年到 2000 年使用 1990 年不变价格，从 2001 年到 2005 年使用 2000 年不变价格，从 2006 年开始使用 2005 年不变价格，从 2011 年开始使用 2010 年不变价格，从 2016 年开始使用 2015 年不变价格，从 2021 年开始使用 2020 年不变价格。

Explanatory Notes on Main Statistical Indicators

Gross Domestic Product refers to the final products at market prices produced by all residents in a country (or a region) during a certain period of time.

Gross domestic product is expressed in three different forms, i.e. value, income, and products respectively.

GDP in its value form refers to the total value of all goods and services produced by all resident units during a certain period of time, minus the total value of input of goods of non-fixed assets and services; in other term, it is the sum of the value-added of all resident units.

GDP in the form of income includes the income created by all resident units and distributed to resident and non-resident units.

GDP in the form of products refers to the value of all goods and services for final consumption by all resident units minus the net exports of goods and services during a given period of time.

In the practice of national accounting, gross domestic product is calculated with three approaches, i.e. production approach, income approach and expenditure approach, which reflect gross domestic product and its composition from different aspects.

Production Approach focuses on the total value of goods and services produced in production activities. GDP by Production Approach equals the value of total output minus that of input consumed in production process.

GDP by Production Approach = gross output − intermediate input

Gross Output refers to the total value of goods and service produced by all residents in a given period,including newly-produced goods and service, and intermediate input.

Intermediate Input refers to non-fixed assets and paid service consumed during production process when goods and service are produced. Intermediate input is also called intermediate consumption.

Value-added refers to the value of newly-produced goods and service and that of consumed fixed assets. By production approach, it equals gross output minus intermediate input.

Income Approach (also known as distribution approach): refers to the method measuring the final results of production activities o from the perspective of income made by all residents. GDP of income approach includes laborers' remuneration,net taxed on production, depreciation of fixed assets and operating surplus.

GDP by income approach = laborers' remuneration+ net taxed on production+depreciation of fixed assets+operating surplus.

The sum of value added made by different industries is GDP.

Laborers' Remuneration refers to the whole payment of various forms earned by the laborers' from the productive activities they are engaged in. It includes wages, bonuses and allowances the laborers' earned in monetary form and in kind. It also includes the free medical services provided to the laborers' and the medicine expenses, traffic subsidies and social insurance, housing fund paid by the employers.

Net Taxes on Production refers to the difference of the taxes on production minus the subsidies on production.

Taxes on production refers to the various taxes, extra charges and fees levied on the production units on their production, sale and business activities as well as on the use of some factors of production, such as fixed assets, land and labor force in the production activities they are engaged in.

In contrast to the taxes on production, the subsidies on production refer to the unilateral government transfer to the production units and are therefore regarded as negative taxes on production.They include subsidies on the loss due to implementation of government policies, price subsidies, etc.

Depreciation of Fixed Assets refers to the depreciation of fixed assets of a given period, drawn in accordance with the stipulated depreciation rate for the purpose of compensating the wear loss of the fixed assets or the depreciation of fixed assets calculated in a fictitious way in accordance with the stipulated unified depreciation rate in the national economic accounting system. It reflects the value of transfer of the fixed assets in the production of the current period. The depreciation of fixed assets in various enterprises and institutions managed as enterprises refers to the depreciation expenses actually drawn. In government agencies and institutions not managed as enterprises which do not draw the depreciation expenses, as well as for the houses of residents, the depreciation of fixed assets is the imputed depreciation, which is calculated in accordance with the stipulated unified depreciation rate. In principle, the depreciation of fixed assets should be calculated on the basis of the re-purchased value of the fixed assets.

Operating Surplus refers to the balance of the value added created by the resident units deducting the laborers' remuneration, net taxes on production and the depreciation of fixed assets. It is equivalent to the business profit of the enterprises plus subsidies on production, but the wages and welfare expenses paid from the profits should be deducted.

GDP by Expenditure Approach refers to the method of measuring the final results of production activities of a country (region) during a given period from the perspective of final use. It includes final consumption expenditure, total capital formation and net export of goods and services.

Final Consumption Expenditure refers to the total expenditure on goods and services in a given period, which means the total expenditure of resident units for purchases of goods and services from domestic economic territory and abroad to meet the requirements of material, cultural and spiritual life. It excludes the expenditure of non-resident units on consumption in the economic territory of the country. The final consumption expenditure is broken down into household consumption expenditure and government consumption expenditure.

Household consumption refers to the consumption expenditure made by household on goods and services. It is calculated at market price which is the purchasers'price. Purchasers'price means the money the purchasers paid for goods, including transportation fees and operating fees.

In addition to the consumption of goods and services bought by the households directly with money, the households consumption expenditure also includes expenditure on goods and services obtained by the households in other ways, i.e. the so-called imputed consumption expenditure, which includes the following: (a) the goods and services provided to the households by the employer in the form of payment in kind and transfer in kind; (b) goods and services produced and consumed by the households themselves, in which the services refer only to the owner-occupied housing and domestic and individual services provided by the paid household workers; (c) financial intermediate services provided by financial institutions; (d) insurance services provided by insurance companies.

Government Consumption Expenditure refers to the expenditure on the consumption of the public services provided by the government to the whole society and the net expenditure on the goods and services provided by the government to the households free of charge or at low prices. The former equals to the output value of the government services minus the value of operating income obtained by the government departments. The latter equals to the market value of the goods and services provided by the government free of charge or at low prices to the households minus the value received by the government from the households.

Total Capital Formation refers to the fixed assets acquired minus those disposed of and the net value of inventory, including the total fixed capital formation and the increase in inventory.

Total Fixed Capital Formation refers to the value of fixed assets acquired minus those disposed of during a given period. Fixed assets are the assets produced through production activities with specified unit value which could be used for over one year, excluding natural assets. Total fixed capital formation can be categorized into total tangible capital formation and total intangible capital formation. The total tangible capital formation include the value of the construction projects, installation projects completed and the equipment,apparatus and instruments purchased as well as the value of land improved, the value of draught animals, breeding stock, animals for milk, wool and for recreational purpose, and the newly increased forest with economic value during a given period. The total intangible capital formation includes the prospecting of minerals, the acquisition of computer software, artistic works artistic minus the disposal of them.

Increase in Inventory refers to the market value of the change in inventory of resident units during a given period, i.e. the difference of value between the beginning and the end of the period minus the current gains due to the change in prices. The increase in inventory can be positive or negative. A positive value indicates the increase in inventory while a negative value indicates the decrease in stock. The inventory includes the raw materials, fuels and reserve materials purchased by the production units as well as the inventory of finished products, semi-finished products, work-in-progress, etc.

Net Export of Goods and Services refers to the difference of the exports of goods and services minus the imports of goods and services. The imports include the value of various goods and services sold or gratuitously transferred by the resident units to the non-resident units. The imports include the value of various goods and services purchased or gratuitously acquired by the resident units from the non-resident units. Because the provision of services and the use of them happen simultaneously, the acquisition of services by the resident units from abroad is usually treated as import while the acquisition of services by non-resident units in this country is usually treated as export. The export and import of goods are calculated at FOB.

Three Strata of Industry Classification of economic activities into three strata of industries is a common practice in the world, although the grouping varies to some extent from country to country. In China, according to Industrial Classification for National Economic Activities (GB/T 4754—2017) and Rules on Division of Three Strata of Industries, economic activities are categorized into the following three strata of industries:

Primary industry refers to agriculture, forestry, animal husbandry and fishery industries (not including services in support of agriculture, forestry, animal husbandry and fishery industries).

Secondary industry refers to mining and quarrying (not including support activities for mining), manufacturing (not including repair service of metal products, machinery and equipment), production and supply of electricity, heat, gas and water, and construction.

Tertiary industry refers to all other economic activities not included in the primary or secondary industries.

Current Price refers to the actual price during the reporting period, such as Ex-factory Price of Industrial Products, purchasing price of agricultural produces and retail price. Some indicators calculated at current price are volume indicators in the value form, such as total value of output of industrial and agricultural industries and GDP, etc. Data calculated at current price are useful when it comes to evaluating the economic development and analyzing different aspects of economy, such as production, circulation,distribution and consumption.

When the different indicators calculated at current price are compared, it is in evitable that price changes will affect the comparison. Therefore, the change in volume cannot be showed. In order to eliminate the effect of price and reflect economic development, growth rate is calculated at current price.

Constant Price refers to the price without the effect of price change. By using constant price, total amount indices of different periods can be compared. There are two methods in which total amount indices are obtained, one using current price of some year to multiply the physical volume of certain products and the other using price index.

Fixed Price refers to the average price of similar products in a given period, with which the product value of different period can be calculated. The product value calculated at fixed price can show the growth rate of production in different period. Since 1949, NBS has framed the united industrial and agricultural fixed price 8 times, including the fixed price of 1952 used from 1949 to 1957, the fixed price of 1957 used from 1957 to 1971, the fixed price of 1970 used from 1971 to 1981, the fixed price of 1980 used from 1981 to 1990, the fixed price of 1990 used from 1991 to 2000, the fixed price of 2000 used from 2001 to 2005，the fixed price of 2005 used from 2006，the fixed price of 2010 used from 2011,the fixed price of 2015 used from 2016, and the fixed price of 2020 used from 2021.

第3篇 人口

Population

简 要 说 明

一、本篇资料的主要内容

本篇资料主要反映了全省人口方面的基本情况，包括全省 16 个市的主要人口统计数据、历年人口数、农村和城镇人口数、人口出生率、死亡率、自然增长率。另外，对中华人民共和国成立以来开展的 7 次人口普查主要数据进行了比较。

二、本篇资料的来源

本篇资料分别来源于国家开展的人口普查、人口抽样调查和省公安厅的户籍登记资料，由省统计局人口处（社科处）整理提供。

Brief Introduction

I. Main Content

Data in this chapter show the basic condition of population, such as the basic condition of 16 cities, population, rural and urban population, birth rate, death rate and natural growth rate. Furthermore, relevant figures obtained from seven national population censuses have been compared.

II. Source of Data

Data in this chapter are from national population censuses, national sample survey. Some are derived from household registration provided by Shandong Provincial Department of Public Security. The data above are compiled by the Division of Urbanization,Population and Employment Statistics（by the Division of Social,Science and Culture Industry Employment Statistics）of Shandong Provincial Bureau of Statistics.

3-1 主要年份总人口
Population in Major Years

单位:万人 (10 000 persons)

年 份 Year	总人口 Total	按性别分 Grouped by Sexual		按农村、城镇分 Grouped by Rural and Urban		人口密度 (人/平方公里) Density of Population (Person/sq.km)
		男 Male	女 Female	农村人口 Rural Population	城镇人口 Urban Population	
1949	(4549)	(2199)	(2350)	(4289)	(260)	290
1952	(4827)	(2392)	(2435)	(4538)	(289)	308
1955	(5174)	(2587)	(2587)	(4796)	(378)	330
1957	(5373)	(2694)	(2679)	(4936)	(437)	343
1962	(5426)	(2718)	(2708)	(5015)	(411)	346
1965	(5711)	(2866)	(2845)	(5258)	(453)	364
1970	(6441)	(3241)	(3200)	(5966)	(475)	411
1975	(6971)	(3524)	(3447)	(6408)	(563)	445
1978	(7160)	(3624)	(3536)	(6533)	(627)	457
1980	(7296)	(3694)	(3602)	(6605)	(691)	466
1981	(7395)	(3750)	(3645)	(6659)	(736)	472
1982	(7494)	(3806)	(3688)	(6720)	(774)	478
1983	(7564)	(3847)	(3717)	(6753)	(811)	483
1984	(7637)	(3887)	(3750)	(6701)	(936)	487
1985	7711(7695)	(3922)	(3773)	(6676)	(1017)	492
1986	7818(7776)	(3967)	(3810)	(6797)	(979)	499
1987	7958(7889)	(4029)	(3860)	(6844)	(1045)	508
1988	8061(8009)	(4092)	(3917)	(6702)	(1307)	514
1989	8160(8181)	(4181)	(4000)	(6698)	(1483)	521
1990	8493(8424)	(4299)	(4125)	(6846)	(1578)	542
1991	8570(8534)	(4352)	(4182)	(6884)	(1650)	547
1992	8610(8580)	(4373)	(4207)	(6819)	(1761)	549
1993	8642(8620)	(4392)	(4228)	(6724)	(1896)	551
1994	8671(8653)	(4407)	(4246)	(6574)	(2079)	553
1995	8705(8701)	(4429)	(4272)	(6531)	(2170)	556
1996	8738(8747)	(4452)	(4295)	(6484)	(2263)	558
1997	8785(8810)	(4483)	(4327)	(6500)	(2310)	561
1998	8838(8872)	(4513)	(4359)	(6575)	(2296)	564
1999	8883(8922)	(4537)	(4385)	(6600)	(2322)	567
2000	8997(8975)	(4562)	(4413)	(6566)	(2409)	574
2001	9041(9024)	(4584)	(4440)	(6507)	(2517)	577
2002	9082(9069)	(4607)	(4463)	(6435)	(2634)	580
2003	9125(9108)	(4624)	(4484)	(6275)	(2833)	582
2004	9180(9163)	(4652)	(4512)	(6212)	(2951)	586
2005	9248(9212)	(4676)	(4537)	(6066)	(3147)	589
2006	9309(9282)	(4707)	(4575)	(6055)	(3228)	592
2007	9367(9346)	(4739)	(4606)	(5909)	(3436)	596
2008	9417(9392)	(4761)	(4632)	(5860)	(3532)	599
2009	9470(9449)	(4792)	(4658)	(5902)	(3548)	603
2010	9579(9536)	(4839)	(4697)	(5698)	(3839)	610
2011	9665(9591)	(4870)	(4721)	(5646)	(3945)	613
2012	9708(9580)	(4868)	(4712)	(5559)	(4021)	616
2013	9746(9612)	(4883)	(4729)	(5482)	(4130)	619
2014	9808(9747)	(4960)	(4787)	(5462)	(4285)	620
2015	9866(9822)	(4999)	(4823)	(5120)	(4702)	624
2016	9973(9921)	(5049)	(4872)	(5056)	(4865)	630
2017	10033(10009)	(5089)	(4919)	(4984)	(5024)	634
2018	10077(10096)	(5130)	(4966)	(4953)	(5143)	636
2019	10106(10148)	(5153)	(4995)	(5080)	(5068)	637
2020	10165(10172)	(5162)	(5011)	(5047)	(5125)	643
2021	10170(10191)	5162(5169)	5008(5023)	3667	6503	644
2022	10163(10178)	5153(5160)	5010(5019)	3603	6559	643
2023	10123(10147)	5115(5142)	5008(5005)	3489	6634	641

注:1.1990、2000和2010年为人口普查数,其余年份均为人口抽样调查数。括号内为公安户籍人口数，统计时点为每年11月30日24时。2006年之前的农村、城镇人口分别为公安户籍统计的农业、非农业人口。

2.根据第七次人口普查结果，对全省2011—2019年年末总人口进行了修订。

3.2020年为根据第七次人口普查数据推算年末人口数。

a) Data of 1990、2000 and 2010 are based on the national population census,and others are based on the sample surveys.Data in the brackets are taken from the annual reports of the Public Security Departments and the statistical time point is 24:00 on November 30th every year.Before 2006, the rural and urban population are respectively the agriculture population, non-agricultural population from the Public Security Departments.

b) According to the Seventh National Census, the data of total population from 2011 to 2019 of Shandong have been revised.

c) Data of 2020 are calculated according to the data of the Seventh National Census.

3-2 主要年份人口出生率、死亡率、自然增长率

Birth Rate,Death Rate and Natural Growth Rate of Population in Major Years

年 份 Year	出生率 (‰) Birth Rate (‰)	死亡率 (‰) Death Rate (‰)	自然增长率 (‰) Natural Growth Rate (‰)	出生人口数 (万人) Population of Birth (10 000 persons)	死亡人口数 (万人) Population of Death (10 000 persons)	自然增长人数 (万人) Population of Natural Growth (10 000 persons)
1949	(28.10)	(12.20)	(15.90)			
1952	(31.50)	(12.20)	(19.30)			
1955	(37.30)	(13.70)	(23.60)	(191)	(70)	(121)
1957	(35.80)	(12.10)	(23.70)	(190)	(64)	(126)
1962	(38.10)	(12.40)	(25.70)	(204)	(66)	(138)
1965	(35.50)	(10.20)	(25.30)	(201)	(58)	(143)
1970	(33.89)	(7.34)	(26.55)	(215)	(47)	(168)
1975	(21.56)	(7.53)	(14.03)	(149)	(52)	(97)
1978	(16.80)	(6.50)	(10.30)	(119)	(46)	(73)
1980	(13.91)	(6.40)	(7.51)	(101)	(47)	(54)
1981	(16.48)	(6.41)	(10.07)	(121)	(47)	(74)
1982	(17.05)	(6.10)	(10.95)	(127)	(45)	(82)
1983	15.10(12.76)	6.73(5.87)	8.37(6.89)	114(96)	51(44)	63(52)
1984	13.80(12.99)	5.80(6.03)	8.00(6.96)	104(99)	44(46)	60(53)
1985	15.12(11.75)	6.64(5.90)	8.48(5.85)	116(90)	51(45)	65(45)
1986	19.90(14.71)	7.28(5.86)	12.62(8.85)	156(114)	57(46)	99(68)
1987	23.35(17.43)	7.07(5.64)	16.28(11.79)	184(137)	56(44)	128(93)
1988	17.54(17.95)	6.04(5.95)	11.50(12.00)	140(143)	48(47)	92(96)
1989	16.88(18.87)	5.70(5.51)	11.18(13.36)	137(153)	46(45)	91(108)
1990	18.21(26.10)	6.96(6.02)	11.25(20.08)	152(217)	58(50)	94(167)
1991	15.40(16.39)	6.54(5.73)	8.86(10.66)	131(139)	56(49)	75(90)
1992	11.43(10.95)	6.88(6.02)	4.55(4.93)	98(94)	59(52)	39(42)
1993	10.49(9.47)	6.76(5.84)	3.73(3.63)	90(81)	58(50)	32(31)
1994	9.69(9.31)	6.67(5.99)	3.02(3.32)	84(80)	58(52)	26(28)
1995	9.82(9.66)	6.47(5.83)	3.35(3.83)	85(84)	56(51)	29(33)
1996	10.60(10.33)	6.76(6.04)	3.84(4.29)	92(90)	59(53)	33(37)
1997	11.28(10.84)	6.65(5.90)	4.63(4.94)	99(95)	58(52)	41(43)
1998	11.58(11.52)	6.12(5.95)	5.46(5.57)	102(102)	54(53)	48(49)
1999	11.08(10.23)	6.27(5.72)	4.81(4.51)	98(91)	55(51)	43(40)
2000	10.75(11.38)	6.29(6.70)	4.46(4.68)	97(102)	56(60)	40(42)
2001	11.12(9.93)	6.24(5.46)	4.88(4.47)	100(89)	56(49)	44(40)
2002	11.17(10.20)	6.62(5.86)	4.55(4.34)	101(92)	60(53)	41(39)
2003	11.42(9.31)	6.64(6.07)	4.78(3.24)	104(85)	61(55)	43(30)
2004	12.50(10.59)	6.49(5.60)	6.01(4.99)	114(97)	59(51)	55(46)
2005	12.14(10.17)	6.31(5.85)	5.83(4.32)	112(94)	58(54)	54(40)
2006	11.60(9.59)	6.10(5.62)	5.50(3.97)	108(89)	57(52)	51(37)
2007	11.11(10.05)	6.11(6.47)	5.00(3.58)	104(94)	57(60)	47(33)
2008	11.25(10.13)	6.16(6.81)	5.09(3.32)	106((95)	58(64)	48(31)
2009	11.70(10.96)	6.08(6.11)	5.62(4.86)	110(103)	57(58)	53(46)
2010	11.65(15.82)	6.26(8.58)	5.39(7.24)	111(150)	60(81)	51(69)
2011	11.50(11.97)	6.10(7.07)	5.40(4.90)	110(114)	59(68)	51(47)
2012	11.90(11.74)	6.95(8.33)	4.95(3.40)	115(113)	67(80)	48(33)
2013	11.41(12.19)	6.40(6.23)	5.01(5.95)	111(117)	59(60)	52(57)
2014	14.23(22.74)	6.84(6.39)	7.39(16.35)	139(220)	67(62)	72(158)
2015	12.55(14.59)	6.67(6.16)	5.88(8.43)	124(143)	66(60)	58(83)
2016	17.89(15.56)	7.05(5.41)	10.84(10.15)	177(154)	70(53)	107(101)
2017	17.54(20.59)	7.40(11.88)	10.14(8.71)	175(205)	74(118)	101(87)
2018	13.26(14.93)	7.18(6.46)	6.08(8.47)	133(150)	72(65)	61(85)
2019	11.77(12.13)	7.50(6.46)	4.27(5.67)	118(123)	75(65)	43(58)
2020	8.56(9.87)	7.25(7.12)	1.31(2.75)	87(100)	74(72)	13(28)
2021	7.38	7.36	0.02	75.04	74.83	0.20
2022	6.71	7.64	-0.93	68.22	77.67	-9.45
2023	6.01	8.19	-2.18	60.96	83.07	-22.11

注:1990、2000年为普查数,2010年、2020年为人口普查推算数据,其余年份均为人口抽样调查数,括号内为当年前往公安机关申报登记数。

a)Data of 1990 and 2000 are based on the national population census,data of 2010 and 2020 are calculated according to the national population census, others are based on the sample surveys. Data in the brackets are registration data of the public security department.

3-3 人口年龄结构、抚养比和性别比

Age Composition, Dependency Ratio and Sex Ratio of Population

单位：% (%)

年 份 Year	总人口性别比(以女性为100) Sexual Ratio of Total Population (female=100)	各年龄段所占比重 The Proportion of Total Population By Age			总抚养比 Gross Dependency Ratio		
		0-14岁 Aged 0-14	15-64岁 Aged 15-64	65岁及以上 Aged 65 and Over		少儿抚养比 Children Dependency Ratio	老年抚养比 Old Dependency Ratio
1982	102.9	31.0	63.4	5.6	57.7	48.9	8.8
1990	103.5	26.6	67.2	6.2	48.8	39.6	9.2
1995	103.7	24.6	68.0	7.4	47.1	36.2	10.9
2000	102.5	20.8	71.1	8.1	40.6	29.3	11.4
2001	102.7	20.4	71.4	8.2	40.1	28.6	11.5
2002	102.4	18.8	72.7	8.5	37.6	25.9	11.7
2003	100.4	18.4	72.6	9.1	37.8	25.3	12.5
2004	100.7	17.1	73.7	9.2	35.8	23.2	12.5
2005	102.0	15.9	74.1	9.9	34.9	21.5	13.4
2006	100.8	15.3	74.7	10.0	33.9	20.5	13.4
2007	101.4	15.0	74.8	10.2	33.7	20.1	13.6
2008	100.2	15.6	74.1	10.3	34.9	21.0	13.8
2009	102.3	15.7	73.9	10.4	35.4	21.2	14.1
2010	102.3	15.7	74.4	9.9	34.4	21.1	13.3
2011	102.0	15.7	74.3	10.0	34.6	21.1	13.5
2012	101.4	16.1	73.5	10.4	36.0	21.8	14.2
2013	101.2	16.1	72.9	11.0	37.1	22.1	15.0
2014	101.1	16.4	72.0	11.6	38.9	22.8	16.1
2015	102.1	16.6	71.2	12.2	40.4	23.3	17.1
2016	102.8	16.4	70.4	13.2	42.0	23.3	18.8
2017	102.7	17.2	68.8	14.0	45.3	25.0	20.3
2018	100.8	18.1	66.9	15.0	49.5	27.0	22.5
2019	99.2	18.0	66.2	15.8	51.1	27.2	23.9
2020	102.7	18.8	66.1	15.1	51.3	28.4	22.9
2021	103.1	18.4	65.7	15.9	52.3	28.1	24.2
2022	102.9	17.9	65.4	16.7	52.9	27.4	25.5
2023	102.2	17.3	65.3	17.4	53.1	26.5	26.6

注:1982、1990、2000、2010和2020年数据为人口普查数据；2001-2004年为抽样调查样本数据；其他年份为抽样调查估算数据。

a)Data of 1982、1990、2000、2010 and 2020 are taken from the national population census.Data of 2001-2004 are taken from Population Sample Survey. Others are estimated on population sample survey.

3-4 各市人口数(2023年)

Population by Region (2023)

地 区	Region	年末总人口(万人) Total year-end Population (10 000 persons)	按性别分(万人) Grouped by Sexual (10 000 persons)		按农村、城镇分(万人) Grouped by Rural and Urban (10 000persons)		平均家庭户规 模(人/户) Average Family Size(person/household)
			男 Male	女 Female	农村人口 Rural Population	城镇人口 Urban Population	
全省总计	**Total**	10122.97(10147.04)	(5141.61)	(5005.43)	3489.31	6633.66	2.65
济 南 市	Jinan	943.67(825.30)	(407.23)	(418.07)	233.24	710.43	2.64
青 岛 市	Qingdao	1037.15(854.78)	(419.65)	(435.12)	225.05	812.10	2.45
淄 博 市	Zibo	467.40(430.83)	(213.52)	(217.30)	113.76	353.64	2.53
枣 庄 市	Zaozhuang	380.98(422.40)	(220.89)	(201.51)	145.79	235.19	2.78
东 营 市	Dongying	220.60(197.98)	(98.16)	(99.82)	60.69	159.91	2.57
烟 台 市	Yantai	703.22(640.44)	(316.84)	(323.60)	216.40	486.82	2.27
潍 坊 市	Weifang	936.95(915.33)	(459.49)	(455.83)	317.43	619.52	2.68
济 宁 市	Jining	824.05(888.41)	(458.12)	(430.29)	304.45	519.60	2.93
泰 安 市	Tai'an	534.87(562.96)	(284.13)	(278.83)	179.43	355.44	2.61
威 海 市	Weihai	291.36(254.38)	(125.26)	(129.12)	79.60	211.76	2.29
日 照 市	Rizhao	294.82(308.36)	(156.69)	(151.66)	107.44	187.38	2.59
临 沂 市	Linyi	1094.38(1198.83)	(619.78)	(579.05)	457.89	636.49	2.76
德 州 市	Dezhou	553.63(591.08)	(299.89)	(291.19)	241.79	311.84	2.74
聊 城 市	Liaocheng	585.93(642.18)	(330.26)	(311.93)	258.98	326.95	2.81
滨 州 市	Binzhou	390.41(394.02)	(198.78)	(195.24)	148.66	241.75	2.69
菏 泽 市	Heze	863.55(1019.77)	(532.90)	(486.87)	398.71	464.84	2.74

注：年末总人口根据人口抽样调查数据推算,括号内为公安户籍统计数字。

a) Data on total year-end population are estimated on the basis of the annual national sample survey of population.Data in the brackets are taken from the annual reports of public security departments.

3-5 七次人口普查主要数据

Major Data of All Previous Provincial Population Census

指 标	Item	第一次人口普查 The First (1953.7.1)	第二次人口普查 The Second (1964.7.1)	第三次人口普查 The Third (1982.7.1)	第四次人口普查 The Fourth (1990.7.1)
一、总人口 (万人)	**Total (10 000 persons)**	**4887.65**	**5549.62**	**7441.91**	**8439.21**
按性别分	By Sexual				
男	Male	2431.14	2790.45	3773.74	4291.32
女	Female	2456.52	2759.17	3668.16	4147.89
二、总户数 (万户)	**Total Households (10 000 units)**	**1109.77**	**1277.08**	**1739.04**	**2197.56**
家庭户 (万户)	Households (10 000 units)			1733.55	2187.44
平均家庭户规模(人)	Average Household Size (person)			4.20	3.75
三、民 族	**Nationalities**				
民族个数 (个)	The number of Nationalities (unit)	17	32	39	54
汉族人口 (万人)	Total Population of Han Nationality (10 000 persons)	4862.40	5520.04	7401.14	8388.62
少数民族人口(万人)	Total Population of Minority Nationalities (10 000 persons)	25.24	29.55	40.74	50.59
四、市镇人口 (万人)	**Population of City and Town (10 000 persons)**	**357.92**	**717.57**	**1419.05**	**2307.67**
五、平均预期寿命 (岁)	**Life Expectancy (year old)**			**69.2**	**70.6**
六、各种文化程度人口	**Population by Education**				
大 学 (万人)	University and Above (10 000 persons)			26.32	82.29
高 中 (万人)	Senior Middle Schools (10 000 persons)			438.72	603.36
初 中 (万人)	Junior Middle Schools (10 000 persons)			1316.97	2125.47
小 学 (万人)	Primary Schools (10 000 persons)			2510.81	3061.20
文盲半文盲 (万人)	Illiterate or Semiliterate (10 000 persons)			2045.72	1425.61
七、6岁及以上人口平均受教育年限 (年)	**Years of education of Population Aged 6 and Over (year)**			**4.9**	**6.2**
八、就业人口 (万人)	**Economically Active Population(10 000 persons)**			**4009.79**	**5077.21**

3-5 续表 continued

指 标	Item	第五次人口普查 The Fifth (2000.11.1)	第六次人口普查 The Sixth (2010.11.1)	第七次人口普查 The Seventh (2020.11.1)
一、总人口 (万人)	**Total (10 000 persons)**	**8997.18**	**9579.27**	**10152.75**
按性别分	By Sexual			
男	Male	4554.21	4844.69	5143.29
女	Female	4442.97	4734.58	5009.45
二、总户数 (万户)	**Total Households (10 000 units)**	**2732.04**	**3079.47**	**3704.55**
家庭户 (万户)	Households (10 000 units)	2670.93	3010.55	3518.42
平均家庭户规模(人)	Average Household Size (person)	3.22	2.98	2.70
三、民 族	**Nationalities**			
民族个数 (个)	The number of Nationalities (unit)	56	56	56
汉族人口 (万人)	Total Population of Han Nationality (10 000 persons)	8933.90	9506.68	10062.25
少数民族人口(万人)	Total Population of Minority Nationalities (10 000 persons)	63.27	72.59	90.50
四、市镇人口 (万人)	**Population of City and Town (10 000 persons)**	**3432.59**	**4762.07**	**6401.43**
五、平均预期寿命 (岁)	**Life Expectancy (year old)**	**73.92**	**76.46**	**79.18**
六、各种文化程度人口	**Population by Education**			
大 学 (万人)	University and Above (10 000 persons)	300.08	832.87	1460.35
高 中 (万人)	Senior Middle Schools (10 000 persons)	994.64	1332.26	1455.28
初 中 (万人)	Junior Middle Schools (10 000 persons)	3297.35	3846.80	3632.42
小 学 (万人)	Primary Schools (10 000 persons)	2946.97	2391.22	2405.46
文盲半文盲 (万人)	Illiterate or Semiliterate (10 000 persons)	765.43	475.73	330.83
七、6岁及以上人口平均受教育年限 (年)	**Years of education of Population Aged 6 and Over (year)**	**7.5**	**8.8**	**9.4**
八、就业人口 (万人)	**Economically Active Population(10 000 persons)**	**5477.41**	**5902.34**	**5510.00**

主要统计指标解释

人口数 指一定时点、一定地区范围内有生命的个人总和。

城镇人口和乡村人口 普查的城镇人口是指居住在城镇范围内的全部常住人口；乡村人口是除上述人口以外的全部人口。公安机关登记的城镇人口是指户口登记在城镇的人口，其统计口径是以居民常住户口所在地的城乡性质划分的。

出生率（又称粗出生率） 指在一定时期内(通常为一年)一定地区的出生人数与同期内平均人数(或期中人数)之比，用千分率表示。本资料中的出生率指年出生人数，其计算公式为：

$$出生率=\frac{年出生人数}{年平均人数}\times 1000‰$$

式中：出生人数指活产婴儿，即胎儿脱离母体时(不管怀孕月数)，有过呼吸或其他生命现象。年平均人数指年初、年底人口数的平均数，也可用年中人口数代替。

死亡率（又称粗死亡率） 指在一定时期内(通常为一年)一定地区的死亡人数与同期内平均人数(或期中人数)之比，用千分率表示。本资料中的死亡率指年死亡率，其计算公式为：

$$死亡率=\frac{年死亡人数}{年平均人数}\times 1000‰$$

人口自然增长率 指在一定时期内(通常为一年)人口自然增加数(出生人数减死亡人数)与该时期内平均人数(或期中人数)之比，用千分率表示。计算公式为：

$$人口自然增长率=\frac{本年出生人数-本年死亡人数}{年平均人数}\times 1000‰$$

$$=人口出生率-人口死亡率$$

总抚养比 也称总负担系数。是指人口总体中非劳动年龄人口数与劳动年龄人口数之比。通常用百分比表示。说明每100名劳动年龄人口要负担多少名非劳动年龄人口。用于从人口角度反映人口与经济发展的基本关系。

计算公式为：

$$GDR=\frac{P_{0\sim14}+P_{65+}}{P_{15\sim64}}\times 100\%$$

其中：GDR 为总抚养比；

$P_{0\sim14}$ 为0~14岁少年儿童人口数；

P_{65+} 为65岁及以上的老年人口数；

$P_{15\sim64}$ 为15~64岁劳动年龄人口数。

老年人口抚养比 也称老年人口抚养系数。是指某人口总体中老年人口数与劳动年龄人口数之比。通常用百分比表示。用以表明每100名劳动年龄人口要负担多少名老年人。老年人口抚养比是从经济角度反映人口老化社会后果的指标之一。

计算公式为：

$$ODR=\frac{P_{65+}}{P_{15\sim64}}\times 100\%$$

其中：ODR 为老年人口抚养比；

P_{65+} 为65岁及以上的老年人口数；

$P_{15\sim64}$ 为15~64岁的劳动年龄人口数。

少年儿童抚养比 也称少年儿童抚养系数。是指某人口总体中少年儿童人口与劳动年龄人口数之比。通常用百分比表示。用以反映每100名劳动年龄人口要负担多少名少年儿童。

计算公式为：

$$CDR=\frac{P_{0\sim14}}{P_{15\sim64}}\times 100\%$$

其中：CDR 为少年儿童抚养比；

$P_{0\sim14}$ 为0~14岁少年儿童人口数；

$P_{15\sim64}$ 为15~64岁劳动年龄人口数。

Explanatory Notes on Main Statistical Indicators

Total Population refers to the total number of people alive at a certain point of time within a given area.

Urban Population and Rural Population Urban population refer to all people residing in cities and towns, while rural population refer to population other than urban population. Urban population data of public security department only include persons whose household registration in urban.

Birth Rate (or Crude Birth Rate) refers to the ratio of the number of births to the average population (or mid period population) during a certain period of time (usually a year), expressed in ‰. Birth rate in the chapter refers to annual birth rate. The following formula is used:

$$\text{Birth Rate} = \frac{\text{Number of Births}}{\text{Annual Average Population}} \times 1000‰$$

Number of births in the formula refers to live births, i.e. when a baby has breathed or showed any vital phenomena regardless of the length of pregnancy.

Annual average number of population is the average of the number of population at the beginning of the year and that at the end of the year. Sometimes it is substituted by the mid year population.

Death Rate (or Crude Death Rate) refers to the ratio of the number of deaths to the average population (or mid period population) during a certain period of time (usually a year), expressed in ‰. Death rate in the chapter refers to annual death rate. The following formula is used:

$$\text{Death Rate} = \frac{\text{Number of Deaths}}{\text{Annual Average Population}} \times 1000‰$$

Natural Growth Rate of Population refers to the ratio of natural increase in population (number of births minus number of deaths) in a certain period of time (usually a year) to the average population (or mid period population) of the same period, expressed in ‰. The following formula is applied:

$$\text{Natural Growth Rate of Population} = \frac{\text{Number of Births} - \text{Number of Deaths}}{\text{Annual Average Population}} \times 1000‰$$

Natural Growth Rate of Population = Birth Rate − Death

Gross Dependency Ratio also called gross dependency coefficient, refers to the ratio of non-working-age population to the working-age population ,express in %. Describing in general the number of non-working-age population that every 100 people at working ages will take care of, this indicator reflects the basic relation between population and economic development from the demographic perspective. The gross dependency ratio is calculated with the following formula:

$$GDR = \frac{P_{0\sim14} + P_{65+}}{P_{15\sim64}} \times 100\%$$

Where: GDR is the gross dependency ratio,

$P_{0\sim14}$ is the population of children aged 0-14;

P_{65+} is the elderly population aged 65 and over ;

$P_{15\sim64}$ is the working –age population aged 15-64.

Old Dependency Ratio also called old dependency coefficient,refers to the ratio of the elderly population to the working-age population, express in %.It describes the number of the elderly population that every 100 people at working ages will take care of. Old dependency ratio is one of the indicators reflecting the social implication of population aging from the economic perspective. The old dependency ratio is calculated with the following formula:

$$ODR = \frac{P_{65+}}{P_{15\sim64}} \times 100\%$$

Where: ODR is the old dependency ratio,

P_{65+} is the elderly population aged 65 and over;

$P_{15\sim64}$ is the working –age population aged 15-64.

Children Dependency Ratio also called children dependency coefficient, refers to the ratio of the children population to the working-age population ,express in %.It describes the number of children population that every 100 people at working ages will take care of. The children dependency ratio is calculated with the following formula:

$$CDR = \frac{P_{0\sim14}}{P_{15\sim64}} \times 100\%$$

Where:CDR is the children dependency ratio;

$P_{0\sim14}$ is the children population aged 0-14;

$P_{15\sim64}$ is the working-age population aged 15-64.

第
4
篇

就业、工资和社会保障

Employment, Wages and Social Security

简 要 说 明

一、本篇资料的主要内容

本篇资料反映全省劳动经济方面的基本情况，包括就业人员及职工人数，城镇登记失业人数，就业人员工资总额，平均工资等。

二、本篇资料的来源

1.就业基本情况及分组资料、工资总额、平均工资等资料取自《劳动工资统计报表制度》。

2.城镇登记失业人员及失业率、社会保障等资料由省人力资源社会保障厅、省医疗保障局根据其相关统计制度整理提供。

3.本篇资料由省统计局人口处（社科处）整理提供。

Brief Introduction

I. Main Content

Data in this chapter show the basic conditions of Shandong's labor economy, including number of employed persons, number of registered unemployed persons in urban areas, total wage bills and average wages of employed persons, etc.

II. Source of Data

(1) Data on basic conditions of employment,data by groups, total wage bills and average wages of employed persons are collected and compiled through The Reporting Form System on Labour Wage Statistics.

(2) Data on registered unemployed persons in urban areas and unemployment rate and social securities are provided by Shandong Provincial Department of Human Resource and Social Security,Medical Insurance Bureau.

(3) Data in this chapter are prepared and compiled by the Division of Urbanization,Population and Employment Statistics（by the Division of Social,Science and Culture Industry Employment Statistics）of Shandong Provincial Bureau of Statistics.

4-1 就业基本情况

Employment

类　　别	Category	2019	2020	2021	2022	2023
就业人员合计　（万人）	**Total Number of Employed Persons　(10 000 persons)**	**5561**	**5510**	**5475**	**5338**	**5370**
第一产业	Primary Industry	1445.9	1372.0	1316.0	1284.0	1267.0
第二产业	Secondary Industry	1851.8	1840.3	1850.0	1804.0	1818.0
第三产业	Tertiary Industry	2263.3	2297.7	2309.0	2250.0	2285.0
就业人员构成　(%)(合计=100)	**Composition of Employed Persons　(%)(total=100)**					
第一产业	Primary Industry	26.0	24.9	24.0	24.1	23.6
第二产业	Secondary Industry	33.3	33.4	33.8	33.8	33.9
第三产业	Tertiary Industry	40.7	41.7	42.2	42.2	42.6
按城乡分就业人员	**Number of Employed Persons by Urban and Rural Areas**					
城镇就业人员　（万人）	Urban Employed Persons　(10 000 persons)	3303.2	3344.6	3386.0	3297.0	3352.0
内资单位	Domestic Invested Units	963.8	991.0	1001.4	976.0	978.7
#国有单位	State-owned Units	345.4	372.8	381.4	379.4	368.8
港澳台投资单位	Units with Funds from Hong Kong,Macao & Taiwan	31.9	33.4	39.7	41.9	42.0
外商投资单位	Foreign Funded Units	76.2	73.9	67.2	63.6	56.3
乡村就业人员　（万人）	Rural Employed Persons　(10 000 persons)	2257.8	2165.4	2089.0	2041.0	2018.0
城镇非私营单位在岗职工人数（万人）	**Number of Staff and Workers on the job of Urban Non private units　(10 000 persons)**	**1000.1**	**1027.8**	**1039.1**	**1022.7**	**1018.5**
国有单位	State-owned Units	330.6	360.8	367.3	368.2	359.0
其他单位	Units of Other Types of Ownership	652.0	649.4	654.6	640.4	659.5
城镇非私营单位女性就业人员（万人）	**Urban Employed Female Persons of Urban Non private units　(10 000 persons)**	**406.7**	**426.8**	**435.3**	**425.4**	**427.0**
城镇累计新增就业人数　（万人）	**Number of Newly Employed Persons in Urban Areas　(10 000 persons)**	**138.3**	**122.7**	**124.2**	**120.2**	**124.5**
就业转失业人员再就业　（万人）	**Number of reemployed Persons　(10 000 persons)**	**51.7**	**48.0**	**45.1**	**53.9**	**51.9**
#困难群体再就业	Reemployed Persons in Difficult Groups	11.6	7.5	8.9	10.3	9.2
城镇登记失业人数　（万人）	**Number of Registered Unemployed Persons in Urban Areas　(10 000 persons)**	**44.2**	**46.7**	**42.3**	**20.4**	**24.5**
城镇登记失业率　（%）	**Registered Unemployment Rate in Urban Areas　(%)**	**3.3**	**3.1**	**2.9**		

注：1.2000—2019年就业人员相关数据根据第七次全国人口普查修订(以下相关表同)。

2.2022年起，城镇登记失业率指标已取消(以下相关表同)。

a) According to the Seventh National Census, the data of Employed Persons from 2000 to 2019 of Shandong have been revised(the same applies to tables following).

b) The index of Registered Urban Unemployment Rate has been abolished since 2022 (The same applies to tables following).

4-2 按三次产业分的年底就业人员数
Number of Employed Persons at the Year-end by Three Industries

年 份 Year	就业人员（万人） Total Employed Persons (10 000 Persons)				构成(%)（合计=100） Composition in Percentage(%) (Total=100)		
		第一产业 Primary Industry	第二产业 Secondary Industry	第三产业 Tertiary Industry	第一产业 Primary Industry	第二产业 Secondary Industry	第三产业 Tertiary Industry
1949	1859.3						
1952	1897.2						
1955	1959.7						
1957	2150.4						
1962	1981.2						
1965	2146.0						
1970	2606.0						
1975	2925.0						
1978	2969.8	2350.9	366.6	252.3	79.2	12.3	8.5
1980	3117.5	2458.1	382.5	276.9	78.9	12.3	8.9
1981	3192.4	2508.2	389.0	295.2	78.6	12.2	9.3
1982	3270.0	2520.8	442.2	307.0	77.1	13.5	9.4
1983	3795.1	2950.8	465.8	378.5	77.8	12.3	10.0
1984	3563.7	2509.1	528.8	525.8	70.4	14.8	14.8
1985	3561.1	2438.6	705.3	417.2	68.5	19.8	11.7
1986	3651.2	2431.1	776.0	444.1	66.6	21.3	12.2
1987	3765.7	2422.6	848.2	494.9	64.3	22.5	13.1
1988	3887.1	2474.5	905.1	507.5	63.7	23.3	13.1
1989	3940.3	2527.6	902.6	510.1	64.2	22.9	13.0
1990	4043.2	2585.7	922.5	535.0	64.0	22.8	13.2
1991	4219.3	2708.0	958.7	552.6	64.2	22.7	13.1
1992	4302.6	2705.1	1000.8	596.7	62.9	23.3	13.9
1993	4379.3	2689.9	1070.4	619.0	61.4	24.4	14.1
1994	4382.1	2541.6	1098.0	742.5	58.0	25.1	16.9
1995	5207.4	2832.3	1305.5	1069.6	54.4	25.1	20.5
1996	5227.4	2788.0	1286.1	1153.3	53.3	24.6	22.1
1997	5256.0	2812.5	1311.9	1131.6	53.5	25.0	21.5
1998	5287.6	2837.3	1245.8	1204.5	53.7	23.6	22.8
1999	5314.7	2811.7	1245.7	1257.3	52.9	23.4	23.7
2000	5386.7	2806.5	1292.8	1287.4	52.1	24.0	23.9
2001	5430.9	2791.5	1336.0	1303.4	51.4	24.6	24.0
2002	5510.2	2755.1	1394.1	1361.0	50.0	25.3	24.7
2003	5541.0	2687.4	1446.2	1407.4	48.5	26.1	25.4
2004	5622.4	2642.5	1529.3	1450.6	47.0	27.2	25.8
2005	5689.2	2582.9	1587.3	1519.0	45.4	27.9	26.7
2006	5756.3	2527.0	1640.5	1588.7	43.9	28.5	27.6
2007	5803.6	2460.7	1688.9	1654.0	42.4	29.1	28.5
2008	5815.1	2378.4	1732.9	1703.8	40.9	29.8	29.3
2009	5844.7	2302.8	1782.6	1759.3	39.4	30.5	30.1
2010	5940.0	2257.2	1853.3	1829.5	38.0	31.2	30.8
2011	5915.0	2164.9	1881.0	1869.1	36.6	31.8	31.6
2012	5892.0	2068.1	1914.9	1909.0	35.1	32.5	32.4
2013	5840.0	1973.9	1915.5	1950.6	33.8	32.8	33.4
2014	5798.0	1878.6	1919.1	2000.3	32.4	33.1	34.5
2015	5773.0	1795.4	1922.4	2055.2	31.1	33.3	35.6
2016	5728.0	1706.9	1907.4	2113.6	29.8	33.3	36.9
2017	5693.0	1622.5	1907.2	2163.3	28.5	33.5	38.0
2018	5621.0	1534.5	1877.4	2209.1	27.3	33.4	39.3
2019	5561.0	1445.9	1851.8	2263.3	26.0	33.3	40.7
2020	5510.0	1372.0	1840.3	2297.7	24.9	33.4	41.7
2021	5475.0	1316.0	1850.0	2309.0	24.0	33.8	42.2
2022	5338.0	1284.0	1804.0	2250.0	24.1	33.8	42.2
2023	5370.0	1267.0	1818.0	2285.0	23.6	33.9	42.6

4-3 按登记注册类型和行业分城镇非私营单位就业人员数(2023年底)

Number of Employed Persons in Urban Non-private Units at the Year-end by Status of Registration and Sector(2023)

单位:万人　　(10 000 persons)

类　　别	Category	单位就业人员 Persons Employed in Various Units	在岗职工 Staff and Workers	内资单位 Domestic Invested Units	#国有单位 State-owned Units	港澳台投资单位 Units with Funds from Hong Kong, Macao and Taiwan	外商投资单位 Foreign Funded Units
总　　计	**Total**	**1077.0**	**1018.5**	**978.7**	**368.8**	**42.0**	**56.3**
按企、事业和机关分	**Grouped by Enterprises,institutions and Agencies**						
企　业	Enterprises	737.0	687.2	638.8	35.3	42.0	56.3
政　府	Government	332.8	324.3	332.8	331.8		
民间非营利组织	Civil Nonprofit Organization	6.9	6.6	6.9	1.5		
其　他	Others	0.3	0.3	0.3	0.2		
按国民经济行业分	**Grouped by Sector**						
农、林、牧、渔业	Agriculture,Forestry,Animal Husbandry and Fishing	1.3	1.2	1.3	0.4		
采矿业	Mining	23.9	23.1	19.2	7.0	4.7	
制造业	Manufacturing	261.6	258.8	187.6	2.6	28.8	45.2
电力、热力、燃气及水的生产和供应业	Production and Supply of Electric, Heat, Gas and Water	27.0	26.7	24.5	0.7	1.7	0.7
建筑业	Construction	111.1	94.8	110.4	2.1	0.1	0.6
批发和零售业	Wholesale and Retail Trade	48.9	47.8	44.4	0.9	2.1	2.4
交通运输、仓储和邮政业	Traffic,Transport,Storage and Post	43.9	43.3	42.3	2.0	0.8	0.8
住宿和餐饮业	Hotels and Catering Services	14.6	14.0	12.9	1.3	0.8	0.8
信息传输、软件和信息技术服务业	Information Transfer, Software and Information Technology Services	19.9	19.8	15.9	1.2	1.6	2.4
金融业	Financial Intermediation	50.7	34.6	49.5	5.0	0.1	1.2
房地产业	Real Estate	31.9	30.3	30.9	0.7	0.7	0.3
租赁和商务服务业	Leasing and Business Services	41.6	36.1	40.5	3.0	0.3	0.9
科学研究和技术服务业	Scientific Research and Technical Service	24.6	24.0	23.7	6.9	0.2	0.7
水利、环境和公共设施管理业	Management of Water Conservancy, Environment and Public Facilities	17.0	14.6	16.8	5.0	0.1	
居民服务、修理和其他服务业	Households Services, Repair and Other Service	3.5	3.1	3.4	0.6		0.1
教　育	Education	129.1	126.6	129.1	115.5		
卫生和社会工作	Health and Social Work	79.2	76.3	79.2	69.9		
文化、体育和娱乐业	Culture,Sports and Entertainment	8.0	7.7	7.9	4.9		
公共管理、社会保障和社会组织	Public management,Social Security and Social Organization	139.3	135.8	139.3	139.1		
国际组织	International Organization						

4-4 各市年底就业人员数(2023年底)
Number of Employed Persons at the Year-end by Region(2023)

单位:万人 (10 000 persons)

地 区	Region	总计 Total	城镇非私营单位 Urban Non-private Units	农、林、牧、渔业 Agriculture, Forestry, Animal Husbandry and Fishing	采矿业 Mining	制造业 Manufacturing	电力、热力、燃气及水的生产和供应业 Production and Supply of Electric Heat, Gas and Water	建筑业 Construction	批发和零售业 Wholesale and Retail Trade
全省合计	**Total**	**5370.0**	**1077.0**	**1.3**	**23.9**	**261.6**	**27.0**	**111.1**	**48.9**
济南市	Jinan	476.8	156.5	0.1	1.1	25.0	1.8	23.7	10.3
青岛市	Qingdao	535.5	145.1	0.1		42.6	2.1	10.0	9.7
淄博市	Zibo	223.8	65.7	0.1	0.2	15.0	1.1	16.7	1.8
枣庄市	Zaozhuang	195.0	32.0		2.0	5.3	0.5	4.0	0.8
东营市	Dongying	121.0	37.5	0.1	7.7	7.8	0.5	2.4	1.5
烟台市	Yantai	414.0	84.6	0.1	1.4	30.9	1.6	5.7	4.0
潍坊市	Weifang	515.6	92.9	0.1	0.1	32.4	1.3	5.2	4.2
济宁市	Jining	409.9	73.0		7.7	12.8	1.2	5.1	2.7
泰安市	Tai'an	293.8	53.7		2.2	9.7	0.9	15.7	1.8
威海市	Weihai	164.5	46.6	0.2		19.2	0.9	2.0	2.4
日照市	Rizhao	159.3	29.8	0.1		8.4	0.5	2.4	1.6
临沂市	Linyi	591.3	71.7	0.1	0.2	14.5	1.0	7.5	3.7
德州市	Dezhou	313.0	42.4		0.1	10.6	0.8	2.3	1.3
聊城市	Liaocheng	282.1	38.7	0.2		7.1	0.6	2.7	0.9
滨州市	Binzhou	210.3	41.6		0.1	14.9	1.8	2.0	1.2
菏泽市	Heze	464.1	46.8		1.0	4.9	0.5	3.8	1.0

4-4 续表 1 continued

单位:万人 (10 000 persons)

地 区	Region	交通运输、仓储和邮政业 Traffic, Transport, Storage and Post	住宿和餐饮业 Hotels and Catering Services	信息传输、软件和信息技术服务业 Information Transfer, Software and Information Technology Services	金融业 Financial Intermediation	房地产业 Real Estate	租赁和商务服务业 Leasing and Business Services	科学研究和技术服务业 Scientific Research and Technical Service
全省总计	**Total**	**43.9**	**14.6**	**19.9**	**50.7**	**31.9**	**41.6**	**24.6**
济南市	Jinan	6.9	3.0	8.1	8.1	7.4	9.3	7.7
青岛市	Qingdao	8.8	3.7	3.1	7.8	5.5	5.8	5.8
淄博市	Zibo	0.9	0.3	1.4	3.0	0.9	2.6	1.0
枣庄市	Zaozhuang	0.7	0.4	0.4	1.8	0.7	1.0	0.4
东营市	Dongying	0.9	0.4	0.5	1.3	0.7	4.1	1.3
烟台市	Yantai	3.4	1.2	0.9	3.8	2.4	2.4	1.7
潍坊市	Weifang	1.7	0.9	1.1	2.7	2.5	3.3	1.2
济宁市	Jining	1.8	0.9	0.6	3.9	1.9	2.7	1.0
泰安市	Tai'an	1.0	0.4	1.2	2.6	1.3	1.4	0.6
威海市	Weihai	1.5	1.1	0.4	2.1	2.2	1.9	0.5
日照市	Rizhao	2.7	0.3	0.3	0.8	0.7	1.4	0.5
临沂市	Linyi	1.5	0.7	0.5	4.1	2.6	2.0	0.9
德州市	Dezhou	1.0	0.4	0.5	2.9	1.0	1.9	0.6
聊城市	Liaocheng	0.9	0.3	0.3	2.5	0.6	0.5	0.5
滨州市	Binzhou	1.1	0.3	0.4	1.4	0.8	0.7	0.4
菏泽市	Heze	1.1	0.3	0.3	1.9	0.8	0.7	0.6

4-4 续表 2 continued

单位:万人 (10 000 persons)

地 区	Region	水利、环境和公共设施管理业 Management of Water Conservancy, Environment and Public Facilities	居民服务、修理和其他服务业 Households Services, Repair and Other Services	教育 Education	卫生和社会工作 Health and Social Work	文化、体育和娱乐业 Culture,Sports and Entertainment	公共管理、社会保障和社会组织 Public management, Social Security and Social Organization	国际组织 International Organization
全省总计	**Total**	**17.0**	**3.5**	**129.1**	**79.2**	**8.0**	**139.3**	
济南市	Jinan	1.8	0.7	15.5	10.7	2.2	13.2	
青岛市	Qingdao	2.5	0.5	13.2	9.1	1.2	13.8	
淄博市	Zibo	1.2	0.1	6.3	4.8	0.3	7.7	
枣庄市	Zaozhuang	0.5	0.1	4.6	2.5	0.2	6.0	
东营市	Dongying	0.4	0.1	2.6	1.6	0.2	3.6	
烟台市	Yantai	0.9	0.1	8.0	5.6	0.5	9.7	
潍坊市	Weifang	2.7	0.4	12.8	7.3	0.5	12.6	
济宁市	Jining	1.0	0.2	11.0	6.6	0.5	11.5	
泰安市	Tai'an	0.9	0.1	5.6	4.1	0.3	3.9	
威海市	Weihai	0.6	0.2	3.6	2.8	0.3	4.6	
日照市	Rizhao	0.4	0.1	3.3	2.0	0.2	4.3	
临沂市	Linyi	1.2	0.3	13.0	6.1	0.4	11.5	
德州市	Dezhou	0.7	0.2	6.3	3.5	0.4	8.0	
聊城市	Liaocheng	0.7	0.1	8.6	4.4	0.2	7.5	
滨州市	Binzhou	0.4	0.2	5.0	2.3	0.1	8.3	
菏泽市	Heze	1.1	0.1	9.6	5.7	0.3	13.0	

4–5 按登记注册类型和行业分城镇非私营单位就业人员工资总额(2023年)
Total Wages Bill of Employed Persons in Urban Non-private Units by Status of Registration and Sector(2023)

单位:万元 (10 000 yuan)

类别	Category	总计 Total	在岗职工 Staff and Workers	内资单位 Domestic Invested Units	#国有单位 State-owned Units	港澳台投资单位 Units with Funds from Hong Kong, Macao and Taiwan	外商投资单位 Foreign Funded Units
总　　计	**Total**	**115742396**	**111913106**	**105569183**	**46519384**	**4488769**	**5684445**
按企、事业和机关分	**Grouped by Enterprises,institutions and Agencies**						
企　业	Enterprises	73328949	69907610	63155735	4607793	4488769	5684445
政　府	Government	41861930	41466074	41861930	41749251		
民间非营利组织	Civil Nonprofit Organization	524074	512302	524074	141501		
其　他	Others	27444	27120	27444	20839		
按国民经济行业分	**Grouped by Sector**						
农、林、牧、渔业	Agriculture,Forestry,Animal Husbandry and Fishing	88152	84496	86030	31802	121	2002
采矿业	Mining	3500974	3429912	2834816	1241069	666139	18
制造业	Manufacturing	25001939	24751114	17992819	282201	2657784	4351335
电力、热力、燃气及水的生产和供应业	Production and Supply of Electric, Heat, Gas and Water	3739109	3727290	3365811	85962	278609	94689
建筑业	Construction	9670689	8439844	9608004	164544	8564	54122
批发和零售业	Wholesale and Retail Trade	4245804	4172112	3788424	97852	213927	243454
交通运输、仓储和邮政业	Traffic,Transport,Storage and Post	5068703	5028146	4837213	284013	105190	126299
住宿和餐饮业	Hotels and Catering Services	824116	802381	736067	87134	37185	50865
信息传输、软件和信息技术服务业	Information Transfer, Software and Information Technology Services	2902157	2882424	2214271	154004	322356	365530
金融业	Financial Intermediation	6897975	5761164	6738134	772245	20237	139603
房地产业	Real Estate	2479852	2417419	2335319	73028	110766	33766
租赁和商务服务业	Leasing and Business Services	3472925	3166001	3357128	347744	30386	85411
科学研究和技术服务业	Scientific Research and Technical Service	3150870	3092478	3010533	992402	16731	123606
水利、环境和公共设施管理业	Management of Water Conservancy, Environment and Public Facilities	1024999	967420	1015837	466591	6539	2624
居民服务、修理和其他服务业	Households Services,Repair and Other Services	196102	187618	188259	51794	2204	5639
教　育	Education	15951911	15846414	15946603	15006460	3871	1437
卫生和社会工作	Health and Social Work	10432587	10232729	10424601	9617996	4925	3061
文化、体育和娱乐业	Culture,Sports and Entertainment	879582	842685	875363	569203	3236	983
公共管理、社会保障和社会组织	Public management,Social Security and Social Organization	16213951	16081460	16213951	16193339		
国际组织	International Organization						

4-6 各市按行业分城镇非私营单位就业人员工资总额(2023年)
Total Wages Bill of Employed Persons in Urban Non-private Units by Sector and Region (2023)

单位:万元 (10 000 yuan)

地区	Region	总计 Total	农、林、牧、渔业 Agriculture, Forestry, Animal Husbandry and Fishing	采矿业 Mining	制造业 Manufacturing	电力、热力、燃气及水的生产和供应业 Production and Supply of Electric Heat, Gas and Water	建筑业 Construction	批发和零售业 Wholesale and Retail Trade
全省合计	**Total**	**115742396**	**88152**	**3500974**	**25001939**	**3739109**	**9670689**	**4245804**
济南市	Jinan	20384867	7322	130578	2874057	233286	2649392	1030116
青岛市	Qingdao	18865771	5508	2546	4600642	257881	1067505	1057502
淄博市	Zibo	6467833	3907	27040	1561349	126549	1355310	137547
枣庄市	Zaozhuang	2880697	1138	261435	405778	49925	248778	61317
东营市	Dongying	4875933	6672	1446679	777352	52132	198990	120139
烟台市	Yantai	9266925	6244	208352	3148172	234906	398214	334129
潍坊市	Weifang	8912394	4356	7853	2950306	122893	569462	322125
济宁市	Jining	7104119	2505	1018052	1063498	145203	387492	184035
泰安市	Tai'an	4646196	2254	205061	795585	101049	1188992	118971
威海市	Weihai	4316068	16192	2398	1586689	107130	148060	183998
日照市	Rizhao	2914287	3519	1579	746250	62643	195031	111129
临沂市	Linyi	6702300	5240	19104	1190534	104688	489797	248889
德州市	Dezhou	3787249	2304	12533	980793	94927	175297	86927
聊城市	Liaocheng	3608413	15051		518180	55618	233026	67407
滨州市	Binzhou	3904631	4179	12202	1302636	183144	150187	90443
菏泽市	Heze	3961783	1762	145560	343867	39450	215156	91131

4-6 续表 1 continued

单位:万元 (10 000 yuan)

地 区	Region	交通运输、仓储和邮政业 Traffic, Transport, Storage and Post	住宿和餐饮业 Hotels and Catering Services	信息传输、软件和信息技术服务业 Information Transfer,Software and Information Technology Services	金融业 Financial Intermediation	房地产业 Real Estate	租赁和商务服务业 Leasing and Business Services	科学研究和技术服务业 Scientific Research and Technical Service
全省合计	**Total**	**5068703**	**824116**	**2902157**	**6897975**	**2479852**	**3472925**	**3150870**
济南市	Jinan	832267	175071	1304556	1507635	551805	941570	1096379
青岛市	Qingdao	1107786	251630	544647	1385545	610466	537688	882209
淄博市	Zibo	86819	19133	175664	336004	56470	148843	106880
枣庄市	Zaozhuang	43619	12734	40808	153235	47399	55563	40746
东营市	Dongying	92272	20733	53644	160395	49181	575532	148235
烟台市	Yantai	436852	66933	116698	476090	188053	200992	221632
潍坊市	Weifang	140401	49571	103493	400456	173093	217726	105490
济宁市	Jining	134623	44471	71706	414405	118671	139414	91992
泰安市	Tai'an	75871	22022	129919	302609	80698	78139	59308
威海市	Weihai	124432	52734	51715	239632	127322	119806	47648
日照市	Rizhao	275017	14002	34695	82645	47766	81817	50503
临沂市	Linyi	142466	34819	79490	423327	201582	138965	88196
德州市	Dezhou	89673	19689	51615	312828	77309	87890	50495
聊城市	Liaocheng	80302	13681	39497	352516	45145	56012	60522
滨州市	Binzhou	91748	15637	53167	168942	51635	54261	47836
菏泽市	Heze	95559	11257	50843	181711	53258	38709	52799

4-6 续表 2 continued

单位:万元 (10 000 yuan)

地 区	Region	水利、环境和公共设施管理业 Management of Water Conservancy, Environment and Public Facilities	居民服务、修理和其他服务业 Households Services, Repair and Other Services	教 育 Education	卫生和社会工作 Health and Social Work	文化、体育和娱乐业 Culture, Sports and Entertainment	公共管理、社会保障和社会组织 Public management, Social Security and Social Organization	国际组织 International Organization
全省合计	**Total**	**1024999**	**196102**	**15951911**	**10432587**	**879582**	**16213951**	
济南市	Jinan	167713	44905	2377836	1933041	305649	2221687	
青岛市	Qingdao	195381	44184	2290388	1619461	168732	2236069	
淄博市	Zibo	43657	6188	796059	554388	36818	889209	
枣庄市	Zaozhuang	26405	3919	481217	279368	15785	651528	
东营市	Dongying	30838	4983	342460	232717	19241	543740	
烟台市	Yantai	66500	9934	1092498	692929	50476	1317321	
潍坊市	Weifang	91159	11561	1403829	890062	36810	1311749	
济宁市	Jining	65721	11787	1220871	819690	41206	1128777	
泰安市	Tai'an	50819	4458	600826	420478	23255	385883	
威海市	Weihai	45822	9724	492790	393855	30305	535818	
日照市	Rizhao	32932	4794	420422	243984	21465	484093	
临沂市	Linyi	53241	11605	1490282	664793	36175	1279108	
德州市	Dezhou	31706	8165	626318	357065	30879	690836	
聊城市	Liaocheng	48416	5949	831741	533059	19177	633112	
滨州市	Binzhou	25310	10167	583726	250009	17200	792202	
菏泽市	Heze	49378	3782	900647	547688	26409	1112819	

4-7 按登记注册类型和行业分城镇非私营单位就业人员平均工资(2023年)

Average Earning of Employed Persons in Urban Non-private Units by Status of Registration and Sector(2023)

单位:元 (yuan)

类别	Category	平均工资 Average Wage	在岗职工 Staff and Workers	内资单位 Domestic Invested Units	#国有单位 State-owned Units	港澳台投资单位 Units with Funds from Hong Kong, Macao and Taiwan	外商投资单位 Foreign Funded Units
总计	**Total**	**107131**	**109805**	**107675**	**126459**	**104960**	**99426**
按企、事业和机关分	**Grouped by Enterprises,institutions and Agencies**						
企业	Enterprises	98842	101420	98383	129295	104960	99426
政府	Government	126261	128301	126261	126285		
民间非营利组织	Civil Nonprofit Organization	78742	79699	78742	99550		
其他	Others	91505	93315	91505	101602		
按国民经济行业分	**Grouped by Sector**						
农、林、牧、渔业	Agriculture,Forestry,Animal Husbandry and Fishing	69137	72258	69592	82008	48403	55088
采矿业	Mining	143460	145685	144008	173978	141182	60333
制造业	Manufacturing	94524	94627	95190	106972	90429	94407
电力、热力、燃气及水的生产和供应业	Production and Supply of Electric, Heat, Gas and Water	137881	138683	136612	120148	161507	125316
建筑业	Construction	87232	90486	87202	75443	77363	95101
批发和零售业	Wholesale and Retail Trade	86752	87403	85580	103936	98083	97660
交通运输、仓储和邮政业	Traffic,Transport,Storage and Post	115462	116187	114435	137718	129323	154866
住宿和餐饮业	Hotels and Catering Services	57295	58031	57385	69147	48322	64616
信息传输、软件和信息技术服务业	Information Transfer, Software and Information Technology Services	144716	144597	137213	122489	202271	157355
金融业	Financial Intermediation	131105	165349	131226	152219	275968	117009
房地产业	Real Estate	77248	79292	75156	92759	150891	114384
租赁和商务服务业	Leasing and Business Services	84510	88373	84039	117312	119438	95610
科学研究和技术服务业	Scientific Research and Technical Service	127863	128619	126822	142920	96153	169225
水利、环境和公共设施管理业	Management of Water Conservancy, Environment and Public Facilities	58618	64052	58494	93456	74301	83824
居民服务、修理和其他服务业	Households Services, Repair and Other Services	57472	61291	57310	87757	83492	55940
教育	Education	124519	126080	124508	130623	165432	177370
卫生和社会工作	Health and Social Work	132962	135405	132988	138892	116709	92471
文化、体育和娱乐业	Culture,Sports and Entertainment	111057	109789	111396	116734	70721	60704
公共管理、社会保障和社会组织	Public management,Social Security and Soc Organization	116560	118507	116560	116562		
国际组织	International Organization						

4-8 各市按行业分城镇非私营单位就业人员平均工资(2023年)

Average Earning of Employed Persons in Urban Non-private Units by Sector and Region (2023)

单位:元 (yuan)

地 区	Region	总 计 Total	农、林、牧、渔业 Agriculture, Forestry, Animal Husbandry and Fishing	采矿业 Mining	制造业 Manufacturing	电力、热力、燃气及水的生产和供应业 Production and Supply of Electric Heat, Gas and Water	建筑业 Construction	批发和零售业 Wholesale and Retail Trade
全省合计	**Total**	**107131**	**69137**	**143460**	**94524**	**137881**	**87232**	**86752**
济 南 市	Jinan	129222	94455	115502	113977	128259	108985	100330
青 岛 市	Qingdao	128941	92813	108910	106585	126821	106060	107449
淄 博 市	Zibo	99981	74614	106105	102837	113684	87829	75885
枣 庄 市	Zaozhuang	89620	42773	128669	75922	90096	60797	75082
东 营 市	Dongying	129169	59939	182256	99000	115182	81961	84506
烟 台 市	Yantai	108461	72693	126645	100481	145473	70627	83616
潍 坊 市	Weifang	94412	62695	65737	89221	101477	88914	77940
济 宁 市	Jining	97167	58271	133072	82713	113986	73441	66652
泰 安 市	Tai'an	88295	55061	93154	81205	108237	81397	66520
威 海 市	Weihai	92558	60751	107775	82462	112979	73224	76083
日 照 市	Rizhao	96948	67404	108579	87336	129944	83802	70161
临 沂 市	Linyi	94021	65992	112127	82039	107766	66869	67752
德 州 市	Dezhou	89843	62737	164797	92360	122193	76686	65774
聊 城 市	Liaocheng	91562	81257		71037	92426	79154	74349
滨 州 市	Binzhou	94197	75852	90533	86146	98731	73246	75478
菏 泽 市	Heze	85032	52739	146841	71047	76722	58875	91066

4-8 续表 1 continued

单位:元 (yuan)

地 区	Region	交通运输、仓储和邮政业 Traffic, Transport, Storage and Post	住宿和餐饮业 Hotels and Catering Services	信息传输、软件和信息技术服务业 Information Transfer, Software and Information Technology Services	金融业 Financial Intermediation	房地产业 Real Estate	租赁和商务服务业 Leasing and Business Services	科学研究和技术服务业 Scientific Research and Technical Service
全省合计	**Total**	**115462**	**57295**	**144716**	**131105**	**77248**	**84510**	**127863**
济 南 市	Jinan	120166	58903	158503	179760	75122	102499	142634
青 岛 市	Qingdao	126568	67237	180852	167666	107762	95075	153262
淄 博 市	Zibo	91483	53738	119835	107215	63064	59141	109446
枣 庄 市	Zaozhuang	62708	43545	112576	82704	68599	56153	91300
东 营 市	Dongying	98392	56174	123039	124808	72282	138133	115797
烟 台 市	Yantai	126252	53876	132720	121753	77000	79318	129262
潍 坊 市	Weifang	81687	52569	96410	146804	66859	67990	88345
济 宁 市	Jining	78639	48105	116287	101942	64628	53763	93166
泰 安 市	Tai'an	77222	49324	104553	112266	64285	57626	106680
威 海 市	Weihai	82886	51877	125810	109592	57427	63448	95183
日 照 市	Rizhao	102588	53828	122162	96934	67738	58411	108936
临 沂 市	Linyi	94749	54805	163919	101317	78912	68020	95951
德 州 市	Dezhou	93508	54320	99504	105198	79612	49993	91597
聊 城 市	Liaocheng	88451	47795	150359	134919	73280	112965	112028
滨 州 市	Binzhou	87782	54549	125185	114413	59705	81976	109854
菏 泽 市	Heze	89728	45424	145395	90300	68826	59793	83223

4-8 续表 2 continued

单位:元 (yuan)

地 区	Region	水利、环境和公共设施管理业 Management of Water Conservancy, Environment and Public Facilities	居民服务、修理和其他服务业 Households Services, Repair and Other Services	教 育 Education	卫生和社会工作 Health and Social Work	文化、体育和娱乐业 Culture, Sports and Entertainment	公共管理、社会保障和社会组织 Public management, Social Security and Social Organization	国际组织 International Organization
全省合计	**Total**	**58618**	**57472**	**124519**	**132962**	**111057**	**116560**	
济 南 市	Jinan	80239	59742	154279	182915	140621	168291	
青 岛 市	Qingdao	72945	81007	175265	179400	140540	162508	
淄 博 市	Zibo	34719	53579	126764	114978	106887	115015	
枣 庄 市	Zaozhuang	57796	39758	104366	110847	71428	107870	
东 营 市	Dongying	70264	71444	135324	148575	112532	150461	
烟 台 市	Yantai	74200	67426	136966	123277	93724	134880	
潍 坊 市	Weifang	34698	38315	111012	122687	79296	103679	
济 宁 市	Jining	66038	63549	112323	126044	86621	98272	
泰 安 市	Tai'an	65073	54648	108413	103463	76124	97840	
威 海 市	Weihai	72591	51215	138255	142999	97358	118024	
日 照 市	Rizhao	76842	58867	126755	120828	103519	111147	
临 沂 市	Linyi	43856	41335	115551	112092	88399	111198	
德 州 市	Dezhou	47797	39208	99627	103637	78654	86926	
聊 城 市	Liaocheng	57489	53286	96712	120858	89245	83567	
滨 州 市	Binzhou	69586	60958	116808	110092	116502	100337	
菏 泽 市	Heze	44030	49467	94706	96327	77091	85004	

4-9 各市按行业分城镇私营单位就业人员平均工资(2023年)

Average Wage of Staff and Workers in Urban Non-private Units by Sector and Region(2023)

单位:元 (yuan)

地 区	Region	总 计 Total	农、林、牧、渔业 Agriculture, Forestry, Animal Husbandry and Fishing	采矿业 Mining	制造业 Manufacturing	电力、热力、燃气及水的生产和供应业 Production and Supply of Electric, heat, gas and water	建筑业 Construction	批发和零售业 Wholesale and Retail Trade
全省合计	**Total**	**61046**	**49616**	**73029**	**65406**	**71632**	**63703**	**56167**
济 南 市	Jinan	64500	48052	67972	66528	72693	70061	61268
青 岛 市	Qingdao	67944	48245	56786	72559	76827	70280	61464
淄 博 市	Zibo	61683	59752	71775	65560	77450	71408	54006
枣 庄 市	Zaozhuang	53843	44665	39077	59153	58477	58966	49993
东 营 市	Dongying	69952	52834	74302	79011	83464	53455	64852
烟 台 市	Yantai	61421	58947	55612	67308	68812	60474	57519
潍 坊 市	Weifang	61878	45035	58127	69170	69888	60323	54184
济 宁 市	Jining	55590	40870	71033	60917	75663	62659	48924
泰 安 市	Tai'an	60757	40960	92383	59679	60658	73277	49465
威 海 市	Weihai	59785	61657	46376	63763	62054	57418	59400
日 照 市	Rizhao	59349	45518	72621	69897	85309	58727	47754
临 沂 市	Linyi	61234	48793	60457	65119	67720	59209	56249
德 州 市	Dezhou	56745	48247		63150	67847	54835	50813
聊 城 市	Liaocheng	53556	58952		57360	67110	56800	48241
滨 州 市	Binzhou	60912	43730	60998	67674	79537	54041	55816
菏 泽 市	Heze	54326	45048	47120	55872	65620	54754	54109

4-9 续表 1 continued

单位:元 (yuan)

地区	Region	交通运输、仓储和邮政业 Traffic, Transport, Storage and Post	住宿和餐饮业 Hotels and Catering Services	信息传输、软件和信息技术服务业 Information Transfer, Software and Information Technology Services	金融业 Financial Intermediation	房地产业 Real Estate	租赁和商务服务业 Leasing and Business Services	科学研究和技术服务业 Scientific Research and Technical Service
全省合计	**Total**	**62328**	**48607**	**70363**	**75085**	**49574**	**57358**	**68248**
济南市	Jinan	63720	52171	83724	82706	49310	61426	74331
青岛市	Qingdao	70153	47474	88491	94009	59229	67731	75286
淄博市	Zibo	63252	45224	63286	89250	48540	56098	70118
枣庄市	Zaozhuang	45803	40707	46879	61291	43428	46436	61304
东营市	Dongying	69626	48140	72867	72330	49409	82578	67964
烟台市	Yantai	67078	51954	60960	74282	54235	55752	70875
潍坊市	Weifang	65695	48013	53400	85475	44474	50830	56908
济宁市	Jining	56114	54613	69412	94993	44874	49156	59286
泰安市	Tai'an	53583	40597	53511	56259	37073	41774	66478
威海市	Weihai	61524	46458	59565	59272	49114	60273	68509
日照市	Rizhao	64102	47749	58951	45528	43644	61046	70973
临沂市	Linyi	59087	51491	50267	93337	55294	58880	66032
德州市	Dezhou	56829	44252	53673	53096	57325	45683	61476
聊城市	Liaocheng	53714	45201	36242	91316	50869	49460	57296
滨州市	Binzhou	58199	44813	37942	61740	47019	47660	58953
菏泽市	Heze	54596	46708	48588	49332	50916	49795	52903

4-9 续表 2 continued

单位:元 (yuan)

地区	Region	水利、环境和公共设施管理业 Management of Water Conservancy, Environment and Public Facilities	居民服务、修理和其他服务业 Households Services, Repair and Other Services	教育 Education	卫生和社会工作 Health and Social Work	文化、体育和娱乐业 Culture, Sports and Entertainment	公共管理、社会保障和社会组织 Public management, Social Security and Social Organization	国际组织 International Organization
全省合计	**Total**	**40115**	**45403**	**54524**	**64410**	**54024**		
济南市	Jinan	45705	45016	62358	70878	62854		
青岛市	Qingdao	47227	51844	70782	77399	65223		
淄博市	Zibo	30447	39290	40655	52645	46242		
枣庄市	Zaozhuang	37807	42518	39407	53443	51618		
东营市	Dongying	45004	43727	52041	55914	48556		
烟台市	Yantai	33453	50130	58427	74540	54254		
潍坊市	Weifang	28024	39024	50810	66756	49052		
济宁市	Jining	38822	45928	48376	52225	52939		
泰安市	Tai'an	39271	40604	44108	58542	45314		
威海市	Weihai	51572	61010	56341	54716	51711		
日照市	Rizhao	53855	44765	50472	53916	43116		
临沂市	Linyi	50036	52458	50147	69888	53477		
德州市	Dezhou	55473	36385	47637	59077	44843		
聊城市	Liaocheng	32468	32014	52917	51218	39377		
滨州市	Binzhou	58264	43118	49020	60044	57373		
菏泽市	Heze	45354	45335	55113	58321	43975		

4-10 各市城镇登记失业人员及失业率

Registered Urban Unemployed Persons and Unemployment Rate by Region

地区	Region	失业人员(万人) Unemployment(10 000 persons)									登记失业率(%) Unemployment Rate(%)						
		2015	2016	2017	2018	2019	2020	2021	2022	2023	2015	2016	2017	2018	2019	2020	2021
全省总计	**Total**	**43.7**	**45.8**	**45.7**	**46.5**	**44.2**	**46.7**	**42.3**	**20.4**	**24.5**	**3.4**	**3.5**	**3.4**	**3.4**	**3.3**	**3.1**	**2.9**
济南市	Jinan	3.2	3.4	3.2	3.5	3.5	3.6	3.5	3.5	4.4	2.0	2.2	2.1	2.1	2.0	2.0	2.0
青岛市	Qingdao	7.5	8.0	7.8	7.4	8.3	8.7	7.8	4.5	4.8	3.0	3.2	3.1	2.9	3.0	3.0	2.7
淄博市	Zibo	3.0	3.2	3.4	3.4	2.8	3.0	3.2	1.8	1.1	2.8	2.7	2.9	2.4	2.2	2.3	2.8
枣庄市	Zaozhuang	1.9	1.9	1.9	2.6	2.0	2.2	1.9	0.3	0.8	2.3	2.4	2.4	3.0	2.2	2.3	2.1
东营市	Dongying	1.0	1.2	1.3	1.4	1.4	1.4	1.0	0.5	0.6	2.2	2.4	2.5	2.5	2.6	2.7	1.9
烟台市	Yantai	5.4	5.7	5.5	5.0	4.4	4.8	4.4	2.0	4.6	3.2	3.2	3.3	2.9	2.2	2.5	2.4
潍坊市	Weifang	3.9	3.9	3.9	4.0	3.8	3.5	3.3	2.1	2.5	2.9	2.9	2.9	2.9	2.7	2.5	2.3
济宁市	Jining	3.1	3.3	3.3	3.1	3.3	3.0	2.2	0.8	0.4	3.0	3.1	3.1	3.0	3.1	2.3	1.8
泰安市	Tai'an	2.1	2.6	2.5	2.4	2.2	2.3	2.0	0.4	0.5	2.1	2.5	2.4	2.2	2.0	2.1	1.9
威海市	Weihai	0.8	0.8	1.0	1.0	0.9	1.2	1.4	0.5	1.1	1.5	1.5	1.7	1.8	1.8	2.4	2.3
日照市	Rizhao	1.1	1.2	1.3	1.6	1.0	1.1	0.9	0.6	0.4	2.0	2.2	2.2	2.3	1.7	2.0	1.6
莱芜市	Laiwu	0.7	0.7	0.7	0.7						2.5	2.6	2.6	2.7			
临沂市	Linyi	2.6	2.6	2.7	2.8	3.0	3.4	3.2	0.9	1.2	2.4	2.3	2.3	2.3	2.2	2.4	2.2
德州市	Dezhou	1.9	1.8	1.7	2.0	1.9	2.0	1.8	0.3	0.2	2.8	2.6	2.5	2.4	2.4	2.5	2.2
聊城市	Liaocheng	2.6	2.6	2.5	2.6	2.3	2.5	2.3	0.4	0.7	3.0	3.1	3.0	3.1	2.7	3.0	2.7
滨州市	Binzhou	1.2	1.2	1.2	1.5	1.3	1.7	1.6	0.7	0.8	2.2	2.1	2.1	2.6	1.8	2.5	2.3
菏泽市	Heze	1.8	1.7	1.7	1.8	2.2	2.2	1.7	1.0	0.4	3.2	3.1	3.1	2.7	3.1	2.8	2.5

注：根据行政区划调整，2019年起，莱芜市并入济南市，以下表同。
a) According to administrative division adjustment,Laiwu City merged into Jinan City from 2019. The same applies to tables following.

4-11 主要年份年末离休、退休、退职人员人数

Numbers of Retired and Resigned Persons at Year-end in Major Years

单位：人 (person)

年份 Year	总计 Total	离休人员 Retired Veterans	退休人员 Retired Persons	领取定期生活费的退职人员 Resigned Persons
2000	1803820	144063	1592549	67208
2001	1880547	141761	1684005	54781
2002	2005227	130318	1830820	44089
2003	2121128	124002	1948428	48698
2004	2244567	118302	2077937	48328
2005	2487619	114650	2372969	
2006	2617076	104437	2512563	
2007	2821703	99016	2722687	
2008	3050455	93560	2956895	
2009	3260326	88574	3171752	
2010	3450734	79974	3370760	
2011	3730537	71844	3623657	35036
2012	4163329	68132	4058431	36766
2013	4591639	62261	4492295	37083
2014	5115111	56939	5020415	37757
2015	5543745	49531	5454932	39282
2016	6073980	28093	6008374	37513
2017	6387821	20093	6330627	37101
2018	6771167	17504	6715388	38275
2019	7111822	14915	7060702	36205
2020	7541440	12804	7486120	42516
2021	7889902	10804	7830758	48340
2022	8226247	8951	8217296	
2023	8643587	6483	8637104	

注：1.本表不包括民政部门支付离休、退休、退职费的人数。2.自2022年起不再区分退休和退职人员。
a) Data in this table exclude the number of retired or resigned people whose pensions are paid by civil affair departments.
b) Since 2022, data in this table has no longer distinguished between retired persons and resigned persons.

4-12 离休、退休人员数(2023年底)

Numbers of Retired and Resigned Persons at Year-end(2023)

单位:人 (person)

类别	Category	离休、退休退职人员 Retired and Resigned Persons	离休人员 Retired Veterans	退休人员 Retired Persons
总计	**Total**	**8643587**	**6483**	**8637104**
一、执行企业养老保险制度	**According to the Enterprise Pension** Insurance System	**7172099**	**6483**	**7165616**
(一)企业	Enterprise	4357957	6456	4351501
(二)事业	Institutions	10481	13	10477
(三)机关	Government Agencies	4138	4	4125
(四)其他人员	Others	2799523	10	2799513
二、执行机关事业单位养老保险制度	**According to the Government Agencies and Institutions Pension Insurance System**	**1471488**		**1471488**
(一)机关	Government Agencies	358749		358749
(二)事业	Institutions	1112739		1112739
(三)其他单位	Others			

注：1.自2022年起，不再区分内资企业、国有企业、集体企业、其他企业、港澳台及外资企业。
2.退休人员包含退职人员。

a) Since 2022, data in this table has no longer distinguished between Domestic Funded Enterprises, State-owned Enterprises, Other Enterprises, and Enterprises with Investment from Hong Kong, Macao and Taiwan.

b) Data of Retired Persons includes resigned persons.

4-13 各市离休、退休人员数(2023年底)

Numbers of Retired and Resigned Persons at Year-end by Region(2023)

单位:人 (person)

地区	Region	离休、退休退职人员 Retired and Resigned Persons	离休人员 Retired Veterans	退休人员 Retired Persons
全省总计	**Total**	**8643587**	**6483**	**8637104**
济南市	Jinan	825730	849	824881
青岛市	Qingdao	1258849	691	1258158
淄博市	Zibo	546483	369	546114
枣庄市	Zaozhuang	230476	129	230347
东营市	Dongying	85340	43	85297
烟台市	Yantai	869171	610	868561
潍坊市	Weifang	692870	423	692447
济宁市	Jining	460903	277	460626
泰安市	Tai'an	391487	196	391291
威海市	Weihai	518908	163	518745
日照市	Rizhao	260934	73	260861
临沂市	Linyi	482500	279	482221
德州市	Dezhou	286617	161	286456
聊城市	Liaocheng	286051	131	285920
滨州市	Binzhou	248493	127	248366
菏泽市	Heze	325182	165	325017

注：各市数据不包括省直管企业参保离退休人数，退休人员含退职人员。

a) Municipal data exclude the number of retired and resigned persons in provincial enterprises,Data of Retired Persons includes resigned persons.

4−14 各市离休、退休保险福利费用(2023年)

Social Insurance and Welfare Funds for Retired Persons by Region(2023)

单位:万元 (10 000 yuan)

地区	Region	总计 Total	离休金 Pensions for Retired Veterans	退休金 Pensions for Retired Persons
全省总计	**Total**	**38236176**	**83375**	**37122608**
济南市	Jinan	3822464	10183	3702104
青岛市	Qingdao	5513561	14076	5309424
淄博市	Zibo	2267521	5472	2177129
枣庄市	Zaozhuang	1034676	2090	1028354
东营市	Dongying	396940	382	385464
烟台市	Yantai	3603179	6905	3481122
潍坊市	Weifang	2922870	5394	2832459
济宁市	Jining	2115386	4492	2050870
泰安市	Tai'an	1582260	2355	1536830
威海市	Weihai	1757897	1785	1684966
日照市	Rizhao	884958	979	853707
临沂市	Linyi	1955783	4697	1945694
德州市	Dezhou	1238640	2220	1195707
聊城市	Liaocheng	1199471	1850	1170603
滨州市	Binzhou	926181	1653	890782
菏泽市	Heze	1312718	1538	1311180

注：各市数据不包括省直管企业离退休费用。

a) Municipal data exclude the costs of retired and resigned persons in provincial enterprises.

4-15 社会保险基金收支及累计结余

Revenue, Expenses and Balance of Social Insurance Fund

单位：亿元 (100 million yuan)

年 份 Year	合 计 Total	基本养老保险 Basic Pension Insurance	失业保险 Unemployment Insurance	基本医疗保险 Basic Medical Care Insurance	工伤保险 Work Injury Insurance	生育保险 Maternity Insurance
基金收入 Revenue						
2005	474.9	360.5	23.5	82.1	5.0	3.8
2006	592.9	441.1	31.3	108.2	7.3	5.0
2007	782.9	591.8	36.5	137.7	10.4	6.5
2008	938.4	687.5	45.5	183.0	13.3	9.1
2009	1109.4	825.7	41.8	215.4	16.8	9.7
2010	1283.0	943.5	43.1	264.2	20.5	11.7
2011	1645.9	1191.1	65.5	343.1	28.4	17.8
2012	1883.4	1316.6	83.2	425.8	34.7	23.1
2013	2114.7	1489.0	57.3	500.3	40.0	28.1
2014	2589.5	1672.7	68.6	770.5	45.1	32.6
2015	3206.9	2105.6	71.6	942.7	51.0	36.0
2016	3502.4	2242.5	92.4	1081.5	50.2	35.8
2017	3663.7	2289.3	67.6	1195.2	58.9	52.7
2018	4460.9	2728.1	74.1	1530.5	64.1	64.1
2019	4579.2	2784.7	82.1	1582.7	56.9	72.8
2020	4164.5	2491.2	58.3	1585.1	29.9	
2021	5541.2	3454.3	104.3	1921.5	61.1	
2022	5881.2	3597.5	108.9	2102.0	72.8	
2023	6345.0	3994.6	124.7	2139.5	86.2	
基金支出 Expenses						
2005	379.0	296.2	14.0	63.2	3.3	2.3
2006	450.9	352.1	13.3	77.7	4.8	3.0
2007	571.1	443.9	13.6	102.0	7.3	4.3
2008	690.7	530.5	14.7	131.2	8.7	5.6
2009	840.5	622.7	22.4	177.0	11.7	6.7
2010	1027.1	749.3	31.4	222.2	15.1	9.1
2011	1223.9	886.9	25.9	279.3	20.1	11.7
2012	1475.6	1059.0	35.3	336.0	28.0	17.3
2013	1783.9	1270.5	46.3	413.5	31.3	22.3
2014	2365.8	1557.7	49.3	692.3	35.0	31.5
2015	2791.4	1845.2	57.3	820.4	38.4	30.1
2016	3202.3	2090.3	70.0	956.7	39.4	45.9
2017	3622.9	2358.7	65.2	1094.6	42.2	62.2
2018	4081.1	2656.5	64.5	1253.7	47.8	58.6
2019	4512.4	2954.7	77.7	1362.6	53.8	63.6
2020	4879.7	3232.8	134.0	1457.1	55.8	
2021	5539.5	3544.4	102.4	1827.6	65.1	
2022	5640.9	3662.3	104.9	1810.1	63.6	
2023	6154.1	3970.4	99.4	2009.0	75.3	
累计结余 Balance at Year-end						
2005	410.0	293.7	40.2	64.1	6.3	5.7
2006	552.2	382.7	58.3	94.6	8.8	7.8
2007	756.9	523.4	81.3	130.4	11.8	10.0
2008	1004.6	680.4	112.1	182.2	16.4	13.5
2009	1273.4	883.4	131.5	220.6	21.4	16.5
2010	1529.2	1077.6	143.2	262.5	26.9	19.0
2011	1951.4	1381.9	182.9	326.3	35.2	25.1
2012	2359.8	1639.5	230.7	416.7	41.9	31.0
2013	2693.3	1857.9	241.7	506.3	50.6	36.8
2014	2959.3	1973.0	261.0	626.8	60.6	37.9
2015	3378.0	2233.4	275.3	752.4	73.1	43.8
2016	3678.8	2385.7	297.8	877.6	83.9	33.8
2017	3718.8	2315.7	300.1	979.2	100.6	23.2
2018	4098.7	2387.2	309.8	1256.1	116.9	28.7
2019	4126.8	2217.2	252.2	1492.7	119.7	45.0
2020	3411.7	1475.7	176.5	1665.7	93.8	
2021	3413.1	1385.6	178.4	1759.2	89.9	
2022	3653.5	1320.9	182.4	2051.1	99.1	
2023	3844.3	1345.0	207.7	2181.7	109.9	

注：基本养老保险不包含居民养老保险；自2014年起，基本医疗保险包括职工基本医疗保险和居民基本医疗保险。自2020年起，生育保险和职工基本医疗保险合并实施，基金合并运行。

a) Basic Pension Insurance doesn't include that for residents. Since 2014, Basic Medical Care Insurance includes employee and residents medical care insurance. Since 2020, maternity insurance and basic medical insurance for employees will be implemented together, and the fund will be operated together.

4-16 主要年份年末社会保险参保人数

Number of Persons Participated in Social Insurance in Major Years

单位：万人 (10 000 persons)

年 份 Year	职工基本养老保险 Urban Basic Pension Insurance	企业基本养老保险 Enterprise's Pension Insurance	机关事业养老保险 Institution and Government Agency's Pension Insurance	医疗保险 Medical Care Insurance	失业保险 Unemployment Insurance	工伤保险 Work Injury Insurance	生育保险 Maternity Insurance
2000	972.2	757.6	214.6	255.5	715.0	279.4	325.5
2005	1302.5	1027.4	275.1	861.5	771.1	578.7	461.2
2006	1368.0	1086.2	281.8	996.1	789.7	647.3	488.8
2007	1455.7	1165.4	291.6	1115.9	814.9	745.0	563.3
2008	1565.8	1266.1	299.7	1266.2	864.1	865.0	638.0
2009	1661.0	1352.1	308.9	2540.2	899.5	1064.6	703.0
2010	1773.0	1459.5	313.5	2770.6	931.2	1211.2	774.1
2011	1907.1	1589.4	317.6	2947.8	964.9	1276.1	857.8
2012	2063.2	1739.8	323.4	3101.2	1009.8	1339.6	919.0
2013	2259.6	1931.7	327.8	3647.9	1089.6	1371.9	974.4
2014	2370.2	2037.5	332.7	3988.0	1154.3	1421.5	1046.5
2015	2477.5	2138.5	339.0	9235.8	1203.8	1473.5	1111.3
2016	2576.4	2224.2	352.2	9188.8	1222.9	1510.9	1139.1
2017	2660.9	2303.4	357.6	9295.7	1268.3	1569.1	1186.6
2018	2762.7	2399.5	363.2	9437.1	1318.5	1633.0	1235.4
2019	2868.0	2494.0	374.1	9569.6	1366.0	1710.7	1298.8
2020	3046.3	2655.3	391.0	9697.8	1466.1	1822.1	1534.3
2021	3226.7	2823.1	403.6	9732.4	1542.7	1921.9	1607.5
2022	3333.6	2921.2	412.4	9633.1	1593.5	2020.8	1646.9
2023	3424.1	3001.8	422.3	9654.7	1615.8	2045.6	1696.5

注：城镇职工社会基本养老保险参保人数包含离退休人数；2009年起，医疗保险参保人数包含城镇居民医疗保险。2015年起，医疗保险参保人数中含新农合并入人员。

a) Number of persons participated in urban basic pension insurance include retirees.Since 2009,number of persons participated in medical care insurance include urban residents participated in medical care insurance. Since 2015,number or persons participated in medical care insurance included the new rural co-operative medical system incorporated into the personnel.

4-17 各市社会保险参保人数(2023年底)

Number of Persons Participated in Social Insurance at Year-end by Region(2023)

单位：万人 (10 000 persons)

地 区	Region	城镇职工基本养老保险 Urban Basic Pension Insurance	企业基本养老保险 Enterprise's Pension Insurance	机关事业养老保险 Institution and Government Agency's Pension Insurance	医疗保险 Medical Care Insurance	失业保险 Unemployment Insurance	工伤保险 Work Injury Insurance	生育保险 Maternity Insurance
全省总计	**Total**	**3424.1**	**3001.8**	**422.3**	**9654.7**	**1615.8**	**2045.6**	**1696.5**
济南市	Jinan	456.6	424.5	32.0	867.1	239.7	310.6	254.0
青岛市	Qingdao	579.5	538.7	40.8	932.9	286.1	334.0	335.4
淄博市	Zibo	180.4	160.8	19.7	416.8	95.2	120.2	92.4
枣庄市	Zaozhuang	85.0	70.0	15.0	368.5	44.4	47.0	43.1
东营市	Dongying	67.9	58.2	9.7	177.9	38.1	74.0	35.7
烟台市	Yantai	314.9	284.3	30.6	640.0	137.2	169.1	140.1
潍坊市	Weifang	289.4	254.1	35.3	886.6	133.5	210.3	139.9
济宁市	Jining	185.3	152.4	32.9	804.8	97.1	112.4	101.3
泰安市	Tai'an	132.7	113.2	19.5	514.8	73.5	95.9	61.8
威海市	Weihai	152.3	140.2	12.1	256.6	66.7	71.4	77.7
日照市	Rizhao	89.7	78.9	10.8	285.0	33.5	52.9	45.4
临沂市	Linyi	231.5	195.8	35.7	1059.3	91.1	125.9	114.8
德州市	Dezhou	123.4	100.4	23.0	528.3	60.7	79.2	60.0
聊城市	Liaocheng	114.6	90.8	23.9	575.8	51.4	70.7	53.5
滨州市	Binzhou	107.9	93.0	14.9	376.8	50.6	80.0	49.2
菏泽市	Heze	123.3	86.6	36.7	902.9	51.0	81.0	55.0

注：各市养老、失业保险人数不包括省直管企业人数；各市医疗保险、生育保险参保人数中不包括省本级和胜利油田职工参保人数，全省合计包括。

a) Municipal data on pension insurance exclude the staff and workers of provincial enterprise.Number of persons participated in Basic Medical Care Insurance and Maternity Insurance of the whole province include the staff of provincial-level and Shengli Oilfield. Municipal data exclude the staff of provincial-level and Shengli Oilfield.

4-18 职工养老保险基本情况

Basic Statistics on Endowment Insurance for Workers

类别		Category		2018	2019	2020	2021	2022	2023
一、年末参保人数	**（万人）**	**Number of People Insured**	**(10 000 persons)**	**2762.7**	**2868.0**	**3046.3**	**3226.7**	**3333.6**	**3424.1**
职　工	（万人）	Employed People	(10 000 persons)	2085.6	2156.8	2292.1	2437.7	2511.0	2559.8
#企　业	（万人）	Enterprises	(10 000 persons)	1838.7	1904.9	2031.0	2168.8	2238.6	2284.6
离休、退休、退职人数	（万人）	Retired and Resigned Persons	(10 000 persons)	677.1	711.2	754.1	789.0	822.6	864.4
二、基金收支情况		**Revenue and Expenses**							
基金收入	（亿元）	Revenue	(100 million yuan)	2728.1	2784.7	2491.2	3454.3	3597.5	3994.6
基金支出	（亿元）	Expenses	(100 million yuan)	2656.5	2954.7	3232.8	3544.4	3662.3	3970.4
三、企业养老金社会化发放人情况		**Payment of Pension Insurance**							
养老金实发人数	（万人）	People Receiving Pension Insurance	(10 000 persons)	560.7	589.0	624.3	654.3	682.6	717.2
#社会化发放人数	（万人）	People Receiving Socialized Pension Insurance	(10 000 persons)	560.7	589.0	624.3	654.3	682.6	717.2
社会化发放率	(%)	Rate of Socialized Pension Insurance	(%)	100.0	100.0	100.0	100.0	100.0	100.0

4-19 各市居民基本养老保险情况(2023年)

Statistics on Residents Old-age Insurance by Region(2023)

地区	Region	参保人数（人）Contributors at Year-end (person)	达到领取待遇年龄参保人数 Number of Participants Who Have Reached the Prescribed Age of Benefit Entitlement	基金收支情况(亿元) Revenue and Expense(100 million yuan) 基金收入 Revenue	基金支出 Expenses	累计结余 Balance at Year-end
全省总计	**Total**	**45662686**	**16947886**	**581.8**	**452.7**	**1785.4**
济南市	Jinan	3120854	1120967	46.1	33.0	164.2
青岛市	Qingdao	2686978	1094937	51.7	48.7	117.6
淄博市	Zibo	1420834	690332	20.3	17.9	64.0
枣庄市	Zaozhuang	1929185	636004	24.2	16.9	64.1
东营市	Dongying	694561	296473	14.4	10.1	53.8
烟台市	Yantai	3132157	1289489	63.1	46.2	248.6
潍坊市	Weifang	4553333	1769400	56.7	46.2	215.5
济宁市	Jining	4455019	1517665	48.8	37.4	162.5
泰安市	Tai'an	2702911	1047677	28.8	23.5	59.1
威海市	Weihai	898748	399707	17.2	12.7	57.4
日照市	Rizhao	1372093	534680	18.4	12.7	60.4
临沂市	Linyi	5568289	2099637	57.4	46.4	143.0
德州市	Dezhou	3086137	1045383	30.4	22.5	81.0
聊城市	Liaocheng	3061082	1058736	33.5	25.8	112.0
滨州市	Binzhou	2100032	714343	26.0	17.4	68.9
菏泽市	Heze	4880473	1632456	44.8	35.3	113.3

主要统计指标解释

就业人员　指在16周岁及以上，从事一定社会劳动并取得劳动报酬或经营收入的人员。这一指标反映了一定时期内全部劳动力资源的实际利用情况，是研究我国基本国情国力的重要指标。

单位就业人员　指在各级国家机关、政党机关、社会团体及企业、事业单位中工作，取得工资或其他形式的劳动报酬的全部人员。包括在岗职工、再就业的离退休人员、民办教师以及在各单位中工作的外方人员和港澳台方人员、兼职人员、借用的外单位人员和第二职业者。不包括离开本单位仍保留劳动关系的职工。单位就业人员反映了各单位实际参加生产或工作的全部劳动力。

城镇登记失业人员　指报告期末，公共就业和人才交流服务机构登记在册的城镇失业人员总数。期末领取失业保险金的城镇户籍人员，应全部统计为登记失业人员。

城镇登记失业率　指报告期末，城镇登记失业人员期末实有人数占期末从业人员总数与城镇登记失业人员期末实有人数之和的比重。其中，期末从业人员总数，是指截至报告期末，辖区内城镇劳动年龄人口中就业人员及离岗职工总数，不包括聘用的离退休人员，台、港、澳和外籍人员及使用的农村劳动力。计算公式为：

$$城镇登记失业率=\frac{城镇登记失业人员期末实有人数}{期末从业人员总数+城镇登记失业人员期末实有人数}\times 100\%$$

国有单位　指资产归国家所有的经济组织。包括按《中华人民共和国企业法人登记管理条例》规定登记注册的非公司制的经济组织，以及中央、地方各级国家机关、事业单位和社会团体。

集体单位　指生产资料归集体所有，并按《中华人民共和国企业法人登记管理条例》规定登记注册的经济组织。

其他单位　包括股份合作单位、联营单位、有限责任公司、股份有限公司、港澳台商投资单位以及外商投资单位等其他登记注册类型单位。

在岗职工　指在本单位工作并由单位支付工资的人员，以及有工作岗位，但由于学习、病伤产假等原因暂未工作，仍由单位支付工资的人员。

工资总额　指各单位在一定时期内直接支付给本单位全部职工的劳动报酬总额。工资总额的计算原则应以直接支付给职工的全部劳动报酬为根据。各单位支付给职工的劳动报酬以及其他根据有关规定支付的工资，不论是计入成本的还是不计入成本的，不论是按国家规定列入计征奖金税项目的，还是未列入计征奖金税项目的，不论是以货币形式支付的还是以实物形式支付的，均包括在工资总额内。

平均工资　指企业、事业、机关单位的职工在一定时期内平均每人所得的货币工资额。它表明一定时期职工工资收入的高低程度，是反映职工工资水平的主要指标。计算公式为：

$$平均工资=\frac{报告期实际支付的全部职工工资总额}{报告期全部职工平均人数}$$

基本养老保险

1.（参保）职工人数：指报告期末按照国家法律、法规和有关政策规定参加基本养老保险并在社保经办机构已建立缴费记录档案的职工人数，包括中断缴费但未终止养老保险关系的职工人数，不包括只登记未建立缴费记录档案的人数。

2.（参保）离退休人员人数：指报告期末参加基本养老保险的离休、退休和退职人员的人数。

3.基本养老保险基金收入：指根据国家有关规定，由纳入基本养老保险范围的缴费单位和个人按国家规定的缴费基数和缴费比例缴纳的养老保险基金，以及通过其他方式取得的形成基金来源的收入。包括单位和职工个人缴纳的基本养老保险费、基本养老保险基金利息收入、上级补助收入、下级上解收入、转移收入、财政补贴和其他收入。

4.基本养老保险基金支出：指按照国家政策规定的开支范围和开支标准从养老保险基金中支付给参加基本养老保险的离休、退休、退职人员个人的养老金、丧葬抚恤补助，以及由于保险关系转移、上下级之间调剂资金等原因而发生的支出。包括离休金、退休金、退职金、各种补贴、医疗费、死亡丧葬补助费、抚恤救济费、社会保险经办机构管理费、补助下级支出、上解上级支出、转移支出、其他支出等。

5.基本养老保险基金累计结余：指截至报告期末基本养老保险基金收支相抵后的累计余额。

离休、退休、退职人员　指正式办理了离休、退休、退职手续，并享受相应的离休、退休、退职待遇的人员。

基本医疗保险

1.参保人数：指报告期末按国家有关规定参加基本医疗保险的人数。包括参加职工基本医疗保险和城乡居民基本医疗保险人数。

2.基金收入：指根据国家有关规定，由纳入基本医疗保险范围的缴费单位和个人，按国家规定的缴费基数和缴费比例缴纳的基金，以及通过其他方式取得的形成基金来源的款项，包括：单位缴纳的社会统筹基金收入、个人缴纳的个人账户基金收入、财政补贴收入、利息收入、其他收入。

3.基金支出：指按照国家政策规定的开支范围和开支标准从社会统筹基金中支付给参加基本医疗保险的职工和退休人员的医疗保险待遇支出，和从个人账户基金中支付给参加基本医疗保险的职工和退休人员的医疗费用支出，以及其他支出。包括：住院医疗费用支出、门急诊医疗费用支出、个人账户基金支出、其他支出。

4.基金累计结余：指截至报告期末基本医疗保险的社会统筹和个人账户基金累计结余金额。包括银行存款、财政专户、债券投资和其他。

失业保险

1.参保人数：指报告期末按照国家法律、法规和有关政策规定参加了失业保险的城镇企业事业单位的职工及地方政府规定参加失业保险的其他人员的人数。

2.失业保险基金收入：指按照规定从企业、事业及其他单位筹集的失业保险费及其他并入失业保险基金收入的总额。包括单位和个人缴纳的失业保险费、失业保险基金利息收入、上级补助收入、下级上解收入、转移收入、财政补贴和其他收入。

3.失业保险基金支出：指报告期内为保障失业人员和下岗职工基本生活、促进其再就业等支出的基金总额。包括失业救济金、医疗费、死亡丧葬补助费、抚恤救济费、转业训练费支出、失业保险经办机构管理费、补助下级支出、上解上级支出、转移支出和其他支出。

4.基金累计结余：指截至报告期末失业保险基金收支相抵后的累计余额。

工伤保险

1.参加保险人数：指报告期末依据国家有关规定参加工伤保险的职工人数。

2.享受保险待遇人数：指劳动者因工负伤致残、死亡或因患职业病致残，根据有关规定享受工伤保险待遇职工或供养直系亲属人数。包括伤残人数、职业病人数、因工死亡人数、供养直系亲属人数。

3.基金收入：指根据国家有关规定，由参加工伤保险的单位按国家规定的缴费基数和缴费比例缴纳的工伤保险基金，以及通过其他形式取得的形成基金来源的款项。包括：单位缴纳的社会统筹基金收入、财政补贴收入、利息收入、其他收入。

4.基金支出：指按照国家政策规定的开支范围和开支标准从工伤保险基金中支付给参加工伤保险的人员及供养直系亲属工伤保险待遇支出及其他支出。包括工伤医疗费、伤残补助金、工亡补助金、护理费、丧葬补助费、工伤预防费用、职业康复费用和其他支出。

5.基金累计结余：指截至报告期末工伤保险基金累计结余金额。包括银行存款、财政专户、债券投资和其他。

生育保险

1.参保人数：指报告期末依据有关规定参加生育保险的职工人数。

2.基金收入：指根据国家有关规定，由参加生育保险的单位按照国家规定的缴费基数和缴费比例缴纳的生育保险基金，以及通过其他方式取得的形成基金来源的款项，包括：单位缴纳的基金收入、利息收入和其他收入。

3.基金支出：指按照国家政策规定的开支范围和开支标准，从生育保险基金中支付给参加生育保险的职工，因妊娠、分娩和计划生育手术而享受的待遇及其他支出。包括：生育津贴、医疗费用支出及其他支出。

4.基金累计结余：指截至报告期末生育保险基金累计结余金额。包括银行存款、财政专户、债券投资和其他。

离休、退休、退职人员保险福利费用 指离休、退休、退职人员实际得到的生活费用总额，包括从社会保险经办机构和单位得到的费用。

1.离休金：指按规定支付给离休人员的生活费用。

2.退休金：指按规定支付给退休人员的生活费用。

3.退职生活费：指按规定支付给退职人员的生活费用。

4.医疗卫生费：指单位直接支付给离休、退休、退职人员的医疗费、住院费以及住院伙食补助等费用。

5.其他：指离休金、退休金、退职生活费和医疗卫生费以外的其他保险福利费用，如丧葬抚恤救济费、生活补贴、物价补贴、冬季取暖补贴等。

Explanatory Notes on Main Statistical Indicators

Employed Persons refer to the persons aged 16 and over who are engaged in social working and receive remuneration payment or earn business income. This indicator reflects the actual utilization of total labour force during a certain period of time and is often used for the research on China' s economic situation and national power.

Persons Employed in Units refer to all the persons working in government agencies of various levels, political and party organizations, social organizations, enterprises and institutions, and receiving wages or other forms of payment. They include fully employed staff and workers, re employed retirees, teachers in schools run by the local people, foreigners and Chinese compatriots from Hong Kong, Macao, and Taiwan working in various units, part time employees, employees of other units working temporarily at current posts, and employees holding the second job, but exclude staff and workers who have left their working units while keeping their labour contract (employment relation) unchanged. This indicator reflects the total number of laborers actually engaged in production or other operations in various units.

Registered Urban Unemployed Persons refer to the total number of urban unemployed registered by public employment and personnel exchange service agencies at the end of the reporting period. The urban household registration personnel who receive unemployment insurance compensation at the end of the reporting period shall be all counted as registered unemployed persons.

Registered Urban Unemployment Rate refers to the ratio of the actual number of registered urban unemployed persons to the total number of employees and the total number of registered urban unemployed persons at the end of the period. Total number of employees refers to the number of persons employed and laid-off workers in the working-age population in urban units at the end of the reporting period(minus the rural labor force, retirees, and Hong Kong, Macao, Taiwan or foreign employees they employ). The formula is as follows:

Registered urban unemployment rate=number of registered urban unemployed persons÷(number of employees in urban units + number of registered urban unemployed persons) ×100%.

State owned Units refer to economic units whose assets are owned by the state. Included are non corporation units registered according to Regulation of the People Republic of China on the Registration of Enterprises and Corporations,state organs, institutions and social organizations at the central and local levels.

Collective Owned Units refer to economic units registered according to Regulation of the People Republic of China on the Registration of Enterprises and Corporations where the means of production are collectively owned.

Units of Other Types of Ownership refer to units registered with other types of ownership, including cooperative units, joint ownership units, limited companies, share holding corporations, units invested by entrepreneurs from Hong Kong, Macao, and Taiwan, and foreign invested units.

Fully Employed Staff and Workers refer to persons who work in, and receive wages from their working units, as well as persons who have their work posts, but are temporarily absent from work for reasons of study or on sick, injury or maternal leave and still receive wages from their working units.

Total Wages Bill refer to the total remuneration payment to staff and workers in various units during a certain period of time. The calculation of total wages is based on the total remuneration payment to the staff and workers. Therefore, all the wages and salaries and other payments to staff and workers are included in the total wages regardless of their sources, category, and forms (in kind or cash). (Total wages of staff and workers in this yearbook include only total wages of fully employed staff and workers, excluding the living allowances distributed to those who have left their working units while keeping their labour contract/employment relation unchanged).

Average Wage refers to the average wage in money terms per person during a certain period of time for staff and workers in enterprises, institutions, and government agencies, which reflects the general level of wage income during a certain period of time and is calculated as follows:

Average Wage=Total Wages of Staff and Workers at Reference Time/Average Number of Staff and Workers at Reference Time.

Basic Pension Insurance

1.Number of staff and workers covered refer to staff and workers participating in basic pension insurance programme in line with national laws, regulations and related policies by the end of reference period, who have already had payment records in social security management agencies, including those who interrupt payment without terminating the insurance programme. Those who have registered in the programme with no payment records are not included.

2. Number of retirees participating in basic pension insurance programme refer to number of retirees participating in basic pension insurance programme by the end of reference period.

3. Revenue of basic pension insurance refer to payments made by employers and individuals participating in pension insurance programs in accordance with the basis and proportion stipulated in state regulations, and income from other sources that become source of pension insurance fund, including the premium paid by employers and staff and works, interest income, subsidies from higher level agencies, income as transfer from subordinate agencies, transferred income, government financial subsidies and other income.

4. Expenses of basic pension insurance refer to payment made to those retired and resigned people covered in pension insurance program in terms of pension or compensation within the scope and standards of expenditure according to related national policies, and expenditure occurred due to shift of the insurance relationship or adjustment of funds among agencies, including pension for resigned people, pension for retired people, pension for people quitting jobs, various subsidies, medical fees, funeral subsidies, compensation pension, management fees for social security agencies, expenses on subsidies to lower subordinates, expenses as transfer to agencies at higher level, transferred expenditure and other expenditure.

5. Balance of basic pension insurance refers to the balance of basic pension insurance at the end of the reference period after deducting expenses from revenue.

Retired or Resigned Personnel refers to people who have formally completed formalities for their retirement or quitting work and enjoy the corresponding retirement treatments.

Basic Medical Care Insurance

1. Number of participants refers to people participating in the basic medical care insurance programme according to related regulations by the end of reference period, including the number of people participating in the basic medical care insurance for staff and workers and the number of people participating in the basic medical care insurance for urban and rural residents.

2. Revenue of insurance programme refer to payments made by employers and individuals participating in medical care insurance programs in accordance with the basis and proportion stipulated in state regulations, and income from other sources that become source of medical insurance fund, including income of social comprehensive funds paid by employers, income from individual accounts, government financial subsidies, interest income and other income.

3. Expenses of insurance programme refer to payment made from social comprehensive funds to those retired and resigned people covered in basic medical care insurance within the scope and standards of expenditure according to related national policies, and medical care payment made from individual accounts to staff and workers and retirees, and other expenses, including medical expenses of hospital inpatients, medical expenses for outpatients and emergency patients, payment from individual accounts and other expenditure.

4. Balance of basic medical care insurance refer to the balance of medical care insurance of social comprehensive funds and individual accounts at the end of the reference period, including bank savings, special fiscal accounts, investment in bonds and others.

Unemployment Insurance

1. Number of people covered refers to staff and workers in urban enterprises or institutions who have participated in unemployment insurance programme in line relevant policies and regulations, and other people who have participated according to local government regulations, by the end of reference period.

2. Revenue of unemployment insurance refer to payments made by employers and individuals participating in unemployment insurance programme in accordance with relevant regulations and other income contributed to this programme, including unemployment insurance premium made by employers and individuals, interest income, subsidies from higher level agencies, income as transfer from subordinate agencies, transferred income, government financial subsidies and other income.

3. Expenses of unemployment insurance refer to total expenses during the reference period to guarantee the basic livelihood of unemployed people and laid off staff and workers and to encourage their re employment. Included are unemployment relief, medical fees, funeral subsidies, compensation pension, training expenses, management fees for unemployment insurance agencies, subsidies to lower level agencies, expenses as transfer to higher level agencies, transferred expenditure and other expenditure.

4. Balance of unemployment insurance refer to the balance of unemployment revenue deducting unemployment expenses at the end of the reference period.

Work Injury Insurance

1. Number of people covered refers to staff and workers who have participated in work injury insurance programme in line with relevant national regulations.

2. Number of beneficiaries refers to staff and workers and their direct dependents who can, in line with relevant regulations, benefit from work injury insurance, as a result of work injury leading to disability or death of the staff/worker, or occupational disease leading to disability. Included in this category are number of injured and disabled people, number of people with occupational diseases, number of deaths at work places, and number of direct dependents.

3. Revenue of work injury insurance refer to payments made by employers participating in work injury insurance programs in accordance with the basis and proportion stipulated in state regulations, and income from other sources that become source of work injury insurance fund, including income of social comprehensive funds paid by employers, government financial subsidies, interest income and other income.

4. Expenses of work injury insurance refer to payments made from work injury insurance funds to those who participated in the work injury insurance programme and their direct dependents within the scope and standards of expenditure according to related national policies, and other expenditure, including medical fees for work injury, injury and disability subsidies, death subsidies, nursing fees, funeral subsidies, injury prevention fees, rehabilitation fees for occupational diseases and other expenditure.

5. Balance of work injury insurance refer to the balance of the work injury funds at the end of the reference period, including bank savings, special fiscal account, investment in bonds and others.

Maternity Insurance

1. Number of people covered refers to staff and workers who have participated in maternity insurance programme according to relevant regulation at the end of the reporting period.

2. Revenue of maternity insurance refers to payments made by employers participating in maternity insurance programs in accordance with the basis and proportion stipulated in state regulations, and income from other sources that become source of maternity insurance fund, including income of funds paid by employers, interest income and other income.

3. Expenses of maternity insurance refer to payments made from maternity insurance funds to staff and workers who participated in maternity insurance programme within the scope and standards of expenditure according to related national policies, expenses paid for pregnancy, child delivery or surgeries related to family planning, and other expenditure, including allowance for child bearing, medical fees and other expenditure.

4. Balance of the maternity insurance refers to the balance of the maternity insurance funds at the end of reference period, including bank savings, special fiscal account, investment in funds and others.

Insurance and Welfare Funds for Retirees refer to the total payment for living expenses actually received by retirees, including payment received from social insurance management agencies and units.

1. Pensions for retired veteran cadres refer to living expenses paid to retired veteran cadres according to related regulations.

2. Pensions for retirement refer to living expenses paid to retired staff and workers according to related regulations.

3. Living allowances for resigned staff and workers refer to living expenses paid to resigned staff and workers according to related regulation.

4. Medical care expenses refer to medical fees, hospitalization cost and per diem subsidies during hospitalizations paid by employers directly to retirees.

5. Others refer to insurance and welfare payments other than the above mentioned payments, including funeral subsidies, living allowances, price subsidies and heating subsidies during winter.

第5篇

固定资产投资

Investment in Fixed Assets

简 要 说 明

一、本篇资料的主要内容

本篇资料主要反映了全省固定资产投资方面的情况，主要包括固定资产投资的规模、结构、资金来源和投资的效果等方面的资料。2011 年，固定资产投资项目统计起点由 50 万元提高到 500 万元，名称统一规范为“固定资产投资”，其中包括城镇、非农户 500 万元及以上项目投资、房地产开发投资；“全社会固定资产投资”包括“固定资产投资加农户固定资产投资”。

二、本篇资料的来源

本篇资料来源于固定资产投资统计年报，由省统计局投资处整理提供。

三、内容修订

为进一步贯彻新发展理念，更好地反映经济结构和质量的变化，反映投资对优化供给结构的关键性作用。本篇资料对固定资产投资表式进行了改版，内容以各分组固定资产投资比上年增长速度为主，通过速度变化反映固定资产投资形势及政策效应。

Brief Introduction

I. Main Content

Data in this chapter show the basic conditions of investment in fixed assets of Shandong Province, mainly including the total investment in fixed assets, the structure of investment, the resources of investment and the results of investment, etc.Since 2011, the statistical criteria of fixed assets investment projects had been increased from 500 thousand to 5 million yuan. Investment in fixed assets include urban area and non-farmers 5 million and above project investments, real estate development investment; the total investment include investment in fixed assets and farmer investment in fixed assets.

II. Source of Data

Data in this chapter are based on the yearly report on investment in fixed assets and provided by the Division of Investment and Construction Statistics of Shandong Provincial Bureau of Statistics.

III. Revision of Content

In order to further implement the New Development Principles, better reflect the changes in economic structure and quality, and reflect the key role of investment in optimizing the supply structure. This chapter revises the fixed assets investment form. The content is mainly about the growth rate of fixed assets investment in each group compared with the preceding year, reflecting the situation of fixed assets investment and policy effects through the change of speed.

5-1 1978-2017年全社会固定资产投资总额

Total Investments in Fixed Assets from 1978 to 2017

单位:亿元 (100 million yuan)

年份 Year	全社会固定资产投资额 Total Investment	国有经济 State-owned Units	集体经济 Collective-owned Units	#城镇 Urban	个体经济 Self-employed Units	#农村 Rural	其他经济 Others
1978	41.87	29.27	8.42	1.78	4.18	3.98	
1979	61.35	31.62	18.97	1.55	10.76	10.41	
1980	69.97	35.83	22.24	3.12	11.90	11.47	
1981	79.60	29.63	32.08	3.27	17.89	17.28	
1982	85.00	43.29	23.38	4.38	18.33	17.46	
1983	96.46	49.11	19.19	3.76	28.16	26.48	
1984	140.15	67.09	25.29	5.01	47.77	44.43	
1985	194.33	100.42	30.21	8.64	63.70	58.51	
1986	223.08	121.95	43.09	11.95	58.04	52.32	
1987	297.77	155.65	78.75	17.84	63.37	56.05	
1988	369.82	192.20	100.97	35.46	76.65	64.83	
1989	305.54	162.30	69.68	19.68	73.56	62.00	
1990	335.66	185.44	71.51	18.63	78.71	67.47	
1991	439.82	234.04	104.73	25.06	101.05	85.73	
1992	601.50	343.17	186.43	42.27	71.90	54.19	
1993	892.48	476.26	245.90	49.90	105.44	83.05	64.88
1994	1108.00	537.59	318.42	56.42	118.45	92.30	133.54
1995	1320.97	611.92	383.97	51.62	140.54	113.13	184.55
1996	1558.01	691.76	484.79	79.79	202.65	166.14	178.81
1997	1792.22	773.30	569.70	60.15	241.76	198.68	207.46
1998	2056.97	938.73	610.20	66.70	274.20	227.00	233.84
1999	2222.17	1043.13	635.55	82.72	310.64	228.43	232.85
2000	2542.65	1153.65	679.48	108.63	353.93	254.11	355.59
2001	2807.79	1157.44	688.61	134.92	384.06	263.35	577.68
2002	3509.29	1237.16	812.65	196.78	487.31	285.64	972.17
2003	5328.44	1615.57	1177.00	321.79	733.64	296.03	1802.23
2004	7629.04	1762.29	2455.86	383.83	772.28	116.36	2638.61
2005	10541.87	1853.29	1042.41	620.23	2736.61	1491.55	4909.56
2006	11136.06	1855.41	1063.61	713.49	3096.56	1186.20	5120.48
2007	12537.02	1838.55	1269.64	857.34	3566.49	1141.34	5862.34
2008	15435.93	2431.54	1811.23	1333.23	4360.90	1304.02	6832.27
2009	19030.97	3086.82	2308.54	1717.74	5235.29	1586.71	8400.32
2010	23276.69	3648.45	2627.32	1841.40	6505.00	1822.99	10495.92
2011	26769.73	3783.31	2715.00		8234.50		12036.92
2012	31255.96	3949.65	3129.27		9879.75		14297.30
2013	36789.07	4757.31	3113.17		12827.66		16090.93
2014	42495.55	5455.94	3380.39		16215.47		17443.75
2015	48312.46	6304.58	3125.74		20268.78		18613.36
2016	53322.49	7497.32	1545.38		22191.42		22088.37
2017	55202.73	9568.25	1496.62		22328.55		21809.31

注:1.2011年起，集体经济和个体经济不再细分城镇和农村(下表同)。
2.2011年起，固定资产投资项目统计起点由50万元提高到500万元，名称统一规范为“固定资产投资”，其中包括城镇、非农户500万元及以上项目投资和房地产开发投资；“全社会固定资产投资”包括“固定资产投资加农户固定资产投资”(下表同)。

a)Collective-owned Units and Self-employed Units had no longer divided into urban and rural unit since 2011.(The same applies to tables following).
b)Since 2011, the statistical criteria of fixed assets investment projects had been increased from 500 thousand to 5 million yuan. Investment in fixed assets include urban area and non-farmers 5 million and above project investments, real estate development and investment.Total investment include investment in fixed assets and farmer investment in fixed assets.(The same applies to tables following).

5-2 1978-2023年全社会固定资产投资构成
Composition of Total Investments in Fixed Assets from 1978 to 2023

单位:% (%)

年 份 Year	全社会固定资产投资额 Total Investment	国有经济 State-owned Units	集体经济 Collective-owned Units	#城 镇 Urban	个体经济 Self-employed Units	#农 村 Rural	其他经济 Others
1978	100.0	69.9	20.1	4.2	10.0	9.5	
1979	100.0	51.5	30.9	2.5	17.6	17.0	
1980	100.0	51.2	31.8	4.5	17.0	16.4	
1981	100.0	37.2	40.3	4.1	22.5	21.7	
1982	100.0	50.9	27.5	5.1	21.6	20.5	
1983	100.0	50.9	19.9	3.9	29.2	27.5	
1984	100.0	47.9	18.0	3.6	34.1	31.7	
1985	100.0	51.7	15.5	4.5	32.8	30.1	
1986	100.0	54.7	19.3	5.4	26.0	23.5	
1987	100.0	52.3	26.4	6.0	21.3	18.8	
1988	100.0	52.0	27.3	9.6	20.7	17.5	
1989	100.0	53.1	22.8	6.4	24.1	20.3	
1990	100.0	55.2	21.3	5.6	23.5	20.1	
1991	100.0	53.2	23.8	5.7	23.0	19.5	
1992	100.0	57.1	31.0	7.0	11.9	9.0	
1993	100.0	53.4	27.6	5.6	11.8	9.3	7.2
1994	100.0	48.5	28.7	5.1	10.7	8.3	12.1
1995	100.0	46.3	29.1	3.9	10.6	8.6	14.0
1996	100.0	44.4	31.1	5.1	13.0	10.7	11.5
1997	100.0	43.1	31.8	3.4	13.5	11.1	11.6
1998	100.0	45.6	29.7	3.3	13.3	11.0	11.4
1999	100.0	46.9	28.6	3.7	14.0	10.3	10.5
2000	100.0	45.4	26.7	4.3	13.9	10.0	14.0
2001	100.0	41.2	24.5	4.8	13.7	9.4	20.6
2002	100.0	35.3	23.1	5.6	13.9	8.1	27.7
2003	100.0	30.3	22.1	6.0	13.8	5.6	33.8
2004	100.0	23.1	32.2	5.0	10.1	1.5	34.6
2005	100.0	17.6	9.9	5.9	25.9	14.1	46.6
2006	100.0	16.7	9.5	6.4	27.8	10.7	46.0
2007	100.0	14.7	10.1	6.8	28.4	9.1	46.8
2008	100.0	15.8	11.7	8.6	28.3	8.4	44.3
2009	100.0	16.2	12.1	9.0	27.5	8.3	44.1
2010	100.0	15.7	11.3	7.9	27.9	7.8	45.1
2011	100.0	14.1	10.1		30.8		45.0
2012	100.0	12.6	10.0		31.6		45.7
2013	100.0	12.9	8.5		34.9		43.7
2014	100.0	12.8	8.0		38.2		41.0
2015	100.0	13.0	6.5		42.0		38.5
2016	100.0	14.1	2.9		41.6		41.4
2017	100.0	17.3	2.7		40.4		39.5
2018	100.0	20.1	1.2		39.1		39.6
2019	100.0	23.8	1.1		29.9		45.2
2020	100.0	20.2	0.5		30.1		49.3
2021	100.0	19.7	0.5		32.5		47.3
2022	100.0	21.3	0.5		31.0		47.2
2023	100.0	21.0	0.4		30.4		48.2

5-3 按产业分固定资产投资总额

Total Investment in Fixed Assets by Three Strata of Industry

单位:亿元 (100 million yuan)

年份 Year	固定资产投资 Investment in Fixed Assets	按产业分 Grouped by Three Strata of Industry			构成(%) Grouped by Structure		
		第一产业 Primary Industry	第二产业 Secondary Industry	第三产业 Tertiary Industry	第一产业 Primary Industry	第二产业 Secondary Industry	第三产业 Tertiary Industry
2000	2542.7	77.1	1176.7	1288.8	3.0	46.3	50.7
2001	2807.8	95.0	1289.8	1423.1	3.4	45.9	50.7
2002	3509.3	131.7	1650.6	1727.0	3.8	47.0	49.2
2003	5328.4	167.5	2799.5	2361.5	3.1	52.5	44.3
2004	7629.0	249.7	4577.1	2802.3	3.3	60.0	36.7
2005	10541.9	308.4	6653.5	3579.6	2.9	63.1	34.0
2006	11136.1	291.7	6908.7	3935.6	2.6	62.0	35.3
2007	12537.0	360.4	7508.2	4668.4	2.9	59.9	37.2
2008	15435.9	563.2	8182.1	6690.6	3.6	53.0	43.3
2009	19031.0	614.8	9615.4	8800.8	3.2	50.5	46.2
2010	23276.7	551.8	11332.4	11392.5	2.4	48.7	48.9
2011	25927.1	533.3	12425.3	12968.5	2.1	47.9	50.0
2012	30319.8	679.6	14432.3	15207.9	2.2	47.6	50.2
2013	35875.9	644.8	17204.1	18027.0	1.8	48.0	50.2
2014	41599.1	705.3	21287.7	19606.1	1.7	51.2	47.1
2015	47381.5	898.3	24092.7	22390.4	1.9	50.8	47.3
2016	52364.5	973.6	27425.7	23965.1	1.9	52.4	45.8
2017	54236.0	1029.6	26876.3	26330.1	1.9	49.6	48.5
2018					1.7	39.5	58.8
2019					1.7	30.1	68.2
2020					2.3	31.3	66.4
2021					1.9	32.4	65.7
2022					1.7	34.4	63.9
2023					1.6	38.1	60.3

注：2000—2010年数据为全社会固定资产投资口径，2011年起数据为固定资产投资口径(不含农户固定资产投资)。

a) Caliber of 2000-2010 data are total fixed investment, from 2011 data are fixed asset investment(excluding rural households).

5-4 固定资产投资(2023年)
Total Investments in Fixed Assets (2023)

单位:% (%)

类别	Category	增长速度 The growth		构成 Grouped by Structure	
		固定资产投资 Investment in Fixed Assets	#房地产开发投资 Investment in Real Estate Development	固定资产投资 Investment in Fixed Assets	#房地产开发投资 Investment in Real Estate Development
总　计	**Total**	**5.2**	**-8.8**	**100.0**	**100.0**
按登记注册统计类别分	**by status of Registrated Statistics Category**				
内　资	Domestic Fund	5.7	-7.5	94.7	94.0
港澳台投资	Fund from Hong Kong,Macao and Taiwan	-7.7	-22.3	2.9	4.7
外商投资	Fund from Overseas	-0.4	-33.9	2.3	1.3
个体经营	Self-employed	29.9		0.1	
按建设性质分	**Investment by Type of Construction**				
新　建	New Construction	10.7		66.6	
扩　建	Expansion	6.1		9.8	
改建和技术改造	Reconstruction and Technical Transformation	13.1		21.7	
单纯建造生活设施	Housing	9.5		0.1	
迁　建	Removal and Reconstruction	-13.8		1.1	
恢　复	Resumption	114.7		0.1	
单纯购置	Purchase only	-2.1		0.5	

注：1.本表固定资产投资不含农户投资，下表同。
　　2.表中登记注册统计类别按《关于市场主体统计分类的划分规定》(国统字〔2023〕14号)执行。

a) Data in this table of investment in fixed asset does not include farmers investment.The same applies to tables following.

b) The registered statistical categories of this table is implemented in accordance with the Regulations on the Classification of Market Entity Statistics (Guotongzi [2023] No. 14).

5-5 固定资产投资项目情况(2023年)
Investment Projects in Fixed Assets(2023)

单位：% (%)

类 别	Category	增长速度 The growth		构成 Grouped by Structure	
		总计 Total	#地方项目 Local Investment	总计 Total	#地方项目 Local Investment
计划总投资	**Total planned investment**	**3.7**	**3.5**		
自开始建设累计完成投资	**Completed Investment from Beginning**	**12.5**	**12.2**		
本年完成投资	**Investment Completed This Year**	**10.4**	**10.1**	**100.0**	**100.0**
#住宅投资	Residential Buildings	-78.5	-77.4	0.6	0.6
按构成分	**Investment by Structure**				
建筑安装工程	Construction and Installation	12.5	12.4	75.9	76.3
设备工器具购置	Purchase of Equipment and Instruments	-4.0	-5.5	13.1	12.7
#购置旧设备	Purchase of Second-hand Equipment	49.7	49.7		
其他费用	Others	15.8	15.8	11.0	11.0
#旧建筑物购置费	Purchase of Used Buildings	-49.9	-49.9		
#建设用地费	Cost of Construction Land	18.0	18.3	7.5	7.7
本年新增固定资产	**Newly Increased Real Estate**	**4.4**	**3.5**		
施工项目个数	**Number of Projects Under Construction**	**-2.7**	**-2.7**	**100.0**	**100.0**
#本年新开工	Started This Year	-9.5	-9.4	43.2	43.1
本年投产项目个数	**Number of Projects Put into Use**	**-2.8**	**-2.6**		
本年资金来源合计	**Total Fund of Different Sources**	**4.4**	**3.9**		
上年末结余资金	Fund Left Last Year	-5.8	-8.1		
本年资金来源小计	Total Fund of This Year	4.8	4.4	100.0	100.0
国家预算内资金	State Budgetary Appropriations	0.9	-0.4	9.5	9.6
国内贷款	Domestic Loans	22.8	21.2	9.5	8.5
利用外资	Overseas Funds	-14.1	-25.8	0.2	0.2
自筹资金	Self-raised Fund	9.9	10.0	79.0	80.0
其他资金来源	Others	-70.5	-71.2	1.8	1.8
债 券	Stock	-39.2	-39.2	0.2	0.2
本年各项应付款合计	**Total of Account Payable**	**72.1**	**72.2**	**100.0**	**100.0**
#工程款	for Projects	134.8	134.3	75.9	76.1

注：本表固定资产投资不含房地产开发投资和农户投资。
a)Data in this table of investment in fixed asset does not include investment in real estate development and farmers investment.

5−6 按行业分的固定资产投资增长速度(2023年)
The growth of Investments in Fixed Assets by Sector(2023)

单位:% (%)

类　　别	Category	固定资产投　资 Investments in Fixed Assets	计　划总投资 Total planned investment	施工项目 Number of Project under Cons -truction	新开工项　目 Started This Year
总　　计	**Provincial Total**	**5.2**	**3.7**	**-2.7**	**-9.5**
(一)农、林、牧、渔业	**Farming, Forestry, Animal Husbandry and Fishery**	**1.5**	**-8.2**	**1.6**	**10.2**
农　业	Farming	5.4	-8.2	4.1	5.4
林　业	Forestry	-53.0	-11.4	-32.3	-46.7
畜牧业	Animal Husbandry	-3.2	-16.4	-8.8	27.5
渔　业	Fishery	20.4	4.0	55.0	73.1
农林牧渔业及辅助性活动	Services for Farming, Forestry, Animal Husbandry and Fishery	0.3	-5.2	1.3	-0.9
(二)采矿业	**Mining**	**19.6**	**19.8**	**-11.9**	**-14.0**
煤炭开采和洗选业	Mining and Washing of Coal	-9.1	96.9	-5.2	-25.0
石油和天然气开采业	Extraction of Petroleum and Natural Gas	9.8	6.8	持平	20.0
黑色金属矿采选业	Mining and Dressing of Ferrous Metal Ores	-31.2	-31.9	-28.0	-25.0
有色金属矿采选业	Mining and Dressing of Nonferrous Metals Ores	190.9	58.1	-14.3	6.7
非金属矿采选业	Mining and Dressing of Nonmetal Ores	38.2	-44.1	-20.0	-20.0
开采专业及辅助性活动	Mining Specialties and Auxiliary Activities	193.1	190.9	20.0	16.7
其他采矿业	Mining and Dressing of Other Ores	2109.7	持平	持平	
(三)制造业	**Manufacture**	**11.5**	**4.8**	**-2.5**	**-9.2**
农副食品加工业	Processing of Farm and Sideline Food	19.8	13.6	14.8	9.9
食品制造业	Manufacture of Food	14.5	4.7	0.3	2.1
酒、饮料和精制茶制造业	Manufacture of Wine, Drinks and Refined Tea	21.5	26.5	12.3	16.1
烟草制品业	Tobacco Products	-14.7	-8.0	持平	-16.7
纺织业	Textile Industry	8.0	-5.5	-4.8	-3.0
纺织服装、服饰业	Manufacture of Textile Wearing Apparel and Finery	16.1	23.6	4.2	7.8
皮革、毛皮、羽毛及其制品和制鞋业	Manufacture of Leather, Fur, Feather & Its Products and Footwear	-3.2	-23.8	14.8	32.1
木材加工及木、竹、藤、棕、草制品业	Timber Processing, Bamboo, Cane, Palm Fiber & Straw Products	5.1	-3.2	-6.3	-5.5
家具制造业	Manufacture of Furniture	4.6	7.5	6.1	7.6
造纸及纸制品业	Papermaking and Paper Products	-15.3	-8.8	持平	4.5
印刷和记录媒介复制业	Printing, Reproduction of Recording Media	-6.7	-11.9	-0.6	-17.4
文教、工美、体育和娱乐用品制造业	Manufacture of Culture, Education,Arts and Crafts, Sport and Entertainment Goods	-19.1	-8.0	-12.3	-9.8
石油、煤炭及其他燃料加工业	Processing of Oil, Coal and Other Fuel	20.6	-6.6	-16.4	-29.4
化学原料和化学制品制造业	Manufacture of Raw Chemical Materials	20.6	4.4	-4.4	-22.3
医药制造业	Manufacture of Medicines	20.6	7.8	0.3	-5.1
化学纤维制造业	Manufacture of Chemical Fibers	7.0	16.5	7.1	-3.8
橡胶和塑料制品业	Manufacture of Rubber and Plastic	-12.1	-13.7	-13.8	-23.1
非金属矿物制品业	Nonmetal Mineral Products	0.1	-7.3	-12.8	-24.9
黑色金属冶炼及压延加工业	Smelting and Pressing of Ferrous Metals	-37.0	-16.7	7.6	8.8
有色金属冶炼及压延加工业	Smelting and Pressing of Nonferrous Metals	-11.1	2.4	-8.4	-14.8
金属制品业	Manufacture of Metal Products	18.3	1.5	-6.5	-18.3

注：计划总投资、施工及新开工项目个数等指标不含房地产企业开发数据(下表同)。

a) Data of total planned investment , number of project under construction and new started exclude those developed by real estate companies.(The same applies to tables following).

5-6 续表 1 continued

单位:% (%)

类别	Category	固定资产投资 Investments in Fixed Assets	计划总投资 Total planned investment	施工项目 Number of Project under Cons -truction	新开工项目 Started This Year
通用设备制造业	Manufacture of General Purpose Machinery	-16.0	-5.3	-15.6	-20.7
专用设备制造业	Manufacture of Special Purpose Machinery	22.5	2.8	-2.7	-5.6
汽车制造业	Manufacture of Automotive	9.2	-10.0	-8.9	-26.8
铁路、船舶、航空航天和其他运输设备制造业	Manufacture of Railroad,Marine,Aerospace and Other Transportation Equipment	-18.9	3.3	-6.9	-11.8
电气机械及器材制造业	Manufacture of Electrical Machinery & Equipment	20.7	10.3	-0.3	-7.3
计算机、通信和其他电子设备制造业	Manufacture of Computer, Communications and Other Electronic Equipment	24.4	34.3	24.7	14.5
仪器仪表制造业	Manufacture of Measuring Instrument	154.3	53.5	56.4	56.3
其他制造业	Other Manufacture	-36.8	-19.8	-14.3	33.3
废弃资源综合利用业	Comprehensive Utilization of Waste	-28.5	-17.4	-23.9	-41.8
金属制品、机械和设备修理业	Metal Products, Machinery and Equipment Repair Industry	-23.6	-3.8	-9.1	10.0
(四)电力、热力、燃气及水的生产和供应业	**Production and Supply of Electric, Heat, Gas and Water**	**36.2**	**23.9**	**2.2**	**-13.4**
电力、热力生产和供应业	Production and Supply of Electric Power and Heating Power	38.5	25.6	3.7	-13.3
燃气生产和供应业	Production and Supply of Gas	35.0	40.0	14.9	25.4
水的生产和供应业	Production and Supply of Tap Water	30.1	12.7	-4.0	-21.7
(五)建筑业	**Construction**	**162.4**	**446.2**	**90.0**	**85.7**
房屋建筑业	Building Construction	-36.8	-5.1	-33.3	-25.0
土木工程建筑业	Civil Engineering Construction	186.9	605.7	172.7	200.0
建筑安装业	Construction Installment	-0.4	持平	持平	-100.0
建筑装饰和其他建筑业	Construction Decoration and Others	1519.2	3246.8	100.0	100.0
(六)批发和零售业	**Wholesale and Retail Trade**	**持平**	**12.4**	**3.0**	**8.6**
批发业	Wholesale	9.9	50.3	14.7	56.0
零售业	Retail Trade	-7.3	-4.3	-4.3	-14.9
(七)交通运输、仓储和邮政业	**Transport, Storage and Postal Services**	**10.4**	**5.7**	**-1.7**	**4.0**
铁路运输业	Railway Transport	-9.8	23.8	2.7	7.1
道路运输业	Road Transport	29.8	9.9	-4.2	-1.1
水上运输业	Waterway Transport	-39.8	-26.9	-20.7	-14.3
航空运输业	Air Transport	-1.7	-34.4	-20.0	持平
管道运输业	Pipeline Transport	25.4	25.5	39.4	64.3
多式联运和运输代理业	Multimodal transport and Transportation agency	-7.7	-13.5	-12.5	22.2
装卸搬运和仓储业	Loading and Unloading and Storage	-5.2	5.5	5.6	9.2
邮政业	Postal Services	-49.9	-5.7	持平	75.0
(八)住宿和餐饮业	**Accommodations and Catering Services**	**29.7**	**-5.1**	**27.3**	**76.8**
住宿业	Accommodations	26.2	-10.1	26.2	88.2
餐饮业	Catering Services	52.3	31.4	30.9	48.1
(九)信息传输、软件和信息技术服务业	**Information Transmission, Computer Services and Software**	**17.4**	**0.5**	**5.8**	**4.9**
电信、广播电视和卫星传输服务	Telecommunications, Radio and Television and Satellite Transmission Services	-8.7	-22.5	0.7	-7.9
互联网和相关服务	Internet and related Services	29.4	-0.1	8.4	1.0
软件和信息技术服务业	Software and Information Technology Services	11.7	7.5	6.2	25.3
(十)金融业	**Finance**	**-16.7**	**-22.2**	**-31.5**	**-53.8**
货币金融服务	Monetary and Financial Services	-36.5	-73.9	-37.1	-60.0
资本市场服务	Capital Market Services	-7.9	1.2	-20.0	持平

5-6 续表 2 continued

单位:% (%)

类 别	Category	固定资产投资 Investments in Fixed Assets	计划总投资 Total planned investment	施工项目 Number of Project under Cons-truction	新开工项目 Started This Year
保险业	Insurance	-66.0	-66.1	-50.0	-50.0
其他金融业	Others	-4.4	-4.1	-10.0	-50.0
(十一)房地产业	**Real Estate**	**-9.6**	**-6.5**	**-18.0**	**-20.2**
(十二)租赁和商务服务业	**Leasing and Business Services**	**5.0**	**-8.4**	**-5.7**	**-33.9**
租赁业	Leasing Services	57.8	192.3	225.0	900.0
商务服务业	Business Services	4.8	-8.6	-6.6	-36.3
(十三)科学研究和技术服务	**Scientific Research and Technical Services**	**25.5**	**22.3**	**31.2**	**38.8**
研究与试验发展	Research and Experimental Development	3.7	6.9	24.1	45.9
专业技术服务业	Special Technical Services	-0.7	20.8	3.4	-16.7
科技推广和应用服务业	Science and Technology Promotion and Application Services	52.8	35.2	50.5	64.3
(十四)水利、环境和公共设施管理业	**Management of Water Conservancy, Environment and Public Facilities**	**24.7**	**10.8**	**-1.5**	**-15.8**
水利管理业	Management of Water Conservancy	42.4	11.6	-0.4	-31.5
生态保护和环境治理业	Ecological Protection and Environmental Management	56.4	17.1	1.4	-16.3
公共设施管理业	Management of Public Facilities	17.2	9.6	-2.4	-13.0
土地管理业	Management of Land	48.1	13.1	10.6	-16.0
(十五)居民服务、修理和其他服务业	**Households Services, Repair and Other Services**	**-19.3**	**-6.5**	**-22.1**	**-28.1**
居民服务业	Services to Households	-20.1	-5.8	-22.6	-37.5
机动车、电子产品和日用产品修理业	Motor Vehicles, Electronics and Household Products Repair	-28.9	-16.9	-36.4	66.7
其他服务业	Other Services	-8.1	-8.2	-7.1	持平
(十六)教　育	**Education**	**-4.6**	**5.3**	**-8.3**	**-20.4**
教　育	Education	-4.6	5.3	-8.3	-20.4
(十七)卫生和社会工作	**Health and Social Work**	**-12.4**	**-5.1**	**-17.9**	**-56.4**
卫　生	Health Care	-12.9	-6.7	-19.6	-62.8
社会工作	Social Work	-10.2	0.2	-11.8	-27.6
(十八)文化、体育和娱乐业	**Culture, Sports and Recreation**	**-19.2**	**-18.7**	**-15.8**	**-7.6**
新闻和出版业	News and Publication	-2.5	-37.7	持平	持平
广播、电视、电影和影视录音制作业	Radio, Television, Film and Video Recording Production	-39.8	-34.3	-11.1	-25.0
文化艺术业	Culture and Arts	-10.3	0.8	1.2	36.2
体　育	Sports	-29.9	-21.6	-24.5	-38.6
娱乐业	Recreation	-18.7	-25.0	-21.5	-17.2
(十九)公共管理、社会保障和社会组织	**Public Management,Social Security and Social Organizations**	**-19.3**	**-18.8**	**-14.0**	**-28.1**
中国共产党机关	CPC Agencies	367.3	248.3	300.0	
国家机构	Government Agencies	-19.7	-19.6	-18.5	-36.4
人民政协、民主党派	CPPCC and Democratic Parties				
社会保障	Social Security	-79.7	持平	持平	-100.0
群众团体、社会团体和其他成员组织	Mass Organizations, Social Organizations and Other Organizations	-51.6	-84.8	-50.0	-66.7
基层群众自治组织	Self-governing Mass Organizations at the Grass-roots Level	-31.1	-14.5	13.6	33.3
(二十)国际组织	**International Organizations**				
国际组织	International Organizations				

5-7 按行业分的固定资产投资构成(2023年)

Composition of Investments in Fixed Assets by Sector(2023)

单位:% (%)

类别	Category	固定资产投资 Investments in Fixed Assets	计划总投资 Total planned investment	施工项目 Number of Project under Cons -truction	#新开工项目 Started This Year
总　计	**Provincial Total**	**100.0**	**100.0**	**100.0**	**100.0**
(一)农、林、牧、渔业	**Farming, Forestry, Animal Husbandry and Fishery**	**2.1**	**2.3**	**5.2**	**6.7**
农　业	Farming	0.8	0.8	2.3	3.1
林　业	Forestry		0.1	0.1	0.1
畜牧业	Animal Husbandry	0.5	0.6	1.3	1.5
渔　业	Fishery	0.3	0.4	0.4	0.6
农林牧渔业及辅助性活动	Services for Farming, Forestry, Animal Husbandry and Fishery	0.5	0.5	1.1	1.4
(二)采矿业	**Mining**	**1.1**	**0.6**	**0.4**	**0.5**
煤炭开采和洗选业	Mining and Washing of Coal	0.1	0.1	0.2	0.2
石油和天然气开采业	Extraction of Petroleum and Natural Gas	0.8	0.2		
黑色金属矿采选业	Mining and Dressing of Ferrous Metal Ores			0.1	0.1
有色金属矿采选业	Mining and Dressing of Nonferrous Metals Ores	0.2	0.1	0.1	0.1
非金属矿采选业	Mining and Dressing of Nonmetal Ores	0.1		0.1	0.1
开采专业及辅助性活动	Mining Specialties and Auxiliary Activities				
其他采矿业	Mining and Dressing of Other Ores				
(三)制造业	**Manufacture**	**30.9**	**34.9**	**48.2**	**50.1**
农副食品加工业	Processing of Farm and Sideline Food	1.5	1.3	3.6	4.7
食品制造业	Manufacture of Food	1.1	1.1	2.3	2.5
酒、饮料和精制茶制造业	Manufacture of Wine, Drinks and Refined Tea	0.2	0.2	0.5	0.7
烟草制品业	Tobacco Products				
纺织业	Textile Industry	0.5	0.5	1.4	1.7
纺织服装、服饰业	Manufacture of Textile Wearing Apparel and Finery	0.2	0.2	0.6	0.8
皮革、毛皮、羽毛及其制品和制鞋业	Manufacture of Leather, Fur, Feather & Its Products and Footwear	0.1	0.1	0.2	0.2
木材加工及木、竹、藤、棕、草制品业	Timber Processing, Bamboo, Cane, Palm Fiber & Straw Products	0.4	0.3	0.9	1.3
家具制造业	Manufacture of Furniture	0.3	0.2	0.6	0.9
造纸及纸制品业	Papermaking and Paper Products	0.3	0.3	0.7	0.9
印刷和记录媒介复制业	Printing, Reproduction of Recording Media	0.1	0.1	0.4	0.4
文教、工美、体育和娱乐用品制造业	Manufacture of Culture, Education,Arts and Crafts, Sport and Entertainment Goods	0.2	0.2	0.6	0.7
石油、煤炭及其他核燃料加工业	Processing of Oil, Coal and Other Fuel	0.3	0.5	0.5	0.5
化学原料和化学制品制造业	Manufacture of Raw Chemical Materials and Chemica Products	6.1	7.0	4.7	4.1
医药制造业	Manufacture of Medicines	2.1	2.5	2.8	2.5
化学纤维制造业	Manufacture of Chemical Fibers	0.3	0.5	0.4	0.3
橡胶和塑料制品业	Manufacture of Rubber and Plastic	0.8	0.8	2.0	2.3
非金属矿物制品业	Nonmetal Mineral Products	2.0	2.0	4.3	4.3
黑色金属冶炼及压延加工业	Smelting and Pressing of Ferrous Metals	0.3	0.9	0.6	0.7
有色金属冶炼及压延加工业	Smelting and Pressing of Nonferrous Metals	0.5	0.8	0.7	0.6
金属制品业	Manufacture of Metal Products	1.4	1.4	2.7	2.8

注：计划总投资、施工及新开工项目个数等指标不含房地产企业开发数据(下表同)。

a) Data of total planned investment, number of project under construction and new started exclude those developed by real estate companies.(The same applies to tables following).

5-7 续表 1 continued

单位:% (%)

类别	Category	固定资产投资 Investments in Fixed Assets	计划总投资 Total planned investment	施工项目 Number of Project under Cons-truction	新开工项目 Started This Year
通用设备制造业	Manufacture of General Purpose Machinery	1.9	2.3	4.2	4.0
专用设备制造业	Manufacture of Special Purpose Machinery	2.5	2.5	4.1	4.0
汽车制造业	Manufacture of Automotive	1.1	1.1	1.7	1.4
铁路、船舶、航空航天和其他运输设备制造业	Manufacture of Railroad,Marine,Aerospace and Other Transportation Equipment	0.5	0.8	0.7	0.6
电气机械及器材制造业	Manufacture of Electrical Machinery & Equipment	1.4	1.7	2.0	1.9
计算机、通信和其他电子设备制造业	Manufacture of Computer, Communications and Other Electronic Equipment	3.5	4.2	3.1	3.1
仪器仪表制造业	Manufacture of Measuring Instrument	1.0	0.9	1.3	1.7
其他制造业	Other Manufacture		0.1	0.1	0.1
废弃资源综合利用业	Comprehensive Utilization of Waste	0.2	0.2	0.5	0.4
金属制品、机械和设备修理业	Metal Products, Machinery and Equipment Repair Industry			0.1	0.1
(四)电力、热力、燃气及水的生产和供应业	**Production and Supply of Electric, Heat, Gas and Water**	**6.0**	**7.7**	**7.1**	**7.4**
电力、热力生产和供应业	Production and Supply of Electric Power and Heating Power	4.2	5.8	4.8	5.4
燃气生产和供应业	Production and Supply of Gas	0.4	0.5	0.4	0.5
水的生产和供应业	Production and Supply of Tap Water	1.4	1.4	1.8	1.5
(五)建筑业	**Construction**	**0.1**		**0.1**	**0.2**
房屋建筑业	Building Construction				
土木工程建筑业	Civil Engineering Construction			0.1	0.1
建筑安装业	Construction Installment				
建筑装饰和其他建筑业	Construction Decoration and Others				
(六)批发和零售业	**Wholesale and Retail Trade**	**0.3**	**0.5**	**0.9**	**1.1**
批发业	Wholesale	0.2	0.2	0.4	0.5
零售业	Retail Trade	0.2	0.3	0.5	0.6
(七)交通运输、仓储和邮政业	**Transport, Storage and Postal Services**	**8.9**	**14.0**	**5.3**	**5.4**
铁路运输业	Railway Transport	1.2	2.5	0.2	0.1
道路运输业	Road Transport	5.7	8.6	2.8	2.9
水上运输业	Waterway Transport	0.4	0.7	0.3	0.2
航空运输业	Air Transport	0.3	0.6	0.1	
管道运输业	Pipeline Transport	0.1	0.1	0.1	0.2
多式联运和运输代理业	Multimodal transport and Transportation agency	0.1	0.2	0.1	0.1
装卸搬运和仓储业	Loading and Unloading and Storage	1.1	1.3	1.6	2.0
邮政业	Postal Services				
(八)住宿和餐饮业	**Accommodations and Catering Services**	**0.5**	**0.5**	**0.9**	**1.1**
住宿业	Accommodations	0.4	0.4	0.7	0.9
餐饮业	Catering Services	0.1	0.1	0.2	0.3
(九)信息传输、软件和信息技术服务业	**Information Transmission, Computer Services and Software**	**1.4**	**1.8**	**1.7**	**2.0**
电信、广播电视和卫星传输服务	Telecommunications, Radio and Television and Satellite Transmission Services	0.2	0.1	0.4	0.6
互联网和相关服务	Internet and related Services	0.8	1.0	0.7	0.7
软件和信息技术服务业	Software and Information Technology Services	0.5	0.7	0.6	0.7
(十)金融业	**Finance**	**0.1**	**0.2**	**0.1**	**0.1**
货币金融服务	Monetary and Financial Services			0.1	0.1
资本市场服务	Capital Market Services				

5-7 续表 2 continued

单位:% (%)

类 别	Category	固定资产投资 Investments in Fixed Assets	计划总投资 Total planned investment	施工项目 Number of Project under Cons-truction	新开工项目 Started This Year
保险业	Insurance				
其他金融业	Others	0.1	0.2		
(十一)房地产业	**Real Estate**	**27.2**	**9.2**	**4.1**	**1.9**
(十二)租赁和商务服务业	**Leasing and Business Services**	**3.9**	**6.2**	**2.9**	**1.7**
租赁业	Leasing Services				0.1
商务服务业	Business Services	3.9	6.1	2.9	1.7
(十三)科学研究和技术服务	**Scientific Research and Technical Services**	**2.6**	**3.7**	**3.0**	**3.4**
研究与试验发展	Research and Experimental Development	0.8	1.2	0.8	0.8
专业技术服务业	Special Technical Services	0.3	0.5	0.6	0.5
科技推广和应用服务业	Science and Technology Promotion and Application Services	1.4	1.9	1.6	2.0
(十四)水利、环境和公共设施管理业	**Management of Water Conservancy, Environment and Public Facilities**	**8.6**	**9.6**	**11.2**	**12.1**
水利管理业	Management of Water Conservancy	1.1	1.1	1.4	1.3
生态保护和环境治理业	Ecological Protection and Environmental Management	1.2	1.3	1.5	1.5
公共设施管理业	Management of Public Facilities	6.2	7.1	8.2	9.2
土地管理业	Management of Land	0.1	0.1	0.1	0.1
(十五)居民服务、修理和其他服务业	**Households services, Repair and Other Services**	**0.2**	**0.4**	**0.3**	**0.3**
居民服务业	Services to Households	0.1	0.3	0.3	0.2
机动车、电子产品和日用产品修理业	Motor Vehicles, Electronics and Household Products Repair				
其他服务业	Other Services		0.1		
(十六)教 育	**Education**	**2.6**	**2.8**	**3.6**	**2.6**
教 育	Education	2.6	2.8	3.6	2.6
(十七)卫生和社会工作	**Health and Social Work**	**2.2**	**3.2**	**2.5**	**1.4**
卫 生	Health Care	1.8	2.4	1.9	1.0
社会工作	Social Work	0.4	0.8	0.6	0.4
(十八)文化、体育和娱乐业	**Culture, Sports and Recreation**	**1.2**	**2.4**	**1.6**	**1.4**
新闻和出版业	News and Publication				
广播、电视、电影和影视录音制作业	Radio, Television, Film and Video Recording Production				
文化艺术业	Culture and Arts	0.3	0.7	0.5	0.5
体 育	Sports	0.2	0.3	0.2	0.2
娱乐业	Recreation	0.6	1.3	0.9	0.6
(十九)公共管理、社会保障和社会组织	**Public Management,Social Security and Social Organizations**	**0.2**	**0.2**	**0.7**	**0.6**
中国共产党机关	CPC Agencies				
国家机构	Government Agencies	0.2	0.2	0.5	0.5
人民政协、民主党派	CPPCC and Democratic Parties				
社会保障	Social Security				
群众团体、社会团体和其他成员组织	Mass Organizations, Social Organizations and Other Organizations				
基层群众自治组织	Self-governing Mass Organizations at the Grass-roots Level			0.1	0.1
(二十)国际组织	**International Organizations**				
国际组织	International Organizations				

5-8 各市固定资产投资增长速度
The growth of Total Investments in Fixed Assets by Region

单位:% (%)

地区	Region	2018	2019	2020	2021	2022	2023
全省总计	**Total**	**4.1**	**-8.4**	**3.6**	**6.0**	**6.1**	**5.2**
济南市	Jinan	9.6	12.6	4.0	11.5	3.8	2.1
青岛市	Qingdao	7.9	21.6	3.2	4.1	4.5	5.0
淄博市	Zibo	6.6	-44.6	7.5	22.1	18.1	5.9
枣庄市	Zaozhuang	-19.8	-15.8	3.2	6.5	10.1	7.2
东营市	Dongying	-10.0	-32.6	8.9	12.5	12.4	8.0
烟台市	Yantai	6.0	5.0	2.9	0.2	8.5	5.8
潍坊市	Weifang	4.4	-23.2	4.5	16.0	12.7	0.8
济宁市	Jining	7.1	-3.6	3.2	12.4	-16.1	7.1
泰安市	Tai'an	5.8	-23.3	2.9	-29.4	17.4	7.8
威海市	Weihai	7.5	-15.0	2.9	6.0	-18.9	4.3
日照市	Rizhao	6.3	-16.5	3.2	3.0	3.1	1.4
莱芜市	Laiwu	7.2					
临沂市	Linyi	7.8	-23.5	4.0	11.4	12.3	6.5
德州市	Dezhou	7.3	-13.6	-2.9	-19.6	18.5	7.1
聊城市	Liaocheng	-4.3	-41.2	6.8	12.9	16.3	7.3
滨州市	Binzhou	-16.8	-23.5	7.8	15.3	14.1	7.4
菏泽市	Heze	8.0	8.1	7.5	15.8	18.3	7.9

注：根据行政区划调整，2019年起，莱芜市并入济南市，以下表同。
a)According to administrative division adjustment,Laiwu City merged into Jinan City from 2019.The same applies to tables following.

5-9 各市民间固定资产投资增长速度
The growth of Non-government Investments in Fixed Assets by Region

单位:% (%)

地区	Region	2018	2019	2020	2021	2022	2023
全省总计	**Total**	**4.1**	**-18.0**	**6.9**	**8.2**	**1.3**	**3.1**
济南市	Jinan	8.5	-10.9	3.9	24.9	-0.6	-21.8
青岛市	Qingdao	21.8	20.9	13.0	8.3	2.3	4.5
淄博市	Zibo	15.8	-45.3	7.8	24.1	-2.6	13.0
枣庄市	Zaozhuang	-21.3	-32.3	2.7	-2.2	9.1	6.7
东营市	Dongying	-9.6	-45.7	7.0	26.6	-9.8	13.4
烟台市	Yantai	2.9	6.4	3.6	0.8	1.4	-0.6
潍坊市	Weifang	8.9	-31.8	11.8	12.7	10.1	-0.2
济宁市	Jining	2.6	-8.8	10.3	10.2	-14.5	3.7
泰安市	Tai'an	-6.4	-33.0	-4.1	-21.6	17.4	10.6
威海市	Weihai	7.1	-21.9	-5.9	8.9	-17.0	6.1
日照市	Rizhao	-3.6	-13.7	26.6	6.1	-15.4	-1.7
莱芜市	Laiwu	5.9					
临沂市	Linyi	9.5	-36.9	8.3	17.2	3.6	11.1
德州市	Dezhou	12.3	-18.8	-2.9	-15.6	13.1	16.4
聊城市	Liaocheng	-5.7	-47.2	0.9	5.0	12.2	4.6
滨州市	Binzhou	-21.5	-29.9	7.2	10.7	5.6	11.5
菏泽市	Heze	4.5	-5.2	15.5	6.5	19.9	9.5

5−10 各市房地产开发投资和销售情况(2023年)

General Scale of Investment Actually Completed by Enterprises for Real Estate Development and Floor Space of Commercialized Buildings Sold(2023)

地区	Region	本年完成投资(万元) Investment Completed This Year (10 000 yuan)	#住宅 Residential Buildings	商品房销售面积(平方米) Floor Space of Commercialized Buildings Sold(sq.m)	#住宅 Residential Buildings	商品房销售额(万元) Total Sale of Commercialized Buildings Sold(10 000 yuan)	#住宅 Residential Buildings
全省总计	**Total**	**85412340**	**69345994**	**112850079**	**94419746**	**95300119**	**81635644**
济南市	Jinan	14892441	10842945	11702186	8255244	15534755	12182917
青岛市	Qingdao	17291837	13765496	14548217	12096149	20260737	16876836
淄博市	Zibo	3730317	2981338	3771297	3140826	3123548	2644642
枣庄市	Zaozhuang	3347135	2694193	3760924	3437836	3030635	2778850
东营市	Dongying	1935920	1788592	2645788	2374289	2059171	1843405
烟台市	Yantai	5906997	5228548	9566840	8551011	7180357	6564803
潍坊市	Weifang	6066938	5189516	10096571	8869918	6408243	5902049
济宁市	Jining	5138941	4486662	11140748	9217791	7160763	6238012
泰安市	Tai'an	2647422	2339680	4525344	4084469	3296255	3051384
威海市	Weihai	2056815	1716483	3974895	3432421	3293735	2886832
日照市	Rizhao	2004999	1477148	1932083	1547253	1648230	1328472
临沂市	Linyi	6742430	5476340	11340634	8575540	8223287	6745783
德州市	Dezhou	3959265	3422163	6837494	6209310	4425225	4045971
聊城市	Liaocheng	3860344	2918382	6241130	4840522	3866728	3280235
滨州市	Binzhou	2094636	1797609	3926470	3525296	2249677	2087702
菏泽市	Heze	3735903	3220899	6839458	6261871	3538773	3177751

5-11 按登记注册类型分的房地产开发投资情况(2023年)
Investment in Real Development by Registration Status(2023)

类别		Category		总计 Total	内资企业 Domestic Funded
计划总投资	**(万元)**	**Intended Investment**	**(10 000 yuan)**	**699795142**	**660545436**
自开始建设累计完成投资	**(万元)**	**Cumulative Investment**	**(10 000 yuan)**	**426612093**	**401890597**
本年完成投资	**(万元)**	**Investment Completed in Current Year**	**(10 000 yuan)**	**85412340**	**80290734**
按构成分		**Grouped by Use of Funds**			
建筑工程	(万元)	Construction	(10 000 yuan)	52539441	49465679
安装工程	(万元)	Installation	(10 000 yuan)	5093001	4750043
设备工器具购置	(万元)	Purchase of Equipment and Instruments	(10 000 yuan)	693572	659696
其他费用	(万元)	Others	(10 000 yuan)	27086326	25415316
#旧建筑物购置费	(万元)	Purchase of Used Building	(10 000 yuan)	37433	37433
土地购置费	(万元)	Purchase of Land	(10 000 yuan)	23817922	22323602
按工程用途分		**Grouped by Use of Buildings**			
住　宅	(万元)	Residential Buildings	(10 000 yuan)	69345994	65102250
#90平方米以下住宅	(万元)	Residential Buildings below 90sq.m	(10 000 yuan)	4376360	3984472
144平方米以上住宅	(万元)	Residential Buildings above 144sq.m	(10 000 yuan)	15033093	14308974
办公楼	(万元)	Office Buildings	(10 000 yuan)	3200604	2940311
商业营业用房	(万元)	Buildings for Business	(10 000 yuan)	5233567	4999328
其　他	(万元)	Others	(10 000 yuan)	7632175	7248845
本年新增固定资产	**(万元)**	**Newly Increased Fixed Assets**	**(10 000 yuan)**	**44862629**	**42241005**
到位资金情况		**Funds in Place**			
上年末结余资金	(万元)	Fund Left from Last Year	(10 000 yuan)	37971881	34526461
本年实际到位资金	(万元)	Actual Funds Available for Investment in the Year	(10 000 yuan)	87573174	82296499
国内贷款	(万元)	Domestic Loans	(10 000 yuan)	7965543	7524779
#银行贷款	(万元)	from Banks	(10 000 yuan)	7302994	6869782
非银行金融机构贷款	(万元)	from Other Financial Departments	(10 000 yuan)	662549	654997
利用外资	(万元)	Foreign Investment	(10 000 yuan)	2231	831
自筹资金	(万元)	Self-Raising Funds	(10 000 yuan)	30596904	28995401
定金及预付款	(万元)	Earnest Money and Advance Charg	(10 000 yuan)	29676632	27459791
个人按揭贷款	(万元)	Mortgage Loans	(10 000 yuan)	14959030	14089759
其他到位资金	(万元)	Others	(10 000 yuan)	4372834	4225938
本年各项应付款合计	**(万元)**	**Account Payable**	**(10 000 yuan)**	**32230527**	**29865614**
#工程款	(万元)	Payment for Construction	(10 000 yuan)	17692659	16264949
待开发土地面积	**(平方米)**	**Space of Land to be Developed**	**(sq.m)**	**44152885**	**42292937**

5-11 续表 continued

类 别		Category		港澳台商投资企业 Enterprises with Funds from Hong Kong, Macao and Taiwan	外商投资企业 Foreign Funded Enterprises
计划总投资	**（万元）**	**Intended Investment**	**(10 000 yuan)**	**32266500**	**6983206**
自开始建设累计完成投资	**（万元）**	**Cumulative Investment**	**(10 000 yuan)**	**20309618**	**4411878**
本年完成投资	**（万元）**	**Investment Completed in Current Year**	**(10 000 yuan)**	**4016370**	**1105236**
按构成分		**Grouped by Use of Funds**			
建筑工程	（万元）	Construction	(10 000 yuan)	**2392790**	**680972**
安装工程	（万元）	Installation	(10 000 yuan)	236563	106395
设备工器具购置	（万元）	Purchase of Equipment and Instruments	(10 000 yuan)	22108	11768
其他费用	（万元）	Others	(10 000 yuan)	1364909	306101
#旧建筑物购置费	（万元）	Purchase of Used Building	(10 000 yuan)		
土地购置费	（万元）	Purchase of Land	(10 000 yuan)	1219406	274914
按工程用途分		**Grouped by Use of Buildings**			
住 宅	（万元）	Residential Buildings	(10 000 yuan)	3329763	913981
#90平方米以下住宅	（万元）	Residential Buildings below 90sq.m	(10 000 yuan)	318955	72933
144平方米以上住宅	（万元）	Residential Buildings above 144sq.m	(10 000 yuan)	550352	173767
办公楼	（万元）	Office Buildings	(10 000 yuan)	219782	40511
商业营业用房	（万元）	Buildings for Business	(10 000 yuan)	156734	77505
其 他	（万元）	Others	(10 000 yuan)	310091	73239
本年新增固定资产	**（万元）**	**Newly Increased Fixed Assets**	**(10 000 yuan)**	**1813244**	**808380**
到位资金情况		**Funds in Place**			
上年末结余资金	（万元）	Fund Left from Last Year	(10 000 yuan)	3020269	425151
本年实际到位资金	（万元）	Actual Funds Available for Investment in the Year	(10 000 yuan)	4325025	951650
国内贷款	（万元）	Domestic Loans	(10 000 yuan)	350714	90050
#银行贷款	（万元）	from Banks	(10 000 yuan)	346282	86930
非银行金融机构贷款	（万元）	from Other Financial Departments	(10 000 yuan)	4432	3120
利用外资	（万元）	Foreign Investment	(10 000 yuan)	1400	
自筹资金	（万元）	Self-Raising Funds	(10 000 yuan)	1266226	335277
定金及预付款	（万元）	Earnest Money and Advance Charg	(10 000 yuan)	1883892	332949
个人按揭贷款	（万元）	Mortgage Loans	(10 000 yuan)	710795	158476
其他到位资金	（万元）	Others	(10 000 yuan)	111998	34898
本年各项应付款合计	**（万元）**	**Account Payable**	**(10 000 yuan)**	**1820475**	**544438**
#工程款	（万元）	Payment for Construction	(10 000 yuan)	1181901	245809
待开发土地面积	**（平方米）**	**Space of Land to be Developed**	**(sq.m)**	1448219	411729

5-12 按登记注册类型分的房地产开发财务情况(2023年)

Financial Indicators of Real Estate Development by Registration Status (2023)

单位:万元 (10 000 yuan)

类 别	Category	总 计 Total	内资企业 Domestic Funded
一、期初存货	**Initial Inventory**	**388074445**	**367495885**
二、期末资产负债	**Property debt at the End**		
流动资产合计	Total Liquid Liabilities	654961010	619499575
#应收账款	Accounts Receivable	18758396	18361265
存 货	Inventory	375852815	357455704
固定资产原价	Fixed Asset Value	23011945	22129610
累计折旧	Accumulated Depreciation	4976465	4732195
#本年折旧	in Current Year	960614	915921
资产总计	Assets	805766089	766332398
负债合计	Liabilities	646643203	621337610
所有者权益合计	Owners' Equity	159122886	144994788
#实收资本	Paid-up Capital	82923910	70669842
三、损益及分配	**Net Income or Loss and Distribution**		
营业收入	Revenues from Business	114994506	106717344
#主营业务收入	Revenues from Principal Business	112687506	104423408
土地转让收入	Revenues from Land Transfer	523276	313104
商品房屋销售收入	Revenues from Commercial Housing Sales	106033603	98189558
自持物业收入	Self Holding Property Income	911114	789296
#房屋出租收入	Housing Rental Income	691994	622923
其他收入	Others	5219513	5131450
营业成本	Business Cost	95156132	88428823
#主营业务成本	Main Business Cost	93377142	86727690
营业税金及附加	Business Tax and Extra Charges	4021312	3732281
其他业务利润	Other Operating Profits	241442	237221
销售费用	Sales Expenses	2989610	2713631
管理费用	Management Expenses	3045926	2899314
财务费用	Financial Expenses	2305171	2298790
营业利润	Business Profits	8171135	7400720
营业外收入	Non-operating Income	621921	609729
营业外支出	Non-operating Expenses	544555	534717
利润总额	Total Profits	8287919	7509104
所得税费用	Income Tax Payable	1628238	1450469
应交增值税	Value-added Tax Payable	5201430	4779720
四、人工成本及增值税	**Labor costs and Value-added Tax**		
本年应付职工薪酬	Payroll Payable in Current Year	2396815	2233629

5-12 续表 continued

单位:万元 (10 000 yuan)

类别	Category	港澳台投资企业 Enterprises with Funds from Hong Kong, Macao and Taiwan	外商投资企业 Foreign Funded Enterprises
一、期初存货	**Initial Inventory**	**16675780**	**3902781**
二、期末资产负债	**Property debt at the End**		
流动资产合计	Total current assets	28871309	6590126
#应收账款	Accounts receivable	364222	32908
存　货	Inventory	14945873	3451238
固定资产原价	Fixed Asset Value	764985	117350
累计折旧	Accumulated Depreciation	189060	55211
#本年折旧	in Current Year	39080	5613
资产总计	Assets	32518069	6915622
负债合计	Liabilities	20213606	5091986
所有者权益合计	Owners' Equity	12304463	1823636
#实收资本	Paid-up Capital	10476474	1777595
三、损益及分配	**Net Income or Loss and Distribution**		
营业收入	Revenues from Business	6638768	1638394
#主营业务收入	Revenues from Principal Business	6626781	1637317
土地转让收入	Revenues from Land Transfer	210172	
商品房屋销售收入	Revenues from Commercial Housing Sales	6215413	1628632
自持物业收入	Self Holding Property Income	115332	6487
#房屋出租收入	Housing Rental Income	65481	3590
其他收入	Others	85864	2199
营业成本	Business Cost	5352137	1375172
#主营业务成本	Main Business Cost	5274596	1374857
营业税金及附加	Business Tax and Extra Charges	222725	66307
其他业务利润	Other Operating Profits	1730	2490
销售费用	Sales Expenses	231825	44154
管理费用	Management Expenses	111354	35258
财务费用	Financial Expenses	-6842	13223
营业利润	Business Profits	717402	53014
营业外收入	Non-operating Income	10013	2179
营业外支出	Non-operating Expenses	6148	3690
利润总额	Total Profits	721313	57503
所得税费用	Income Tax Payable	151169	26600
应交增值税	Value-added Tax Payable	348940	72770
四、人工成本及增值税	**Labor costs and Value-added Tax**		
本年应付职工薪酬	Payroll Payable in Current Year	134692	28494

5-13 房地产开发企业(单位)施工、销售和待售情况(2023年)

类 别		Category		合计 Total
房屋施工面积	**(平方米)**	**Floor Space Under Construction**	**(sq.m)**	**713098565**
#新开工面积	(平方米)	Recently-started Projects	(sq.m)	79375734
房屋竣工面积	**(平方米)**	**Floor Space Completed**	**(sq.m)**	**89648664**
#不可销售面积	(平方米)	Space of Floor not Ready for Sale	(sq.m)	3811255
商品住宅竣工套数	**(套)**	**Number of Commercial Buildings Completed**	**(unit)**	
竣工房屋价值	**(万元)**	**Value of Buildings Completed**	**(10 000 yuan)**	**33375696**
出租房屋面积	**(平方米)**	**Floor Space of Buildings to Lease**	**(sq.m)**	**616554**
商品房销售面积	**(平方米)**	**Floor Space of Commercial Buildings Sold**	**(sq.m)**	**112850079**
#现房销售面积	(平方米)	Floor Space of Complete Departments	(sq.m)	23364323
期房销售面积	(平方米)	Floor Space of Forward Delivery Housing	(sq.m)	89485756
商品房销售额	**(万元)**	**Total Sale of Commercial Building**	**(10 000 yuan)**	**95300119**
#现房销售额	(万元)	Sale of Complete Departments	(10 000 yuan)	18684802
期房销售额	(万元)	Sale of Forward Delivery Housing	(10 000 yuan)	76615317
商品住宅销售套数	**(套)**	**Number of Commercial Buildings Sold**	**(unit)**	
#现房销售套数	(套)	Complete Departments	(unit)	
期房销售套数	(套)	Forward Delivery Housing	(unit)	
待售面积	**(平方米)**	**Floor Space of Waiting For Sale**	**(sq.m)**	**35847361**
#待售1-3年(含1年)	(平方米)	1 to 3 years	(sq.m)	14884910
待售3年以上(含3年)	(平方米)	more than 3 years	(sq.m)	4547367

Construction and Sale of Buildings Made by Real Estate Enterprises(2023)

住 宅 Residential Buildings	按户型面积分 #90平方米及以下住宅 Below or Equal 90 sq.m	按户型面积分 144平方米以上住宅 Above 144 sq.m	办公楼 Office Buildings	商业营业用房 Buildings for Business	其他 Others
520322335			**27132998**	**52027389**	**113615843**
58013030			2445617	5323873	13593214
66178694			**2894157**	**5989085**	**14586728**
1207237			109974	230995	2263049
558894					
24722569			**1510432**	**2561055**	**4581640**
146374			**120640**	**305506**	**44034**
94419746	**2947030**	**14122518**	**3361819**	**6757678**	**8310836**
16968899			1216713	2807328	2371383
77450847			2145106	3950350	5939453
81635644	**2447074**	**15485759**	**3776848**	**6667053**	**3220574**
13922598			1305970	2519462	936772
67713046			2470878	4147591	2283802
765593					
141421					
624172					
22538323			**2240425**	**6310607**	**4758006**
9666935			635485	2439828	2142662
2051630			664273	1471514	359950

主要统计指标解释

全社会固定资产投资 是以货币形式表现的在一定时期内全社会建造和购置固定资产的工作量以及与此有关的费用的总称。该指标是反映固定资产投资规模、结构和发展速度的综合性指标,又是观察工程进度和考核投资效果的重要依据。全社会固定资产投资按登记注册类型可分为国有、集体、个体、联营、股份制、外商、港澳台商、其他等。

房地产开发投资 指各种登记注册类型的房地产开发公司、商品房建设公司及其他房地产开发法人单位和附属于其他法人单位实际从事房地产开发或经营活动的单位统一开发的包括统代建、拆迁还建的住宅、厂房、仓库、饭店、宾馆、度假村、写字楼、办公楼等房屋建筑物和配套的服务设施，土地开发工程（如道路、给水、排水、供电、供热、通讯、平整场地等基础设施工程）的投资；不包括单纯的土地交易活动。

计划总投资 是指在建的建设工程按照总体设计（或按设计概算或预算）规定的内容全部建成计划需要的总投资。

固定资产投资的资金来源 根据固定资产投资的资金来源不同，分为国家预算内资金、国内贷款、利用外资、自筹资金和其他资金。

(1)国家预算内资金：分为财政拨款和财政安排的贷款两部分。包括中央财政的基本建设基金(分经营性基金和非经营性基金两部分)、专项支出(如煤代油专项等)、收回再贷、贴息资金，财政安排的挖潜改造和新产品试制支出、城建支出、商业部门简易建筑支出、不发达地区发展基金等资金中用于固定资产投资的资金；地方财政中由国家统筹安排的资金等。

(2)国内贷款：指报告期固定资产投资单位向银行及非银行金融机构借入的用于固定资产投资的各种国内借款，包括银行利用自有资金及吸收的存款发放的贷款、上级主管部门拨入的国内贷款、国家专项贷款(包括煤代油贷款、劳改煤矿专项贷款等)、地方财政专项资金安排的贷款、国内储备贷款、周转贷款等。

(3)利用外资：指报告期收到的用于固定资产建造和购置的国外资金(包括设备、材料、技术在内)。包括对外借款(外国政府、国际金融组织贷款、出口信贷、外国银行商业贷款、对外发行债券和股票)、外商直接投资及外商其他投资。不包括我国自有外汇资金(国家外汇、地方外汇、留成外汇、调剂外汇和中国银行自有资金发行的外汇贷款等)。计算利用外资时，需要折算成人民币，折算中所使用的外汇汇率按现汇计算，即按使用外汇时的汇率计算。

(4)自筹资金：指固定资产投资单位报告期收到的，由各地区、各部门及企、事业单位筹集用于固定资产投资的预算外资金，包括中央各部门、各级地方和企、事业单位的自筹资金。

(5)其他资金：指在报告期收到的除以上各种资金之外其他用于固定资产投资的资金，包括企业或金融机构通过发行各种债券筹集到的资金、群众集资、个人资金、无偿捐赠的资金及其他单位拨入的资金等。

固定资产投资按国民经济行业分 根据建设项目建成投产后的主要产品或主要用途及社会经济活动性质来确定国民经济行业。一般情况下，一个建设项目或一个企业、事业单位只能属于一种国民经济行业。

固定资产投资按建设性质分 根据整个建设项目情况来确定。建设项目的性质一般分为新建、扩建、改建和技术改造、迁建、恢复。房地产开发单位投资不划分建设性质。

(1)新建：一般指从无到有“平地起家”开始建设的企业、事业和行政单位或建设项目。现有企业、事业、行政单位一般不属于新建。但如有的单位原有基础很小，经过建设后新增的固定资产价值超过该企、事业、行政单位原有固定资产价值(原值)三倍以上的也应作为新建。

(2)扩建：指在厂内或其他地点，为扩大原有产品的生产能力(或效益)或增加新的产品生产能力，而增建主要的生产车间(或主要工程)、分厂、独立的生产线。行政、事业单位在原单位增建业务用房(如学校增建教学用房、医院增建门诊部、病房等)也作为扩建。

现有企、事业单位为扩大原有主要产品生产能力或增加新的产品生产能力，增建一个或几个主要生产车间(或主要工程)、分厂，同时进行一些更新改造工程的，也应作为扩建。

(3)改建和技术改造：指现有企业、事业单位，对原有设施进行技术改造或更新(包括相应配套的辅助性生产、生活福利设施)的建设项目。现有企业、事业单位为适应市场变化的需要，而改变企业的主要产品种类(如军工企业转产民用品等)的建设项目，应作为改建。原有产品生产作业线由于各工序(车间)之间能力不平衡，为填平补齐充分发挥原有生产能力而增建不增加本企业主要产品设计能力的车间，也应作为改建。技术改造是指企业、事业单位在现有基础上，用先进的技术代替落后的技术，用先进的工艺和装备代替落后的工艺和装备，以改变企业落后的技术经济面貌，实现以内涵为主的扩大再生产，达到提高产品质量、促进产品更新换代、节约能源、降低消耗、扩大生产规模、全面提高社会经济效益的目的。技术改造具体包括以下内容：机器设备和工具的更新改造；生产工艺改革、节约能源和原材料的改造；厂房建筑和公共设施的改造；劳动条件和生产环境的改造等。

固定资产投资按构成分 固定资产投资活动按其工作内容和实现方式分为建筑安装工程，设备、工具、器具购置，其他费用三个部分。

(1)建筑安装工程(建筑安装工作量)：指各种房屋、建筑物的建造工程和各种设备、装置的安装工程。包括各种房屋建造工程；各种用途设备基础和各种工业窑炉的砌筑工程及金属结构工程；为施工而进行的各种准备工作和临时工程以及完工后的清理工作等；铁路、道路的铺设，矿井的开凿及石油管道的架设等；水利工程；防空地下建筑等特殊工程；列入房屋工程预算内的暖气、卫生、通风、照明、煤气等设备的价值及装设油饰工程；列入建筑工程预算内的各种管道(蒸汽、压缩空气、石油、给排水等管道)、电力、电讯电缆导线等的敷设工程；以及各种机械设备的安装工程；为测定安装工程质量，对设备进行的试运工作；房地产开发单位进行的商品房屋开发建设工程、土地开发工程。

在安装工程中，不包括被安装设备本身的价值。

(2)设备、工具、器具购置：指建设单位或企、事业单位购置或自制的，达到固定资产标准的设备、工具、器具的价值。新建单位及扩建单位的新建车间，按照设计或计划要求购置或自制的全部设备、工具、器具，不论是否达到固定资产标准均计入“设备、工具、器具购置”中。

(3)其他费用：指在固定资产建造和购置过程中发生的，除上述几项内容以外的各种应分摊计入固定资产的费用。

施工项目　指报告期内进行过建筑或安装施工活动的项目。凡是报告期内施过工的建设项目，不论施工时间长短，均作为施工项目统计。施工项目个数可以反映一定时期固定资产投资的实际规模，与同期全部建成投产项目个数相比，可以从建设速度的角度反映固定资产投资的效果。根据建设项目施工活动的不同性质，施工项目又分为：本年正式施工项目、本年收尾项目和以前年度全部停缓建项目。

全部建成投产项目　工业项目指设计文件规定形成生产能力的主体工程及其相应配套的辅助设施全部建成，经负荷试运转，证明具备生产设计规定合格产品的条件，并经过验收鉴定合格或达到竣工验收标准，与生产性工程配套的生活福利设施可以满足近期正常生产的需要，正式移交生产的建设项目。非工业项目指设计文件规定的主体工程和相应的配套工程全部建成，能够发挥设计规定的全部效益，经验收鉴定合格或达到竣工验收标准，正式移交使用的建设项目。

新增固定资产　指报告期内已经完成建造和购置过程，并已交付生产或使用单位的固定资产价值。该指标是表示固定资产投资成果的价值指标，也是反映建设进度，计算固定资产投资效果的重要指标。

商品房销售面积　指报告期内出售商品房屋的合同总面积(即双方签署的正式买卖合同中所确定的建筑面积)。由现房销售建筑面积和期房销售建筑面积两部分组成。

商品房销售额　指报告期内出售商品房屋的合同总价款(即双方签署的正式买卖合同中所确定的合同总价)。该指标与商品房销售面积同口径，由现房销售额和期房销售额两部分组成。

Explanatory Notes on Main Statistical Indicators

Total Investment in Fixed Assets in the Whole Country refers to the volume of activities in construction and purchases of fixed assets and related fees, expressed in monetary terms. It is a comprehensive indicator which shows the size, structure and growth of the investment in fixed assets, providing basis for observing the progress of construction projects and evaluating results of investment. Total investment in fixed assets in the whole country includes, by type of ownership, the investment by the state owned units, collective units, individuals, joint ownership units, share holding units, as well as investment by businessmen from foreign countries and from Hong Kong, Macao and Taiwan, and by other units.

Investment in Real Estate Development refers to the investment by the real estate development companies, commercial buildings construction companies and other real estate development units of various types of ownership in the construction of house buildings, such as residential buildings, factory buildings, warehouses, hotels, guesthouses, holiday villages, office buildings, and the complementary service facilities and land development projects, such as roads, water supply, water drainage, power supply, heating, telecommunications, land leveling and other projects of infrastructure. It excludes the activities in pure land transactions.

Total planned investment refers to total investment needed to complete all the items of a project under construction as laid out in the overall design (or the budget estimate or budget of the design).

Sources of Funds for Investment in Fixed Assets include fund from state budget, domestic loans, foreign investment, self raised funds, and others depending on the source of investment.

(1) Fund from state budget consists of budgetary appropriation and loans from state budget. More specifically, it includes, from the budget of the central government, capital construction fund (operation fund and non-operational fund), special expenses (e.g. expenses on substituting petroleum with coal), loans from repayment, discount fund, expenses on innovation and trial production of new products, expenses on urban construction, expenses on temporary construction by trade departments, development fund for less developed areas, as well as local budgetary fund transferred from the central budget.

(2) Domestic loans refer to loans of various forms borrowed by investing units from banks and non-bank financial institutions during the reference period for the purpose of investment in fixed assets, including loans issued by banks from their self owned funds and deposit, loans appropriated by higher responsible authorities, special loans by government (including loan for substituting petroleum with coal, special loan for reform through labour coal mines), loans arranged by local government from special funds, domestic reserve loan, and working loan, etc.

(3) Foreign Investment refers to foreign funds received during the reference period for the construction and purchase of investment in fixed assets (covering equipment, materials and technology), including foreign borrowings (loans from foreign governments and international financial institutions, export credit, commercial loans from foreign banks, issue of bonds and stocks overseas), foreign direct investment and other foreign investment. Excluded in this category are capitals in foreign exchanges owned by China (foreign exchanges owned by the central and local governments, foreign exchanges retained by enterprises, foreign exchanges by enterprises through regulating mechanism, loans in foreign exchanges issued by the Bank of China with its own fund, etc.). In calculating the utilization of foreign capitals, foreign currencies are converted into Chinese Renminbi applying the current exchange rate when the foreign capitals are actually used.

(4) Self-raised funds refer to extra budgetary funds for investment in fixed assets received by investing units from central government ministries, local governments, enterprises and institutions, including their self raised funds.

(5) Others refer to funds for investment in fixed assets received from the sources other than those listed above, including capitals raised through issuing bonds by enterprises or financial institutions, funds raised from individuals and through donations, and funds transferred from other units.

Investment in Fixed Assets by Sector The classification of construction projects by sector is determined by the major products or the purpose of the projects when they are put into production or use, and by the nature of their social economic activities. In general, one project or one enterprise or institution can only be classified into one sector.

Investment in Fixed Assets by Type of Construction The construction projects in general can be classified, by the type of construction, into new construction, expansion, reconstruction and technical transformation, moving and restoration. However, investment by type of construction is not applied to investment by real estate development units.

(1) New construction in general refers to newly constructed enterprises, institutions, administrative agencies or independent projects from scratch. Construction in the existing enterprises, institutions or agencies is not considered as new construction. In case the assets of the existing unit is quite small, and the value of newly added fixed assets exceeds the original value of assets by three times, the expansion will be considered as new construction.

(2) Expansion refers to construction of new major production workshop, branch factory or independent production line within a factory or in other locations, for the purpose of increasing the production capacity (or improving efficiency) of the original products. Newly constructed houses for the operation of institutions and administrative organizations (such as the newly constructed buildings for teaching in schools, buildings for clinics or wards in hospitals, etc.) are also

classified as expansion.

Also included in the expansion are investments by existing enterprises or institutions in building major production line(s) or branch factory(ies) along with some work on innovation, for the purpose of expending the production capacity of original products or producing new products.

(3) Reconstruction refers to construction projects by existing enterprises or institutions in innovation or technical transformation of the old facilities (including auxiliary production equipment and welfare facilities).Also considered as reconstruction is the construction of new workshops by the existing enterprises or institutions to change the variety of products to meet the market demand (such as the production of civil products by defence industries), or to bring the designed production capacity into full play through a more balanced production process on production lines. Technical transformation refers to replacement of old technology or equipment by new technology or equipment, in order to expand the reproduction through improvement of technology contents in production, to improve product quality, to promote new products, to save energy and reduce consumption and to improve overall social economic efficiency. Contents of technical transformation include: updating of machinery, equipment and tools; reforming production process by using energy or materials saving technology; construction of factory workshops and transformation of public facilities; improvement of working conditions and environment, etc.

Investment in Fixed Assets by Structure By their contents, investment activities are classified into 3 categories, i.e. construction and installation, purchase of equipment and instrument, and other expenses.

(1) Construction and installation (work volume of construction and installation) refers to the construction of various houses and buildings and installation of various kinds of equipment and instruments. They include construction of various houses; equipment foundations, industrial kilns and stoves, and metal structure work; preparation works for project construction, and clearing up works post project construction; pavement of railways and roads, drilling of mines and putting up of oil pipes; construction of projects of water conservancy; construction of underground air raid shelters and construction of other special projects; value of equipment for heating, sanitation, ventilation, lighting, gas, painting, etc. that are covered by the budget of housing projects; laying out of various pipelines (for steam, compressed air, petroleum, tap water and sewage) and lines for electric power and for communications; installation of various machinery equipment, testing operation for pre testing the quality of installation projects, and land and other development work conducted by real estate developers for commercial housing. The value of equipment installed is not included in the value of installation projects.

(2) Purchase of equipment and instruments refers to the total value of equipment, tools, and instruments purchased or self produced which come up to standards for fixed assets by the construction units or investing enterprises or institutions. Equipment, tools and instruments purchased or self produced for new workshops by newly established or expanded units are categorized as "purchase of equipment and instruments" no matter whether they come up to the standards for fixed assets.

(3)Other expenses refer to expenses occurring during the construction or purchase of fixed assets other than those mentioned above.

Projects under Construction refer to projects with construction and installation activities undertaken in the reference period. All projects that have construction activities undertaken during the reference period are reported as projects under construction irrespective of the length of construction work. The number of projects under construction can reflect the actual size of investment in fixed assets during a given period, and when compared with the number of projects completed and put into use during the same period, it demonstrates the results of investment in fixed assets. Depending on the nature of construction activities, projects under construction can also be classified into projects under construction in current year, winding up projects in current year and stopped or suspended projects in previous years (with preservation work in current year).

Projects Completed and Put into Use Industrial projects refer to the major projects and accessory facilities completed which result in forming production capacity and have been checked and accepted while the living and welfare facilities have been completed and can ensure normal production and formally put into production. Non industrial projects refer to the major projects and accessory facilities completed which possess the designed capacity and have been checked, accepted and formally put into production.

Newly Increased Fixed Assets refer to the newly increased value of fixed assets, constructed or purchased, that have been transferred to the investors. This is an indicator that demonstrates the results of investment in fixed assets in monetary terms, and an important indicator to reflect the speed of construction and to calculate the efficiency of investment.

Area of Commercial Housing Sold refers to total contracted area of commercial housing (i.e. area of floor space as designated in the formal contracts signed by both sides) during the reference time. It constitutes floor space of completed housing and floor space of future housing.

Value of Commercial Housing Sold refer to total value of contracts (i.e. value of sales/purchase for selling/purchase of commercial housing as designated in the contracts signed by both sides) during the reference time. It has the same coverage as the area of commercial housing sold, constituting completed housing and floor space of future housing.

第6篇

对外经济和旅游

Foreign Trade and Tourism

简 要 说 明

一、本篇资料的主要内容

本篇资料反映了全省外经外贸和旅游的基本情况，主要包括进出口、利用外资、境外投资、对外承包工程和劳务合作、旅游业基本情况等方面的内容。

二、本篇资料的来源

1.进出口数据来源于海关统计，进出口商品价值，出口按离岸价（FOB）、进口按到岸价（CIF）统计。

2.利用外资、对外承包工程和劳务合作、境外投资等资料来源于省商务厅。

3.旅游资料来源于省文化和旅游厅财务处。

本篇资料由省统计局贸易处整理提供。

Brief Introduction

I. Content

Data in this chapter show the basic conditions of foreign trade and tourism, mainly including imports and exports, utilization of foreign capitals, overseas direct investments, contracted projects, labor services cooperation, and tourism, etc.

II. Source of Data

(1) Data on foreign trade are based on the statements made by the Administration of Customs. Exports are calculated at FOB, imports at CIF.

(2) Data on utilization of foreign capitals, contracted projects and labor services cooperation are provided by the Bureau of Commerce of Shandong Province.

(3) Data on tourism are provided by the Division of Finance of the Culture and Tourism of Shandong Province.

Data in this chapter are prepared and compiled by the Division of Trade and External Economic Relations Statistics of Shandong Provincial Bureau of Statistics.

6-1 1984-2023年海关进出口情况
Basic Statistics on Imports and Exports from 1984 to 2023

年份 Year	进出口总值（万美元） Total Value of Imports and Exports (10 000 USD)	出口总值 Total Value of Exports	一般贸易 General Trade	来料加工装配贸易 Processing and Assembling Trade with Sent Materials	进料加工贸易 Processing Trade with Imported Materials	其他贸易 Other Trades	进口总值 Total Value of Imports	进出口总值（万元） Total Value of Imports and Exports (10 000yuan)	出口总值 Total Value of Exports	进口总值 Total Value of Imports
1984	352012	207786					144226			
1985	414448	234652					179796			
1986	382840	191926					190914			
1987	355294	289938	264633	2566	19232	3507	65356			
1988	573361	309773	261451	3796	40458	4068	263588			
1989	616511	327015	266337	6274	49047	5357	289496			
1990	428522	341719	274898	8660	53152	5009	86803			
1991	483200	375230	293951	13681	63430	4168	107970			
1992	778140	433752	330729	18598	79452	4973	344388			
1993	728586	420360	292058	23834	96748	7720	308226			
1994	962927	587011	371013	40640	168470	6888	375916			
1995	1395007	816101	460278	77503	270177	8143	578906			
1996	1616394	918298	449683	130565	331035	6339	698096			
1997	1753631	1085888	483895	185156	410664	6173	667743			
1998	1661740	1034705	458607	172262	396013	7823	627035			
1999	1827094	1157909	541405	218625	394880	2999	669185			
2000	2498998	1552905	746563	293008	507050	6284	946093			
2001	2896313	1812899	913253	310013	579125	10508	1083414			
2002	3394175	2111511	1089063	341530	669958	10960	1282664			
2003	4465752	2657285	1400709	392861	845249	18466	1808467			
2004	6078136	3587286	1799792	483369	1252126	51999	2490850			
2005	7688876	4625113	2310122	594991	1668351	51649	3063763			
2006	9528817	5864717	3013461	655916	2083042	112298	3664100			
2007	12261798	7524374	3800924	679014	2863332	181104	4737424			
2008	15814480	9317486	4739880	722044	3573434	282128	6496994			
2009	13860378	7956530	3637582	697915	3296132	324901	5903848			
2010	18895085	10424695	4973019	750340	4230872	470464	8470390			
2011	23599191	12578809	6466907	842878	4737751	531273	11020382			
2012	24554487	12873171	6875045	867657	4566215	564254	11681316			
2013	26715854	13450998	7603966	866031	4392892	588109	13264856			
2014	27711549	14474545	8373918	802064	4734553	564010	13237004	170087932	88887448	81200484
2015	24174867	14406069	9042024	739933	4183875	440237	9768798	149479758	89447127	60032631
2016	23420733	13715826	8653875	716557	3904404	440990	9704906	154765718	90479435	64286283
2017	26305670	14710207	9428956	651868	4151643	477739	11595464	179218608	99595830	79622779
2018	29239097	16013984	11047764	601424	3918203	446592	13225113	193029198	105679507	87349691
2019	29628464	16143995	11256710	605165	3496008	786112	13484469	204710221	111303704	93406517
2020	31844703	18903512	13853845	497612	3466764	1085291	12941191	221303206	130470685	90832521
2021	45386886	27184375	19567326	553192	4257732	2806124	18202512	282959900	166171752	116788148
2022	48124178	28807650	20730233	671168	4915525	1422821	19316527	320887772	192193461	128694311
2023	46438326	27616130	20002902	667976	4651984	1169356	18822195	326659036	194285981	132373055

6-2 进出口主要分类情况
Imports and Exports by Category

单位:亿美元 (100 million USD)

类　别	Category	2010	2015	2018	2019	2020	2021	2022	2023
一、进出口总值	**Total Value of Imports and Exports**	**1889.5**	**2417.5**	**2923.9**	**2962.8**	**3184.5**	**4538.7**	**4812.4**	**4643.8**
出口额	Exports	1042.5	1440.6	1601.4	1614.4	1890.4	2718.4	2880.8	2761.6
进口额	Imports	847.0	976.9	1322.5	1348.4	1294.1	1820.3	1931.7	1882.2
二、出口商品	**Exported Goods**								
初级产品	Primary Goods	138.5	159.7	189.6	194.9	195.8	229.1	253.8	248.5
工业制品	Manufactured Goods	903.6	1279.6	1412.3	1419.5	1693.5	2489.3	2627.0	2513.1
三、进口商品	**Imported Goods**								
初级产品	Primary Goods	360.6	508.0	904.4	967.4	896.1	1257.6	1407.2	1349.7
工业制品	Manufactured Goods	434.9	458.8	418.4	387.8	416.1	562.7	524.4	532.6
四、纺织服装进出口总值	**Total Value of Imports and Exports of Textile Apparel**	**188.5**	**228.8**	**243.8**	**231.3**	**274.2**	**329.3**	**317.2**	**298.9**
出口额	Exports	173.3	212.5	230.4	219.7	264.3	318.0	308.4	290.6
进口额	Imports	15.2	16.3	13.4	11.6	9.9	11.3	8.9	8.4
五、农产品进出口总值	**Total Value of Imports and Exports of Agricultural Products**	**250.6**	**313.7**	**323.5**	**334.7**	**352.5**	**410.6**	**444.1**	**447.7**
出口额	Exports	127.0	153.1	174.2	178.9	181.7	191.7	208.3	209.8
进口额	Imports	123.6	160.7	149.3	155.8	170.8	219.0	235.9	238.0
六、机电产品进出口总值	**Total Value of Imports and Exports of Mechanical and Electrical Products**	**725.0**	**871.8**	**867.6**	**846.5**	**1076.3**	**1535.0**	**1578.6**	**1628.5**
出口额	Exports	450.7	576.3	602.6	603.6	809.5	1172.2	1248.9	1270.5
进口额	Imports	274.3	295.6	265.0	242.9	266.8	362.8	329.6	358.1
七、高新技术产品进出口总值	**Total Value of Imports and Exports of High and New-tech Products**	**329.1**	**352.8**	**300.0**	**266.7**	**316.1**	**440.0**	**426.6**	**462.1**
出口额	Exports	175.8	177.1	153.6	133.3	153.6	202.4	199.5	202.7
进口额	Imports	153.3	175.8	146.3	133.4	162.5	237.6	227.1	259.3
八、外商投资企业进出口总值	**Total Value of Imports and Exports of Foreign-funded Enterprises**	**962.8**	**926.2**	**857.7**	**749.1**	**707.6**	**908.0**	**894.2**	**816.5**
出口额	Exports	565.7	561.3	515.8	456.8	438.0	581.9	586.5	526.4
进口额	Imports	397.1	364.9	341.9	292.3	269.6	326.1	307.7	290.1
九、一般贸易进出口总值	**Total Value of Imports and Exports under General Trades**	**974.4**	**1493.7**	**1972.1**	**1989.1**	**2180.9**	**3020.7**	**3117.8**	**3027.4**
出口额	Exports	497.3	904.2	1104.8	1125.7	1385.4	1956.7	2073.0	2000.3
进口额	Imports	477.0	589.5	867.4	863.4	795.5	1064.0	1044.8	1027.1
十、加工贸易进出口总值	**Total Value of Imports and Exports under Processing Trades**	**756.4**	**744.7**	**657.3**	**573.3**	**555.2**	**700.6**	**756.2**	**732.2**
出口额	Exports	498.1	492.4	452.0	410.1	396.4	481.1	558.7	532.0
进口额	Imports	258.3	252.3	205.4	163.2	158.7	219.5	197.6	200.2
来料加工贸易进出口总值	Total Value of Imports and Exports under Processing Trades with Sent Materials	118.3	113.2	95.2	94.0	79.0	94.9	111.9	110.6
出口额	Exports	75.0	74.0	60.1	60.5	49.8	55.3	67.1	66.8
进口额	Imports	43.3	39.2	35.0	33.5	29.2	39.6	44.8	43.8
进料加工贸易进出口总值	Total Value of Imports and Exports under Processing Trades with Imported Materials	638.1	631.5	562.2	479.3	476.2	605.6	644.3	621.7
出口额	Exports	423.1	418.4	391.8	349.6	346.7	425.8	491.6	465.2
进口额	Imports	215.0	213.1	170.4	129.7	129.5	179.9	152.7	156.5

6-3 按主要国家(地区)分海关进出口商品总值(2023年)

Total Value of Import and Export Commodities by Countries or Regions(2023)

单位:万美元 (10 000 USD)

国别(地区)	Country(Region)	进出口总值 Total Value of Imports and Exports	出口总值 Total Value of Exports	进口总值 Total Value of Imports
合　计	**Total**	**46438326**	**27616130**	**18822195**
亚　洲	**Asia**	**22206805**	**13266797**	**8940007**
东　盟	Asean	9242917	4188933	5053984
中国香港	Hong Kong, China	929568	907514	22054
日　本	Japan	2664738	1985754	678985
韩　国	Republic of Korea	3727868	2496806	1231062
中国台湾	Taiwan, China	851119	213749	637369
马来西亚	Malaysia	4651747	910020	3741727
印度尼西亚	Indonesia	911208	586193	325015
新加坡	Singapore	818164	671728	146436
印　度	India	1006670	813121	193549
泰　国	Thailand	957390	563254	394137
非　洲	**Africa**	**2887132**	**2004231**	**882901**
南　非	South Africa	262697	202097	60599
欧　洲	**Europe**	**9162612**	**5234116**	**3928496**
欧　盟	EU	4233327	3345418	887909
德　国	Germany	860802	595854	264949
法　国	France	336247	256650	79597
意大利	Italy	393997	288102	105895
荷　兰	Netherlands	914885	840544	74342
西班牙	Spain	346375	286715	59660
瑞　典	Sweden	104163	56847	47316
比利时	Belgium	230739	210363	20376
瑞　士	Switzerland	125774	24605	101169
俄罗斯	Russia	3704172	1016596	2687576
拉丁美洲	**Latin America**	**4665760**	**2230441**	**2435319**
阿根廷	Argentina	167303	82691	84613
巴　西	Brazil	2004822	497045	1507777
智　利	Chile	497493	163369	334124
墨西哥	Mexico	840754	760352	80402
巴拿马	Panama	88254	75228	13026
北美洲	**North America**	**5453366**	**4100926**	**1352440**
美　国	United States	4647845	3579401	1068444
加拿大	Canada	791031	521265	269766
大洋洲	**Oceanic**	**2061039**	**779619**	**1281419**
澳大利亚	Australia	1793907	654921	1138986
新西兰	New Zealand	196379	73824	122555

注:进口国别指原产国,出口国别指最终消费国。

a) The importing country refers to country of origin and the exporting country refers to country of final consumption.

6-4 海关进出口商品分类金额(2023年)
Imports and Exports Value by Category of Commodities(2023)

单位:万美元 (10 000 USD)

商品类别	Category	出口 Export	进口 Import
总计	**Total**	**27616130**	**18822195**
一、活动物;动物产品	Live Animals & Animal Products	350344	838576
二、植物产品	Plant Products	742161	1054285
三、动植物油脂、蜡及分解产品;食用油	Animal and Vegetable Oils, Fats and Wax, Edible Oils and Fats	18600	81725
四、食品饮料酒醋;烟草及代用品	Food, Beverages, Liquor and Vinegar, Tobacco and Tobacco Substitutes	914613	167539
五、矿产品	Minerals	402542	10029977
六、化学工业及其相关工业产品	Chemicals and Related Products	2379958	606951
七、塑料及其制品;橡胶及其制品	Plastics and Related Products, Rubber and Related Products	2962534	812716
八、皮及皮制品;旅行用品;动物肠线	Leather and Leather Products, Travel Articles, Animal Casing	359695	42901
九、木及软木制品、编结材料制品	Wood and Wooden Products, Plaited Products	398771	271691
十、木浆及纤维状纤维素浆;废纸纸板及制品	Paper Pulp and Cellulose Pulp, Paper and Waste Paper, Paperboard and Related Products	335474	468419
十一、纺织原料及纺织制品	Textile Materials and Products	2840700	317061
十二、鞋帽伞杖鞭及零件;羽毛人发制品	Footwear, Headgear, Umbrellas, Canes, Whips, Feather and Wigs and Related Products	576286	31786
十三、石料膏泥棉云母及制品;陶瓷玻璃	Gypsum, Cement, Asbestos, Mica, Ceramic Glass	770647	17672
十四、珍珠宝石贵金属及制品;仿首饰	Pearls and Precious Stones, Precious Metal and Related Products, Artificial Jewelry	265212	137502
十五、贱金属及制品	Base Metals and Related Products	2407243	427612
十六、机械、电气设备、电视机及音响设备	Machinery, Electric Equipment, TV Sets and Audio	5923013	3123213
十七、车辆,航空器,船舶及运输设备	Locomotives, Vehicles, Aircraft, Ship and Related Transportation Equipment	2121773	66849
十八、照相计量医疗精密仪器及设备,零附件	Photographic, Measuring and Medical Instruments and Equipment, Related Parts and Accessories	304030	293767
十九、武器弹药及其零件、附件	Weapons and Ammunition, Related Parts and Accessories	925	4
二十、杂项制品	Miscellaneous Products	3174730	28089
二十一、艺术品,收藏品及古物	Works of Art, Collectibles and Antiques	568	271
二十二、特殊交易品及未分类商品	Special Transactions Goods and Products Not Otherwise Classified	366314	3589

6-5 各市进口总值
Import Value by Region

地 区	Region	万美元 (10 000 USD)					万元 (10 000 yuan)				
		2019	2020	2021	2022	2023	2019	2020	2021	2022	2023
全省总计	**Total**	**13484469**	**12941191**	**18202512**	**19316527**	**18822195**	**93406517**	**90832521**	**116788148**	**128694311**	**132373055**
济 南 市	Jinan	695984	904029	1184182	1157583	1122634	4801154	6335469	7438970	7662545	7893674
青 岛 市	Qingdao	3649250	3659830	5529787	5504052	5760656	25130455	25428879	35513495	36733916	40500155
淄 博 市	Zibo	672788	574169	731713	757301	586118	4699077	4035111	4729388	5049726	4115874
枣 庄 市	Zaozhuang	10544	20531	36591	50365	48058	72945	128012	235344	334975	335790
东 营 市	Dongying	1866571	1281659	2319009	2931161	2624506	13175240	9396563	14944580	19551823	18469581
烟 台 市	Yantai	1702423	1813701	2578564	2700341	2722726	11731087	12567628	16640384	17967088	19162253
潍 坊 市	Weifang	952781	993774	1243063	1413947	1567722	6623077	6903650	7756631	9403762	11035394
济 宁 市	Jining	256535	229387	299040	309400	260868	1765572	1588945	1931466	2069010	1834815
泰 安 市	Tai'an	54662	96445	151491	80314	91200	376143	663566	950508	536838	642401
威 海 市	Weihai	698916	648185	833309	792941	719437	4825370	4513058	5375532	5290250	5059097
日 照 市	Rizhao	937008	982816	1171661	1277861	1238413	6472172	7065030	7578954	8503290	8695744
临 沂 市	Linyi	224314	253860	272864	238567	211112	1555352	1753057	1762467	1591765	1481107
德 州 市	Dezhou	205904	203171	276119	197273	173073	1424769	1453215	1789182	1319770	1220528
聊 城 市	Liaocheng	292517	254647	254284	310408	328099	2018965	1824730	1612545	2084544	2305322
滨 州 市	Binzhou	814833	708364	877287	1081658	839182	5642748	4950258	5664343	7185946	5895551
菏 泽 市	Heze	449439	316623	443547	513355	528392	3092392	2225351	2864359	3409064	3725770

6-6 各市出口总值
Export Value by Region

地 区	Region	万美元 (10 000 USD)					万元 (10 000 RMB)				
		2019	2020	2021	2022	2023	2019	2020	2021	2022	2023
全省总计	**Total**	**16143995**	**18903512**	**27184375**	**28807650**	**27616130**	**111303704**	**130470685**	**166171752**	**192193461**	**194285981**
济 南 市	Jinan	934788	1089566	1818852	2074353	1951475	6444968	7544723	10907292	13882618	13733237
青 岛 市	Qingdao	4943258	5608922	7613630	7053756	6704203	34098702	38753489	46830274	46987761	47127856
淄 博 市	Zibo	605733	710361	1121684	1089326	888759	4169229	4891011	6908319	7284076	6249887
枣 庄 市	Zaozhuang	200853	364322	431650	584608	681660	1391263	2497210	2362663	3909408	4795472
东 营 市	Dongying	497315	663184	859141	1013847	935279	3422819	4518330	4889343	6729078	6569446
烟 台 市	Yantai	2510602	2842338	3788619	4056995	3773891	17307362	19629248	23845954	27034844	26528765
潍 坊 市	Weifang	1637051	1757251	2882746	3688971	3274284	11279298	12154540	17564398	24533372	23022423
济 宁 市	Jining	410928	561337	752084	809027	1118458	2841179	3859513	4154839	5405032	7885547
泰 安 市	Tai'an	191794	211879	299116	474367	557977	1321787	1459005	1834511	3181580	3934184
威 海 市	Weihai	1336251	1686362	2312664	2324384	2139142	9208183	11649543	13469099	15471038	15015642
日 照 市	Rizhao	590263	496514	622842	798365	720797	4064035	3433511	4008941	5334579	5061690
临 沂 市	Linyi	982973	1440346	2445332	2390384	2174552	6785888	9918660	15471729	16086031	15348987
德 州 市	Dezhou	295105	358361	516721	707134	817460	2032601	2471867	3331592	4745539	5766586
聊 城 市	Liaocheng	300099	328837	567329	540396	511605	2064495	2273980	3334578	3597956	3607847
滨 州 市	Binzhou	452084	473651	715575	753942	854918	3114241	3273827	4487865	5018553	6024871
菏 泽 市	Heze	254895	310280	436390	447794	511672	1757655	2142227	2770354	2991997	3613540

6-7 各市外商投资企业进口总值

Import Value of Foreign-funded Enterprises by Region

单位:万美元 (10 000 USD)

地区	Region	2010	2012	2015	2016	2017	2018	2019	2020	2021	2022	2023
济南市	Jinan	98172	85119	59933	71494	78449	87785	79017	94474	151190	108740	101303
青岛市	Qingdao	946037	941800	839443	737077	817862	937447	947372	852617	1026872	890177	1036593
淄博市	Zibo	73952	88517	54431	50150	52439	51745	52905	36709	42736	33211	27865
枣庄市	Zaozhuang	9145	6859	7476	6962	6447	1924	2964	6647	14482	20852	33230
东营市	Dongying	225175	259554	156487	193733	228643	156866	90661	36951	50840	60989	14825
烟台市	Yantai	1523651	1408391	1481398	1220765	1215986	1082135	718017	778277	940833	794035	718858
潍坊市	Weifang	119937	139381	135743	138059	116589	128191	101739	98588	115730	125195	110954
济宁市	Jining	182080	134841	124541	90107	104127	121811	92426	66528	74558	58611	53921
泰安市	Tai'an	3546	4938	8807	5891	5378	4383	8082	12163	39678	30248	41590
威海市	Weihai	356285	353942	270964	245756	255345	248512	248222	236627	316854	314731	266898
日照市	Rizhao	200410	462024	309894	280355	235303	275238	223917	165105	202274	280929	276371
莱芜市	Laiwu	4746	703	5872	6743	6945	6309					
临沂市	Linyi	81620	141203	53095	28245	31840	25895	32560	56064	49889	25685	15293
德州市	Dezhou	8884	11957	9985	24016	32370	41173	46482	52431	71011	61296	71246
聊城市	Liaocheng	41743	43793	29577	21758	46088	31927	39541	27252	35888	44423	47587
滨州市	Binzhou	83601	42249	89302	67496	89019	205538	222045	159863	114960	211826	73056
菏泽市	Heze	17199	22938	12258	9354	12206	12273	14775	15436	13371	16534	11033

6-8 各市外商投资企业出口总值

Export Value of Foreign-funded Enterprises by Region

单位:万美元 (10 000 USD)

地区	Region	2010	2012	2015	2016	2017	2018	2019	2020	2021	2022	2023
济南市	Jinan	131488	152160	175359	159112	202975	218474	248186	259217	424111	478062	513845
青岛市	Qingdao	1676534	1764622	1623387	1414566	1463348	1532797	1351204	1274682	1656008	1450063	1281846
淄博市	Zibo	212442	261842	218869	199297	209282	228176	206778	199979	223702	195222	161802
枣庄市	Zaozhuang	22546	30954	37026	29547	28975	29809	30150	32151	47156	69420	86844
东营市	Dongying	62815	60123	28559	22994	24500	25899	28463	35406	59756	62123	32998
烟台市	Yantai	2170903	2077348	1938415	1793586	1741082	1713560	1366005	1314798	1729801	1794272	1530283
潍坊市	Weifang	301865	381763	381747	378298	357239	364546	328763	313047	418144	613806	518594
济宁市	Jining	81702	125593	112577	82944	79997	81521	73227	66960	101834	126217	119843
泰安市	Tai'an	22570	23355	20907	23017	20971	16956	15921	13819	24537	12784	14820
威海市	Weihai	566264	607243	523011	454534	475067	462686	453624	407412	481934	498415	483550
日照市	Rizhao	108232	235944	237924	176171	135927	154932	177644	153215	212654	144869	143741
莱芜市	Laiwu	15125	8037	12661	11381	9091	7824					
临沂市	Linyi	123593	157795	141064	133516	132507	124813	104141	120611	172618	154801	125270
德州市	Dezhou	38784	49103	41164	46288	56796	64002	76540	85473	127715	120259	116377
聊城市	Liaocheng	27318	21974	20572	21007	28798	30939	27631	28732	44817	50067	40649
滨州市	Binzhou	61757	51299	40845	41792	41611	45778	34979	35055	42514	41006	41969
菏泽市	Heze	32385	39775	58844	60196	73012	54866	44569	39354	51950	53360	51770

6-9 1979-2023年利用外资情况

Statistics on Utilization of Foreign Capitals from 1979 to 2023

单位:万美元 (10 000 USD)

年份 Year	新设企业数(个) Number of Newly Established Companies (unit)	#外商直接投资 Foreign Direct Investments	合同外资金额 Total Amount of Contracted Foreign Capital	#外商直接投资 Foreign Direct Investments	实际使用外资金额 Total Amount of Foreign Capital Actually Utilized	#外商直接投资 Foreign Direct Investments
1979	49		1278		1276	
1980	46		1254		1245	
1981	40	1	1296	10	1296	10
1982	60		1348		1327	
1983	51		2010		1831	
1984	100	16	15283	10470	1642	40
1985	232	32	10994	4925	6375	559
1986	109	37	13377	5927	11743	1939
1987	151	53	30520	3890	10219	2381
1988	458	203	59553	26020	14231	3908
1989	485	240	55272	17855	31498	13132
1990	674	366	55164	23283	31123	15084
1991	1187	801	102358	65481	46789	17950
1992	4651	4109	471994	391961	137684	97335
1993	8012	7229	754863	705116	226068	184319
1994	4747	3650	624570	526217	340137	253566
1995	5035	2709	532980	462521	326698	260719
1996	2223	2175	633894	539797	339426	259041
1997	1681	1597	454145	328037	358447	250044
1998	1434	1366	367072	221866	361036	222262
1999	1745	1717	421333	311087	374464	246878
2000	2733	2728	561066	507435	381243	297119
2001	3058	3047	715880	672040	424886	362093
2002	4072	4065	1186072	1130680	652124	558603
2003	5305	5305	1989296	1341413	1125985	709371
2004	5890	5890	2144647	2028958	982105	870064
2005	6415	6415	2884398	2749510	1101441	897072
2006	4030	4030	1645089	1624175	1020966	1000069
2007		2717		1173880		1101159
2008		1527		1014959		820246
2009		1468		871045		801007
2010		1632		1363381		916833
2011		1433		1579081		1116022
2012		1333		1655717		1235267
2013		1405		1770879		1405315
2014		1352		1595327		1519511
2015		1509		2004467		1630090
2016		1477		2115351		1682556
2017		1479		2740567		1785731
2018		2156		2850735		2051636
2019		2517				1468933
2020		3060				1764763
2021		3064				2151578
2022		2329				2287422
2023		2518				1753076

注:2003年实际利用外资金额是全口径数据包括对外借款，合同外资个数和合同外资金额不包括对外借款部分。2004年起实行新的外商投资统计制度,取消对外借款部分,外商直接投资数据为商务部反馈数。2008年起实际使用外资采用全口径统计方式。2019年起，实际使用外资采用商务部通报口径，不包含股东贷款、投资性公司投资，合同外资不再统计。

a)In 2003,data of total amount of foreign capital actually utilized are including foreign loads.And Data of projects for contracted foreign capital and total amount of contracted foreign capital are excluding foreign loads.Since 2004,foreign loads is canceled according to the new statistical system on foreign investments.Data of foreign direct investments come from the Ministry of Commerce.In 2008 the foreign capital actually utilized is received foreign capital.From 2019,Actual use of foreign capital uses Bulletin of the Ministry of Commerce, does not contain shareholder loan,the changed to the actual investment of investment company,and contract foreign investment is no longer counted.

6-10 按主要国家(地区)分外商直接投资
Foreign Direct Investment by Countries or Regions

单位:万美元 (10 000 USD)

国家(地区)	Country(Region)	新设企业数(个) Number of Newly Established Companies (unit)			实际使用外商投资金额 Total Amount of Foreign Capital Actually Utilized		
		2021	2022	2023	2021	2022	2023
总计	**Total**	**3064**	**2329**	**2518**	**2151578**	**2287422**	**1753076**
韩国	Republic of Korea	635	430	462	70646	213758	59245
中国香港	Hong Kong, China	1338	913	964	1624833	1520424	1234957
美国	United States	92	78	84	9583	11868	7389
日本	Japan	194	241	137	111206	190141	131646
中国台湾	Taiwan, China	158	108	149	11071	3431	2663
英属维尔京群岛	Virgin Islands	20	9	11	48678	49496	33506
新加坡	Singapore	120	98	97	149059	149027	148131
英国	United Kingdom	40	111	54	16090	30181	55125
加拿大	Canada	56	29	45	4552	4631	688
澳大利亚	Australia	32	18	30	7463	2408	3742
法国	France	16	11	8	3650	10029	1120
德国	Germany	33	14	20	7704	16947	15725
毛里求斯	Mauritius		1	1	808		2100
马来西亚	Malaysia	11	11	19	433	3917	5406
萨摩亚	Samoa	1	3		1256	11381	1640
意大利	Italy	6	6	8	7371	1270	1855
荷兰	Netherlands	8	10	8	1888	6225	1317
开曼群岛	Cayman Islands	7	3	6	27735	26940	20002
泰国	Thailand	5	7	9	5408	1439	2844
中国澳门	Macao, China	20	13	27	13882	2968	99
瑞士	Switzerland	5	6		631	335	799
巴拿马	Panama	1				1005	
百慕大	Bermuda		1	3	1000	3108	5177
俄罗斯	Russia	21		69	17	309	44
菲律宾	Philippines	2	2	6			899
丹麦	Denmark	1	1	1	254	299	2152
印度尼西亚	Indonesia	4	3	6	1798	641	119
奥地利	Austria	3	3	5	876	1631	74
西班牙	Spain	2	13	3		6799	4315
新西兰	New Zealand	4	3	2	151	126	
卢森堡	Luxembourg		1	2	472	5	2443
瑞典	Sweden	2	5	3	117	47	
比利时	Belgium	2	3	3	200	6227	1
欧洲联盟	The European Union	91	81	81	35862	55930	29959
东南亚联盟	Southeast Asian Union	146	124	147	157674	155274	157544

6-11 按行业分外商直接投资(2023年)

Foreign Direct Investment by Sector(2023)

行 业	Sector	新设企业数(个) Number of Newly Established Companies(unit)		
		本年新增 Newly Added in the Year	比上年增长(%) Growth Rate (%)	2023年止累计 Accumulative number end to 2023
总 计	**Total**	**2518**	**8.1**	**87730**
第一产业	**Primary Industry**	**14**	**7.7**	**2593**
第二产业	**Secondary Industry**	**572**	**-12.9**	**58419**
采矿业	Mining	2	100.0	249
制造业	Manufacturing	458	-18.2	55752
电力、热力、燃气及水的生产和供应业	Production and Supply of Electric, Heat, Gas and Wate	73	2.8	947
建筑业	Construction	41	41.4	1492
第三产业	**Tertiary Industry**	**1932**	**16.5**	**26718**
交通运输、仓储和邮政业	Transport, Storage and Post	39	2.6	1067
信息传输、计算机服务和软件业	Information Transmission, Computer Services and Software	149	52.0	1291
批发和零售业	Wholesale and Retail Trade	797	-4.4	10000
住宿和餐饮业	Hotels and Catering Services	25	-16.7	1777
金融业	Financial Intermediation	26	-18.8	778
房地产业	Real Estate	21	-19.2	2926
租赁和商务服务业	Leasing and Business Services	333	35.4	4315
居民服务和其他服务业	Services to Households and Other Services	24	71.4	365
科学研究和技术服务业	Scientific Research, Technical Service and Geologic Prospecting	422	49.1	2574
水利、环境和公共设施管理业	Management of Water Conservancy, Environment and Public Facilities	15	15.4	253
教 育	Education	11	175.0	224
文化、体育和娱乐业	Culture, Sports and Entertainment	49	88.5	893
卫生和社会工作	Health, Social Work	8	14.3	170
公共管理、社会保障和社会组织	Public Management,Social Security and Social Organizations			5

6-11 续表 continued

行　　业	Sector	实际使用外资金额 Total Amount of Foreign Capital Actually Utilized		
		本　　年 (万美元) This Year (10 000 USD)	比上年增长(%) Growth Rate (%)	2023年止累计 (亿美元) Accumulative number end to 2023 (100 million USD)
总　　计	**Total**	**1753076**	**-23.4**	**3201.7**
第一产业	**Primary Industry**	**4063**	**-54.0**	**68.2**
第二产业	**Secondary Industry**	**831785**	**-27.5**	**1899.7**
采矿业	Mining	6934	677.4	21.8
制造业	Manufacturing	665489	-31.9	1699.9
电力、热力、燃气及水的生产和供应业	Production and Supply of Electric, Heat, Gas and Water	68849	-46.2	127.4
建筑业	Construction	90669	84.9	51.2
第三产业	**Tertiary Industry**	**917228**	**-18.9**	**1233.8**
交通运输、仓储和邮政业	Transport, Storage and Post	21256	-50.2	90.6
信息传输、计算机服务和软件业	Information Transmission, Computer Services and Software	62794	10.5	54.8
批发和零售业	Wholesale and Retail Trade	257959	-42.0	245.8
住宿和餐饮业	Hotels and Catering Services	2303	11.8	20.5
金融业	Financial Intermediation	32077	-31.6	92.4
房地产业	Real Estate	52768	23.2	365.3
租赁和商务服务业	Leasing and Business Services	244219	-19.6	179.5
居民服务和其他服务业	Services to Households and Other Services	608	119.5	6.9
科学研究和技术服务业	Scientific Research, Technical Service and Geologic Prospecting	219380	44.9	135.6
水利、环境和公共设施管理业	Management of Water Conservancy, Environment and Public Facilities	13455	67.7	13.2
教　育	Education	75	-97.0	2.4
文化、体育和娱乐业	Culture, Sports and Entertainment	1165	-88.8	16.1
卫生和社会工作	Health, Social Work	227	-67.9	2.7
公共管理、社会保障和社会组织	Public Management,Social Security and Social Organizations			4.0

6-12 各市外商直接投资
Foreign Direct Investment by Region

单位:万美元 (10 000 USD)

地 区	Region	新设企业数(个) Number of Newly Established Companies (unit)			实际使用外资 Amount of Foreign Capital Actually Utilized		
		2021	2022	2023	2021	2022	2023
全省总计	**Total**	**3064**	**2329**	**2518**	**2151578**	**2287422**	**1753076**
济南市	Jinan	330	251	267	265840	313738	247773
青岛市	Qingdao	908	693	745	616898	551492	375300
淄博市	Zibo	83	70	82	82044	103243	62281
枣庄市	Zaozhuang	85	78	52	45236	67250	59110
东营市	Dongying	60	44	48	64315	79710	80283
烟台市	Yantai	386	243	269	264914	298323	231887
潍坊市	Weifang	214	155	150	132349	129903	88764
济宁市	Jining	152	133	145	112838	129192	106683
泰安市	Tai'an	64	46	50	40696	56161	56973
威海市	Weihai	343	222	197	144963	107716	79361
日照市	Rizhao	58	68	51	51922	70350	45816
临沂市	Linyi	162	84	140	137548	138819	73855
德州市	Dezhou	46	45	116	45256	64103	57712
聊城市	Liaocheng	78	52	80	45578	47900	56362
滨州市	Binzhou	34	53	50	51418	67906	75483
菏泽市	Heze	61	92	76	49763	61616	55433

6-13 境外投资情况
Overseas Investment

类 别	Category	境外投资项目(个) Overseas Investment Projects (unit)		备案核准中方投资总额(万美元) Approved and Registered Total Amount of Chinese Investment (10 000 USD)	
		2023	2023年止累计 Accumulative number end to 2023	2023	2023年止累计 Accumulative number end to 2023
总 计	**Total**	**449**	**7790**	**494545**	**11896128**
贸易性企业	Trade Enterprises	243	3274	78225	1462337
非贸易性企业	Non-trade Enterprises	165	3642	416321	10433792
资源开发企业	Resource Development	6	494	68241	2268250

6-14 各市境外投资情况
Overseas Investment by Region

单位:万美元 (10 000 USD)

地 区	Region	企业数(个) Number of Enterprises(unit)		备案核准投资额 Approved and Registered Amount of Investment		对外实际投资额 Actual amount of Overseas Investment	
		2022	2023	2022	2023	2022	2023
全省总计	**Total**	**280**	**449**	**707535**	**494545**	**811586**	**945096**
济南市	Jinan	47	83	10308	62903	174978	223230
青岛市	Qingdao	69	114	144257	158510	158849	204877
淄博市	Zibo	15	18	32840	5553	52499	53616
枣庄市	Zaozhuang	2	8	15	116	124	90
东营市	Dongying	6	8	7625	19095	19986	31097
烟台市	Yantai	26	33	7045	87110	152958	156581
潍坊市	Weifang	36	57	11754	92860	83817	87870
济宁市	Jining	13	29	314185	12343	75968	64062
泰安市	Tai'an	3	14	314	1434	5902	9435
威海市	Weihai	29	24	17263	21505	40651	49049
日照市	Rizhao	4	14	3304	2164	3716	8204
临沂市	Linyi	16	32	14812	17552	15384	17636
德州市	Dezhou	3	4	35	4255	2196	2498
聊城市	Liaocheng	3	1	363	100	1020	
滨州市	Binzhou	7	7	143397	8720	19218	31656
菏泽市	Heze	1	3	20	326	4319	5196

6-15 按主要国别(地区)分境外投资情况

Overseas Investment by Countries or Regions

单位:万美元 (10 000 USD)

国别(地区)	Country(Region)	项目数(个) Number of Projects(unit)			备案核准中方投资额 Approved and Registered Amount of Chinese Investment		
		2021	2022	2023	2021	2022	2023
总计	**Total**	**255**	**280**	**449**	**383988**	**707535**	**494545**
亚洲小计	**Subtotal of Asia**	**148**	**179**	**311**	**291987**	**132451**	**298623**
阿富汗	Afghanistan						
阿联酋	UAE	3	7	5	30	275	3328
中国澳门	Macao, China	1	2		1000	-369	
巴基斯坦	Pakistan	4	1		702		209.4
巴林	Bahrain		1				
朝鲜	DPRK						
东帝汶	East Timor						
菲律宾	Philippine		1	4		20	458.2
哈萨克斯坦	Kazakhstan	1	1	6		2	776.3
韩国	Republic of Korea	15	16	18	2099	507	873.8
吉尔吉斯斯坦	Kyrgyzstan			2			571.6
柬埔寨	Cambodia	1	2	7	35225	21	60606
卡塔尔	Qatar						
科威特	Kuwait	1					
老挝	Laos	1	4	10		2515	1094
马来西亚	Malaysia	3	3	8	542	25373	1227
蒙古	Mongolia	1		5	10		355
孟加拉国	Bangladesh	3	4	1	115	905	0.1
缅甸	Myanmar		1	3		6	32.5
日本	Japan	6	9	11	3802	848	395
沙特阿拉伯	Saudi Arabia	3	3		6322	170	
斯里兰卡	Sri Lanka	2			170		-16
塔吉克斯坦	Tajikistan						
中国台湾	Taiwan, China			1	1147		
泰国	Thailand	3	7	26	7629	7466	33102
土库曼斯坦	Turkmenistan						
乌兹别克斯坦	Uzbekistan	1	1	10	14		3989
中国香港	Hong Kong, China	69	82	127	32179	16813	73781
新加坡	Singapore	15	14	33	36174	7609	21854
叙利亚	Syria						
也门	Yemen						
伊朗	Iran						
以色列	Israel	1					
印度	India	1	2			1090	
印度尼西亚	Indonesia	3	4	10	81683	50782	440.5
约旦	Jordan						
越南	Vietnam	6	11	20	82877	17502	76225
伊拉克	Iraq						
马尔代夫	Maldives	1			15		
阿曼	Oman			2			3000
格鲁吉亚	Georgia						
尼泊尔	Nepal	1	1	1	220		120
土耳其	Turkiye	2	2	1	32	915	16200
非洲小计	**Subtotal of Africa**	**39**	**36**	**39**	**17459**	**172686**	**95805**
阿尔及利亚	Algeria	1	1	1	98		
埃及	Egypt	1	1			10682	
埃塞俄比亚	Ethiopia		1	1		3000	162
安哥拉	Angola		2	2		2	450
贝宁	Benin		1	1			20
博茨瓦纳	Botswana	1	1		10	150	

6–15 续表 1 continued

单位:万美元 (10 000 USD)

国别(地区)	Country(Region)	项目数(个) Number of Projects(unit)			备案核准中方投资额 Approved and Registered Amount of Chinese Investment		
		2021	2022	2023	2021	2022	2023
布基纳法索	Burkina Faso						
赤道几内亚	Eq.Guinea						
多哥	Togo	1			20		
厄立特里亚	Eritrea						
佛得角	Cape Verde					-25	-4
冈比亚	Gambia						
刚果(布)	Congo Rep			1			1056
刚果(金)	Congo DR		1	1		692	
几内亚	Guinea	5	2	2	3234	140000	2749
几内亚(比绍)	Guinea-Bissau						
加纳	Ghana	4	1	3	9190	78	930
加蓬	Gabon		1	1		860	2
津巴布韦	Zimbabwe						
喀麦隆	Cameroon						
科特迪瓦	Cote D'Ivoire	1	1	2			40076
肯尼亚	Kenya	5	3	4	668	708	1320
莱索托	Lesotho						
利比里亚	Liberia		1			1159	-1200
利比亚	Libya						
马里	Mali			1			20
马达加斯加	Madagascar	2		1	3		
毛里求斯	Mauritius						
毛里塔尼亚	Mauritania						
摩洛哥	Morocco		2	2		300	29683
马拉维	Malawi	1		1			16582
莫桑比克	Mozambique	2	2	2	62	3970	1155
纳米比亚	Namibia						
南非	South Africa	2	2	2	43	46	1002
南苏丹	South Sudan	1			770		
尼日利亚	Nigeria	1	4	3	2000	2709	1484
尼日尔	Niger	2			100		
塞内加尔	Senegal		2			120	
塞拉利昂	Sierra Leone						
塞浦路斯	Cyprus						
塞舌尔	Seychelles	1	1		5	10	
苏丹	Sudan						
坦桑尼亚	Tanzania	4	4	6	193	6345	300
突尼斯	Tunisia		2			1880	
乌干达	Uganda	1		2	1000		20
赞比亚	Zambia	2			62		
中非	Central Africa						
乍得	Chad	1					
吉布提	Djibouti						
欧洲小计	**Subtotal of Europe**	**25**	**29**	**40**	**24205**	**67756**	**54795**
阿塞拜疆	Azerbaijan						
奥地利	Austria						
白俄罗斯	Belorussia						
保加利亚	Bulgaria						
比利时	Belgium	1		1	46		110
波黑	Bosnia and Herzegovina	3	1				
波兰	Poland				-398		
德国	Germany	2	4	9	-4599	3390	13717
丹麦	Denmark						
俄罗斯	Russia	5	11	10	848	931	6192
法国	France			2	305		4939
芬兰	Finland		1			2	2680
荷兰	Netherlands	2	3	3	361	967	51
捷克	Czech						

6-15 续表 2 continued

单位:万美元 (10 000 USD)

国别(地区)	Country(Region)	项目数(个) Number of Projects(unit) 2021	2022	2023	备案核准中方投资额 Approved and Registered Amount of Chinese Investment 2021	2022	2023
拉脱维亚	Latvia						
立陶宛	Lithuania						
卢森堡	Luxembourg						
罗马尼亚	Romania						500
挪威	Norway						
葡萄牙	Portugal						
瑞典	Sweden	1			-127		
瑞士	Switzerland	1			2283	1221	
斯洛伐克	Slovakia						
塞浦路斯	Cyprus						
乌克兰	Ukraine						
西班牙	Spain		3	2		60723	110.3
希腊	Greece			1			
匈牙利	Hungary			4			8044
亚美尼亚	Armenia	1					
意大利	Italy	1	1	3	24358	523	11735
英国	United Kingdom	4		5	7249		6718
塞尔维亚	Serbia	4	4		-6121		
爱尔兰	Ireland						
斯洛文尼亚	Slovenia						
黑山	Montenegro		1				
拉丁美洲小计	**Subtotal of Latin America**	**12**	**12**	**23**	**13422**	**17337**	**19729**
阿根廷	Argentina				335	181	280
安提瓜和巴布达	Antigua and Barbuda						
巴巴多斯	Barbados						
巴拉圭	Paraguay						
巴拿马	Panama						
巴西	Brazil	2	1	3	112	153	296
玻利维亚	Bolivia		1	1		5	20
多米尼加	Dominican Rep.						
厄瓜多尔	Ecuador						
圭亚那	Guyana	1			15		
哥伦比亚	Colombia	2			600		
哥斯达黎加	Costa Rica						
古巴	Cuba			1			500
秘鲁	Peru		2	2			8
开曼群岛	Cayman Islands	1	2	2	2000	2720	1074
苏里南	Surinam						
圣卢西亚	Saint Lucia						
特立尼达和多巴哥	Trinidad and Tobago						
危地马拉	Guatemala						
委内瑞拉	Venezuela			1			
乌拉圭	Uruguay						
英属安圭拉	Anguilla						
英属维尔京群岛	British Virgin Islands	3	2	4	5	6	1045
智利	Chile						
牙买加	Jamaica						
墨西哥	Mexico	3	4	9	10355	14272	16505
北美洲小计	**Subtotal of North America**	**27**	**19**	**29**	**26970**	**3999**	**14311**
百慕大群岛	Bermuda	1			6200		
加拿大	Canada	10	2	4	5821	2264	219
美国	United States	16	17	25	14949	1735	14092
大洋洲小计	**Subtotal of Oceanic**	**4**	**5**	**7**	**9945**	**313307**	**11283**
澳大利亚	Australia	3	3	4	5350	313097	3473
巴布亚新几内亚	Papua New Guinea						
斐济	Fiji						
新西兰	New Zealand	1	1	1	4595	160	3310
所罗门	Solomon			2			4500
汤加	Tonga						
萨摩亚	Samoa		1			50	

6-16 1982-2023年对外承包工程和劳务合作情况
Statistics on Contracted Projects and Labor Services Cooperation with Foreign Countries 1982 to 2023

年份 Year	合同个数(个) Number of Contracts (unit)	合同金额(万美元) Contracted Value (10 000 USD)	营业额(万美元) Turnover (10 000 USD)	年末在外人数(人) Number of Persons outside the Country at Year-end (person)	派出人数(人) Number of Persons Sent out(person)
1982	1	421	421		
1983	1	1286	40	408	
1984	1	451	664	783	
1985	4	645	852	1147	
1986	26	1099	876	1597	
1987	33	802	999	1239	
1988	34	502	987	865	
1989	69	1389	1000	1179	
1990	91	3377	1712	1462	
1991	123	5952	3017	2326	
1992	192	8747	3882	3571	
1993	299	20250	6959	7254	
1994	411	31882	12222	10288	
1995	672	38604	18274	16217	
1996	880	52005	28933	23355	
1997	966	57654	36315	26626	
1998	1296	73703	46508	29121	
1999	1116	67729	63615	30979	
2000	1250	61601	45229	35028	
2001	1580	104622	55913	36489	
2002	1380	134098	83133	43554	
2003	1322	124243	99213	52077	
2004	1879	146590	151568	62705	
2005	2171	164091	174518	71610	37797
2006	2513	392134	232293	83974	41369
2007	2642	540344	301928	93797	45212
2008	2880	754137	358867	90623	45269
2009	2397	932312	509083	96421	46296
2010	3075	1092504	602415	102149	47300
2011		948287	819857	108662	48836
2012		988209	898864	103736	51425
2013		1078349	940828	98988	52591
2014		1237694	1021544	115328	59941
2015		1344383	1120799	116100	60764
2016		1355479	1195427	119655	68673
2017		1393003	1278651	130384	71570
2018		1548846	1314181	125224	57878
2019		1364140	1256300	133849	62734
2020		1051092	1030379	89162	31484
2021		1181608	1016257	71218	31406
2022		1101849	987405	60808	26313
2023		915498	1001396	59819	33961

注：2011年起，商务部不再对外公布对外劳务合作合同数(下表同)。

a) The Commerce Department had no longer published data refer to Contracts of Labor Cooperation since 2011(The same applies to tables following).

6-17 对外承包工程和劳务合作情况
Statistics on Contracted Projects and Labour Cooperation with Foreign Countries or Regions

项目		Item		2018	2019	2020	2021	2022	2023
一、承包工程合同个数	**（个）**	**Number of Contracted Projects**	**(unit)**	**484**	**504**	**475**	**296**	**197**	**172**
二、合同金额	**（万美元）**	**Contracted Value**	**(10 000 USD)**	**1548846**	**1364140**	**1051092**	**1181608**	**1101849**	**915498**
承包工程	（万美元）	Contracted Projects	(10 000 USD)	1439085	1269937	1010672	1122204	894464	857725
劳务合作	（万美元）	Labor Cooperation	(10 000 USD)	109761	94203	40420	59404	207386	57773
三、营业额	**（万美元）**	**Turnover**	**(10 000 USD)**	**1314181**	**1256300**	**1030379**	**1016257**	**987405**	**1001396**
承包工程	（万美元）	Contracted Projects	(10 000 USD)	1219211	1147941	942980	931382	900231	925336
劳务合作	（万美元）	Labor Cooperation	(10 000 USD)	94970	108359	87399	84875	87174	76059
四、年末在国外人数	**（人）**	**Number of Persons outside the Country at year end**	**(person)**	**125224**	**133849**	**89162**	**71218**	**60808**	**59819**
承包工程	（人）	Contracted Projects	(person)	30885	33449	31177	23532	15233	14045
劳务合作	（人）	Labor Cooperation	(person)	94339	100400	57985	47686	45575	45774
五、派出人数	**（人）**	**Number of Persons Sent out**	**(person)**	**57878**	**62734**	**31484**	**31406**	**26313**	**33961**
承包工程	（人）	Contracted Projects	(person)	21618	21192	13663	12344	5034	7328
劳务合作	（人）	Labor Cooperation	(person)	36260	41542	17821	19062	21279	26633

6-18 旅游业情况
Tourism

类别		Category		2020	2021	2022	2023
旅行社总数	（个）	Total Number of Travel Agencies	(unit)	2685	2729	2857	3569
星级饭店总数	（个）	Total Number of Star-rated Hotels	(unit)	539	492	482	457
A级旅游景区总数	（个）	The total number of A-grade scenic spot	(unit)	1227	1193	1205	1229
接待入境游客	（万人次）	Number of International Tourists Arrival to China	(10 000 person-time)	52.8			
外国人	（万人次）	Foreigners	(10 000 person-time)	44.2			
港澳台胞	（万人次）	Hong Kong, Macao and Taiwan Compatriots	(10 000 person-time)	8.6			
港澳同胞	（万人次）	Compatriots from Hong Kong and Macao	(10 000 person-time)	4.8			
台湾同胞	（万人次）	Compatriots from Taiwan	(10 000 person-time)	3.8			
国内旅游人数	（万人次）	Number of Domestic Tourists	(10 000 person-time)	57669.6	73052.2	58808.7	81545.0
旅游总收入	（亿元）	Total Tourism Consumption	(100 million yuan)	6019.7	8278.6	6026.3	9713.6
入境旅游收入	（亿美元）	International Tourism Earnings	(100 million USD)	2.1			
国内旅游收入	（亿元）	Domestic Tourism Earnings	(100 million yuan)	6005.3	8278.6	6026.3	9713.6

注：因新冠肺炎疫情影响，2021年起暂停入境旅游数据核算，2024年恢复相关数据核算(以下相关表同)。

a) Since 2021,the accounting of inbound tourism data has been suspended due to the impact of COVID-19,which has been restarted in 2024(The same applies to following relevant tables).

6-19 1995-2023年国内旅游情况

Domestic Tourism 1995 to 2023

年份 Year	国内游客人数 (万人次) Number of Domestic Tourists (10 000 person-time)	国内旅游收入 (亿元) Domestic tourism revenue (100 million yuan)	人均花费 (元) Per Capita Expenditure (yuan)
1995	4655	157.68	338.7
1996	5151	187.43	363.9
1997	5488	213.02	388.2
1998	5844	245.83	420.7
1999	6429	285.17	443.6
2000	7007	386.49	551.6
2001	8086	462.64	572.2
2002	9573	571.53	597.0
2003	8918	542.78	608.6
2004	11749	767.65	653.4
2005	14097	974.59	691.3
2006	16775	1214.82	724.2
2007	20343	1550.76	762.3
2008	24046	1908.53	793.7
2009	28882	2331.70	807.3
2010	34990	2915.80	833.3
2011	41696	3573.70	857.1
2012	48739	4335.03	889.4
2013	54262	5014.74	924.2
2014	59577	5711.20	958.6
2015	65045	6505.11	1000.1
2016	70716	7399.61	1046.4
2017	77966	8491.46	1089.1
2018	85899	9661.50	1124.7
2019	93288	10851.33	1163.2
2020	57670	6005.32	1041.3
2021	73052	8278.60	1133.2
2022	58809	6026.30	1024.7
2023	81545	9713.55	1191.2

6-20 按主要国家分接待外国游客人数
Number of Foreigner Tourists by Country

单位:人 (person)

国别	Country	2010	2015	2016	2017	2018	2019	2020
总计	**Total**	**2778699**	**3358553**	**3525019**	**3530595**	**3661207**	**3708645**	**442477**
亚洲	**Asia**	**2159102**	**2377625**	**2509292**	**2481664**	**2557490**	**2607694**	**298913**
印度	India	23932	32543	32988	34063	35155	35409	2499
印度尼西亚	Indonesia	24835	29906	28879	31381	37032	37805	2999
日本	Japan	566511	357727	375306	391238	409105	419598	55197
马来西亚	Malaysia	40230	62694	65075	68583	69984	89236	5502
蒙古	Mongolia	7064	12356	11725	11697	12457	12563	120
菲律宾	Philippines	42487	34364	36647	37430	41513	41486	3803
新加坡	Singapore	70126	95077	99340	102910	108786	111907	8901
韩国	Republic of Korea	1292880	1580582	1683278	1606678	1643098	1671997	201703
泰国	Thailand	13387	22422	22939	27869	32471	33208	5798
非洲	**Africa**	**15843**	**43580**	**42524**	**49292**	**56100**	**60647**	**8514**
欧洲	**Europe**	**331858**	**484332**	**488489**	**516169**	**535336**	**532784**	**65092**
英国	United Kingdom	62730	82032	88529	89610	93672	93170	12835
德国	Germany	63694	80739	85920	88434	92920	92580	11408
法国	France	40839	66841	71390	72451	75637	73500	5473
意大利	Italy	24532	34034	34587	37851	38082	37709	3065
荷兰	Netherlands	6376	6190	5483	5778	5595	5201	6737
瑞典	Sweden	8498	9018	9539	10361	10150	10287	2698
瑞士	Switzerland	8358	11031	11913	12696	13089	12246	2072
俄罗斯	Russia	63036	102785	109069	121093	131870	134413	10202
美洲	**America**	**191175**	**281514**	**296476**	**314376**	**323872**	**318799**	**48148**
加拿大	Canada	39869	54636	53104	56149	60628	62376	6618
美国	United States	133305	196761	211042	221693	219419	207074	39721
大洋洲	**Oceanic**	**58310**	**93197**	**100238**	**104235**	**112397**	**111976**	**9748**
澳大利亚	Australia	40738	57523	62747	66456	69576	68795	7297
新西兰	New Zealand	12588	17359	19590	21362	25167	26870	2018
其他	**Others**	**22411**	**78305**	**88000**	**64859**	**76012**	**76386**	**12062**

6-21 接待入境游客构成

Structure of Foreigner Tourists

单位:% (%)

指　　标	Indicator	2010	2011	2012	2013	2014	2015	2016	2017	2018	2019
总　计	**Total**	**100.0**	**100.0**	**100.0**	**100.0**	**100.0**	**100.0**	**100.0**	**100.0**	**100.0**	**100.0**
按性别分	**by Sexual**	**100.0**	**100.0**	**100.0**	**100.0**	**100.0**	**100.0**	**100.0**	**100.0**	**100.0**	**100.0**
男	Male	67.8	68.7	69.9	67.7	68.9	70.4	68.2	67.8	68.0	68.1
女	Female	32.2	31.3	30.1	32.3	31.1	29.6	31.8	32.2	32.0	31.9
按年龄分	**by Age**	**100.0**	**100.0**	**100.0**	**100.0**	**100.0**	**100.0**	**100.0**	**100.0**	**100.0**	**100.0**
14岁以下	14 and under	1.6	1.5	2.2	1.9	1.8	2.2	2.5	2.6	2.7	2.6
15~24岁	15-24	9.1	9.6	10.0	9.3	9.2	10.5	10.5	10.1	10.2	10.3
25~44岁	25-44	51.5	50.3	51.6	46.8	48.3	49.7	49.4	49.5	49.6	49.5
45~64岁	45-64	31.8	32.1	29.8	36.1	35.2	32.0	31.9	31.7	31.5	31.4
65岁以上	65 and over	6.0	6.5	6.5	5.9	5.5	5.6	5.7	6.1	6.0	6.2
按来鲁目的分	**by Purpose of Coming to Shandong**	**100.0**	**100.0**	**100.0**	**100.0**	**100.0**	**100.0**	**100.0**	**100.0**	**100.0**	**100.0**
从事经济商务活动	Business	46.3	47.7	54.4	46.5	47.7	49.8	48.3	48.5	48.7	48.6
从事文化学术交流	Cultural and Academic Exchanges	7.7	6.3	8.2	7.9	8.1	6.1	6.9	6.7	6.8	6.9
探亲访友	Visiting relatives and Friends	4.4	4.5	6.2	6.4	5.9	5.2	6.6	6.2	6.0	6.1
旅游观光	Sightseeing	39.6	39.8	26.5	31.2	35.9	35.7	35.3	35.5	35.7	35.7
其　他	Others	2.1	1.8	4.6	8.1	2.4	3.2	2.9	3.1	2.8	2.7

注：2020年起因新冠肺炎疫情影响入境游客问卷调查暂停，暂无相关数据，自2024年开始恢复该项工作。

a) Because of COVID-19, survey by questionnaire of inbound tourists had been suspended since 2020, relevant data can't be obtained temporarily, which has been restarted in 2024.

6-22 各市接待入境游客人数

Number of Foreigner Tourists by Region

单位:万人次 (10 000 person-time)

地　区	Region	2015	外国人 Foreigner	2016	外国人 Foreigner	2017	外国人 Foreigner	2018	外国人 Foreigner	2019	外国人 Foreigner	2020	外国人 Foreigner
全省总计	**Total**	**460.8**	**335.9**	**485.5**	**352.7**	**494.4**	**353.1**	**513.1**	**366.1**	**521.3**	**370.9**	**52.8**	**44.2**
济南市	Jinan	33.3	20.5	35.2	21.7	37.5	23.3	39.8	24.7	45.7	28.5	10.9	8.8
青岛市	Qingdao	133.8	99.6	141.0	104.2	144.4	105.7	153.6	111.9	170.3	125.8	18.8	15.7
淄博市	Zibo	19.6	11.3	20.3	11.6	21.0	11.7	21.5	11.8	20.0	11.2	0.5	0.5
枣庄市	Zaozhuang	3.1	1.4	3.4	1.4	3.4	1.5	3.6	1.7	4.4	2.4	0.3	0.1
东营市	Dongying	5.8	3.7	6.0	3.8	6.2	3.8	6.4	4.0	6.5	4.1	0.1	0.1
烟台市	Yantai	57.4	45.2	61.3	48.3	63.8	50.5	63.8	50.6	65.0	52.3	12.0	10.8
潍坊市	Weifang	33.4	27.2	34.8	28.3	34.8	28.0	36.7	29.4	26.6	17.4	2.2	1.2
济宁市	Jining	32.1	18.2	34.6	19.6	32.8	17.9	33.0	18.9	28.4	14.2	0.9	0.7
泰安市	Tai'an	37.0	19.0	38.5	19.7	39.5	16.9	40.1	16.4	40.0	17.0	0.8	0.4
威海市	Weihai	46.2	43.2	48.5	45.4	49.2	45.7	50.7	47.1	51.9	48.0	5.2	5.1
日照市	Rizhao	27.0	25.6	28.3	26.8	27.6	26.0	28.2	26.5	28.3	26.7	0.4	0.3
莱芜市	Laiwu	0.7	0.6	0.8	0.5	0.8	0.4	0.8	0.5				
临沂市	Linyi	17.5	9.8	18.2	10.2	18.7	10.3	19.3	10.7	18.4	11.3	0.3	0.3
德州市	Dezhou	2.3	1.1	2.1	1.0	2.2	1.1	2.5	1.2	2.7	1.6	0.1	0.04
聊城市	Liaocheng	5.5	4.7	5.8	5.0	5.8	5.0	5.9	5.0	6.0	4.9	0.04	0.03
滨州市	Binzhou	4.7	4.5	4.9	4.7	5.1	4.9	5.6	5.3	5.2	4.9	0.2	0.1
菏泽市	Heze	1.4	0.4	1.5	0.4	1.6	0.4	1.8	0.5	1.9	0.5	0.03	0.02

注：根据行政区划调整，2019年起，莱芜市并入济南市，以下表同。

a) According to administrative division adjustment, Laiwu City merged into Jinan City from 2019.The same applies to the relevant following tables.

6−23 各市入境旅游外汇收入

Earnings from International Tourism by Region

单位:万美元 (10 000 USD)

地 区	Region	2005	2010	2014	2015	2016	2017	2018	2019	2020
全省总计	**Total**	**78023**	**215506**	**271424**	**289651**	**306345**	**317405**	**336420**	**341314**	**20900**
济南市	Jinan	4175	11354	17058	18419	19609	20841	22285	27493	3322
青岛市	Qingdao	41493	60104	82284	91798	98055	102074	116381	156772	12521
淄博市	Zibo	982	9206	9412	9565	9858	10135	10529	9117	97
枣庄市	Zaozhuang	113	824	816	720	810	823	767	630	31
东营市	Dongying	77	3128	5055	5188	5277	5489	5144	4559	44
烟台市	Yantai	13207	37707	47242	51859	55260	58512	61273	49217	2112
潍坊市	Weifang	1055	16238	21630	21976	22474	24419	25003	8570	303
济宁市	Jining	2603	17118	13508	14615	15247	15849	14821	8137	116
泰安市	Tai'an	3740	18380	22508	23559	24328	24174	24299	16896	124
威海市	Weihai	7086	19151	24221	25134	27207	27293	27668	30762	1756
日照市	Rizhao	1908	9795	12786	11808	12363	12018	11780	13070	262
莱芜市	Laiwu	25	314	475	482	654	674	670		
临沂市	Linyi	648	7717	9755	9807	10111	9944	10328	9580	78
德州市	Dezhou	446	1752	563	517	536	548	416	563	52
聊城市	Liaocheng	342	1580	2539	2516	2701	2582	2793	3336	11
滨州市	Binzhou	85	898	1289	1375	1491	1659	1897	2171	65
菏泽市	Heze	38	239	284	311	363	370	366	440	6

6−24 入境旅游外汇收入及构成

Earnings from International Tourism and Its Composition

单位:万美元 (10 000 USD)

类 别	Category	2016 数额 Value	2016 比重(%) Proportion	2017 数额 Value	2017 比重(%) Proportion	2018 数额 Value	2018 比重(%) Proportion	2019 数额 Value	2019 比重(%) Proportion
总 计	**Total**	**306345.1**	**100.0**	**317404.6**	**100.0**	**336419.6**	**100.0**	**341313.6**	**100.0**
长途交通	Long Distance Transportation	88104.9	28.8	91793.4	28.9	98200.9	29.2	100414.4	29.4
#民 航	Civil Aviation	70735.1	23.1	73542.6	23.2	78890.4	23.5	80788.9	23.7
铁 路	Railway	3706.8	1.2	3777.1	1.2	4003.4	1.2	4198.2	1.2
汽 车	Highway	7873.1	2.6	8443.0	2.7	8545.1	2.5	8293.9	2.4
轮 船	Waterway	5789.9	1.9	6030.7	1.9	6762.0	2.0	7133.5	2.1
游 览	Visiting	27142.2	8.9	28058.5	8.8	28965.7	8.6	28602.1	8.4
住 宿	Accommodation	37190.3	12.1	39136.0	12.3	41278.7	12.3	42288.8	12.4
餐 饮	Food and Beverage	27417.9	9.0	27772.9	8.8	29571.3	8.8	30138.0	8.8
购 物	Shopping	67794.2	22.1	71289.0	22.5	79361.4	23.6	83314.6	24.4
娱 乐	Entertainment	20494.5	6.7	21234.4	6.7	22371.9	6.7	22117.1	6.5
邮电通讯	Post and Communication Services	11518.6	3.8	11870.9	3.7	12783.9	3.8	13243.0	3.9
市内交通	Local Transportation	9466.1	3.1	9776.1	3.1	10193.5	3.0	10410.1	3.1
其他服务	Other Services	17216.6	5.6	16473.3	5.2	13692.3	4.1	10785.5	3.2

注：2020年起因新冠肺炎疫情影响入境游客问卷调查暂停，暂无相关数据，自2024年开始恢复该项工作。

a) Because of COVID-19, survey by questionnaire of inbound tourists had been suspended since 2020, relevant data can't be obtained temporarily, which has been restarted in 2024.

6–25 各市接待国内游客人数
Number of Domestic Tourists by Region

单位:万人次 (10 000 person-time)

地　区	Region	2015	2016	2017	2018	2019	2020	2021	2022	2023
全省总计	**Total**	**65045.4**	**70716.5**	**77966.2**	**85899.3**	**93288.0**	**57669.6**	**73052.2**	**58808.7**	**81545.0**
济南市	Jinan	6061.1	6583.3	7248.1	7967.8	10026.0	6048.8	8184.0	6565.6	10631.1
青岛市	Qingdao	7322.0	7940.1	8672.1	9848.9	11302.8	6312.3	8198.9	6581.3	10565.7
淄博市	Zibo	4489.3	4865.4	5341.1	5858.0	6390.3	3913.8	4738.1	3648.6	6114.9
枣庄市	Zaozhuang	1870.8	2040.2	2255.8	2478.6	2712.0	1553.3	1851.1	1469.4	2362.0
东营市	Dongying	1378.3	1503.1	1666.8	1837.0	2017.7	1338.3	1645.4	1358.6	2250.2
烟台市	Yantai	5942.3	6448.3	7093.6	7937.6	8689.5	5349.9	6501.2	5310.4	8790.1
潍坊市	Weifang	5596.2	6080.3	6770.7	7550.2	8240.1	5098.0	6455.0	5212.7	8406.6
济宁市	Jining	5618.7	6098.5	6728.2	7341.7	8040.8	5015.5	6372.2	5083.0	8307.5
泰安市	Tai'an	5753.4	6239.7	6855.4	7549.4	8262.7	5040.0	6409.9	5163.9	8393.7
威海市	Weihai	3541.8	3861.5	4262.7	4632.0	5151.6	3238.2	4403.9	3542.0	5906.5
日照市	Rizhao	3726.5	4053.6	4469.9	4906.1	5404.3	3172.0	3794.4	3201.8	5333.0
莱芜市	Laiwu	960.8	1035.6	1132.3	1229.6					
临沂市	Linyi	5646.0	6162.6	6780.8	7487.6	8169.0	5028.4	6386.9	5112.8	8305.9
德州市	Dezhou	2304.3	2509.5	2770.2	3062.5	3396.1	2171.5	2674.2	2161.1	3584.7
聊城市	Liaocheng	1862.7	2044.6	2271.4	2479.3	2707.6	1757.8	2178.8	1783.6	2919.5
滨州市	Binzhou	1389.5	1510.1	1691.4	1832.7	2003.6	1133.4	1338.0	1091.8	1819.2
菏泽市	Heze	1581.6	1740.2	1955.7	2139.2	2367.2	1551.3	1920.2	1522.1	2449.7

注：根据行政区划调整，2019年起，莱芜市并入济南市，下表同。
a)According to administrative division adjustment,Laiwu City merged into Jinan City from 2019.The same applies to the relevant following tables .

6–26 各市国内旅游收入
Domestic Tourism Earnings by Region

单位:亿元 (100 million yuan)

地　区	Region	2015	2016	2017	2018	2019	2020	2021	2022	2023
全省总计	**Total**	**6505.1**	**7399.6**	**8491.5**	**9661.5**	**10851.3**	**6005.3**	**8278.6**	**6026.3**	**9713.6**
济南市	Jinan	670.5	762.9	875.3	1054.7	1285.9	702.8	983.9	711.6	1132.9
青岛市	Qingdao	1132.5	1283.6	1468.1	1651.0	2005.6	1019.3	1411.0	1006.4	1581.4
淄博市	Zibo	442.6	503.6	576.2	658.1	746.0	406.2	552.5	391.6	630.0
枣庄市	Zaozhuang	143.8	163.8	188.2	217.9	245.4	132.5	177.1	129.7	216.0
东营市	Dongying	109.8	125.6	144.9	179.1	205.7	120.7	171.1	126.0	202.2
烟台市	Yantai	665.2	756.3	870.1	982.4	1148.5	624.4	859.2	637.3	1011.9
潍坊市	Weifang	553.0	629.3	722.4	823.8	917.6	509.0	716.1	523.5	837.3
济宁市	Jining	495.8	563.5	646.2	728.9	825.3	453.1	632.5	466.6	767.5
泰安市	Tai'an	553.7	629.6	722.7	790.0	906.1	482.1	650.5	479.3	793.1
威海市	Weihai	422.0	481.0	553.5	598.3	692.6	393.1	533.5	388.9	630.8
日照市	Rizhao	263.2	299.6	345.4	368.3	425.6	221.9	288.0	218.3	353.7
莱芜市	Laiwu	49.6	55.7	63.7	70.8					
临沂市	Linyi	528.8	603.6	693.6	795.1	851.4	475.6	640.2	467.4	764.7
德州市	Dezhou	133.7	152.3	173.4	199.2	226.8	131.5	182.4	132.0	216.6
聊城市	Liaocheng	130.2	148.4	171.1	198.8	226.8	130.3	180.9	129.8	212.6
滨州市	Binzhou	105.4	120.2	138.2	159.2	181.4	93.1	122.9	88.4	146.4
菏泽市	Heze	105.3	120.4	138.4	185.9	208.6	124.3	176.8	129.6	216.4

主要统计指标解释

进出口总额 指实际进出我国国境的货物总金额。包括对外贸易实际进出口货物，来料加工装配进出口货物，国家间、联合国及国际组织无偿援助物资和赠送品，华侨、港澳台同胞和外籍华人捐赠品，租赁期满归承租人所有的租赁货物，进料加工进出口货物，边境地方贸易及边境地区小额贸易进出口货物(边民互市贸易除外)，中外合资企业、中外合作经营企业、外商独资经营企业进出口货物和公用物品，到、离岸价格在规定限额以上的进出口货样和广告品(无商业价值、无使用价值和免费提供出口的除外)，从保税仓库提取在中国境内销售的进口货物，以及其他进出口货物。该指标可以观察一个国家在对外贸易方面的总规模。我国规定出口货物按离岸价格统计，进口货物按到岸价格统计。

商品经营单位所在地进、出口额 指所在地海关注册登记的有进出口经营权的企业实际进、出口额。

商品目的地进口额和商品货源地出口额 目的地进口额指进口货物的消费、使用或最终抵运地的实际进口额；货源地出口额指出口货物的产地或原始发货地的实际出口额。

利用外资 指我国各级政府、部门、企业和其他经济组织通过对外借款、吸收外商直接投资以及用其他方式筹措的境外现汇、设备、技术等。

对外借款 指通过对外正式签订借款协议，从境外筹措的资金，包括外国政府贷款、国际金融组织贷款、外国银行商业贷款、出口信贷以及对外发行债券等。1996 年及以前还包括对外发行股票。该指标是我国利用外资的重要部分。

外商直接投资 指外国企业和经济组织或个人(包括华侨、港澳台胞以及我国在境外注册的企业)按我国有关政策、法规，用现汇、实物、技术等在我国境内开办外商独资企业、与我国境内的企业或经济组织共同举办中外合资经营企业、合作经营企业或合作开发资源的投资(包括外商投资收益的再投资)，以及经政府有关部门批准的项目投资总额内企业从境外借入的资金。

外商其他投资 指除对外借款和外商直接投资以外的各种利用外资的形式。包括企业在境内外股票市场公开发行的以外币计价的股票（目前主要是在香港证券市场发行的H股和在境内证券市场发行的B股）发行价总额，国际租赁进口设备的应付款，补偿贸易中外商提供的进口设备、技术、物料的价款，加工装配贸易中外商提供的进口设备、物料的价款。

对外直接投资 指我国国内投资者以现金、实物、无形资产等方式在国外及港澳台地区设立、购买国（境）外企业，并以控制该企业的经营管理权为核心的经济活动。

对外承包工程 指各对外承包公司以招标议标承包方式承揽的下列业务：(1)承包国(境)外工程项目；(2)承包我国对外经济援助项目；(3)承包我国驻外机构工程项目；(4)企业自带设备,以收取设备使用费、技术服务费等形式承揽和实施的国外及港澳台地区工程项目；(5)企业为实施承包工程项目出口的大型成套和机电设备,并负责安装和调试；(6)企业为境外投资建设项目提供咨询和管理服务,开展相关规划、咨询、勘察、设计、造价、监理、项目管理和运营维护等活动。对外承包工程的营业额是以货币表现的本期内完成的对外承包工程的工作量，包括以前年度签订的合同和本年度新签订的合同在报告期内完成的工作量。

对外劳务合作 对外劳务合作指组织劳务人员赴其他国家或地区为国外的企业或机构工作的经营性活动。劳务合作营业额按报告期内雇主提交的结算数(包括工资、加班费和奖金等)统计。

旅游总收入 是指相关方为游客支付的一切旅游费用。包括行、游、住、食、购、娱以及为亲友、家人购买纪念品、礼品等方面的支出，不包括商业目的而购买的房、地、车、船及贵重物品等资本性或交易性的投资、馈赠亲友的现金及给公共机构的捐赠。

游客人数

(1)入境国际游客人数：指来中国参观、访问、旅行、探亲、访友、休养、考察、参加会议和从事经济、科技、文化、教育、宗教等活动的外国人、华侨、港澳同胞和台湾同胞的人数。不包括外国在我国的常驻机构，如使领馆、通讯社、企业办事处的工作人员；来我国常住的外国专家、留学生以及在岸逗留不过夜人员。

(2)出境居民人数：指大陆居民因公务活动或私人事务短期出境的人数。公务活动出境居民人数包括在国际交通工具上的中国服务员工，因私出境居民人数不包括在国际交通工具上的中国服务员工。

(3)国内游客人数：指我国大陆居民和在我国常住 1 年以上的外国人、华侨、港澳台同胞离开常住地在境内其他地方的旅游设施内至少停留一夜，最长不超过 6 个月的人数。

国际旅游(外汇)收入 指入境旅游的外国人、华侨、港澳同胞和台湾同胞在中国大陆旅游过程中发生的一切旅游支出，其对于国家来说就是国际旅游(外汇)收入。

国际旅行社 指经营对外招徕并接待外国人、华侨、港澳同胞和台湾同胞来中国、归国或回内地旅游业务的旅行社。

国内旅行社 指负责经营招徕、组团、接待国内旅客的旅游业务，以及不对外招徕，负责经营接待国际旅行社或其它涉外部门组织的外国人、华侨、港澳同胞和台湾同胞来中国、归国或回内地的旅游业务的旅行社。

Explanatory Notes on Main Statistical Indicators

Total Imports and Exports at Customs refer to the real value of commodities imported into and exported from the boundary of China. They include the actual imports and exports through foreign trade, imported and exported goods under the processing and assembling trades and materials, supplies and gifts as aid given gratis between governments and by the United Nations and other international organizations, and contributions donated by overseas Chinese, compatriots in Hong Kong and Macao and Chinese with foreign citizenship, leasing commodities owned by tenant at the expiration of leasing period, the imported and exported commodities processed with imported materials, commodities trading in border areas (excluding mutual exchange goods), the imported and exported commodities and articles for public use of the Sino foreign joint ventures, cooperative enterprises and ventures exclusively with foreign own investment. Also included are import or export of samples and advertising goods for whose CIF or FOB value are beyond the permitted ceiling (excluding goods of no trading or use value and free commodities for export), imported goods sold in China from bonded warehouses and other imported or exported goods. The indicator of the total imports and exports at customs can be used to observe the total size of external trade in a country. In accordance with the stipulation of the Chinese government, imports are calculated at CIF, while exports are calculated at FOB.

Import and Export Value by Location of Foreign Trade Managing Units refers to actual value of imports and exports carried out by corporations which have been registered by the local customhouse and are vested with right to run import export business.

Import and Export Value of Commodities by Destination and Origin of goods in China: The former indicator refers to the value of import commodities of the places of their consumption, utilization or the places of their final destination. The latter indicator refers to the value of export commodities of the places of their origin or the places of the commodities dispatched.

Utilization of Foreign Capitals refers to remittance, equipment and technology financed from abroad, by loans, foreign direct investment and other forms undertaken by the Chinese governments at all levels, by various departments, enterprises and other economic units.

Foreign Borrowings refer to funds borrowed from abroad through formal signing of borrowing agreements with foreign institutions, including loans of foreign governments, loans of international financial institutions, commercial loans of foreign banks, export credit, and funds raised by Chinese bonds (and shares before 1996) issued abroad. It is an important part of China' s utilization of foreign capitals.

Foreign Direct Investment refers to the investments inside China by foreign enterprises and economic organizations or individuals (including overseas Chinese, compatriots from Hong Kong, Macao and Taiwan, and Chinese enterprises registered abroad), following the relevant policies and laws of China, for the establishment of ventures exclusively with foreign own investment, Sino foreign joint ventures and cooperative enterprises or for cooperative exploration of resources with enterprises or economic organizations in China. It includes the re investment of the foreign entrepreneurs with the profits gained from the investment and the funds that enterprises borrow from abroad in the total investment of projects which are approved by the relevant department of the government.

Other Investment by Foreign Entrepreneurs refers to all forms of utilization of foreign capitals other than foreign borrowings and foreign direct investment. It includes the total value of stock shares in foreign currencies issued by enterprises at domestic or foreign stock exchanges (now mainly consisting of H shares issued at Hong Kong Security Market and B shares issued at domestic security markets), rent payable for the imported equipment through international leasing arrangement, cost of imported equipment, technology and materials provided by foreign counterparts in compensation trade and processing and assembly trade.

Overseas Direct Investment refers to enterprises set up or bought by domestic investors in foreign countries and in Hong Kong, Macao and Taiwan, and the economic activities centering on operation and management of those enterprises are under the control of domestic investors. The statistical scope covers various corporation type enterprises and non-corporation type enterprises receiving direct investment from domestic investment entities.

Contracted Projects with Foreign Countries refer to the following business contracted by foreign contracting companies in the form of bidding and negotiation:(1) Contractor projects abroad; (2) to contract Chinese foreign economic aid projects; (3) to contract for domestic institutions; (4) Engineering projects contracted and implemented in foreign countries and Hong Kong, Macao and Taiwan regions by the enterprise's own equipment in the form of collecting equipment usage fee and technical service fee; (5) The enterprise shall be responsible for the installation and commissioning of large complete sets of mechanical and electrical equipment exported for the implementation of the contracted project; (6) The enterprise provides consulting and management services for overseas investment construction projects, and carries out related activities such as planning, consulting, investigation, design, cost, supervision, project management, operation and maintenance.The turnover of foreign contracted projects is the workload of foreign contracted projects completed in the current period expressed in currency, including the workload completed in the reporting period of contracts signed in the previous year and new contracts signed in the current year.

Service Cooperation with Foreign Countries refers to the economic activities of organizing labor personnel to go to other countries or regions to work for foreign enterprises or institutions. The business income of labour service cooperation is the income in the form of wages and salaries, overtime pay, bonuses and other remuneration received from the employers during the reference period.

Total Income form Tourism refers to all travel expenses paid by the relevant party for the tourists. Including transportation, sighting, accommodation, food, shopping, entertainment, and the purchase of souvenirs, gifts, etc. for relatives and friends, family, etc.Not including capital or transactional investments, cash for friends and relatives, and donations to public institutions for houses, land, cars, boats and valuables purchased for commercial purposes, etc.

Number of Tourists

(1) International tourists refer to foreigners, overseas Chinese, Chinese compatriots from Hong Kong, Macao and Taiwan coming to China for sight seeing, visits, tours, family reunions, vacations, study tours, conferences and other activities of a business, scientific and technological, cultural, educational and religious nature. It does not include representatives and employees of resident institutions of foreign countries in China such as embassies, consulates, news agencies and offices of foreign companies and organizations, nor does it include long-term foreign experts or students residing in China, or persons in transition without spending a night in China.

(2) Chinese residents going abroad refer to Chinese residents going abroad for short terms for either public business or private purposes. Chinese employees working on international transport carriers are included in those going abroad for public business purpose, not in those for private purpose.

(3) Domestic tourists refer to residents of the mainland of China who stay for one night at least but no more than 6 months at tourist facilities in other places than their permanent residence within the territory of the Chinese mainland, including foreigners, overseas Chinese and Chinese compatriots from Hong Kong, Macao and Taiwan who have resided in China for over one year.

Foreign Exchange Earnings from International Tourism refer to the total expenditures of foreigners, overseas Chinese, Chinese compatriots from Hong Kong, Macao and Taiwan during their stay in the mainland of China, which are earnings of foreign exchange from international tourism from the point of view from China.

International Travel Agencies refer to travel agencies engaged in the promotion, solicitation, organization and reception of tours to the mainland of China by foreigners, overseas Chinese, Chinese compatriots from Hong Kong, Macao and Taiwan.

Domestic Travel Agencies refer to travel agencies engaged in the promotion, solicitation, organization and reception of domestic tourists, and in the reception of foreigners, overseas Chinese, Chinese compatriots from Hong Kong, Macao and Taiwan organized by international travel agencies or other departments concerned, without their own promotion and solicitation programmes.

第7篇

能　源

Energy

简 要 说 明

一、本篇资料的主要内容

本篇资料反映了全省能源生产和消费状况，主要包括能源生产、消费及品种构成，能源生产和消费弹性系数，生活用能源消费量，综合能源平衡表和主要能源品种的单项平衡表，全省各市主要发展约束性指标，以及全省各市电力消费情况。

二、本篇资料的来源

本篇数据主要来源于全省能源平衡表，以及全省节能核算表和省电力部门，由省统计局能源处编制提供。

三、关于数据口径与计算的说明

1．一次能源生产量与能源产品产量统计数据一致。

2．能源生产与消费弹性系数分别以能源生产、消费增长速度与国内生产总值增长速度相比求得。GDP 按可比价格计算。

3．能源平衡表中，进口量和出口量采用海关统计数据。

4．电力折算成标准煤时，有当量、等价两种折标系数。电力折算标准煤的当量系数为 1.229 吨标准煤/万千瓦时，等价系数按平均发电煤耗计算。

5．煤炭包括原煤、洗精煤、其他洗煤和煤制品（即型煤），不包括焦炭。煤品包括煤炭、焦炭、焦炉煤气、高炉煤气、转炉煤气和其他焦化产品。

6．煤品占能耗总量的比重，不包括入鲁火电所占能耗总量的比重。

7．依据 2018 年第四次全国经济普查资料，对 2015 年至 2017 年能源历史数据进行了调整。

Brief Introduction

I. Main Content

Data in this chapter show the energy production and consumption of Shandong Province, including mainly energy production and consumption and their composition, the elasticity ratio of energy production and consumption, the consumption of energy for residential use, overall balance sheet of energy and balance sheets by different types of energy, main binding indicators on development of Shandong, and the energy consumption grouped by sector.

II. Source of Data

Data in this chapter are mainly based on the energy balance sheet of the whole province, provincial energy saving accounting table,and power sector. The data are provided by the Division of Energy Statistics of Shandong Provincial Bureau of Statistics.

III. Notes on Coverage and Calculation of Data

(1) The data on production of primary energy are the same as the corresponding data on output of energy products.

(2) The elasticity ratio of energy production is calculated as the quotient of the growth rate of energy production divided by the growth rate of GDP; and the elasticity ratio of energy consumption is calculated as the quotient of the growth rate of energy consumption divided by the growth rate of GDP.

(3) In the energy balance sheet, data on imports and exports are from Customs statistics. The refueling by Chinese ships and airplanes abroad is included in imports.

(4) The coefficient for conversion of electric power into the standard coal equivalent is calculated on the basis of heat value equivalent. the coefficient for the conversion of electric power into the standard coal equivalent is calculated on the basis of the heat value equivalent. One kilowatt is equal to 0.1229 kg SCE. The coefficient is calculated according to the average consumption of coal for generating electricity.

(5) Coal includes crude coal, fine washed coal, other washed coal and coal products, and it excludes coke. Coal products include coal, coke, coke oven gas, blast furnace gas, converter gas and other coking products.

(6) The proportion of coal consumption in total energy consumption includes the proportion of thermal power transmitted into Shandong Province.

(7) Based on the fourth national economic census data in 2018, some energy historical data from 2015 to 2017 are adjusted.

7-1　主要年份一次能源生产总量

Primary Energy Production in Major Years

单位：万吨标煤　　(10 000 tons of SCE)

年 份 Year	能源生产总量 Total Energy Production	原 煤 Crude Coal	原 油 Crude Oil	天然气 Natural Gas	一次电力 Primary Electricity
1949	120.79	120.79			
1952	258.58	258.58			
1955	342.73	342.73			
1956	386.58	386.58			
1957	440.37	440.37			
1962	1041.29	1041.17	0.01		0.11
1965	1362.94	1242.89	119.81		0.24
1970	2383.80	1716.18	667.59		0.03
1975	4555.04	2036.54	2388.62	128.62	1.26
1976	5013.70	2382.91	2500.65	128.88	1.26
1977	5387.37	2727.99	2502.71	155.88	0.79
1978	5901.83	2928.71	2781.49	190.46	1.17
1979	6075.07	3170.21	2697.14	205.49	2.23
1980	5873.37	3064.71	2616.94	189.00	2.72
1981	5392.54	2950.42	2301.75	138.72	1.65
1982	5505.80	3040.71	2335.21	129.41	0.47
1983	5898.00	3132.28	2625.00	139.79	0.93
1984	6696.54	3258.96	3288.36	148.17	1.05
1985	7531.89	3516.00	3861.74	151.89	2.26
1986	8046.80	3642.79	4215.52	185.94	2.55
1987	8511.34	3798.47	4514.38	197.24	1.25
1988	8918.29	3970.94	4757.61	188.73	1.01
1989	9038.69	4067.83	4765.07	205.35	0.44
1990	9262.21	4282.54	4786.70	191.39	1.58
1991	9269.98	4282.53	4793.22	191.25	2.98
1992	9508.88	4535.86	4780.24	191.92	0.86
1993	9875.38	4519.97	5171.83	182.08	1.50
1994	10624.66	5560.85	4887.14	173.78	2.89
1995	10757.67	6305.32	4294.76	156.04	1.55
1996	10697.72	6392.56	4159.57	144.62	0.97
1997	10620.51	6496.14	4002.01	121.67	0.69
1998	10436.05	6412.17	3901.51	122.09	0.28
1999	10322.39	6425.10	3807.55	89.01	0.73
2000	9648.75	5741.96	3822.49	83.54	0.76
2001	11550.26	7634.32	3811.52	103.34	1.08
2002	13241.75	9333.02	3816.52	91.07	1.14
2003	14384.08	10476.85	3808.65	98.36	0.22
2004	14394.61	10461.78	3820.50	111.84	0.49
2005	13995.62	10021.63	3849.36	123.03	1.60
2006	14083.40	10042.24	3935.89	103.46	1.82
2007	14616.67	10526.28	3990.22	99.22	0.95
2008	14615.32	10500.62	3998.91	113.05	2.74
2009	14600.08	10424.07	4040.38	119.97	15.66
2010	16055.71	11913.14	3980.08	129.01	33.48
2011	15997.81	11585.87	3973.65	64.33	53.35
2012	16973.80	12528.16	3963.94	75.71	79.19
2013	15165.08	10722.56	3894.94	65.11	116.19
2014	15220.40	10699.80	3876.09	62.89	133.13
2015	14693.06	10277.40	3751.91	57.70	161.90
2016	13616.76	9404.96	3301.96	56.23	229.07
2017	13710.27	9623.27	3192.79	49.72	305.89
2018	13102.01	8827.54	3203.20	52.80	484.11
2019	12539.10	7820.68	3177.70	56.10	742.71
2020	12205.72	7422.75	3170.31	63.43	817.13
2021	11543.68	6322.85	3158.22	68.42	1142.09
2022	11804.52	6026.26	3143.33	87.69	1366.66
2023	12935.27	6191.24	3163.01	96.89	1700.97

注：1.本表使用当量折标系数折算标准煤。
　　2.2009年开始，一次电力包含水电、风电、核电、生物质发电和太阳能光伏发电，1949—2008年数据为水电。

a) Data of standard coal equivalent is calculated on the basis of heat value equivalent.

b) Since 2009, Primary Electricity includes that generated by hydro power, wind power, nuclear power, bio-energy and solar PV power, and data of 1949-2008 refer to hydro power.

7-2　1979-2023年能源生产、能源消费弹性系数

Elasticity Ratio of Energy Production and Energy Consumption from 1979 to 2023

年 份 Year	能源生产弹性系数 Elasticity Ratio of Energy Production				能源消费弹性系数 Elasticity Ratio of Energy Consumption			
	能源生产比上年增长(%) Growth Rate of Energy Production over Preceding Year (%)	电力生产比上年增长(%) Growth Rate of Electricity Production over Preceding Year (%)	能源生产弹性系数 Elasticity Ratio of Energy Production	电力生产弹性系数 Elasticity Ratio of Electricity Production	能源消费比上年增长(%) Growth Rate of Energy Consumption over Preceding Year (%)	电力消费比上年增长(%) Growth Rate of Electricity Consumption over Preceding Year (%)	能源消费弹性系数 Elasticity Ratio of Energy Consumption	电力消费弹性系数 Elasticity Ratio of Electricity Consumption
1979	1.69	9.68	0.15	0.84		11.03		0.95
1980	-3.33	8.78		0.55	0.62	5.96	0.03	0.40
1981	-8.17	4.58		0.25	-12.23	6.13		0.33
1982	2.12	4.62	0.15	0.33	21.98	6.06	1.56	0.43
1983	7.11	7.26	0.44	0.44	-13.50	7.43		0.46
1984	13.53	8.33	0.51	0.31	7.34	12.43	0.27	0.47
1985	12.46	10.83	0.73	0.63	-12.67	8.70		0.51
1986	6.83	14.46	0.75	1.59	7.34	11.02	0.81	1.22
1987	5.79	10.62	0.29	0.52	13.68	9.68	0.68	0.48
1988	4.78	14.41	0.19	0.57	5.73	8.04	0.23	0.32
1989	1.36	10.58	0.09	0.67	4.84	7.17	0.31	0.45
1990	2.46	6.33	0.15	0.38	3.46	9.76	0.21	0.58
1991	0.52	11.20	0.03	0.57	3.05	9.75	0.15	0.49
1992	2.14	14.06	0.16	0.66	1.92	13.92	0.09	0.65
1993	-0.14	7.85		0.30	-1.07	7.77		0.29
1994	8.27	10.95	0.21	0.28	13.09	10.50	0.33	0.29
1995	6.13	9.09	0.21	0.31	10.58	9.48	0.36	0.32
1996	-2.77	7.28		0.38	3.12	7.51	0.16	0.39
1997	1.52	7.68	0.13	0.66	-0.02	7.38		0.64
1998	-1.81	-7.09			12.70	-1.19	1.10	
1999	-1.01	14.84		0.58	0.22	14.57	0.87	0.53
2000	-6.52	9.91		0.55	-9.17	10.12		0.56
2001	1.71	9.86	0.17	0.98	10.41	10.94	1.03	1.09
2002	4.68	13.19	0.40	1.14	18.06	12.42	1.56	1.07
2003	8.49	11.75	0.62	0.86	18.74	13.47	1.36	0.98
2004	0.07	17.50	0.01	1.15	21.30	17.50	1.39	1.14
2005	-2.78	16.58		1.11	20.08	16.58	1.32	1.09
2006	0.64	15.24	0.04	1.04	10.96	15.24	0.74	1.04
2007	3.79	14.23	0.27	1.00	8.66	14.26	0.61	1.00
2008	-0.01	3.89		0.32	4.48	5.04	0.37	0.42
2009	-0.10	3.95		0.33	5.73	7.85	0.48	0.66
2010	9.97	6.29	0.80	0.50	7.54	12.15	0.60	0.97
2011	-0.36	2.64	-0.03	0.24	6.68	10.21	0.62	0.94
2012	6.10	4.20	0.63	0.43	4.73	4.38	0.48	0.45
2013	-10.66	8.82	-1.12	0.92	4.74	7.60	0.50	0.80
2014	0.36	3.90	0.04	0.45	3.29	3.44	0.38	0.40
2015	-3.86	5.48	-0.49	0.69	3.95	5.18	0.50	0.65
2016	-7.33	9.66	-0.99	1.30	2.05	9.34	0.28	1.26
2017	0.69	6.22	0.09	0.85	-0.10	6.37	-0.01	0.87
2018	-4.44	2.70	-0.70	0.43	1.20	4.51	0.19	0.72
2019	-4.30	0.26	-0.79	0.05	1.99	3.80	0.37	0.70
2020	-2.66	-1.54	-0.75	-0.43	1.79	1.96	0.30	0.55
2021	-5.42	6.96	-0.65	0.84	5.24	6.21	0.63	0.75
2022	2.26	-0.11	0.58	-0.03	4.86	1.68	1.25	0.43
2023	9.58	4.52	1.60	0.75	9.18	5.86	1.53	0.98

注：本表2005年以来数据均依据能源平衡表，能源生产、消费增速分别采用当量值和等价值，电力生产量包括一次电力和火电，电力消费量指全省电力消费量。

a) The data of the table prior to 2005 are calculated according to Overall Energy Balance Sheet.Growth rate of energy production adopt heat equivalent value, and that of energy consumption adopt heat value equivalent.The production of electricity include primary electricity and thermal power.The consumption of electricity refers to the whole provincial consumption.

7-3 一次能源生产量及构成
Production of Primary Energy and Its Composition

类 别	Category	2019	2020	2021	2022	2023
能源生产总量(折标准煤)	**Total Energy Production**	**13499.5**	**13213.4**	**13030.9**	**13587.7**	**15183.3**
(万吨标准煤)	**(10 000 tons of SCE)**					
构 成	Composition					
原 煤 (%)	Raw Coal (%)	57.93	56.18	48.52	44.35	40.78
原 油 (%)	Crude Oil (%)	23.54	23.99	24.24	23.13	20.83
天然气 (%)	Natural Gas (%)	0.42	0.48	0.53	0.65	0.64
电 力 (%)	Electricity (%)	12.62	13.81	20.18	23.18	26.01
其 他 (%)	Others (%)	5.50	5.54	6.54	8.69	11.60

注：本表使用等价折标系数折算标准煤。
a) Data of standard coal equivalent are calculated on the basis of the consumed heat value equivalent.

7-4 能源消费量及构成
Total Consumption of Energy and Its Composition

类 别	Category	2019	2020	2021	2022	2023
能源消费量(折标准煤)	**Energy Consumption**	**41390.0**	**43649.0**	**45935.1**	**48166.9**	**52589.3**
(万吨标准煤)	**(10 000 tons of SCE)**					
构 成	Composition					
煤 品 (%)	Coal (%)	67.28	64.22	61.40	57.67	53.44
油 品 (%)	Oil (%)	15.52	17.04	18.23	20.68	22.97
天然气 (%)	Natural Gas (%)	5.01	5.59	5.55	4.91	4.90
一次电力 (%)	Primary Electricity (%)	4.11	4.18	5.72	6.54	7.51
电力净调入(+) (%)	Net Input of Electricity (+) (%)	6.36	7.29	7.31	7.75	8.02
其 他 (%)	Others (%)	1.72	1.68	1.78	2.45	3.16

注：本表使用等价折标系数折算标准煤。
a) Data of standard coal equivalent are calculated on the basis of the consumed heat value equivalent.

7-5 按行业分能源消费量（2023年）

行　　业	Sector	能源消费总量（万吨标准煤）Total Energy Consumption (10 000 sce)
消 费 总 量	**Total Consumption**	**52589.3**
农、林、牧、渔业	**Agriculture, Forestry, Animal Husbandry and Fishery**	**682.1**
工业	**Industry**	**40544.5**
采矿业	**Mining**	**1069.9**
煤炭开采和洗选业	Mining and Washing of Coal	452.3
石油和天然气开采业	Extraction of Petroleum and Natural Gas	355.6
黑色金属矿采选业	Mining and Processing of Ferrous Metal Ores	77.9
有色金属矿采选业	Mining and Processing of Non-Ferrous Metal Ores	67.5
非金属矿采选业	Mining and Processing of Nonmetal Ores	61.5
开采专业及辅助性活动	Professional and Support Activities for Mining	34.2
其他采矿业	Mining of Other Ores	20.9
制造业	**Manufacturing**	**36329.7**
农副食品加工业	Processing of Food from Agricultural Products	726.0
食品制造业	Manufacture of Foods	468.8
酒、饮料和精制茶制造业	Manufacture of Liquor, Beverages and Refined Tea	78.4
烟草制品业	Manufacture of Tobacco	9.1
纺织业	Manufacture of Textile	824.8
纺织服装、服饰业	Manufacture of Textile, Wearing Apparel and Accessories	43.8
皮革、毛皮、羽毛及其制品和制鞋业	Manufacture of Leather, Fur, Feather and Related Products and Footwear	31.8
木材加工和木、竹、藤、棕、草制品业	Processing of Timber, Manufacture of Wood, Bamboo, Rattan, Palm, and Straw Products	248.3
家具制造业	Manufacture of Furniture	30.7
造纸和纸制品业	Manufacture of Paper and Paper Products	1326.2
印刷和记录媒介复制业	Printing and Reproduction of Recording Media	32.8
文教、工美、体育和娱乐用品制造业	Manufacture of Articles for Culture, Education, Arts and Crafts, Sport and Entertainment Activities	27.7
石油、煤炭及其他燃料加工业	Processing of Petroleum, Coal and Other Fuels	4546.1
化学原料和化学制品制造业	Manufacture of Raw Chemical Materials and Chemical Products	11131.3
医药制造业	Manufacture of Medicines	371.3
化学纤维制造业	Manufacture of Chemical Fibers	117.3
橡胶和塑料制品业	Manufacture of Rubber and Plastics Products	796.6
非金属矿物制品业	Manufacture of Non-metallic Mineral Products	3187.9
黑色金属冶炼和压延加工业	Smelting and Pressing of Ferrous Metals	4667.0
有色金属冶炼和压延加工业	Smelting and Pressing of Non-ferrous Metals	5265.8
金属制品业	Manufacture of Metal Products	1001.7
通用设备制造业	Manufacture of General Purpose Machinery	434.0
专用设备制造业	Manufacture of Special Purpose Machinery	113.6
汽车制造业	Manufacture of Automobiles	217.2
铁路、船舶、航空航天和其他运输设备制造业	Manufacture of Railway, Ship, Aerospace and Other Transport Equipments	87.8
电气机械和器材制造业	Manufacture of Electrical Machinery and Apparatus	155.7
计算机、通信和其他电子设备制造业	Manufacture of Computers, Communication and Other Electronic Equipment	179.2
仪器仪表制造业	Manufacture of Measuring Instruments and Machinery	10.6
其他制造业	Other Manufacture	115.7
废弃资源综合利用业	Utilization of Waste Resources	77.8
金属制品、机械和设备修理业	Repair Service of Metal Products, Machinery and Equipment	4.8
电力、热力、燃气及水生产和供应业	**Production and Supply of Electricity, Heat, Gas and Water**	**3144.9**
电力、热力生产和供应业	Production and Supply of Electric Power and Heat Power	2970.1
燃气生产和供应业	Production and Supply of Gas	17.1
水的生产和供应业	Production and Supply of Water	157.7
建筑业	**Construction**	**567.6**
交通运输、仓储和邮政业	**Transport, Storage and Post**	**2462.5**
批发和零售业、住宿和餐饮业	**Wholesale and Retail Trades, Hotels and Catering Services**	**1191.5**
其他	**Others**	**1843.5**
居民生活	**Household Consumption**	**5297.7**

Energy Consumption by Sector (2023)

煤炭(万吨) Coal (10 000 tons)	焦炭(万吨) Coke (10 000 tons)	原油(万吨) Crude Oil (10 000 tons)	汽油(万吨) Gasoline (10 000 tons)	煤油(万吨) Kerosene (10 000 tons)	柴油(万吨) Diesel Oil (10 000 tons)	燃料油(万吨) Fuel Oil (10 000 tons)	天然气(亿立方米) Natural Gas (100 million cu.m)	电力(亿千瓦小时) Electricity (100 million kW·h)
39237.2	**3721.4**	**13611.1**	**917.7**	**120.5**	**1551.4**	**4114.8**	**218.1**	**7962.6**
16.4			**5.5**		**113.0**			**176.1**
38467.9	**3721.4**	**13611.1**	**238.3**	**0.4**	**402.5**	**4080.1**	**143.6**	**5832.8**
580.8	**25.2**	**327.2**	**0.7**		**22.4**		**4.3**	**194.5**
562.1					1.7		0.1	53.9
		327.2	0.4		2.5		4.2	67.6
7.8	24.2				2.7			18.5
	0.9				2.2			23.2
10.9					1.1		0.1	19.1
			0.2		12.2			4.9
								7.3
14939.8	**3606.0**	**13283.8**	**236.5**	**0.4**	**373.0**	**4079.6**	**129.5**	**4813.3**
216.2	0.1		0.1		1.2	0.3	6.2	125.7
147.4	8.7				0.2		3.4	71.3
15.6	3.0				0.1	0.4	1.0	13.8
							0.1	2.4
15.2	3.2		0.1		0.2		3.6	194.5
			0.1		0.1		0.4	11.9
0.2					0.1		0.2	9.4
					0.3		1.0	69.4
							0.1	10.4
509.6					1.5	0.1	3.9	182.4
6.5			0.1		0.1	0.1	0.2	9.2
0.2			0.1				0.5	6.5
2961.5	1.2	11978.7	224.5		285.3	3039.3	10.5	187.2
4521.4	271.6	1305.0	9.3		52.1	1014.5	23.3	841.7
105.4			0.1		0.1	0.2	3.3	65.0
7.8							0.6	24.5
62.2	2.8		0.3		0.8		2.0	198.9
1102.7	21.3		0.1		15.5	22.5	32.1	311.9
2591.1	3084.4				4.6		8.1	467.7
2565.2	57.0				2.8	1.4	10.9	1349.6
80.2	139.0		0.3		0.7		8.9	248.7
	9.0		0.3	0.2	1.6		1.3	141.3
1.1			0.4		1.1		1.4	29.4
17.1	2.0		0.2	0.1	1.6		2.9	56.4
			0.1		2.2	0.1	0.3	25.7
			0.1		0.2		1.4	48.2
2.8			0.1		0.1	0.6	1.4	50.5
			0.1					3.5
							0.1	39.6
10.3	2.7				0.3		0.2	15.0
					0.1			1.6
22947.3	**90.3**	**0.1**	**1.1**		**7.1**	**0.5**	**9.8**	**825.0**
22947.3	90.3	0.1	0.9		7.1	0.5	8.8	767.3
			0.1				0.9	4.2
			0.1					53.5
0.2			**20.4**	**0.5**	**75.0**	**4.0**	**1.0**	**73.1**
0.1			**192.3**	**119.3**	**908.6**	**28.6**	**4.8**	**183.8**
186.2			**16.5**	**0.3**	**17.9**	**1.0**	**13.8**	**250.6**
114.4			**20.9**		**20.1**	**1.1**	**3.3**	**509.7**
452.1			**423.7**		**14.3**		**51.6**	**936.5**

7-6 平均每天各种能源消费量

Average Daily Energy Consumption by Type of Energy

类　　别	Category	2019	2020	2021	2022	2023
合　　计　（吨标准煤）	**Total　(tons of SCE)**	**1133973**	**1192596**	**1258496**	**1319640**	**1440803**
煤　　炭　（吨）	Coal　(ton)	1181726	1059843	1080265	1068777	1074991
焦　　炭　（吨）	Coke　(ton)	99163	130489	120213	103868	101956
原　　油　（吨）	Crude Oil　(ton)	373482	402326	407552	369482	372906
燃 料 油　（吨）	Fuel Oil　(ton)	57433	63427	49056	50425	112734
汽　　油　（吨）	Gasoline　(ton)	19371	18404	20229	23402	25141
煤　　油　（吨）	Kerosene　(ton)	3450	2754	2832	1582	3302
柴　　油　（吨）	Diesel Oil　(ton)	36601	35579	36120	37420	42504
液化石油气　（吨）	Liquefied Petroleum　(ton)	6057	19813	27884	31625	42857
电　　力　（万千瓦时）	Electricity　(10 000 kW·h)	187159	190303	202677	206077	218154

注：1.本表使用等价折标系数折算标准煤。2.汽油、柴油、燃料油消费量含炼油再投入量。
a) Data of standard coal equivalent is calculated on the basis of the consumed heat value equivalent.
b) Data on consumption of fuel oil include those for refining oil.

7-7 平均每人年生活用能源

Annual Per Capita Energy Consumption of Households

类　　别	Category	2019	2020	2021	2022	2023
合　　计　（千克标准煤）	**Total　(kgce)**	**416.8**	**436.7**	**451.9**	**482.8**	**523.3**
煤　　炭　（千克）	Coal　(kg)	47.6	49.5	47.0	46.3	44.7
汽　　油　（千克）	Gasoline　(kg)	43.1	41.2	43.8	42.5	41.9
液化石油气　（千克）	Liquefied Petroleum Gas　(kg)	5.5	5.3	5.7	5.0	6.7
电　　力　（千瓦小时）	Electricity　(kW·h)	694.1	714.4	768.0	877.6	925.1

注：本表使用等价折标系数折算标准煤。
a) Data of standard coal equivalent is calculated on the basis of the consumed heat value equivalent.

7-8　分品种生活能源年消费总量

Annual Energy Consumption for Households by Category

类　别		Category		2019	2020	2021	2022	2023
合　计	**(万吨标准煤)**	**Total**	**(10 000 tons of SCE)**	**4192.4**	**4439.1**	**4595.1**	**4907.1**	**5297.7**
煤　炭	(万吨)	Coal	(10 000 tons)	478.7	503.5	478.3	470.3	452.1
汽　油	(万吨)	Gasoline	(10 000 tons)	433.5	418.8	445.5	432.3	423.7
液化石油气	(万吨)	Liquefied Petroleum Gas	(10 000 tons)	55.1	53.4	57.7	51.0	67.6
电　力	(亿千瓦小时)	Electricity	(100 million kW·h)	698.2	726.2	780.8	891.9	936.5

注：本表使用等价折标系数折算标准煤。
a) Data of standard coal equivalent is calculated on the basis of the consumed heat value equivalent.

7-9　综合能源平衡表

Overall Energy Balance Sheet

单位：万吠标准煤　　(10 000 tons of SCE)

项　目	Item	2019	2020	2021	2022	2023
可供消费的能源总量	**Total Energy Available for Consumption**	**41390.0**	**43649.0**	**45935.1**	**48166.9**	**52589.3**
一次能源生产量	Primary Energy Production	13499.5	13213.4	13030.9	13587.7	15183.3
外省(区、市)调入量	Allocation from Other Provinces	36082.7	31945.4	34226.9	31743.7	60413.4
进口量	Imports	14622.4	16554.2	14571.6	13935.0	28649.0
本省(区、市)调出量(－)	Allocation to Other Provinces(-)	-22325.9	-18377.8	-14938.5	-11857.4	-52370.2
出口量(－)	Exports(-)	-49.1	-2.6	-94.3	-258.5	-248.3
年初年末库存差额	Stock Changes in the Year	-439.7	316.5	-862.0	1016.4	962.2
能源消费总量	**Total Energy Consumption**	**41390.0**	**43649.0**	**45935.1**	**48166.9**	**52589.3**
在总量中：	Consumption by sector					
1.农林牧渔业	1.Agriculture,Forestry,Animal Husbandry and Fishery	599.7	574.6	583.1	625.7	682.1
2.工　业	2.Industry	31293.7	33627.4	35353.4	37050.7	40544.5
3.建筑业	3.Construction	481.4	500.6	535.3	534.8	567.6
4.交通运输、仓储和邮政业	4.Transport,Storage and Post	2381.8	2037.9	2181.8	2276.4	2462.5
5.批发、零售业和住宿、餐饮业	5.Wholesale and Retail Trades,Hotels and Catering Services	986.7	978.3	1073.3	1056.8	1191.5
6.其他行业	6.Other Sectors	1454.4	1491.2	1613.1	1715.5	1843.5
7.生活消费	7.Household Consumption	4192.4	4439.1	4595.1	4907.1	5297.7
在总量中：	Consumption by Usage					
(一) 终端消费	(Ⅰ)End-use Consumption	40359.4	42981.6	45156.0	47313.6	52381.2
#工业	Industry	30263.1	32960.0	34574.3	36197.5	40337.3
(二) 加工转换损失量	(Ⅱ)Losses During the Process of Energy Conversion	1030.6	667.4	779.1	853.2	207.2
炼焦	Coking	3.0	341.0	327.0	311.2	81.7
炼油	Petroleum Refining	1622.5	923.3	1018.6	1061.6	973.3
(三) 损失量	(Ⅲ)Energy Losses					0.9
平衡差额	**Balance**					

注：本表使用等价折标系数折算标准煤。
a) Data of standard coal equivalent are calculated on the basis of the consumed heat value equivalent.

7-10 石油平衡表
Petroleum Balance Sheet

单位：万吨 (10 000 tons)

项目	Item	2019	2020	2021	2022	2023
一、可供量	**Total Energy Available for Consumption**	**4102.8**	**5147.7**	**5793.0**	**6953.2**	**8459.6**
原油产量	Crude Production	2237.8	2219.2	2210.7	2200.3	2214.1
外省(区、市)调入量	Allocation from Other Provinces	3272.2	3284.9	3676.8	2771.1	15726.7
进口量	Imports	9558.2	11028.0	9741.5	9325.0	17954.6
本省(区、市)调出量(-)	Allocation to Other Provinces(-)	-10771.9	-10965.1	-9601.9	-8035.7	27681.3
出口量(-)	Exports(-)		-1.8	-6.5	-12.4	170.0
年初年末库存差额	Stock Changes in the Year	-193.5	-417.5	-228.0	704.8	415.5
年初库存量	Stock of early Year	1372.6	1566.1	1983.6	2211.6	1506.8
年末库存量(-)	Stock of Year-end(-)	-1566.1	-1983.6	-2211.6	-1506.8	-1091.3
二、消费量	**Total Energy Consumption**	**4102.8**	**5147.7**	**5793.0**	**6953.2**	**8459.6**
在总量中：	Consumption by Sector					
1.农林牧渔业	1.Agriculture,Forestry,Animal Husbandry and Fishery	134.8	108.9	114.3	116.7	119.2
2.工　业	2.Industry	1744.4	3157.9	3698.8	4879.7	6242.3
3.建筑业	3.Construction	206.8	212.1	213.4	225.1	242.1
4.交通运输、仓储和邮政业	4.Transport,Storage and Post	1360.4	1041.6	1101.7	1139.1	1250.3
5.批发、零售业和住宿、餐饮业	5.Wholesale and Retail Trades, Hotels and Catering Services	72.2	66.2	72.8	56.2	51.0
6.其他行业	6.Other Sectors	75.8	73.6	73.0	39.5	49.0
7.生活消费	7.Household Consumption	508.5	487.3	519.1	496.9	505.6
在总量中：	Consumption by Usage					
1.终端消费	1.End-use Consumption	3410.7	4545.0	5109.1	6277.6	7698.7
#工业	Industry	1052.3	2555.3	3014.9	4204.2	5481.9
2.加工转换损失	2.Losses During the Process of Energy Conversion	692.1	602.6	683.9	675.6	760.4
火力发电	Thermal Power	21.9	30.1	25.8	29.3	29.1
供　热	Heating	37.1	33.0	36.2	33.7	59.2
炼油损耗	Losses in Petroleum Refining	633.1	536.5	616.1	605.0	662.8
制　气	Gas Production		3.1	5.7	7.6	9.4
3.损失量	3.Other Losses					0.4
三、平衡差额	**Balance**					

7-11 煤炭平衡表
Coal Balance Sheet

单位：万吨 (10 000 tons)

项 目	Item	2019	2020	2021	2022	2023
一、可供量	**Total Energy Available for Consumption**	**43133.0**	**38790.3**	**39429.7**	**39010.4**	**39237.2**
原煤生产量	Raw coal Production	11918.1	10944.6	9312.0	8753.1	8705.8
外省(区、市)调入量	Allocation from Other Provinces	38410.1	29785.1	32274.3	30708.6	42294.0
进口量	Imports	1244.8	1188.2	959.0	903.0	2768.7
本省(区、市)调出量(－)	Allocation to Other Provinces(-)	-8073.7	-4532.7	-2188.8	-1134.9	15283.4
出口量(－)	Exports(-)	-99.9		-10.5	-182.3	
年初年末库存差额	Stock Changes in the Year	-266.5	1405.1	-916.3	-37.1	752.1
年初库存量	Stock of early Year	3526.9	3793.3	2388.2	3304.5	3341.6
年末库存量(－)	Stock of Year-end(-)	-3793.3	-2388.2	-3304.5	-3341.6	2589.6
二、消费量	**Total Energy Consumption**	**43133.0**	**38790.3**	**39429.7**	**39010.4**	**39237.2**
在总量中：	Consumption by Sector					
1.农林牧渔业	1.Agriculture,Forestry,Animal Husbandry and Fishery	45.6	40.6	24.7	18.0	16.4
2.工　业	2.Industry	42168.2	37858.7	38569.6	38178.7	38467.9
3.建筑业	3.Construction			0.4	0.2	0.2
4.交通运输、仓储和邮政业	4.Transport,Storage and Post	15.0	12.0	0.2	0.1	0.1
5.批发、零售业和住宿、餐饮业	5.Wholesale and Retail Trades, Hotels and Catering Services	254.8	224.8	213.5	210.0	186.2
6.其他行业	6.Other Sectors	170.8	150.8	143.0	133.0	114.4
7.生活消费	7.Household Consumption	478.7	503.5	478.3	470.3	452.1
在总量中：	Consumption by Usage					
1.终端消费	1.End-use Consumption	7083.9	6638.6	6496.0	6050.7	5912.0
#工业	Industry	6119.1	5706.9	5636.0	5219.0	5142.7
2.用于加工转换	2.Energy Conversion	36049.1	32151.7	32933.6	32959.7	33325.2
火力发电	Thermal Power	20515.8	18498.7	19361.8	19091.4	18925.6
供　热	Heating	8128.3	8243.6	8688.6	9143.2	9345.5
洗煤损耗	Losses in Coal Washing and Dressing	468.0	732.2	360.1	343.6	389.2
炼　焦	Coking	6762.9	4464.0	4324.3	3899.7	4180.7
制　气	Gas Production	170.6	200.9	185.8	481.8	481.0
型煤加工损耗	Losses in briquette Processing	3.5	12.3	13.0	-0.1	3.2
3. 损 失 量	3.Other Losses					
三、平衡差额	**Balance**					

7-12 电力平衡表
Electricity Balance Sheet

单位：亿千瓦小时 (100 million kW·h)

项　目	Item	2019	2020	2021	2022	2023
一、可供量	**Total Energy Available for Consumption**	**6831.3**	**6965.1**	**7397.7**	**7521.8**	**7962.6**
生产量	Production	5897.2	5806.4	6210.3	6203.6	6483.8
火力发电	Thermal Power	5292.9	5141.6	5281.0	5091.6	5099.7
水力发电、核发电、其他发电	Hydro,Nuclear and other Power	604.3	664.9	929.3	1112.0	1384.0
外省(区、市)调入量	Allocation from Other Provinces	941.4	1165.7	1197.1	1319.9	1480.3
进口量	Imports					
本省(区、市)调出量(—)	Allocation to Other Provinces(-)	-7.3	-7.1	-9.7	-1.7	1.4
出　口　量(—)	Exports(-)					
二、消费量	**Total Energy Consumption**	**6831.3**	**6965.1**	**7397.7**	**7521.8**	**7962.6**
在总量中：	Consumption by Sector					
1.农林牧渔业	1.Agriculture,Forestry,Animal Husbandry and Fishery	136.7	141.5	142.3	157.4	176.1
2.工　业	2.Industry	5280.6	5352.2	5600.9	5563.1	5832.8
3.建筑业	3.Construction	60.7	65.7	74.8	74.6	73.1
4.交通运输、仓储和邮政业	4.Transport,Storage and Post	123.3	135.2	154.3	158.5	183.8
5.批发、零售业和住宿、餐饮业	5.Wholesale and Retail Trades, Hotels and Catering Services	174.3	173.7	210.1	217.1	250.6
6.其他行业	6.Other Sectors	357.5	370.7	434.5	459.1	509.7
7.生活消费	7.Household Consumption	698.2	726.2	780.8	891.9	936.5
在总量中：	Consumption by Usage					
1. 终端消费	1.End-use Consumption	6831.3	6965.1	7397.7	7521.8	7962.6
#工业	Industry	5280.6	5352.2	5600.9	5563.1	5832.8
2. 输配电损失量	2.Losses in Transmission					
三、平衡差额	**Balance**					

7-13 各市万元GDP能耗

Energy Consumption per 10 000 yuan GDP by Region

地 区	Region	2019	2020	2021	2022	2023
		比2018年上升或下降(±%) Increased or Decreased Compared with 2018	比2019年上升或下降(±%) Increased or Decreased Compared with 2019	比2020年上升或下降(±%) Increased or Decreased Compared with 2020	比2021年上升或下降(±%) Increased or Decreased Compared with 2021	比2022年上升或下降(±%) Increased or Decreased Compared with 2022
全省总计	**Total**	**-3.09**	**-2.41**	**-6.20**	**-3.79**	**-6.69**
济南市	Jinan	-7.38	-4.75	-8.09	-6.59	-5.44
青岛市	Qingdao	-6.60	-4.66	-4.09	-0.60	-3.45
淄博市	Zibo	-5.83	-0.81	-6.94	-13.87	-1.33
枣庄市	Zaozhuang	-2.43	-4.75	-6.52	-5.80	-3.22
东营市	Dongying	-3.73	-5.32	-5.64	-4.56	-8.04
烟台市	Yantai	-3.16	4.53	-7.12	-4.09	-10.09
潍坊市	Weifang	3.49	-6.15	-6.44	-6.63	-2.97
济宁市	Jining	-4.39	-1.47	-7.12	-3.86	-5.99
泰安市	Tai'an	-4.62	-1.52	-6.20	-4.93	-4.62
威海市	Weihai	-7.03	-5.48	-4.07	-2.37	-9.28
日照市	Rizhao	-2.57	-3.25	-9.38	-1.56	-3.39
临沂市	Linyi	-4.30	-3.15	-5.13	-2.61	-6.63
德州市	Dezhou	-5.54	4.41	-9.46	-12.74	-19.96
聊城市	Liaocheng	8.48	-1.29	-7.02	-5.12	-6.01
滨州市	Binzhou	-9.25	-6.69	-8.81	-7.52	-11.19
菏泽市	Heze	-9.07	-2.42	-12.39	-5.48	-5.35

注：1.本表使用等价折标系数折算标准煤。
2.按照《"十四五"节能减排综合工作方案》等文件通知要求，自2021年，计算本指标时扣除原料用能、可再生能源、单列项目能耗数据。

a) Data of standard coal equivalent is calculated on the basis of the consumed heat value equivalent.
b) According to the Comprehensive Work Plan for Energy Conservation and Emission Reduction for the "14th Five-Year Plan" Period, the involved energy consumption for the calculation of this index since 2021 has not included energy used as raw material, renewable energy and energy consumption used for projects listed separately.

7-14 各市规模以上工业万元增加值能耗

Energy Consumption per 10 000 yuan Value Added of Industrial Enterprises above the Designated Size by Region

地 区	Region	2019	2020	2021	2022	2023
		比2018年上升或下降(±%) Increased or Decreased Compared with 2018	比2019年上升或下降(±%) Increased or Decreased Compared with 2019	比2020年上升或下降(±%) Increased or Decreased Compared with 2020	比2021年上升或下降(±%) Increased or Decreased Compared with 2021	比2022年上升或下降(±%) Increased or Decreased Compared with 2022
全省总计	**Total**	**-1.16**	**-6.86**	**-8.30**	**-7.80**	**-5.25**
济南市	Jinan	-5.07	-9.63	-9.54	-9.65	-12.53
青岛市	Qingdao	-5.64	-8.82	-2.59	-0.10	-9.29
淄博市	Zibo	4.19	-4.41	-15.69	-19.72	-7.41
枣庄市	Zaozhuang	-0.45	-6.52	-7.13	-13.27	-7.10
东营市	Dongying	-2.11	-8.77	-8.73	-15.20	-8.37
烟台市	Yantai	-1.41	-4.65	-6.41	-5.32	-14.65
潍坊市	Weifang	9.92	-13.93	-10.31	-5.87	0.16
济宁市	Jining	-9.42	-11.74	-9.46	-10.31	-8.15
泰安市	Tai'an	-3.66	-4.71	0.18	-9.91	-1.84
威海市	Weihai	-9.28	-10.95	-3.21	-3.72	-9.44
日照市	Rizhao	2.51	-7.39	-4.49	2.65	-1.62
临沂市	Linyi	4.93	-3.49	-7.78	-8.50	-4.75
德州市	Dezhou	-3.85	-0.64	-8.26	-14.47	-19.47
聊城市	Liaocheng	-3.97	-3.77	-12.44	-11.89	-7.95
滨州市	Binzhou	-9.73	-10.23	-10.16	-7.57	-6.95
菏泽市	Heze	2.06	-9.09	-14.54	-10.36	-6.54

注：2020年及之前年份，指标计算过程中使用当量折标系数折算标准煤；2021年起，使用等价折标系数折算标准煤，并扣除原料用能。

a) Data of standard coal equivalent before 2020 is calculated on the basis of the heat value equivalent. Data of standard coal equivalent from 2021 is calculated on the basis of the consumed heat value equivalent, and energy used as raw material should be deducted.

7-15 各市万元GDP电耗

Electricity Consumption per 10 000 yuan GDP by Region

地 区	Region	2019 比2018年上升或下降(±%) Increased or Decreased Compared with 2018	2020 比2019年上升或下降(±%) Increased or Decreased Compared with 2019	2021 比2020年上升或下降(±%) Increased or Decreased Compared with 2020	2022 比2021年上升或下降(±%) Increased or Decreased Compared with 2021	2023 比2022年上升或下降(±%) Increased or Decreased Compared with 2022
全省总计	**Total**	**-3.07**	**-1.67**	**-1.77**	**-1.41**	**-0.56**
济 南 市	Jinan	-3.88	-0.45	2.18	2.03	2.05
青 岛 市	Qingdao	-0.39	-1.07	7.07	0.44	2.07
淄 博 市	Zibo	-2.82	-1.20	-2.54	-6.46	-0.92
枣 庄 市	Zaozhuang	-2.17	-1.90	-1.31	-0.58	3.05
东 营 市	Dongying	0.56	-3.17	-0.58	-1.63	2.36
烟 台 市	Yantai	-0.90	-2.93	-2.36	-2.14	-5.24
潍 坊 市	Weifang	4.42	-0.25	-2.12	-2.36	3.49
济 宁 市	Jining	0.90	-1.63	-0.76	-0.99	0.69
泰 安 市	Tai'an	-2.95	1.73	7.18	2.43	-0.91
威 海 市	Weihai	1.42	-1.98	2.73	0.12	11.79
日 照 市	Rizhao	3.94	1.29	-11.67	2.50	3.16
临 沂 市	Linyi	-2.39	-2.96	3.02	0.37	1.75
德 州 市	Dezhou	2.92	0.54	3.94	0.81	-1.34
聊 城 市	Liaocheng	-1.61	-1.09	-7.15	-2.48	0.05
滨 州 市	Binzhou	-10.60	-3.92	-7.28	-4.85	-8.37
菏 泽 市	Heze	-0.26	-1.35	0.11	-0.43	2.72

注：电力数据为国网山东电力公司数据。

a) The involved data of electricity energy for the calculation of the data in this table come from by Shandong Electric Power Corporation.

7-16 各市电力消费量(2023年)

Electricity Consumption by Region(2023)

单位:亿千瓦时 (100 million kW·h)

地 区	Region	全社会用电量 Electricity Consumption	第一产业 Primary Industry Electricity Consumption	第二产业 Secondary Industry Electricity Consumption	第三产业 Tertiary Industry Electricity Consumption	#工业用电 Industrial Electricity Consumption	#城乡居民生活用电 Household Electricity Consumption
全省总计	**Total**	**7965.6**	**132.4**	**5907.0**	**989.7**	**5835.7**	**936.5**
济南市	Jinan	540.9	4.1	291.6	140.9	280.7	104.3
青岛市	Qingdao	622.9	10.8	337.8	165.6	323.9	108.6
淄博市	Zibo	435.0	2.6	349.0	40.5	346.8	42.9
枣庄市	Zaozhuang	212.2	1.7	147.0	31.1	145.1	32.4
东营市	Dongying	408.5	6.5	351.9	27.0	350.2	23.1
烟台市	Yantai	618.1	16.6	469.8	69.3	465.4	62.5
潍坊市	Weifang	760.1	21.1	568.9	87.3	562.7	82.8
济宁市	Jining	431.6	6.9	282.0	69.0	278.7	73.8
泰安市	Tai'an	275.7	4.1	191.7	38.8	189.5	41.0
威海市	Weihai	182.6	5.1	114.6	35.1	112.4	27.8
日照市	Rizhao	298.3	7.3	234.3	28.9	232.8	27.8
临沂市	Linyi	632.6	11.7	438.4	84.3	432.4	98.3
德州市	Dezhou	311.3	8.3	212.0	45.3	208.2	45.8
聊城市	Liaocheng	708.7	9.1	605.3	43.4	601.8	50.9
滨州市	Binzhou	1178.9	7.6	1102.8	29.8	1099.8	38.7
菏泽市	Heze	318.5	8.9	180.0	53.5	175.6	76.0

注：本表数据为国网山东电力公司数据。
a) Data in this table are provided by Shandong Electric Power Corporation.

主要统计指标解释

能源生产总量　指一定时期内，一个地区一次能源生产量的总和。该指标是观察一个地区能源生产水平、规模、构成和发展速度的总量指标。一次能源生产量包括原煤、原油、天然气、水电、核能及其他动力能(如风能、太阳能、生物质能、地热能等)发电量，不包括非商品类的低热值燃料生产量、生物质能、太阳能等的利用，以及由一次能源加工转换而成的二次能源产量。

能源消费总量　指一定时期内，一个地区物质生产部门、非物质生产部门和生活消费的各种能源的总和。该指标是观察能源消费水平、构成和增长速度的总量指标。能源消费总量包括煤品和油品、天然气、电力和其他能源，不包括非商品类的低热值燃料、生物质能和太阳能等的利用。能源消费总量分为终端能源消费量、能源加工转换损失量和能源损失量三部分。

(1)终端能源消费量：指一定时期内，一个地区生产和生活消费的各种能源在扣除了用于加工转换二次能源消费量和损失量以后的数量。

(2)能源加工转换损失量：指一定时期内，一个地区投入加工转换的各种能源数量之和与产出各种能源产品之和的差额。该指标是观察能源在加工转换过程中损失量变化的指标。

(3)能源损失量：指一定时期内，能源在输送、分配、储存过程中发生的损失和由客观原因造成的各种损失量，不包括各种气体能源放空、放散量。

能源生产弹性系数　是研究能源生产增长速度与国民经济增长速度之间关系的指标。计算公式：

$$能源生产弹性系数=\frac{能源生产总量年平均增长速度}{国民经济年平均增长速度}$$

国民经济年平均增长速度，可根据不同的目的或需要，用国民生产总值、国内生产总值等指标来计算，本年鉴是采用国内生产总值指标计算的。

电力生产弹性系数　是研究电力生产增长速度与国民经济增长速度之间关系的指标。一般来说，电力的发展应当快于国民经济的发展，也就是说电力应超前发展。计算公式为：

$$电力生产弹性系数=\frac{电力生产量年平均增长速度}{国民经济年平均增长速度}$$

能源消费弹性系数　反映能源消费增长速度与国民经济增长速度之间比例关系的指标。计算公式为：

$$能源消费弹性系数=\frac{能源消费量年平均增长速度}{国民经济年平均增长速度}$$

电力消费弹性系数　反映电力消费增长速度与国民经济增长速度之间比例关系的指标。计算公式为：

$$电力消费弹性系数=\frac{电力消费量年平均增长速度}{国民经济年平均增长速度}$$

Explanatory Notes on Main Statistical Indicators

Total Energy Production refers to the total production of primary energy by all energy producing enterprises in the region in a given period of time. It is a comprehensive indicator to show the capacity, scale, composition and development of energy production of the country. The production of primary energy includes that of crude coal, crude oil, natural gas, and electricity generated by hydropower, nuclear energy and other means such as wind power, solar power, bio-energy and geothermal power. However, it excludes the production of noncommercial fuels of low calorific value, bio-energy, solar energy and the secondary energy converted from the primary energy.

Total Domestic Energy Consumption refers to the total consumption of energy of various kinds by material production sectors, non material production sectors and households in the country in a given period of time. It is a comprehensive indicator to show the scale, composition and development of energy consumption. The total energy consumption includes that of coal, oil and their products, natural gas, electricity and other energy resources. However, it excludes the consumption of noncommercial fuel of low calorific value, bio-energy and solar energy. Total domestic energy consumption can be divided into three parts: final energy consumption, loss during the process of energy conversion, and energy loss.

(1)Final Energy Consumption: It refers to the total energy consumption by material production sectors, non material production sectors and households in the region in a given period of time, but excludes the consumption in conversion of the primary energy into the secondary energy and the loss in the process of energy conversion.

(2)Loss During the Process of Energy Conversion: It refers to the total input of various kinds of energy for conversion, minus the total output of various kinds of energy in the region in a given period of time. It is an indicator to show the loss that occurs during the process of energy conversion.

(3)Energy Loss: It refers to the total of the loss of energy during the course of energy transport, distribution and storage and the loss caused by any objective reason in a given period of time. The loss of various kinds of gas due to gas discharges and stocktaking is excluded.

Elasticity Ratio of Energy Production is an indicator to show the relationship between the growth rate of energy production and the growth rate of the national economy. The formula is:

$$\text{Elasticity Ratio of Energy Production} = \frac{\text{Average Annual Growth Rate of Energy Production}}{\text{Average Annual Growth Rate of National Economy}}$$

The average annual growth rate of the national economy can be shown by the gross national product, gross domestic product and other indicators, depending upon the purposes or needs. The gross domestic product is used in calculation of the ratio in this chapter.

Elasticity Ratio of Electricity Production is an indicator to show the relationship between the growth rate of electricity production and the growth rate of the national economy. Generally speaking, the growth rate of electricity production should be higher than that of the national economy. Its formula is:

$$\text{Elasticity Ratio of Electricity Production} = \frac{\text{Average Annual Growth Rate of Electricity Production}}{\text{Average Annual Growth Rate of National Economy}}$$

Elasticity Ratio of Energy Consumption is an indicator to show the relationship between the growth rate of energy consumption and the growth rate of the national economy. The formula is:

$$\text{Elasticity Ratio of Energy Consumption} = \frac{\text{Average Annual Growth Rate of Energy Consumption}}{\text{Average Annual Growth Rate of National Economy}}$$

Elasticity Ratio of Electricity Consumption is an indicator to show the relationship between the growth rate of electricity consumption and the growth rate of the national economy. The formula is:

$$\text{Elasticity Ratio of Electricity Consumption} = \frac{\text{Average Annual Growth Rate of Electricity Consumption}}{\text{Average Annual Growth Rate of National Economy}}$$

第8篇

财政和金融

Government Finance and

Financial Intermediation

简 要 说 明

一、本篇资料的主要内容

本篇资料反映了全省财政收支、金融和保险、证券方面的情况，主要包括财政收入、财政支出、人民币外汇牌价、金融机构存贷款、保险机构、保险业务开展和山东省辖区证券市场等方面的资料。

二、本篇资料的来源

1.财政方面的资料来源于省财政厅。根据财政部2023年《财政收支分类科目》，财政支出科目变动较大，与往年不可比。

2. 历年人民币对主要外币的年平均汇价资料来源于国家外汇管理局，是根据当年国家外汇管理局提供的每日汇价进行加权平均计算而得出的当年年平均汇价。

3.金融方面的资料来源于中国人民银行山东省分行。

4.保险方面的资料来源于国家金融监督管理总局山东监管局。

5.证券方面的资料来源于中国证监会山东监管局。

6.本篇资料由省统计局综合处整理。

Brief Introduction

I. Main Content

Data in this chapter show the conditions of local government budgetary finance, banking and insurance,and securities, including government revenue and expenditure, exchange rate of RMB to other currencies， credit funds, cash income and expenses, statistics on insurance companies and basic situation of securities markets in Shandong province.

II. Source of Data

（1） Data on local government finance are provided by Shandong Provincial Department of Finance. Because of reform of Government Revenue and Expenditure Classification Items issued by the Ministry of Finance of China in2023,data on items cannot be compared with those of preceding years.

（2） Average exchange rates of RMB yuan to other currencies over the years come from the State Administration of Exchange Control. The annual average exchange rate is calculated as the weighted mean of the daily exchange rates provided by the State Administration of Exchange Control.

（3） Data on banking are provided by the People's Bank of China Shandong provincial Branch.

（4） Data on insurance are provided by National Financial Regulatory Administration Shandong Office.

（5） Data on securities are provided by China Securities Regulatory Commission of Shandong Bureau.

（6） Data in this chapter are prepared and compiled by the Division of Comprehensive Statistics of Shandong Provincial Bureau of Statistics.

8-1 主要年份一般公共预算收入

General Public Budget Revenue in Major Years

单位:万元 (10 000 yuan)

年份 Year	一般公共预算收入 General Public Budget Revenue	税收收入 Tax Revenue	增值税 Value Added Tax	营业税 Business Tax	企业所得税 Corporate Income Tax	个人所得税 Individual Income Tax	城市维护建设税 City Maintenance and Construction Tax	房产税 House Property Tax	印花税 Stamp Tax
1950	44253	35209							
1952	76284	62545							
1955	89333	79914							
1957	107262	92112							
1962	125506	96577							
1965	164766	100184							
1970	309438	167361							
1975	459668	233132							
1976	496749	270119							
1977	559590	313898							
1978	641286	327465							
1979	569948	322814							
1980	481097	335362							
1981	511850	368177	471			3			
1982	492888	416477	3001			5			
1983	504050	428911	12980			8			
1984	536022	484039	21457	13611		15			
1985	675316	638230	45950	101566		216	30811		
1986	621535	567351	86294	131137		498	37058	440	
1987	727901	652813	108184	159799		515	41417	10663	
1988	826814	825681	192216	216442		371	51037	11012	362
1989	1009416	973118	223717	274118		452	59324	14781	7451
1990	1091082	1058745	241241	291283	84831	687	63936	19110	5754
1991	1285184	1145170	264599	315116	89766	744	71381	26116	5994
1992	1393225	1287334	312552	367710	76817	980	77163	27263	6175
1993	1943978	1908554	545599	458562	85753	1566	90282	32420	6515
1994	1346611	1264642	363371	311355	163942	22983	117238	38577	7115
1995	1790025	1635139	416401	405456	256396	55930	140782	49773	9273
1996	2416742	2156333	518976	515829	365781	89493	172075	61064	10053
1997	3044232	2648693	617844	622148	484919	126801	202164	80812	13373
1998	3523912	3019024	701402	752239	468054	46780	131149	226211	107540
1999	4044829	3429430	782176	789669	631666	187585	238123	134879	19983
2000	4636788	3929022	896895	876638	818659	247492	276205	155591	22440
2001	5731793	4883422	1002918	926921	1491110	369925	290458	165321	26963
2002	6102242	4950266	1112319	1176414	783934	310934	307978	209770	37256
2003	7137877	5582820	1260824	1447077	664382	260262	444019	244706	46613
2004	8283306	6274331	1160390	1764502	860624	319637	549266	267768	62914
2005	10731250	8264612	1930040	2177928	1108282	388938	659514	327950	92515
2006	13562526	10357905	2428345	2717252	1482753	458361	784298	387000	123031
2007	16753980	13083516	2907862	3397121	1985020	568145	924642	443522	159005
2008	19570541	15335324	3337763	3960900	2299728	611251	1041367	472576	203026
2009	21986324	17203455	3244846	4706109	2203040	646665	1090776	578637	238728
2010	27493842	21498997	3782348	6315107	2933058	810098	1307440	646535	337443
2011	34559267	26031329	4138174	7657247	3985551	965805	1796032	740189	411070
2012	40594301	30502010	4381207	8966409	4416434	951065	1988839	1008346	465851
2013	45599463	35334906	4895590	10683275	4459540	1045930	2178411	1117476	528630
2014	50268273	39657605	5969647	11359162	4830098	1151842	2313253	1224873	605607
2015	55293253	42031178	5949766	12523983	4987224	1431225	2437121	1338572	594147
2016	58601836	42125903	11297486	6504453	5032373	1431522	2508344	1433639	612587
2017	60986324	44194025	17059602		6202953	1867335	2618202	1578095	747811
2018	64853959	48979231	19021182		6773754	2152981	3064603	1682525	809162
2019	65267095	48492909	19586652		6962049	1474723	2901252	1667267	743334
2020	65599306	47576242	18144737		6865544	1820627	2839694	1655720	836298
2021	72844608	54759900	20303130		8674330	2434028	3247197	1889612	1095060
2022	71041012	47955228	14363604		8395555	2654676	3110136	2138126	1110879
2023	74647750	52296633	20271498		7249410	2601683	3198399	2296102	1389792

注:1.本表中1994年以来的财政收入及分组均系新口径数,与历史资料不可比。
　　2.2016开始，增值税和营业税均系新口径数，与历史资料不可比。

a) Data from 1994 are based on new grouping method,so they cannot compare with other data.

b) Since 2016,Data of Value-added Tax and Business Tax are based on new method,so they cannot compare with other data.

8-2 1950-2006年地方财政支出

Total Local Government Budgetary Expenditure from 1950 to 2006

单位:万元 (10 000 yuan)

年份 Year	地方财政支出 Expenditure of Local Government	#基本建设 Expenditure for Capital Construction	#城市维护费 Expenditure on City Maintenance	#支援农业支出 Expenditure for Agriculture	#文教科学卫生事业费 Expenditure for Culture, Education, Science and Health	#行政管理费 Expenditure for Government Administration
1950	10281	556	79	266		4704
1951	15965	3221	490	364		7357
1952	31886	8860	245	735		8332
1953	32272	5719	263	433		9548
1954	33657	6505	245	1447		9381
1955	31143	4023	209	1954		9868
1956	47155	13244	107	3484		12695
1957	49164	10522	201	4770		11790
1958	120740	75087	67	4468		12461
1959	158857	78459	22	16116		14162
1960	239314	98855	82	23717		14571
1961	135988	19073	69	27392		13612
1962	63594	6560	334	9526		11753
1963	79714	10271	1018	12029		13054
1964	89615	17557	1535	12620		13212
1965	95407	18711	1807	10048		13144
1966	104100	24115	1690	10425		13691
1967	102007	33442	1669	9728		12064
1968	88752	31016	1719	7476		12264
1969	113952	49590	1756	7683		12669
1970	142528	70447	1805	8389		14245
1971	159105	67943	1743	11247		17779
1972	188907	82551	1621	15603		19336
1973	194872	66635	2419	21980		18541
1974	191061	56996	2005	24284		18435
1975	212560	52389	2194	26906		21241
1976	214205	48383	2579	29119		22899
1977	226136	48648	2610	32399		24449
1978	319044	83503	3750	40221		26553
1979	316239	69982	9535	41812	77298	31908
1980	300736	46680	9484	38422	90951	39017
1981	255341	32150	13144	28754	94093	39200
1982	294482	32395	17044	37525	110039	45512
1983	324119	39875	18184	38058	122536	52391
1984	389763	51801	22063	39512	144038	69508
1985	512953	55562	39340	42453	174126	70091
1986	679384	63375	47595	49892	208135	79655
1987	752168	48880	48156	57550	219751	83423
1988	940725	59630	63024	78301	278458	114421
1989	1136714	55472	75062	102293	324427	98493
1990	1238530	78060	76532	111848	354574	107220
1991	1320610	73926	80209	116383	390775	121071
1992	1456988	85542	89276	141474	457972	158948
1993	1883646	115922	104912	163489	536522	208572
1994	2187683	100904	121656	176277	721820	269520
1995	2758656	179597	163339	224793	832336	315337
1996	3589836	248334	226014	276556	1032168	402325
1997	4233342	239629	281070	367611	1182892	456970
1998	4878175	318452	367382	377198	1325393	501269
1999	5500034	325120	351390	402651	1453237	544497
2000	6130774	295068	388802	411914	1677928	622058
2001	7537781	409608	485770	478933	1936046	743144
2002	8606484	440415	547982	557939	2290732	900217
2003	10106395	636760	685165	618116	2553316	1123337
2004	11893716	600330	885953	731073	3091148	1312928
2005	14662271	704835	1179667	895847	3751654	1629489
2006	18334400	821963	1470287	1083756	4542846	1929519

8-3 1979-2006年财政支出中用于文、教、科、卫的支出

Expense on Culture,Education,Science and Health from 1979 to 2006

单位:万元 (10 000 yuan)

年 份 Year	合 计 Total	文体广播事业费 Operating Expenses for Culture,Sports and Broadcast	教育事业费 Operating Expenses for Education	科学事业费 Operating Expenses for Science	卫生经费 Operating Expenses for Health	科技三项经费 Science and Technology Promotion Funds
1979	80348	9219	43077	4141	20098	3813
1980	93350	9974	53296	4060	23290	2730
1981	95577	9791	54453	4094	24965	2274
1982	111630	11702	62804	4335	29737	3052
1983	125430	14353	67656	5040	33667	4714
1984	145710	18779	77533	6738	37382	5278
1985	175562	22631	97565	6513	44117	4736
1986	209611	29869	114757	8056	50910	6019
1987	225197	30555	125465	7053	56678	5446
1988	284003	39108	161889	10205	67256	5545
1989	333489	43029	187894	10535	82969	9062
1990	363035	48165	202060	11646	92703	8461
1991	401036	54145	225118	12757	98755	10261
1992	470129	61127	271681	14629	110310	12382
1993	568801	70133	337052	16678	129131	15807
1994	738553	84780	464330	22340	150028	17075
1995	856648	112065	523754	22551	173966	24312
1996	1066333	124463	670721	27256	209728	34165
1997	1229252	154418	753374	34974	240126	46360
1998	1388027	150517	886208	35703	252965	62634
1999	1532952	159272	999902	35491	258572	79715
2000	1770387	175745	1181042	38543	282598	92459
2001	2051303	206502	1377529	45428	306587	115257
2002	2427593	274203	1627761	53056	335712	136861
2003	2693986	307350	1791484	58375	396107	140670
2004	3091148	366895	2048284	65970	452199	157800
2005	3751654	449415	2487484	76471	544085	194199
2006	4542846	519674	2922839	90544	733206	276583

8-4 一般公共预算收入
General Public Budget Revenue

单位:万元 (10 000 yuan)

类　　别	Category	2019	2020	2021	2022	2023
一般公共预算收入	**General Public Budget Revenue**	**65267095**	**65599306**	**72844608**	**71041012**	**74647750**
一、税收收入	**Tax Revenue**	**48492909**	**47576242**	**54759900**	**47955228**	**52296633**
增值税	Value Added Tax	19586652	18144737	20303130	14363604	20271498
企业所得税	Corporate Income Tax	6962049	6865544	8674330	8395555	7249410
个人所得税	Individual Income Tax	1474723	1820627	2434028	2654676	2601683
资源税	Resource Tax	1199824	1082741	1261539	1580404	1606038
城市维护建设税	City Maintenance and Construction Tax	2901252	2839694	3247197	3110136	3198399
房产税	House Property Tax	1667267	1655720	1889612	2138126	2296102
印花税	Stamp Tax	743334	836298	1095060	1110879	1389792
城镇土地使用税	Urban land Use Tax	3372743	2998933	3025349	3155133	3150874
土地增值税	Land Appreciation Tax	4042826	4333819	4871132	4945894	4314154
车船税	Tax on vehicles and Boat Operation	781048	822964	944339	990897	1015682
耕地占用税	Farm Land Occupation Tax	972500	976708	974605	911009	755934
契　税	Deed Tax	4555154	5028331	5886643	4358522	4245747
烟叶税	Tobacco Leaf Tax	21266	23489	23594	32806	32557
环境保护税	Environmental Tax	193865	134127	118411	194617	162529
其他税收收入	Other Tax	18406	12510	10931	12970	6234
二、非税收入	**Non-tax Revenue**	**16774186**	**18023064**	**18084708**	**23085784**	**22351117**
专项收入	Special Program Receipts	3474406	3601058	3789355	4531376	4382854
行政事业性收费收入	Charge of Administrative and Institutional Units	3072246	3083218	3369904	3377507	2957194
罚没收入	Penalty Receipts	2087842	2251619	2997949	2832043	3127714
国有资本经营收入	Operating Income from Government Capital	713007	709745	373656	548125	437862
国有资源(资产)有偿使用收入	Income from Use of State-owned Resources (Assets)	6435974	7435801	6191908	10154784	10270778
其他收入	Other Non-tax Receipts	990711	941623	1361936	1641949	1174715

8-5 一般公共预算支出

General Public Budget Expenditure

单位:万元 (10 000 yuan)

类 别	Category	2019	2020	2021	2022	2023
一般公共预算支出	**General Public Budget Expenditure**	**107397560**	**112335163**	**117131607**	**121286340**	**125817390**
一般公共服务支出	Expenditure for General Public Services	10619500	11180676	11361128	12093238	11934996
公共安全支出	Expenditure for Public Security	6332058	6316573	6351953	6328568	6471840
教育支出	Expenditure for Education	21561355	22838368	24110936	26264802	27137395
科学技术支出	Expenditure for Science and Technology	3057556	2986162	3723197	3132594	3227048
文化旅游体育与传媒支出	Expenditure for Culture, Tourism, Sport and Media	1895034	1701115	1803572	1674730	1574182
社会保障和就业支出	Expenditure for Social Security and Employment	14446327	16575296	18633891	19644355	21817521
卫生健康支出	Expenditure for Health Care	9120675	10455012	10927223	12341046	12539795
城乡社区支出	Expenditure for Urban and Rural Community Affairs	10702489	10538645	10873296	9923417	12001280
农林水支出	Expenditure for Agriculture, Forestry and Water Conservancy	10759789	10652864	10269455	11188638	10517303
交通运输支出	Expenditure for Transportation	3777587	3758935	3262570	3024850	3029245
资源勘探工业信息等支出	Expenditure for Resource Exploration and Industrial Information	2161059	2594688	2589794	2555044	2810679
商业服务业等支出	Expenditure for Affairs of Commerce and Services	558267	742788	847941	895854	824893
自然资源海洋气象等支出	Expenditure for Natural Rescources,Ocean and Weather	1355145	1311128	1362818	1413708	1319905
住房保障支出	Expenditure for Affairs of Housing Security	2392927	2516290	2806846	3121092	3256167

注：2019年起，文化体育与传媒支出更名为文化旅游体育与传媒支出，医疗卫生与计划生育支出更名为卫生健康支出，国土海洋气象等支出更名为自然资源海洋气象等支出。

a) Since 2019,Expenditure for Culture, Sport and Media renames to Expenditure for Culture,Tourism,Sport and Media.Expenditure for Medical and Health Care,and Family Planning renames to Expenditure for Health.Expenditure for Affairs of Land,Ocean and Weather renames to Expenditure for Natural Ocean and Weather.

8-6 各市一般公共预算收入(2023年)

General Public Budget Revenue by Region(2023)

单位:万元 (10 000 yuan)

地区	Region	一般公共预算收入 General Public Budget Revenue	税收收入 Tax Revenue	增值税 Value Added Tax	企业所得税 Corporate Income Tax	个人所得税 Individual Income Tax	资源税 Resource Tax
全省总计	**Total**	**74647750**	**52296633**	**20271498**	**7249410**	**2601683**	**1606038**
济南市	Jinan	10608223	7979263	2749480	1151762	484132	62980
青岛市	Qingdao	13378595	10060952	3844294	1869293	805244	27674
淄博市	Zibo	3953042	2544083	1203674	268500	108541	57182
枣庄市	Zaozhuang	1810463	1161452	420031	114326	42202	76584
东营市	Dongying	2846259	1997582	773266	153645	69581	18772
烟台市	Yantai	6738683	4722248	1665073	654893	340243	268784
潍坊市	Weifang	6083166	3941123	1627850	454003	141682	62715
济宁市	Jining	4750066	3236286	1164679	471614	94428	292899
泰安市	Tai'an	2392392	1792271	809396	183766	64160	81128
威海市	Weihai	2373823	1691389	669988	232349	130057	9874
日照市	Rizhao	1953369	1303663	529815	178198	30575	25523
临沂市	Linyi	4457688	3288726	1299732	271670	95077	75426
德州市	Dezhou	2506002	1746510	723538	185188	51586	19753
聊城市	Liaocheng	2446182	1540102	665625	207504	45636	22134
滨州市	Binzhou	2921365	1918294	782399	186047	50789	22904
菏泽市	Heze	3165081	2049995	795244	266539	47750	107071

8-6 续表 1 continued

单位:万元 (10 000 yuan)

地区	Region	城市维护建设税 City Maintenance and Construction Tax	房产税 House Property Tax	城镇土地使用税 Urban Land Use Tax	土地增值税 Land Appreciation Tax	耕地占用税 Farm Land Occupation Tax	契税 Contract Tax	其他各项税收收入 Other Tax Revenue
全省总计	**Total**	**3198399**	**2296102**	**3150874**	**4314154**	**755934**	**4245747**	**2606794**
济南市	Jinan	453729	355392	263146	1370008	70450	652208	365976
青岛市	Qingdao	627564	511684	304011	866135	21197	758427	425429
淄博市	Zibo	189254	108891	154641	139792	30986	157626	124996
枣庄市	Zaozhuang	70082	44010	79475	43560	47879	165554	57749
东营市	Dongying	312101	74351	311978	37983	17284	103835	124786
烟台市	Yantai	243336	219748	383142	427273	48877	264218	206661
潍坊市	Weifang	318054	183144	327764	185371	36186	379179	225175
济宁市	Jining	146838	132110	182446	131851	135197	345991	138233
泰安市	Tai'an	111936	72781	95429	129151	38710	126919	78895
威海市	Weihai	97330	98945	147101	37276	19206	178115	71148
日照市	Rizhao	67198	61338	86052	56800	40950	113997	113217
临沂市	Linyi	153187	156498	207146	422336	99583	296566	211505
德州市	Dezhou	87391	71912	111305	140825	52115	205009	97888
聊城市	Liaocheng	80548	57559	77725	123012	17765	136458	106136
滨州市	Binzhou	131376	84294	240150	89761	29793	164154	136627
菏泽市	Heze	107943	63445	179363	113020	49756	197491	122373

8-6 续表 2 continued

单位:万元 (10 000 yuan)

地区	Region	非税收入 Non-tax Revenue	专项收入 Special Program Receipts	行政事业性收费收入 Charge of Administrative and Institutional Units	罚没收入 Penalty Receipts	国有资本经营收入 Operating Income from Government Capital	国有资源(资产)有偿使用收入 Income from Use of State-owned Resources (Assets)	其他收入 Other Non-tax Receipts
全省总计	**Total**	**22351117**	**4382854**	**2957194**	**3127714**	**437862**	**10270778**	**1174715**
济南市	Jinan	2628960	833962	360553	193160	8801	978475	254009
青岛市	Qingdao	3317643	1171160	582878	446842	21163	878650	216950
淄博市	Zibo	1408959	180913	87075	338126		708613	94232
枣庄市	Zaozhuang	649011	87624	86867	236934	44784	168951	23851
东营市	Dongying	848677	274025	67785	87738		354958	64171
烟台市	Yantai	2016435	232480	111124	125493	11329	1470915	65094
潍坊市	Weifang	2142043	280855	278993	207168	54176	1271729	49122
济宁市	Jining	1513780	263243	164483	173986	154	850223	61691
泰安市	Tai'an	600121	96773	106457	89149		267992	39750
威海市	Weihai	682434	95322	79380	68081	96868	313052	29731
日照市	Rizhao	649706	66273	63044	115413	53770	331532	19674
临沂市	Linyi	1168962	151091	143891	261922	33715	518028	60315
德州市	Dezhou	759492	88768	60983	142780	1521	430627	34813
聊城市	Liaocheng	906080	92401	177460	122448	3847	467693	42231
滨州市	Binzhou	1003071	124127	253555	228733	22	362544	34090
菏泽市	Heze	1115086	270650	153632	176914	107712	357746	48432

8-7 各市一般公共预算支出(2023年)

General Public Budget Expenditure by Region(2023)

单位:万元 (10 000 yuan)

地区 Region	一般公共预算支出 General Public Budget Expenditure	一般公共服务支出 Expenditure for General Public Service	公共安全支出 Expenditure for Public Security	教育支出 Expenditure for Education	科学技术支出 Expenditure for Science and Technology	文化旅游体育与传媒支出 Expenditure for Culture, Tourism, Sport and Media	社会保障和就业支出 Expenditure for Social Security and Employment	卫生健康支出 Expenditure for Health Care
全省总计 Total	**125817390**	**11934996**	**6471840**	**27137395**	**3227048**	**1574182**	**21817521**	**12539795**
济南市 Jinan	13652948	1364688	730617	2533707	465089	142931	2196981	1361684
青岛市 Qingdao	17187995	1854144	1009582	3335769	427853	254566	2596395	1511463
淄博市 Zibo	5503295	560687	314705	1188470	82100	78621	972238	478444
枣庄市 Zaozhuang	3520505	323884	212296	763735	33509	41928	778134	425757
东营市 Dongying	3817284	521535	185653	851869	31723	46971	389447	324367
烟台市 Yantai	9527296	986533	479238	1517698	242687	106370	1928943	958806
潍坊市 Weifang	8893794	701121	413339	2164704	159318	98764	1597154	853542
济宁市 Jining	7827901	677618	350329	1948934	87018	126478	1416788	908995
泰安市 Tai'an	4633850	406694	187491	1061754	57930	50824	1011188	520531
威海市 Weihai	4304436	368443	186455	910923	88591	45834	671992	359827
日照市 Rizhao	3201460	306055	164339	699631	121130	33130	600967	412264
临沂市 Linyi	9201573	840502	403512	2299936	99935	87410	1831298	1123538
德州市 Dezhou	6228522	515328	284386	1093362	155138	63180	1084840	592937
聊城市 Liaocheng	5356650	614339	240105	1113241	10521	67045	1041633	664950
滨州市 Binzhou	5271088	451111	203017	852026	64292	52765	815942	531180
菏泽市 Heze	7349896	723011	273353	1485109	45078	58590	1605118	1051810

8-7 续表 continued

单位:万元 (10 000 yuan)

地区 Region	节能环保支出 Expenditure for Energy Conservation and Environment Protection	城乡社区支出 Expenditure for Urban and Rural Community Affairs	农林水支出 Expenditure for Agriculture, Forestry and Water Conservancy	交通运输支出 Expenditure for Transportation	资源勘探工业信息等支出 Expenditure for Affairs of Resource Exploration and Industrial Information	商业服务业等支出 Expenditure for Affairs of Commerce and Services	金融支出 Expenditure for Financial Affairs	自然资源海洋气象等支出 Expenditure for Natural, Ocean and Weather	住房保障支出 Expenditure for Affairs of Housing Security
全省总计 Total	**2093127**	**12001280**	**10517303**	**3029245**	**2810679**	**824893**	**784616**	**1319905**	**3256167**
济南市 Jinan	248084	2553246	770155	386300	192978	57274	16444	111284	269223
青岛市 Qingdao	334206	2158611	890902	406788	852296	201369	140180	178700	402689
淄博市 Zibo	112350	576364	411278	76703	131560	81035	26892	34349	163696
枣庄市 Zaozhuang	60293	171605	259219	92892	63428	14162	679	24470	141173
东营市 Dongying	99116	404321	388227	162027	93814	25240	44146	61637	13361
烟台市 Yantai	158346	894186	742006	205011	435881	33231	140424	97577	232857
潍坊市 Weifang	202397	913164	860081	183276	120296	59107	12297	54235	156313
济宁市 Jining	129267	547563	843019	177174	67950	24019	5485	67714	181253
泰安市 Tai'an	72253	197708	506219	109491	48946	27733	1050	28293	98446
威海市 Weihai	67025	554056	453823	97163	76614	19787	12274	81303	152752
日照市 Rizhao	35142	194625	235753	124414	41862	11865	2056	36280	95866
临沂市 Linyi	102236	390573	1002568	225034	69597	29771	35308	148535	308781
德州市 Dezhou	94634	743318	654822	196567	99889	119207	19392	52698	274410
聊城市 Liaocheng	88624	376002	526668	101944	127335	17306	8481	46518	194323
滨州市 Binzhou	97314	882344	560251	152215	208681	15943	24702	51375	144065
菏泽市 Heze	109613	428563	865162	163930	44561	10382	1200	55058	279155

8-8 1978-2023年人民币对主要外币年平均汇价(中间价)
Average Exchange Rate of RMB Yuan Against Main Convertible Currencies from 1978 to 2023(Middle Rate)

单位:人民币元 (RMB yuan)

年 份 Year	100美元 100 US Dollars	100日元 100 Japanese Yen	100港元 100 Hong Kong Dollars	100欧元 100Euros
1978	168.36	0.81	36.16	
1979	155.49	0.71	31.35	
1980	149.84	0.66	30.15	
1981	170.51	0.77	30.41	
1982	189.26	0.76	31.15	
1983	197.57	0.83	27.36	
1984	232.70	0.98	29.71	
1985	293.67	1.25	37.57	
1986	345.28	2.07	44.22	
1987	372.21	2.58	47.74	
1988	372.21	2.91	47.70	
1989	376.51	2.74	48.28	
1990	478.32	3.32	61.39	
1991	532.33	3.96	68.45	
1992	551.46	4.36	71.24	
1993	576.20	5.20	74.41	
1994	861.87	8.44	111.53	
1995	835.10	8.92	107.96	
1996	831.42	7.64	107.51	
1997	828.98	6.86	107.09	
1998	827.91	6.35	106.88	
1999	827.83	7.29	106.66	
2000	827.84	7.69	106.18	
2001	827.70	6.81	106.08	
2002	827.70	6.62	106.07	800.58
2003	827.70	7.15	106.24	936.13
2004	827.68	7.66	106.23	1029.00
2005	819.17	7.45	105.30	1019.53
2006	797.18	6.86	102.62	1001.90
2007	760.40	6.46	97.46	1041.75
2008	694.51	6.74	89.19	1022.27
2009	683.10	7.30	88.12	952.70
2010	676.95	7.73	87.13	897.25
2011	645.88	8.11	82.97	900.11
2012	631.25	7.90	81.38	810.67
2013	619.32	6.33	79.85	822.19
2014	614.28	5.82	79.22	816.51
2015	622.84	5.15	80.34	691.41
2016	664.23	6.12	85.58	734.26
2017	675.18	6.02	86.64	763.03
2018	661.74	5.99	84.43	780.16
2019	689.85	6.33	88.05	772.55
2020	689.76	6.46	88.93	787.55
2021	645.15	5.87	83.00	762.93
2022	672.61	5.13	85.89	707.21
2023	704.67	5.04	90.02	764.25

8-9 主要年份金融机构人民币存款余额

RMB Deposits of Financial Institutions in Major Years

单位:亿元 (100 million yuan)

年 份 Year	存款余额 Total Deposits	住户存款 Deposits of Households	非金融企业存款 Deposits of Non-financial Enterprises	广义政府存款 Deposits of General Government	非银行业金融机构存款 Deposits of Non-banking Financial Institutions
1952	2.8				
1955	6.7				
1957	6.7				
1962	14.8				
1965	17.4				
1970	54.0				
1975	72.2				
1976	76.5				
1977	78.2				
1978	90.0				
1979	65.6				
1980	87.9				
1981	113.6				
1982	123.1				
1983	155.5				
1984	233.3				
1985	278.8				
1986	351.6				
1987	470.2				
1988	591.3				
1989	724.7				
1990	934.1				
1991	1163.6				
1992	1448.3				
1993	1816.6				
1994	2522.5				
1995	3424.4				
1996	4293.8				
1997	4969.8				
1998	5755.5				
1999	6563.0				
2000	7471.2				
2001	8501.7				
2002	10247.8				
2003	12438.2				
2004	14514.3				
2005	17103.5				
2006	19634.0				
2007	22072.2				
2008	26930.2				
2009	34697.8				
2010	41105.0				
2011	46345.4				
2012	54301.5				
2013	62077.9				
2014	67498.3				
2015	74524.2	37320.0	22717.8	11470.9	2870.2
2016	83414.9	41350.9	26654.7	12672.0	2639.7
2017	88531.7	44035.8	27913.9	14356.5	2122.6
2018	94298.2	48435.0	28023.0	15777.7	1810.9
2019	102676.4	55232.1	30462.8	15106.9	1757.3
2020	116155.4	64258.4	34625.1	14800.8	2357.8
2021	127871.8	72255.3	37601.8	15129.3	2758.7
2022	143590.5	84665.3	40142.9	15171.2	3470.0
2023	157789.8	96869.1	41942.6	15379.8	3423.8

8-10 主要年份金融机构人民币贷款余额

RMB Loans of Financial Institutions in Major Years

单位：亿元 (100 million yuan)

年份 Year	贷款余额 Loans	住户贷款 Loans to Households	中长期贷款 Mid & Long-term Loans	企(事)业单位贷款 Loans to Non-financial Enterprises and Government Departments & Organizations	短期贷款 Short-term Loans	中长期贷款 Mid & Long-term Loans	非银行业金融机构贷款 Loans to Non-banking Financial Institutions
1952	1.6						
1955	14.0						
1957	16.9						
1962	41.5						
1965	39.0						
1970	66.9						
1975	91.8						
1976	102.9						
1977	120.9						
1978	133.7						
1979	124.9						
1980	180.2						
1981	206.4						
1982	235.4						
1983	265.0						
1984	366.7						
1985	446.5						
1986	554.9						
1987	667.8						
1988	803.1						
1989	941.3						
1990	1166.8						
1991	1428.0						
1992	1720.6						
1993	2079.1						
1994	2520.4						
1995	3128.9						
1996	3680.2						
1997	4456.7						
1998	5106.8						
1999	5679.9						
2000	6209.0						
2001	7017.7						
2002	8536.6						
2003	10467.1						
2004	11782.8						
2005	13381.7						
2006	15709.6						
2007	17545.1						
2008	20053.9						
2009	25961.3						
2010	30722.6						
2011	35179.0						
2012	40021.5						
2013	44761.3						
2014	50058.6						
2015	55437.0	13980.4	9798.3	41328.7	22592.3	15814.0	2.1
2016	61726.9	16496.6	12477.7	45096.4	22982.4	18282.5	7.1
2017	67576.0	20070.2	15656.9	47357.9	23349.6	21619.1	26.4
2018	74879.4	24226.3	19079.3	50507.6	22587.6	24333.5	5.0
2019	83703.0	29431.7	23048.9	54147.0	21850.1	27638.4	22.0
2020	95411.6	35015.0	27384.9	60298.6	23051.5	31910.2	
2021	108436.8	40300.8	31210.0	68019.5	24295.8	36975.6	
2022	121533.3	42793.9	32514.8	78537.3	26728.0	43272.6	4.0
2023	136576.9	46131.4	34097.5	90245.2	29117.3	52437.6	5.4

注：自2020年起，"非金融企业及机关团体贷款"更名为"企(事)业单位贷款"。

a) Since 2020,"Non-financial Corporate and Institution Loans" was changed its name to "Loans to Non-financial Enterprises and Government Departments & Organizations".

8－11 金融机构本外币信贷收支情况(2023年)

Sources & Uses of Credit Funds of Financial Institutions （in RMB and Foreign Currency） (2023)

单位:亿元 (100 million yuan)

类 别	Category	2023年末余额 2023 Year-end	比年初增减额 Increase/ Decrease from Year Beginning
各项存款	**Total Deposits**	**159927.0**	**13805.4**
境内存款	Domestic Deposits	159495.4	13816.3
住户存款	Deposits of Households	97230.0	12198.6
活期存款	Demand Deposits	21803.9	263.8
定期及其他存款	Time & Other Deposits	75426.1	11934.9
非金融企业存款	Deposits of Non-financial Enterprises	43453.7	1459.3
活期存款	Demand Deposits	14031.9	-1031.4
定期及其他存款	Time & Other Deposits	29421.8	2490.7
广义政府存款	General Government Deposits	15383.7	204.2
财政性存款	Fiscal Deposits	1383.4	182.4
机关团体存款	Non-profit Institution Deposits	14000.3	21.8
非银行业金融机构存款	Deposits of Non-banking Financial Institutions	3428.0	-45.9
境外存款	Overseas Deposits	431.6	-10.9
各项贷款	**Total Loans**	**138667.3**	**14465.3**
境内贷款	Domestic Loans	137199.5	14559.5
住户贷款	Loans to Households	46133.6	3131.0
短期贷款	Short-term Loans	12036.1	1569.4
消费贷款	Consumption Loans	4038.3	485.2
经营贷款	Operating Loans	7997.8	1084.2
中长期贷款	Mid & Long-term Loans	34097.5	1561.6
消费贷款	Consumption Loans	29519.0	838.3
经营贷款	Operating Loans	4578.5	723.3
企(事)业单位贷款	Loans to Non-financial Enterprises and Government Departments & Organizations	91060.5	11427.1
短期贷款	Short-term Loans	29747.5	2124.5
中长期贷款	Mid & Long-term Loans	52611.1	9155.2
票据融资	Paper Financing	7903.7	188.9
融资租赁	Financial Leases	729.0	77.5
各项垫款	Total Advances	69.1	-118.9
非银行业金融机构贷款	Loans to Non-banking Financial Institutions	5.4	1.4
境外贷款	Overseas Loans	1467.7	-94.1

8-12 金融机构人民币信贷收支情况(2023年)

Sources & Uses of Credit Funds of Financial Institutions (RMB) (2023)

单位:亿元 (100 million yuan)

类别	Category	2023年末余额 2023 Year-end	比年初增减额 Increase/ Decrease from Year Beginning
各项存款	**Total Deposits**	**157789.8**	**14153.6**
境内存款	Domestic Deposits	157615.3	14134.5
住户存款	Deposits of Households	96869.1	12205.8
活期存款	Demand Deposits	21620.5	292.0
定期及其他存款	Time & Other Deposits	75248.6	11913.8
非金融企业存款	Deposits of Non-financial Enterprises	41942.6	1770.2
活期存款	Demand Deposits	13124.7	-856.5
定期及其他存款	Time & Other Deposits	28817.9	2626.7
广义政府存款	General Government Deposits	15379.8	204.7
财政性存款	Fiscal Deposits	1383.4	182.4
机关团体存款	Deposits of Government Departments & Organizations	13996.4	22.3
非银行业金融机构存款	Deposits of Non-banking Financial Institutions	3423.8	-46.2
境外存款	Overseas Deposits	174.5	19.1
各项贷款	**Total Loans**	**136576.9**	**14836.5**
境内贷款	Domestic Loans	136382.0	14839.7
住户贷款	Loans to Households	46131.4	3130.3
短期贷款	Short-term Loans	12033.8	1568.8
消费贷款	Consumption Loans	4036.0	484.5
经营贷款	Operating Loans	7997.8	1084.2
中长期贷款	Mid & Long-term Loans	34097.5	1561.6
消费贷款	Consumption Loans	29519.0	838.3
经营贷款	Operating Loans	4578.5	723.3
企(事)业单位贷款	Loans to Non-financial Enterprises and Government Departments & Organizations	90245.2	11707.9
短期贷款	Short-term Loans	29117.3	2390.2
中长期贷款	Mid & Long-term Loans	52437.6	9164.1
票据融资	Paper Financing	7903.7	188.9
融资租赁	Financial Leases	729.0	77.5
各项垫款	Total Advances	57.4	-112.8
非银行业金融机构贷款	Loans to Non-banking Financial Institutions	5.4	1.4
境外贷款	Overseas Loans	194.9	-3.2

8-13 金融机构分行业本外币贷款情况(2023年)

Loans of RMB and Foreign Currencies of Financial institutions by sector (2023)

单位:亿元 (100 million yuan)

行 业	Sector	2023年末余额 2023 Year-end	比年初增减额 Increase/ Decrease from Year Beginning
贷款总计	**Total**	**131222.5**	**14355.0**
农、林、牧、渔业	Agriculture,Forestry,Animal Husbandry and Fishing	907.2	55.6
采矿业	Mining	2563.0	407.2
制造业	Manufacturing	17712.2	1907.8
电力、燃气及水的生产和供应业	Production and Supply of Electric Power and Heat Power	5578.0	999.6
建筑业	Construction	6795.3	1162.2
批发和零售业	Wholesale and Retail Trade	8532.5	1410.9
交通运输、仓储和邮政业	Traffic,Transport,Storage and Post	10032.6	1512.5
住宿和餐饮业	Hotels and Catering Services	330.0	30.7
信息传输、软件和信息技术服务业	Information Transfer, Software and Information Technology Services	587.9	129.2
金融业	Financial Intermediation	1439.0	39.1
房地产业	Real Estate	4431.8	160.5
租赁和商务服务业	Leasing and Business Services	13047.6	2093.9
科学研究和技术服务业	Scientific Research and Technical Service	678.2	188.7
水利、环境和公共设施管理业	Management of Water Conservancy,Environment and Public Facilities	8907.7	887.7
居民服务、修理和其他服务业	Households Services, Repair and Other Services	148.9	24.6
教 育	Education	693.9	119.7
卫生和社会工作	Health and Social Work	903.0	152.6
文化、体育和娱乐业	Culture,Sports and Entertainment	319.6	34.7
公共管理、社会保障和社会组织	Public management,Social Security and Social Organization	10.4	0.5
国际组织	International Organization		

8-14 各市金融机构本外币存贷款余额(2023年)

RMB and Foreign Currencies Deposits and Loans of Financial Institutions by Region(2023)

单位:亿元 (100 million yuan)

地 区	Region	各项存款 Total Deposits		#住户存款 Household Deposits		各项贷款 Total Loans	
		余 额 Year-end	比年初增减 Increase/ Decrease from Year Beginning	余 额 Year-end	比年初增减 Increase/ Decrease from Year Beginning	余 额 Year-end	比年初增减 Increase/ Decrease from Year Beginning
全省总计	**Total**	**159927.0**	**13805.4**	**97230.0**	**12198.6**	**138667.3**	**14465.3**
济南市	Jinan	27952.8	2011.8	11870.7	1579.7	28756.6	2644.3
青岛市	Qingdao	27114.0	2075.5	12894.4	1813.1	30146.9	3157.3
淄博市	Zibo	7542.3	673.6	5334.1	633.5	5270.7	554.1
枣庄市	Zaozhuang	3315.4	385.2	2444.9	318.4	2690.5	377.2
东营市	Dongying	6017.6	664.8	3338.9	439.3	4176.1	452.9
烟台市	Yantai	13345.2	1000.4	8585.4	1047.8	9121.3	1023.4
潍坊市	Weifang	13552.8	1200.7	9078.1	1090.5	10936.0	928.9
济宁市	Jining	8749.9	680.4	6390.6	792.8	7318.9	908.6
泰安市	Tai'an	6273.6	676.5	4596.4	560.3	4519.8	550.2
威海市	Weihai	6594.9	708.5	4370.0	556.6	5345.8	690.7
日照市	Rizhao	4114.2	393.7	2643.0	318.8	4156.0	370.5
临沂市	Linyi	10849.8	1052.7	7724.2	932.2	10028.1	1014.5
德州市	Dezhou	6056.7	647.2	4608.5	563.3	3779.6	476.4
聊城市	Liaocheng	6186.4	639.8	4540.8	525.6	3787.3	304.8
滨州市	Binzhou	4756.1	397.9	3019.8	368.0	3892.4	416.9
菏泽市	Heze	7109.4	695.5	5790.0	659.0	4553.3	609.8

8-15　1997-2023年保险费收入和赔款给付

Premium and Payment of Insurance Companies 1997 to 2023

年　份 Year	保险费收入 (万元) Premium (10 000 yuan)	赔款及给付支出 (万元) Settled Claim and Payment (10 000 yuan)	简单赔付率 (%) Simple Payment Rate (%)
1997	785298	317889	40.5
1998	837500	294648	35.2
1999	956496	365490	38.2
2000	1110622	402204	36.2
2001	1533204	409588	26.7
2002	2238236	456801	20.4
2003	2835306	561804	19.8
2004	3171584	656966	20.7
2005	3408050	766254	22.5
2006	3962203	1209078	30.5
2007	5017177	1717385	34.2
2008	6739812	1983902	29.4
2009	7928870	2283924	28.8
2010	10300687	2286398	22.2
2011	10360352	2712276	26.2
2012	11280360	3245582	28.8
2013	12804211	4416570	34.5
2014	14549297	5189703	35.7
2015	17876030	6221728	34.8
2016	23021888	7868526	34.2
2017	27380627	8312832	30.4
2018	29598304	9299333	31.4
2019	32388907	9034125	27.9
2020	34824927	10364798	29.8
2021	32783125	11403123	34.8
2022	34103114	11681374	34.3
2023	36411474	13111082	36.0

注：2021-2023年年末数据不含四家风险处置机构(以下相关表同)。
a)The data of 2021 to 2023 excludes four risk disposal institutions. The same applies to the relevant following tables.

8-16　人身保险公司主要业务指标(2023年)

Major Business Indicators of Life Insurance Companies (2023)

单位:万元　　(10 000 yuan)

类　别	Category	保费收入 Premium Income	赔款支出 Indemnity Expenditure	年金给付 Total Annuity Payment	满期给付 Total Mature Payment	死伤医疗给付 Payment for Death,Injury and Medical Treatment
总　计	**Total**	**25715256**	**1219895**	**1397659**	**1792401**	**1314258**
一、人寿保险	**Life Insurance**	**19350544**		**1397659**	**1763831**	**334004**
(一)非分红产品	Non-dividend Insurance	14248445		506269	190640	199767
定期寿险	Time Insurance	63955			21	16459
两全寿险	Endowment Insurance	2578402		77903	181912	55178
终身寿险	WLL	7466779			586	81516
年　金	Total Annuity Payment	4139308		428366	8122	46615
(二)分红产品	Dividend Insurance	5036719		890213	1569861	120251
定期寿险	Time Insurance					
两全寿险	Endowment Insurance	2502521		136931	1297684	69615
终身寿险	WLL	776620			4	23302
年　金	Total Annuity Payment	1757578		753283	272173	27335
(三)投资连接产品	Investment Link Insurance	1274			318	239
(四)万能产品	Universal Life Insurance	64106		1177	3012	13746
二、意外伤害保险	**Accident Injury Insurance**	**332260**	**118364**			
一年期以内	Within-One-year Period Business	26122	15989			
一年期及一年期以上	One-year Period and more Business	306138	102375			
三、健康保险	**Health Insurance**	**6032451**	**1101532**		**28570**	**980255**
一年期(及一年期以内)	Within-One-year Period Business	1324633	1101532			
一年期以上	One-year Period Business	4707818			28570	980255

8-17 财产保险公司主要业务指标(2023年)
Major Business Indicators of Insurance Companies(2023)

单位:万元 (10 000 yuan)

类　别	Category	保费收入 Premium	赔款支出 Payment
总　计	**Total**	**10696218**	**7386869**
机动车辆及第三者责任险	Motor Vehicle and Third Party Liability	6474250	4603958
企财险	Enterprise Property insurance	309223	156859
家财险	Family Property Insurance	159988	18764
工程险	Project Insurance	73717	33890
责任险	Liability Insurance	637719	337656
信用险	Credit Insurance	159997	25201
保证保险	Guarantee Insurance	222775	401627
船舶险	Ship Insurance	26134	20995
货运险	Freight Transport Insurance	106934	46448
特殊风险保险	Peculiar Risk Insurance	15461	4979
农业保险	Agriculture Insurance	797214	514997
健康险	Health Insurance	1292636	1055150
意外伤害险	Accident Injury Insurance	331684	108792
其　他	Other Property Insurance	88486	57555

8-18 各市保险业务情况(2023年)
Basic Statistics on Insurance by Region (2023)

单位:亿元 (100 million yuan)

地　区	Region	保费收入 Premium	财产险公司 Property Insurance Company	人身险公司 Life Insurance Company	赔款与给付 Claim and Payment	财产险公司 Property Insurance Company	人身险公司 Life Insurance Company
全省总计	**Total**	**3641.1**	**1069.6**	**2571.5**	**1311.1**	**738.7**	**572.4**
济南市	Jinan	694.8	154.1	540.7	216.1	96.4	119.7
青岛市	Qingdao	541.1	159.5	381.6	200.2	118.9	81.3
淄博市	Zibo	206.7	47.4	159.3	66.8	30.2	36.7
枣庄市	Zaozhuang	93.2	33.7	59.6	39.6	26.2	13.4
东营市	Dongying	106.5	34.2	72.3	36.0	20.1	16.0
烟台市	Yantai	294.8	68.5	226.3	101.8	47.8	54.0
潍坊市	Weifang	294.5	90.1	204.4	109.0	62.8	46.2
济宁市	Jining	233.2	80.9	152.3	87.9	55.2	32.7
泰安市	Tai'an	140.9	35.4	105.6	50.3	25.0	25.3
威海市	Weihai	120.3	31.4	88.9	43.5	23.0	20.5
日照市	Rizhao	78.3	29.7	48.6	33.6	19.5	14.1
临沂市	Linyi	297.3	104.9	192.4	113.8	75.5	38.3
德州市	Dezhou	137.2	46.8	90.3	49.4	29.5	19.9
聊城市	Liaocheng	127.0	49.9	77.1	50.0	34.8	15.3
滨州市	Binzhou	120.3	43.5	76.8	46.4	30.5	15.9
菏泽市	Heze	154.8	59.4	95.4	64.1	40.9	23.2

8-19 山东省证券期货市场基本情况
Basic Situation of Securities and Futures Markets of Shandong Province

项目		Item		2022	2023
上市公司数	(家)	Number of Listed Companies	(unit)	290	308
#发行A股公司数	(家)	A Shares	(unit)	288	307
发行B股公司数	(家)	B Shares	(unit)	5	4
A、B股均发行公司数	(家)	Number of Listed Companies (A Shares and B Shares)	(unit)	3	3
境内、外均发行公司数	(家)	Companies Listed Overseas and Domestic	(unit)	15	13
ST公司数	(家)	Number of ST Listed Companies	(unit)	3	2
*ST公司数	(家)	*ST Listed Companies	(unit)	4	4
证券公司数	(家)	No.of Securities Companies	(unit)	3	3
证券公司分公司数	(家)	No.of Branches of Securities Companies	(unit)	137	144
证券公司营业部数	(家)	No.of Securities Business Department	(unit)	567	549
期货公司数	(家)	No.of Futures Broker Companies	(unit)	5	4
期货公司分公司数	(家)	No.of Branches of Futures Broker Companies	(unit)	95	106
期货公司营业部数	(家)	No.of Trading Offices of Futures Broker Companies	(unit)	91	80
证券投资咨询机构数	(家)	No.of Securities Investment Consultative Institutions	(unit)	15	14
证券投资者资金开户数	(万户)	No.of Opening Account of Securities Investors	(10 000 households)	1487.4	1627.7
上市公司当年境内募集资金总额	(亿元)	Total Domestic Capital Volume Collected by Listed Companies	(100 million yuan)	616.2	493.6
首次公开发行	(亿元)	IPO	(100 million yuan)	206.7	144.9
配股	(亿元)	Share Right Issued	(100 million yuan)	25.0	
增发	(亿元)	Adding the Share Issue	(100 million yuan)	198.1	186.1
可转债	(亿元)	Transferable Loans	(100 million yuan)	126.5	162.6
公司债	(亿元)	Corporate Bond	(100 million yuan)	59.9	
市价总值	(亿元)	Total Market Value	(100 million yuan)	33136.8	33028.8
证券营业部代理证券交易额	(亿元)	Trading Volume of Securities Business Department	(100 million yuan)	228508.5	238944.4
期货经营机构代理交易额	(亿元)	Trading Volume of Agency by Futures Managerial Institutions	(100 million yuan)	337853.1	327768.4
全国中小企业股份转让系统挂牌公司	(家)	Listed Company on National SME Share Transfer System	(unit)	409	396
交易所公司债券发行金额	(亿元)	Issued Volume of Corporate Bonds Listed on the Exchange	(100 million yuan)	2561.2	3378.9
私募基金管理人登记数	(家)	Registration No.of Private investment fund managers	(unit)	826	768

注：证券营业部、期货公司营业数为已开业家数。

a)The number of securities business department(trading offices of futures broker companies) refers to those that has been opened.

8-20 各市证券期货市场基本情况(2023年)
Basic Situation of Securities and Futures Markets by Region (2023)

单位:家 (unit)

地区	Region	上市公司 Number of Listed Companies	拟上市公司 Number of Listed Companies in plan	新三板挂牌公司 Number of New third board Listed Companies	证券公司 No.of Securities Companies	证券公司分公司 No.of Branches of Securities Companies
全省总计	Total	**308**	**159**	**396**	**3**	**144**
济南市	Jinan	47	26	97	1	64
青岛市	Qingdao	67	26	62	2	43
淄博市	Zibo	33	13	29		3
枣庄市	Zaozhuang	4	5	11		1
东营市	Dongying	6	12	14		2
烟台市	Yantai	52	13	40		11
潍坊市	Weifang	29	19	25		3
济宁市	Jining	10	8	18		2
泰安市	Tai'an	7	4	13		2
威海市	Weihai	17	8	28		2
日照市	Rizhao	2	3	6		1
临沂市	Linyi	6	5	12		3
德州市	Dezhou	11	5	11		2
聊城市	Liaocheng	7	1	13		2
滨州市	Binzhou	8	9	11		1
菏泽市	Heze	2	2	6		2

8-20 续表 continued

单位:家 (unit)

地区	Region	证券公司营业部 No. of Securities Business Department	期货公司 No. of Futures Broker Companies	期货公司分公司 No. of Branches of Futures Broker Companies	期货公司营业部 No. of Trading Offices of Futures Broker Companies	私募基金管理人 No. of Private investment fund managers
全省总计	**Total**	**549**	**4**	**106**	**80**	**768**
济南市	Jinan	87	2	64	17	193
青岛市	Qingdao	119	1	30	22	375
淄博市	Zibo	40	1	2	6	33
枣庄市	Zaozhuang	15				4
东营市	Dongying	24			4	6
烟台市	Yantai	55		4	10	45
潍坊市	Weifang	48		2	1	29
济宁市	Jining	23		1	3	5
泰安市	Tai'an	20			1	21
威海市	Weihai	27			1	13
日照市	Rizhao	8		1	7	11
临沂市	Linyi	33		2	7	12
德州市	Dezhou	11			1	6
聊城市	Liaocheng	18				6
滨州市	Binzhou	12				6
菏泽市	Heze	9				3

主要统计指标解释

一般公共预算收入 指国家财政参与社会产品分配所取得的收入，是实现国家职能的财力保证。财政收入所包括的内容几经变化，目前主要包括：

（1）税收收入：包括增值税、企业所得税、个人所得税、资源税、城市维护建设税、房产税、印花税、城镇土地使用税、土地增值税、车船税、耕地占用税、契税、烟叶税、环境保护税等。

（2）非税收入：包括专项收入、行政事业性收费收入、罚没收入、国有资本经营收入、国有资源(资产)有偿使用收入等。

一般公共预算支出 国家财政将筹集起来的资金进行分配使用，以满足经济建设和各项事业的需要，主要包括：

（1）一般公共服务支出：反映政府提供一般公共服务的支出。

（2）公共安全支出：反映政府维护社会公共安全方面的支出，有关事务包括武装警察、公安、国家安全、检察、法院、司法、监狱、强制隔离戒毒、国家保密、缉私警察等。

（3）教育支出：反映政府教育事务支出。有关具体教育事务包括教育行政管理、学前教育、小学教育、初中教育、普通高中教育、普通高等教育、初等职业教育、中专教育、技校教育、职业高中教育、高等职业教育、广播电视教育、留学生教育、特殊教育、干部继续教育、教育机关服务等。

（4）科学技术支出：反映政府用于科学技术方面的支出。

（5）文化旅游体育与传媒支出：反映政府在文化旅游、文物、体育、广播电视、新闻出版等方面的支出。

（6）社会保障和就业支出：反映政府在社会保障与就业方面的支出。有关事项包括社会保障与就业管理事务、民政管理事务、财政对社会保险基金的补助、补充全国社会保障基金、行政事业单位离退休、企业改革补助、就业补助、抚恤、退役安置、社会福利、残疾人事业、城市居民最低生活保障、其他城镇社会救济、农村社会救济、自然灾害生活补助、红十字事务等。

（7）卫生健康支出：反映政府医疗卫生方面的支出。具体包括医疗卫生管理事务支出、医疗服务支出、医疗保障支出、疾病预防控制支出、卫生监督支出、妇幼保健支出、农村卫生支出等。

（8）城乡社区支出：反映政府城乡社区事务支出。具体包括：城乡社区管理事务支出、城乡社区规划与管理支出、城乡社区公共设施支出、城乡社区住宅支出、城乡社区环境卫生支出、建设市场管理与监督支出等。

（9）农林水支出：反映政府农林水事务方面的支出。具体包括农业、林业、水利、扶贫支出、农业综合开发支出等。

存　款 指企业、机关、团体或居民根据资金必须收回的原则，把货币资金存入银行或其他信贷机构保管并取得一定利息的一种信用活动形式。根据存款对象或性质的不同可划分为企业存款、财政存款、机关团体存款、基本建设存款、储蓄存款、农村存款、委托存款、其他存款等科目。它是银行信贷资金的主要来源。

贷　款 指银行或其他信贷机构根据资金必须归还的原则，按一定利率，为企业、个人等提供资金的一种信用活动形式。我国银行贷款分为短期贷款、中长期贷款、融资租赁、票据融资、各项垫款等。

保险公司 在中国境内的、经过保险监督管理部门批准设立，并依法登记注册的各类商业保险公司。

保险金额 指保险人承担赔偿或者给付保险金责任的最高限额。

保　费 指投保人为取得保险人在约定范围内所承担赔偿责任而支付给保险人的费用。

赔　款 指保险人根据保险合同的规定，向被保险人支付的赔偿保险责任损失的金额。

给　付 包括死伤医疗给付、满期给付和年金给付。死伤医疗给付是指保险人根据人寿保险及长期健康保险合同的规定，因被保险人在保险期内发生保险责任范围内的保险事故支付给被保险人(或受益人)的金额。满期给付是指被保险人生存期满，保险人按人寿保险合同规定支付给被保险人的满期保险金额。年金给付是指保险人因年金保险业务的被保险人生存至规定的年龄，按保险合同约定支付给被保险人的金额。

Explanatory Notes on Main Statistical Indicators

General Public Budget Revenue refers to the revenue of the government finance by means of participating in the distribution of the social products, which is the financial resources for ensuring the government to function. The contents of government revenue have been changed several times. Now it includes the following main items:

(1) Various tax revenues including value added tax, enterprise income tax, personal income tax, resources tax, tax on city maintenance and construction, real estate tax, stamp tax, tax on use of urban land, land value added tax, vehicle and vessel tax, tax on occupancy of cultivated land, property tax, tobacco leaf tax, environmental protection tax, etc.

(2) Non-tax Revenues including special revenues, revenues from Administrative and institutional fees, penalty and confiscatory revenues , revenues from state-owned capital operation,revenues from paid use of state-owned resources, etc.

General Public Budget Expenditure refers to the distribution and use of the funds the government finance has raised, so as to meet the needs of economic construction and various causes. It includes the following main items:

(1) Expenditure for general public services: It reflects the expenditure from the government for general public services.

(2) Expenditure for public security: It reflects the expenditure from the government towards safeguarding the public security, including the related affairs of armed police, public security, state security, procuratorial administration,law court, judicial administration, jail , reeducation through labor, state confidentiality, anti-smuggling patrol, etc.

(3) Expenditure for education: It reflects the expenditure from the government on education, including the related affairs of educational administration management, preschool education, primary education, junior secondary education, regular senior secondary education, regular higher education, primary vocational education, specialized secondary education, technical education, vocational senior secondary education, vocational higher education, radio and television education, foreign student education, special education, cadre continuing education, education institution services,etc.

(4) Expenditure for science and technology: It reflects the expenditure from the government on science and technology.

(5) Expenditure for culture, sport and media: It reflects the expenditure from the government on culture, cultural relics, sport, radio and television, publication, etc.

(6)Expenditure for social Safety net and employment effort:It reflects the expenditure from the government on social security and employment, including the related affairs of management of social security and employment, civil administration, subsidies to social insurance funds, supplement to national social security funds, retirees of government agencies and institutions, subsidies to enterprises reform, subsidies to employment, pension, settling down demobilized servicemen,social security, disabled person administration, minimum living allowance in urban area, other social relief in urban area, social relief in rural area, subsidies to natural disaster, Red Cross business,etc.

(7)Expenditure for health care: It reflects the expenditure from the government on health care, including expenditure on management of health care, medical services, medical security, disease control and prevention, public health supervision, maternal and child health expenditure rural health care, etc.

(8) Expenditure for urban and rural community affairs: It reflects the expenditure from the government on urban and rural community affairs, including expenditure on management of urban and rural community affairs, plan and management of urban and rural community, public utility of urban and rural community, residential buildings of urban and rural community, environmental sanitation of urban and rural community, management and supervision of markets construction, etc.

(9) Expenditure for agriculture, forestry and water conservancy: It reflects the expenditure from the government on agriculture, forest and irrigation, poverty alleviation, comprehensive development of agriculture, etc.

Deposit is a form of credit by which enterprises, institutions, organizations or households can put money into banks and other credit institutions for safekeeping and interest earning under the principle of free withdrawal. According to different depositors, deposits are divided into enterprise deposits, treasury deposits, deposits of government agencies and organizations, capital construction deposits, savings deposits, rural saving deposits, entrusted deposits and other deposits. Deposits are major sources of the credit funds of banks.

Loan is a form of credit by which banks and other credit institutions provide funds at certain interest rate to enterprises and individuals in the light of the principle of unconditional repayment. Loans from banks include short-term loans, mid & long-term loans, financial leases, paper financing, total advances, etc.

Insurance Companies refers to commercial insurance companies of various forms registered by law and established in China with the approval of insurance regulatory agencies.

Amount Insured refers to the maximum that the insurant will get for the claim of the case insured.

Premium is the fee paid by the insurant to the insurer to obtain the obligation of compensation from the insurance within the agreed terms.

Settled Claim is the compensation paid by the insurer to the insurant in accordance with the insurance contract.

Payment includes payment for death, injury or medical treatment, mature payment. and annuity payment. Payment for death, injury or medical treatment refers to the money paid to the insurant (or the beneficiary) in accordance with the life or health insurance contract when the insurant encounters accidents within the insured period covered in the contract. Mature payment refers to the mature payment to the insurant in accordance with the life insurance contract at the end of the insured period. Annuity payment refers to the amount that the insurer pays to the insured in accordance with the insurance contract as the insured of the annuity insurance business survives to the prescribed age.

第9篇

价格指数

Price Indices

简 要 说 明

一、本篇资料的主要内容

本篇资料反映了全省生产、流通与消费等环节的价格变动状况。主要包括居民消费、工业生产者出厂、工业生产者购进、住宅销售等价格指数。

二、本篇资料的来源

1.居民消费价格指数来源于消费价格统计调查年报，由国家统计局山东调查总队消费价格调查处整理提供。

2.工业生产者出厂、工业生产者购进、住宅销售等价格指数来源于生产价格统计调查年报，由国家统计局山东调查总队生产价格调查处整理提供。

3.农产品生产者价格指数来源于农产品生产者价格调查年报，由国家统计局山东调查总队农业调查处整理提供。

Brief Introduction

I. Main Content

Data on the price indices in this chapter show the changing trend in production, circulation and consumption, including mainly consumer price indices of residents, producer price indices for industrial products, purchasing price indices for industrial producers and price indices of residential sales.

II. Source of Data

(1) Data on consumer price indices of residents are based on yearly report on consumer price and are provided by the Division of Consumer Price Survey of the National Bureau of Statistics in Shandong.

(2) Data on producer price indices of industrial products, industrial producer purchasing price indices and real estate price indices are based on yearly report on production price and are provided by the Division of Production Price Survey of the National Bureau of Statistics in Shandong.

(3) Data on producer price index of agricultural products are based on yearly report on producer price of agricultural products and provided by the Division of Agriculture Statistics of Shandong Provincial Bureau of Statistics.

9−1 居民消费价格指数

Consumer Price Indices

(上年=100) (Preceding Year=100)

类 别	Category	2022	2023
居民消费价格指数	**Consumer Price Index**	**101.7**	**100.1**
城 市	Urban Areas	101.5	100.2
农 村	Rural Areas	102.1	99.8
服务项目价格指数	**Services Price Index**	**100.2**	**100.9**
消费品价格指数	**Consumer Goods Price Index**	**102.5**	**99.7**
食品烟酒	Food, Tobacco, Liquor	102.3	100.3
粮 食	Grain	105.5	101.7
食用油	Edible Oil	104.2	99.1
菜及食用菌	Vegetables and Edible Mushrooms	101.1	97.2
鲜 菜	Fresh Vegetables	100.7	96.8
畜肉类	Livestock Meat	95.2	93.2
禽肉类	Poultry Meat	103.5	101.9
水产品	Aquatic Products	102.3	101.6
蛋 类	Eggs	107.3	100.4
衣着	Clothing	100.3	100.6
居住	Residence	100.5	100.1
生活用品及服务	Daily Necessities and Services	101.1	100.0
交通通信	Transportation Communication	104.8	97.7
教育文化娱乐	Education Culture and Recreation	100.4	102.0
医疗保健	Health Care	100.4	100.2
其他用品及服务	Other Supplies and Services	101.8	103.7

9−1 续表 continued

类 别	Category	居民消费价格总指数 General Consumer Price Indices		
		全 省 Provincial Indices	城 市 Urban Indices	农 村 Rural Indices
以1950年价格为100	1950=100	802.3	802.1	
以1952年价格为100	1952=100	707.7	708.7	
以1957年价格为100	1957=100	651.9	659.8	
以1965年价格为100	1965=100	642.3	642.3	
以1970年价格为100	1970=100	658.7	659.3	
以1978年价格为100	1978=100	658.0	658.9	651.4
以1980年价格为100	1980=100	622.7	631.3	612.7
以1985年价格为100	1985=100	536.6	535.2	522.0
以1990年价格为100	1990=100	329.7	342.2	322.8
以1995年价格为100	1995=100	179.8	177.2	187.0
以2000年价格为100	2000=100	161.4	153.9	172.7
以上年价格为100	Preceding Year=100	100.1	100.2	99.8

9-2 历年居民消费价格总指数

General Consumer Price Indices over the Years

年 份 Year	以1950年为100 1950=100	以1952年为100 1952=100	以1978年为100 1978=100	以1990年为100 1990=100	以1995年为100 1995=100	以上年为100 Preceding Year=100
1952	113.2					102.2
1955	120.8	106.7				99.9
1957	122.9	108.5				101.0
1962	132.2	116.8				100.5
1965	124.8	110.3				97.8
1970	121.7	107.4				98.9
1975	121.5	107.3				100.2
1976	121.7	107.5				100.2
1977	121.5	107.3				99.8
1978	121.9	107.6				100.3
1979	122.8	108.4	100.7			100.7
1980	128.9	113.8	105.7			105.0
1981	131.2	115.8	107.6			101.8
1982	132.4	116.8	108.6			100.9
1983	135.6	119.6	111.2			102.4
1984	137.6	121.4	112.9			101.5
1985	149.6	132.0	122.7			108.7
1986	156.3	137.9	128.2			104.5
1987	169.1	149.2	138.7			108.2
1988	200.7	177.1	164.7			118.7
1989	235.5	207.7	199.1			117.3
1990	243.5	214.8	199.7			103.4
1991	255.4	225.3	209.5	104.9		104.9
1992	272.8	240.6	223.7	112.0		106.8
1993	307.4	271.2	252.2	126.3		112.7
1994	379.4	334.6	311.2	155.8		123.4
1995	446.1	393.5	365.9	183.2		117.6
1996	489.0	431.3	401.1	200.8	109.6	109.6
1997	502.6	443.3	412.3	206.4	112.7	102.8
1998	499.6	440.7	409.8	205.2	112.0	99.4
1999	496.1	437.6	406.9	203.8	111.2	99.3
2000	497.1	438.5	407.7	204.2	111.4	100.2
2001	506.0	446.4	415.0	207.9	113.4	101.8
2002	502.5	443.2	412.1	206.4	112.6	99.3
2003	508.0	448.1	416.6	208.7	113.8	101.1
2004	526.3	464.3	431.6	216.2	117.9	103.6
2005	535.2	472.1	439.0	219.9	119.9	101.7
2006	540.6	476.9	443.4	222.1	121.1	101.0
2007	564.4	497.9	462.9	231.9	126.4	104.4
2008	594.3	524.2	487.4	244.2	133.1	105.3
2009	594.3	524.2	487.4	244.2	133.1	100.0
2010	611.5	539.4	501.6	251.3	137.0	102.9
2011	642.2	566.5	526.7	263.9	143.9	105.0
2012	655.7	578.4	537.8	269.4	146.9	102.1
2013	670.2	591.1	549.6	275.4	150.2	102.2
2014	682.9	602.4	560.1	280.6	153.0	101.9
2015	691.1	609.6	566.8	284.0	154.8	101.2
2016	705.6	622.4	578.7	289.9	158.1	102.1
2017	716.2	631.7	587.4	294.3	160.5	101.5
2018	734.1	647.5	602.1	301.6	164.5	102.5
2019	757.6	668.3	621.3	311.3	169.7	103.2
2020	778.8	687.0	638.7	320.0	174.5	102.8
2021	788.1	695.2	646.4	323.8	176.6	101.2
2022	801.5	707.0	657.4	329.3	179.6	101.7
2023	802.3	707.7	658.0	329.7	179.8	100.1

9-3 历年城市居民消费价格总指数

General Urban Consumer Price Indices over the Years

年 份 Year	以1930~1936年平均价格为100 Average Price (1930~1936)=100	以1952年为100 1952=100	以1978年为100 1978=100	以1980年为100 1980=100	以1990年为100 1990=100	以1995年为100 1995=100	以上年为100 Preceding Year=100
1949	260.9						
1952	302.2						102.2
1955	322.5	106.7					99.9
1957	328.0	108.5					101.0
1962	352.9	116.8					100.5
1965	333.5	110.3					97.8
1970	324.9	107.4					98.9
1975	324.2	107.3					100.2
1976	324.9	107.5					100.2
1977	324.3	107.3					99.8
1978	325.2	107.6					100.3
1979	329.7	109.1	101.4				101.4
1980	339.3	112.3	104.3				102.9
1981	346.4	114.6	106.5	102.1			102.1
1982	347.4	115.0	106.9	102.4			100.3
1983	345.3	114.3	106.2	101.8			99.4
1984	350.5	116.0	107.8	103.3			101.5
1985	381.4	126.2	117.3	112.4			108.8
1986	400.5	132.5	123.2	118.0			105.0
1987	436.9	144.6	134.4	128.8			109.1
1988	526.9	174.4	162.1	155.3			120.6
1989	609.6	201.7	187.5	179.7			115.7
1990	625.5	207.0	192.4	184.4			102.6
1991	664.3	219.8	204.3	195.8	106.2		106.2
1992	721.4	238.7	221.9	212.6	115.3		108.6
1993	826.7	273.6	254.3	243.7	132.1		114.6
1994	1036.7	343.1	318.9	305.6	165.7		125.4
1995	1210.9	400.7	372.5	356.9	193.6		116.8
1996	1338.0	442.8	411.6	394.4	213.9	110.5	110.5
1997	1380.8	457.0	424.8	407.0	220.7	114.0	103.2
1998	1376.7	455.6	423.5	405.8	220.0	113.7	99.7
1999	1376.7	455.6	423.5	405.8	220.0	113.7	100.0
2000	1393.2	461.1	428.6	410.7	222.6	115.1	101.2
2001	1408.5	466.2	433.3	415.2	225.0	116.4	101.1
2002	1390.2	460.1	427.7	409.8	222.1	114.9	98.7
2003	1399.9	463.3	430.7	412.7	223.7	115.7	100.7
2004	1439.1	476.3	442.7	424.2	230.0	118.9	102.8
2005	1454.9	481.5	447.6	428.9	232.5	120.2	101.1
2006	1469.5	486.3	452.1	433.2	234.8	121.4	101.0
2007	1525.3	504.8	469.3	449.7	243.7	126.0	103.8
2008	1597.0	528.5	491.4	470.8	255.2	131.9	104.7
2009	1595.4	528.0	490.9	470.4	254.9	131.8	99.9
2010	1636.9	541.7	503.6	482.6	261.5	135.2	102.6
2011	1713.8	567.2	527.3	505.3	273.8	141.8	104.7
2012	1749.8	579.1	538.4	515.9	279.6	144.8	102.1
2013	1786.5	591.3	549.7	526.7	285.4	147.8	102.1
2014	1824.4	603.8	561.3	537.8	291.5	150.9	102.1
2015	1850.0	612.2	569.2	545.3	295.6	153.0	101.4
2016	1890.7	625.7	581.7	557.3	302.1	156.4	102.2
2017	1920.9	635.7	591.0	566.3	306.9	158.9	101.6
2018	1967.0	651.0	605.2	579.8	314.3	162.7	102.4
2019	2028.0	671.2	624.0	597.8	324.0	167.8	103.1
2020	2078.7	687.9	639.6	612.8	332.1	172.0	102.5
2021	2105.7	696.9	647.9	620.7	336.4	174.2	101.3
2022	2137.3	707.3	657.6	630.0	341.5	176.8	101.5
2023	2141.6	708.7	658.9	631.3	342.2	177.2	100.2

9-4 历年农村居民消费价格总指数

General Rural Consumer Price Indices over the Years

年 份 Year	以1978年为100 1978=100	以1980年为100 1980=100	以1985年为100 1985=100	以1990年为100 1990=100	以1995年为100 1995=100	以上年为100 Preceding Year=100
1979	100.4					100.4
1980	106.2					105.8
1981	107.9	101.6				101.6
1982	109.1	102.7				101.1
1983	113.0	106.4				103.6
1984	114.7	108.0				101.5
1985	124.7	117.4				108.7
1986	129.8	122.2	104.1			104.1
1987	139.4	131.2	111.8			107.4
1988	163.1	153.5	130.8			117.0
1989	194.0	182.5	155.5			118.9
1990	201.7	189.8	161.7			104.0
1991	209.8	197.4	168.2	104.0		104.0
1992	219.5	206.5	175.9	108.8		104.6
1993	242.9	228.6	194.7	120.4		110.7
1994	295.7	278.2	236.9	146.5		121.7
1995	348.6	328.0	279.3	172.7		117.9
1996	379.9	357.5	304.4	188.2	109.0	109.0
1997	389.1	366.1	311.7	192.7	111.6	102.4
1998	385.2	362.4	308.6	190.8	110.5	99.0
1999	379.8	357.3	304.3	188.1	109.0	98.6
2000	377.1	354.8	302.2	186.8	108.2	99.3
2001	386.2	363.3	309.5	191.3	110.8	102.4
2002	385.8	362.9	309.2	191.1	110.7	99.9
2003	391.6	368.3	313.8	194.0	112.4	101.5
2004	409.6	385.2	328.2	202.9	117.5	104.6
2005	419.4	394.5	336.1	207.8	120.3	102.4
2006	423.6	398.4	339.5	209.9	121.6	101.0
2007	446.1	419.5	357.5	221.0	128.0	105.3
2008	473.8	445.5	379.7	234.7	135.9	106.2
2009	474.1	445.8	380.0	234.9	136.0	100.1
2010	490.7	461.4	393.2	243.1	140.8	103.5
2011	519.5	488.7	416.4	257.4	149.1	105.9
2012	529.9	498.5	424.7	262.6	152.1	102.0
2013	543.1	510.9	435.3	269.1	155.9	102.5
2014	551.3	518.6	441.9	273.2	158.2	101.5
2015	556.2	523.3	445.8	275.6	159.6	100.9
2016	566.3	532.7	453.9	280.6	162.5	101.8
2017	574.2	540.1	460.2	284.5	164.8	101.4
2018	589.7	554.7	472.6	292.2	169.2	102.7
2019	610.9	574.7	489.7	302.7	175.3	103.6
2020	632.9	595.4	507.3	313.6	181.6	103.6
2021	639.2	601.3	512.4	316.7	183.4	101.0
2022	652.7	614.0	523.1	323.4	187.4	102.1
2023	651.4	612.7	522.0	322.8	187.0	99.8

9-5 历年商品零售价格总指数

General Retail Price Indices over the Years

年 份 Year	以1930~1936年平均价格为100 Average Price (1930~1936)=100	以1952年为100 1952=100	以1978年为100 1978=100	以1980年为100 1980=100	以1990年为100 1990=100	以1995年为100 1995=100	以上年为100 Preceding Year=100
1949	257.0						
1952	303.6						100.4
1955	325.6	107.2					100.2
1957	333.5	109.8					101.7
1962	359.9	118.5					100.4
1965	349.4	115.1					97.6
1970	343.8	113.3					99.2
1971	343.5	113.2					99.9
1972	342.5	112.8					99.7
1973	342.2	112.7					99.9
1974	341.8	112.6					99.9
1975	342.2	112.7					100.1
1976	342.5	112.8					100.1
1977	342.2	112.7					99.9
1978	343.5	113.2					100.4
1979	349.0	115.0	101.6				101.6
1980	359.5	118.5	104.6				103.0
1981	365.6	120.5	106.4	101.7			101.7
1982	367.8	121.2	107.1	102.3			100.6
1983	363.0	119.7	105.6	101.0			98.7
1984	367.0	121.0	106.8	102.1			101.1
1985	398.2	131.3	115.9	110.8			108.5
1986	416.1	137.2	121.1	115.8			104.5
1987	450.6	148.6	131.2	125.4			108.3
1988	536.3	176.8	156.1	149.2			119.0
1989	626.9	206.7	182.5	174.4			116.9
1990	636.9	210.0	185.4	177.2			101.6
1991	668.1	220.3	194.5	185.9	104.9		104.9
1992	709.5	233.9	206.6	197.4	111.4		106.2
1993	782.6	258.0	227.8	217.7	122.9		110.3
1994	941.5	310.4	274.1	261.9	147.8		120.3
1995	1075.2	354.5	313.0	299.1	168.8		114.2
1996	1150.6	378.9	334.9	320.1	180.6	107.0	107.0
1997	1159.8	381.9	337.6	322.7	182.0	107.9	100.8
1998	1126.2	370.8	327.8	313.3	176.7	104.8	97.1
1999	1093.5	360.0	318.3	304.2	171.6	101.8	97.1
2000	1078.2	355.0	313.8	299.9	169.2	100.4	98.6
2001	1078.2	355.0	313.8	299.9	169.2	100.4	100.0
2002	1065.3	350.7	310.0	296.3	167.2	99.2	98.8
2003	1067.4	351.4	310.7	296.9	167.5	99.4	100.2
2004	1097.3	361.3	319.4	305.2	172.2	102.2	102.8
2005	1103.9	363.4	321.3	307.0	173.2	102.8	100.6
2006	1110.5	365.6	323.2	308.9	174.3	103.4	100.6
2007	1150.5	378.8	334.8	320.0	180.6	107.1	103.6
2008	1206.9	397.4	351.2	335.7	189.4	112.3	104.9
2009	1199.6	395.0	349.1	333.7	188.3	111.7	99.4
2010	1232.0	405.6	358.5	342.7	193.4	114.7	102.7
2011	1289.9	424.3	375.4	358.8	202.5	120.1	104.7
2012	1310.6	431.1	381.4	364.5	205.7	122.0	101.6
2013	1328.9	437.1	386.7	369.6	208.6	123.7	101.4
2014	1341.2	441.5	390.3	373.0	210.5	124.8	101.0
2015	1343.8	442.4	391.1	373.8	211.0	125.1	100.2
2016	1361.3	448.1	396.1	378.6	213.7	126.7	101.3
2017	1372.2	451.7	399.3	381.7	215.4	127.7	100.8
2018	1402.4	461.7	408.1	390.1	220.1	130.5	102.2
2019	1433.3	471.8	417.1	398.6	225.0	133.4	102.2
2020	1461.9	481.2	425.4	406.6	229.5	136.1	102.0
2021	1482.4	488.0	431.4	412.3	232.7	138.0	101.4
2022	1516.5	499.2	441.3	421.8	238.0	141.2	102.3

注:1.本表已根据现行价格调查统计制度予以调整,均不包括农业生产资料部分。2.自2023年起,不再统计商品零售价格指数。

a) The data in this form have been adjusted according to current statistical system of price survey.Means of agricultural production are excluded.

b) Since the year of 2023, the Statistics of Retail Price Indices has been no longer carried out.

9-6 历年农业生产资料价格总指数

General Price Indices of Means of Agricultural Production over the Years

年 份 Year	以1950年为100 1950=100	以1952年为100 1952=100	以1978年为100 1978=100	以1990年为100 1990=100	以1995年为100 1995=100	以上年为100 Preceding Year=100
1952	97.0					102.2
1955	103.8	107.0				94.1
1957	103.4	106.7				99.7
1962	106.8	110.1				99.3
1965	92.7	95.5				96.8
1970	84.2	86.8				99.9
1975	79.2	81.6				100.0
1976	79.2	81.6				100.0
1977	79.2	81.6				100.0
1978	78.5	80.9				99.1
1979	78.6	81.0	100.1			100.1
1980	78.6	81.0	100.1			100.0
1981	79.9	82.4	101.8			101.7
1982	80.8	83.3	102.9			101.1
1983	82.9	85.5	105.6			102.6
1984	88.9	91.7	113.2			107.2
1985	92.5	95.5	117.8			104.1
1986	94.4	97.5	120.3			102.1
1987	99.9	103.2	127.3			105.8
1988	114.6	118.4	146.0			114.7
1989	135.5	139.9	172.6			118.2
1990	139.8	144.4	178.1			103.2
1991	142.6	147.3	181.7	102.0		102.0
1992	144.6	149.4	184.2	103.4		101.4
1993	161.4	166.7	205.6	115.4		111.6
1994	200.3	206.9	255.1	143.2		124.1
1995	267.0	275.8	340.1	190.9		133.3
1996	281.7	291.0	358.8	201.4	105.5	105.5
1997	272.1	281.1	346.6	194.6	101.9	96.6
1998	261.8	270.4	336.5	187.2	98.0	96.2
1999	249.0	257.2	320.0	178.0	93.2	95.1
2000	245.8	253.9	315.8	175.7	92.0	98.7
2001	250.2	258.5	321.5	178.9	93.7	101.8
2002	251.0	259.3	322.5	179.4	94.0	100.3
2003	257.0	265.5	330.2	183.7	96.2	102.4
2004	283.2	292.6	363.9	202.5	106.0	110.2
2005	300.7	310.7	386.4	215.0	112.6	106.2
2006	309.8	320.0	398.0	221.5	116.0	103.0
2007	331.8	342.7	426.3	237.2	124.2	107.1
2008	395.8	408.8	508.6	283.0	148.2	119.3
2009	381.2	393.7	489.8	272.5	142.7	96.3
2010	392.6	405.5	504.4	280.7	147.0	103.0
2011	436.2	450.6	560.4	311.9	163.4	111.1
2012	461.9	477.2	593.5	330.3	173.0	105.9
2013	467.5	482.9	600.6	334.3	175.1	101.2
2014	465.1	480.5	597.6	332.6	174.2	99.5
2015	461.9	477.1	593.4	330.3	173.0	99.3
2016	456.8	471.9	586.9	326.6	171.1	98.9
2017	460.9	476.1	592.2	329.6	172.7	100.9
2018	492.7	509.0	633.0	352.3	184.6	106.9
2019	530.1	547.7	681.1	379.1	198.6	107.6
2020	559.8	578.3	719.3	400.3	209.7	105.6

注：自2021年起，不再统计农业生产资料价格指数。

a) Since the year of 2021, the Statistics of Price Indices of Agricultural Production Means has been no longer carried out.

9-7 居民消费价格分类指数(2023年)

Consumer Price Indices by Category(2023)

(上年=100) (preceding year=100)

商品类别	Category	全省 Provincial Indices	城市 Urban Indices	农村 Rural Indices
居民消费价格指数	**Consumer Price Index**	**100.1**	**100.2**	**99.8**
服务价格指数	Services Price Index	100.9	101.0	100.7
消费品价格指数	Consumer Goods Price Index	99.7	99.8	99.3
非食品价格指数	Non-food Price Index	100.2	100.3	100.0
扣除鲜菜鲜果价格指数	Deducting Fruit Vegetable Price Index	100.1	100.2	99.8
一、食品烟酒	**Food, Tobacco, Liquor**	**100.3**	**100.4**	**99.8**
1.食品	Food	99.6	99.9	99.0
(1)粮　食	Grain	101.7	101.8	101.4
(2)薯　类	Tuber	103.6	104.1	102.3
(3)豆　类	Beans	100.8	100.9	100.7
(4)食用油	Edible Oil	99.1	99.1	99.1
(5)菜及食用菌	Vegetables and Edible Mushrooms	97.2	97.5	96.4
(6)畜肉类	Livestock Meat	93.2	93.8	91.3
(7)禽肉类	Poultry Meat	101.9	101.4	103.6
(8)水产品	Aquatic Products	101.6	101.7	101.0
(9)蛋　类	Eggs	100.4	99.9	101.6
(10)奶　类	Milk	100.7	100.6	101.2
(11)干鲜瓜果类	Dried and Fresh Melons and Fruits	103.1	103.5	101.3
(12)糖果糕点类	Candy and Cakes	102.3	102.7	100.8
(13)调味品	Condiment	100.8	100.9	100.6
(14)其他食品类	Other Foods	100.9	100.8	101.0
2.茶及饮料	Tea and Beverages	101.2	101.3	100.8
3.烟　酒	Tobacco and Liquor	101.4	101.4	101.5
(1)卷　烟	Cigarette	100.9	100.9	100.9
(2)酒　类	Liquor	102.0	101.8	102.3
4.在外餐饮	Outside Catering	101.7	101.6	102.2
二、衣　着	**Clothing**	**100.6**	**100.9**	**99.7**
1.服　装	Garments	100.8	101.1	99.6
(1)男式服装	Men's Clothing	100.8	101.2	99.2
(2)女式服装	Women's Clothing	100.7	101.0	99.7
(3)儿童服装	Children's Clothing	101.1	101.5	99.2
(4)衣着材料及配件	Clothing Material and Accessories	99.8	99.6	100.6
(5)衣着服务费	Clothing Service Fee	101.4	100.9	102.4
2.鞋　类	Footwear	99.9	100.0	99.7
(1)鞋	Shoes	99.9	100.0	99.7
(2)鞋类服务	Footwear Services	100.2	100.3	100.0
三、居　住	**Residence**	**100.1**	**100.1**	**100.1**
1.租赁房房租	Rental Housing Rent	100.1	100.1	99.7
2.住房保养维修及管理	Housing Maintenance and Management	100.7	100.6	101.1
(1)住房装潢材料	Housing Decoration Materials	99.5	99.6	99.1
(2)住房维修管理费	Housing Maintenance Management Fee	101.7	101.4	102.7
3.水电燃料	Water, Electricity and Fuels	100.1	100.0	100.2
(1)水	Water	100.0	100.0	100.0
(2)电	Electricity	100.0	100.0	100.0
(3)燃　气	Gas	99.9	100.3	99.1
(4)其他水电燃料类	Other Water Electricity Fuel	100.2	100.0	100.7
4.自有住房	Self-owned House	100.0	100.0	99.8

9−7 续表 continued

(上年=100) (preceding year=100)

商品类别	Category	全省 Provincial Indices	城市 Urban Indices	农村 Rural Indices
四、生活用品及服务	**Daily Necessities and Services**	**100.0**	**100.1**	**99.6**
1.家具及室内装饰品	Furniture and Interior Decorations	100.0	99.9	100.1
(1)家　具	Furniture	99.8	99.8	100.0
(2)室内装饰品	Interior Decorations	101.2	101.3	101.1
2.家用器具	Household Appliances	99.2	99.3	98.7
(1)大型家用器具	Large Household Appliances	99.4	99.5	98.8
(2)小家电	Small Household Appliances	98.2	98.3	97.9
3.家用纺织品	Home Textiles	99.8	99.9	99.3
(1)床上用品	Bedding Article	99.8	100.0	99.0
(2)窗帘门帘	Curtain	99.7	99.6	100.3
(3)其他家用纺织品	Other Household Textiles	99.8	99.7	100.3
4.家庭日用杂品	The Family Daily Sundry Goods	99.7	99.7	99.7
(1)洗涤卫生用品	Washing Sanitary Articles	100.1	100.4	99.1
(2)厨具餐具茶具	Kitchenware, Tableware, Tea Set	99.9	99.7	100.7
(3)其他家庭日用杂品	Other Household Articles For Daily Use	99.2	98.9	100.1
5.个人护理用品	Personal Care Products	101.0	101.2	100.0
(1)化妆品	Cosmetics	101.1	101.4	99.8
(2)其他护理用品类	Other Nursing Products	100.7	100.8	100.4
6.家庭服务	Family Services	101.4	101.4	100.8
五、交通通信	**Transport Communication**	**97.7**	**97.7**	**97.6**
1.交　通	Transport	97.2	97.2	97.2
(1)交通工具	Transport Tools	97.0	96.8	97.4
(2)交通工具用燃料	Transport Fuels	94.2	94.3	94.2
(3)交通工具使用和维修	Vehicle Use and Maintenance	100.3	100.0	101.1
(4)交通费	Travelling Expenses	103.6	104.0	101.9
2.通　信	Communications	99.3	99.3	99.2
(1)通信工具	Communication Tools	98.0	98.2	97.4
(2)通信服务	Communication Services	100.1	100.0	100.3
(3)邮递服务	Mailing Service	99.9	99.9	99.9
六、教育文化娱乐	**Education, Culture and Recreation**	**102.0**	**102.1**	**101.6**
1.教　育	Education	101.4	101.2	101.7
(1)教育用品	Educational Supplies	100.9	100.4	102.4
(2)教育服务	Education Services	101.4	101.3	101.7
2.文化娱乐	Culture and Entertainment	103.3	103.7	101.1
(1)文娱耐用消费品	Recreational Consumer Durables	99.1	99.3	98.4
(2)其他文娱用品	Other Entertainment Products	100.3	100.4	99.9
(3)文化娱乐服务	Cultural and Recreational Services	100.8	100.6	102.2
(4)旅　游	Tourism	111.7	112.3	106.1
七、医疗保健	**Health Care**	**100.2**	**100.2**	**100.0**
1.药品及医疗器具	Drugs and Medical Devices	100.9	101.0	100.3
(1)中　药	Traditional Chinese Medicine	103.5	104.4	100.6
(2)西　药	Western Medicine	100.5	100.6	100.3
(3)滋补保健品	Health-care Tonic	99.0	98.9	100.0
(4)医疗卫生器具	Medical and Health Equipment	100.2	100.1	100.5
(5)保健器具	Healthcare Apparatus	99.5	99.4	99.9
2.医疗服务	Medical Services	99.8	99.8	99.8
(1)综合医疗类	Comprehensive Health Care	99.7	99.5	100.2
(2)诊断类	Diagnostic	99.9	99.9	100.0
(3)治疗类	Therapeutic	99.6	99.7	99.3
(4)康复类	Rehabilitation	102.1	102.2	101.6
(5)中医医疗服务类	Chinese Medicine Services	98.7	98.8	98.2
(6)其他医疗服务	Other Medical Services	101.3	101.7	100.0
八、其他用品及服务	**Other Supplies and Services**	**103.7**	**104.0**	**102.5**
1.其他用品	Other Products	105.2	105.6	103.5
(1)首饰手表	Jewelry Watches	109.5	109.8	108.0
(2)母婴用品	Maternal and Infant Products	101.0	101.2	100.6
(3)其他杂项用品	Other Miscellaneous Supplies	99.3	99.2	99.7
2.其他服务	Other Services	102.0	102.2	101.1
(1)在外住宿	Accommodation Outside	112.0	113.3	102.0
(2)美容美发洗浴	Hairdressing Bath	100.8	100.7	101.1
(3)养老服务	Pension Services	100.9	100.5	102.7
(4)金融及保险服务	Finance and Insurance Service	101.2	101.2	100.9
(5)中介法律及其他服务	Intermediary Law and Other Service	100.1	100.2	100.0

9-8 农产品生产者价格指数
Producer Price Indices for Farm Products

(上年＝100) (preceding year=100)

指　标	Item	2017	2018	2019	2020	2021	2022	2023
农产品生产者价格指数	**Producers' Price Indices for Farm Products**	**98.6**	**100.5**	**112.2**	**108.7**	**104.2**	**100.6**	**101.0**
种植业产品	**Planting Products**	**99.3**	**101.2**	**106.1**	**107.9**	**110.7**	**101.4**	**106.2**
#谷物	Cereal	100.5	103.2	99.0	108.0	117.0	106.7	99.8
#小麦	Wheat	104.6	98.0	95.0	102.5	106.5	116.9	95.9
稻谷	Rice	101.3	99.8	91.0	102.4	102.3	98.1	97.6
玉米	Corn	97.5	107.9	102.7	113.0	126.7	101.8	101.8
大豆	Soybeans	101.6	92.9	99.1	106.4	128.7	101.9	100.9
油料	Oil-bearing Crops	92.3	85.7	108.8	112.2	108.6	101.9	105.8
棉花	Cotton	116.5	99.2	100.1	103.7	122.4	107.3	97.6
蔬菜	Vegetables	95.1	102.8	115.9	112.4	103.1	91.9	113.0
水果	Fruit	103.8	96.8	118.0	105.5	103.0	109.6	107.2
林业产品	**Forestry Products**	**101.2**	**101.4**	**100.3**	**104.8**	**101.5**	**95.3**	**94.0**
畜牧业产品	**Animal Husbandry Products**	**90.7**	**97.3**	**132.2**	**115.2**	**89.5**	**98.3**	**91.2**
活猪	Live Pig	84.2	84.0	162.7	146.3	62.9	93.2	83.3
活牛	Live Cattle and Buffaloes	101.2	110.1	112.0	113.8	103.5	98.2	89.3
活羊	Live Sheep and Goats	104.6	110.4	114.7	106.9	105.6	93.2	94.2
肉禽	Meat and Poultry	94.5	102.7	105.5	87.6	108.4	101.9	101.6
蛋类	Eggs	89.7	122.8	105.2	80.2	124.9	106.7	94.6
奶类	Milk	99.3	100.2	104.1	98.9	108.5	97.5	87.1
渔业产品	**Fishery Products**	**106.8**	**103.1**	**101.3**	**101.8**	**110.7**	**102.8**	**103.8**
海水养殖鱼类	Seawater Fish	127.4	120.7	102.2	81.3	124.6	95.8	101.7
淡水养殖鱼类	Freshwater Fish	103.6	107.8	96.9	106.2	117.3	91.1	98.6

9-9 工业生产者价格指数

Industrial Producer Price Indices

年 份 Year	以1988年为100 (1988=100)		以上年为100 (preceding year=100)	
	工业生产者出厂价格指数 Producer Price Indices for Industrial Products	工业生产者购进价格指数 Industrial Producer Purchasing Price Indices	工业生产者出厂价格指数 Producer Price Indices for Industrial Products	工业生产者购进价格指数 Industrial Producer Purchasing Price Indices
1988	100.0	100.0		
1989	123.8	136.7	123.8	136.7
1990	129.6	144.1	104.7	105.4
1991	133.5	154.2	103.0	107.0
1992	146.5	171.0	109.7	110.9
1993	180.1	230.3	123.0	134.7
1994	223.7	279.4	124.2	121.3
1995	261.8	316.2	117.0	113.2
1996	272.5	334.3	104.1	105.7
1997	275.8	336.3	101.2	100.6
1998	264.7	318.1	96.0	94.6
1999	257.3	297.1	97.2	93.4
2000	272.5	311.1	105.9	104.7
2001	270.1	311.1	99.1	100.0
2002	266.8	307.0	98.8	98.7
2003	276.2	324.5	103.5	105.7
2004	293.8	369.3	106.4	113.8
2005	304.7	391.1	103.7	105.9
2006	311.7	407.9	102.3	104.3
2007	322.0	427.5	103.3	104.8
2008	349.7	483.5	108.6	113.1
2009	329.1	461.7	94.1	95.5
2010	352.6	504.6	107.2	109.3
2011	373.7	550.9	106.0	109.2
2012	367.7	546.5	98.4	99.2
2013	361.8	537.8	98.4	98.4
2014	356.0	528.1	98.4	98.2
2015	338.9	501.7	95.2	95.0
2016	333.8	491.7	98.5	98.0
2017	352.2	527.6	105.5	107.3
2018	365.2	546.6	103.7	103.6
2019	364.1	542.2	99.7	99.2
2020	357.3	528.4	98.1	97.5
2021	394.1	578.7	110.3	109.5
2022	414.3	612.0	105.1	105.8
2023	399.8	593.9	96.5	97.0

9-10 工业生产者出厂价格指数
Producer Price Indices for Industrial Products

(上年=100) (preceding year=100)

类 别	Category	2017	2018	2019	2020	2021	2022	2023
总指数	**Total Price Indices**	**105.5**	**103.7**	**99.7**	**98.1**	**110.3**	**105.1**	**96.5**
轻工业	Light Industry	101.4	101.2	100.6	99.4	102.3	102.8	99.2
以农产品为原料	Agricultural Products as Raw Materials	101.3	101.5	100.9	99.5	103.2	104.0	99.2
以非农产品为原料	Non-agricultural Products as Raw Materials	101.5	100.5	99.3	99.0	100.5	100.3	99.1
重工业	Heavy Industry	107.2	104.6	99.3	97.6	113.2	105.9	95.6
采 掘	Mining	120.5	109.8	101.7	92.9	125.6	114.5	91.9
原 料	Raw Materials	110.2	106.7	97.2	94.4	118.4	110.5	95.1
加 工	Processing	104.9	103.1	100.2	99.5	108.0	101.4	96.4
生产资料	Means of Production	106.9	104.4	98.9	97.1	112.6	105.7	95.6
采 掘	Mining	120.5	109.8	101.7	92.9	125.6	114.5	91.9
原 料	Raw Materials	110.5	106.7	97.0	94.1	118.5	110.4	95.3
加 工	Processing	104.7	103.1	99.6	98.6	107.6	101.9	96.0
生活资料	Consumer Goods	100.6	101.0	102.3	101.5	101.0	102.4	100.5
食 品	Food	99.9	100.4	104.3	103.3	102.2	104.8	100.9
衣 着	Clothing	101.9	101.7	100.9	99.0	99.9	102.2	103.6
一般日用品	Articles for Daily Use	101.6	101.9	99.5	100.0	99.8	100.4	100.1
耐用消费品	Durable Consumer Goods	100.5	101.3	101.1	99.2	99.6	98.1	98.2
按工业部门分	**by Industrial Department**							
冶金工业	Metallurgical Industry	114.8	103.7	102.9	102.3	119.3	100.8	97.4
电力工业	Power Industry	99.8	97.7	98.2	98.9	101.1	108.5	100.4
煤炭及炼焦工业	Coal Industry	131.7	109.3	98.4	88.5	133.4	102.9	79.9
石油工业	Petroleum Industry	115.4	115.0	94.3	83.9	124.1	123.1	93.7
化学工业	Chemical Industry	105.6	104.3	97.5	96.2	113.6	103.8	93.3
机械工业	Machine Building Industry	101.1	101.6	99.7	99.8	101.5	99.9	98.8
建筑材料工业	Building Materials Industry	109.5	109.8	102.2	98.5	100.7	102.7	92.9
森林工业	Timber Industry	102.2	103.1	102.4	100.6	101.3	101.9	98.1
食品工业	Food Industry	99.9	100.7	104.1	103.9	103.2	105.2	101.0
纺织工业	Textile Industry	101.6	101.2	97.3	92.5	104.9	104.1	94.3
缝纫工业	Tailoring Industry	101.7	101.4	100.6	99.2	99.7	102.1	102.6
皮革工业	Leather Industry	100.5	103.0	102.5	98.4	100.0	99.3	106.2
造纸工业	Paper Industry	108.2	106.1	93.7	95.4	105.1	101.0	93.6
文教艺术用品工业	Industry of Cultural, Educational& Handicrafts Articles	102.5	101.8	99.3	99.0	98.3	102.6	100.2
其他工业	Others	103.2	100.0	98.5	100.9	107.3	113.9	98.5

9-11 工业生产者出厂价格指数(2023年)

Producer Price Indices for Industrial Products(2023)

(上年=100) (preceding year=100)

类　别	Category	全年平均 Annual Average	一季度 1st Quarter	二季度 2nd Quarter	三季度 3rd Quarter	四季度 4th Quarter
总指数	**Total Price Indices**	96.5	98.0	94.5	96.5	97.1
(一)核心指数	**Core Indices**	96.7	96.6	95.0	97.1	98.1
(二)高技术	**High Technology**	98.9	98.6	98.4	99.5	99.0
(三)能源	**Energy**	93.4	98.2	89.3	92.6	93.8
(四)按轻重工业分	**By Light and Heavy Industry**					
1.轻工业	Light Industry	99.2	101.6	99.0	98.7	97.6
(1)以农产品为原料	Agricultural Products as Raw Materials	99.2	103.1	99.2	98.1	96.7
(2)以非农产品为原料	Non-agricultural Products as Raw Materials	99.1	98.3	98.6	99.9	99.5
2.重工业	Heavy Industry	95.6	96.8	93.0	95.7	96.9
(1)采掘	Mining	91.9	95.1	83.5	91.8	98.1
(2)原料	Raw Materials	95.1	97.3	91.9	94.9	96.2
(3)加工	Processing	96.4	96.4	94.9	96.8	97.4
(五)按生产生活资料分	**By Means of Production and Consumer Goods**					
1.生产资料	Means of Production	95.6	96.9	93.1	95.5	96.8
(1)采掘	Mining	91.9	95.1	83.5	91.8	98.1
(2)原料	Raw Materials	95.3	97.6	92.1	95.2	96.5
(3)加工	Processing	96.0	96.5	94.7	96.1	96.9
2.生活资料	Consumer Goods	100.5	102.9	100.6	100.4	98.4
(1)食品	Food	100.9	106.3	101.4	99.9	96.6
(2)衣着	Clothing	103.6	104.7	104.0	103.1	102.6
(3)一般日用品	Articles for Daily Use	100.1	99.1	99.3	101.4	100.7
(4)耐用消费品	Durable Consumer Goods	98.2	96.9	98.5	99.0	98.5
(六)按初级中间最终产品分	**By Primary,Intermediate and Final Products**					
1.初级产品	Primary Products	91.9	95.1	83.5	91.8	98.1
(1)矿产品	Minerals	91.9	95.1	83.5	91.8	98.1
(2)废料	Scrap					
2.中间产品	Intermediate Products	96.1	97.6	94.1	96.0	96.6
3.最终产品	Final Products	98.0	100.5	97.2	97.3	96.8
(1)最终投资品	Investment Goods	96.6	99.1	95.4	95.8	96.1
(2)最终消费品	Consumer Goods	100.7	103.1	101.0	100.4	98.2
(七)按工业部门分	**By Industrial Department**					
1.冶金工业	Metallurgical Industry	97.4	94.9	93.5	99.8	102.0
2.电力工业	Power Industry	100.4	102.4	101.2	100.7	97.4
3.煤炭及炼焦工业	Coal Industry	79.9	88.4	70.7	77.4	83.8
4.石油工业	Petroleum Industry	93.7	98.6	89.1	92.8	94.6
5.化学工业	Chemical Industry	93.3	94.3	90.5	93.1	95.5
6.机械工业	Machine Building Industry	98.8	99.0	98.7	99.1	98.6
7.建筑材料工业	Building Materials Industry	92.9	92.4	93.0	93.1	93.1
8.森林工业	Timber Industry	98.1	98.9	97.5	98.0	98.1
9.食品工业	Food Industry	101.0	106.6	101.3	99.9	96.6
10.纺织工业	Textile Industry	94.3	93.2	92.8	94.2	97.1
11.缝纫工业	Tailoring Industry	102.6	104.3	102.8	101.8	101.6
12.皮革工业	Leather Industry	106.2	104.8	107.5	107.2	105.3
13.造纸工业	Paper Industry	93.6	98.7	93.7	90.2	91.7
14.文教艺术用品工业	Industry of Cultural, Educational & Handicrafts Articles	100.2	103.1	100.2	98.8	99.0
15.其他工业	Others	98.5	102.1	100.4	96.8	94.7

9-11 续表 continued

(上年=100) (preceding year=100)

类别	Category	全年平均 Annual Average	一季度 1st Quarter	二季度 2nd Quarter	三季度 3rd Quarter	四季度 4th Quarter
(八)按工业行业分	**by Industrial Sector**					
煤炭开采和洗选业	Mining and Washing of Coal	82.0	91.3	74.2	78.7	84.4
石油和天然气开采业	Extraction of Petroleum and Natural Gas	88.8	89.6	76.6	91.9	98.9
黑色金属矿采选业	Mining of Ferrous Metal Ores	100.4	95.7	84.9	104.1	121.2
有色金属矿采选业	Mining of Non-ferrous Metal Ores	116.2	109.8	113.4	119.9	121.4
非金属矿采选业	Mining and Processing of Nonmetal Ores	87.2	93.5	88.3	82.4	84.5
开采专业及辅助性活动	Mining Specialties and Auxiliary Activities					
其他采矿业	Mining of Other Ores					
农副食品加工业	Processing of Food from Agricultural Products	100.6	108.6	101.1	99.1	94.5
食品制造业	Manufacture of Foods	99.3	99.7	98.7	98.9	100.1
酒、饮料和精制茶制造业	Manufacture of Wine, Drinks and Refined Tea	107.9	108.0	108.3	108.0	107.4
烟草制品业	Manufacture of Tobacco	100.0	100.0	100.0	100.0	100.0
纺织业	Manufacture of Textile	94.3	93.2	92.8	94.2	97.1
纺织服装、服饰业	Manufacture of Textile Wearing Apparel and Finery	102.6	104.3	102.8	101.8	101.6
皮革、毛皮、羽毛及其制品和制鞋业	Manufacture of Leather, Fur, Feather & Its Products and Footwear	106.2	104.8	107.5	107.2	105.3
木材加工及木 竹、藤、棕、草制品业	Timber Processing, Bamboo, Cane, Palm Fiber & Straw Products	98.0	98.9	97.3	97.9	98.0
家具制造业	Manufacture of Furniture	98.9	98.8	99.3	98.8	98.7
造纸及纸制品业	Manufacture of Paper and Paper Products	93.6	98.7	93.7	90.2	91.7
印刷和记录媒介复制业	Printing, Reproduction of Recording Media	101.5	104.4	102.1	99.9	99.7
文教、工美、体育和娱乐用品制造业	Manufacture of Culture, Education,Arts and crafts, Sport and Entertainment Goods	102.3	102.9	102.7	102.9	100.9
石油、煤炭及其他燃料加工业	Processing of Oil, Coal and Other Fuel	92.4	97.8	87.7	91.3	93.1
化学原料和化学制品制造业	Manufacture of Chemical Raw Material and Chemical Products	90.1	92.0	86.2	89.2	93.1
医药制造业	Manufacture of Medicines	99.8	97.9	98.3	101.5	101.6
化学纤维制造业	Manufacture of Chemical Fiber	106.1	110.1	104.8	104.4	105.5
橡胶和塑料制品业	Manufacture of Rubber and Plastic	97.1	98.0	97.1	96.7	96.7
非金属矿物制品业	Manufacture of Non-metallic Mineral Products	93.1	94.1	93.8	92.4	92.0
黑色金属冶炼及压延加工业	Manufacture and Processing of Ferrous Metals	89.5	87.9	84.3	90.9	96.3
有色金属冶炼及压延加工业	Manufacture & Processing of Non-ferrous Metals	101.8	98.3	98.7	105.3	105.2
金属制品业	Manufacture of Metal Products	95.2	95.2	94.0	95.6	96.0
通用设备制造业	Manufacture of General Purpose Machinery	98.4	98.4	98.3	98.5	98.5
专用设备制造业	Manufacture of Special Purpose Machinery	99.5	101.3	100.0	98.9	97.7
汽车制造业	Manufacture of Automotive	100.4	99.5	100.2	100.9	100.8
铁路、船舶、航空航天和其他运输设备制造业	Manufacture of Railroad,Marine,Aerospace and Other Transportation Equipment	99.6	99.9	99.8	99.6	99.3
电气机械及器材制造业	Manufacture of Electrical Machinery & Equipment	98.1	98.4	97.2	98.8	97.9
计算机、通信和其他电子设备制造业	Manufacture of Computer, Communications and Other Electronic Equipment	98.3	98.8	98.6	98.4	97.6
仪器仪表制造业	Manufacture of Measuring Instrument	99.0	101.1	99.1	98.1	97.7
其他制造业	Other Manufacture					
废弃资源综合利用业	Comprehensive Utilization of Waste					
金属制品、机械和设备修理业	Metal Products, Machinery and Equipment Repair Industry					
电力、热力生产和供应业	Production and Supply of Electric Power and Heat Power	100.4	102.4	101.2	100.7	97.4
燃气生产和供应业	Production and Supply of Gas	103.1	107.5	103.5	100.5	100.9
水的生产和供应业	Production and Supply of Water	100.1	100.2	100.0	100.0	100.0

9-12　工业生产者购进价格指数(2023年)
Industrial Producer Purchasing Price Indices(2023)

(上年=100)　(preceding year=100)

类　别	Category	全年平均 Annual Average	一季度 1st Quarter	二季度 2nd Quarter	三季度 3rd Quarter	四季度 4th Quarter
总指数	**Total Price Indices**	**97.0**	**100.0**	**95.5**	**96.0**	**96.7**
一、按初级中间最终产品分	**By Primary and Intermediate Products**					
1.初级产品	Primary Products	95.9	102.2	93.7	93.9	94.1
(1)农产品	Farm Produce	98.4	107.1	99.5	96.1	92.1
(2)矿产品	Minerals	94.3	99.0	89.5	92.4	96.4
(3)废料	Scrap	85.8	87.1	82.1	85.1	89.0
2.中间产品	Intermediate Products	97.2	99.6	95.8	96.3	97.0
二、九大类原材料购进价格指数	**By Nine Categories of Raw Material**					
1.燃料、动力类	Fuel and Power	93.9	103.7	89.5	90.5	92.7
2.黑色金属材料类	Ferrous Metals	93.9	91.9	90.3	94.6	99.6
(1)钢材	Steel	92.7	91.3	90.6	92.7	96.5
(2)其他	Others	98.5	93.9	88.9	102.0	111.5
3.有色金属材料及电线类	Nonferrous Metals	103.2	99.3	99.9	106.7	107.3
4.化工原料类	Raw Chemical Materials	92.2	94.5	89.2	90.1	95.2
5.木材及纸浆类	Timber and Paper Pulp	94.8	103.0	92.6	91.5	92.6
6.建筑材料及非金属类	Building Materials and Nonmetal Ores	97.5	100.3	98.5	97.4	93.8
7.其他工业原材料及半成品类	Other Industrial Raw Materials and Semi-finished Products	99.5	100.4	99.7	99.3	98.6
8.农副产品类	Agricultural Products	98.9	107.3	100.6	96.5	92.2
9.纺织原料类	Textile Materials	95.6	94.6	93.8	96.0	98.3

9-13 各市住宅销售价格指数(2023年)

Price Indices for Real Estate(2023)

(上月=100) (Last Month=100)

类 别	Category	1月 January	2月 February	3月 March	4月 April	5月 May	6月 June
新建商品住宅	**New Commercial Residential Buildings**						
济 南	Jinan	99.8	100.9	100.7	100.6	100.7	100.2
青 岛	Qingdao	100.4	100.5	100.5	100.2	100.3	100.1
烟 台	Yantai	99.9	100.5	100.5	99.9	100.1	100.1
济 宁	Jining	99.8	99.9	100.4	100.3	99.5	100.1
二手住宅	**Second-hand House**						
济 南	Jinan	99.7	100.2	100.4	100.2	99.8	99.7
青 岛	Qingdao	99.9	100.2	100.2	99.7	99.8	99.7
烟 台	Yantai	100.1	100.4	100.2	99.5	99.7	99.7
济 宁	Jining	99.7	99.9	100.5	100.3	99.3	99.7

注：2023年其他市数据暂不发布。

a) The data on other cities will not be released temporarily in 2023.

9-13 续表 continued

(上月=100) (Last Month=100)

类 别	Category	7月 July	8月 August	9月 September	10月 October	11月 November	12月 December
新建商品住宅	**New Commercial Residential Buildings**						
济 南	Jinan	100.1	99.9	99.7	99.9	99.8	99.6
青 岛	Qingdao	99.9	99.8	99.5	99.8	99.5	99.2
烟 台	Yantai	99.6	100.2	99.9	99.6	99.2	99.4
济 宁	Jining	100.2	99.8	99.8	99.2	99.4	99.2
二手住宅	**Second-hand House**						
济 南	Jinan	99.9	99.5	98.9	99.7	99.4	99.6
青 岛	Qingdao	99.1	99.2	99.7	99.5	98.7	99.5
烟 台	Yantai	99.2	99.7	99.3	98.8	98.7	99.5
济 宁	Jining	99.9	99.9	99.1	99.1	98.9	99.3

主要统计指标解释

居民消费价格指数 是反映一定时期内城乡居民所购买的生活消费品和服务项目价格变动趋势和程度的相对数，是对城市居民消费价格指数和农村居民消费价格指数进行综合汇总计算的结果。通过该指数可以观察和分析消费品的零售价格和服务项目价格变动对城乡居民实际生活费支出的影响程度。

城市居民消费价格指数 是反映一定时期内城市居民家庭所购买的生活消费品价格和服务项目价格变动趋势和程度的相对数。通过该指数可以观察和分析消费品的零售价格和服务项目价格变动对城镇居民收入和消费支出的影响。

农村居民消费价格指数 是反映一定时期内农村居民家庭所购买的生活消费品价格和服务项目价格变动趋势和程度的相对数。该指数可以观察农村消费品的零售价格和服务项目价格变动对农村居民收入和生活消费支出的影响。

农产品生产价格指数 是反映一定时期内，农产品生产者出售农产品价格水平变动趋势及幅度的相对数。该指数可以客观反映全国农产品生产价格水平和结构变动情况，满足农业与国民经济核算需要。其中某代表品生产价格指数是通过对全部有出售该产品行为的调查单位的个体指数进行几何平均求得的，类价格指数是通过对其所属的类（或代表品）的价格指数进行加权平均求得的。季度累计价格指数的计算方法与分季指数的计算方法相同。

工业生产者价格指数 包括工业生产者出厂价格指数和工业生产者购进价格指数。

工业生产者出厂价格指数 反映工业企业产品第一次出售时的出厂价格的变化趋势和变动幅度。

工业生产者购进价格指数 反映工业企业作为中间投入产品的购进价格的变化趋势和变动幅度。

住宅销售价格指数 反映商品住宅价格总体变化趋势和变化幅度的相对数。各市住宅销售价格指数是由新建商品住宅价格指数和二手住宅价格指数组成。

Explanatory Notes on Main Statistical Indicators

Consumer Price Indices reflect the trend and degree of changes in prices of consumer goods and services purchased by urban and rural households during a given period. They are obtained by combining Consumer Price Indices of Urban Household and Consumer Price Indices of Rural Household. The Indices enable the observation and analysis of the degree of impact of the changes in the prices of retailed goods and services on the actual living expenses of urban and rural residents.

Urban Consumer Price Indices reflect the trend and degree of changes in prices of consumer goods and services purchased by urban households during a given period. It can be used to observe and analyze the impact of price changes in consumer goods and services on urban household income and consumption expenditure.

Rural Consumer Price Indices reflect the trend and degree of changes in prices of consumer goods and services purchased by rural households during a given period. It can be used to observe the impact of change in retail prices of consumer goods and service prices on rural household income and consumption expenditure on living.

Indices of Producers' Prices for Farm Products reflect the trend and degree of changes in producers' prices received by farmers when they sell farm products during a given period. These indices depict the change in the level and structure of producers' prices of farm products of the country and meet the needs of agriculture statistics and national account statistics. The producers' price index of a given product is calculated through geometrical mean of individual indices of all surveyed units who sell such product, and the indices of a product category is obtained through weighted mean of price indices of all products in the category. Method for calculating accumulative quarterly indices is the same as for calculating the distinctive quarterly indices.

Producer Price Indices for Industrial Products reflect the trend and degree of changes in general ex-factory prices of all manufactured goods for first sale during a given period.

Industrial Producer Purchasing Price Indices reflect changes in the level and degree of purchasing prices such as intermediate input such as raw materials, fuels and power.

Price Indices for Real Estate reflect the trend and degree of changes in prices of real estate during a given period, including price indices for newly built commercial residential and second-hand residential properties.

第10篇 居民生活

People's Livelihood

简 要 说 明

一、本篇资料的主要内容

本篇资料反映了全省居民、城镇居民、农村居民的家庭收支、就业、居住、耐用消费品拥有、生产和生活等方面的情况。

二、本篇资料的来源

本篇资料中历年城乡居民收支相关资料来源于城镇住户调查年报和农村住户调查年报，自 2013 年起，全省实施城乡住户调查一体化改革，居民收支相关资料来源于住户收支与生活状况调查年报，指标名称和口径范围有所调整，由国家统计局山东调查总队居民收支调查处整理提供。

Brief Introduction

I. Content

Data in this chapter show the basic conditions of the people's livelihood in Shandong Province, including income and expenditure of the households, employment, housing condition, consumption and possession of the major consumer goods, etc.

II. Source of Data

Data in this chapter over the years are collected by the sample survey on urban and rural households. Since 2013, Integrated Household Survey has been launched, so data of 2013 collected by annual survey of household incomes and living conditions may different from those of previous years due to the change of indexes and statistics scopes. All data are prepared and provided by the Division of Household Income and Expenditure Survey of the National Bureau of Statistics in Shandong.

10-1 居民人均可支配收入和指数

Per Capita Disposable Income of Households and Index

年 份 Year	全省居民人均可支配收入 Per Capita Disposable Income of Households		城镇居民人均可支配收入 Per Capita Disposable Income of Urban Households		农村居民人均可支配收入 Per Capita Disposable Income of Rural Households	
	绝对数（元） Value (yuan)	指数（2005=100） Index(2005=100)	绝对数（元） Value (yuan)	指数（1978=100） Index(1978=100)	绝对数（元） Value (yuan)	指数（1978=100） Index(1978=100)
1978			391	100.0	115	100.0
1979			420	105.8	160	138.8
1980			448	109.7	210	172.5
1981			495	118.7	252	203.2
1982			525	125.3	300	239.6
1983			537	128.9	361	277.9
1984			639	150.9	395	299.9
1985			748	162.4	408	284.9
1986			854	176.7	449	301.4
1987			987	187.3	518	323.4
1988			1163	183.2	584	311.8
1989			1349	183.7	631	283.1
1990	895		1466	194.5	680	293.9
1991			1688	210.8	764	317.4
1992			1974	227.0	803	319.0
1993			2515	252.4	953	342.0
1994			3444	275.6	1320	389.2
1995			4264	292.1	1715	429.3
1996			4890	303.2	2086	479.1
1997			5191	311.7	2292	514.1
1998			5361	322.9	2454	556.3
1999			5766	347.4	2552	586.9
2000	4095		6417	382.1	2663	616.2
2001			6995	411.9	2810	634.7
2002			7473	445.7	2955	668.3
2003			8212	486.3	3159	703.7
2004			9191	529.6	3519	749.4
2005	6860	100.0	10422	594.2	3946	820.6
2006	7795	112.5	11780	664.9	4387	903.5
2007	9085	125.6	13726	746.0	5009	980.3
2008	10411	136.7	15628	811.6	5671	1045.0
2009	11398	149.7	17006	883.8	6154	1132.8
2010	12922	165.0	18971	961.6	7034	1250.6
2011	15077	183.3	21678	1050.1	8395	1409.4
2012	17127	204.0	24496	1162.5	9506	1564.4
2013	19008	221.5	26882	1248.5	10687	1716.1
2014	20864	238.8	29222	1329.7	11882	1880.8
2015	22703	256.7	31545	1416.1	12930	2027.5
2016	24685	273.4	34012	1494.0	13954	2149.2
2017	26930	293.9	36789	1591.1	15118	2295.3
2018	29205	310.9	39549	1670.7	16297	2410.1
2019	31597	325.8	42329	1734.2	17775	2537.8
2020	32886	329.9	43726	1747.7	18753	2584.4
2021	35705	354.0	47066	1857.8	20794	2837.6
2022	37560	366.2	49050	1907.5	22110	2955.2
2023	39890	388.5	51571	2001.5	23776	3184.2

注：本表2013—2023年人均可支配收入来源于住户收支与生活状况调查，1978—2012年数据是根据历史数据按住户收支与生活状况调查可比口径推算获得。可支配收入绝对数按当年价计算，指数按可比价计算。

a) The data of year 2013-2023 are compiled on the basis of the household survey on income and expenditure and living conditions, the data of year 1978-2012 are reckoned at comparable coverage by the household survey on income and expenditure and living conditions. The absolute amounts of disposable income are calculated at annual price, the index is calculated at comparable prices.

10–2 居民人均消费支出和指数

Per Capita Expense on Consumption of Households and Index

年 份 Year	全省居民人均消费支出 Per Capita Expense on Consumption of Households		城镇居民人均消费支出 Per Capita Expense on Consumption of Urban Households		农村居民人均消费支出 Per Capita Expense on Consumption of Rural Households	
	绝对数（元） Value (yuan)	指数（2005=100） Index(2005=100)	绝对数（元） Value (yuan)	指数（1978=100） Index(1978=100)	绝对数（元） Value (yuan)	指数（1978=100） Index(1978=100)
1978			340	100.0	94	100.0
1979			367	106.5	128	135.6
1980			396	111.7	165	165.2
1981			450	124.3	202	199.1
1982			455	125.3	230	224.2
1983			473	131.0	264	248.4
1984			521	142.2	287	266.1
1985			670	168.1	322	274.7
1986			751	179.5	365	299.1
1987			813	178.1	406	309.8
1988			1026	186.4	482	314.4
1989			1161	182.3	513	281.4
1990	734		1229	188.1	547	288.5
1991			1407	202.8	613	310.9
1992			1599	212.2	656	318.1
1993			1947	225.5	724	317.1
1994			2635	243.4	996	358.4
1995			3285	259.8	1338	408.4
1996			3771	269.9	1653	462.9
1997			4041	280.3	1626	444.7
1998			4136	287.8	1587	438.4
1999			4497	312.9	1662	465.6
2000	2982		4991	343.2	1743	491.7
2001			5209	354.3	1865	513.8
2002			5539	381.7	1945	536.4
2003			5994	410.2	2066	561.3
2004			6577	437.8	2301	597.7
2005	4740	100.0	7333	482.8	2619	664.4
2006	5443	113.7	8309	541.6	2992	751.5
2007	6249	125.0	9464	594.3	3426	817.2
2008	7128	135.4	10752	644.9	3835	861.4
2009	7794	148.1	11711	702.8	4132	927.4
2010	8560	158.1	12761	746.4	4472	969.8
2011	9853	173.3	14164	791.5	5489	1124.2
2012	10902	187.8	15349	840.1	6304	1265.8
2013	11897	200.5	16646	892.3	6877	1347.2
2014	13329	220.4	18323	962.0	7962	1536.7
2015	14578	238.2	19854	1028.0	8748	1673.3
2016	15926	254.9	21495	1089.0	9519	1788.6
2017	17281	272.5	23072	1150.5	10342	1916.4
2018	18780	288.9	24798	1207.6	11270	2033.5
2019	20427	304.5	26731	1262.6	12309	2143.8
2020	20940	303.6	27291	1257.6	12660	2128.3
2021	22821	327.0	29314	1333.1	14299	2379.4
2022	22640	319.0	28555	1279.3	14687	2393.8
2023	24293	341.9	30251	1352.6	16075	2625.3

注：本表2013—2023年人均消费支出来源于住户收支与生活状况调查，1978—2012年数据是根据历史数据按住户收支与生活状况调查可比口径推算获得。消费支出绝对数按当年价计算，指数按可比价计算。

a) The data of year 2013-2023 are compiled on the basis of the household survey on income, expenditure and living conditions, the data of year 1978-2012 are reckoned at comparable coverage by the household survey on income and expenditure and living conditions. The absolute amounts of expense on consumption are calculated at annual price, the index is calculated at comparable prices.

10—3 主要年份城镇居民家庭基本情况

Basic Conditions of Urban Households of Major Years

年 份 Year	调查户数(户) Number of Households Surveyed (household)	平均每户家庭人口(人) Average Household Size (person)	平均每户就业人口(人) Average Number of Employed Persons per Household (person)	平均每一就业者负担人数(人) Number of Dependents per Employee (person)	人均可支配收入(元) Per Capita Disposable Income (yuan)	人均消费支出(元) Per Capita Consumption Expenditure (yuan)	人均住房建筑面积(平方米) Per Capita Construction Area of Building (sq.m)
1978	380	4.37	2.20	1.99	391	340	5.40
1980	380	4.35	2.50	1.74	448	396	5.70
1981	380	4.19	2.45	1.71	495	450	6.10
1982	430	4.07	2.42	1.68	525	455	6.11
1983	430	3.97	2.37	1.68	537	473	6.65
1984	430	3.93	2.35	1.67	639	521	6.90
1985	900	3.57	2.10	1.70	748	670	7.77
1986	1630	3.54	2.05	1.72	854	751	9.15
1987	1730	3.53	2.05	1.72	987	813	9.61
1988	1830	3.51	2.06	1.71	1163	1026	9.96
1989	2080	3.43	2.01	1.71	1349	1161	10.25
1990	2180	3.38	2.00	1.69	1466	1229	10.05
1991	2180	3.31	1.98	1.67	1688	1407	10.49
1992	2180	3.26	1.98	1.65	1974	1599	10.80
1993	2080	3.24	1.96	1.65	2515	1947	11.20
1994	2080	3.21	1.96	1.64	3444	2635	11.88
1995	2050	3.19	1.96	1.63	4264	3285	12.35
1996	2050	3.16	1.99	1.59	4890	3771	12.13
1997	2100	3.17	2.01	1.58	5191	4041	12.70
1998	2300	3.14	1.98	1.59	5361	4136	12.82
1999	2400	3.12	1.93	1.62	5766	4497	13.10
2000	2500	3.10	1.87	1.66	6417	4991	13.75
2001	2450	3.06	1.82	1.68	6995	5209	14.17
2002	2650	3.02	1.78	1.70	7473	5539	24.57
2003	2650	2.98	1.77	1.68	8212	5994	25.67
2004	2650	2.95	1.77	1.67	9191	6577	26.39
2005	2800	2.91	1.69	1.72	10422	7333	28.49
2006	3000	2.91	1.71	1.70	11780	8309	29.29
2007	3050	2.87	1.68	1.71	13726	9464	29.80
2008	3300	2.87	1.64	1.75	15628	10752	31.33
2009	3300	2.86	1.64	1.74	17006	11711	31.80
2010	3300	2.86	1.67	1.71	18971	12761	32.09
2011	3300	2.83	1.69	1.67	21678	14164	33.18
2012	3300	2.83	1.69	1.67	24496	15349	33.44
2013	3661	2.79	1.63	1.71	26882	16646	36.39
2014	3679	2.83	1.69	1.67	29222	18323	37.30
2015	3738	2.86	1.70	1.68	31545	19854	36.36
2016	3776	2.81	1.65	1.70	34012	21495	37.51
2017	3767	2.82	1.63	1.73	36789	23072	37.61
2018	4070	2.95	1.57	1.88	39549	24798	36.80
2019	4080	2.96	1.55	1.91	42329	26731	37.14
2020	4080	2.93	1.50	1.95	43726	27291	37.31
2021	4080	3.08	1.71	1.80	47066	29314	39.27
2022	4080	3.06	1.66	1.85	49050	28555	39.51
2023	4170	2.85	1.45	1.97	51571	30251	40.11

注：1.住房建筑面积指标2001年以前为人均居住面积，2002年以后为人均建筑面积。
2.从2013年起，全省实施城乡住户调查一体化改革，根据国家统一规定，2018年，按照新指标口径对居民收支调查历史数据进行修正(以下相关表同)。

a) Data before 2001 on construction area of building means per capita living space, data after 2002 per capita floor space.

b) An integrated household survey institution has been implemented since 2013,including both urban and rural households.According to national uniform regulations,In 2018, the historical data of residents' income and expenditure surveys were revised according to the new indicators.(The same applies to tables following).

10-4 主要年份城镇居民人均可支配收入
Per Capita Disposable Income of Urban Households of Major Years

单位:元/人 (yuan/person)

年 份 Year	可支配收入 Disposable Income	工资性收入 Income of Wages and Salaries	经营净收入 Net Business Income	财产净收入 Net income from Properties	转移净收入 Net Income from Transfer
1978	391				
1979	420				
1980	448				
1981	495	464			31
1982	525	489			36
1983	537	505			31
1984	639	595			43
1985	748	654	6		88
1986	854	718	7		129
1987	987	852	4		131
1988	1163	977	4		182
1989	1349	1092	6	12	239
1990	1466	1234	6	16	211
1991	1688	1370	6	16	296
1992	1974	1680	5	27	262
1993	2515	2124	13	37	341
1994	3444	2941	2	54	447
1995	4264	3651	10	67	536
1996	4890	4316	4	103	467
1997	5191	4617	7	119	447
1998	5361	4716	18	118	508
1999	5766	4977	29	115	645
2000	6417	5432	79	128	779
2001	6995	5771	101	182	941
2002	7473	6456	170	102	744
2003	8212	7079	255	156	723
2004	9191	7874	342	178	798
2005	10422	8350	565	249	1258
2006	11780	9568	652	398	1162
2007	13726	10559	856	593	1718
2008	15628	11269	1408	716	2236
2009	17006	11934	1635	912	2525
2010	18971	12847	2099	1355	2670
2011	21678	14204	2789	1679	3006
2012	24496	16036	3193	1926	3341
2013	26882	17427	3653	2137	3666
2014	29222	18866	4036	2271	4049
2015	31545	20386	4375	2475	4309
2016	34012	21812	4778	2740	4681
2017	36789	23431	5194	3034	5131
2018	39549	25041	5584	3337	5588
2019	42329	26611	6046	3575	6097
2020	43726	27250	6097	3793	6586
2021	47066	28019	7995	3921	7131
2022	49050	29139	8342	4071	7498
2023	51571	30908	8565	4230	7868

10-5 主要年份城镇居民人均消费支出

Per Capita Consumption Expenditure of Urban Households of Major Years

单位:元/人 (yuan/person)

年份 Year	消费支出 Consumption Expenditure	食品烟酒 Food,tobacco and Liquor	衣 着 Clothing	居 住 Residence	生活用品及服 务 Supplies and Services	交通通信 Transport and Communi -cations	教育文化娱乐 Recreation, Education and Cultural	医疗保健 Health care and Medical Services	其他用品及服务 Miscellaneous Goods and Services
1978	340								
1979	367								
1980	396								
1981	450	248	72	19	40	10	41	3	19
1982	455	263	73	20	37	12	34	3	13
1983	473	284	71	23	38	13	31	2	11
1984	521	312	85	24	41	12	31	3	13
1985	670	339	103	32	72	11	86	5	21
1986	751	378	106	59	85	13	77	5	28
1987	813	433	121	38	97	14	72	7	30
1988	1026	524	155	39	156	19	86	11	36
1989	1161	603	158	48	145	19	121	16	50
1990	1229	636	186	46	141	23	125	23	48
1991	1407	734	229	60	151	28	124	23	59
1992	1599	816	267	79	166	38	141	32	59
1993	1947	898	349	125	186	59	206	48	76
1994	2635	1213	474	180	248	95	250	72	104
1995	3285	1489	571	224	309	169	294	107	122
1996	3771	1651	658	262	324	194	397	147	137
1997	4041	1662	674	325	344	236	475	180	144
1998	4136	1639	580	326	429	255	530	188	189
1999	4497	1665	602	393	548	270	593	220	205
2000	4991	1727	642	442	558	348	699	324	251
2001	5209	1773	663	522	518	401	755	330	247
2002	5539	1886	698	573	393	519	892	411	166
2003	5994	1986	717	727	453	607	883	447	174
2004	6577	2219	738	836	448	753	922	488	174
2005	7333	2377	800	1103	487	834	958	579	196
2006	8309	2549	923	1300	507	1075	1095	625	234
2007	9464	2937	1016	1677	627	1195	1065	704	244
2008	10752	3350	1107	2135	753	1239	1117	786	267
2009	11711	3562	1206	2310	824	1497	1156	872	284
2010	12761	3743	1324	2670	844	1834	1197	869	280
2011	14164	4271	1494	3026	933	1876	1302	924	338
2012	15349	4583	1606	3325	1035	2005	1391	993	411
2013	16646	4858	1612	3929	1147	2049	1565	1083	403
2014	18323	5298	1801	4016	1431	2377	1770	1188	442
2015	19854	5527	1943	4058	1477	2748	2141	1416	543
2016	21495	5929	1978	4473	1576	3002	2399	1610	527
2017	23072	6180	2034	4895	1736	3284	2622	1781	540
2018	24798	6529	2008	5302	1901	3605	2903	1966	584
2019	26731	6965	2042	5883	2083	3762	3171	2184	640
2020	27291	7319	2013	5973	2149	3688	3204	2298	647
2021	29314	7693	2097	6199	2319	4309	3666	2404	628
2022	28555	7703	1988	6355	2221	3967	3332	2340	650
2023	30251	8275	2050	6058	2327	4510	3742	2592	697

10-6 主要年份农村居民家庭基本情况

Basic Conditions of Rural Households of Major Years

年 份 Year	调查户数 (户) Number of Households Surveyed (household)	平均每户常住人口 (人) Average Number of Permanent Residents Per Household (person)	平均每户整半劳力 (人) Average Number of Full/Semi Labour Force Per Household (person)	人均住房建筑面积 (平方米) Per Capita Space of Living House at Year-end (sq.m)	人均可支配收入 (元) Per Capita Disposable Income (yuan)	人均消费支出 (元) Per Capita Consumption Expenditure (yuan)
1978	715	5.77	2.54	9.81	115	94
1979	732	5.65	2.67	9.91	160	128
1980	825	5.64	2.70	10.98	210	165
1981	827	5.49	2.63	10.03	252	202
1982	1529	5.13	2.54	10.64	300	230
1983	1438	5.05	2.85	12.50	361	264
1984	1558	4.96	2.86	14.54	395	287
1985	4000	4.72	2.84	15.13	408	322
1986	4200	4.68	2.85	15.74	449	365
1987	4200	4.60	2.86	16.48	518	406
1988	4200	4.54	2.86	17.34	584	482
1989	4200	4.46	2.85	17.96	631	513
1990	4200	4.40	2.82	18.48	680	547
1991	4200	4.34	2.77	19.87	764	613
1992	4200	4.26	2.75	19.31	803	656
1993	4200	4.17	2.77	20.64	953	724
1994	4200	4.10	2.76	21.15	1320	996
1995	4200	4.07	2.78	21.56	1715	1338
1996	4200	4.01	2.68	22.32	2086	1653
1997	4200	3.95	2.65	23.16	2292	1626
1998	4200	3.90	2.64	23.91	2454	1587
1999	4200	3.84	2.60	25.07	2552	1662
2000	4200	3.79	2.60	23.61	2663	1743
2001	4200	3.73	2.54	24.60	2810	1865
2002	4200	3.71	2.58	25.59	2955	1945
2003	4200	3.67	2.62	26.53	3159	2066
2004	4200	3.66	2.67	26.92	3519	2301
2005	4200	3.66	2.69	29.64	3946	2619
2006	4200	3.64	2.69	30.69	4387	2992
2007	4200	3.62	2.69	31.69	5009	3426
2008	4200	3.60	2.68	32.98	5671	3835
2009	4200	3.57	2.68	34.24	6154	4132
2010	4200	3.54	2.67	34.71	7034	4472
2011	4200	3.51	2.53	36.31	8395	5489
2012	4200	3.41	2.51	38.43	9506	6304
2013	3398	3.15	2.30	39.56	10687	6877
2014	3404	3.13	2.28	40.25	11882	7962
2015	3441	3.13	2.28	40.91	12930	8748
2016	3470	3.11	2.24	42.10	13954	9519
2017	3469	3.10	2.22	42.54	15118	10342
2018	3114	3.11	2.17	43.21	16297	11270
2019	3120	3.11	2.15	43.55	17775	12309
2020	3120	3.10	2.18	43.41	18753	12660
2021	3120	3.10	2.14	44.04	20794	14299
2022	3120	3.07	2.14	44.62	22110	14687
2023	3030	2.93	2.07	48.73	23776	16075

注：1978年至1980年的住房建筑面积中包括生产用房。

a) The space of production house is included in the space of living house from 1978 to 1980.

10-7 主要年份农村居民人均可支配收入

Per Capita Disposable Income of Rural Households of Major Years

单位：元/人 (yuan/person)

年 份 Year	可支配收入 Disposable Income	工资性收入 Income of Wages and Salaries	经营净收入 Net Business Income	财产净收入 Net income from Properties	转移净收入 Net Income from Transfer
1978	115	82	21	7	5
1979	160	109	37	3	10
1980	210	141	45	10	14
1981	252	165	57	11	18
1982	300	220	60	10	11
1983	361	55	286	8	13
1984	395	63	314	4	14
1985	408	81	309	6	12
1986	449	91	339	7	13
1987	518	112	385	6	15
1988	584	144	416	9	16
1989	631	161	444	9	17
1990	680	168	486	9	17
1991	764	181	551	9	23
1992	803	228	537	15	23
1993	953	226	688	9	30
1994	1320	295	961	17	47
1995	1715	409	1231	29	47
1996	2086	523	1467	48	49
1997	2292	686	1495	30	81
1998	2454	723	1604	49	78
1999	2552	780	1610	68	94
2000	2663	828	1699	57	80
2001	2810	926	1738	32	114
2002	2955	999	1773	44	138
2003	3159	1021	1934	60	144
2004	3519	1081	2228	61	149
2005	3946	1305	2369	95	177
2006	4387	1497	2549	117	224
2007	5009	1722	2878	131	279
2008	5671	1964	3172	146	388
2009	6154	2134	3368	173	479
2010	7034	2410	3794	203	627
2011	8395	3031	4324	210	829
2012	9506	3573	4649	219	1064
2013	10687	4189	4979	242	1276
2014	11882	4713	5431	287	1451
2015	12930	5139	5856	326	1608
2016	13954	5569	6267	359	1760
2017	15118	6069	6730	391	1928
2018	16297	6550	7194	429	2124
2019	17775	7165	7799	456	2355
2020	18753	7591	8095	485	2582
2021	20794	10430	7066	499	2798
2022	22110	11046	7505	532	3027
2023	23776	11872	8110	532	3262

10−8 主要年份农村居民人均消费支出

Per Capita Consumption Expenditure of Rural Households of Major Years

单位：元/人 (yuan/person)

年 份 Year	消费支出 Consumption Expenditure	食品烟酒 Food, Tobacco and Liquor	衣 着 Clothing	居 住 Residence	生活用品及服务 Supplies and Services	交通通信 Transport and Communications	教育文教娱乐 Education, Culture and Recreation	医疗保健 Health Care and Medical Services	其他用品及服务 Miscellaneous Goods and Services
1978	94	58	13	11	10	1	1		
1979	128	78	17	15	13	1	2	1	
1980	165	99	24	21	11	3	4	2	1
1981	202	113	27	32	19	4	4	3	1
1982	230	116	31	47	22	4	6	3	1
1983	264	134	35	50	25	6	8	5	2
1984	287	149	35	57	24	5	11	5	2
1985	322	168	36	66	24	5	14	7	1
1986	365	182	39	86	26	6	16	8	1
1987	406	202	42	97	28	6	21	10	1
1988	482	238	49	115	36	8	24	11	1
1989	513	259	54	113	37	6	31	13	1
1990	547	297	53	106	34	6	33	17	1
1991	613	333	61	105	40	10	41	21	2
1992	656	358	62	106	39	14	48	26	3
1993	724	416	60	99	41	15	60	25	10
1994	996	577	75	151	53	20	76	31	12
1995	1338	749	102	209	74	43	106	40	16
1996	1653	872	131	265	98	59	144	64	20
1997	1626	872	131	216	98	64	149	71	24
1998	1587	801	116	240	92	78	156	84	21
1999	1662	809	112	250	106	90	183	89	24
2000	1743	762	114	295	114	100	212	117	27
2001	1865	775	118	354	91	131	231	113	52
2002	1945	800	124	327	95	153	267	125	53
2003	2066	841	127	331	91	183	307	136	50
2004	2301	935	130	354	109	217	318	152	86
2005	2619	1000	147	426	134	285	405	182	40
2006	2992	1083	180	521	156	340	444	214	55
2007	3426	1231	201	646	193	407	467	222	60
2008	3835	1383	222	759	237	436	464	270	65
2009	4132	1428	234	888	269	512	449	289	63
2010	4472	1574	266	779	319	621	479	367	67
2011	5489	1828	345	1054	407	723	558	487	87
2012	6304	2004	390	1310	403	903	589	610	93
2013	6877	2190	421	1319	437	1004	684	711	112
2014	7962	2465	489	1547	524	1226	801	776	134
2015	8748	2662	540	1627	553	1393	912	919	142
2016	9519	2833	576	1767	604	1545	1013	1027	153
2017	10342	2960	585	1974	690	1710	1141	1129	152
2018	11270	3162	622	2214	762	1873	1266	1205	166
2019	12309	3423	671	2421	838	1999	1429	1343	184
2020	12660	3722	689	2435	818	2112	1291	1413	181
2021	14299	4232	787	2693	925	2428	1499	1506	230
2022	14687	4337	811	2736	925	2535	1536	1578	228
2023	16075	4743	858	2888	984	2808	1774	1772	248

10-9 调查户和调查人口基本情况(2023年)
Condition of Households Surveyed and Residents Surveyed(2023)

指标名称		Indicator		全体居民 All Household	城镇居民 Urban Household	农村居民 Rural Household
一、调查户基本情况		**Basic Statistics on Households Surveyed**				
(一)调查样本住户数	(户)	Number of Households Surveyed	(household)	7200	4170	3030
(二)户主文化程度		Education of Head of Household				
1.未上过学	(%)	No Schooling	(%)	1.4	0.7	2.3
2.小学	(%)	Primary School	(%)	12.2	6.3	20.6
3.初中	(%)	Junior High School	(%)	43.8	30.7	62.4
4.高中	(%)	Senior High School	(%)	20.3	26.3	11.7
5.大学专科	(%)	Junior College	(%)	11.3	17.6	2.3
6.大学本科	(%)	Bachelor	(%)	10.4	17.3	0.6
7.研究生	(%)	Graduate	(%)	0.7	1.1	
(三)农业经营户比例	(%)	Proportion of Farming Households	(%)	22.7	7.2	44.7
二、期末户均调查人口	**(人)**	**Average Number of Residents Surveyed**	**(person)**	**3.0**	**2.9**	**3.1**
三、期末常住成员情况		**Condition of Permanent Residents**				
(一)户均常住成员	(人)	Average Number of Permanent Residents Per Household	(person)	2.9	2.9	2.9
其中：在校学生人数		Total Enrollment		0.6	0.6	0.6
(二)性别		Sexual				
1.男性	(%)	Male	(%)	50.2	50.0	50.6
2.女性	(%)	Female	(%)	49.8	50.0	49.4
四、常住从业人员情况		**Employment of Permanent Residents**				
(一)户均常住从业人数	(人)	Average Number of Employed Permanent Residents Per Household	(person)	1.5	1.4	1.7
(二)就业状况		Employment				
1.雇主	(%)	Employer	(%)	1.6	2.4	0.5
2.公职人员	(%)	Public Officials	(%)	1.5	2.4	0.3
3.事业单位人员	(%)	Institution staff	(%)	5.9	10.3	0.6
4.国有企业雇员	(%)	Employees of State-owned Enterprises	(%)	4.3	7.2	0.7
5.其他雇员	(%)	Other Employees	(%)	57.5	62.5	51.5
6.农业自营	(%)	Agricultural Operations	(%)	18.1	3.4	36.0
7.非农自营	(%)	Non-Agricultural Operations	(%)	11.2	11.8	10.4
(三)主要从事行业		Sector Employment				
1.第一产业	(%)	Primary Industry	(%)	20.0	4.8	38.5
2.第二产业	(%)	Second Industry	(%)	29.0	27.0	31.5
3.第三产业	(%)	Tertiary Industry	(%)	51.0	68.2	30.0

10-10 全体居民人均可支配收入

Per Capita Disposable Income of All Households

单位：元/人 (yuan/person)

指标名称	Indicator	2022	2023
可支配收入	**Disposable Income**	**37560**	**39890**
一、工资性收入	**Income of Wages and Salaries**	**21422**	**22908**
(一)工资	Wage	20634	22079
(二)实物福利	Benefits in kind	116	113
(三)其他	Others	672	717
二、经营净收入	**Net Business Income**	**7985**	**8374**
(一)第一产业净收入	Net Income from Primary Industry	2484	2578
1.农业	Farming	2197	2258
2.林业	Forestry	27	40
3.牧业	Animal Husbandry	233	237
4.渔业	Fishery	27	43
(二)第二产业净收入	Net Income from Second Industry	1040	1069
(三)第三产业净收入	Net Income from Tertiary Industry	4461	4727
三、财产净收入	**Net Income from Properties**	**2561**	**2676**
(一)利息净收入	Net Income from Interest	202	201
(二)红利收入	Income from Bonus	148	178
(三)储蓄性保险净收益	Income from Savings Insurance	7	9
(四)转让承包土地经营权租金净收入	Net Income from Land Management Rights Transfer	140	158
(五)出租房屋净收入	Net Income from Renting Houses	447	498
(六)出租其他资产净收入	Net Income from Renting Other assets	45	22
(七)自有住房折算净租金	Income from Net Rent Equivalent to the value of Owned housing	1525	1611
(八)其他	Others	48	
四、转移净收入	**Net Income from Transfer**	**5591**	**5932**
(一)转移性收入	Income from Transfer	7570	7973
1.养老金或离退休金	Old-age Pensions	5724	6007
2.社会救济和补助	Relief and Pensions	70	77
3.惠农补贴	Subsidies for Agriculture from The Government	105	91
4.政策性生活补贴	Policy-living Allowance	78	87
5.报销医疗费	Allowance of Medical Expense	374	416
6.家庭外出从业人员寄回带回收入	Sent Back by Non-permanent Resident	716	771
7.赡养收入	Alimony Income	313	358
8.其他经常转移收入	Others	125	131
9.从政府和组织得到的实物产品和服务折价	Equivalent Monetary Value of Physical Products and Services from The Government and Other Organizations	65	37
(二)转移性支出	Expenditure for Transfers	1979	2041
1.个人所得税	Personal Income Tax	98	105
2.社会保障支出	Social Security Expenditure	1459	1540
3.外来从业人员寄给家人的支出	Sent to Family by Outland Employees	5	39
4.赡养支出	Alimony Expense	320	288
5.其他经常转移支出	Others	98	69

10-11　城镇居民人均可支配收入
Per Capita Disposable Income of Urban Households

单位：元/人　　(yuan/person)

指标名称	Indicator	2022	2023
可支配收入	**Disposable Income**	**49050**	**51571**
一、工资性收入	**Income of Wages and Salaries**	**29139**	**30908**
(一)工资	Wage	27853	29604
(二)实物福利	Benefits in kind	154	150
(三)其他	Others	1132	1154
二、经营净收入	**Net Business Income**	**8342**	**8565**
(一)第一产业净收入	Net Income from Primary Industry	752	751
1.农业	Farming	639	643
2.林业	Forestry	21	20
3.牧业	Animal Husbandry	83	81
4.渔业	Fishery	8	8
(二)第二产业净收入	Net Income from Second Industry	1345	1380
(三)第三产业净收入	Net Income from Tertiary Industry	6245	6434
三、财产净收入	**Net Income from Properties**	**4071**	**4230**
(一)利息净收入	Net Income from Interest	236	241
(二)红利收入	Income from Bonus	231	252
(三)储蓄性保险净收益	Income from Savings Insurance	12	15
(四)转让承包土地经营权租金净收入	Net Income from Land Management Rights Transfer	76	95
(五)出租房屋净收入	Net Income from Renting Houses	755	824
(六)出租其他资产净收入	Net Income from Renting Other assets	52	26
(七)自有住房折算净租金	Income from Net Rent Equivalent to the value of Owned housing	2659	2778
(八)其他	Others	50	
四、转移净收入	**Net Income from Transfer**	**7498**	**7868**
(一)转移性收入	Income from Transfer	10440	10767
1.养老金或离退休金	Old-age Pensions	8902	9259
2.社会救济和补助	Relief and Pensions	65	71
3.惠农补贴	Subsidies for Agriculture from The Government	52	37
4.政策性生活补贴	Policy-living Allowance	100	108
5.报销医疗费	Allowance of Medical Expense	430	474
6.家庭外出从业人员寄回带回收入	Sent Back by Non-permanent Resident	417	340
7.赡养收入	Alimony Income	236	268
8.其他经常转移收入	Others	155	179
9.从政府和组织得到的实物产品和服务折价	Equivalent Monetary Value of Physical Products and Services from The Government and Other Organizations	82	30
(二)转移性支出	Expenditure for Transfers	2942	2899
1.个人所得税	Personal Income Tax	162	173
2.社会保障支出	Social Security Expenditure	2142	2200
3.外来从业人员寄给家人的支出	Sent to Family by Outland Employees	7	40
4.赡养支出	Alimony Expense	493	403
5.其他经常转移支出	Others	138	84

10-12 农村居民人均可支配收入

Per Capita Disposable Income of Rural Households

单位：元/人 (yuan/person)

指 标 名 称	Indicator	2022	2023
可支配收入	**Disposable Income**	**22110**	**23776**
一、工资性收入	**Income of Wages and Salaries**	**11046**	**11872**
(一)工资	Wage	10927	11697
(二)实物福利	Benefits in kind	65	61
(三)其他	Others	54	114
二、经营净收入	**Net Business Income**	**7505**	**8110**
(一)第一产业净收入	Net Income from Primary Industry	4812	5098
1.农业	Farming	4292	4485
2.林业	Forestry	35	68
3.牧业	Animal Husbandry	433	452
4.渔业	Fishery	52	93
(二)第二产业净收入	Net Income from Second Industry	631	640
(三)第三产业净收入	Net Income from Tertiary Industry	2062	2372
三、财产净收入	**Net Income from Properties**	**532**	**532**
(一)利息净收入	Net Income from Interest	157	145
(二)红利收入	Income from Bonus	36	75
(三)储蓄性保险净收益	Income from Savings Insurance	2	2
(四)转让承包土地经营权租金净收入	Net Income from Land Management Rights Transfer	225	246
(五)出租房屋净收入	Net Income from Renting Houses	33	48
(六)出租其他资产净收入	Net Income from Renting Other assets	34	17
(七)其他	Others	46	
四、转移净收入	**Net Income from Transfer**	**3027**	**3262**
(一)转移性收入	Income from Transfer	3712	4120
1.养老金或离退休金	Old-age Pensions	1450	1521
2.社会救济和补助	Relief and Pensions	77	85
3.惠农补贴	Subsidies for Agriculture from The Government	176	165
4.政策性生活补贴	Policy-living Allowance	49	56
5.报销医疗费	Allowance of Medical Expense	297	335
6.家庭外出从业人员寄回带回收入	Sent Back by Non-permanent Resident	1118	1365
7.赡养收入	Alimony Income	417	482
8.其他经常转移收入	Others	84	65
9.从政府和组织得到的实物产品和服务折价	Equivalent Monetary Value of Physical Products and Services from The Government and Other Organizations	43	46
(二)转移性支出	Expenditure for Transfers	685	858
1.个人所得税	Personal Income Tax	11	12
2.社会保障支出	Social Security Expenditure	541	630
3.外来从业人员寄给家人的支出	Sent to Family by Outland Employees	2	37
4.赡养支出	Alimony Expense	86	130
5.其他经常转移支出	Others	45	49

10-13　全体居民人均消费支出

Per Capita Expense on Consumption of All Households

单位：元/人　(yuan/person)

指　标　名　称	Indicator	2022	2023
消费支出	**Expense on Household Consumption**	**22640**	**24293**
#服务性消费支出	Service Consumption	8719	9603
一、食品烟酒	Food,Tobacco and Liquor	6267	6791
二、衣着	Clothing	1486	1549
三、居住	Residence	4812	4726
四、生活用品及服务	Supplies and Services	1668	1762
五、交通通信	Transport and Communications	3356	3795
六、教育文化娱乐	Recreation,Education and Culture	2566	2915
七、医疗保健	Health Care	2015	2247
八、其他用品及服务	Others	470	509

10-14　城镇居民人均消费支出

Per Capita Expense on Consumption of Urban Households

单位：元/人　(yuan/person)

指　标　名　称	Indicator	2022	2023
消费支出	**Expense on Household Consumption**	**28555**	**30251**
#服务性消费支出	Service Consumption	11383	12319
一、食品烟酒	Food,Tobacco and Liquor	7703	8275
二、衣着	Clothing	1988	2050
三、居住	Residence	6355	6058
四、生活用品及服务	Supplies and Services	2221	2327
五、交通通信	Transport and Communications	3967	4510
六、教育文化娱乐	Recreation,Education and Culture	3332	3742
七、医疗保健	Health Care	2340	2592
八、其他用品及服务	Others	650	697

10-15 农村居民人均消费支出

Per Capita Expense on Consumption of Rural Households

单位：元/人 (yuan/person)

指标名称	Indicator	2022	2023
消费支出	**Expense on Household Consumption**	**14687**	**16075**
#服务性消费支出	Service Consumption	5137	5858
一、食品烟酒	Food,Tobacco and Liquor	4337	4743
二、衣着	Clothing	811	858
三、居住	Residence	2736	2888
四、生活用品及服务	Supplies and Services	925	984
五、交通通信	Transport and Communications	2535	2808
六、教育文化娱乐	Recreation,Education and Culture	1536	1774
七、医疗保健	Health Care	1578	1772
八、其他用品及服务	Others	228	248

10-16 居民家庭能源消费数量和金额(2023年)

Energy consumption of Households(2023)

指标名称	Indicator	全体居民 All Households		城镇居民 Urban Households		农村居民 Rural Households	
		数量 Amount	金额(元/人) Money (yuan/person)	数量 Amount	金额(元/人) Money (yuan/person)	数量 Amount	金额(元/人) Money (yuan/person)
一、生活用电 (度)	**Electricity Consumption (kW·h)**	**671.0**	**381.9**	**719.8**	**409.6**	**608.3**	**346.6**
二、生活用燃料	**Living With Fuel**						
(一)燃气	Gas						
1.罐装液化石油气 (公斤/人)	Bottled LPG (kg/person)	3.6	26.9	1.7	12.2	6.0	45.6
2.管道煤气 (立方米/人)	Gas Pipeline (Cum/person)	1.1	4.0	1.4	4.3	0.8	3.6
3.管道天然气 (立方米/人)	Natural gas pipeline (Cum/person)	31.6	95.5	42.1	129.7	18.2	52.0
(二)燃料用油	Fuel Oil						
1.汽油 (升/人)	Gasoline (Liters/person)	0.2	1.2	0.2	1.6	0.1	0.7
2.柴油 (升/人)	Diesel Oil (Liters/person)	0.1	0.8	0.1	0.4	0.2	1.2
(三)其他燃料	Other Fuels						
1.煤炭 (公斤/人)	Coke (kg/person)	57.3	75.9	21.5	29.9	102.8	134.6
2.柴草 (公斤/人)	Firewood and Grass (kg/person)	0.6	0.6	0.1	0.2	1.2	1.1

10-17 居民家庭人均食品消费数量(2023年)
Per Capita Food Consumption of Households(2023)

单位：公斤/人 (kg/person)

指标名称	Indicator	全体居民 All Households	城镇居民 Urban Households	农村居民 Rural Households
一、粮食	**Grain**	**127.7**	**115.7**	**143.0**
(一)谷物	Cereal	115.4	103.8	130.1
1.面粉	Wheat	92.7	80.2	108.5
2.大米	Rice	12.7	13.7	11.5
3.玉米	Corn	3.9	3.9	3.9
4.其他谷物及制品	Others	6.1	6.0	6.2
(二)薯类	Tubers	2.3	2.3	2.4
1.红薯	Sweet Potato	1.0	1.0	1.0
2.马铃薯	Potato	0.9	0.8	1.0
3.其他薯类及制品	Others	0.4	0.4	0.4
(三)豆类	Beans	10.0	9.6	10.5
1.大豆	Soybean	0.5	0.4	0.6
2.其他豆类	Others	9.5	9.2	9.9
二、食用油	**Cooking Oil**	**7.9**	**7.2**	**8.8**
(一)食用植物油	Edible Vegetable Oil	7.9	7.2	8.7
(二)食用动物油	Edible Animal Oil	0.1		0.1
三、蔬菜及食用菌	**Vegetables and Mushroom**	**107.2**	**113.0**	**99.7**
(一)鲜菜	Fresh Vegetables	103.6	109.1	96.6
(二)干菜及菜制品	Dried Vegetables and Products	1.7	1.8	1.5
(三)鲜菌	Fresh Mushrooms	1.8	2.0	1.6
(四)干菌及制品	Dry Bacteria and Products	0.1	0.2	0.1
四、肉禽及制品	**Products of Meat and Poultry**	**45.3**	**46.7**	**43.5**
(一)肉类	Meat	35.8	37.0	34.3
1.猪肉	Pork	25.6	25.1	26.2
2.牛肉	Beef	1.9	2.6	1.1
3.羊肉	Mutton	1.9	2.3	1.5
4.其他肉类及制品	Other Meat and Processed Products	6.4	7.0	5.5
(二)禽类	Poultry	9.5	9.7	9.2
1.鸡	Chickens	5.7	5.5	6.0
2.鸭	Ducks	0.1	0.2	0.1
3.鹅	Gooses	0.1	0.1	0.1
4.其他禽类及制品	Other Poultry and Processed Products	3.6	4.0	3.0
五、水产品	**Aquatic Products**	**15.1**	**18.8**	**10.4**
(一)鱼类	Fish	7.4	8.2	6.3
(二)虾蟹贝类	Shrimp,Shellfish and Crab	5.7	7.9	2.9
(三)藻类	Algae	0.2	0.3	0.2
(四)其他水产品及制品	Others	1.8	2.4	1.0
六、蛋类	**Eggs and Products**	**25.1**	**24.9**	**25.5**
(一)鲜蛋	Fresh Eggs	24.6	24.2	25.1
(二)蛋制品	Egg Products	0.5	0.7	0.4
七、奶类	**Milk and Dairy Products**	**15.8**	**18.8**	**12.0**
(一)鲜奶	Fresh Milk	11.5	13.4	9.0
(二)酸奶	Yoghurt	2.9	3.7	2.0
(三)奶粉	Milk Powder	0.5	0.6	0.4
(四)其他奶制品	Other Milk Products	0.9	1.1	0.6
八、鲜瓜果	**Fresh Melons and Fruits**	**83.5**	**88.5**	**77.1**
九、食糖	**Sugar**	**0.8**	**0.7**	**0.8**

10-18 居民家庭住房和耐用消费品拥有情况(2023年)

Household Ownership of Housing and Durables Consumer Goods(2023)

单位：% (%)

指标名称	Indicator	全体居民 All Households	城镇居民 Urban Households	农村居民 Rural Households
一、现住房情况	**Housing Condition**			
(一)人均住房建筑面积 (平方米)	Per Capita Construction Area of Building (sq.m)	43.7	40.1	48.7
(二)按居住空间样式分的户数比重	Proportion of Housing Style			
1.单栋楼房	Single Building Housing	6.8	5.7	8.3
2.单栋平房	Single Bungalow	42.6	11.1	87.4
3.单元房	Units Housing	50.6	83.2	4.3
4.筒子楼或连片平房	Tube-shaped Apartment or Contiguous Bungalow			
5.其他	Others			
(三)按主要建筑材料分的户数比重	Proportion of Housing Building Materials			
1.钢筋混凝土	Reinforced Concrete	56.4	79.7	23.5
2.砖混材料	Brick and Concrete Materials	32.8	17.7	54.1
3.砖瓦砖木	Brick and Wood Materials	10.8	2.7	22.3
4.竹草土坯	Bamboo,Grass, Adobe Materials			0.1
5.其他	Others			
(四)按房屋来源分的户数比重	Proportion of Housing Source			
1.租赁住房	Leasehold	4.7	7.6	0.5
2.自建住房	Self-built	47.3	14.5	93.7
3.购买商品房	Commercial Housing	36.7	60.6	2.8
4.购买房改住房	Reform Housing	1.5	2.5	
5.购买保障性住房	Indemnificatory Housing	0.4	0.7	
6.拆迁安置房	Resettlement Housing	8.1	12.6	1.7
7.继承或获赠住房	Inheritance or Gift Housing	0.7	0.5	1.0
8.其他	Others	0.8	1.1	0.3
(五)住房外道路为硬化路面的户比重	Proportion of Hardening Road Near Housing	99.9	100.0	99.8
二、生活设施状况	**Living Condition**			
(一)饮用水状况	Drinking Water Condition			
1.取水位置	Water Intake Location			
①住宅内管道取水	Residential Pipeline Water Intake	84.7	95.0	69.9
②住宅内其他方式取水	Other Residential Water Intake Method	1.1	0.8	1.5
③院内管道取水	Courtyard Pipeline Water Intake	13.0	3.6	26.3
④院内其他方式取水	Other Courtyard Water Intake Method	1.1	0.5	1.9
⑤其他位置取水	Others	0.1		0.3
2.主要饮用水来源	Source of Drinking Water			
①经过净化处理的自来水	Tap Water	92.7	96.5	87.2
②受保护的井水和泉水	Protected Wells and Springs	6.1	2.0	12.1
③不受保护的井水和泉水	Non-Protected Wells and Springs			
④江河湖泊水	Rivers and Lakes Water			
⑤其他饮用水来源	Others	1.2	1.5	0.7

10-18 续表 continued

单位：% (%)

指 标 名 称		Indicator		全体居民 All Households	城镇居民 Urban Households	农村居民 Rural Households
3.获取饮用水存在的主要困难		Major Difficulty on Obtaining Drinking Water				
①单次取水往返时间超过半小时		Round-trip Time More Than Half Hour				
②间断或定时供水		Intermittent or Regular Supply		0.4	0.1	0.8
③当年连续缺水超过15天		Water over More than 15 days				0.1
④获取饮用水无困难		No Difficulty		99.6	99.9	99.1
4.饮用前家里采取的主要处理措施		Treatment of Drinking Water				
①煮沸		Boiling		94.3	92.0	97.5
②加漂白剂/氯等		Add Bleach / Chlorine				
③使用水过滤器		Water Filter		3.7	5.9	0.5
④其他处理措施		Others		0.4	0.1	0.9
⑤没有任何水处理措施		No Treatment		1.6	2.0	1.1
(二)住宅内厕所状况		Toilet Condition				
1.水冲式卫生厕所		Flushing Sanitary Toilet		91.9	98.0	83.2
2.水冲式非卫生厕所		Flushing Non-Sanitary Toilet				
3.卫生旱厕		Sanitary Toilet		6.7	1.7	13.8
4.普通旱厕		Ordinary Toilet		1.4	0.3	3.0
5.无厕所		No Toilet				
(三)主要炊用能源		Major Source of Cooking				
1.天然气、煤气、液化石油气		Natural Gas, Coal Gas, Liquefied Petroleum Gas		80.9	91.3	66.2
2.煤炭		Coal		2.0	0.5	4.1
3.电		Electricity		13.5	8.0	21.5
4.沼气		Biogas				
5.其他		Others		3.6	0.3	8.2
三、每百户耐用消费品拥有情况		**Number of Durable Consumer Goods Owned by Per 100 Households**				
(一)家用汽车	(辆)	Automobiles	(unit)	63.5	71.3	52.4
(二)摩托车	(辆)	Motorcycles	(unit)	14.4	6.2	25.9
(三)电冰箱(柜)	(台)	Refrigerators	(unit)	103.3	102.7	104.3
(四)洗衣机	(台)	Washing Machines	(unit)	99.8	100.2	99.3
(五)热水器	(台)	Water Heaters	(unit)	96.1	100.4	90.1
(六)空调	(台)	Air Conditioner	(unit)	160.2	179.8	132.4
(七)彩色电视机	(台)	Color TV Sets	(unit)	101.2	99.9	102.9
(八)照相机	(台)	Cameras	(unit)	7.5	11.5	1.9
(九)计算机	(台)	Computers	(unit)	50.2	62.7	32.6
(十)乐器	(架)	Instruments	(unit)	7.2	11.0	1.7
(十一)固定电话	(线)	Fixed-line Phones	(unit)	4.4	4.5	4.1
(十二)移动电话	(部)	Mobile Phones	(unit)	228.1	226.6	230.2

10-19 社区基础设施和居民享有的基本社会服务情况(2023年)
Community Infrastructure and Basic Social Services(2023)

单位：% (%)

指 标 名 称	Indicator	全体居民 All Households	城镇居民 Urban Households	农村居民 Rural Households
一、社区基础设施情况和基本公共服务	**Community Infrastructure and Basic Social Services**			
(一)社区通公路的户比重	Proportion of Community Access Roads	100.0	100.0	100.0
(二)社区能便利地乘坐公共汽车的户比重	Proportion of Community Through Bus	99.0	100.0	97.6
(三)社区通电的户比重	Proportion of Community Having Powered	100.0	100.0	100.0
(四)社区通电话的户比重	Proportion of Community Having Phone	100.0	100.0	100.0
(五)社区能接收有线电视信号的户比重	Proportion of Community Can Receive TV signals	100.0	100.0	100.0
(六)社区饮用水经过了集中净化处理的户比重	Proportion of Community Drinking Purification water	99.9	100.0	99.7
(七)社区主要饮用水水源无化学污染的户比重	Proportion of Community Water Source Free of Chemical Contamination	100.0	100.0	100.0
(八)社区开通了管道燃气的户比重	Proportion of Community Open Gas Pipeline	68.3	91.7	35.2
(九)社区有集中供暖的户比重	Proportion of Community Have Central Heating	52.8	86.8	4.6
(十)按进社区道路状况分的户比重	Proportion of Road Into the Community			
1.水泥或柏油路面	Cement or Asphalt Road	100.0	100.0	100.0
2.沙石或石板等硬质路面	Hardening Road			
3.其他	Others			
(十一)按社区内主要道路状况分的户比重	Proportion of Community Road Conditions			
1.水泥或柏油路面	Cement or Asphalt Road	100.0	100.0	100.0
2.沙石或石板等硬质路面	Hardening Road			
3.其他	Others			
(十二)社区主要道路有路灯的户比重	Proportion of Community Main Road Have Streetlights	99.8	100.0	99.6
(十三)社区内垃圾能集中处理的户比重	Proportion of Community Can Focus Process Garbage	100.0	100.0	100.0
(十四)社区有健身器材的户比重	Proportion of Community With Fitness Equipment	98.4	98.6	98.1
(十五)社区有绿化园林景观的户比重	Proportion of Community Have Green Landscape	79.1	91.1	62.2
(十六)社区有卫生站(室)的户比重	Proportion of Community Have Health Stations	98.6	99.7	97.0
(十七)按上幼儿园便利程度分的户比重	Proportion of Classification by Kindergarten			
1.社区内有，且便利	Community kindergarten,Convenience	63.9	77.8	44.3
2.社区内无，但入园较便利	No Community kindergarten,Convenience	34.9	22.2	53.0
3.不便利	No Convenience	1.2		2.8
(十八)按上小学便利程度分的户比重	Proportion of Classification by Primary School and Convenience			
1.社区内有，且便利	Community Primary School,Convenience	41.2	50.2	28.3
2.社区内无，但入学较便利	No Community Primary School,Convenience	57.4	49.7	68.2
3.不便利	No Convenience	1.5	0.1	3.4
(十九)社区本年度未发生盗窃或其他刑事案件的户比重	Proportion of Community Without Theft or Other Criminal Cases	95.1	93.7	97.1
(二十)社区有安全保卫的户比重	Proportion of Community with Security	77.7	86.4	65.2
二、社会保障	**Social Securities**			
参加医疗保险或享受公费医疗的人数比重	Proportion of Participated Medical Insurance or Public Health Services			
1.城镇职工基本医疗保险	Urban Basic Medical Insurance	26.3	38.5	9.3
2.城乡居民基本医疗保险	Resident Basic Medical Insurance	72.0	58.9	90.2
3.公费医疗	Public Health Services		0.1	
4.商业医疗保险	Commercial Medical Insurance	2.2	2.9	1.3
5.其他医疗保险	Others	1.3	1.8	0.5
6.没有参加任何医疗保险	No Medical Insurance	0.9	1.2	0.4

10—20 各市全体居民人均收支情况(2023年)

Per Capita Income and Consumption Expenditure of All Households by Region(2023)

单位:元/人 (yuan/person)

地 区	Region	可支配收入 Disposable Income	工资性收入 Income of Wages and Salaries	经营净收入 Net Business Income	财产净收入 Net Income from Properties	转移净收入 Net Income from Transfer	消费支出 Expense on Household Consumption
济南市	Jinan	51757	29676	5453	7629	8999	31553
青岛市	Qingdao	56961	33784	10527	4709	7940	34637
淄博市	Zibo	47312	31700	5884	4169	5560	29162
枣庄市	Zaozhuang	33505	21720	6964	1507	3315	19134
东营市	Dongying	51132	34727	6431	4022	5953	29883
烟台市	Yantai	48155	26687	11120	3523	6825	29983
潍坊市	Weifang	41451	22741	10636	3104	4970	24455
济宁市	Jining	35861	24217	5586	1876	4182	20495
泰安市	Tai'an	37517	23995	6970	2209	4343	21679
威海市	Weihai	49221	29196	8014	3362	8649	29116
日照市	Rizhao	34244	22646	7172	1767	2659	19164
临沂市	Linyi	35336	19517	12080	1648	2091	17507
德州市	Dezhou	29015	17295	8017	1339	2364	18425
聊城市	Liaocheng	27469	16909	6752	1414	2394	16705
滨州市	Binzhou	35877	21561	6941	2370	5005	22365
菏泽市	Heze	27034	11271	7806	1579	6378	18022

10—20 续表 continued

单位:元/人 (yuan/person)

地 区	Region	食品烟酒 Food, Tobacco and Liquor	衣着 Clothing	居住 Residence	生活用品及服务 Supplies and Services	交通通信 Transport and Communications	教育文化娱乐 Recreation, Education and Culture	医疗保健 Health Care	其他用品及服务 Others
济南市	Jinan	7775	1747	9126	2236	4216	3321	2459	673
青岛市	Qingdao	9717	2994	7901	2188	5304	3740	2019	774
淄博市	Zibo	7295	2281	5698	2209	4270	4474	2275	660
枣庄市	Zaozhuang	5735	1478	3990	1510	2564	2207	1255	395
东营市	Dongying	7322	2492	6074	1800	5758	3435	2417	585
烟台市	Yantai	9142	2583	5944	1891	4633	2880	2127	783
潍坊市	Weifang	6018	1399	4853	1700	4567	3181	2265	472
济宁市	Jining	5513	1339	3737	1608	3186	3024	1674	414
泰安市	Tai'an	5504	1516	4702	1621	2832	2873	2149	481
威海市	Weihai	7367	2156	5607	1930	5347	2580	3197	932
日照市	Rizhao	5780	1159	3486	1198	3204	2598	1268	471
临沂市	Linyi	4784	1281	3786	1276	3069	1900	1131	279
德州市	Dezhou	5431	1219	4659	1016	2704	1585	1522	289
聊城市	Liaocheng	4921	1149	3345	882	2033	2415	1624	336
滨州市	Binzhou	6107	1519	4495	1567	3563	2691	1914	509
菏泽市	Heze	5245	1335	3769	1142	2341	2215	1714	261

10−21 各市城镇居民人均收支情况(2023年)

Per Capita Income and Consumption Expenditure of Urban Households by Region(2023)

单位:元/人 (yuan/person)

地 区	Region	可支配收入 Disposable Income	工资性收入 Income of Wages and Salaries	经营净收入 Net Business Income	财产净收入 Net Income from Properties	转移净收入 Net Income from Transfer	消费支出 Expense on Household Consumption
济南市	Jinan	62506	36150	3810	10523	12023	37831
青岛市	Qingdao	65751	39517	10234	6047	9953	39663
淄博市	Zibo	55181	36334	6437	5466	6943	32988
枣庄市	Zaozhuang	42084	29135	6209	2536	4204	22862
东营市	Dongying	62175	43677	5720	4707	8070	34677
烟台市	Yantai	59126	34534	10654	4872	9066	35605
潍坊市	Weifang	51155	28474	10970	4723	6988	29396
济宁市	Jining	45505	31022	4865	3010	6608	24992
泰安市	Tai'an	45955	30606	6029	3482	5838	25629
威海市	Weihai	58799	35802	8311	4654	10032	34719
日照市	Rizhao	42674	29193	7501	2784	3196	24453
临沂市	Linyi	47005	26187	15502	2749	2567	21168
德州市	Dezhou	35303	22771	7809	2365	2358	19859
聊城市	Liaocheng	35574	25855	5408	2541	1770	19670
滨州市	Binzhou	45288	28820	6277	3761	6430	27340
菏泽市	Heze	35454	17015	8316	3206	6917	20926

10−21 续表 continued

单位:元/人 (yuan/person)

地 区	Region	食品烟酒 Food, Tobacco and Liquor	衣着 Clothing	居住 Residence	生活用品及服务 Supplies and Services	交通通信 Transport and Communications	教育文化娱乐 Recreation, Education and Culture	医疗保健 Health Care	其他用品及服务 Others
济南市	Jinan	8942	2135	11461	2728	4909	3998	2819	839
青岛市	Qingdao	11066	3516	9156	2481	5936	4310	2310	889
淄博市	Zibo	8032	2691	6610	2567	4717	5173	2391	807
枣庄市	Zaozhuang	6750	1811	5008	1874	2923	2634	1393	469
东营市	Dongying	8333	3187	7105	2067	6600	3970	2716	698
烟台市	Yantai	10610	3268	7244	2302	5391	3436	2393	961
潍坊市	Weifang	6957	1820	5714	2108	5749	3874	2591	583
济宁市	Jining	6669	1729	4868	2052	3435	3666	2014	558
泰安市	Tai'an	6182	1992	5700	1818	3354	3445	2460	679
威海市	Weihai	8609	2635	6804	2369	6504	3135	3460	1202
日照市	Rizhao	7407	1439	4182	1559	4170	3441	1602	653
临沂市	Linyi	5589	1732	4384	1518	4166	2255	1159	365
德州市	Dezhou	5780	1489	4527	1052	2925	2073	1648	365
聊城市	Liaocheng	5532	1610	4282	1001	2437	2719	1680	407
滨州市	Binzhou	7435	2046	5764	2008	4035	3287	2069	696
菏泽市	Heze	5629	1468	5062	1410	2509	2472	2030	347

10—22 各市农村居民人均收支情况(2023年)

Per Capita Income and Consumption Expenditure of Rural Households by Region(2023)

单位:元/人 (yuan/person)

地 区	Region	可支配收入 Disposable Income	工资性收入 Income of Wages and Salaries	经营净收入 Net Business Income	财产净收入 Net Income from Properties	转移净收入 Net Income from Transfer	消费支出 Expense on Household Consumption
济南市	Jinan	25587	13913	9455	584	1635	16267
青岛市	Qingdao	29736	16028	11437	566	1706	19070
淄博市	Zibo	26338	19347	4410	710	1871	18962
枣庄市	Zaozhuang	22410	12130	7940	175	2165	14313
东营市	Dongying	25474	13931	8082	2429	1032	18745
烟台市	Yantai	28349	12520	11962	1088	2779	19836
潍坊市	Weifang	27460	14476	10155	769	2060	17332
济宁市	Jining	23851	15743	6483	464	1160	14895
泰安市	Tai'an	24965	14160	8370	316	2119	15801
威海市	Weihai	29013	15259	7387	636	5731	17294
日照市	Rizhao	22835	13785	6727	392	1932	12006
临沂市	Linyi	20509	11042	7732	249	1486	12854
德州市	Dezhou	21922	11120	8250	182	2370	16807
聊城市	Liaocheng	20071	8744	7978	386	2963	13999
滨州市	Binzhou	23423	11954	7821	529	3119	15781
菏泽市	Heze	19493	6127	7349	122	5895	15422

10—22 续表 continued

单位:元/人 (yuan/person)

地 区	Region	食品烟酒 Food, Tobacco and Liquor	衣着 Clothing	居住 Residence	生活用品及服务 Supplies and Services	交通通信 Transport and Communications	教育文化娱乐 Recreation, Education and Culture	医疗保健 Health Care	其他用品及服务 Others
济南市	Jinan	4935	801	3439	1038	2528	1674	1583	269
青岛市	Qingdao	5539	1378	4014	1280	3350	1973	1118	418
淄博市	Zibo	5330	1188	3267	1255	3078	2610	1965	269
枣庄市	Zaozhuang	4422	1047	2675	1039	2100	1656	1075	300
东营市	Dongying	4972	878	3679	1179	3802	2191	1723	321
烟台市	Yantai	6493	1348	3598	1151	3263	1875	1647	461
潍坊市	Weifang	4663	792	3611	1112	2864	2181	1796	313
济宁市	Jining	4072	854	2328	1055	2876	2225	1250	236
泰安市	Tai'an	4496	809	3218	1328	2056	2022	1685	187
威海市	Weihai	4745	1146	3080	1005	2905	1410	2640	362
日照市	Rizhao	3579	780	2545	711	1896	1456	815	225
临沂市	Linyi	3761	709	3025	969	1676	1450	1095	169
德州市	Dezhou	5041	913	4808	975	2454	1034	1379	203
聊城市	Liaocheng	4364	728	2489	772	1664	2138	1573	271
滨州市	Binzhou	4349	822	2816	984	2938	1902	1709	261
菏泽市	Heze	4901	1216	2611	901	2190	1985	1432	185

主要统计指标解释

可支配收入　指居民可用于最终消费支出和储蓄的总和，即居民可以用来自由支配的收入。可支配收入既包括现金，也包括实物收入。按照收入的来源，可支配收入包含四项，分别为：工资性收入、经营净收入、财产净收入、转移净收入。计算公式为：

可支配收入 = 工资性收入 + 经营净收入 + 财产净收入 + 转移净收入

其中：经营净收入 = 经营收入 − 经营费用 − 生产性固定资产折旧−生产税净额（生产税−生产补贴）

财产净收入 = 财产性收入 − 财产性支出

转移净收入 = 转移性收入 − 转移性支出

工资性收入　指就业人员通过各种途径得到的全部劳动报酬和各种福利，包括受雇于单位或个人、从事各种自由职业、兼职和零星劳动得到的全部劳动报酬和福利。

经营净收入　指住户或住户成员从事生产经营活动所获得的净收入，是全部经营收入中扣除经营费用、生产性固定资产折旧和生产税之后得到的净收入。

财产净收入　指住户或住户成员将其所拥有的金融资产、住房等非金融资产和自然资源交由其他机构单位、住户或个人支配而获得的回报并扣除相关的费用之后得到的净收入。财产净收入包括利息净收入、红利收入、储蓄性保险净收益、转让承包土地经营权租金净收入、出租房屋净收入、出租其他资产净收入和自有住房折算净租金等。

转移性收入　指国家、单位、社会团体对住户的各种经常性转移支付和住户之间的经常性收入转移。包括政府、非行政事业单位、社会团体对居民转移的养老金或退休金、社会救济和补助、惠农补贴、政策性生活补贴、救灾款、经常性捐赠和赔偿以及报销医疗费等；住户之间的赡养收入、经常性捐赠和赔偿以及农村地区（村委会）在外（含国外）工作的本住户非常住成员寄回带回的收入等。转移性收入不包括住户之间的实物馈赠。

转移性支出　指调查户对国家、单位、住户或个人的经常性或义务性转移支付。包括缴纳的税款、各项社会保障支出、赡养支出、经常性捐赠和赔偿支出以及其他经常转移支出等。

消费支出　指住户用于满足家庭日常生活消费需要的全部支出，包括用于消费品的支出和用于服务性消费的支出。根据用途不同，消费支出可划分为食品烟酒、衣着、居住、生活用品及服务、交通通信、教育文化娱乐、医疗保健、其他用品及服务八大类。根据来源不同，消费支出可划分为现金消费支出、实物消费支出（含自产自用、来自单位、来自政府和其他社会组织）。

食品烟酒　指用于各种食品和烟草、酒类的支出，包括食品和烟酒两个中类。

衣着　指与居民穿着有关的支出，包括服装、服装材料、鞋类、其他衣类及配件、衣着相关加工服务的支出。

居住　指与居住有关的支出，包括房租、水、电、燃料、物业管理等方面的支出，也包括自有住房折算租金。

生活用品及服务　指家庭及个人的各类生活品及家庭服务。包括家具及室内装饰品、家用器具、家用纺织品、家庭日用杂品、个人用品和家庭服务。

交通通信　指用于交通和通信工具及相关的各种服务费、维修费和车辆保险等支出。

教育文化和娱乐　指用于教育和文化娱乐方面的支出。

医疗保健　指用于医疗和保健的药品、用品和服务的总费用。包括医疗器具及药品，以及医疗服务。

其他用品及服务　指无法直接归入上述各类支出的其他用品与服务支出。

就业者负担人数　指家庭人口与就业人口之比。

农村整、半劳动力　整劳动力指男子 18 周岁到 50 周岁，女子 18 周岁到 45 周岁；半劳动力指男子 16 周岁到 17 周岁，51 周岁到 60 周岁；女子 16 周岁到 17 周岁，46 周岁到 55 周岁，同时具有劳动能力的人。虽然在劳动年龄之内，但已丧失劳动能力的人，不应算为劳动力；超过劳动年龄，但能经常参加劳动，计入半劳动力数内。

Explanatory Notes on Main Statistical Indicators

Disposable Income refer to the households income sum that can be used for final consumption expenditure and savings. Disposable income includes cash and real income. According to sources of income, disposable income includes the wage income, net operating income, net property income, and net transfer income. The formula for computing:

Disposable income = the wage income+ net operating income+net property income+net transfer income

Net operating income =

income - operating costs - depreciation of productive fixed assets - net taxes on production (production tax - production subsidies)

Net property income = income from property - property expenditure

The transfer of net income = income from transfer - transfer expenditure

Wage Income refers to income and all kinds of welfare obtained by laborers employed by different establishments, working independently or part time.

Net Operating Income refers to the net income from operation run by the members of households, and it equals to total income minus operating costs and depreciation of productive fixed assets and taxes on production.

Net Property Income refers to the net income obtained from the financial assets, non-financial assets such as housing and natural resources provided by its owners to other establishments, households or individuals. It includes net interest income, bonus, net income from saving insurance, net income from the transfer of the right to land contractual management, income from house renting, income from renting of other assets and net rental income of home ownership.

Income from Transfer refers to the current transaction between government, establishments, social organization and households, and to the income transaction between households. It includes annuity, pension, social relief, agricultural subsidy, disaster relief fund, and medical expense, which are provided by governments, institutions, social organizations. It also includes supporting expense, regular donations, and income provided by non-permanent population. It does not include donations between households.

Transfer Expenditure refers to the regular or obligatory expenditure provided by the households to governments, institutions, other households or residents. It includes taxes, social security expenditure, supporting expenditure, regular donation and compensation expenditure, etc.

Expense on Service Consumption refers to the consumption of all expenditure needs to meet the family daily life, including those for the consumer spending and for service consumption expenditure. According to different purposes, consumption can be divided into tobacco and food, clothing, housing, daily necessities and services, transportation and communication, education, culture and entertainment, health care, the other services. According to different sources, consumption can be divided into cash consumption, real consumer spending (including self occupied, from the unit, from the government and other social organizations).

Tobacco and Food refers to all kinds of expenditure on foods, tobaccos and beverages, including food and tobacco.

Clothing refers to the expenditure on clothes, clothing materials, shoes, accessories and charges for making clothes.

Housing refers to the expenditure related to residing, including rent, the expenditure of water, fuel, power and real estate management and net rental income of home ownership.

Daily Necessities and Services refers to the expenditure on daily necessities and home service, including the expenditures on furniture, decoration, appliance, textile, personal items and home service.

Transportation and Communication refers to the expenditure on transportation, communication, related service, maintenance, and vehicle insurance.

Education, Culture and Entertainment refers to the expenditure on education, culture and entertainment.

Health Care refers to the expenditure on health care, medicine, related products and service.

Other Services refers to the expenditure on the service that cannot be included in the services mentioned above.

Number of Dependents per Employee refers to the ratio between number of persons in households and the number of dependents.

Rural Full/Semi Labor Force Full labor force refers to persons capable of work, aged 18-50 for males and 18-45 for females. Semi labor force refers to persons capable of work, aged 16-17 and 51-60 for males and 16-17 and 46-55 for females. Persons at their working ages but not capable of work are not to be included as labor force. Persons not at working ages but participating regularly in work are included in semi labor force. For staff and workers as resident population of the household, they are included as full or semi labor force of the household if they are in the labor force.

第11篇

城市建设

City Construction

简 要 说 明

一、本篇资料的主要内容

本篇资料反映了全省各城市基础设施基本情况，包括设施水平、供水、公共交通、道路桥梁、排水、园林绿化、燃气、供热等方面的资料。

二、本篇资料的来源

本篇资料来源于省住房城乡建设厅和省交通运输厅，由山东省统计局综合处和服务业处整理提供。

Brief Introduction

I. Content

Data in this chapter show the basic conditions of public facilities of main cities in Shandong, including infrastructure, water supply, public communications, roads, bridges, drainage, urban greenery, gas and heating, etc.

II. Source of Data

Data in this chapter are provided by the Housing and Urban-Rural Development and Transportation Department of Shandong Province. Data in this chapter are prepared and compiled by the Division of Comprehensive Statistics and the Division of Comprehensive Service Statistics of Shandong Provincial Bureau of Statistics.

11−1 城市基础设施
Basic Statistics on Urban Infrastructure

指标名称	Item	2020	2021	2022	2023
一、设施水平	**Urban Facilities**				
城市人口密度 (人/平方公里)	Population Density (person/sq.km)	1665	1716	1724	1746
人均日生活用水量 (升)	Per Capita Daily Water Consumption (litre)	119.4	126.1	126.2	130.9
供水普及率 (%)	Coverage Rate of Water Supply (%)	99.8	99.9	99.9	99.9
燃气普及率 (%)	Coverage Rate of Natural Gas Supply (%)	99.3	99.3	99.5	99.7
人均城市道路面积 (平方米)	Per Capita Area of Paved Roads (sq.m)	25.6	26.5	26.5	26.5
建成区排水管道密度 (公里/平方公里)	Built-up Area Density of Sewage Pipelines (km/sq.km)	11.3	11.8	12.0	12.1
人均公园绿地面积 (平方米)	Public Recreational Green Space Per Capita (sq.m)	17.7	17.9	18.2	18.5
建成区绿化覆盖率 (%)	Coverage Rate of Urban Green Areas (%)	41.7	43.0	43.8	43.9
二、供水情况	**Water Supply**				
供水总量 (万立方米)	Volume of Water Supply (10 000 cu.m)	379082	398912	399553	405820
#生产运营用水 (万立方米)	For Productive Use (10 000 cu.m)	155140	159236	154652	150327
用水人口 (万人)	Population Using Water (10 000 persons)	3983	4081	4153	4174
三、公共交通	**Public Transportation**				
公共汽电车客运总量 (万人次)	Volume of Passenger Traffic (Buses and Trolley Buses,etc.) (10 000 person-times)	226711	308625	220906	269413
公共汽电车运营车数 (辆)	Number of Operating Vehicles (Buses and Trolley Buses,etc.) (unit)	54799	67125	66610	63952
出租汽车数 (辆)	Number of Taxis (unit)	61872	70263	69990	69259
四、市政设施	**Infrastructure by City**				
道路面积 (万平方米)	Area of Roads (10 000 sq.m)	102269	108259	109957	110627
#人行道面积 (万平方米)	Area of Sidewalks (10 000 sq.m)	20348	21627	21931	21819
道路长度 (公里)	Length of Roads (km)	49986	53058	53808	54280
路灯盏数 (盏)	Number of Streetlights (unit)	2119319	2199036	2268577	2364201
桥梁数 (座)	Number of Bridges (unit)	5821	5956	6134	6226
污水年排放量 (万吨)	Volume of Waste Water Discharged (10 000 tons)	341815	364625	369891	377458
污水年处理量 (万吨)	Volume of Waste Water Treated (10 000 tons)	335873	358769	364460	372330
五、园林绿化	**Parks,Gardens and Green Areas**				
绿地面积 (公顷)	Area of Green Space (ha)	262968	272462	280650	288644
公园绿地面积 (公顷)	Area of Park Green Areas (ha)	70508	73314	75582	77143
绿化覆盖面积 (公顷)	Coverage of Green Area (ha)	299506	308569	318591	322515
#建成区绿化覆盖面积 (公顷)	Coverage of Built Districts Green Area (ha)	235167	244015	249959	252538
公园个数 (个)	Number of Parks (unit)	1299	1420	1496	1522
公园面积 (公顷)	Area of Parks (ha)	47635	50067	51148	49144

11−2 城市设施水平(2023年)

Basic Statistics on Urban Infrastructure by City (2023)

城市名称	City	城市人口密度(人/平方公里) Population Density (person/sq.km)	人均日生活用水量(升) Per Capita Daily Water Consumption (litre)	供水普及率(%) Coverage Rate of Water Supply (%)	燃气普及率(%) Coverage Rate of Gas Supply (%)	人均城市道路面积(平方米) Per Capita Area of Paved Roads (sq.m)	人均公园绿地面积(平方米) Public Recreational Green Space Per Capita (sq.m)	建成区绿化覆盖率(%) Coverage Rate of Urban Green Areas (%)
全　省	**Total**	**1746**	**130.9**	**99.9**	**99.7**	**26.5**	**18.5**	**43.9**
济 南 市	Jinan	2777	155.1	100.0	100.0	21.7	14.2	44.6
青 岛 市	Qingdao	1941	155.6	100.0	100.0	19.8	18.0	44.2
胶 州 市	Jiaozhou	766	115.6	100.0	100.0	20.1	13.1	44.9
平 度 市	Pingdu	694	80.9	100.0	100.0	27.8	13.4	41.3
莱 西 市	Laixi	773	134.8	100.0	100.0	24.4	14.7	44.6
淄 博 市	Zibo	2866	133.9	100.0	100.0	28.2	18.6	43.2
枣 庄 市	Zaozhuang	2157	112.8	100.0	99.9	28.3	15.2	43.8
滕 州 市	Tengzhou	3236	139.3	100.0	100.0	23.0	16.4	44.5
东 营 市	Dongying	786	206.9	100.0	100.0	35.5	27.3	44.0
烟 台 市	Yantai	2341	120.0	99.9	98.9	29.4	18.7	44.6
龙 口 市	Longkou	2847	102.3	100.0	100.0	33.3	18.8	45.2
莱 阳 市	Laiyang	1024	145.1	99.6	100.0	17.5	17.2	41.5
莱 州 市	Laizhou	1059	110.5	100.0	100.0	20.7	16.2	42.2
招 远 市	Zhaoyuan	1457	157.8	100.0	100.0	23.5	21.3	33.9
栖 霞 市	Qixia	453	82.0	98.4	99.3	17.5	14.9	36.7
海 阳 市	Haiyang	897	92.9	100.0	99.7	20.2	17.2	42.7
潍 坊 市	Weifang	1494	119.5	100.0	100.0	27.7	21.2	42.8
青 州 市	Qingzhou	1277	129.7	100.0	100.0	28.8	16.3	42.7
诸 城 市	Zhucheng	1588	127.5	100.0	100.0	23.9	23.4	41.1
寿 光 市	Shouguang	1795	82.7	100.0	100.0	17.8	15.3	45.1
安 丘 市	Anqiu	841	139.8	100.0	100.0	36.0	24.8	41.7
高 密 市	Gaomi	1498	150.4	100.0	100.0	25.2	17.8	44.9
昌 邑 市	Changyi	1693	111.2	100.0	100.0	24.3	22.2	44.2
济 宁 市	Jining	2040	113.8	100.0	99.1	34.8	19.0	44.3
曲 阜 市	Qufu	3309	84.9	100.0	100.0	27.2	17.5	43.3
邹 城 市	Zoucheng	3751	143.5	100.0	100.0	19.1	15.3	41.5
泰 安 市	Tai'an	1926	121.4	100.0	100.0	26.8	23.3	46.1
新 泰 市	Xintai	1370	93.2	100.0	100.0	30.0	15.6	43.3
肥 城 市	Feicheng	2307	113.1	100.0	100.0	24.8	18.0	45.6
威 海 市	Weihai	1681	119.9	100.0	100.0	40.9	25.6	46.3
荣 成 市	Rongcheng	899	100.7	100.0	100.0	31.2	26.1	46.2
乳 山 市	Rushan	1545	132.4	100.0	100.0	32.9	20.5	45.8
日 照 市	Rizhao	2483	137.9	100.0	100.0	22.1	18.0	45.4
临 沂 市	Linyi	1922	113.1	100.0	99.0	28.7	21.6	45.3
德 州 市	Dezhou	1622	117.4	98.1	96.8	27.8	24.6	45.2
乐 陵 市	Laoling	2622	73.4	100.0	100.0	31.6	13.5	39.4
禹 城 市	Yucheng	3360	103.0	96.7	98.9	29.7	14.3	40.6
聊 城 市	Liaocheng	1925	94.4	100.0	100.0	25.9	16.4	43.1
临 清 市	Linqing	1253	63.1	100.0	100.0	33.5	13.8	37.1
滨 州 市	Binzhou	1025	137.2	100.0	100.0	33.7	27.2	42.5
邹 平 市	Zouping	1171	99.7	100.0	100.0	51.2	23.9	38.2
菏 泽 市	Heze	2077	117.6	99.8	96.1	38.5	15.5	41.9

注：设市城市为市本级数据。

a) The data of Cities at Prefecture Level are from Municipal level.

11−3 城市供水(2023年)
Urban Water Supply by City (2023)

城市名称	City	综合生产能力(万立方米/日) Production Capacity of Water Supply (10 000 cu.m/day)	地下水 Groundwater	供水管道长度(公里) Length of Water Supply Pipelines (km)	供水总量(万立方米) Volume of Water Supply (10 000 cu.m)	生产运营用水 For Productive Use	公共服务用水 For Public Service	居民家庭用水 For Households Use	用水人口(万人) Population with Access to Tap Water (10 000 persons)
全　省	**Total**	**1976.0**	**487.1**	**62694.6**	**405819.6**	**150327.5**	**52135.6**	**146865.2**	**4174.4**
济南市	Jinan	289.7	111.2	7637.0	54515.7	5698.9	16942.0	21112.0	672.3
青岛市	Qingdao	235.2	3.8	8918.8	59901.8	17895.1	9342.8	24340.3	599.6
胶州市	Jiaozhou	9.5		861.1	4321.2	992.5	821.1	1877.6	64.0
平度市	Pingdu	17.1	4.1	704.0	2881.0	982.0	133.0	1342.0	50.0
莱西市	Laixi	9.0		556.8	2994.8	850.7	222.1	1483.1	34.7
淄博市	Zibo	167.8	86.5	3611.5	32965.1	18760.4	2532.2	8279.5	221.2
枣庄市	Zaozhuang	39.3	31.1	1963.8	8723.9	2815.7	970.4	3740.8	114.4
滕州市	Tengzhou	21.7	18.1	1235.0	6370.0	2320.3	275.0	2137.0	47.8
东营市	Dongying	118.0		1639.0	15648.6	6301.9	2485.9	4904.6	97.9
烟台市	Yantai	106.6	13.2	4831.7	18871.8	5979.1	3013.6	8232.1	256.8
龙口市	Longkou	8.0		422.3	1769.0	488.0	195.0	911.0	29.6
莱阳市	Laiyang	10.4	0.4	369.4	2371.1	502.3	422.1	1178.4	30.2
莱州市	Laizhou	10.5		743.8	2556.9	418.4	36.8	1536.0	39.0
招远市	Zhaoyuan	6.9	0.5	452.4	1692.7	416.0	264.3	894.2	20.1
栖霞市	Qixia	2.7		136.9	552.0	64.0	128.0	302.0	14.4
海阳市	Haiyang	11.9		499.0	1278.1	349.0	78.0	719.0	23.5
潍坊市	Weifang	81.1	10.6	2462.0	20294.4	9977.8	791.4	6944.2	177.3
青州市	Qingzhou	17.0	13.0	809.0	3695.5	1428.6	19.9	1794.1	38.3
诸城市	Zhucheng	31.0	4.2	374.2	7170.7	4156.0	557.0	1854.5	51.8
寿光市	Shouguang	29.9	10.5	769.9	10325.5	8244.7	48.7	1729.6	58.9
安丘市	Anqiu	30.3	0.3	516.6	5807.7	2867.7	563.2	1759.7	45.5
高密市	Gaomi	37.6	13.1	820.0	8142.5	4761.3	368.4	1260.5	29.7
昌邑市	Changyi	22.9	7.3	122.8	4360.3	3390.9	211.0	613.7	20.3
济宁市	Jining	70.5	44.5	1325.7	15657.4	5525.2	2146.1	5318.1	180.3
曲阜市	Qufu	11.0	11.0	413.0	1181.5	266.5	165.9	511.0	21.8
邹城市	Zoucheng	14.5	14.5	451.9	3254.8	909.5	252.1	1645.7	36.7
泰安市	Tai'an	32.5	14.0	1677.5	6795.6	1101.7	1501.0	3515.4	113.2
新泰市	Xintai	15.0	1.0	643.0	2641.1	761.7	204.9	1262.4	43.1
肥城市	Feicheng	6.6	6.6	255.9	1968.0	440.9	73.9	1232.3	31.6
威海市	Weihai	58.5	0.6	3702.7	9013.4	2678.7	1470.0	3321.1	109.5
荣成市	Rongcheng	18.2		791.1	3080.3	1087.3	72.0	1552.0	44.2
乳山市	Rushan	22.0		631.2	2068.1	659.7	129.2	920.1	21.7
日照市	Rizhao	56.5		1982.0	12044.9	4565.3	1300.7	3723.7	100.2
临沂市	Linyi	82.0	11.0	2870.8	15975.8	4764.1	337.2	8883.4	223.3
德州市	Dezhou	63.6	0.4	1850.1	16694.5	11645.1	977.4	3123.4	95.7
乐陵市	Laoling	5.0		111.2	927.2	111.3	158.3	544.2	26.2
禹城市	Yucheng	15.0	9.0	439.6	2674.2	1550.5	61.8	671.2	19.5
聊城市	Liaocheng	33.1	24.6	1716.7	8137.3	1434.4	925.2	3577.1	130.6
临清市	Linqing	3.8	0.1	224.1	1205.9	241.6	98.6	657.9	32.8
滨州市	Binzhou	71.2		1449.4	11708.5	5768.2	1350.6	2758.0	82.0
邹平市	Zouping	36.0	6.0	161.7	6095.2	4774.4	88.7	794.1	24.3
菏泽市	Heze	47.2	16.2	1540.3	7486.0	2380.4	400.3	3908.2	100.4

注：设市城市为市本级数据。
a) The data of Cities at Prefecture Level are from Municipal level.

11-4 城市公共交通(2023年)
Public Transportation by City(2023)

城市名称	City	公共汽电车 Bus and Trolley Bus				巡游出租汽车数(辆) Number of Cruise Taxi (unit)
		运营车数(辆) Number of Operating Vehicles (unit)	标准运营车数(标台) Number of Standard Operating Vehicles (unit)	运营线路总长度(公里) Length of Operation Lines (km)	客运总量(万人次) Volume of Passenger Traffic (10 000 person-times)	
全 省	**Total**	**63952**	**70704**	**182717**	**269413**	**69259**
济 南 市	Jinan	7624	9277	15672	53379	10711
青 岛 市	Qingdao	10422	12719	19852	73677	11312
胶 州 市	Jiaozhou	1009	1155	1828	3856	
平 度 市	Pingdu	825	782	2983	1435	
莱 西 市	Laixi	265	263	2086	91	
淄 博 市	Zibo	2723	3119	8786	10620	6519
枣 庄 市	Zaozhuang	2341	2394	6421	8150	1541
滕 州 市	Tengzhou	1076	1078	2583	4726	
东 营 市	Dongying	1381	1578	8426	4103	3315
烟 台 市	Yantai	4456	5127	12594	25043	5220
龙 口 市	Longkou	404	415	1311	1230	
莱 阳 市	Laiyang	194	195	451	589	
莱 州 市	Laizhou	297	262	1149	749	
招 远 市	Zhaoyuan	234	264	1099	697	
栖 霞 市	Qixia	165	170	1420	175	
海 阳 市	Haiyang	281	268	1359	482	
潍 坊 市	Weifang	4517	5047	12475	9514	4942
青 州 市	Qingzhou	368	367	648	415	
诸 城 市	Zhucheng	496	528	2251	903	
寿 光 市	Shouguang	566	552	2058	355	
安 丘 市	Anqiu	383	393	793	304	
高 密 市	Gaomi	275	273	1034	229	
昌 邑 市	Changyi	252	262	598	185	
济 宁 市	Jining	6554	6820	16297	20313	4549
曲 阜 市	Qufu	259	240	1062	941	
邹 城 市	Zoucheng	928	997	1626	2134	
泰 安 市	Tai'an	3398	3188	12821	8258	2062
新 泰 市	Xintai	736	721	3509	1425	
肥 城 市	Feicheng	384	378	1015	1043	
威 海 市	Weihai	2238	2613	11389	13124	2460
荣 成 市	Rongcheng	453	525	2755	2709	
乳 山 市	Rushan	278	297	2800	438	
日 照 市	Rizhao	1682	1925	7773	6131	1425
临 沂 市	Linyi	4164	4332	11267	12813	4527
德 州 市	Dezhou	2621	2644	11294	6205	4239
乐 陵 市	Laoling	180	138	940	229	
禹 城 市	Yucheng	169	156	1459	193	
聊 城 市	Liaocheng	3111	3062	6671	5445	2117
临 清 市	Linqing	450	461	704	298	
滨 州 市	Binzhou	2230	2279	8675	4423	1496
邹 平 市	Zouping	530	566	1105	1386	
菏 泽 市	Heze	4490	4578	12304	8215	2824

11-5 城市市政设施(2023年)
Infrastructure by City (2023)

城市名称	City	道路长度(公里) Length of Roads (km)	道路面积(万平方米) Area of Roads (10 000 sq.m)	人行道面积(万平方米) Area of Sidewalks (10 000 sq.m)	路灯盏数(盏) Number of Streetlights (unit)	桥梁数(座) Number of Bridges (unit)
全 省	**Total**	**54280.2**	**110627.5**	**21818.7**	**2364201**	**6226**
济南市	Jinan	7942.1	14555.7	2901.5	238586	1017
青岛市	Qingdao	6529.5	11856.5	2585.7	219691	822
胶州市	Jiaozhou	807.7	1286.1	188.1	32438	114
平度市	Pingdu	774.8	1392.1	256.8	16571	34
莱西市	Laixi	518.1	844.8	153.5	24455	24
淄博市	Zibo	2613.5	6240.5	994.7	104665	246
枣庄市	Zaozhuang	1569.8	3235.6	737.5	60233	155
滕州市	Tengzhou	666.1	1098.5	249.9	26920	51
东营市	Dongying	1663.5	3469.5	745.3	82771	323
烟台市	Yantai	3752.5	7556.8	1448.5	187492	220
龙口市	Longkou	513.2	985.2	253.3	22067	16
莱阳市	Laiyang	351.5	530.3	143.0	9288	26
莱州市	Laizhou	332.1	805.6	119.4	18212	13
招远市	Zhaoyuan	296.2	471.8	102.6	9662	56
栖霞市	Qixia	142.5	255.3	50.6	9643	32
海阳市	Haiyang	217.0	473.7	170.0	12321	33
潍坊市	Weifang	2322.8	4915.9	1176.1	113911	151
青州市	Qingzhou	624.5	1104.5	259.3	55789	27
诸城市	Zhucheng	642.2	1240.9	236.8	29336	39
寿光市	Shouguang	615.1	1046.2	127.6	34428	10
安丘市	Anqiu	837.8	1639.8	144.0	24189	87
高密市	Gaomi	445.2	747.1	206.4	24952	64
昌邑市	Changyi	268.0	492.5	127.5	9718	29
济宁市	Jining	2381.3	6276.9	1150.5	109305	222
曲阜市	Qufu	263.7	593.5	133.3	22804	32
邹城市	Zoucheng	395.2	699.4	164.3	20168	50
泰安市	Tai'an	1476.8	3032.8	446.7	45022	234
新泰市	Xintai	540.7	1294.1	167.9	19058	39
肥城市	Feicheng	326.2	783.8	81.5	17200	38
威海市	Weihai	1808.6	4474.4	747.1	97253	463
荣成市	Rongcheng	711.5	1379.1	189.6	34165	106
乳山市	Rushan	379.9	715.3	133.1	13235	90
日照市	Rizhao	1092.5	2214.8	423.7	60685	164
临沂市	Linyi	2966.5	6416.1	961.1	174812	214
德州市	Dezhou	1409.0	2707.7	1039.7	88497	246
乐陵市	Laoling	400.3	829.0	206.0	15480	10
禹城市	Yucheng	204.2	598.4	83.6	12884	67
聊城市	Liaocheng	1491.0	3384.6	628.4	111602	238
临清市	Linqing	485.2	1100.6	341.1	8312	30
滨州市	Binzhou	1259.9	2765.6	488.1	68856	217
邹平市	Zouping	549.9	1242.7	195.3	14521	56
菏泽市	Heze	1692.3	3874.4	859.9	63004	121

注：设市城市为市本级数据。
a) The data of Cities at Prefecture Level are from Municipal level.

11-5 续表 continued

城市名称	City	排水管道长度(公里) Length of Sewage Pipelines (km)	污水年排放量(万立方米) Volume of Waste Water Discharged (10 000 m^3)	污水处理总量(万立方米) Volume of Waste Water Treated (10 000 m^3)	生活垃圾清运量(万吨) Volume of Garbage Disposal (10 000 tons)	生活垃圾无害化处理量(万吨) Volume of Garbage Harmless Disposal (10 000 tons)
合　计	**Total**	**74798.1**	**377458**	**372330**	**1804.5**	**1804.5**
济南市	Jinan	9728.7	53494	53120	288.4	288.4
青岛市	Qingdao	10073.5	57522	56724	316.9	316.9
胶州市	Jiaozhou	957.9	5856	5779	37.8	37.8
平度市	Pingdu	836.2	4353	4280	42.6	42.6
莱西市	Laixi	761.3	2648	2602	22.6	22.6
淄博市	Zibo	4032.5	26061	25665	64.6	64.6
枣庄市	Zaozhuang	1619.1	9467	9333	38.9	38.9
滕州市	Tengzhou	706.7	5413	5314	18.1	18.1
东营市	Dongying	2990.3	13894	13702	38.2	38.2
烟台市	Yantai	4546.7	15568	15335	118.8	118.8
龙口市	Longkou	638.7	1530	1491	12.5	12.5
莱阳市	Laiyang	406.5	1959	1920	10.6	10.6
莱州市	Laizhou	397.3	2042	1992	12.8	12.8
招远市	Zhaoyuan	543.2	1571	1541	7.4	7.4
栖霞市	Qixia	114.0	497	487	3.8	3.8
海阳市	Haiyang	416.4	1086	1066	9.7	9.7
潍坊市	Weifang	3173.0	17880	17630	86.6	86.6
青州市	Qingzhou	905.6	3141	3096	18.8	18.8
诸城市	Zhucheng	776.6	6165	6071	15.6	15.6
寿光市	Shouguang	943.8	8959	8824	29.4	29.4
安丘市	Anqiu	1065.0	5339	5264	14.9	14.9
高密市	Gaomi	671.9	7691	7580	12.6	12.6
昌邑市	Changyi	344.4	3213	3164	8.2	8.2
济宁市	Jining	3026.6	15590	15389	60.6	60.6
曲阜市	Qufu	420.6	1177	1160	8.2	8.2
邹城市	Zoucheng	387.0	3250	3202	14.4	14.4
泰安市	Tai'an	1577.5	10671	10533	42.7	42.7
新泰市	Xintai	644.5	3622	3550	11.4	11.4
肥城市	Feicheng	361.7	2606	2567	11.1	11.1
威海市	Weihai	3224.7	8078	7968	59.5	59.5
荣成市	Rongcheng	783.9	2624	2586	20.3	20.3
乳山市	Rushan	849.3	1793	1766	9.4	9.4
日照市	Rizhao	2991.1	10242	10086	38.4	38.4
临沂市	Linyi	4346.1	15388	15199	101.8	101.8
德州市	Dezhou	1406.8	12299	12097	46.4	46.4
乐陵市	Laoling	330.9	788	776	10.2	10.2
禹城市	Yucheng	401.9	2273	2241	4.9	4.9
聊城市	Liaocheng	2404.9	6843	6745	38.0	38.0
临清市	Linqing	386.6	1200	1179	9.0	9.0
滨州市	Binzhou	2155.9	8878	8758	38.2	38.2
邹平市	Zouping	582.5	5181	5111	13.6	13.6
菏泽市	Heze	1866.6	9606	9437	36.8	36.8

注：设市城市为市本级数据。
a) The data of Cities at Prefecture Level are from Municipal level.

11-6 城市园林绿化(2023年)
Parks, Gardens and Green Areas by City (2023)

城市名称	City	绿化覆盖面积(公顷) Coverage of Green Area (ha)	建成区 Urban Green Area	绿地面积(公顷) Area of Green Space (ha)	公园绿地面积(公顷) Park Green Area (ha)	公园个数(个) Number of Parks (unit)	公园面积(公顷) Area of Parks (ha)
全 省	**Total**	**322515.4**	**252538.2**	**288643.5**	**77142.8**	**1522**	**49143.7**
济南市	Jinan	36862.4	36161.5	33297.3	9553.5	194	4151.0
青岛市	Qingdao	48863.8	34872.4	44879.3	10816.0	264	8321.6
胶州市	Jiaozhou	4274.1	4235.1	3956.4	838.7	22	657.3
平度市	Pingdu	3258.7	3044.5	2895.1	671.9	29	581.9
莱西市	Laixi	2026.6	1896.5	1740.1	508.9	9	365.5
淄博市	Zibo	21937.4	12757.7	20446.9	4125.8	56	1742.5
枣庄市	Zaozhuang	9797.7	6861.7	7579.1	1735.5	46	1000.9
滕州市	Tengzhou	3162.2	2892.5	2892.0	781.0	37	464.7
东营市	Dongying	12240.5	7421.0	10584.8	2675.2	59	2026.7
烟台市	Yantai	18487.4	17726.7	16615.5	4800.8	62	2272.8
龙口市	Longkou	2555.4	2161.8	2168.9	558.1	9	203.0
莱阳市	Laiyang	2559.0	1810.6	1684.7	521.7	3	113.0
莱州市	Laizhou	2462.5	2276.6	2327.1	632.2	5	277.7
招远市	Zhaoyuan	1207.8	1207.8	1177.8	429.2	12	392.4
栖霞市	Qixia	703.3	628.3	603.2	218.2	4	41.0
海阳市	Haiyang	1583.0	1470.4	1465.6	404.5	6	382.7
潍坊市	Weifang	13393.2	8563.3	12402.0	3765.2	69	2877.9
青州市	Qingzhou	3213.8	2392.5	2427.0	625.0	18	572.2
诸城市	Zhucheng	4568.3	2335.6	4252.8	1212.1	8	388.1
寿光市	Shouguang	4280.5	2176.1	3778.2	904.4	24	873.6
安丘市	Anqiu	3728.2	2667.3	3475.2	1128.5	21	959.3
高密市	Gaomi	2594.2	2495.5	2337.7	527.1	5	306.0
昌邑市	Changyi	2005.6	1455.7	1554.8	450.5	4	365.2
济宁市	Jining	11636.0	11028.0	11005.0	3428.2	73	1375.4
曲阜市	Qufu	1505.8	1167.9	1328.1	381.2	25	381.5
邹城市	Zoucheng	2204.6	2031.1	2160.8	560.6	18	473.6
泰安市	Tai'an	7952.6	7582.4	7594.3	2631.7	41	1880.5
新泰市	Xintai	2745.5	2628.5	2565.9	672.1	16	672.1
肥城市	Feicheng	2542.0	2282.6	2222.9	568.1	6	460.2
威海市	Weihai	10709.0	9147.2	9663.2	2805.4	58	1281.0
荣成市	Rongcheng	3158.2	2726.0	2882.3	1151.5	23	1067.3
乳山市	Rushan	2058.1	1684.1	1776.1	444.9	14	251.0
日照市	Rizhao	6096.3	5822.9	5434.7	1801.2	53	1096.4
临沂市	Linyi	17095.2	12189.5	14873.3	4814.1	50	4162.4
德州市	Dezhou	8828.2	7605.4	7838.5	2399.1	45	1706.4
乐陵市	Laoling	1565.4	1360.5	1201.2	354.3	18	372.3
禹城市	Yucheng	2100.4	1558.5	1851.4	288.5	13	228.2
聊城市	Liaocheng	12606.4	7200.9	11254.9	2141.4	34	1259.5
临清市	Linqing	2291.9	1166.3	1917.9	452.0	8	192.6
滨州市	Binzhou	8527.4	6464.3	8063.0	2227.1	44	1779.5
邹平市	Zouping	3290.3	2347.9	2259.1	578.4	3	294.0
菏泽市	Heze	9837.0	7033.6	8209.5	1559.2	14	873.0

注：设市城市为市本级数据。

a) The data of Cities at Prefecture Level are from Municipal level.

11-7 城市燃气供热情况(2023年)
Gas Supply and Heating by City (2023)

城市名称	City	天然气供气量(万立方米) Total Natural Gas Supply (10 000 cu.m)	居民家庭用量 Residential Use	液化石油气供气量(吨) Total Liquefied Petroleum Gas Supply (ton)	居民家庭用量 Residential Use	集中供热面积(万平方米) Heating Area (10 000 sq.m)	住宅 Houses
全　省	**Total**	**1247045.1**	**307408.8**	**268326.5**	**123938.9**	**206646.3**	**175418.2**
济南市	Jinan	178940.2	61899.4	44830.6	8987.3	34871.1	29617.6
青岛市	Qingdao	180293.6	34967.7	24939.9	11517.0	29747.0	24998.4
胶州市	Jiaozhou	19555.6	4752.4	4780.0	4565.0	2833.9	2440.4
平度市	Pingdu	12791.8	2335.4	3687.0	3661.0	1874.5	1691.6
莱西市	Laixi	11359.0	4000.0	6898.0	5969.0	1765.7	1642.8
淄博市	Zibo	111565.1	16406.7	15138.8	1735.1	10052.4	8835.0
枣庄市	Zaozhuang	15945.4	5079.6	7764.6	5890.8	5247.4	4853.5
滕州市	Tengzhou	29014.7	3253.6			3390.6	3154.5
东营市	Dongying	37567.3	17429.1	1376.6	664.6	7266.0	6052.8
烟台市	Yantai	44486.7	11736.8	25383.7	5815.9	17698.6	13199.1
龙口市	Longkou	44272.2	2198.0	2415.0	2301.0	1500.0	1312.1
莱阳市	Laiyang	6550.0	1195.0	1500.0	1120.0	1250.0	1076.0
莱州市	Laizhou	3637.0	1258.0	3253.0	2986.0	1703.6	1455.8
招远市	Zhaoyuan	3230.7	936.7	1005.9	490.0	1381.6	1230.3
栖霞市	Qixia	4000.0	800.0	2560.0	2140.0	373.2	346.6
海阳市	Haiyang	2198.4	1104.1	3927.0	1273.0	1726.9	1577.3
潍坊市	Weifang	52678.7	15544.9	15100.0	6878.0	12506.0	10213.9
青州市	Qingzhou	9929.8	3381.6	1378.0	540.0	2531.7	2361.4
诸城市	Zhucheng	15080.0	2527.0	6650.0	6640.0	1455.6	1390.0
寿光市	Shouguang	9167.0	3789.5	4432.0	1026.0	2900.0	2298.0
安丘市	Anqiu	9005.1	2571.8	1320.0	1014.4	1230.5	1155.6
高密市	Gaomi	11126.3	2814.0	1703.0	781.0	993.3	831.5
昌邑市	Changyi	4278.6	3649.0	1597.0	1588.0	998.0	974.2
济宁市	Jining	44699.0	19310.1	8004.5	1402.0	5630.1	5098.6
曲阜市	Qufu	6787.4	2440.9	1960		1564.3	1376.7
邹城市	Zoucheng	5571.1	4855.7	403.1	131.2	1873.9	1707.5
泰安市	Tai'an	45247.7	4309.9	2822.25	648.5	5058.6	4456.8
新泰市	Xintai	7238.6	1673.9	4657.0	770.0	1505.0	1394.0
肥城市	Feicheng	7276.5	5034.8	456.9	146.4	1316.0	1200.0
威海市	Weihai	19800.7	5459.4	13963.3	1804.8	10522.2	7631.9
荣成市	Rongcheng	9423.2	2604.0	4535.6	1656.0	1498.8	1239.8
乳山市	Rushan	3651.7	1231.2	144.3		850.0	794.0
日照市	Rizhao	25634.7	7461.9	6721.0	6637.0	3043.1	2652.9
临沂市	Linyi	75348.4	13814.8	20351.0	18755.6	8970.0	8405.7
德州市	Dezhou	36470.8	5080.3	7123.4	3768.7	4009.5	3186.6
乐陵市	Laoling	4700.0	1760.0	2900.0	2898.0	435.0	415.0
禹城市	Yucheng	8402.3	2705.1	1753.0	302.1	804.9	743.7
聊城市	Liaocheng	61978.6	6450.0	4760.0	1810.0	4981.3	4562.8
临清市	Linqing	4596.0	2217.0	1701.7	1701.6	930.0	836.6
滨州市	Binzhou	28825.7	7884.7	847.0	844.6	5525.6	4488.7
邹平市	Zouping	17407.7	3671.4	209.8	209.5	1031.0	872.0
菏泽市	Heze	17312.0	5813.6	3372.7	2870.0	1799.4	1646.9

注：设市城市为市本级数据。
a) The data of Cities at Prefecture Level are from Municipal level.

主要统计指标解释

供水普及率 指报告期末城区内用水人口与总人口的比率。计算公式：

$$供水普及率=\frac{城区用水人口}{城区人口+城区暂住人口}\times100\%$$

燃气普及率 指报告期末城区内使用燃气的人口与总人口的比率。计算公式：

$$燃气普及率=\frac{城区用气人口}{城区人口+城区暂住人口}\times100\%$$

供水综合生产能力 指按供水设施取水、净化、送水、出厂输水干管等环节设计能力计算的综合生产能力。计算时，以四个环节中最薄弱的环节为主确定能力。

年末供水管道长度 指从送水泵至各类用户引入管之间所有市政管道的长度。不包括新安装尚未使用、水厂内以及用户建筑物内的管道。

全年供水总量 指报告期供水企业（单位）供出的全部水量。包括有效供水量和漏损水量。

生产运营用水 指在城区范围内生产、运营的农、林、牧、渔业、工业、建筑业、交通运输业等单位在生产、运营过程中的用水。

公共服务用水 指为城区社会公共生活服务的用水，包括行政事业单位、部队营区和公共设施服务、社会服务业、批发零售贸易业、旅馆饮食业以及社会服务业等单位的用水。

居民家庭用水 指城市范围内所有居民家庭的日常生活用水，包括城市居民、农民家庭、公共供水站用水。

全年供气总量 指全年燃气企业(单位)向用户供应的燃气数量。包括销售量和损失量。

供热面积 指供热企业(单位)向城市各类房屋建筑物、构筑物及其附属设施供热的全部建筑面积。

年末道路长度 指道路长度和与道路相通的桥梁、隧道的长度，按车行道中心线计算。

道路面积 指道路实际铺装面积和与道路相通的广场、桥梁、隧道的铺装面积。

城市桥梁 指为跨越天然或人工障碍物而修建的构筑物，包括跨河桥、立交桥、人行天桥以及人行地下通道等。

城市排水管道长度 指所有市政排水总管、干管、支管、检查井及连接井进出口等长度之和。

年末运营车数 指年末公交企业(单位)用于运营业务的全部车辆数。以企业(单位)固定资产台账中已投入运营的车辆数为准。

绿化覆盖面积 指城市中的乔木、灌木、草坪等所有植被的垂直投影面积。

绿地面积 指报告期末用作园林和绿化的各种绿地面积。包括公园绿地、防护绿地、广场用地内绿地、附属绿地和区域绿地的面积。其中：公园绿地是指城市中向公众开放，以游憩为主要功能，兼具生态、景观、文教和应急避险等功能，有一定游憩和服务设施的绿地。

Explanatory Notes on Main Statistical Indicators

Coverage Rate of Urban Population with Access to Tap Water refers to the ratio of the urban population with access to tap water to the total urban population at the end of reference period. The formula is:

$$\text{Coverage of urban population with access to tap water} = \frac{\text{Urban population with access to tap water}}{\text{Urban population+Urban transient population}} \times 100\%$$

Percentage of Urban Population with Access to Gas refers to the ratio of use of gas in urban area population and the total population. at the end of the reference period. The formula is:

$$\text{Coverage rate of urban population with access to gas} = \frac{\text{Urban population with access to gas}}{\text{Urban population+Urban population transient population}} \times 100\%$$

Production Capacity of Water Supply refers to the designed overall production capacity of water facilities, covering the four segments of water collection, purification, conveyance, and outflow through trunk pipelines. The capacity is determined mainly on the weakest of the above-mentioned four segments.

Length of Water Supply Pipelines refers to the total length of all pipelines between the water pumps and the user water meters, excluding pipelines newly installed but not in use yet, pipeline in the water factory, and pipeline in the users' buildings.

Total Volume of Urban Water Supply refers to the total volume of water supplied by water-works (units) during the reference period, including both the effective water supply and loss during the water supply.

Consumption of Water for Production Use refers to water consumption in the process of production and operation by production and operation units of agriculture, forestry, animal husbandry, fishery, manufacturing, construction, transport, etc. in urban areas.

Consumption of water for public service use refers to water consumption for public service in the urban areas, including water consumption of administrative institutions, military barracks, public facilities, wholesale and retail, accommodation and catering industries and social service industry, etc.

Consumption of water for household use refers to consumption of water for daily life of all households in cities, including households of urban residents and farmers, and public water supply stations.

Volume of Gas Supply refers to the total volume of gas provided to users by gas-producing enterprises (units) during the reporting period, including the volume sold and the volume lost.

Area of Heat-supply Service refers to the total area of buildings, structures and their affiliated facilities with heat supply provided by heating enterprises (units).

Length of Paved Roads refers to the length of roads with paved surface, including bridges and tunnels connected with roads. Length of the roads is measured by the central lines.

Area of Road refers to the actual pavement area of the road and the pavement area of squares, bridges and tunnels connected with the road.

Urban Bridges refer to bridges built to cross over natural or man-made barriers, including bridges over rivers, overpasses for traffic and for pedestrians, underpasses for pedestrians, etc.

Length of Urban Sewage Pipes refers to the total length of general drainage, trunks, branch and inspection wells, connection wells, inlets and outlets, etc.

Number of Vehicles under Operation at the Year-end refers to the total number of vehicles under operation by public transport enterprises (units) at the end of the year, based on the records of operational vehicles by the enterprises (units).

Area of Green coverage refers to the vertical projection area of all trees in the city such as trees, shrubs, lawns, etc.

Area of Green Space refers to a green area for gardening and greening. Including parks, green space in square land, protective green, the accessory Greenbelt and regional green areas at the end of referenced period. Park Green Land refers to the green land which is open to the public for relaxation and has service facilities for culture and education, and also is used for ecological protection, landscaping and disaster reduction.

第12篇

资源和环境

Natural Resources and Environment

简 要 说 明

一、本篇资料的主要内容

本篇资料主要反映了全省资源和环境保护事业发展状况，资源部分主要包括自然资源、湖泊、河流、山脉和气候以及土地利用和水资源状况，环境保护部分主要包括工业废水、废气、固体废物等工业污染物排放及处理情况。

二、本篇资料的来源

1．自然资源和湖泊、河流、山脉等表，由省统计局综合处根据年鉴积累资料整理。

2．气象资料主要包括各市平均气温、降水量、日照等方面的资料，数据来源于省气象局，由省统计局综合处整理提供。

3．湿地、造林资料和土地利用情况来源于省自然资源厅，由省统计局能源处整理提供。

4．水资源资料来源于省水利厅，由省统计局能源处整理提供。

5．环境保护资料来源于省生态环境厅，由省统计局能源处整理提供。

Brief Introduction

I. Content

Data in this chapter reflect natural resources of Shandong and development in environment protection. Resources mainly include natural resources, lakes, rivers, mountains, climate, status of land use and water resource. Environment protection mainly shows treatment and discharge of industrial waste water, solid waste and waste gas.

II. Source of Data

(1) Data on natural resources, lakes, rivers, and mountains are prepared by the Division of Comprehensive Statistics of Shandong Provincial Bureau of Statistics.

(2) Data on climate mainly include average temperature, precipitation and sunshine hours. The data are provided by the Meteorological Bureau of Shandong Province and prepared by the Division of Comprehensive Statistics of Shandong Provincial Bureau of Statistics.

(3) Data on wetland and plantation and land use are provided by the Department of Nature and Resources of Shandong Province and prepared by the Division of Energy Statistics of Shandong Provincial Bureau of Statistics.

(4) Data on water resource are provided by the Department of Water Resources of Shandong Province and prepared by the Division of Energy Statistics of Shandong Provincial Bureau of Statistics.

(5) Data on environment protection are provided by the Ecological Environment Department of Shandong Province and prepared by the Division of Energy Statistics of Shandong Provincial Bureau of Statistics.

12-1 人口和自然资源(2023年)
Population and Natural Resources(2023)

项　　目		Item		2023
一、人　口		Population		
年末总人口	(万人)	Total Population(year-end)	(10 000 persons)	10123
人口密度	(人/平方公里)	Density of Population	(person/sq.km)	641
二、土　地		Land		
全省土地面积	(万平方公里)	Land Area	(10 000 sq.km)	15.8
农用地		Land for Agriculture Use		11.6
耕地		Cultivated Land		6.5
园地		Garden Land		1.2
牧草地		Grazing and Pasture Land		
建设用地		Land for Construction		3.3
城镇村及工矿用地		Land for Urban Village, Mining and Manufacturing		2.9
交通用地		Land for Transport Facilities		0.3
水利设施用地		Land for Water Conservancy Facilities		0.1
三、矿　产		Mineral Resources		
已发现矿产种类	(种)	Mineral Resources Discovered	(kind)	148
已查明资源储量的矿产种类	(种)	Number of Mineral Resources with Insured Reserves	(kind)	93
能源矿产	(种)	Energy Resources	(kind)	7
金属矿产	(种)	Metal Mineral	(kind)	27
非金属矿产	(种)	Nonmetal Mineral	(kind)	56
水气矿产	(种)	Water and Gas	(kind)	3
四、水文、水利		Water Resources		
水资源总量	(亿立方米)	Average Volume of Water Resources	(100 million cu.m)	249.75
地表水资源量	(亿立方米)	Surface Water Volume	(100 million cu.m)	157.59

12-2 主要湖泊、河流基本情况
Basic Statistics on Major Lakes and Rivers

湖泊名	Names of Lakes	面积（平方公里） Area of Lakes (sq.km)	河流名	Names of Rivers	面积（平方公里） Drainage Area (sq.km)	河长（公里） Length (km)
小　计	Total	1494.6	徒骇河	Tuhaihe River	13136.6	446.5
微山湖	Weishan Lake	531.7	沂　河	Yihe River	10909.9	287.5
昭阳湖	Zhaoyang Lake	337.1	马颊河	Majiahe River	10638.4	448.0
独山湖	Dushan Lake	144.6	小清河	Xiaoqinghe River	10498.8	233.0
南阳湖	Nanyang Lake	211.0	大汶河	Dawenhe River	9069.0	211.0
东平湖	Dongping Lake	167.0	潍　河	Weihe River	6493.2	233.0
麻大湖	Mada Lake	110.0	沭　河	Shuhe River	6161.4	263.0
白云湖	Baiyun Lake	16.2	大沽河	Daguhe River	4161.9	179.9
青沙湖	Qingsha Lake	11.1	弥　河	Mihe River	3847.5	206.0

12-3 主要山脉高度
Height of Major Mountains

山　名	Mountain Range	标高（米） Height of Mountain Peak (m)	山　名	Mountain Range	标高（米） Height of Mountain Peak (m)
泰　山	Mount Tai	1532	马耳山	Maer Mountains	707
蒙　山	Mengshan Mountains	1156	龙须崮	Longxvgu Mountains	707
崂　山	Laoshan Mountains	1133	凤凰山	Fenghuang Mountains	648
鲁　山	Lushan Mountains	1108	四海山	Sihai Mountains	625
沂　山	Yishan Mountains	1032	鏊子崮	Aozigu Mountains	616
徂徕山	Culai Mountains	1028	黑　山	Heishan Mountains	612
昆嵛山	Kunyu Mountains	923	珂楼埠山	Keloubu Mountains	577
九顶山	Jiuding Mountains	834	大　山	Dashan Mountains	560
艾　山	Aishan Mountains	814	伟德山	Weide Mountains	554
牙　山	Yashan Mountains	806	招虎山	Zhaohu Mountains	550
大泽山	Daze Mountains	737	孟良崮	Menglianggu Mountains	536
摩天岭	Motianling Mountains	735	布　山	Bushan Mountains	447

12-4 各市平均气温(2023年)

Monthly Average Temperature by Region(2023)

单位:摄氏度 (℃)

城市名	City	一 月 Jan.	二 月 Feb.	三 月 Mar.	四 月 Apr.	五 月 May	六 月 June
济 南 市	Jinan	1.7	5.1	13.9	16.0	21.9	28.2
青 岛 市	Qingdao	1.7	3.1	8.8	12.9	18.2	22.3
淄 博 市	Zibo	-1.2	3.1	12.1	14.9	20.9	26.8
枣 庄 市	Zaozhuang	1.3	4.6	12.7	15.8	21.8	26.8
东 营 市	Dongying	-0.4	2.8	11.3	15.1	21.0	26.6
烟 台 市	Yantai	-0.1	1.9	8.7	13.0	18.7	22.9
潍 坊 市	Weifang	0.1	3.1	11.3	15.1	20.9	26.3
济 宁 市	Jining	1.9	5.5	13.4	16.2	21.9	27.8
泰 安 市	Tai'an	-0.2	3.8	12.0	15.5	21.3	26.7
威 海 市	Weihai	0.5	2.3	9.2	13.1	19.0	23.0
日 照 市	Rizhao	1.7	3.0	10.1	13.6	19.0	23.6
临 沂 市	Linyi	1.5	3.9	11.9	15.0	20.8	25.5
德 州 市	Dezhou	-1.6	2.7	11.2	14.5	20.5	27.2
聊 城 市	Liaocheng	0.1	4.2	11.9	15.1	20.9	27.6
滨 州 市	Binzhou	-1.5	2.1	10.5	14.6	20.6	26.3
菏 泽 市	Heze	1.0	4.8	13.1	16.0	21.1	27.3

12-4 续表 continued

单位:摄氏度 (℃)

城市名	City	七 月 July	八 月 Aug.	九 月 Sept.	十 月 Oct.	十一月 Nov.	十二月 Dec.	全年平均 Annual Average
济 南 市	Jinan	29.1	26.9	23.7	19.1	8.9	0.7	16.3
青 岛 市	Qingdao	26.3	26.4	23.6	19.3	9.8	2.0	14.5
淄 博 市	Zibo	28.7	26.3	23.0	17.0	6.9	-1.3	14.8
枣 庄 市	Zaozhuang	28.5	27.9	23.9	18.2	9.2	1.3	16.0
东 营 市	Dongying	29.3	27.4	24.2	17.9	7.8	-0.9	15.2
烟 台 市	Yantai	26.6	25.6	22.8	17.8	8.0	0.6	13.9
潍 坊 市	Weifang	28.8	27.4	24.0	18.4	8.2	0.1	15.3
济 宁 市	Jining	29.4	27.9	24.3	18.7	9.2	1.2	16.5
泰 安 市	Tai'an	28.4	27.0	23.3	17.0	8.0	-0.5	15.2
威 海 市	Weihai	26.9	26.3	23.5	18.6	8.7	1.5	14.4
日 照 市	Rizhao	26.6	26.3	23.0	18.7	9.8	1.9	14.8
临 沂 市	Linyi	27.1	26.6	23.1	18.3	8.9	1.3	15.3
德 州 市	Dezhou	28.5	26.5	22.8	16.2	5.9	-3.3	14.3
聊 城 市	Liaocheng	29.5	27.1	23.5	17.9	7.7	-0.8	15.4
滨 州 市	Binzhou	28.6	26.7	23.2	16.7	6.5	-2.1	14.4
菏 泽 市	Heze	29.3	27.5	23.8	18.4	9.0	0.8	16.0

12-5 各市降水量(2023年)
Monthly Precipitation by Region(2023)

单位:毫米 (millimeter)

城市名	City	一 月 Jan.	二 月 Feb.	三 月 Mar.	四 月 Apr.	五 月 May	六 月 June
济 南 市	Jinan	4.7	7.9	0.5	56.6	31.5	40.3
青 岛 市	Qingdao	3.7	6.3	11.1	61.0	35.8	85.2
淄 博 市	Zibo	3.1	6.1	0.4	55.2	44.3	53.1
枣 庄 市	Zaozhuang	23.4	15.4	3.0	80.7	65.5	81.6
东 营 市	Dongying	3.1	4.9	0.1	71.1	46.7	38.3
烟 台 市	Yantai	20.1		0.8	54.0	35.8	119.3
潍 坊 市	Weifang	2.5	4.1	0.3	32.9	23.0	36.1
济 宁 市	Jining	5.1	8.8	3.0	58.4	49.2	37.8
泰 安 市	Tai'an	1.0	10.5	0.5	50.2	46.6	44.4
威 海 市	Weihai	18.2		0.2	53.2	35.0	62.5
日 照 市	Rizhao	7.8	16.1	11.6	51.7	47.7	167.7
临 沂 市	Linyi	9.1	13.9	4.6	88.7	74.5	146.6
德 州 市	Dezhou	2.3	7.4		49.8	44.7	59.0
聊 城 市	Liaocheng	3.2	8.0	1.2	53.5	36.0	72.0
滨 州 市	Binzhou	3.6	5.2		47.4	47.2	71.6
菏 泽 市	Heze	2.8	9.6	11.1	64.7	136.0	47.7

12-5 续表 continued

单位:毫米 (millimeter)

城市名	City	七 月 July	八 月 Aug.	九 月 Sept.	十 月 Oct.	十一月 Nov.	十二月 Dec.	全 年 Annual Total
济 南 市	Jinan	303.7	178.5	83.9		42.2	24.6	774.4
青 岛 市	Qingdao	107.1	185.5	52.5		9.8	14.9	572.9
淄 博 市	Zibo	165.7	172.9	38.1	0.4	25.7	26.1	591.1
枣 庄 市	Zaozhuang	262.7	127.0	89.6	5.1	9.2	23.3	786.5
东 营 市	Dongying	105.2	115.4	20.2	3.8	43.1	23.1	475.0
烟 台 市	Yantai	140.6	194.8	60.5	7.6	73.2	76.8	783.5
潍 坊 市	Weifang	116.3	60.3	105.8	0.6	18.9	26.9	427.7
济 宁 市	Jining	210.0	178.3	78.6		23.7	23.4	676.3
泰 安 市	Tai'an	425.8	119.6	92.0		19.9	21.1	831.6
威 海 市	Weihai	97.1	210.1	36.1	2.4	73.9	96.7	685.4
日 照 市	Rizhao	112.3	149.2	113.8	1.5	8.0	25.2	712.6
临 沂 市	Linyi	314.5	187.4	86.2	3.0	9.6	27.4	965.5
德 州 市	Dezhou	143.3	98.6	36.5	0.3	49.7	21.7	513.3
聊 城 市	Liaocheng	189.4	131.2	80.6		50.0	19.1	644.2
滨 州 市	Binzhou	116.4	42.2	14.7		49.6	19.9	417.8
菏 泽 市	Heze	180.5	124.3	62.2		40.4	22.0	701.3

12-6 各市日照时数(2023年)

Monthly Sunshine Hours by Region(2023)

单位:小时 (hour)

城市名	City	一月 Jan.	二月 Feb.	三月 Mar.	四月 Apr.	五月 May	六月 June
济南市	Jinan	207.4	186.1	249.9	194.2	199.9	270.4
青岛市	Qingdao	176.1	190.0	232.4	193.7	209.6	232.4
淄博市	Zibo	162.7	166.4	200.3	155.1	195.9	259.0
枣庄市	Zaozhuang	186.1	134.8	221.5	177.5	195.6	206.9
东营市	Dongying	188.2	187.3	255.8	175.1	215.1	280.5
烟台市	Yantai	167.9	210.1	239.6	190.8	218.6	256.2
潍坊市	Weifang	198.1	200.2	245.8	206.0	235.6	286.5
济宁市	Jining	150.7	128.1	193.0	157.1	180.4	228.2
泰安市	Tai'an	194.8	172.3	250.2	200.2	210.1	267.0
威海市	Weihai	171.2	211.1	246.8	215.2	228.6	276.0
日照市	Rizhao	195.1	169.7	229.4	195.1	199.6	223.5
临沂市	Linyi	194.6	157.4	232.3	189.0	213.0	224.5
德州市	Dezhou	185.0	171.2	242.8	175.2	190.6	301.4
聊城市	Liaocheng	187.4	158.5	235.7	192.0	196.1	290.9
滨州市	Binzhou	190.4	197.1	260.4	189.8	220.2	297.1
菏泽市	Heze	172.6	140.7	210.8	186.3	173.8	224.1

12-6 续表 continued

单位:小时 (hour)

城市名	City	七月 July	八月 Aug.	九月 Sept.	十月 Oct.	十一月 Nov.	十二月 Dec.	全年 Annual Total
济南市	Jinan	221.5	249.2	182.6	230.6	194.3	182.1	2568.2
青岛市	Qingdao	155.1	245.6	181.2	226.9	164.1	161.4	2368.5
淄博市	Zibo	217.8	236.8	188.1	225.1	190.6	157.1	2354.9
枣庄市	Zaozhuang	149.2	213.0	169.6	204.9	170.1	161.8	2191.0
东营市	Dongying	243.3	222.3	198.1	233.3	196.7	167.4	2563.1
烟台市	Yantai	200.9	240.0	204.3	222.4	110.6	127.7	2389.1
潍坊市	Weifang	233.2	249.4	214.4	235.0	193.5	162.9	2660.6
济宁市	Jining	186.7	198.7	138.7	159.2	145.2	137.2	2003.2
泰安市	Tai'an	235.0	242.6	198.4	224.1	189.0	183.6	2567.3
威海市	Weihai	197.3	232.7	181.7	230.9	102.6	117.9	2412.0
日照市	Rizhao	136.2	237.5	178.5	218.6	193.3	177.7	2354.2
临沂市	Linyi	165.8	242.9	193.1	223.8	194.7	177.4	2408.5
德州市	Dezhou	230.5	250.1	194.8	227.9	212.0	175.6	2557.1
聊城市	Liaocheng	235.3	248.8	188.1	211.4	198.4	187.2	2529.8
滨州市	Binzhou	256.0	236.9	198.0	232.8	194.3	172.5	2645.5
菏泽市	Heze	206.9	218.6	166.0	175.1	183.9	175.6	2234.4

12-7 各市土地利用情况(2023年)
Land Use by Region(2023)

单位:公顷 (hectare)

地区	Region	农用地 Land for Agriculture Use	建设用地 Land for Construction	城镇村及工矿用地 Land for Urban Village, Mining and Manufacturing	交通用地 Land for Transport Facilities	水利设施用地 Land for Water Conservancy Facilities	未利用地(不含裸岩石砾地) Unutilized Land (excluding exposed rock land)
全省总计	**Total**	**11633790**	**3253874**	**2863083**	**297802**	**92990**	**892096**
济南市	Jinan	749563	223303	192355	23164	7784	48767
青岛市	Qingdao	801442	265927	232693	28153	5081	57140
淄博市	Zibo	434136	133959	116694	14522	2742	26440
枣庄市	Zaozhuang	340887	99897	89722	7427	2748	12787
东营市	Dongying	480399	153309	133408	11778	8124	191985
烟台市	Yantai	1085453	236620	209705	24444	2471	67949
潍坊市	Weifang	1155185	360345	321512	33236	5597	101030
济宁市	Jining	764062	224566	190010	21380	13177	125425
泰安市	Tai'an	587547	142511	127328	12742	2441	42489
威海市	Weihai	451263	94673	82998	10994	682	36315
日照市	Rizhao	416342	102084	87578	13267	1239	18363
临沂市	Linyi	1328505	331898	299049	28684	4165	55381
德州市	Dezhou	815744	201501	170684	18162	12654	18526
聊城市	Liaocheng	667146	186944	163986	15688	7269	8707
滨州市	Binzhou	626667	235239	211388	15042	8808	55828
菏泽市	Heze	929449	261100	233972	19120	8008	24964

注：数据来源于2023年度国土变更调查。(以下相关表同)

a) The data in this table come from the 2023 National Land Changing Survey.(The same applies to the following relevant tables.)

12-8 各市湿地面积(2023年)
Area of Wetlands by Region (2023)

地区	Region	湿地面积(千公顷) Area of Wetlands (1 000 hectares)	沿海滩涂 Coastal Beach	内陆滩涂 Inland Tidal Flat	沼泽地 Swamps
全省总计	**Total**	**245.5**	**198.0**	**47.5**	
济南市	Jinan	0.4		0.4	
青岛市	Qingdao	23.5	22.8	0.7	
淄博市	Zibo	0.9		0.9	
枣庄市	Zaozhuang	0.2		0.2	
东营市	Dongying	124.3	91.0	33.4	
烟台市	Yantai	16.4	16.1	0.3	
潍坊市	Weifang	36.5	34.4	2.1	
济宁市	Jining	1.2		1.2	
泰安市	Tai'an	0.9		0.9	
威海市	Weihai	14.1	13.7	0.4	
日照市	Rizhao	3.8	3.4	0.3	
临沂市	Linyi	1.2		1.2	
德州市	Dezhou	0.3		0.3	
聊城市	Liaocheng	0.1		0.1	
滨州市	Binzhou	21.2	16.6	4.6	
菏泽市	Heze	0.4		0.4	

12-9 造林面积情况

Area of Afforestation

单位:公顷 (hectare)

年份 地区	Year Region	造林总面积 Total Area of Afforestation	按造林方式分 By Approach：人工造林 Manual Planting	按林种用途分 By Function of Forest：用材林 Timber Forests	经济林 By-product Forests	防护林 Protection Forests	薪炭林 Fuel Forests	特种用途林 Forests for Special Purpose
2000		153389	153389	18007	100769	34268	63	282
2001		135259	135259	19019	84039	32155		46
2002		152597	152597	43671	80066	27670	1098	92
2003		344079	344079	192653	92130	57709	1039	548
2004		262711	262711	134193	53536	74441	233	308
2005		141141	141141	47470	42674	49559	633	805
2006		134423	134423	40421	34252	59193	7	550
2007		156738	156738	49409	26971	68046	66	254
2008		185575	184928	69516	25947	89726	20	366
2009		182171	180529	42463	26172	113067		469
2010		205131	198998	36101	37856	129877		1297
2011		219028	219028	34598	51154	130896		2380
2012		197956	195875	25178	49195	122277		1306
2013		220473	219129	32569	63604	122536		1764
2014		224972	223560	43411	66219	113208		2134
2015		221207	206552	41627	60372	102643		1910
2016		146684	115179	19229	35812	59264		874
2017		142195	92306	20805	27941	42713		847
2018		147481	118745	30886	36323	49814		1722
2019			125393	38972	35641	49924		856
2020			102830	27904	21614	52369	97	846
2021		11820	6531					
2022		15491	4995					
2023		17647	6493					
济南市	Jinan	749	660					
青岛市	Qingdao	508	86					
淄博市	Zibo	381	376					
枣庄市	Zaozhuang	270	228					
东营市	Dongying	197	98					
烟台市	Yantai	255	177					
潍坊市	Weifang	3137	1634					
济宁市	Jining	1151	966					
泰安市	Tai'an	319	299					
威海市	Weihai	1732	22					
日照市	Rizhao	75	38					
临沂市	Linyi	6627	605					
德州市	Dezhou	634	297					
聊城市	Liaocheng	294	105					
滨州市	Binzhou	499	217					
菏泽市	Heze	820	686					

注：1.根据国家林业和草原局最新《林业草原综合统计调查制度》要求，不再按林种用途统计造林面积。
2.自2021年开展造林绿化上图工作，根据国家林草局批复情况，对2021年造林数据作出修改。

a) According to the latest 'Comprehensive Statistical Investigation System for Forestry and Grassland' issued by the National Forestry and Grassland Administration, the afforestation area has been no longer counted based on the use of forest types.

b) Data of 2021 have been revised according to the approval of National Forestry and Grassland Administration.

12-10 供水用水情况

Water Supply and Water Use

年份 地区	Year Region	供水总量(亿立方米) Water Supply (100 million cu.m)	地表水 Surface Water	地下水 Ground-water	其他 Others	用水总量(亿立方米) Water Use (100 million cu.m)	农业 Agricul-ture	工业 Industry	生活 Consump-tion	生态 Ecological Protection
2000		249.46	114.40	131.81	3.25	244.09	179.84	43.65	20.61	
2001		251.61	115.60	133.71	2.30	252.73	187.40	41.92	23.08	0.34
2002		252.39	117.66	132.96	1.77	244.73	192.87	36.59	14.98	0.29
2003		219.34	104.12	113.95	1.27	215.70	162.54	27.96	23.92	1.38
2004		214.88	106.28	107.40	1.20	211.30	160.14	24.81	24.67	1.68
2005		211.02	106.70	102.67	1.65	207.65	161.73	18.38	25.17	2.37
2006		225.53	119.77	103.90	1.86	222.24	175.07	18.93	25.62	2.62
2007		219.55	115.59	101.98	1.98	219.55	164.81	24.12	27.42	3.20
2008		219.89	115.51	101.23	3.15	219.89	162.76	24.69	28.71	3.73
2009		219.99	119.62	97.05	3.33	219.99	161.60	24.70	29.77	3.94
2010		222.47	127.15	91.31	4.01	222.47	159.65	26.84	31.34	4.64
2011		224.05	127.33	89.34	7.38	224.05	154.26	29.72	32.89	7.17
2012		221.79	126.12	89.26	6.41	221.79	154.23	28.10	32.81	6.66
2013		217.94	124.94	86.86	6.15	217.94	149.72	28.86	33.31	6.06
2014		214.52	121.26	85.99	7.28	214.52	146.72	28.64	33.39	5.78
2015		212.77	122.00	83.11	7.65	212.77	143.29	29.59	32.99	6.89
2016		213.99	123.26	82.34	8.39	213.99	141.50	30.64	34.22	7.64
2017		209.47	121.08	79.71	8.68	209.47	134.03	28.85	34.57	12.02
2018		212.66	125.66	78.29	8.71	212.66	133.46	32.53	36.05	10.62
2019		225.26	137.05	78.67	9.54	225.26	138.23	31.87	37.29	17.87
2020		222.50	135.67	74.96	11.87	222.50	134.04	31.91	37.47	19.08
2021		210.13	128.90	66.84	14.40	210.13	115.75	32.64	40.31	21.43
2022		216.96	130.35	69.27	17.33	216.96	122.68	33.10	41.28	19.89
2023		223.41	133.75	71.08	18.57	223.41	128.12	33.46	43.71	18.12
济南市	Jinan	20.41	10.66	7.12	2.63	20.41	8.90	2.84	5.82	2.85
青岛市	Qingdao	12.41	8.65	2.09	1.67	12.41	2.72	2.18	5.72	1.79
淄博市	Zibo	10.61	5.23	4.42	0.96	10.61	4.50	3.36	2.00	0.74
枣庄市	Zaozhuang	5.96	2.10	3.22	0.64	5.96	2.34	1.36	1.45	0.81
东营市	Dongying	11.65	10.75	0.54	0.36	11.65	6.68	2.76	1.61	0.60
烟台市	Yantai	11.05	6.71	3.61	0.72	11.05	6.17	1.50	2.74	0.64
潍坊市	Weifang	16.46	8.98	6.25	1.23	16.46	7.96	2.80	4.12	1.58
济宁市	Jining	21.10	10.61	8.25	2.24	21.10	14.40	2.53	3.14	1.03
泰安市	Tai'an	10.49	3.82	5.16	1.50	10.49	6.47	1.16	1.90	0.96
威海市	Weihai	4.54	3.38	0.93	0.23	4.54	1.97	0.91	1.23	0.42
日照市	Rizhao	6.02	4.74	0.72	0.56	6.02	2.23	1.54	1.51	0.75
临沂市	Linyi	17.70	12.89	4.12	0.69	17.70	10.15	2.17	4.14	1.24
德州市	Dezhou	18.77	12.23	5.60	0.94	18.77	14.50	1.66	2.03	0.58
聊城市	Liaocheng	18.02	9.24	7.81	0.96	18.02	12.90	1.76	1.67	1.69
滨州市	Binzhou	16.12	13.69	1.37	1.06	16.12	9.61	3.41	1.68	1.42
菏泽市	Heze	22.11	10.07	9.85	2.19	22.11	16.62	1.52	2.94	1.03

注：自2021年起，原地下水水源供水量中的微咸水调整至其他水源供水量。

a) Since 2021, the volume of brackish water of groundwater has been adjusted to other water supply resources.

12－11 水资源情况

Water Resources

年份 地区	Year Region	水资源总量（亿立方米） Total Amount of Water Resources (100 million cu.m)	地表水资源量 Surface Water Resources	地下水资源与地表水资源不重复量 Unduplicated Measurement Between Surface Water and Groundwater
2003		489.69	349.29	140.40
2004		349.46	234.51	114.55
2005		415.86	295.85	120.01
2006		199.78	109.56	90.22
2007		387.11	280.19	106.93
2008		328.71	228.96	99.75
2009		284.95	173.80	111.16
2010		309.12	199.08	110.04
2011		347.61	237.49	110.12
2012		274.08	182.17	91.90
2013		291.70	191.07	100.64
2014		148.44	76.61	71.83
2015		168.44	84.30	84.14
2016		220.32	121.18	99.14
2017		225.61	139.14	86.47
2018		343.25	230.58	112.67
2019		195.21	119.66	75.54
2020		375.30	259.83	115.46
2021		525.33	381.84	143.49
2022		508.94	391.08	117.86
2023		249.75	157.59	92.16
济南市	Jinan	18.56	11.82	6.75
青岛市	Qingdao	14.06	11.10	2.97
淄博市	Zibo	11.54	6.61	4.93
枣庄市	Zaozhuang	9.76	5.43	4.33
东营市	Dongying	3.21	2.81	0.40
烟台市	Yantai	16.67	13.76	2.91
潍坊市	Weifang	15.99	10.20	5.79
济宁市	Jining	17.48	6.06	11.42
泰安市	Tai'an	16.00	10.89	5.11
威海市	Weihai	13.87	11.36	2.52
日照市	Rizhao	12.98	11.35	1.63
临沂市	Linyi	45.10	38.90	6.20
德州市	Dezhou	11.66	2.35	9.32
聊城市	Liaocheng	12.88	3.67	9.21
滨州市	Binzhou	7.68	3.54	4.13
菏泽市	Heze	22.30	7.76	14.54

12-12 1981-2022年主要污染物排放及处理情况

Discharge and Treatment of Major Pollutants from 1981 to 2022

单位:万吨 (10 000 tons)

年 份 Year	废水排放量 Volume of Waste Water Discharged	# 工 业 Industry	二氧化硫排放量 Volume of Sulphur Dioxide Discharged	氮氧化物排放量 Volume of Nitrogen Oxides Discharged	颗粒物排放量 Volume of Particulate Emissions	一般工业固体废物产生量 Volume of Common Industrial Solid Waste generated	一般工业固体废物综合利用量 Volume of Common Industrial Solid Waste Utilized
1981	104790	87673	119		77	2522	639
1982	105942	82641	120		97	2615	723
1983	110938	88168	122		85	2559	716
1984	129033	106275	142		117	2743	760
1985	131898	105375	160		120	2748	765
1986	127277	98913	171		129	2860	847
1987	132770	93811	173		116	2848	894
1988	144346	97136	191		128	3325	968
1989	137165	91360	189		130	3610	1117
1990	136573	87631	193		121	3880	1337
1991	137051	88728	204		121	3837	2169
1992	137721	86412	226		125	3941	2410
1993	142322	86350	228		135	4201	2353
1994	147979	87316	225		130	4263	2871
1995	158681	96214	232		130	4484	2899
1996	204200	101018				4652	2824
1997	246100	130918	247		108	5131	3448
1998	234048	117069	226		92	5109	3777
1999	224100	107975	183		71	5166	3877
2000	229000	110324	180		67	5407	4173
2001	235271	115233	172		65	6215	5224
2002	230709	106668	169		62	6559	5704
2003	245782	115933	184		62	6786	6054
2004	264014	128706	182		52	7922	7191
2005	280377	139071	200		62	9175	8683
2006	302637	144365	196		58	11011	10397
2007	334255	166574	182		46	11935	11615
2008	358910	176977	169		44	12988	12173
2009	386731	182673	159		42	14138	13826
2010	436371	208257	154		39	16038	15297
2011	443331	187245	183	179	78	19533	18298
2012	479100	183634	175	174	70	18343	17073
2013	494570	181179	164	165	70	18172	17134
2014	514423	180022	159	159	121	19199	18380
2015	550230	185493	153	142	108	19797	18308
2016	361471	156599	73	142	62	26350	22314
2017	357803	142495	42	120	48	28484	23152
2018	371738	145052	34	115	39	29995	23831
2019	374309	144039	28	109	37	32129	25230
2020	376378	133359	19	62	24	24989	19612
2021	371082	133854	17	82	22	25233	20027
2022	366156	131142	15	77	19	25787	20079

注：1.2011年以前，颗粒物排放量为烟尘排放量，从2014年起颗粒物排放量包含无组织排放的颗粒物。

2.根据“二污普”结果，对2016—2019年污染源统计初步数据进行了更新。

a) Before 2011, the volume of Particulate Emissions refers to that of soot and dust discharged, since 2014, the volume of Particulate Emissions inclu-des particulate matter discharged not through pipes.

b) The data on contaminants of 2016 to 2019 have been revised according to the results of the second national survey on pollution sources.

12-13 各市主要污染物排放情况(2022年)

Discharge of Major Pollutants by Region (2022)

地区	Region	废水排放量(万吨) Volume of Waste Water Discharged (10 000 tons)	工业 Industry	生活 Daily Life	化学需氧量排放量(吨) Volume of COD Discharged (ton)	工业 Industry	生活 Daily Life	氨氮排放量(吨) Volume of Ammonia Nitrogen Discharged (ton)	工业 Industry	生活 Daily Life
全省总计	**Total**	**366156**	**131142**	**234619**	**1420555**	**36953**	**444072**	**44870**	**1106**	**28252**
济南市	Jinan	44595	5667	38924	39166	1384	37778	2335	45	2289
青岛市	Qingdao	33965	6692	27236	38060	1929	36120	1868	41	1827
淄博市	Zibo	19563	11226	8334	17843	2622	15220	1188	62	1126
枣庄市	Zaozhuang	14677	6456	8206	26084	1584	24495	809	45	763
东营市	Dongying	20499	8520	11972	13478	2809	10666	971	139	832
烟台市	Yantai	31151	7691	23376	30479	1648	28811	3280	44	3235
潍坊市	Weifang	36069	16472	19564	38301	4346	33951	2321	87	2234
济宁市	Jining	22650	13185	9452	37106	2914	34186	4323	82	4241
泰安市	Tai'an	7607	5078	2522	32844	1392	31448	1160	93	1067
威海市	Weihai	6227	1598	4596	12553	421	12125	630	15	614
日照市	Rizhao	15424	7780	7619	16517	2794	13713	1373	56	1317
临沂市	Linyi	35528	6990	28514	44149	2629	41514	2030	124	1906
德州市	Dezhou	15278	6528	8730	36707	2131	34573	2379	49	2330
聊城市	Liaocheng	17359	4673	12677	32997	1434	31563	1759	40	1719
滨州市	Binzhou	24012	17462	6499	28474	5208	23261	1860	99	1761
菏泽市	Heze	21550	5124	16399	36367	1707	34647	1076	85	990

注：省级废水污染物化学需氧量和氨氮排放量总计值包括农业源数据，各市数据不包括。

a) The data on the amount of chemical oxygen demand and ammonia nitrogen emissions of the whole provincial wastewater pollutants include agricultural source data, and data of the cities do not include.

12−13 续表 continued

地 区	Region	二氧化硫排放量(吨) Volume of Sulphur Dioxide Discharged (ton)	工 业 Industry	生 活 Daily Life	氮氧化物排放量(吨) Volume of Nitrogen Oxides Discharged (ton)	工 业 Industry	生 活 Daily Life	颗粒物排放量(吨) Volume of Soot and Dust Discharged (ton)	工 业 Industry	生 活 Daily Life
全省总计	**Total**	**145926**	**108334**	**37498**	**769622**	**223622**	**19880**	**191116**	**85391**	**100799**
济 南 市	Jinan	12650	8838	3807	48584	20539	2473	19952	9426	10274
青 岛 市	Qingdao	5681	2468	3212	67794	8074	1983	11707	2498	8658
淄 博 市	Zibo	8365	4260	4100	36600	12982	1803	14408	3183	10987
枣 庄 市	Zaozhuang	3772	2268	1500	26488	7235	510	7470	3343	4006
东 营 市	Dongying	7539	7257	270	32757	15510	439	2876	1986	753
烟 台 市	Yantai	13427	10485	2925	39938	13631	1092	15297	7163	7821
潍 坊 市	Weifang	9401	5796	3604	76413	16854	2234	15923	5762	9718
济 宁 市	Jining	10283	5439	4838	92416	13001	1468	16636	2976	12905
泰 安 市	Tai'an	9828	8128	1699	35725	11946	1026	11479	6598	4578
威 海 市	Weihai	3743	2430	1313	17475	4946	559	4595	900	3516
日 照 市	Rizhao	7457	5730	1725	36660	17736	860	14906	10121	4632
临 沂 市	Linyi	12360	10630	1725	97541	26021	1417	16739	11388	4683
德 州 市	Dezhou	6237	3983	2250	28686	9084	1153	14193	7967	6045
聊 城 市	Liaocheng	8358	6632	1725	46355	13330	1403	8177	3327	4682
滨 州 市	Binzhou	18578	17064	1500	48078	22557	835	10145	5898	4036
菏 泽 市	Heze	8247	6926	1305	38113	10177	627	6612	2854	3502

注：各市氮氧化物和颗粒物排放量数据含机动车排放源。

a) vehicle emission source is included in the Volume of Nitrogen Oxides , Soot and Dust Discharged in each regions.

12−14 各市工业固体废物产生及利用处置情况(2022年)
Generation, Treatment and Utilization of Industrial Solid Wastes by Region(2022)

单位：万吨 (10 000 tons)

地区	Region	一般工业固体废物产生量 Total Volume of Industrial Solid Waste Produced	一般工业固体废物综合利用量 Total Volume of Industrial Solid Waste Utilized	一般工业固体废物处置量 Volume of Industrial Solid Waste Treated	一般工业固体废物贮存量 Volume of Industrial Waste in Solid Stocks	危险废物产生量 Hazardous Waste Produced	危险废物利用处置量 Hazardous Waste Utilized and Treated
全省总计	**Total**	**25787.2**	**20079.5**	**1743.8**	**4190.9**	**1109.0**	**1135.9**
济南市	Jinan	2439.3	2354.1	121.0	3.5	80.3	80.0
青岛市	Qingdao	935.3	894.3	41.9	0.4	27.7	27.8
淄博市	Zibo	1698.7	962.2	399.6	359.6	103.2	103.7
枣庄市	Zaozhuang	644.6	604.7	52.4	0.7	26.1	26.0
东营市	Dongying	764.5	662.4	92.5	12.9	88.6	89.3
烟台市	Yantai	2595.1	1944.6	175.9	494.2	186.9	205.1
潍坊市	Weifang	1741.8	1370.1	97.9	285.0	76.9	76.9
济宁市	Jining	1475.8	1380.1	110.6	0.6	35.6	35.7
泰安市	Tai'an	1114.3	866.8	109.6	178.9	22.9	24.6
威海市	Weihai	319.1	289.0	28.2	5.7	7.1	7.1
日照市	Rizhao	1723.4	1605.0	60.5	73.8	76.2	76.0
临沂市	Linyi	1812.1	1630.9	198.8	3.9	79.7	79.3
德州市	Dezhou	918.3	813.0	113.2	4.7	31.3	31.7
聊城市	Liaocheng	2196.8	1639.9	34.2	525.0	41.6	41.8
滨州市	Binzhou	4817.2	2508.3	70.8	2241.8	175.4	181.6
菏泽市	Heze	590.9	554.2	36.7	0.2	49.4	49.2

主要统计指标解释

自然资源　指人类可以直接从自然界获得，并用于生产和生活的物质资源。自然资源一般可以分成可再生资源和非再生资源两大类。可再生资源指在较短时间内可以再生、可以循环利用的资源，包括土地资源、水资源、气候资源、生物资源和海洋资源等。非再生资源指在使用后不能再生的资源，包括矿产资源和地热能源。

土地资源　土地指陆地的表层部分，它主要由岩石、岩石的风化物和土壤构成。按利用类型可以分为农用地、建设用地和未利用地。农用地包括耕地、园地、林地、牧草地、农村道路、坑塘水面、水库水面、沟渠、设施农用地、田坎。建设用地包括城镇村及工矿用地、交通运输用地、水利设施用地。未利用地指农用地和建设用地以外的土地，包括滩涂、河流水面、湖泊水面、盐碱地、沙地、裸土地等。

耕地面积　指种植农作物的土地面积。耕地包括熟地，新开发、复垦、整理地，休闲地（含轮歇地、休耕地）；以种植农作物(含蔬菜)为主，间有零星果树、桑树或其他树木的土地；平均每年能保证收获一季的已垦滩地和海涂。耕地中包括南方宽度<1.0 米，北方宽度<2.0 米固定的沟、渠、路和地坎(埂)。

森林　包括乔木林、竹林和国家特别规定的灌木林。按照用途可以分为防护林、特殊用途林、用材林、经济林和能源林。

森林面积　包括"三调"及其国土变更调查全部林地范围的乔木林、竹林和国家特别规定的灌木林；油茶等木本油料林、橡胶等工业原料林、核桃等干果经济林；与森林碳汇、生态保护和优美环境密切相关的森林沼泽范围的郁闭度 0.2 以上的乔木林，达到乔木林、灌木林覆盖标准的红树林，以及建设用地范围内的乔木林和竹林。

水资源　水在自然界中以固体、液体和气态三种聚集状态存在，分布于海洋、陆地(包括土壤)以及大气之中，通过水循环形成水资源。水资源包括经人类控制并直接可供灌溉、发电、给水、航运、养殖等用途的地表水和地下水，以及江河、湖泊、井、泉、潮汐、港湾和养殖水域等。水资源是发展国民经济不可缺少的重要自然资源。

地表水和地下水　陆地上的水因空间分布不同，分为地表水和地下水。地表水指分别存在于河流、湖泊、沼泽、冰川和冰盖等水体中水分的总称，又称陆地水。地下水指储存在地面以下饱和岩土孔隙、裂隙及溶洞中的水。

水资源总量　指评价区内降水形成的地表和地下产水总量，即地表产流量与降水入渗补给地下水量之和，不包括过境水量。

地表水资源量　指评价区内河流、湖泊、冰川等地表水体中可以逐年更新的动态水量，即当地天然河川径流量。

地下水资源量　指评价区内降水和地表水对饱水岩土层的补给量，包括降水入渗补给量和河道、湖库、渠系、渠灌田间等地表水体的入渗补给量。

矿产资源　矿产指由地质作用形成，富集于地壳中或出露于地表达到工农业利用要求的有用矿物。矿产是一种重要的自然资源，是社会发展的重要物质基础。

矿产基础储量　基础储量是查明矿产资源的一部分。它能满足现行采矿和生产所需的指标要求，是控制的、探明的并通过可行性或预可行性研究认为属于经济的、边界经济的部分，用未扣除设计、采矿损失的数量表示。

气　温　指空气的温度，我国一般以摄氏度(℃)为单位表示。气象观测的温度表是放在离地面约 1.5 米处通风良好的百叶箱里测量的，因此，通常说的气温指的是离地面 1.5 米处百叶箱中的温度。其统计计算方法为：

月平均气温是将全月各日的平均气温相加，除以该月的天数而得。

年平均气温是将 12 个月的月平均气温累加后除以 12 而得。

降水量　指从天空降落到地面的液态或固态(经融化后)水，未经蒸发、渗透、流失而在地面上积聚的深度。其统计计算方法为：

月降水量是将全月各日的降水量累加而得。

年降水量是将 12 个月的月降水量累加而得。

日照时数　指太阳实际照射地面的时间。其统计方法与降水量相同。

工业废水排放量　指报告期内经过企业厂区所有排放口排到企业外部的工业废水量。包括生产废水、外排的直接冷却水、废气治理设施废水、超标排放的矿井地下水和与工业废水混排的厂区生活污水，不包括独立外排的间接冷却水（清浊不分流的间接冷却水应计算在内）。

城镇生活污水排放量　指城镇居民每年排放的生活污水。用人均系数法测算。测算公式为：

$$\frac{\text{生活污水}}{\text{排放量}}=\frac{\text{城镇生活污水}}{\text{排放系数}}\times\frac{\text{市镇非}}{\text{农业人口}}\times365$$

城镇生活污水中化学需氧量(COD)产生量　指城镇居民每年排放的生活污水中的 COD 的产生量。用人均系数法测算。测算公式为：

$$\frac{\text{城镇生活污水}}{\text{中}COD\text{排放量}}=\frac{\text{城镇生活污水中}}{COD\text{产生系数}}\times\frac{\text{市镇非}}{\text{农业人口}}\times365$$

化学需氧量（COD）　测量有机和无机物质化学分解所消耗氧的质量浓度的水污染指数。

工业废气排放量　指报告期内企业厂区内燃料燃烧和

生产工艺过程中产生的各种排入大气的含有污染物的气体的总量，以标准状态(273K，101325Pa)计算。测算公式为：

工业废气排放量 = 燃料燃烧过程中废气排放量 + 生产工艺过程中废气排放量

二氧化硫排放量 指报告期内企业在燃料燃烧和生产工艺过程中排入大气的二氧化硫总质量。工业中二氧化硫主要来源于化石燃料（煤、石油等）的燃烧，还包括含硫矿石的冶炼或含硫酸、磷肥等生产的工业废气排放。

氮氧化物排放量 指报告期内企业在燃料燃烧和生产工艺过程中排入大气的氮氧化物总质量。

一般工业固体废物产生量 指未被列入《国家危险废物名录》或者根据国家规定的危险废物鉴别标准（GB5085）、固体废物浸出毒性浸出方法（GB5086）及固体废物浸出毒性测定方法（GB／T 15555）鉴别方法判定不具有危险特性的工业固体废物。

一般工业固体废物综合利用量 指报告期内企业通过回收、加工、循环、交换等方式，从固体废物中提取或者使其转化为可以利用的资源、能源和其他原材料的固体废物量（包括当年利用的往年工业固体废物累计贮存量）。如用作农业肥料、生产建筑材料、筑路等。综合利用量由原产生固体废物的单位统计。

一般工业固体废物处置量 指报告期内企业将工业固体废物焚烧和用其他改变工业固体废物的物理、化学、生物特性的方法，达到减少或者消除其危险成分的活动，或者将工业固体废物最终置于符合环境保护规定要求的填埋场的活动中，所消纳固体废物的量。

一般工业固体废物贮存量 指报告期内企业以综合利用或处置为目的，将固体废物暂时贮存或堆存在专设的贮存设施或专设的集中堆存场所内的量。

危险废物 指列入国家危险废物名录或根据国家规定的危险废物鉴别标准和鉴别方法认定的，具有爆炸性、易燃性、易氧化性、毒性、腐蚀性、易传染疾病等危险特性之一的废物。

危险废物产生量 指报告期内调查对象实际产生的危险废物的量。危险废物指列入国家危险废物名录或者根据国家规定的危险废物鉴别标准和鉴别方法认定的，具有爆炸性、易燃性、易氧化性、毒性、腐蚀性、易传染性疾病等危险特性之一的废物。

危险废物利用处置量 指调查年度调查对象从危险废物中提取物质作为原材料或者燃料的活动中消纳危险废物的量，以及将危险废物焚烧和用其他改变危险废物物理、化学、生物特性的方法，达到减少或者消除其危险成分的活动，或者将危险废物最终置于符合环境保护规定要求的填埋场的活动中，所消纳危险废物的量。包括本单位自行处置利用的本单位产生和接收外单位危险废物量

Explanatory Notes on Main Statistical Indicators

Natural Resources refers to material resources that could be obtained from the nature by human being and used for production and living. Natural resources in general can be classified as renewable resources and non-renewable resources. Renewable resources refer to resources that could be renewed and recycled during a relatively short period of time, including land resource, water resource, climate resource, biology resource and marine resource. Non-renewable resources include resources that could not be renewed, such as minerals and geothermal resource.

Land Resources refers to the surface part of the land, which consists mainly of rocks, rock weathering and soil. According to the utilization type, it can be divided into agricultural land, construction land and unused land. Agricultural land includes cultivated land, garden land, forest land, pasture land, rural roads, water surface of pits and ponds, water surface of reservoirs, ditches, agricultural land for installation and ridges. Land for construction includes land for urban and rural areas, industrial and mining areas, land for transportation, and land for water conservancy facilities. Unutilized land refers to land other than agricultural land and construction land, including tidal flats, river water surfaces, lake water surfaces, saline-alkali land, sandy land, bare land, etc. .

Cultivated Area refers to the area of land on which crops are grown. Cultivated land includes mature land, new development, reclamation, finishing land, leisure land (including round rest land, fallow land); Land mainly grown on crops (including vegetables) with sporadic fruit, mulberry or other trees; The average annual harvest can ensure the harvest of the reclaimed beach land and sea flat. Cultivated land includes fixed ditches, canals, roads and ridges with width less than 1 meter in the south and width less than 2 meter in the north.

Forests include arbor forests, bamboo forests and shrubs specially specified by the state. According to the use can be divided into shelter forest, special use forest, timber forest, economic forest and energy forest.

The Forest Area includes the whole woodland range of arbor forest and bamboo forest supplied by 'three adjustments' and the land change survey, and shrubbery specially stipulated by the state; wood oil forest such as oil tea, industrial raw material forest such as rubber, and dried fruit economic forest such as walnuts; closely related to forest carbon sink, ecological protection and beautiful environment, forest with a canopy density of more than 0.2 in the forest swamp area, mangrove with forest and shrubbery coverage standard; arbor forest and bamboo forest within the construction land area..

Water Resource refers to water that exists in the nature in solid, liquid and gaseous states, is distributed in the ocean, land (including earth) and air, and constitutes the water resource through the circulation of water. Water resource includes the surface water and underground water that is controlled by the human being for irrigation, power-generation, water supply, navigation and cultivation. It also includes rivers, lakes, wells, springs, tides, gulf and water area for cultivation. Water resource as an important natural resource is indispensable for the development of the national economy.

Surface Water and Underground Water Water on earth can be divided into surface water and underground water according to its distribution. Surface water refers to moisture exists in rivers, lakes, swamps, glaciers, icecaps and so on. It is also called land water. The underground water refers to water deposited underground in the cranny and the hole of saturated rock soil and in the water-eroded cave.

Total Water Resources refers to total volume of water resources measured as run-off for surface water from rainfall and recharge for groundwater in a given area, excluding transit water.

Surface Water Resources refers to total renewable water resources which exist in rivers, lakes, glaciers and other collectors from rainfall and are measured as run-off of rivers.

Ungroundwater Resources refers to total volume of water deposited underground in the cranny and the hole of saturated rock soil and in the water-eroded cave.

Mineral Resources refer to useful minerals that can be used for industrial or agricultural purposes enriched in lithosphere or on earth due to the geological process. Minerals are important natural resources, and important material base for social development.

Ensured Mineral Basic Reserves refer to the actual mineral reserves, which equal to the proven mineral reserves (including industrial reserves and prospective reserves) minus extracted parts and underground losses.

Temperature refers to the air temperature. China uses centigrade as the unit. The thermometry used for weather observation is put in a breezy shutter, which is 1.5 meters high from the ground. Therefore, the commonly used temperature refers to the temperature in the breezy shutter 1.5 meters away from the ground. The calculation method is as follows:

Monthly Average Temperature is the summation of average daily temperature of one month divided by the actual days of that particular month.

Annual Average Temperature is the summation of monthly average of a year divided by 12 months.

Volume of Precipitation refers to the deepness of liquid state or solid state (thawed) water falling from the sky to the ground that has not been evaporated, infiltrated or run off. The calculation method is as follows:

Monthly precipitation is the summation of daily precipitation of a month.

Annual precipitation is the summation of 12 months precipitation of a year.

Sunshine Hours refer to the actual hours of sun irradiating the earth. The calculation method is the same as that of the precipitation.

Industrial Waste Water Discharged refers to the volume of industrial waste water discharged through all of the drainage system to the outside of factory complex by enterprises during the report period. It includes discharged waste water from production, direct cooling water, waste gas treatment facilities, mine groundwater beyond the standard and domestic sewage mixed with industrial waste water, does not include independently discharged indirect cooling water (voicing split-less indirect cooling water should be taken into account).

Urban Non industrial Waste Water Discharge refers to annual discharge of non-industrial waste water by urban households. It is estimated by per ca pita coefficient using the formula:

$$\begin{array}{c}\text{Urban non-industrial}\\ \text{waste water discharge}\end{array} = \begin{array}{c}\text{urban non-industrial waste}\\ \text{water discharge coefficient}\end{array} \times \begin{array}{c}\text{urban non-agricultural}\\ \text{population}\end{array} \times 365$$

Volume of Chemical Oxygen Demand (COD) Generated by Urban Non-industrial Waster Water refers to chemical oxygen demand generated through the annual discharge of non-industrial waste water by urban households. It is estimated as:

$$\begin{array}{c}\text{Volume of chemical oxygen}\\ \text{demand (COD) generated}\\ \text{by urban non-industrial}\\ \text{waste water}\end{array} = \begin{array}{c}\text{Coefficient of COD}\\ \text{generated through urban}\\ \text{non-industrial waste water}\end{array} \times \begin{array}{c}\text{urban}\\ \text{non-agricultural}\\ \text{population}\end{array} \times 365$$

Chemical Oxygen Demand (COD) refers to index of water pollution measuring the mass concentration of oxygen consumed by the chemical breakdown of organic and inorganic matter.

Industrial Waste Air Emission refers to discharge into atmosphere of waste air containing pollutants generated from fuel burning and production process in enterprises within a given period of time. It is calculated at standard status (273K, 101325Pa) as:

$$\begin{array}{c}\text{Industrial waste}\\ \text{air emission}\end{array} = \begin{array}{c}\text{emission through}\\ \text{fuel burning}\end{array} + \begin{array}{c}\text{emission through}\\ \text{production process}\end{array}$$

SO_2 Emission refers to the total volume of SO_2 discharged into air during the process of fuel combustion and industrial production in enterprises in a given time, and is mainly caused by the combustion of fossil fuel, ore smelting and the production of sulphuric acid and phosphate fertilizers.

Nitrogen Oxides Emission refers to the total volume of nitrogen oxides discharged into air during the process of fuel combustion and industrial production.

Common Industrial Solid Wastes Produced refers to the industrial solid wastes not listed in the 《National Catalogue of Hazardous Wastes》, or not regarded as hazardous according to the national hazardous waste identification standards (GB5085),solid waste-extraction procedure for leaching toxicity (GB5086), or solid waste-extraction procedure for leaching toxicity (GB/T 15555).

Common Industrial Solid Wastes Comprehensively Utilized refers to volume of solid wastes from which useful materials can be extracted or which can be converted into usable resources, energy or other materials by means of reclamation, processing, recycling and exchange (including utilizing in the year the stocks of industrial solid wastes of the previous year) during the report period, e.g. Examples of such utilization include fertilizers, building materials and road materials. The information shall be collected by the producing units of the wastes.

Common industrial Solid Wastes Disposed refers to the quantity of solid wastes which are burnt or specially disposed using other methods to alter the physical, chemical and biological properties and thus to reduce or eliminate hazards, or placed ultimately in the sites meeting the requirements for environmental protection during the report period.

Stock of Common Industrial Solid Wastes refers to the volume of sold wastes placed in special facilities or special sites by enterprises for purposes of utilization or disposal during the report period.

Hazardous Wastes refers to those included in the national hazardous wastes catalog or specified as any one of the following properties in the national hazardous wastes identification standards: explosive, ignitable, oxidizable, toxic, corrosive or liable to cause infectious diseases or lead to other dangers.

Hazardous Wastes Produced refers to the volume of actual hazardous wastes produced by surveyed samples throughout the year of the survey. Hazardous wastes refers to those included in the national hazardous wastes catalog or specified as any one of the following properties in light of the national hazardous wastes identification standards and methods: explosive, ignitable, oxidizable, toxic, corrosive, or liable to cause infectious diseases or lead to other dangers.

Hazardous Wastes Reused and Disposed refers to the amount of hazardous wastes that are used to extract materials as raw materials or fuel over the year of the survey, and the amount of hazardous wastes which are incineration or specially disposed using other methods to change its physical, chemical, and biological properties to reduce or eliminate the hazards, or placed ultimately in the sites following the requirements for environmental protection over the year of the survey. It includes the hazardous wastes generated by the enterprise itself and received from other enterprises.

第13篇

农　　业

Agriculture

简 要 说 明

一、本篇资料的主要内容

本篇资料反映了全省农业生产和农村经济的基本情况，主要包括农林牧渔业总产值、耕地、主要农产品产量、农业机械年末拥有量、农村电气化和农业化学化情况等方面的统计资料。

二、本篇资料的来源

1．地类面积资料、林业生产资料来源于省自然资源厅，由省统计局农村处整理提供。

2．渔业生产资料、农业机械资料来源于省农业农村厅，由省统计局农村处整理提供。

3．粮食生产情况、畜牧业生产情况由山东调查总队农业调查处、农村调查处整理提供。

4．灌溉面积资料来源于省水利厅，由省统计局农村处整理提供。

5．其余资料来源于农村综合统计年报，由省统计局农村处整理提供。

三、本篇资料的统计范围和统计口径

本篇资料的统计范围包括省内所属的各种经济类型、各个系统的全部农林牧渔业生产单位以及各非农行业附属的农林牧渔业生产活动单位。军委系统的农业生产（除军马外）也包括在内，但不包括农业科学试验机构进行的农业生产。

Brief Introduction

I. Content

Data in this chapter show the basic conditions of agricultural production and rural economy, mainly including agricultural output, cultivated land, output of main agricultural produces, agricultural machinery and electrification and chemistry in rural areas.

.II. Source of Data

1. Data on land and forestry production are provided by the Department of Nature and Resources of Shandong Province.

2. Data on fishery production means and agricultural machinery are provided by the Department of Agriculture and Rural of Shandong Province.

3. Data on grain output and animal husbandry output are provided by the Division of Agriculture Survey and the Division of Countryside Survey of the National Bureau of Statistics in Shandong.

4. Data on irrigated area are provided by the Water Resources Department of Shandong Province.

5. Other data in this chapter are based on the statistical reporting summary tables of countryside statistics.

III. Scope and Coverage of Statistics

The coverage of the comprehensive statistical reporting includes all productive units of farming, forestry, animal husbandry and fishery and those related non-agricultural affiliated units with various ownership and the activities of horse raising for military purpose and those undertaken by agricultural research institutions are excluded.

13-1 主要年份农林牧渔业总产值

Gross Output Value of Farming, Forestry, Animal Husbandry and Fishery in Major Years

单位:亿元 (100 million yuan)

年 份 Year	农林牧渔业总产值 Gross Output Value of Farming, Forestry,Animal Husbandry and Fishery	农 业 Farming	种植业 Planting	林 业 Forestry	牧 业 Animal Husbandry	渔 业 Fishery	农林牧渔专业及辅助性活动 Farming,Forestry, Animal Husbandry and Fishery Professions and Auxiliary Activities
1949	20.07	18.01	16.01	0.12	1.66	0.28	
1952	40.00	35.05	31.16	0.25	3.98	0.72	
1955	44.97	40.05	35.40	0.66	3.37	0.89	
1957	36.44	31.21	30.36	0.87	3.54	0.82	
1962	38.32	32.77	32.71	0.26	4.09	1.20	
1965	50.49	42.88	42.79	0.55	5.76	1.30	
1970	66.78	55.75	55.62	0.90	8.14	1.99	
1975	93.43	75.85	75.64	2.65	12.33	2.60	
1976	100.36	80.37	80.12	2.60	14.24	3.15	
1977	99.27	78.83	78.40	2.10	14.72	3.62	
1978	102.22	84.77	83.71	1.81	12.19	3.45	
1979	135.92	113.34	111.33	2.04	16.61	3.93	
1980	160.91	128.81	126.22	4.52	23.43	4.15	
1981	198.50	155.62	151.83	4.91	33.04	4.94	
1982	218.51	171.58	167.98	7.22	34.12	5.59	
1983	259.50	208.75	202.87	8.48	36.21	6.06	
1984	310.11	245.19	236.64	8.60	48.20	8.12	
1985	335.42	248.17	236.62	11.07	62.82	13.36	
1986	361.19	269.51	255.92	12.67	62.84	16.17	
1987	413.18	313.76	299.05	12.11	64.15	23.16	
1988	494.53	331.59	313.98	14.80	108.07	40.07	
1989	547.66	366.24	347.61	14.28	124.71	42.43	
1990	645.75	419.50	397.85	20.45	150.19	55.61	
1991	779.18	491.76	471.53	22.19	186.52	78.71	
1992	815.62	462.58	437.03	23.73	215.73	113.58	
1993	944.99	526.66	511.48	28.24	239.90	150.19	
1994	1282.25	660.13	649.84	36.78	348.78	236.56	
1995	1678.16	931.89	922.96	41.81	433.62	270.84	
1996	1962.12	1090.64	1078.05	49.97	512.60	308.91	
1997	2058.32	1137.19	1107.33	49.86	550.58	320.69	
1998	2174.54	1219.85	1184.65	45.91	583.40	325.38	
1999	2202.95	1254.87	1232.44	44.93	572.95	330.20	
2000	2294.35	1300.44	1280.12	47.62	599.17	347.12	
2001	2453.96	1401.34	1385.22	47.22	654.71	350.69	
2002	2526.05	1420.88	1402.81	48.25	698.44	358.48	
2003	2902.45	1599.32		53.70	831.34	370.04	48.05
2004	3453.91	1891.73		59.49	1022.84	426.09	53.76
2005	3741.81	2033.95		57.57	1125.04	465.52	59.73
2006	4058.62	2283.29		65.48	1025.37	522.94	161.54
2007	4752.65	2589.46		81.98	1317.06	577.31	186.83
2008	5583.98	2863.29		102.24	1715.47	679.12	223.87
2009	5953.15	3170.05		101.27	1699.51	735.75	246.58
2010	6573.77	3588.42		86.53	1796.52	829.77	272.52
2011	7311.11	3737.04		99.96	2205.73	973.24	295.14
2012	7817.84	3829.19		107.01	2328.69	1227.81	325.14
2013	8577.06	4335.77		120.30	2410.56	1347.03	363.40
2014	8988.18	4556.10		131.53	2478.81	1420.85	400.90
2015	9283.92	4662.61		139.92	2602.08	1447.28	432.03
2016	9075.60	4387.51		147.48	2620.29	1409.65	510.66
2017	9140.36	4403.23		165.09	2501.37	1475.96	594.70
2018	9397.39	4678.26		181.63	2432.67	1425.91	678.92
2019	9671.67	4914.43		197.70	2412.06	1397.42	750.06
2020	10190.58	5168.36		214.20	2571.87	1432.08	804.06
2021	11468.01	5814.56		219.94	2904.24	1652.60	876.68
2022	12130.71	6206.54		227.29	3003.54	1729.65	963.69
2023	12531.90	6462.43		244.47	2973.68	1807.64	1043.69

注:本表按当年价格计算，2007至2017年数据系与第三次农业普查衔接数据。

a) Data are calculated at current prices.Data from 2007 to 2017 are consistent with those obtained from the Third Agricultural Census.

13-2 主要年份农林牧渔业总产值指数(以1952年为100)

Indices of Farming, Forestry, Animal Husbandry and Fishery in Major Years(1952=100)

年份 Year	农林牧渔业总产值 Indices of Farming,Forestry, Animal Husbandry and Fishery	农业 Farming	种植业 Planting	林业 Forestry	牧业 Animal Husbandry	渔业 Fishery	农林牧渔专业及辅助性活动 Farming,Forestry, Animal Husbandry and Fishery Professions and Auxiliary Activities
1949	57.7	59.1	59.1	56.9	48.0	44.2	
1952	100.0	100.0	100.0	100.0	100.0	100.0	
1955	108.1	109.9	109.3	256.9	81.3	118.4	
1957	94.2	92.1	100.8	360.8	91.9	118.4	
1962	65.5	63.9	71.8	70.6	70.0	114.3	
1965	99.8	96.7	108.6	174.5	114.3	142.9	
1970	123.5	117.7	132.1	264.7	151.2	204.8	
1975	163.2	151.2	169.6	745.1	216.5	252.4	
1976	166.9	152.6	171.1	692.2	237.8	291.8	
1977	164.8	149.4	167.1	556.9	245.5	334.7	
1978	177.1	160.6	178.2	680.4	253.4	383.7	
1979	193.9	177.1	195.7	637.3	287.2	338.8	
1980	212.1	190.0	209.7	680.4	347.4	375.5	
1981	218.8	198.2	218.1	627.5	352.9	336.1	
1982	239.2	215.3	236.9	1043.1	373.1	383.0	
1983	273.7	253.2	275.9	988.2	386.1	399.3	
1984	326.0	302.4	326.8	1109.8	462.2	449.7	
1985	338.2	306.5	326.8	1427.5	520.9	491.8	
1986	339.2	304.4	321.2	1380.4	539.2	566.0	
1987	366.3	331.7	350.4	1364.7	551.7	681.6	
1988	378.6	324.4	337.3	1325.5	703.9	887.8	
1989	383.5	321.8	333.9	1259.2	768.7	959.7	
1990	404.2	335.6	345.3	1235.3	823.3	1150.7	
1991	452.3	370.2	384.0	1315.6	922.9	1393.5	
1992	455.9	345.4	352.9	1380.1	985.7	1721.0	
1993	510.6	381.0	399.8	1526.4	1080.3	2103.1	
1994	578.0	411.1	436.2	1770.6	1295.3	2523.7	
1995	629.4	441.9	471.1	1839.7	1463.7	2720.5	
1996	675.3	478.1	507.4	2141.6	1551.5	2902.8	
1997	707.0	490.1	506.4	2154.4	1716.0	2975.4	
1998	777.0	589.3	562.1	2068.2	1915.1	3121.2	
1999	819.7	615.2	599.2	2072.3	2045.3	3345.9	
2000	851.7	639.8	625.6	2200.8	2155.7	3362.6	
2001	885.8	666.0	655.6	2064.4	2315.2	3315.5	
2002	895.5	649.4	637.2	1971.5	2472.6	3391.8	
2003	944.8	691.6		2121.3	2613.5	3449.5	111.5
2004	998.7	732.4		2138.3	2772.9	3601.3	108.0
2005	1050.6	761.0		2059.2	2975.3	3842.6	109.2
2006	1105.2	802.1		2279.5	3106.2	3992.5	118.8
2007	1141.7	829.4		2457.3	3131.0	4180.1	110.8
2008	1199.9	859.3		2798.9	3315.7	4426.7	113.3
2009	1251.5	882.5		3076.0	3488.1	4701.2	110.1
2010	1296.6	904.6		3380.5	3624.1	4931.6	109.9
2011	1345.9	939.9		3694.9	3714.7	5148.6	107.2
2012	1409.2	963.4		3820.5	4000.7	5359.7	107.7
2013	1462.7	1005.8		4164.3	4084.7	5536.6	109.5
2014	1521.2	1052.1		4568.3	4182.7	5686.1	109.3
2015	1586.6	1101.5		4938.3	4312.4	5868.1	108.5
2016	1656.4	1156.6		5407.4	4424.5	5985.5	115.8
2017	1722.7	1207.5		5942.7	4588.2	5955.6	112.5
2018	1774.4	1254.6		6495.4	4583.6	6003.2	113.5
2019	1788.6	1293.5		7093.0	4372.8	5847.1	109.3
2020	1842.8	1337.9		7540.6	4473.4	5923.1	105.3
2021	2000.5	1395.7		7667.2	5332.7	6273.8	108.2
2022	2096.6	1461.3		8318.9	5519.4	6549.8	109.1
2023	2203.5	1521.2		9142.5	5872.6	6838.0	108.2

注：本表按可比价格计算；农林牧渔专业及辅助性活动指数以上年为100。

a) Data are calculated at constant prices.Indices of Farming,Forestry,Animal Husbandry and Fishery Professions and Auxiliary Activities in preceding year is considered as 100.

13—3 农林牧渔业总产值

Gross Output Value of Farming, Forestry, Animal Husbandry and Fishery

单位:亿元 (100 million yuan)

类 别	Category	2022	2023	2023为2022% 2022=100
农林牧渔业总产值	**Gross Output Value of Farming,Forestry, Animal Husbandry and Fishery**	**12130.71**	**12531.90**	**105.1**
一、农业产值	**Output Value of Farming**	**6206.54**	**6462.43**	**104.1**
1.谷物及其他作物	Cereal and Other Corps	1886.90	1935.19	102.8
#粮食	Grain	1559.55	1570.59	102.7
油料	Oil	151.45	169.41	105.8
棉花	Cotton	12.54	10.88	88.9
2.蔬菜园艺作物	Vegetable Gardening Crops	2578.96	2595.63	103.6
#蔬菜(含菜用瓜)	Vegetables	2413.32	2415.58	103.1
3.水果坚果饮料	Fruit and Nut Beverages	1628.82	1814.11	106.5
#水果坚果(含果用瓜)	Fruit and Nut	1517.49	1691.39	104.8
4.中药材	Chinese Herbal Medicines	111.85	117.51	100.6
二、林业产值	**Output Value of Forestry**	**227.29**	**244.47**	**109.9**
1.林木的培育和种植	Trees Cultivation and Planting	64.81	81.99	114.0
2.竹木采运	Bamboo Logging and Transport	51.64	51.62	109.6
3.林产品	Forestry Products	110.85	110.86	107.6
三、牧业产值	**Output Value of Animal Husbandry**	**3003.54**	**2973.68**	**106.4**
1.牲畜饲养	Livestock Feeding	722.93	672.85	100.1
2.猪的饲养	Pig Feeding	991.72	880.69	103.1
3.家禽的饲养	Poultry Feeding	1221.72	1347.82	112.6
#肉禽	Poultry for Eating	746.82	875.93	115.7
禽蛋	Egg of Poultry	474.89	471.89	104.9
4.其他畜牧业	Other Animal Husbandry	67.17	72.33	107.8
四、渔业产值	**Output Value of Fishery**	**1729.65**	**1807.64**	**104.4**
1.海水产品	Seawater Aquatic Products	1463.99	1531.26	104.4
2.内陆水域水产品	Inland waterways Aquatic Products	265.67	276.38	104.1
五、农林牧渔专业及辅助性活动产值	**Output Value of Farming,Forestry,Animal Husbandry and Fishery professions and auxiliary activities**	**963.69**	**1043.69**	**108.2**

注:本表绝对数按当年价格计算,速度按可比价格计算。

a) Absolute data in the table are calculated at current prices, the speed are calculated at constant price.

13-4 各市农林牧渔业总产值(2023年)
Gross Output Value of Farming, Forestry, Animal Husbandry and Fishery by Region(2023)

单位:万元 (10 000 yuan)

地 区	Region	农林牧渔业总产值 Output Value of Farming,Forestry, Animal Husbandry and Fishery	农业产值 Output Value of Farming	林业产值 Output Value of Forestry	牧业产值 Output Value of Animal Husbandry	渔业产值 Output Value of Fishery	农林牧渔专业及辅助性活动产值 Output Value of Services to Farming, Forestry,Animal Husbandry and Fishery Professions and Auxiliary Activities
全省总计	**Total**	**125319020**	**64624279**	**2444667**	**29736831**	**18076371**	**10436872**
济南市	Jinan	8005597	5438776	320575	1640197	88862	517186
青岛市	Qingdao	9559145	4623408	29729	1710801	2445970	749237
淄博市	Zibo	3644020	2431789	176937	745920	71315	218059
枣庄市	Zaozhuang	3948765	2577174	23479	720963	155133	472015
东营市	Dongying	3860643	1224306	36764	1152621	1055460	391492
烟台市	Yantai	13128884	5858730	260167	2292481	3735417	982089
潍坊市	Weifang	12891543	6989153	85164	3438244	1185778	1193204
济宁市	Jining	12190145	6808079	210661	2943237	1138295	1089873
泰安市	Tai'an	7157784	4317795	141943	1708131	248970	740944
威海市	Weihai	6872980	1240245	7672	621327	4646760	356976
日照市	Rizhao	4294196	1391532	59952	1270670	1198523	373518
临沂市	Linyi	10043329	5484905	513488	3067275	386907	590753
德州市	Dezhou	8143250	4029710	237739	2492702	157759	1225340
聊城市	Liaocheng	7987853	5117747	47051	1967693	230113	625248
滨州市	Binzhou	6100219	2413415	142002	1817905	1140074	586823
菏泽市	Heze	7490668	4677514	151343	2146663	191034	324114

13-5 主要年份粮、棉、油产量

Output of Grain, Cotton and Oil-bearing Crops in Major Years

年份 Year	粮食 Grain		棉花 Cotton		油料 Oil-bearing Crops	
	总产量(万吨) Gross Output (10 000 tons)	单产(千克/公顷) Output Per Hectare (kg/hectare)	总产量(万吨) Gross Output (10 000 tons)	单产(千克/公顷) Output Per Hectare (kg/hectare)	总产量(万吨) Gross Output (10 000 tons)	单产(千克/公顷) Output Per Hectare (kg/hectare)
1949	870.0	795	8.1	180	55.6	1170
1952	1199.0	1035	16.9	240	84.5	1470
1955	1276.0	1110	20.9	285	106.1	1485
1957	1126.0	990	17.4	225	70.0	945
1962	910.0	915	3.9	105	42.4	1875
1965	1332.0	1350	19.9	300	67.1	1395
1970	1465.0	1575	27.3	390	78.5	1575
1975	2170.5	2355	24.1	390	84.2	1515
1976	2241.5	2460	15.8	255	58.5	1065
1977	2099.0	2370	14.9	240	67.7	2025
1978	2288.0	2595	15.4	255	95.9	1785
1979	2472.0	2835	16.7	315	109.1	1800
1980	2384.0	2820	53.7	735	143.0	2160
1981	2312.5	2835	67.5	720	142.1	2010
1982	2375.0	3090	96.0	720	142.5	2190
1983	2700.0	3465	122.5	825	152.0	2460
1984	3040.0	3885	172.5	1005	182.0	2790
1985	3137.7	3930	106.2	915	267.9	2745
1986	3250.0	3840	94.1	930	207.6	2355
1987	3393.7	4125	124.4	1020	234.3	2940
1988	3225.0	3990	113.7	825	197.8	2505
1989	3250.0	4035	102.5	780	150.0	1995
1990	3570.0	4380	102.8	690	212.1	2910
1991	3916.9	4845	135.1	870	233.1	3285
1992	3589.3	4533	67.7	455	166.3	2380
1993	4100.0	4992	41.0	539	268.4	3434
1994	4091.1	5015	55.9	705	338.3	3781
1995	4245.0	5220	47.1	707	315.0	3580
1996	4332.7	5260	37.2	773	309.3	3767
1997	3852.2	4766	35.4	894	240.9	2977
1998	4264.8	5244	41.3	996	335.6	3908
1999	4269.0	5271	39.2	1072	320.5	3614
2000	3837.7	4938	59.0	1085	356.9	3730
2001	3720.6	5201	78.1	1062	377.3	3743
2002	3292.7	4763	72.2	1086	340.4	3458
2003	3435.5	5355	87.7	994	361.8	3572
2004	3516.7	5570	109.8	1036	369.7	3913
2005	3917.4	5837	84.6	1000	363.9	4044
2006	4093.0	5848	102.3	1149	328.2	4136
2007	4107.8	5896	95.1	1112	368.8	4190
2008	4353.9	6086	94.0	1172	374.7	4283
2009	4442.7	6088	79.0	1151	349.2	4349
2010	4502.8	6043	59.0	945	347.7	4317
2011	4701.3	6172	60.8	1043	343.7	4367
2012	4815.8	6214	51.4	1012	341.8	4404
2013	4883.4	6099	43.4	923	341.6	4386
2014	5038.3	6087	44.2	1122	329.6	4355
2015	5147.4	6123	33.9	1042	318.7	4302
2016	5332.3	6261	32.9	1179	317.1	4310
2017	5374.3	6356	20.7	1185	318.3	4389
2018	5319.5	6329	21.7	1184	310.9	4370
2019	5357.0	6444	19.6	1158	289.0	4236
2020	5446.8	6577	18.3	1281	290.9	4366
2021	5500.7	6584	14.0	1273	285.9	4420
2022	5543.8	6622	14.5	1278	274.0	4390
2023	5655.3	6742	12.6	1304	280.7	4472

注：本表2007至2017年数据系与第三次农业普查衔接数据。

a) Data from 2007 to 2017 are consistent with those obtained from the Third Agricultural Census.

13-6 1978-2023年畜牧业生产情况

Production of Animal Husbandry from 1978 to 2023

年 份 Year	肉类总产量 (万吨) Output of Meat (10 000 tons)	猪存栏 (万头) Stocked Pigs (10 000 heads)	牛存栏 (万头) Stocked Cattle (10 000 heads)	羊存栏 (万只) Stocked Sheep (10 000 heads)	家禽存栏 (万只) Stocked Poultry (10 000 heads)
1978	60.80	1992.00	227.60	756.40	6766.00
1979	65.18	2117.60	221.50	925.80	7204.00
1980	90.10	2112.50	217.80	1041.30	7997.00
1981	96.26	1901.10	213.70	1025.60	8075.00
1982	94.98	1726.20	213.60	989.50	9115.00
1983	94.54	1562.70	222.10	901.80	10216.80
1984	104.38	1681.50	232.60	753.90	14688.90
1985	128.62	1812.80	258.00	783.30	16548.20
1986	141.78	1668.90	292.50	985.30	15120.70
1987	141.02	1547.00	344.60	1404.10	16916.30
1988	171.47	1688.60	416.00	1436.40	21582.10
1989	195.63	1604.10	472.40	1491.30	20471.30
1990	221.61	1576.70	511.80	1528.10	23974.60
1991	241.49	1599.40	501.40	1591.20	24136.80
1992	250.67	1602.60	531.90	1655.20	25810.80
1993	286.61	1603.70	603.00	1703.50	27188.70
1994	338.77	1701.50	681.30	1799.80	35118.60
1995	394.42	1718.10	714.10	1866.10	34613.80
1996	405.52	1723.60	740.10	1877.20	37485.00
1997	460.64	2209.70	811.90	2038.60	41833.00
1998	497.90	2485.90	911.80	2322.00	48484.00
1999	524.49	2560.48	977.25	2536.22	53332.00
2000	499.99	2401.81	779.90	2260.06	47789.90
2001	531.49	2500.29	778.54	2357.24	50263.73
2002	559.66	2602.80	787.88	2466.79	53236.24
2003	591.00	2686.09	804.31	2543.26	55031.28
2004	621.72	2761.01	771.51	2667.51	56875.64
2005	657.78	2771.96	750.45	2645.96	54641.26
2006	698.32	2508.52	632.71	2368.26	52100.31
2007	660.00	2686.01	557.46	2281.96	49627.42
2008	704.52	2786.69	498.53	2033.94	55864.43
2009	730.91	2845.80	452.59	1939.09	54789.42
2010	754.03	2871.65	440.32	1926.95	58214.00
2011	763.07	2998.20	438.27	1887.90	63790.18
2012	822.56	3101.21	433.66	1850.33	70959.78
2013	838.18	3167.00	424.28	1797.90	70261.33
2014	836.81	3179.54	410.53	1765.01	69911.92
2015	845.50	3147.33	407.65	1767.89	71816.01
2016	837.11	3086.81	391.93	1693.10	78056.12
2017	866.01	3040.33	401.48	1754.05	76604.46
2018	854.70	2985.60	380.60	1801.41	75614.88
2019	704.02	2176.50	364.23	1837.44	78864.33
2020	728.02	2933.93	278.71	1501.65	83642.36
2021	819.26	3151.04	279.76	1466.35	84578.07
2022	844.51	3005.41	283.32	1459.11	81837.99
2023	910.09	2801.18	268.98	1353.24	90516.98

注：本表2006至2017年数据系与第三次农业普查衔接数据。

a) Data from 2006 to 2017 are consistent with those obtained from the Third Agricultural Census.

13-6 续表 continued

年 份 Year	猪出栏 (万头) Slaughtered Pigs (10 000 heads)	牛出栏 (万头) Slaughtered Cattle (10 000 heads)	羊出栏 (万只) Slaughtered Sheep (10 000 heads)	家禽出栏 (万只) Slaughtered Poultry (10 000 heads)	禽蛋产量 (万吨) Output of Poultry Eggs (10 000 tons)	奶类产量 (万吨) Output of Milk (10 000 tons)
1978	901.20	4.60	142.40		22.50	6.83
1979	1047.50	6.70	228.60		23.67	6.95
1980	1241.60	8.80	377.50		25.62	6.80
1981	1296.80	11.50	460.70		29.47	5.24
1982	1213.20	10.60	521.60		34.30	8.77
1983	1159.20	18.90	616.30		41.07	11.43
1984	1284.00	18.40	519.10		62.28	13.34
1985	1482.60	27.60	558.30	8283.10	72.50	13.26
1986	1681.20	32.30	617.60	9234.50	69.66	15.81
1987	1514.00	49.80	842.10	11397.30	79.14	17.28
1988	1619.60	69.00	1219.00	15904.00	102.97	19.53
1989	1845.40	82.80	1348.40	16701.20	109.43	21.24
1990	1936.20	110.10	1416.40	22769.00	124.25	22.53
1991	1983.50	119.50	1348.70	30792.70	149.14	23.65
1992	2046.00	140.90	1366.10	33467.90	154.30	25.17
1993	2092.90	177.10	1411.00	42837.30	184.07	28.05
1994	2185.70	213.10	1668.20	64716.70	240.75	32.45
1995	2453.00	248.40	2034.10	71286.50	247.15	36.98
1996	2500.90	272.40	2051.80	73508.00	267.30	41.14
1997	2801.10	334.50	2269.30	82549.00	294.30	45.82
1998	3123.20	354.90	2518.90	91299.00	322.00	53.98
1999	3248.13	391.10	2838.80	100246.00	349.06	61.29
2000	3213.24	322.25	2375.73	91195.00	301.04	62.72
2001	3370.69	359.63	2530.15	99493.75	311.58	80.48
2002	3566.19	380.13	2646.54	105550.38	328.33	103.92
2003	3765.90	396.47	2731.23	113458.25	349.11	132.05
2004	4060.41	413.21	2869.43	122660.64	355.83	167.92
2005	4263.54	425.73	3002.98	145089.38	363.20	196.66
2006	4389.90	436.57	3026.24	151090.90	353.89	219.67
2007	3680.17	440.30	3001.42	140913.62	359.90	207.06
2008	3972.95	439.30	2941.33	155662.06	364.98	217.95
2009	4245.45	426.49	2827.01	161151.11	377.12	220.25
2010	4425.46	413.01	2707.40	169549.81	384.84	230.97
2011	4387.82	390.04	2546.51	181519.01	401.64	235.83
2012	4800.79	385.34	2493.35	199140.72	402.44	248.55
2013	5043.03	382.59	2472.15	195931.87	396.59	237.69
2014	5245.73	372.37	2530.64	182274.92	388.38	244.74
2015	5156.44	370.19	2527.12	192051.95	424.28	240.73
2016	5093.23	360.84	2540.84	214260.99	441.12	233.75
2017	5180.69	361.57	2629.76	220423.34	445.15	231.32
2018	5082.26	363.37	2682.36	217200.22	447.44	232.52
2019	3176.44	345.93	2701.14	231299.11	450.63	234.49
2020	3344.79	275.71	2491.58	252670.83	482.19	241.57
2021	4401.74	280.03	2373.39	263535.68	456.64	288.37
2022	4528.41	275.63	2376.76	271178.21	439.25	304.49
2023	4659.74	268.48	2297.37	310282.11	463.51	318.29

13-7 1978-2023年渔业生产情况

Output of Fishery from 1978 to 2023

单位：吨 (tons)

年 份 Year	水产品 总产量 Total Aquatic Products	海 水 产 品 Seawater Aquatic Products		
			海洋捕捞 Ocean Fishing	海水养殖 Mariculture
1978	740283	691451	501504	189947
1979	627531	581165	432700	148465
1980	619591	570854	416814	154040
1981	589905	540408	407194	133214
1982	657698	611824	477729	134095
1983	674813	623122	465382	157740
1984	754572	693277	525027	168250
1985	814047	729568	531977	197591
1986	914411	806086	599376	206710
1987	1106641	983119	717588	265531
1988	1355865	1220408	809820	410588
1989	1539905	1403323	899265	504058
1990	1677973	1522059	1032683	489376
1991	1981169	1779214	1138436	640778
1992	2481648	2251437	1384628	866809
1993	3192828	2896171	1555657	1340514
1994	3506539	3053106	1608172	1444934
1995	3440763	2956402	1461525	1494876
1996	5299159	4683795	2337772	2346023
1997	5512326	4840507	2686824	2153683
1998	5875574	5116993	3003764	2113228
1999	6277843	5440155	3003387	2436767
2000	6306551	5375169	2780483	2594685
2001	6196988	5266599	2511170	2755430
2002	6277536	5403654	2457272	2946382
2003	6378795	5456872	2421393	3035479
2004	6486528	5528613	2440631	3087982
2005	6648983	5655207	2421396	3233811
2006	6837469	5783299	2359570	3423729
2007	7133795	5986873	2451596	3535277
2008	7303048	6094766	2481256	3613510
2009	7535939	6263895	2449591	3814304
2010	7838259	6463345	2350888	3962643
2011	8138280	6647212	2512437	4134775
2012	7885248	6524046	2161603	4362443
2013	8084522	6654179	2087829	4566350
2014	8464587	7085761	2286654	4799107
2015	8722448	7352063	2356409	4995654
2016	8899622	7541952	2414112	5127840
2017	8680030	7371727	2180891	5190836
2018	8614032	7360685	2149830	5210855
2019	8232724	7062086	2091101	4970985
2020	8286092	7180937	2039543	5141394
2021	8544248	7403008	2029166	5373842
2022	8812740	7622454	2061660	5560794
2023	9139462	7905131	2095102	5810029

注：本表2012至2017年数据系与第三次农业普查衔接数据。
a) Data from 2012 to 2017 are consistent with those obtained from the Third Agricultural Census.

13-7 续表 continued

年 份 Year	淡水产品产量(吨) Freshwater Aquatic Products (ton)	捕捞量 Fishing Output	养殖量 Breeding Output	水产品养殖面积(万亩) Water Area for Breeding Aquatics (10 000 mu)	海 水 Seawater	淡 水 Freshwater
1978	48832	32507	16325	202.30	26.80	175.50
1979	46366	30968	15398	193.29	26.54	166.75
1980	48737	32436	16301	203.21	28.50	174.71
1981	49497	31489	18008	182.24	28.66	153.58
1982	45874	29696	16178	176.15	35.18	140.97
1983	51691	31713	19978	160.05	32.31	127.74
1984	61295	34438	26857	165.10	37.70	127.40
1985	84479	37370	47109	215.14	49.58	165.56
1986	108325	38641	69684	243.14	56.70	186.44
1987	123522	34103	89419	257.65	70.87	186.78
1988	135457	29354	106103	234.90	104.27	180.63
1989	136582	26847	109735	246.73	103.72	143.01
1990	155914	31545	124369	273.52	105.01	168.51
1991	201955	41772	160183	304.04	112.54	191.50
1992	230211	41074	189137	312.30	115.89	196.41
1993	296657	50088	246569	400.16	223.76	176.40
1994	453433	58373	395060	466.56	197.36	269.21
1995	484362	55428	428933	497.39	197.81	299.58
1996	615364	67222	548142	564.54	242.45	322.09
1997	671819	73221	598598	618.91	274.04	344.87
1998	758582	80336	678246	649.80	283.22	366.58
1999	837689	80002	757687	722.78	336.14	386.65
2000	931382	81214	850168	788.35	420.71	367.64
2001	930389	79991	850397	829.39	434.99	394.40
2002	873882	71142	802740	802.51	439.15	363.36
2003	921923	91019	830904	930.91	537.52	393.38
2004	957915	93484	864431	1014.34	598.02	416.32
2005	993776	110887	882889	1033.11	611.09	422.02
2006	1054170	117390	936780	840.03	564.62	275.42
2007	1146922	114368	1032554	884.99	609.26	275.73
2008	1208282	129643	1078639	993.45	639.33	354.12
2009	1272044	128342	1143702	1029.30	662.10	367.20
2010	1374914	130896	1244018	1136.51	751.42	385.09
2011	1491068	135378	1355690	1174.40	768.19	406.21
2012	1361202	112783	1248419	1205.16	785.56	419.60
2013	1430344	115167	1315177	1240.35	820.23	420.12
2014	1378826	90661	1288165	1252.66	822.73	429.93
2015	1370385	83086	1287299	1269.23	844.80	424.43
2016	1357670	93900	1263770	1259.25	907.20	352.05
2017	1308303	83730	1224573	1250.38	915.57	334.81
2018	1253347	82821	1170526	1173.38	856.29	317.10
2019	1170638	89290	1081348	1138.34	842.25	296.09
2020	1105155	95634	1009521	1116.93	870.53	246.40
2021	1141240	95733	1045507	1147.82	912.56	235.26
2022	1190286	99912	1090374	1158.50	926.20	232.30
2023	1234331	104956	1129375	1205.66	969.04	236.62

13-8 农作物播种面积和产量

Sown Area and Output of Farm Crops

类 别	Category	2022			2023		
		播种面积(公顷) Sown Area (hectare)	总产量(吨) Total Output (ton)	单产(千克/公顷) Output per Hectare (kg/hectare)	播种面积(公顷) Sown Area (hectare)	总产量(吨) Total Output (ton)	单产(千克/公顷) Output per Hectare (kg/hectare)
农作物总播种面积	**Total Sown Area of Crops**	**10964144**			**11002717**		
一、粮食作物合计	**Grain**	**8372214**	**55437815**	**6622**	**8387901**	**56552831**	**6742**
(一)夏收粮食	Summer Harvest Grain	4004667	26416077	6596	4009898	26741028	6669
1.谷物	Cereals	4003833	26413403	6597	4009145	26738960	6669
#小麦	Wheat	4003553	26411932	6597	4008857	26737632	6670
2.夏杂豆	Beans	834	2673	3203	753	2067	2744
(二)秋收粮食	Autumn Harvest Grain	4367546	29021738	6645	4378003	29811803	6809
1.谷物	Cereals	4021118	27332425	6797	4017030	28087564	6992
(1)稻谷	Rice	106433	905871	8511	101005	861219	8526
(2)玉米	Corn	3880258	26304399	6779	3881059	27100697	6983
(3)谷子	Millet	31807	114110	3588	32506	118055	3632
(4)高粱	Chinese Sorghum	2127	6475	3045	1950	5952	3052
(5)其他	Others	493	1570	3182	510	1640	3219
2.豆类合计	Beans	217953	589122	2703	235245	647460	2752
#大豆	Soybean	214960	581007	2703	232372	639605	2753
3.薯类(按折粮计算)	Tubers	128475	1100191	8563	125729	1076779	8564
二、油料作物合计	**Oil-bearing Crops**	**624100**	**2739609**	**4390**	**627766**	**2807457**	**4472**
#花生果	Peanuts	609757	2700964	4430	613253	2768131	4514
油菜籽	Rapeseeds	8983	23040	2565	8917	23325	2616
芝 麻	Sesame	679	1672	2461	1099	2312	2103
三、棉花	**Cotton**	**113349**	**144834**	**1278**	**96475**	**125790**	**1304**
四、生麻	**Fiber Crops**	**14**	**24**	**1725**	**13**	**23**	1740
#生 大 麻	Hemp	14	24	1725	13	23	1740
五、糖料	**Sugar Crops**	**12**	**401**	**34176**	**2**	**165**	**82695**
六、烟叶	**Tobacco**	**19048**	**49088**	**2577**	**20638**	**55174**	**2673**
#烤烟	Flue-cured Tobacco	18993	48867	2573	20607	55086	2673
七、中草药材	**Medical Materials**	**56781**			**57832**		
八、蔬菜及食用菌	**Vegetable and Mushroom**	**1548500**	**90457781**	**58416**	**1578923**	**92724090**	**58726**
九、瓜果类	**Melon**	**208084**	**11294582**	**54279**	**211916**	**11660117**	**55022**
#西瓜	Watermelon	134041	7450409	55583	136070	7668331	56356
十、其他农作物	**Other Farm Crops**	**22044**			**21251**		
#青饲料	Fresh Feed	16928			16746		

13-9 各市农作物播种面积和产量(2023年)

Sown Area and Output of Farm Crops by Region(2023)

地 区 Region	农作物总播种面积(公顷) Total Sown Area of Farm Crops (hectare)	一、粮食作物合计 Grain Crops 播种面积(公顷) Sown Area (hectare)	总产量(吨) Total Output (ton)	单 产(千克/公顷) Output per Hectare (kg/hectare)	(一)夏收粮食 Summer Harvest Grain 播种面积(公顷) Sown Area (hectare)	总产量(吨) Total Output (ton)	单 产(千克/公顷) Output per Hectare (kg/hectare)
全省总计 Total	**11002717**	**8387901**	**56552831**	**6742**	**4009898**	**26741028**	**6669**
济南市 Jinan	626517	485819	3028926	6235	219595	1413575	6437
青岛市 Qingdao	665585	482114	3186482	6609	228527	1443059	6315
淄博市 Zibo	254510	218284	1484461	6801	96599	664832	6882
枣庄市 Zaozhuang	405660	285511	1873825	6563	140246	912450	6506
东营市 Dongying	287447	255781	1519215	5940	108627	686505	6320
烟台市 Yantai	447413	304617	1894134	6218	121916	753012	6176
潍坊市 Weifang	978884	686976	4466611	6502	330425	2129827	6446
济宁市 Jining	971388	722492	4978412	6891	347640	2360062	6789
泰安市 Tai'an	537497	373602	2630507	7041	167388	1180834	7054
威海市 Weihai	200405	125184	756991	6047	49152	281894	5735
日照市 Rizhao	212698	134070	895720	6681	52306	342366	6545
临沂市 Linyi	996500	646993	4265061	6592	291851	1838221	6298
德州市 Dezhou	1195461	1070321	7817874	7304	543686	3848267	7078
聊城市 Liaocheng	992666	814327	5828832	7158	412947	2868010	6945
滨州市 Binzhou	662130	591040	3837302	6492	282879	1915938	6773
菏泽市 Heze	1567955	1190771	8088478	6793	616115	4102176	6658

13-9 续表 1 continued

地 区 Region	1.谷 物 Cereals 播种面积(公顷) Sown Area (hectare)	总产量(吨) Total Output (ton)	单 产(千克/公顷) Output per Hectare (kg/hectare)	#小 麦 Wheat 播种面积(公顷) Sown Area (hectare)	总产量(吨) Total Output (ton)	单 产(千克/公顷) Output per Hectare (kg/hectare)	2.夏杂豆 Beans 播种面积(公顷) Sown Area (hectare)	总产量(吨) Total Output (ton)	单 产(千克/公顷) Output per Hectare (kg/hectare)
全省总计 Total	**4009145**	**26738960**	**6669**	**4008857**	**26737632**	**6670**	**753**	**2067**	**2744**
济南市 Jinan	219595	1413575	6437	219595	1413575	6437			
青岛市 Qingdao	228527	1443059	6315	228527	1443059	6315			
淄博市 Zibo	96599	664832	6882	96599	664832	6882			
枣庄市 Zaozhuang	140246	912450	6506	140246	912450	6506			
东营市 Dongying	108627	686505	6320	108627	686505	6320			
烟台市 Yantai	121916	753012	6176	121916	753012	6176			
潍坊市 Weifang	329672	2127760	6454	329672	2127760	6454	753	2067	2744
济宁市 Jining	347640	2360062	6789	347640	2360062	6789			
泰安市 Tai'an	167388	1180834	7054	167388	1180834	7054			
威海市 Weihai	49152	281894	5735	49152	281894	5735			
日照市 Rizhao	52306	342366	6545	52306	342366	6545			
临沂市 Linyi	291851	1838221	6298	291563	1836893	6300			
德州市 Dezhou	543686	3848267	7078	543686	3848267	7078			
聊城市 Liaocheng	412947	2868010	6945	412947	2868010	6945			
滨州市 Binzhou	282879	1915938	6773	282879	1915938	6773			
菏泽市 Heze	616115	4102176	6658	616115	4102176	6658			

13-9 续表 2 continued

地 区	Region	(二)秋收粮食 Autumn Harvest Grain			1.谷 物 Cereals			(1)稻 谷 Rice		
		播种面积(公顷) Sown Area (hectare)	总产量(吨) Total Output (ton)	单 产(千克/公顷) Output per Hectare (kg/hectare)	播种面积(公顷) Sown Area (hectare)	总产量(吨) Total Output (ton)	单 产(千克/公顷) Output per Hectare (kg/hectare)	播种面积(公顷) Sown Area (hectare)	总产量(吨) Total Output (ton)	单 产(千克/公顷) Output per Hectare (kg/hectare)
全省总计	**Total**	**4378003**	**29811803**	**6809**	**4017030**	**28087564**	**6992**	**101005**	**861219**	**8526**
济 南 市	Jinan	266225	1615351	6068	249301	1527598	6128	723	5600	7749
青 岛 市	Qingdao	253588	1743423	6875	241946	1687781	6976	167	1167	7004
淄 博 市	Zibo	121685	819629	6736	116470	794497	6821	375	3037	8102
枣 庄 市	Zaozhuang	145265	961375	6618	129962	889625	6845	1883	14074	7473
东 营 市	Dongying	147154	832710	5659	130092	798943	6141	14991	94397	6297
烟 台 市	Yantai	182701	1141122	6246	162431	1018615	6271	93	691	7410
潍 坊 市	Weifang	356551	2336784	6554	343153	2270309	6616	197	1451	7377
济 宁 市	Jining	374852	2618350	6985	306259	2308774	7539	38650	348697	9022
泰 安 市	Tai'an	206214	1449673	7030	173844	1307473	7521	77	666	8644
威 海 市	Weihai	76032	475098	6249	64452	411785	6389	570	3976	6969
日 照 市	Rizhao	81764	553354	6768	69849	474947	6800	1669	14977	8975
临 沂 市	Linyi	355142	2426839	6833	289707	1994763	6885	38600	348501	9029
德 州 市	Dezhou	526635	3969607	7538	511975	3925280	7667	32	263	8216
聊 城 市	Liaocheng	401380	2960822	7377	390452	2926374	7495	3	23	7011
滨 州 市	Binzhou	308161	1921364	6235	297029	1886840	6352	666	4368	6554
菏 泽 市	Heze	574657	3986302	6937	540110	3863959	7154	2310	19329	8369

13-9 续表 3 continued

地 区	Region	(2)玉 米 Corn			(3)谷 子 Millet			(4)高 粱 Chinese Sorghum		
		播种面积(公顷) Sown Area (hectare)	总产量(吨) Total Output (ton)	单 产(千克/公顷) Output per Hectare (kg/hectare)	播种面积(公顷) Sown Area (hectare)	总产量(吨) Total Output (ton)	单 产(千克/公顷) Output per Hectare (kg/hectare)	播种面积(公顷) Sown Area (hectare)	总产量(吨) Total Output (ton)	单 产(千克/公顷) Output per Hectare (kg/hectare)
全省总计	**Total**	**3881059**	**27100697**	**6983**	**32506**	**118055**	**3632**	**1950**	**5952**	**3052**
济 南 市	Jinan	238451	1486906	6236	10041	34920	3478	87	172	1976
青 岛 市	Qingdao	241132	1684307	6985	539	1981	3676	36	95	2632
淄 博 市	Zibo	113556	783555	6900	2477	7715	3115	62	189	3046
枣 庄 市	Zaozhuang	127109	871946	6860	940	3516	3741	16	43	2754
东 营 市	Dongying	114608	703329	6137	99	299	3020	394	919	2332
烟 台 市	Yantai	160510	1011205	6300	1702	6339	3724	14	38	2642
潍 坊 市	Weifang	337743	2248452	6657	4499	17835	3964	704	2544	3614
济 宁 市	Jining	266248	1955442	7344	1318	4518	3428	43	117	2703
泰 安 市	Tai'an	171487	1298422	7572	2246	8281	3687	23	68	2993
威 海 市	Weihai	63881	407809	6384						
日 照 市	Rizhao	65697	450370	6855	2444	9484	3881	8	28	3337
临 沂 市	Linyi	246289	1628306	6611	4696	17553	3738	54	183	3386
德 州 市	Dezhou	511788	3924406	7668	105	451	4292	49.7	159.1	3198
聊 城 市	Liaocheng	390368	2926082	7496	77	261	3399	4	8	2220
滨 州 市	Binzhou	295853	1880864	6357	72	268	3726	438	1341	3063
菏 泽 市	Heze	536341	3839297	7158	1252	4635	3702	17	48	2785

13-9 续表 4 continued

地区	Region	(5)其他谷物 Other Cereals 播种面积(公顷) Sown Area (hectare)	总产量(吨) Total Output (ton)	单产(千克/公顷) Output per Hectare (kg/hectare)	2.豆类 Beans 播种面积(公顷) Sown Area (hectare)	总产量(吨) Total Output (ton)	单产(千克/公顷) Output per Hectare (kg/hectare)	#大豆 Soybean 播种面积(公顷) Sown Area (hectare)	总产量(吨) Total Output (ton)	单产(千克/公顷) Output per Hectare (kg/hectare)
全省总计	**Total**	**510**	**1640**	**3219**	**235245**	**647460**	**2752**	**232372**	**639605**	**2753**
济南市	Jinan				9226	23506	2548	9143	23296	2548
青岛市	Qingdao	73	231	3155	6808	18318	2691	6808	18318	2691
淄博市	Zibo				3023	7936	2625	2869	7497	2613
枣庄市	Zaozhuang	14	47	3290	10803	29912	2769	10546	29136	2763
东营市	Dongying				16767	31208	1861	16672	30993	1859
烟台市	Yantai	111	342	3088	9838	27056	2750	9612	26455	2752
潍坊市	Weifang	10	26	2633	7881	22162	2812	7675	21572	2811
济宁市	Jining				51341	148548	2893	51262	148352	2894
泰安市	Tai'an	12	35	3026	24269	70679	2912	24095	70185	2913
威海市	Weihai				5584	13922	2493	5540	13839	2498
日照市	Rizhao	31	88	2853	4663	12853	2756	4205	11633	2767
临沂市	Linyi	69	221	3216	20044	56833	2835	19626	55711	2839
德州市	Dezhou				13753	36063	2622	13748	36052	2622
聊城市	Liaocheng				10109	27768	2747	10073	27671	2747
滨州市	Binzhou				10660	30890	2898	10610	30755	2899
菏泽市	Heze	190	650	3417	30476	89807	2947	29887	88141	2949

13-9 续表 5 continued

地区	Region	3.薯类(按折粮薯类计算) Tubers 播种面积(公顷) Sown Area (hectare)	总产量(吨) Total Output (ton)	单产(千克/公顷) Output per Hectare (kg/hectare)	二、油料 Oil-bearing Crops 播种面积(公顷) Sown Area (hectare)	总产量(吨) Total Output (ton)	单产(千克/公顷) Output per Hectare (kg/hectare)	#花生果 Peanuts 播种面积(公顷) Sown Area (hectare)	总产量(吨) Total Output (ton)	单产(千克/公顷) Output per Hectare (kg/hectare)
全省总计	**Total**	**125729**	**1076779**	**8564**	**627766**	**2807457**	**4472**	**613253**	**2768131**	**4514**
济南市	Jinan	7697	64247	8347	17691	66829	3778	16273	63923	3928
青岛市	Qingdao	4833	37324	7722	65300	324569	4970	65300	324569	4970
淄博市	Zibo	2193	17196	7842	4328	16396	3789	4305	16377	3804
枣庄市	Zaozhuang	4500	41837	9296	18534	78561	4239	16917	74988	4433
东营市	Dongying	295	2558	8677	267	885	3310	255	863	3384
烟台市	Yantai	10432	95451	9149	90872	413264	4548	90872	413263	4548
潍坊市	Weifang	5517	44313	8033	34703	165678	4774	34640	165556	4779
济宁市	Jining	17252	161029	9334	35658	145867	4091	35076	144655	4124
泰安市	Tai'an	8101	71522	8829	44407	186446	4199	44007	185492	4215
威海市	Weihai	5996	49391	8237	49463	209227	4230	49463	209227	4230
日照市	Rizhao	7252	65554	9039	48974	206441	4215	48963	206417	4216
临沂市	Linyi	45391	375243	8267	153456	709842	4626	152560	707905	4640
德州市	Dezhou	907	8264	9116	2894	12863	4445	1915	9225	4818
聊城市	Liaocheng	819	6680	8153	6530	28619	4383	6053	27634	4566
滨州市	Binzhou	472	3634	7699	2197	8031	3655	1933	7479	3870
菏泽市	Heze	4071	32536	7992	52492	233939	4457	44721	210557	4708

13-9 续表 6 continued

地 区	Region	#油菜籽 Rapeseeds 播种面积(公顷) Sown Area (hectare)	总产量(吨) Total Output (ton)	单 产(千克/公顷) Output per Hectare (kg/hectare)	#芝 麻 Sesame 播种面积(公顷) Sown Area (hectare)	总产量(吨) Total Output (ton)	单 产(千克/公顷) Output per Hectare (kg/hectare)	三、棉 花 Cotton 播种面积(公顷) Sown Area (hectare)	总产量(吨) Total Output (ton)	单 产(千克/公顷) Output per Hectare (kg/hectare)
全省总计	**Total**	**8917**	**23325**	**2616**	**1099**	**2312**	**2103**	**96475**	**125790**	**1304**
济 南 市	Jinan	1111	2385	2147	214	352	1643	3004	3587	1194
青 岛 市	Qingdao							6	8	1347
淄 博 市	Zibo	22	20	882				709	927	1307
枣 庄 市	Zaozhuang	1610	3565	2214	6	8	1355	816	1027	1259
东 营 市	Dongying	12	22	1771				11824	12973	1097
烟 台 市	Yantai							3	4	1119
潍 坊 市	Weifang	23	51	2251	40	66	1666	1751	2082	1189
济 宁 市	Jining	291	715	2457	288	485	1686	19352	25507	1318
泰 安 市	Tai'an	394	939	2385	6	15	2553	2195	2809	1280
威 海 市	Weihai									
日 照 市	Rizhao	11	24	2125				112	133	1189
临 沂 市	Linyi	895	1934	2160	1	3	4275	1060	1344	1267
德 州 市	Dezhou	98	319	3256	0	1	1629	9516	13289	1396
聊 城 市	Liaocheng	190	472	2480	16	21	1274	2664	3319	1246
滨 州 市	Binzhou	170	386	2275	24	60	2527	12171	14490	1191
菏 泽 市	Heze	4089	12496	3056	505	1302	2579	31292	44292	1415

13-9 续表 7 continued

地 区	Region	四、烟 叶 Tobacco 播种面积(公顷) Sown Area (hectare)	总产量(吨) Total Output (ton)	单 产(千克/公顷) Output per Hectare (kg/hectare)	#烤 烟 Cigarettes 播种面积(公顷) Sown Area (hectare)	总产量(吨) Total Output (ton)	单 产(千克/公顷) Output per Hectare (kg/hectare)	五、中药材播种面积(公顷) Sown Area of Medical Materials (hectare)
全省总计	**Total**	**20638**	**55174**	**2673**	**20607**	**55086**	**2673**	**57832**
济 南 市	Jinan	492	1157	2351	490	1147	2339	5293
青 岛 市	Qingdao	414	1029	2484	386	952	2469	871
淄 博 市	Zibo	532	1336	2510	532	1336	2510	2488
枣 庄 市	Zaozhuang							912
东 营 市	Dongying							63
烟 台 市	Yantai							400
潍 坊 市	Weifang	6917	18846	2725	6917	18846	2725	3269
济 宁 市	Jining							3013
泰 安 市	Tai'an	11	25	2174	11	24	2132	5081
威 海 市	Weihai							2682
日 照 市	Rizhao	3172	8922	2813	3172	8922	2813	3445
临 沂 市	Linyi	9099	23859	2622	9099	23859	2622	16276
德 州 市	Dezhou							1205
聊 城 市	Liaocheng							1877
滨 州 市	Binzhou							1755
菏 泽 市	Heze							9202

13-9 续表 8 continued

地 区	Region	六、蔬菜及食用菌 Vegetable and Edible Fungi		#马铃薯 Potato		七、瓜果类 Melon	
		播种面积(公顷) Sown Area (hectare)	总产量(吨) Total Output (ton)	播种面积(公顷) Sown Area (hectare)	总产量(吨) Total Output (ton)	播种面积(公顷) Sown Area (hectare)	总产量(吨) Total Output (ton)
全省总计	**Total**	**1578923**	**92724090**	**139202**	**7322836**	**211916**	**11660117**
济南市	Jinan	100761	7263908	6106	291840	10249	534245
青岛市	Qingdao	109044	6780120	23182	1167228	7576	384540
淄博市	Zibo	26103	1971354	938	40588	2036	119982
枣庄市	Zaozhuang	96699	5782626	44121	2501703	3069	159347
东营市	Dongying	15095	834633	29	1676	3359	172826
烟台市	Yantai	44310	2617299	4020	199657	6812	295239
潍坊市	Weifang	202975	13637927	17515	949937	41090	2574137
济宁市	Jining	172320	7951997	9981	514164	18421	996397
泰安市	Tai'an	108118	6129819	16940	889734	2219	113947
威海市	Weihai	20685	1052028	2318	93761	2391	131935
日照市	Rizhao	20110	1206765	1733	86296	2089	111763
临沂市	Linyi	150737	8814966	8988	402182	16869	966303
德州市	Dezhou	105505	6807651	569	31669	4441	260828
聊城市	Liaocheng	151228	9702880	1060	63978	15629	960537
滨州市	Binzhou	35704	1847174	400	20128	13677	659357
菏泽市	Heze	219531	10322943	1301	68296	61989	3218734

13-9 续表 9 continued

地 区	Region	#西 瓜 Watermelon		#香瓜(甜瓜) Muskmelon		八、其他农作物播种面积(公顷) Sown Area of Other Farm Crops (hectare)	#青饲料播种面积 Fresh Feed Succulence
		播种面积(公顷) Sown Area (hectare)	总产量(吨) Total Output (ton)	播种面积(公顷) Sown Area (hectare)	总产量(吨) Total Output (ton)		
全省总计	**Total**	**136070**	**7668331**	**49788**	**2677365**	**21251**	**16746**
济南市	Jinan	5476	304655	2343	120034	3206	3174
青岛市	Qingdao	3014	190802	2455	118994	260	259
淄博市	Zibo	1040	67592	238	13395	30	30
枣庄市	Zaozhuang	2087	117519	562	26031	120	120
东营市	Dongying	2502	124311	741	44085	1059	1059
烟台市	Yantai	2927	159427	592	25297	399	395
潍坊市	Weifang	24744	1554267	8179	450060	1203	972
济宁市	Jining	12132	693327	5127	251877	130	95
泰安市	Tai'an	830	49650	1122	55326	1851	1602
威海市	Weihai	1096	65366	281	12792		
日照市	Rizhao	1110	68088	108	5513	727	603
临沂市	Linyi	6678	409057	5970	360858	2011	443
德州市	Dezhou	3759	219480	565	37462	1579	1572
聊城市	Liaocheng	6750	391500	8503	554689	412	291
滨州市	Binzhou	11553	564822	2023	90465	5587	5546
菏泽市	Heze	50373	2688469	10979	510488	2678	585

13-10 各市茶叶、水果生产情况(2023年)

Production of Tea and Fruits by Region(2023)

单位:吨 (ton)

地区	Region	茶叶产量 Output of Tea	园林水果产量 Output of Garden Fruits	苹果 Apple	梨 Pear	葡萄 Grape	桃 Peach	杏 Apricot	红枣 Jujube
全省总计	**Total**	**31373**	**20421444**	**10398182**	**1365611**	**1263091**	**4843525**	**174224**	**628789**
济南市	Jinan	327	639893	197986	37981	34687	205659	35455	8000
青岛市	Qingdao	5452	874161	259537	172655	166858	180995	5505	1330
淄博市	Zibo	7	1107421	525323	19367	81174	357591	2317	812
枣庄市	Zaozhuang	21	304651	23966	15381	18541	143172	7571	9704
东营市	Dongying		77583	40548	13728	11784	5065	209	4905
烟台市	Yantai	528	8087766	6585677	432417	440678	200949	15745	2204
潍坊市	Weifang	2557	1066039	179967	41803	99665	399972	2237	31497
济宁市	Jining	26	407023	80550	29777	91995	143423	13554	8175
泰安市	Tai'an	1225	646074	195739	35449	22181	171594	33413	2472
威海市	Weihai	691	1258794	1108908	37252	35775	30313	251	124
日照市	Rizhao	18231	472894	136472	11215	9300	268507	1546	726
临沂市	Linyi	2308	3344299	492367	45210	95194	2438831	30857	12342
德州市	Dezhou		284601	59906	46439	19316	51843	2148	87949
聊城市	Liaocheng		484022	197882	113467	52602	83350	4143	3653
滨州市	Binzhou		819651	61292	234368	10828	44490	12529	450698
菏泽市	Heze		546569	252059	79102	72512	117771	6744	4198

13-10 续表 continued

单位:公顷 (hectare)

地区	Region	柿子(吨) Persimmon (ton)	山楂(吨) Hawthorn (ton)	其他(吨) Others (ton)	年末实有果园面积 Orchard Area at the Year-end	#苹果园 Apple	梨园 Pear	葡萄园 Grape	桃园 Peach
全省总计	**Total**	**108654**	**352745**	**1639369**	**604983**	**236482**	**38479**	**35542**	**140031**
济南市	Jinan	26468	32601	93658	38372	11798	1860	1197	9474
青岛市	Qingdao	1355	2101	85926	33036	7897	4426	4976	6774
淄博市	Zibo	8958	9365	111879	31964	11679	743	2040	10049
枣庄市	Zaozhuang	3337	5026	82980	14124	770	451	638	5096
东营市	Dongying	6	18	1338	3215	1645	528	374	278
烟台市	Yantai	9214	879	400881	179332	130891	9659	10962	5347
潍坊市	Weifang	25019	129884	285879	36702	4878	1036	2866	12384
济宁市	Jining	4343	6416	35205	15198	2673	882	2587	5074
泰安市	Tai'an	4061	43163	181165	33267	6958	1487	891	7196
威海市	Weihai	694	134	45478	33481	25667	1348	1531	1276
日照市	Rizhao	4966	1269	40162	18923	3883	415	429	6998
临沂市	Linyi	14452	112091	215046	92848	12130	1276	2622	61001
德州市	Dezhou	582	3123	16417	9479	1795	1088	554	1437
聊城市	Liaocheng	353	5910	28570	15506	5426	3749	1377	2356
滨州市	Binzhou	2006	309	3441	32897	1564	7344	375	1236
菏泽市	Heze	2838	456	11344	16639	6828	2189	2125	4057

13-11 各市林业生产情况(2023年)

Production of Forestry by Region(2023)

地 区	Region	主要林产品产量(吨) Output of Major Forestry Products(ton)		营林情况(公顷) Forestation(hectare)	
		核 桃 Walnut	板 栗 Chestnut	当年人工造林面积 Forested Area in the Year	森林抚育面积 Laid out Area of Forest Tending
全省总计	**Total**	**111408**	**229598**	**6493**	**240858**
济 南 市	Jinan	27406	22637	660	5869
青 岛 市	Qingdao	61	1379	86	2693
淄 博 市	Zibo	2303	16858	376	2718
枣 庄 市	Zaozhuang	7528	8171	228	4622
东 营 市	Dongying	68		98	47737
烟 台 市	Yantai	3172	12000	177	334
潍 坊 市	Weifang	852	20562	1634	8630
济 宁 市	Jining	10516	2735	966	12282
泰 安 市	Tai'an	43716	43733	299	1742
威 海 市	Weihai	275	6054	22	1644
日 照 市	Rizhao	454	21798	38	6768
临 沂 市	Linyi	14050	73670	605	4727
德 州 市	Dezhou	333		297	55895
聊 城 市	Liaocheng	164		105	20433
滨 州 市	Binzhou	500	2	217	38929
菏 泽 市	Heze	11		686	25835

13-12 各市畜牧业生产情况(2023年)
Production of Animal Husbandry by Region(2023)

地 区	Region	大牲畜年末存栏(万头) Stocked Large Livestock at Year-end (10 000 heads)	#牛 Cattle	猪年末存栏(万头) Stocked Pigs at Year-end (10 000 heads)	羊年末存栏(万只) Stocked Sheep and Goats at Year-end (10 000 heads)	家 禽年末存栏(万只) Stocked Poultry at Year-end (10 000 heads)	兔年末存栏(万只) Stocked Hare at Year-end (10 000 heads)
全省总计	**Total**	**272.22**	**268.98**	**2801.18**	**1353.24**	**90516.98**	**571.62**
济 南 市	Jinan	15.97	15.95	90.62	71.18	3060.81	4.28
青 岛 市	Qingdao	13.81	13.68	136.12	16.95	5368.94	65.54
淄 博 市	Zibo	14.54	14.49	42.50	43.18	1735.49	18.42
枣 庄 市	Zaozhuang	3.55	3.54	68.25	58.93	1539.37	40.87
东 营 市	Dongying	16.86	16.86	85.86	141.88	1938.96	2.22
烟 台 市	Yantai	11.80	11.76	284.55	34.63	6762.38	0.64
潍 坊 市	Weifang	19.14	18.91	271.26	62.90	13063.03	30.09
济 宁 市	Jining	21.26	21.06	202.98	130.10	4031.54	26.86
泰 安 市	Tai'an	11.42	11.42	105.43	63.29	3821.50	7.56
威 海 市	Weihai	2.16	2.15	68.08	4.23	2131.35	
日 照 市	Rizhao	6.13	6.10	105.02	23.45	4764.25	53.22
临 沂 市	Linyi	29.54	28.77	318.06	188.02	12401.77	230.54
德 州 市	Dezhou	34.75	34.57	284.75	75.20	6551.03	2.28
聊 城 市	Liaocheng	9.47	8.48	189.06	84.68	11115.01	48.24
滨 州 市	Binzhou	39.53	39.24	197.57	74.50	5278.95	6.05
菏 泽 市	Heze	22.28	21.99	351.07	280.13	6952.62	34.82

13-12 续表 1 continued

地 区	Region	牛当年出栏(万头) Slaughtered Cattle in the Year (10 000 heads)	猪当年出栏(万头) Slaughtered Pigs in the Year (10 000 heads)	羊当年出栏(万只) Slaughtered Sheep and Goats in the Year (10 000 heads)	家禽当年出栏(万只) Slaughtered Poultry in the Year (10 000 heads)	兔当年出栏(万只) Slaughtered Hare in the Year (10 000 heads)
全省总计	**Total**	**268.48**	**4659.74**	**2297.37**	**310282.11**	**2396.38**
济 南 市	Jinan	10.74	203.67	130.04	6171.84	12.02
青 岛 市	Qingdao	6.42	244.47	33.84	22330.22	362.44
淄 博 市	Zibo	12.60	72.69	82.24	4764.88	99.87
枣 庄 市	Zaozhuang	5.02	114.61	94.53	4940.77	193.12
东 营 市	Dongying	8.47	136.21	318.08	9408.40	6.96
烟 台 市	Yantai	12.87	466.57	80.82	25921.38	3.36
潍 坊 市	Weifang	17.27	488.71	111.52	58945.56	107.18
济 宁 市	Jining	25.70	365.39	205.29	8822.71	119.94
泰 安 市	Tai'an	6.36	168.89	85.95	12615.86	29.88
威 海 市	Weihai	0.74	124.34	4.13	6863.59	
日 照 市	Rizhao	3.99	152.61	37.42	12776.47	165.09
临 沂 市	Linyi	29.98	549.40	240.83	47195.78	787.95
德 州 市	Dezhou	29.62	460.94	143.20	18148.57	8.21
聊 城 市	Liaocheng	6.89	279.51	164.19	39216.28	292.07
滨 州 市	Binzhou	68.16	275.59	137.74	17382.11	63.98
菏 泽 市	Heze	23.64	556.10	427.56	14777.71	144.34

13-12 续表 2 continued

单位:吨 (ton)

地 区	Region	肉类总产量 Output of Meat	#牛肉 Beef	#猪肉 Pork	#羊肉 Mutton	#禽肉 Poultry Meat	奶类产量 Output of Milk	#牛奶 Cow Milk
全省总计	**Total**	**9100904**	**582266**	**3827618**	**328094**	**4314811**	**3182897**	**3180956**
济南市	Jinan	295444	23289	167302	18571	85826	453831	453831
青岛市	Qingdao	536390	13924	200816	4833	310526	296276	295759
淄博市	Zibo	167351	27336	59710	11744	66261	147460	147460
枣庄市	Zaozhuang	190194	10885	94147	13500	68707	35023	35023
东营市	Dongying	306757	18380	111888	45426	130834	477425	477425
烟台市	Yantai	783331	27905	383252	11542	360465	153881	153253
潍坊市	Weifang	1276721	37456	401441	15926	819702	223755	223130
济宁市	Jining	510994	55737	300141	29318	122689	185969	185969
泰安市	Tai'an	341176	13790	138733	12275	175437	250181	250181
威海市	Weihai	199810	1614	102134	589	95446	35451	35451
日照市	Rizhao	319064	8652	125359	5345	177671	91169	91169
临沂市	Linyi	1220689	65009	451294	34394	656309	138635	138499
德州市	Dezhou	716302	64246	378630	20450	252376	311086	311077
聊城市	Liaocheng	821775	14947	229600	23448	545345	93400	93374
滨州市	Binzhou	636406	147816	226374	19671	241717	65666	65666
菏泽市	Heze	778498	51280	456796	61061	205500	223687	223687

13-12 续表 3 continued

单位:吨 (ton)

地 区	Region	羊毛产量 Output of Wool	山羊毛 Goat Wool	绵羊毛 Sheep Wool	禽蛋产量 Poultry Eggs	蚕茧产量 Output of Cocoon	# 桑蚕茧 Cocoon	# 柞蚕茧 Oak Cocoon
全省总计	**Total**	**7157**	**450**	**6707**	**4635098**	**1905**	**1797**	**108**
济南市	Jinan	111	15	97	292432	2	2	
青岛市	Qingdao	18		18	287404			
淄博市	Zibo	39	7	31	117365	7	7	
枣庄市	Zaozhuang	48	8	41	88274			
东营市	Dongying	4778	1	4777	61516			
烟台市	Yantai	67	1	67	277362	2	1	
潍坊市	Weifang	255	5	250	401897	260	260	
济宁市	Jining	638	244	394	400107			
泰安市	Tai'an	312	31	281	127310	362	318	44
威海市	Weihai	1			145256	57		57
日照市	Rizhao	32	1	31	156530	691	685	6
临沂市	Linyi	193	94	99	387018	147	147	
德州市	Dezhou	51	6	45	443281			
聊城市	Liaocheng	315	5	309	645246			
滨州市	Binzhou	213	3	210	282339			
菏泽市	Heze	87	31	56	521760	377	377	

13−13 各市水产品产量和养殖面积(2023年)
Output and Breeding Area of Aquatic Products by Region (2023)

地 区	Region	水产品总产量(吨) Total Aquatic Products (ton)	海水产品 Seawater Aquatic products	海洋捕捞 Ocean Fishing	海水养殖 Seawater Cultured	淡水产品产量 Freshwater Aquatic Products
全省总计	**Total**	**9139462**	**7905131**	**2095102**	**5810029**	**1234331**
济南市	Jinan	15380				15380
青岛市	Qingdao	1031971	1015680	210999	804681	16291
淄博市	Zibo	21393				21393
枣庄市	Zaozhuang	72820				72820
东营市	Dongying	547528	449686	82207	367479	97842
烟台市	Yantai	1930762	1922402	450755	1471647	8360
潍坊市	Weifang	519118	492234	105457	386777	26884
济宁市	Jining	303626				303626
泰安市	Tai'an	88907				88907
威海市	Weihai	2817157	2797574	667802	2129772	19583
日照市	Rizhao	487177	467375	151368	316007	19802
临沂市	Linyi	136460				136460
德州市	Dezhou	63392				63392
聊城市	Liaocheng	66920				66920
滨州市	Binzhou	574031	388317	54651	333666	185714
菏泽市	Heze	90957				90957

注：本表全省水产品产量数据含远洋产量，各市产量数据中不含远洋产量。

a)The total output of aquatic products of the whole province in this table includes ocean going aquatic products. Municipal data exclude ocean going aquatic products.

13−13 续表 continued

地 区	Region	内陆捕捞 Landlocked Fishing	内陆养殖 Landlocked Cultured	水产品养殖面积(公顷) Breeding Area of Aquatic Products (hectare)	海水养殖 Seawater Cultured	内陆养殖 Landlocked Cultured
全省总计	**Total**	**104956**	**1129375**	**803772**	**646026**	**157746**
济南市	Jinan	805	14575	4350		4350
青岛市	Qingdao	150	16141	37727	34620	3107
淄博市	Zibo	466	20927	2175		2175
枣庄市	Zaozhuang	2771	70049	9382		9382
东营市	Dongying	2195	95647	110607	97326	13281
烟台市	Yantai	2431	5929	225509	222443	3066
潍坊市	Weifang	5207	21677	64400	60389	4011
济宁市	Jining	47830	255796	34068		34068
泰安市	Tai'an	17999	70908	9038		9038
威海市	Weihai		19583	118511	115945	2566
日照市	Rizhao	3848	15954	44603	40223	4380
临沂市	Linyi	11995	124465	27526		27526
德州市	Dezhou	781	62611	5837		5837
聊城市	Liaocheng	1631	65289	4789		4789
滨州市	Binzhou	2565	183149	90393	75080	15313
菏泽市	Heze	4282	86675	14857		14857

13-14 主要农业机械年末拥有量
Major Agricultural Machinery at the Year-end

类 别	单位	Category	Unit	2022	2023
农业机械总动力	**(万千瓦)**	**total power of agricultural machinery**	**(10 000 kW)**	**11530.49**	**11988.66**
一、拖拉机及配套机械		**Tractors and related machinery**			
拖拉机	(万台)	Tractor	(10 000 units)	246.35	245.45
	(万千瓦)		(10 000 kW)	4623.27	4815.22
#大中型(22.1千瓦以上)	(万台)	Large and Medium-sized(22.1 kW and above)	(10 000 units)	54.19	57.44
	(万千瓦)		(10 000 kW)	2826.48	3059.84
拖拉机配套农具	(万部)	Tractor Supporting Tools	(10 000 units)	446.27	450.51
#与58.8千瓦及以上拖拉机配套	(万部)	Supported by Tractores above 58.8 kw	(10 000 units)	62.04	65.25
二、种植业机械		**Farming Machinery**			
犁	(万台)	Mechanical Power Plow	(10 000 units)	137.32	136.32
旋耕机	(万台)	Rotary Tiller	(10 000 units)	38.68	41.30
免耕播种机	(万台)	No-tillage Seeder	(10 000 units)	19.15	19.98
精量播种机	(万台)	Precision Seeder	(10 000 units)	38.61	40.78
农用水泵	(万台)	Agricultural Water-pump	(10 000 units)	294.93	294.74
节水灌溉类机械	(万套)	Water-saving Irrigation Machinery	(10 000 units)	55.19	55.72
谷物联合收割机	(万台)	Combine Harvester	(10 000 units)	19.99	20.70
	(万千瓦)		(10 000 kW)	1071.13	1172.11
玉米联合收割机	(万台)	Corn Combine Harvester	(10 000 units)	13.88	14.79
秸秆粉碎还田机	(万台)	Straw crushing Machinery	(10 000 units)	15.83	17.58
脱粒机	(万台)	Thresher	(10 000 units)	39.90	39.92
三、畜牧机械	**(万台)**	**Animal Husbandry Machinery**	**(10 000 units)**	**38.90**	**46.75**
	(万千瓦)		(10 000 kW)	189.18	224.24
四、水产机械	**(万台)**	**Fishery Machinery**	**(10 000 units)**	**17.71**	**18.29**
	(万千瓦)		(10 000 kW)	111.61	113.82
五、农产品初加工机械	**(万台)**	**Agricultural Products Primary Processing Machinery**	**(10 000 units)**	**61.52**	**61.54**
	(万千瓦)		(10 000 kW)	747.73	751.20
六、农田基本建设机械	**(万台)**	**Farmland Capital Construction Machinery**	**(10 000 units)**	**4.48**	**4.50**
	(万千瓦)		(10 000 kW)	294.09	295.13
七、其他机械		**Other Machinery**			
#农用航空器	(架)	Agricultural Aircraft	(unit)	12312	14283

注：1、自2022年起谷物联合收割机统计口径变化，不包含玉米收获机。
2、农产品初加工动力机械和作业机械不再单独统计，合并为农产品初加工机械。

a) According to the new statistical caliber, the data of Combine Harvester from 2022 excludes Corn Harvester.

b) The categorization of Agricultural Products Primary Processing Power Machinery and Agricultural Products Primary Processing Operating Machinery has been revised, merging them into a single category known as Agricultural Products Primary Processing Machinery.

13−15 各市主要农业机械年末拥有量(2023年)
Number of Major Agricultural Machinery at the Year-end by Region(2023)

地 区	Region	农业机械总动力(千瓦) total power of agricultural machinery (kW)	#拖拉机及配套机械 Tractors and related machinery			#谷物联合收割机 Combine Harvester	
			拖拉机 Tractor		拖拉机配套农具 Tractor Supporting Tools		
			(台) (unit)	(千瓦) (kW)	(部) (unit)	(台) (unit)	(千瓦) (kW)
全省总计	**Total**	**119886599**	**2454524**	**48152247**	**4505104**	**207049**	**11721107**
济南市	Jinan	6184302	75938	2018726	127101	9749	613510
青岛市	Qingdao	7630903	201051	3767419	448323	8701	546932
淄博市	Zibo	2536454	17378	805799	41164	3605	270190
枣庄市	Zaozhuang	3542785	40589	1433803	127346	8145	540501
东营市	Dongying	2997666	50324	1481905	126786	5578	334076
烟台市	Yantai	8254547	287088	3475229	363184	6079	314798
潍坊市	Weifang	11373166	179792	4309347	288358	15285	949948
济宁市	Jining	10676551	113084	3439341	229997	27927	1127967
泰安市	Tai'an	5764587	91209	2107624	165851	13913	599325
威海市	Weihai	5140748	246354	2559937	528603	3880	175795
日照市	Rizhao	2934197	124719	1279803	486318	2171	112710
临沂市	Linyi	8987858	495280	5660875	708388	13545	708316
德州市	Dezhou	13798490	259040	5639410	317671	25486	1545205
聊城市	Liaocheng	11887296	88326	3468677	163767	20087	1204202
滨州市	Binzhou	5699869	83419	2348792	146926	12874	628587
菏泽市	Heze	12477179	100933	4355560	235321	30024	2049043

13-16 各市地类面积(2023年)

Land Category Area by Region(2023)

单位:公顷 (hectare)

地 区	Region	农用地 Agricultural Land	#耕地 Cultivated Land	#水浇地 Irrigated Land	#园 地 Garden Land	#牧草地 Grazing and Pasture Land
全省总计	**Total**	**11633790**	**6539295**	**4742614**	**1199364**	
济 南 市	Jinan	749563	347124	275370	98496	
青 岛 市	Qingdao	801442	435777	234990	74742	
淄 博 市	Zibo	434136	162257	117456	75024	
枣 庄 市	Zaozhuang	340887	204886	119530	48331	
东 营 市	Dongying	480399	222191	155905	4833	
烟 台 市	Yantai	1085453	357283	131004	314860	
潍 坊 市	Weifang	1155185	669779	439652	87724	
济 宁 市	Jining	764062	517620	395860	25426	
泰 安 市	Tai'an	587547	294097	195758	67893	
威 海 市	Weihai	451263	165573	25920	60393	
日 照 市	Rizhao	416342	181592	43158	43580	
临 沂 市	Linyi	1328505	636150	278514	224077	
德 州 市	Dezhou	815744	641743	641566	8859	
聊 城 市	Liaocheng	667146	526908	526859	16023	
滨 州 市	Binzhou	626667	398907	387505	34810	
菏 泽 市	Heze	929449	777409	773568	14292	

注：数据来源于2023年度国土变更调查。

a)The data in this table come from the 2023 National Land Changing Survey.

13-17 各市灌溉面积

Irrigated Area by Region

单位:千公顷 (1000 hectares)

地区	Region	有效灌溉面积 Effective Irrigated Area		#当年实灌 Irrigated in the Year		林地灌溉面积 Irrigated Area of Forest Lands		果园灌溉面积 Irrigated Area of Orchard	
		2022年	2023年	2022年	2023年	2022年	2023年	2022年	2023年
全省总计	**Total**	**5180.35**	**5241.73**	**4602.93**	**4743.15**	**375.42**	**407.70**	**422.70**	**421.77**
济南市	Jinan	250.10	250.78	225.24	223.91	7.33	7.33	9.33	9.33
青岛市	Qingdao	328.14	328.14	286.37	286.37	16.37	16.37	29.79	29.79
淄博市	Zibo	128.01	137.98	127.86	136.74	5.36	4.95	40.45	40.45
枣庄市	Zaozhuang	171.17	166.53	53.61	97.69	0.70	3.56	7.60	9.65
东营市	Dongying	197.31	198.81	177.16	172.10	10.99	10.67	6.14	6.40
烟台市	Yantai	223.13	225.19	165.30	178.29	3.50	1.50	101.13	103.36
潍坊市	Weifang	511.51	513.58	406.48	410.94	34.64	35.94	35.01	34.74
济宁市	Jining	461.73	461.74	446.43	446.43	36.23	40.24	9.55	12.02
泰安市	Tai'an	237.47	237.48	216.76	215.49	12.25	12.03	15.75	14.11
威海市	Weihai	111.54	111.54	73.95	74.26	1.05	1.05	19.04	19.04
日照市	Rizhao	102.41	102.61	58.28	54.19	6.98	5.42	10.96	8.69
临沂市	Linyi	354.24	354.24	294.18	294.66	39.18	39.18	67.42	67.42
德州市	Dezhou	547.12	582.99	496.40	501.46	39.74	40.56	21.35	16.34
聊城市	Liaocheng	510.93	518.48	623.73	629.32	91.61	89.90	18.76	18.52
滨州市	Binzhou	385.49	385.49	345.36	379.95	17.36	40.55	7.89	5.10
菏泽市	Heze	660.06	666.16	605.82	641.35	52.14	58.45	22.53	26.81

13-18　各市农村电力和农业物耗情况(2023年)

Rural Electricity and Agriculture Material Consumption by Region(2023)

单位:吨　(ton)

地区	Region	农用化肥施用量(实物量) Consumption of Chemical Fertilizer (physical volume)	氮肥 Nitrogenous Fertilizer	磷肥 Phosphate Fertilizer	钾肥 Potash Fertilizer	复合肥 Compound Fertilizer	农用化肥施用量(折纯量) Consumption of Chemical Fertilizer (convert to pure volume)	氮肥 Nitrogenous Fertilizer	磷肥 Phosphate Fertilizer
全省总计	**Total**	**10552998**	**3130523**	**1329653**	**795699**	**5297122**	**3547943**	**947439**	**295794**
济南市	Jinan	623583	209800	99492	43163	271128	189641	50623	19440
青岛市	Qingdao	647997	98183	38806	34904	476104	242182	26876	8502
淄博市	Zibo	234981	67120	26810	13633	127418	76233	19456	5648
枣庄市	Zaozhuang	494200	149871	18812	21816	303700	170016	46762	4358
东营市	Dongying	215932	49776	16223	5665	144268	79680	17045	4346
烟台市	Yantai	872238	237944	95060	86453	452782	301667	79263	23514
潍坊市	Weifang	1044585	180487	69556	65814	728726	387960	59725	17329
济宁市	Jining	894039	261670	118070	71761	442538	317590	85495	28241
泰安市	Tai'an	510484	126340	53966	44901	285277	170517	29976	12279
威海市	Weihai	298466	95939	34116	34867	133544	89644	25070	7705
日照市	Rizhao	233159	54540	20408	19949	138261	74143	15897	5954
临沂市	Linyi	985130	336062	90886	97611	460571	289537	79865	20460
德州市	Dezhou	875014	362385	144613	57850	310166	278024	109768	31796
聊城市	Liaocheng	864896	294480	149876	57804	362737	306131	98740	34084
滨州市	Binzhou	463007	137678	47578	26674	251077	168843	44335	13927
菏泽市	Heze	1295286	468249	305380	112834	408824	406135	158545	58210

13-18　续表 continued

单位:吨　(ton)

地区	Region	钾肥 Potash Fertilizer	复合肥 Compound Fertilizer	农用塑料薄膜使用量 Plastic Film Consumption	地膜使用量 Film Consumption	农用柴油量 Diesel Consumption	农药施用量 Pesticides Consumption	地膜覆盖面积(公顷) Film Coverage (hectare)	农村用电量(万千瓦时) Electricity Consumption in Rural Area (10000 kW·h)
全省总计	**Total**	**271818**	**2032891**	**251507**	**83492**	**1142330**	**102057**	**1476090**	**6079217**
济南市	Jinan	15687	103891	11347	4251	46453	2722	64310	458936
青岛市	Qingdao	13053	193752	16891	6964	115748	4903	130290	444854
淄博市	Zibo	4668	46461	5105	1105	14442	3371	15948	210304
枣庄市	Zaozhuang	7279	111618	9393	2607	14254	2565	35460	179453
东营市	Dongying	2177	56112	2134	1113	17452	2101	22559	157408
烟台市	Yantai	31242	167648	9270	6006	129464	14036	110433	472929
潍坊市	Weifang	25481	285425	69338	10696	103970	9282	169161	683515
济宁市	Jining	26473	177380	11384	7180	75836	10117	123002	484793
泰安市	Tai'an	14838	113423	10232	3859	38944	4834	67537	290145
威海市	Weihai	12708	44160	2867	1700	219538	6811	28559	128448
日照市	Rizhao	6746	45546	5831	3523	87682	2351	65743	203695
临沂市	Linyi	28592	160620	36131	11894	72931	9919	227593	686123
德州市	Dezhou	18670	117790	12224	4164	53564	8318	87047	348519
聊城市	Liaocheng	20244	153063	22426	5421	57842	7023	106027	412698
滨州市	Binzhou	9978	100604	4695	2328	26529	4861	47144	321717
菏泽市	Heze	33983	155396	22239	10680	67682	8843	175277	595679

注：本表农村用电量数据来源于国网山东电力公司。

a) The data of rural electricity consumption in this table come from State Grid Shandong Electric Power Company.

主要统计指标解释

农林牧渔业总产值 指以货币表现的农、林、牧、渔业全部产品和对农林牧渔业生产活动进行的各种支持性服务活动的价值总量，它反映一定时期内农林牧渔业生产总规模和总成果。1957 年以前的农林牧渔业总产值中包括了厩肥和农民自给性手工业(如农民自制衣服、鞋、袜，自己从事粮食初步加工等)。1958 年及以后，林业中增加了村及村以下竹木采伐产值；牧业中取消了厩肥产值；副业中取消了农民自给性手工业产值，增加了村及村以下办的工业产值；渔业中增加了海洋捕捞水产品产值。1980 年及以后，在副业中增加了农民家庭兼营工业商品部分的产值。从 1984 年起村及村以下工业产值划归工业。从 1993 年起取消副业，将野生动物的捕猎划入牧业，野生植物采集和农民家庭兼营商品性工业划归农业。从 2003 年起，执行新的国民经济行业分类标准，农林牧渔业总产值中包括了农林牧渔服务业产值。(2017 国民经济行业分类标准中将“农林牧渔服务业”改为“农林牧渔专业及辅助性活动”)。林业中增加了森林采运业产值。农业中取消了家庭兼营商品性工业产值，将野生林产品的采集划归林业。

农林牧渔业总产值的计算方法通常是按农、林、牧、渔业产品及其副产品的产量分别乘以各自单位产品价格求得；少数生产周期较长，当年没有产品或产品产量不易统计的，则采用间接方法匡算其产值；然后将四业产品产值及农林牧渔专业及辅助性活动产值相加即为农林牧渔业总产值。

粮食产量 指日历年度内生产的全部粮食数量。按收获季节包括夏收粮食、早稻和秋收粮食，按作物品种包括谷物、豆类和薯类。其产量计算方法：谷物按脱粒后的原粮计算，豆类按去豆荚后的干豆计算；薯类(包括甘薯和马铃薯，不包括芋头和木薯)1964 年以前按每 4 公斤鲜薯折 1 公斤粮食计算，从 1964 年开始改为按 5 公斤鲜薯折 1 公斤粮食计算；城市郊区作为蔬菜的薯类(如马铃薯等)按鲜品计算，并且不作粮食统计。1989 年以前全国粮食产量数据主要靠全面报表取得，1989 年开始使用抽样调查数据。

棉花产量 指全社会的产量。包括春播棉和夏播棉。产量按皮棉计算。不包括木棉。

油料产量 指全部油料作物的生产量。包括花生、油菜籽、芝麻、向日葵籽、胡麻籽（亚麻籽）和其他油料。不包括大豆、木本油料和野生油料。花生以带壳干花生计算。

水产品产量 指人工养殖的水产品和天然生长的水产品的捕捞量。包括海水的鱼类、虾蟹类、贝类和藻类以及内陆水域的鱼类、虾蟹类和贝类，不包括淡水生植物。水产品产量是通过各级水产和统计部门逐级上报取得数据。1995 年及以前，贝类中牡蛎按鲜肉计算；蚶、蛤、蛙按 5 斤鲜品折 1 斤计算。1996 年以后则统一按鲜品计算。

猪、牛、羊肉产量 指当年出栏并已屠宰、除去头蹄下水后带骨肉(即胴体重)的重量。包括全社会范围内的产量。由于畜牧业产品年报数据与普查数据之间存在一定的差距，

根据国家统计局有关文件精神，从 2000 年起，对畜牧业年报数据与普查数据进行衔接。

期初(末)畜禽存栏头(只)数 指报告期初(末)农村各种合作经济组织和国营农场、农民个人、机关、团体、学校、工矿企业、部队等单位以及城镇居民饲养的大牲畜、猪、羊、家禽（鸡、鸭、鹅）等畜禽的存栏数。数据上报方式及数据调整情况同猪、牛、羊肉产量。

农作物播种面积 指实际播种或移植有农作物的面积。凡是实际种植有农作物的面积，不论种植在耕地上还是种植在非耕地上，均包括在农作物播种面积中。在播种季节基本结束后，因遭灾而重新改种和补种的农作物面积，也包括在内。它是反映我国耕地面积利用情况的一个重要指标。目前，农作物播种面积主要包括粮食、棉花、油料、糖料、麻类、烟叶、蔬菜和瓜类、药材和其他农作物九大类。

农用化肥施用量 指本年内实际用于农业生产的化肥数量，包括氮肥、磷肥、钾肥和复合肥。化肥施用量要求按折纯量计算数量。折纯量是指把氮肥、磷肥、钾肥分别按含氮、含五氧化二磷、含氧化钾的百分之百成分进行折算后的数量。复合肥按其所含主要成分折算。公式为：

折纯量=实物量×某种化肥有效成分含量的百分比

农业机械总动力 指主要用于农、林、牧、渔业的各种动力机械的动力总和。包括耕作机械、排灌机械、收获机械、农用运输机械、植物保护机械、牧业机械、林业机械、渔业机械和其他农业机械〔内燃机按引擎马力折成瓦(特)计算、电动机按功率折成瓦(特)计算〕。不包括专门用于乡、镇、村、组办工业、基本建设、非农业运输、科学试验和教学等非农业生产方面用的动力机械与作业机械。

Explanatory Notes on Main Statistical Indicators

Gross Output Value of Farming, Forestry, Animal Husbandry and Fishery refers to the total value of products of farming, forestry, animal husbandry and fishery, and total value of services rendered to support farming, forestry, animal husbandry and fishery activities. It reflects the total scale and results of agricultural production during a given period. Prior to 1957, China's gross agricultural output value included barnyard manure and handicraft products for self consumption (clothes, shoes, stockings, and initial grain processing undertaken by peasants). Since 1958, cutting and felling of bamboo and trees by villages and other cooperative organizations under villages have been included in forestry; value of barnyard manure has been excluded from animal husbandry; self consumed handicrafts has been excluded from sideline occupations, while the output value of industries run by villages and cooperative organizations under village had been included in sideline occupations and the output value of fish catches by motor fishing boats has been added to fishery. Since 1980, the value of handicraft products made for sale by individuals in households had been added to sideline occupations. Since 1984, industries run by villages and under villages have been included in the sector of industry. Since 1993, the subdivision of sideline occupations has been canceled, and the hunting of wild animals has been classified into animal husbandry, and the gathering of wild plants and commodity industry run by rural household have been included in farming. A new industrial classification of economic activities was introduced in 2003. Under the new classification, value of services to farming, forestry, animal husbandry and fishery is included in the gross output value of agriculture, (In the 2017 National Economic Industry Classification Standard, Farming, forestry, animal husbandry and fishery service was changed to Farming, forestry, animal husbandry and fishery professions and auxiliary activities).value of wood felling and transport is included in forestry, value of industrial output by rural households is not included in agriculture, and the collection of wild forest products is taken from agriculture and included in the forestry. The first agriculture census of China revealed some discrepancy between the production of animal products from the annual reports and that from the census. Efforts were made by the Rural Socio economic Survey Organization of NBS to adjust the output value of animal husbandry to make the figures from the annual reports consistent with the census data.

Gross output value of agriculture is obtained by first multiplying the output of each product or by product by its price, resulting in the output value of each single item. For a small number of products, annual output of which is not available or difficult to get due to the long production (growing) process involved, the output value is estimated through an indirect approach. The sum of output value of all products of farming, forestry, animal husbandry, fishery and output value of agriculture, forestry, animal husbandry and fishery specialty and auxiliary activities then equal to the gross output value of agriculture.

Grain Output refers to the total output of grains produced within a calendar year. It includes summer crops, early rice and autumn crops by harvest seasons; and covers cereals, beans and tubers by type of crops. Output of cereals cover husked grain only. Output of beans refers to dry beans without pods. The output of tubers (sweet potatoes and potatoes, not including taros and cassava) are converted with the ratio of 4:1, i.e. 4 kilograms of fresh tubers were equivalent to 1 kilogram of grain before 1964. Since 1964 the ratio has been changed to 5:1. Tubers consumed as vegetables (such as potatoes) in cities and suburbs are calculated as fresh vegetables and their output is not included in the output of grain. Data on grain production before 1989 were obtained through the comprehensive statistical reporting system. Since 1989, data from sample surveys are used.

Cotton Output refers to the cotton production in the whole country including cotton sown in spring and in autumn. Output is measured as the weight of ginned cotton. Ceiba is not included.

Output of Oil-bearing Crops refers to the total production of oil bearing crops of various kinds, including peanuts, (dry, in shell) rapeseeds, sesame, sunflower seeds, flax seeds, and other oil bearing crops. Soybeans, oil bearing woody plants, and wild oil bearing crops are not included.

Output of Aquatic Products refers to catches of both artificially cultured and naturally grown aquatic products, including fish, shrimps, crabs and shellfish in sea and inland water as well as seaweed. Freshwater plants are not included. Data on output of aquatic products are reported by aquatic product and statistical agencies level by level. Before 1995, among the shellfish, the oyster was counted as fresh meat; 5 kilograms of ark shell, clams and frogs are equivalent to 1 kilogram of fresh aquatic products; they are all counted as fresh aquatic products since 1996.

Output of Pork, Beef, and Mutton refers to the meat of slaughtered hogs, cattle, sheep and goats with head, feet, and offal taken away. Data refers to the production of the whole country. The first agriculture census of China in 1996 revealed some discrepancy between the production of animal products from the annual reports and that from the census. Efforts were made by the Rural Socio economic Survey Organization of NBS to adjust the output value of animal husbandry to make the figures from the annual reports consistent with the census data. Since 1999, NBS conducted sample survey for the major animal husbandry products, such as hogs, cattle, sheep and goats and fowls, and the data from sample surveys are used as national finalized data. Those products, which are not covered by the sample survey, are still reported by statistical agencies level by level.

Number of Livestock or Poultry in Stock at Beginning (or End) refers to the total number of large animals, pigs, sheep, fowls, (chicken,duck,goose) etc. raised by rural cooperative organizations, state farms, rural individuals, government agencies, schools, industrial and mining enterprises, army, and urban residents at the beginning (or end) of the reference period. Data reporting system and data adjustment are the same as that in the output of pork, beef and mutton.

Sown Area of Crops refers to area of land sown or transplanted with crops regardless of being in cultivated area or non cultivated area. Area of land re sown due to natural disasters is also included. This is an important indicator that can reflect the utilization condition of the cultivated land in China. At present, the sown area of crops mainly include the following 9 categories of crops: grain, cotton, oil bearing crops, sugar crops, fiber crops, Tobacco, Vegetables and melons, medicinal materials and other farm crops.

Consumption of Chemical Fertilizers in Agriculture refers to the quantity of chemical fertilizers applied in agriculture in the year, including nitrogenous fertilizer, phosphate fertilizer, potash fertilizer, and compound fertilizer. The consumption of chemical fertilizers is required in calculation to convert the gross weight into weight containing 100% effective component (e.g. 100% nitrogen content in nitrogenous fertilizer, 100% phosphorous pent oxide contents in phosphate fertilizer, 100% potassium oxide contents in potash fertilizer). Compound fertilizer is converted with its major component. The formula is:

Volume of effective component=physical quantity×effective component of certain chemical fertilizer (%)

Total Power of Farm Machinery refers to total mechanical power of machinery used in farming, forestry, animal husbandry, and fishery, including ploughing, irrigation and drainage, harvesting, transport, plant protection, stock breeding, forestry and fishery. The power of internal combustion engines is required to convert horsepower into watts and the power of electric motors is required to be converted into watts. Machinery employed for non agricultural purposes, such as the machines used in township run and village run industry, construction, non agricultural transport, scientific experiments and teaching, is excluded.

第14篇

工　业

Industry

简　要　说　明

一、本篇资料的主要内容

本篇资料反映全省规模以上工业生产和效益基本情况，主要包括规模以上工业、国有控股工业、外商投资和港澳台投资工业、非公有制工业的主要经济指标、相关的财务分析指标和主要工业产品产量等方面的内容。

二、本篇资料的统计范围

本篇资料中规模以上工业企业的统计范围：2007 年至 2010 年为年主营业务收入 500 万元及以上的工业法人单位；从 2011 年开始，为年主营业务收入 2000 万元及以上的工业法人单位。

三、本篇资料的来源

本篇资料主要来源于工业统计年度报表，由省统计局工业统计处整理提供。

四、数据使用注意事项

2018 年以来规模以上工业企业主要指标数据与往年数据之间存在不可比因素，其主要原因是：（一）根据统计制度，每年定期对规模以上工业企业调查范围进行调整。每年有部分企业达到规模标准纳入调查范围，也有部分企业因规模变小而退出调查范围，还有新建投产企业、破产、注（吊）销企业等变化。（二）加强统计执法，对统计执法检查中发现的不符合规模以上工业统计要求的企业进行了清理，对相关基数依规进行了修正。（三）加强数据质量管理，剔除跨地区、跨行业重复统计数据。根据国家统计局开展的企业组织结构调查情况，对企业集团（公司）跨地区、跨行业重复计算进行了剔重。（四）“营改增”政策实施后，服务业企业改交增值税且税率较低，工业企业逐步将内部非工业生产经营活动剥离，转向服务业，使工业企业财务数据有所减小。

Brief Introduction

I. Content

Data in this chapter show the basic condition of industrial enterprises above designated size in Shandong, mainly including the output of major industrial products and major economic and relevant financial indicators of industrial enterprises. Industrial enterprises include enterprises above designated size, state-holding enterprises, foreign funded enterprises, enterprises with funds from Hong Kong, Macao and Taiwan, Non-public Industrial Enterprises.

II. Scopes of Statistics

The scopes of industrial enterprises above designated size were: all industrial enterprises with revenue from principal business over 5 million yuan from 2007 to 2010; and all industrial enterprises with revenue from principal business above 20 million yuan since 2011.

III.Source of Data

Data in this chapter are based on the annual report of industrial statistics and are prepared and provide by the Division of Industry Statistics of Shandong Provincial Bureau of Statistics.

Ⅳ. Data Usage Notes

Since 2018，Data of main indicators of industrial enterprises above designated size are not comparable with previous years, the reasons are as following: (1) According to the statistical system, the investigation scope of industrial enterprises above designated size should be adjusted regularly every year. Every year, some enterprises meet the scale criteria to be included in the scope of investigation, some enterprises withdraw from the scope of investigation because of the smaller scale, and there are other changes: new enterprises, bankruptcy, annotation (cancellation) enterprises, etc. (2) Strengthening of statistical law enforcement, cleaning up enterprises found in the inspection of statistical law enforcement that do not meet the standard of industrial statistics above designated size, and amending the relevant cardinality in accordance with regulations. (3) Strengthening data quality management and eliminating duplicated statistical data across regions and across industries. According to the latest survey of organizational structure of enterprises carried out by the National Bureau of Statistics, the repeated calculation of enterprise groups (companies) across regions and industries is weighed. (4) After the implementation of the program to replace the business tax with a value-added tax, the value-added tax was paid by the service enterprises and the tax rate was lower. The industrial enterprises gradually stripped off the internal non-industrial production and operation activities and turned to the service industry, which reduced the financial data of the industrial enterprises.

14-1 规模以上工业企业主要经济指标(2023年)

Main Economic Indicators of Industrial Enterprises above Designated Size(2023)

单位:亿元 (100 million yuan)

类 别	Category	企业单位数(个) Number of Enterprises (unit)	资产总计 Total Assets	流动资产合计 Total Current Assets	负债合计 Total Liabilities
总 计	**Total**	**39472**	**130627.9**	**69215.4**	**80091.9**
一、按登记注册统计类别分	**by status of Regisstrated Statistics Category**				
内资企业	**Domestic Invested Enterprises**	**36688**	**109317.4**	**57713.4**	**68826.0**
有限责任公司	Limited Liability Corporations	33183	84313.7	45663.1	56031.9
股份有限公司	Share-holding Corporations Ltd.	2047	23532.6	11297.0	11895.7
非公司企业法人	Non Corporate Legal Entity	142	1126.6	542.0	663.8
其中：国有企业	State-owned Enterprise	52	834.6	418.3	460.2
集体企业	Collective-owned Enterprise	60	195.3	75.5	139.5
个人独资企业	Individual Sole-Proprietorship Enterprises	1291	335.2	204.6	227.4
合伙企业	Partnership Enterprises	25	9.2	6.8	7.3
港澳台投资企业	**Enterprises with Funds from Hong Kong, Macao and Taiwan**	**954**	**13001.6**	**6288.5**	**7354.7**
外商投资企业	**Foreign Funded Enterprises**	**1815**	**8306.4**	**5211.7**	**3908.8**
其他统计类别	**Other Statistical Categories**	**15**	**2.6**	**1.8**	**2.4**
二、按轻重工业分	**by Light & Heavy Industry**				
轻工业	Light Industry	13790	25426.4	14706.4	13996.3
重工业	Heavy Industry	25682	105201.6	54509.0	66095.6
三、按企业规模分	**by Enterprise Size**				
大型企业	Large-sized Enterprises	691	56915.2	26354.4	32453.2
中型企业	Medium-sized Enterprises	2734	30334.6	17379.6	19183.8
小微企业	Small-sized and Micro-sized Enterprises	36047	43378.1	25481.5	28454.9
四、按工业门类分	**by Industries**				
采矿业	Mining	418	8868.1	2903.1	6220.3
制造业	Manufacturing	37092	100440.4	59686.2	59751.5
电力、热力、燃气及水的生产和供应业	Production and Supply of Electricity,Heat, Gas and Water	1962	21319.5	6626.1	14120.1
五、按行业大类分	**by Sector**				
煤炭开采和洗选业	Mining and Washing of Coal	112	4573.9	1930.4	3277.6
石油和天然气开采业	Extraction of Petroleum and Natural Gas	15	2021.9	124.1	1321.6
黑色金属矿采选业	Mining of Ferrous Metal Ores	78	480.6	214.7	334.4
有色金属矿采选业	Mining of Non-ferrous Metal Ores	47	1189.6	318.7	838.1
非金属矿采选业	Mining and Processing of Nonmetal Ores	153	449.9	248.7	307.7
开采专业及辅助性活动	Mining Specialties and Auxiliary Activities	12	151.9	66.4	140.9
其他采矿业	Mining of Other Ores				
农副食品加工业	Processing of Food from Agricultural Products	3431	5093.2	3376.1	3439.2
食品制造业	Manufacture of Foods	1079	2006.7	1198.3	1126.9
酒、饮料和精制茶制造业	Manufacture of Wine, Drinks and Refined Tea	225	1051.2	586.6	550.7
烟草制品业	Manufacture of Tobacco	6	333.0	215.8	93.5
纺织业	Manufacture of Textile	1944	2486.0	1454.3	1349.8
纺织服装、服饰业	Manufacture of Textile,Wearing Apparel and Finery	837	918.8	447.0	533.9

注：1.2011年起，规模以上工业企业为年主营业务收入在2000万元及以上的工业企业(以下相关表同)。
2.2018年以来规模以上工业企业数据与上年数据之间存在不可比因素，原因详见“简要说明四”(以下相关表同)。
3.本表登记注册统计类别按《关于市场主体统计分类的划分规定》(国统字〔2023〕14号)执行(以下相关表同)。
4.“其他统计类别”分组包括农民专业合作社(联合社)、个体工商户和其他市场主体。

a) Industrial enterprises above designated size refer to enterprises with annual revenue from principal business above 20 million yuan since 2011. The same applies to the relevant following tables.

b) Data of 2018 and of following years are not comparable with the preceeding year. See "Brief Introduction IV" for explanation. The same applies to the relevant following tables.

c) The registered statistical categories of this table is implemented in accordance with the Regulations on the Classification of Market Entity Statistics (Guotongzi [2023] No. 14).The same applies to the relevant following tables.

d) The other statistical categories include professional farmers cooperatives, individual businesses and other market entities.

14－1　续表 1 continued

单位:亿元 (100 million yuan)

类　别	Category	企业单位数(个) Number of Enterprises (unit)	资产总计 Total Assets	流动资产合计 Total Current Assets	负债合计 Total Liabilities
皮革、毛皮、羽毛及其制品和制鞋业	Manufacture of Leather, Fur, Feather & Its Products and Footwear	255	215.1	143.7	145.9
木材加工及木 竹、藤、棕、草制品业	Processing of Timbers, Manufacture of Wood, Bamboo, Rattan, Palm and Straw Products	2642	1014.3	523.1	596.1
家具制造业	Manufacture of Furniture	397	269.7	159.7	171.5
造纸及纸制品业	Manufacture of Paper and Paper Products	683	2568.1	1154.3	1602.6
印刷和记录媒介复制业	Printing, Reproduction of Recording Media	367	321.7	188.3	182.6
文教、工美、体育和娱乐用品制造业	Manufacture of Culture, Education,Arts and Crafts, Sport and Entertainment Goods	748	679.1	444.4	355.0
石油、煤炭及其他燃料加工业	Processing of Oil, Coal and Other Fuel	280	6811.6	4387.2	5653.3
化学原料和化学制品制造业	Manufacture of Chemical Raw Material and Chemical Products	2853	15162.7	7096.2	8610.1
医药制造业	Manufacture of Medicines	756	4376.2	2438.7	1802.5
化学纤维制造业	Manufacture of Chemical Fiber	112	425.8	208.0	211.1
橡胶和塑料制品业	Manufacture of Rubber and Plastic	1903	3798.7	2312.7	2143.8
非金属矿物制品业	Manufacture of Non-metallic Mineral Products	4349	7261.3	4493.3	4521.3
黑色金属冶炼及压延加工业	Manufacture and Processing of Ferrous Metals	475	6079.3	3196.5	3983.8
有色金属冶炼及压延加工业	Manufacture & Processing of Non-ferrous Metals	661	5623.8	3331.0	3106.5
金属制品业	Manufacture of Metal Products	2785	3560.1	2301.5	2254.8
通用设备制造业	Manufacture of General Purpose Machinery	2777	5447.8	3601.7	2850.5
专用设备制造业	Manufacture of Special Purpose Machinery	2445	5599.3	3903.9	3053.3
汽车制造业	Manufacture of Automobiles	1550	5609.9	3767.4	3452.1
铁路、船舶、航空航天和其他运输设备制造业	Manufacture of Railroad,Marine,Aerospace and Other Transportation Equipment	372	2038.3	1401.7	1255.8
电气机械及器材制造业	Manufacture of Electrical Machinery & Equipment	1430	4340.8	2926.3	2579.6
计算机、通信和其他电子设备制造业	Manufacture of Computer, Communications and Other Electronic Equipment	1010	6054.7	3570.2	3383.7
仪器仪表制造业	Manufacture of Measuring Instrument	422	667.9	486.1	297.4
其他制造业	Other Manufacture	63	77.3	56.6	47.2
废弃资源综合利用业	Comprehensive Utilization of Waste	179	240.7	128.0	160.5
金属制品、机械和设备修理业	Metal Products, Machinery and Equipment Repair Industry	56	307.2	187.9	236.8
电力、热力的生产和供应业	Production and Supply of Electric Power and Heat Power	1206	17739.2	5362.0	11963.0
燃气生产和供应业	Production and Supply of Gas	379	1201.5	544.3	743.1
水的生产和供应业	Production and Supply of Water	377	2378.8	719.8	1414.0

14-1 续表 2 continued

单位:亿元 (100 million yuan)

类 别	Category	营业收入 Business Revenue	营业成本 Business Cost	利润总额 Total Profits	平均用工人数(万人) Annual Average of Employed Persons (10 000 person)
总 计	**Total**	**115672.0**	**99695.0**	**5874.4**	**589.6**
一、按登记注册统计类别分	**by status of Regisstrated Statistics Category**				
内资企业	**Domestic Invested Enterprises**	**99224.3**	**85684.2**	**4546.7**	**501.4**
有限责任公司	Limited Liability Corporations	81283.3	71029.0	3257.4	408.3
股份有限公司	Share-holding Corporations Ltd.	16286.8	13231.0	1203.0	81.9
非公司企业法人	Non Corporate Legal Entity	823.5	648.7	62.2	4.0
其中：国有企业	State-owned Enterprise	654.9	505.9	52.3	2.9
集体企业	Collective-owned Enterprise	111.6	94.6	7.7	0.8
个人独资企业	Individual Sole-Proprietorship Enterprises	813.3	759.4	23.8	7.0
合伙企业	Partnership Enterprises	17.4	16.2	0.4	0.1
港澳台投资企业	**Enterprises with Funds from Hong Kong, Macao and Taiwan**	**8008.0**	**6819.0**	**797.0**	**36.4**
外商投资企业	**Foreign Invested Enterprises**	**8430.7**	**7183.3**	**530.5**	**51.7**
其他统计类别	**Other Statistical Categories**	**9.0**	**8.5**	**0.1**	**0.1**
二、按轻重工业分	**by Light & Heavy Industry**				
轻工业	Light Industry	26285.5	22023.6	1467.6	210.0
重工业	Heavy Industry	89386.5	77671.5	4406.8	379.6
三、按企业规模分	**by Enterprise Size**				
大型企业	Large-sized Enterprises	48365.9	41224.8	2923.2	185.0
中型企业	Medium-sized Enterprises	29039.4	25186.0	1321.9	147.6
小微企业	Small-sized and Micro-sized Enterprises	38266.8	33284.2	1629.3	257.0
四、按工业门类分	**by Industries**				
采矿业	Mining	3352.3	2196.0	629.1	30.5
制造业	Manufacturing	102254.1	88312.4	4742.4	528.1
电力、热力、燃气及水的生产和供应业	Production and Supply of Electricity,Heat, Gas and Water	10065.6	9186.6	502.8	31.0
五、按行业大类分	**by Sector**				
煤炭开采和洗选业	Mining and Washing of Coal	1355.5	891.6	357.3	15.3
石油和天然气开采业	Extraction of Petroleum and Natural Gas	1010.5	572.8	147.0	6.9
黑色金属矿采选业	Mining of Ferrous Metal Ores	373.0	294.1	37.8	2.3
有色金属矿采选业	Mining of Non-ferrous Metal Ores	296.7	172.5	71.3	3.2
非金属矿采选业	Mining and Processing of Nonmetal Ores	127.7	89.1	12.7	1.2
开采专业及辅助性活动	Mining Specialties and Auxiliary Activities	188.6	175.8	3.1	1.7
其他采矿业	Mining of Other Ores				
农副食品加工业	Processing of Food from Agricultural Products	9571.8	8942.9	218.3	50.7
食品制造业	Manufacture of Foods	1975.1	1608.2	144.6	17.0
酒、饮料和精制茶制造业	Manufacture of Wine, Drinks and Refined Tea	707.7	535.4	60.0	5.2
烟草制品业	Manufacture of Tobacco	446.4	123.1	44.1	1.0
纺织业	Manufacture of Textile	2360.7	2117.8	80.3	30.8
纺织服装、服饰业	Manufacture of Textile, Wearing Apparel and Finery	620.5	527.4	43.3	15.3

14-1 续表 3 continued

单位:亿元 (100 million yuan)

类别	Category	营业收入 Business Revenue	营业成本 Business Cost	利润总额 Total Profits	平均用工人数(万人) Annual Average of Employed Persons (10 000 person)
皮革、毛皮、羽毛及其制品和制鞋业	Manufacture of Leather, Fur, Feather & Its Products and Footwear	255.1	225.4	8.0	3.8
木材加工及木 竹、藤、棕、草制品业	Processing of Timbers, Manufacture of Wood, Bamboo, Rattan, Palm and Straw Products	2056.1	1861.2	101.7	15.7
家具制造业	Manufacture of Furniture	312.1	259.5	16.3	4.3
造纸及纸制品业	Manufacture of Paper and Paper Products	1962.2	1747.9	68.4	10.2
印刷和记录媒介复制业	Printing, Reproduction of Recording Media	313.6	261.5	15.9	3.8
文教、工美、体育和娱乐用品制造业	Manufacture of Culture, Education,Arts and Crafts, Sport and Entertainment Goods	733.3	592.7	55.4	8.8
石油、煤炭及其他燃料加工业	Processing of Oil, Coal and Other Fuel	12688.2	10737.3	156.3	9.3
化学原料和化学制品制造业	Manufacture of Chemical Raw Material and Chemical Products	13470.7	11690.1	774.0	41.7
医药制造业	Manufacture of Medicines	2853.0	1805.2	394.9	21.7
化学纤维制造业	Manufacture of Chemical Fiber	223.4	178.5	24.0	1.5
橡胶和塑料制品业	Manufacture of Rubber and Plastic	3103.9	2576.2	257.3	26.4
非金属矿物制品业	Manufacture of Non-metallic Mineral Products	4637.2	3911.6	237.7	34.0
黑色金属冶炼及压延加工业	Manufacture and Processing of Ferrous Metals	7660.3	7266.7	115.8	13.6
有色金属冶炼及压延加工业	Manufacture & Processing of Non-ferrous Metals	7685.0	7173.1	351.3	14.6
金属制品业	Manufacture of Metal Products	3771.0	3306.4	147.6	28.0
通用设备制造业	Manufacture of General Purpose Machinery	3835.3	3059.8	295.5	34.3
专用设备制造业	Manufacture of Special Purpose Machinery	3601.7	2810.9	276.2	32.5
汽车制造业	Manufacture of Automobiles	5779.9	5048.9	304.8	34.9
铁路、船舶、航空航天和其他运输设备制造业	Manufacture of Railroad,Marine,Aerospace and Other Transportation Equipment	1141.2	946.6	72.9	9.1
电气机械及器材制造业	Manufacture of Electrical Machinery & Equipment	3850.5	3119.0	235.9	20.8
计算机、通信和其他电子设备制造业	Manufacture of Computer, Communications and Other Electronic Equipment	5724.2	5157.7	174.7	30.8
仪器仪表制造业	Manufacture of Measuring Instrument	444.0	304.8	50.4	5.0
其他制造业	Other Manufacture	71.6	59.7	4.2	0.7
废弃资源综合利用业	Comprehensive Utilization of Waste	266.1	244.5	6.7	1.0
金属制品、机械和设备修理业	Metal Products, Machinery and Equipment Repair Industry	132.2	112.4	5.8	1.6
电力、热力的生产和供应业	Production and Supply of Electric Power and Heat Power	8338.1	7679.2	400.5	24.3
燃气生产和供应业	Production and Supply of Gas	1386.9	1259.1	67.0	2.9
水的生产和供应业	Production and Supply of Water	340.6	248.3	35.3	3.8

14-2 规模以上国有控股工业企业主要经济指标(2023年)
Main Economic Indicators of State-holding Industrial Enterprises above Designated Size (2023)

单位:亿元 (100 million yuan)

类 别	Category	企业单位数(个) Number of Enterprises (unit)	资产总计 Total Assets	流动资产合计 Total Current Assets	负债合计 Total Liabilities
总 计	**Total**	**2234**	**44076.6**	**17192.6**	**28548.9**
一、按隶属关系分	**by Type of Ownership**				
中央企业	Central Enterprises	445	13961.8	3688.8	8446.2
地方企业	Local Enterprises	1789	30114.8	13503.9	20102.7
二、按轻重工业分	**by Light & Heavy Industry**				
轻工业	Light Industry	260	3128.0	1638.9	1467.4
重工业	Heavy Industry	1974	40948.5	15553.7	27081.6
三、按企业规模分	**by Enterprise Size**				
大型企业	Large-sized Enterprises	175	27485.9	9393.1	16718.2
中型企业	Medium-sized Enterprises	395	7050.8	3333.7	4882.2
小微企业	Small-sized and Micro-sized Enterprises	1664	9539.9	4465.8	6948.4
四、按工业门类分	**by Industries**				
采矿业	Mining	156	7967.6	2462.1	5620.2
制造业	Manufacturing	1182	22154.5	11447.6	13712.7
电力、热力、燃气及水的生产和供应业	Production and Supply of Electricity,Heat, Gas and Water	896	13954.5	3282.9	9216.0
五、按行业大类分	**by Sector**				
煤炭开采和洗选业	Mining and Washing of Coal	61	4390.1	1832.4	3152.3
石油和天然气开采业	Extraction of Petroleum and Natural Gas	11	1961.5	105.4	1303.7
黑色金属矿采选业	Mining of Ferrous Metal Ores	14	162.3	45.8	79.4
有色金属矿采选业	Mining of Non-ferrous Metal Ores	25	1117.0	284.2	789.0
非金属矿采选业	Mining and Processing of Nonmetal Ores	44	203.3	138.9	166.8
开采专业及辅助性活动	Mining Specialties and Auxiliary Activities				
其他采矿业	Mining of Other Ores				
农副食品加工业	Processing of Food from Agricultural Products	40	142.7	69.2	105.0
食品制造业	Manufacture of Foods	31	126.1	78.8	47.5
酒、饮料和精制茶制造业	Manufacture of Wine, Drinks and Refined Tea	26	494.9	265.3	229.5
烟草制品业	Manufacture of Tobacco	5	332.8	215.6	93.4
纺织业	Manufacture of Textile	12	47.0	29.3	17.6
纺织服装、服饰业	Manufacture of Textile,Wearing Apparel and Finery	11	31.5	17.0	17.2

14-2 续表 1 continued

单位:亿元 (100 million yuan)

类 别	Category	企业单位数(个) Number of Enterprises (unit)	资产总计 Total Assets	流动资产合计 Total Current Assets	负债合计 Total Liabilities
皮革、毛皮、羽毛及其制品和制鞋业	Manufacture of Leather, Fur, Feather & Its Products and Footwear				
木材加工及木 竹、藤、棕、草制品业	Processing of Timbers, Manufacture of Wood, Bamboo, Rattan, Palm and Straw Products	9	12.6	7.1	10.6
家具制造业	Manufacture of Furniture				
造纸及纸制品业	Manufacture of Paper and Paper Products	9	456.8	194.3	353.2
印刷和记录媒介复制业	Printing, Reproduction of Recording Media	22	58.2	33.8	32.2
文教、工美、体育和娱乐用品制造业	Manufacture of Culture, Education,Arts and crafts, Sport and Entertainment Goods				
石油、煤炭及其他燃料加工业	Processing of Oil, Coal and Other Fuel	22	1650.3	793.8	1212.1
化学原料和化学制品制造业	Manufacture of Chemical Raw Material and Chemical Products	110	4131.4	1180.8	2373.3
医药制造业	Manufacture of Medicines	38	597.5	346.0	208.9
化学纤维制造业	Manufacture of Chemical Fiber	6	144.3	58.8	60.1
橡胶和塑料制品业	Manufacture of Rubber and Plastic	38	355.7	173.1	201.4
非金属矿物制品业	Manufacture of Non-metallic Mineral Products	231	1658.3	872.3	1138.6
黑色金属冶炼及压延加工业	Manufacture and Processing of Ferrous Metals	26	1560.8	407.6	969.6
有色金属冶炼及压延加工业	Manufacture & Processing of Non-ferrous Metals	34	717.6	525.4	663.1
金属制品业	Manufacture of Metal Products	63	317.9	196.0	215.0
通用设备制造业	Manufacture of General Purpose Machinery	87	1893.5	1201.2	880.0
专用设备制造业	Manufacture of Special Purpose Machinery	93	1139.6	802.6	805.7
汽车制造业	Manufacture of Automotive	56	1309.4	968.6	910.1
铁路、船舶、航空航天和其他运输设备制造业	Manufacture of Railroad,Marine,Aerospace and Other Transportation Equipment	35	1462.3	1017.4	938.4
电气机械及器材制造业	Manufacture of Electrical Machinery & Equipment	71	885.4	545.1	511.3
计算机、通信和其他电子设备制造业	Manufacture of Computer, Communications and Other Electronic Equipment	60	2181.2	1148.0	1414.7
仪器仪表制造业	Manufacture of Measuring Instrument	18	150.8	118.6	69.8
其他制造业	Other Manufacture				
废弃资源综合利用业	Comprehensive Utilization of Waste	12	40.1	22.9	29.9
金属制品、机械和设备修理业	Metal Products, Machinery and Equipment Repair Industry	10	224.7	133.1	176.5
电力、热力的生产和供应业	Production and Supply of Electricity Power and Heat Power	578	11448.7	2518.5	7716.4
燃气生产和供应业	Production and Supply of Gas	98	566.1	215.9	343.7
水的生产和供应业	Production and Supply of Water	220	1939.7	548.4	1155.9

14-2 续表 2 continued

单位:亿元 (100 million yuan)

类 别	Category	营业收入 Business Revenue	营业成本 Business Cost	利润总额 Total Profits	平均用工人数(万人) Annual Average of Employed Persons (10 000 person)
总 计	**Total**	**28417.8**	**24040.3**	**1582.1**	**105.4**
一、按隶属关系分	**by Type of Ownership**				
中央企业	Central Enterprises	11521.9	9712.4	478.2	35.1
地方企业	Local Enterprises	16895.9	14327.9	1103.9	70.3
二、按轻重工业分	**by Light & Heavy Industry**				
轻工业	Light Industry	2207.6	1499.9	208.4	12.2
重工业	Heavy Industry	26210.2	22540.4	1373.7	93.2
三、按企业规模分	**by Enterprise Size**				
大型企业	Large-sized Enterprises	18151.0	15028.4	1268.9	67.3
中型企业	Medium-sized Enterprises	6035.8	5282.9	187.1	22.4
小微企业	Small-sized and Micro-sized Enterprises	4231.0	3729.0	126.1	15.7
四、按工业门类分	**by Industries**				
采矿业	Mining	2694.1	1660.3	582.8	26.3
制造业	Manufacturing	19346.0	16460.9	810.5	56.8
电力、热力、燃气及水的生产和供应业	Production and Supply of Electricity,Heat, Gas and Water	6377.7	5919.1	188.8	22.3
五、按行业大类分	**by Sector**				
煤炭开采和洗选业	Mining and Washing of Coal	1193.8	749.8	356.1	14.1
石油和天然气开采业	Extraction of Petroleum and Natural Gas	992.3	564.4	139.4	6.9
黑色金属矿采选业	Mining of Ferrous Metal Ores	64.2	39.5	14.4	0.9
有色金属矿采选业	Mining of Non-ferrous Metal Ores	228.6	116.7	65.2	2.8
非金属矿采选业	Mining and Processing of Nonmetal Ores	45.0	29.7	5.8	0.2
开采专业及辅助性活动	Mining Specialties and Auxiliary Activities				
其他采矿业	Mining of Other Ores				
农副食品加工业	Processing of Food from Agricultural Products	284.8	275.2	1.2	0.8
食品制造业	Manufacture of Foods	111.5	86.4	13.3	0.8
酒、饮料和精制茶制造业	Manufacture of Wine, Drinks and Refined Tea	386.2	299.1	38.8	2.1
烟草制品业	Manufacture of Tobacco	446.2	122.9	44.1	1.0
纺织业	Manufacture of Textile	34.4	28.2	3.6	0.6
纺织服装、服饰业	Manufacture of Textile,Wearing Apparel and Finery	10.2	8.0	0.7	0.3

14-2 续表 3 continued

单位:亿元 (100 million yuan)

类　别	Category	营业收入 Business Revenue	营业成本 Business Cost	利润总额 Total Profits	平均用工人数(万人) Annual Average of Employed Persons (10 000 person)
皮革、毛皮、羽毛及其制品和制鞋业	Manufacture of Leather, Fur, Feather & Its Products and Footwear				
木材加工及木竹、藤、棕、草制品业	Processing of Timbers, Manufacture of Wood, Bamboo, Rattan, Palm and Straw Products	4.4	4.2	-0.9	0.1
家具制造业	Manufacture of Furniture				
造纸及纸制品业	Manufacture of Paper and Paper Products	133.8	127.1	-2.7	0.7
印刷和记录媒介复制业	Printing, Reproduction of Recording Media	40.0	32.4	1.6	0.6
文教、工美、体育和娱乐用品制造业	Manufacture of Culture, Education,Arts and crafts, Sport and Entertainment Goods				
石油、煤炭及其他燃料加工业	Processing of Oil, Coal and Other Fuel	3626.2	2952.8	31.8	3.0
化学原料和化学制品制造业	Manufacture of Chemical Raw Material and Chemical Products	2840.8	2462.7	220.8	7.2
医药制造业	Manufacture of Medicines	311.1	175.4	55.4	2.9
化学纤维制造业	Manufacture of Chemical Fiber	49.6	41.1	4.4	0.3
橡胶和塑料制品业	Manufacture of Rubber and Plastic	208.8	182.6	10.0	1.7
非金属矿物制品业	Manufacture of Non-metallic Mineral Products	654.7	535.8	47.6	4.5
黑色金属冶炼及压延加工业	Manufacture and Processing of Ferrous Metals	1923.7	1839.6	2.1	3.5
有色金属冶炼及压延加工业	Manufacture & Processing of Non-ferrous Metals	1386.0	1327.5	-4.8	1.4
金属制品业	Manufacture of Metal Products	292.9	259.3	8.6	1.7
通用设备制造业	Manufacture of General Purpose Machinery	982.7	780.2	107.5	4.1
专用设备制造业	Manufacture of Special Purpose Machinery	646.4	540.7	16.2	4.4
汽车制造业	Manufacture of Automotive	1821.7	1628.4	80.0	4.8
铁路、船舶、航空航天和其他运输设备制造业	Manufacture of Railroad,Marine,Aerospace and Other Transportation Equipment	765.0	638.8	49.7	3.6
电气机械及器材制造业	Manufacture of Electrical Machinery & Equipment	644.0	537.9	53.7	2.2
计算机、通信和其他电子设备制造业	Manufacture of Computer, Communications and Other Electronic Equipment	1507.0	1381.2	13.5	3.1
仪器仪表制造业	Manufacture of Measuring Instrument	79.1	54.9	10.2	0.6
其他制造业	Other Manufacture				
废弃资源综合利用业	Comprehensive Utilization of Waste	54.1	50.7	1.2	0.1
金属制品、机械和设备修理业	Metal Products, Machinery and Equipment Repair Industry	86.1	74.7	2.3	0.8
电力、热力的生产和供应业	Production and Supply of Electricity Power and Heat Power	5513.5	5154.1	154.7	18.2
燃气生产和供应业	Production and Supply of Gas	639.2	593.7	23.0	1.2
水的生产和供应业	Production and Supply of Water	225.0	171.3	11.0	2.9

14-3 规模以上外商投资和港澳台商投资工业企业主要经济指标(2023年)
Main Economic Indicators of Industrial Enterprises above Designated Size with Funds from Foreign Countries (Territories),Hong Kong,Macao and Taiwan(2023)

单位:亿元 (100 million yuan)

类 别	Category	企业单位数(个) Number of Enterprises (unit)	资产总计 Total Assets	流动资产合计 Total Current Assets	负债合计 Total Liabilities
总 计	**Total**	**2769**	**21307.9**	**11500.2**	**11263.4**
一、按轻重工业分	**by Light & Heavy Industry**				
轻工业	Light Industry	1152	6214.8	3496.0	3230.0
重工业	Heavy Industry	1617	15093.1	8004.2	8033.4
二、按企业规模分	**by Enterprise Size**				
大型企业	Large-sized Enterprises	147	12021.0	6115.6	6531.3
中型企业	Medium-sized Enterprises	460	4390.7	2695.3	2228.4
小微企业	Small-sized and Micro-sized Enterprises	2162	4896.3	2689.3	2503.7
三、按工业门类分	**by Industries**				
采矿业	Mining	12	2050.5	643.6	1570.6
制造业	Manufacturing	2503	16343.1	10143.0	8258.6
电力、热力、燃气及水的生产和供应业	Production and Supply of Electricity,Heat, Gas and Water	254	2914.4	713.6	1434.2
四、按行业大类分	**by Sector**				
煤炭开采和洗选业	Mining and Washing of Coal	4	1993.6	622.8	1538.1
石油和天然气开采业	Extraction of Petroleum and Natural Gas				
黑色金属矿采选业	Mining of Ferrous Metal Ores	4	40.9	14.6	26.5
有色金属矿采选业	Mining of Non-ferrous Metal Ores				
非金属矿采选业	Mining and Processing of Nonmetal Ores				
开采专业及辅助性活动	Mining Specialties and Auxiliary Activities				
其他采矿业	Mining of Other Ores				
农副食品加工业	Processing of Food from Agricultural Products	290	1118.0	800.5	717.9
食品制造业	Manufacture of Foods	130	577.1	372.7	317.5
酒、饮料和精制茶制造业	Manufacture of Wine, Drinks and Refined Tea	36	176.5	100.0	65.7
烟草制品业	Manufacture of Tobacco				
纺织业	Manufacture of Textile	96	318.7	181.2	113.2
纺织服装、服饰业	Manufacture of Textile,Wearing Apparel and Finery	96	442.2	156.6	264.6

14－3 续表 1 continued

单位:亿元 (100 million yuan)

类　别	Category	企业单位数(个) Number of Enterprises (unit)	资产总计 Total Assets	流动资产合计 Total Current Assets	负债合计 Total Liabilities
皮革、毛皮、羽毛及其制品和制鞋业	Manufacture of Leather, Fur, Feather & Its Products and Footwear	23	25.0	17.6	17.5
木材加工及木 竹、藤、棕、草制品业	Processing of Timbers, Manufacture of Wood, Bamboo, Rattan, Palm and Straw Products	21	28.9	16.0	22.9
家具制造业	Manufacture of Furniture	33	27.4	17.7	14.1
造纸及纸制品业	Manufacture of Paper and Paper Products	51	1084.1	493.8	696.9
印刷和记录媒介复制业	Printing, Reproduction of Recording Media	19	34.4	23.3	14.1
文教、工美、体育和娱乐用品制造业	Manufacture of Culture, Education,Arts and Crafts, Sport and Entertainment Goods	78	114.5	76.9	47.1
石油、煤炭及其他燃料加工业	Processing of Oil, Coal and Other Fuel	10	32.9	8.3	30.6
化学原料和化学制品制造业	Manufacture of Chemical Raw Material and Chemical Products	167	1354.1	773.8	645.4
医药制造业	Manufacture of Medicines	63	1079.5	593.0	371.4
化学纤维制造业	Manufacture of Chemical Fiber	10	45.4	29.6	16.1
橡胶和塑料制品业	Manufacture of Rubber and Plastic	119	734.8	423.4	316.5
非金属矿物制品业	Manufacture of Non-metallic Mineral Products	123	712.0	345.1	356.2
黑色金属冶炼及压延加工业	Manufacture and Processing of Ferrous Metals	18	865.3	585.3	505.3
有色金属冶炼及压延加工业	Manufacture & Processing of Non-ferrous Metals	21	1120.5	638.8	600.8
金属制品业	Manufacture of Metal Products	148	396.0	250.4	211.9
通用设备制造业	Manufacture of General Purpose Machinery	201	647.7	456.0	311.1
专用设备制造业	Manufacture of Special Purpose Machinery	153	1263.9	892.3	565.2
汽车制造业	Manufacture of Automobiles	196	1953.6	1396.4	884.8
铁路、船舶、航空航天和其他运输设备制造业	Manufacture of Railroad,Marine,Aerospace and Other Transportation Equipment	47	288.5	201.6	168.0
电气机械及器材制造业	Manufacture of Electrical Machinery & Equipment	99	645.3	352.6	403.1
计算机、通信和其他电子设备制造业	Manufacture of Computer, Communications and Other Electronic Equipment	209	1101.5	843.5	502.4
仪器仪表制造业	Manufacture of Measuring Instrument	26	103.9	73.1	47.2
其他制造业	Other Manufacture	8	15.5	7.9	10.4
废弃资源综合利用业	Comprehensive Utilization of Waste	8	13.5	7.5	6.1
金属制品、机械和设备修理业	Metal Products, Machinery and Equipment Repair Industry	4	22.5	8.4	14.6
电力、热力的生产和供应业	Production and Supply of Electricity Power and Heat Power	135	2305.5	467.5	1091.9
燃气生产和供应业	Production and Supply of Gas	74	457.9	192.6	262.3
水的生产和供应业	Production and Supply of Water	45	151.0	53.5	80.0

14-3 续表 2 continued

单位:亿元 (100 million yuan)

类 别	Category	营业收入 Business Revenue	营业成本 Business Cost	利润总额 Total Profits	平均用工人数(万人) Annual Average of Employed Persons (10 000 person)
总 计	**Total**	**16438.7**	**14002.3**	**1327.5**	**88.1**
一、按轻重工业分	**by Light & Heavy Industry**				
轻工业	Light Industry	5209.1	4326.5	400.9	35.9
重工业	Heavy Industry	11229.6	9675.8	926.6	52.2
二、按企业规模分	**by Enterprise Size**				
大型企业	Large-sized Enterprises	8313.8	7027.3	828.4	40.3
中型企业	Medium-sized Enterprises	4362.6	3738.5	290.5	25.4
小微企业	Small-sized and Micro-sized Enterprises	3762.3	3236.5	208.6	22.4
三、按工业门类分	**by Industries**				
采矿业	Mining	389.8	215.6	217.4	3.8
制造业	Manufacturing	15127.4	12997.1	993.1	81.3
电力、热力、燃气及水的生产和供应业	Production and Supply of Electricity,Heat, Gas and Water	921.5	789.5	117.0	3.0
四、按行业大类分	**by Sector**				
煤炭开采和洗选业	Mining and Washing of Coal	359.2	190.3	214.7	3.6
石油和天然气开采业	Extraction of Petroleum and Natural Gas				
黑色金属矿采选业	Mining of Ferrous Metal Ores	24.9	22.5	0.9	0.1
有色金属矿采选业	Mining of Non-ferrous Metal Ores				
非金属矿采选业	Mining and Processing of Nonmetal Ores				
开采专业及辅助性活动	Mining Specialties and Auxiliary Activities				
其他采矿业	Mining of Other Ores				
农副食品加工业	Processing of Food from Agricultural Products	1722.1	1608.5	34.4	7.4
食品制造业	Manufacture of Foods	496.8	390.1	39.7	3.8
酒、饮料和精制茶制造业	Manufacture of Wine, Drinks and Refined Tea	150.0	118.4	11.6	1.2
烟草制品业	Manufacture of Tobacco				
纺织业	Manufacture of Textile	202.0	171.5	9.2	3.6
纺织服装、服饰业	Manufacture of Textile,Wearing Apparel and Finery	128.2	111.4	4.7	2.9

14−3 续表 3 continued

单位：亿元 (100 million yuan)

类　别	Category	营业收入 Business Revenue	营业成本 Business Cost	利润总额 Total Profits	平均用工人数(万人) Annual Average of Employed Persons (10 000 person)
皮革、毛皮、羽毛及其制品和制鞋业	Manufacture of Leather, Fur, Feather & Its Products and Footwear	35.0	32.2	-0.3	0.9
木材加工及木 竹、藤、棕、草制品业	Processing of Timbers, Manufacture of Wood, Bamboo, Rattan, Palm and Straw Products	24.6	22.0	0.4	0.3
家具制造业	Manufacture of Furniture	24.4	20.9	0.1	0.6
造纸及纸制品业	Manufacture of Paper and Paper Products	529.5	462.1	25.8	2.0
印刷和记录媒介复制业	Printing, Reproduction of Recording Media	32.4	26.5	2.4	0.4
文教、工美、体育和娱乐用品制造业	Manufacture of Culture, Education,Arts and Crafts, Sport and Entertainment Goods	84.4	67.0	4.9	1.7
石油、煤炭及其他燃料加工业	Processing of Oil, Coal and Other Fuel	29.9	26.4	0.6	0.1
化学原料和化学制品制造业	Manufacture of Chemical Raw Material and Chemical Products	1054.6	903.4	69.0	3.1
医药制造业	Manufacture of Medicines	907.2	663.8	146.6	4.3
化学纤维制造业	Manufacture of Chemical Fiber	39.8	22.0	15.0	0.2
橡胶和塑料制品业	Manufacture of Rubber and Plastic	501.1	392.3	67.6	3.9
非金属矿物制品业	Manufacture of Non-metallic Mineral Products	296.3	245.0	16.9	2.5
黑色金属冶炼及压延加工业	Manufacture and Processing of Ferrous Metals	1360.1	1311.3	13.7	2.0
有色金属冶炼及压延加工业	Manufacture & Processing of Non-ferrous Metals	797.6	707.9	51.2	1.2
金属制品业	Manufacture of Metal Products	387.2	334.7	17.1	3.3
通用设备制造业	Manufacture of General Purpose Machinery	615.9	485.4	49.3	4.1
专用设备制造业	Manufacture of Special Purpose Machinery	766.9	583.2	57.1	5.8
汽车制造业	Manufacture of Automobiles	2166.9	1859.8	185.5	9.0
铁路、船舶、航空航天和其他运输设备制造业	Manufacture of Railroad,Marine,Aerospace and Other Transportation Equipment	192.8	157.1	18.6	2.0
电气机械及器材制造业	Manufacture of Electrical Machinery & Equipment	591.2	459.3	73.8	3.0
计算机、通信和其他电子设备制造业	Manufacture of Computer, Communications and Other Electronic Equipment	1873.6	1732.8	65.5	11.1
仪器仪表制造业	Manufacture of Measuring Instrument	87.8	59.6	11.3	0.6
其他制造业	Other Manufacture	12.5	10.6	0.4	0.3
废弃资源综合利用业	Comprehensive Utilization of Waste	5.3	4.6	0.0	0.1
金属制品、机械和设备修理业	Metal Products, Machinery and Equipment Repair Industry	11.2	7.5	1.2	0.2
电力、热力的生产和供应业	Production and Supply of Electricity Power and Heat Power	480.5	407.0	83.9	1.6
燃气生产和供应业	Production and Supply of Gas	403.8	360.0	23.0	1.2
水的生产和供应业	Production and Supply of Water	37.2	22.6	10.0	0.3

14-4 规模以上非公有制工业企业主要经济指标(2023年)

Main Economic Indicators of Non-public Industrial Enterprises above Designated Size(2023)

单位:亿元 (100 million yuan)

类别	Category	企业单位数(个) Number of Enterprises (unit)	资产总计 Total Assets	流动资产合计 Total Current Assets	负债合计 Total Liabilities
总 计	**Total**	**36830**	**82864.9**	**49889.1**	**49644.9**
一、按轻重工业分	**by Light & Heavy Industry**				
轻工业	Light Industry	13401	21492.4	12550.1	12089.8
重工业	Heavy Industry	23429	61372.5	37339.0	37555.2
二、按企业规模分	**by Enterprise Size**				
大型企业	Large-sized Enterprises	487	27734.2	15985.8	14906.5
中型企业	Medium-sized Enterprises	2262	22163.7	13408.6	13704.2
小微企业	Small-sized and Micro-sized Enterprises	34081	32967.0	20494.7	21034.3
三、按工业门类分	**by Industries**				
采矿业	Mining	242	751.8	388.1	530.3
制造业	Manufacturing	35563	75061.0	46340.3	44448.0
电力、热力、燃气及水的生产和供应业	Production and Supply of Electricity,Heat, Gas and Water	1025	7052.1	3160.8	4666.6
四、按行业大类分	**by Sector**				
煤炭开采和洗选业	Mining and Washing of Coal	48	158.9	88.1	106.7
石油和天然气开采业	Extraction of Petroleum and Natural Gas				
黑色金属矿采选业	Mining of Ferrous Metal Ores	57	266.7	146.7	230.9
有色金属矿采选业	Mining of Non-ferrous Metal Ores	19	65.1	33.5	42.0
非金属矿采选业	Mining and Processing of Nonmetal Ores	104	226.0	103.7	127.9
开采专业及辅助性活动	Mining Specialties and Auxiliary Activities	10	16.5	9.4	10.6
其他采矿业	Mining of Other Ores				
农副食品加工业	Processing of Food from Agricultural Products	3362	4844.4	3242.5	3249.6
食品制造业	Manufacture of Foods	1043	1857.7	1108.2	1061.0
酒、饮料和精制茶制造业	Manufacture of Wine, Drinks and Refined Tea	192	458.5	275.5	291.1
烟草制品业	Manufacture of Tobacco				
纺织业	Manufacture of Textile	1914	2301.4	1347.2	1240.8
纺织服装、服饰业	Manufacture of Textile,Wearing Apparel and Finery	818	869.3	414.4	508.3

14-4 续表 1 continued

单位:亿元 (100 million yuan)

类　别	Category	企业单位数(个) Number of Enterprises (unit)	资产总计 Total Assets	流动资产合计 Total Current Assets	负债合计 Total Liabilities
皮革、毛皮、羽毛及其制品和制鞋业	Manufacture of Leather, Fur, Feather & Its Products and Footwear	252	213.5	143.2	144.5
木材加工及木竹、藤、棕、草制品业	Processing of Timbers, Manufacture of Wood, Bamboo, Rattan, Palm and Straw Products	2632	1001.6	513.8	585.5
家具制造业	Manufacture of Furniture	395	252.1	146.3	158.4
造纸及纸制品业	Manufacture of Paper and Paper Products	665	2079.7	946.9	1233.6
印刷和记录媒介复制业	Printing, Reproduction of Recording Media	340	255.3	149.0	145.0
文教、工美、体育和娱乐用品制造业	Manufacture of Culture, Education,Arts and Crafts, Sport and Entertainment Goods	742	652.8	422.8	332.1
石油、煤炭及其他燃料加工业	Processing of Oil, Coal and Other Fuel	250	4855.5	3396.3	4219.0
化学原料和化学制品制造业	Manufacture of Chemical Raw Material and Chemical Products	2700	10557.1	5727.9	5951.8
医药制造业	Manufacture of Medicines	714	3766.0	2087.4	1583.8
化学纤维制造业	Manufacture of Chemical Fiber	102	249.2	128.4	138.8
橡胶和塑料制品业	Manufacture of Rubber and Plastic	1854	3378.4	2107.0	1918.8
非金属矿物制品业	Manufacture of Non-metallic Mineral Products	4071	5427.9	3516.9	3326.4
黑色金属冶炼及压延加工业	Manufacture and Processing of Ferrous Metals	447	4507.3	2781.1	3008.7
有色金属冶炼及压延加工业	Manufacture & Processing of Non-ferrous Metals	619	4216.5	2435.7	2270.2
金属制品业	Manufacture of Metal Products	2696	3179.9	2062.9	1994.5
通用设备制造业	Manufacture of General Purpose Machinery	2672	3429.0	2328.7	1900.0
专用设备制造业	Manufacture of Special Purpose Machinery	2326	4241.4	2920.3	2127.4
汽车制造业	Manufacture of Automobiles	1480	4108.5	2681.9	2451.3
铁路、船舶、航空航天和其他运输设备制造业	Manufacture of Railroad,Marine,Aerospace and Other Transportation Equipment	334	532.9	354.4	291.7
电气机械及器材制造业	Manufacture of Electrical Machinery & Equipment	1333	3145.2	2142.4	1914.9
计算机、通信和其他电子设备制造业	Manufacture of Computer, Communications and Other Electronic Equipment	941	3829.0	2393.0	1951.3
仪器仪表制造业	Manufacture of Measuring Instrument	402	515.8	366.6	227.0
其他制造业	Other Manufacture	60	66.0	46.6	41.4
废弃资源综合利用业	Comprehensive Utilization of Waste	163	192.1	100.9	124.3
金属制品、机械和设备修理业	Metal Products, Machinery and Equipment Repair Industry	43	76.9	51.9	56.7
电力、热力的生产和供应业	Production and Supply of Electricity Power and Heat Power	603	6010.4	2681.1	4030.6
燃气生产和供应业	Production and Supply of Gas	269	616.1	317.6	388.0
水的生产和供应业	Production and Supply of Water	153	425.6	162.1	248.1

14-4　续表 2 continued

单位:亿元　(100 million yuan)

类　别	Category	营业收入 Business Revenue	营业成本 Business Cost	利润总额 Total Profits	平均用工人数(万人) Annual Average of Employed Persons (10 000 person)
总　计	**Total**	**83774.6**	**72779.9**	**4105.9**	**468.0**
一、按轻重工业分	**by Light & Heavy Industry**				
轻工业	Light Industry	23132.8	19779.3	1208.2	191.6
重工业	Heavy Industry	60641.8	53000.7	2897.7	276.4
二、按企业规模分	**by Enterprise Size**				
大型企业	Large-sized Enterprises	28331.1	24690.2	1537.8	109.7
中型企业	Medium-sized Enterprises	22090.1	19131.5	1089.6	120.5
小微企业	Small-sized and Micro-sized Enterprises	33353.3	28958.3	1478.5	237.8
三、按工业门类分	**by Industries**				
采矿业	Mining	586.0	486.7	35.8	3.4
制造业	Manufacturing	79627.5	69138.7	3762.2	456.5
电力、热力、燃气及水的生产和供应业	Production and Supply of Electricity,Heat, Gas and Water	3561.1	3154.5	307.8	8.1
四、按行业大类分	**by Sector**				
煤炭开采和洗选业	Mining and Washing of Coal	151.2	133.6	2.1	0.9
石油和天然气开采业	Extraction of Petroleum and Natural Gas				
黑色金属矿采选业	Mining of Ferrous Metal Ores	265.3	222.9	17.9	1.0
有色金属矿采选业	Mining of Non-ferrous Metal Ores	66.2	54.7	6.3	0.3
非金属矿采选业	Mining and Processing of Nonmetal Ores	77.6	56.9	5.7	1.0
开采专业及辅助性活动	Mining Specialties and Auxiliary Activities	16.7	14.1	1.1	0.2
其他采矿业	Mining of Other Ores				
农副食品加工业	Processing of Food from Agricultural Products	9103.9	8497.5	214.1	49.0
食品制造业	Manufacture of Foods	1843.3	1505.6	129.3	16.1
酒、饮料和精制茶制造业	Manufacture of Wine, Drinks and Refined Tea	295.1	215.5	20.5	2.9
烟草制品业	Manufacture of Tobacco				
纺织业	Manufacture of Textile	2211.4	1983.1	75.1	28.6
纺织服装、服饰业	Manufacture of Textile,Wearing Apparel and Finery	597.5	509.2	41.9	14.4

14-4 续表 3 continued

单位:亿元 (100 million yuan)

类 别	Category	营业收入 Business Revenue	营业成本 Business Cost	利润总额 Total Profits	平均用工人数（万人） Annual Average of Employed Persons (10 000 person)
皮革、毛皮、羽毛及其制品和制鞋业	Manufacture of Leather, Fur, Feather & Its Products and Footwear	252.4	222.8	8.0	3.8
木材加工及木 竹、藤、棕、草制品业	Processing of Timbers, Manufacture of Wood, Bamboo, Rattan, Palm and Straw Products	2051.5	1856.7	102.7	15.6
家具制造业	Manufacture of Furniture	300.5	250.2	17.4	4.2
造纸及纸制品业	Manufacture of Paper and Paper Products	1795.8	1593.3	69.1	9.3
印刷和记录媒介复制业	Printing, Reproduction of Recording Media	265.8	222.6	14.0	3.1
文教、工美、体育和娱乐用品制造业	Manufacture of Culture, Education,Arts and Crafts, Sport and Entertainment Goods	723.6	585.5	54.2	8.6
石油、煤炭及其他燃料加工业	Processing of Oil, Coal and Other Fuel	8357.9	7216.2	103.6	5.9
化学原料和化学制品制造业	Manufacture of Chemical Raw Material and Chemical Products	10276.7	8929.2	530.1	33.5
医药制造业	Manufacture of Medicines	2535.3	1625.8	339.2	18.8
化学纤维制造业	Manufacture of Chemical Fiber	157.8	123.0	19.5	1.2
橡胶和塑料制品业	Manufacture of Rubber and Plastic	2822.6	2332.5	242.7	24.2
非金属矿物制品业	Manufacture of Non-metallic Mineral Products	3891.9	3300.2	185.9	28.9
黑色金属冶炼及压延加工业	Manufacture and Processing of Ferrous Metals	5725.1	5416.9	113.1	10.0
有色金属冶炼及压延加工业	Manufacture & Processing of Non-ferrous Metals	5777.1	5381.4	319.6	11.0
金属制品业	Manufacture of Metal Products	3442.0	3016.6	137.5	25.9
通用设备制造业	Manufacture of General Purpose Machinery	2735.2	2192.8	180.1	29.5
专用设备制造业	Manufacture of Special Purpose Machinery	2810.6	2156.8	243.8	27.5
汽车制造业	Manufacture of Automobiles	3791.5	3267.6	223.4	28.9
铁路、船舶、航空航天和其他运输设备制造业	Manufacture of Railroad,Marine,Aerospace and Other Transportation Equipment	337.8	273.1	21.6	5.1
电气机械及器材制造业	Manufacture of Electrical Machinery & Equipment	2699.6	2225.5	143.6	16.4
计算机、通信和其他电子设备制造业	Manufacture of Computer, Communications and Other Electronic Equipment	4158.1	3722.2	160.0	27.4
仪器仪表制造业	Manufacture of Measuring Instrument	362.7	248.0	40.1	4.4
其他制造业	Other Manufacture	64.1	53.2	3.7	0.6
废弃资源综合利用业	Comprehensive Utilization of Waste	197.9	180.4	5.4	0.8
金属制品、机械和设备修理业	Metal Products, Machinery and Equipment Repair Industry	42.9	35.2	3.1	0.8
电力、热力的生产和供应业	Production and Supply of Electricity Power and Heat Power	2729.3	2440.0	241.4	5.5
燃气生产和供应业	Production and Supply of Gas	719.2	639.7	42.4	1.7
水的生产和供应业	Production and Supply of Water	112.7	74.8	24.0	0.9

14—5 规模以上工业企业主要财务分析指标(2023年)

Main Financial Indicators of Industrial Enterprises above Designated Size(2023)

类 别	Category	资产负债率(%) Assets-Liability Ratio (%)	成本费用利润率(%) Ratio of Profits to Cost (%)	流动资产周转率(次) Ratio of Turnover Working Capitals (time)
总 计	**Total**	**61.3**	**5.4**	**1.7**
在总计中:国有控股企业	of which:State-holding Enterprises	64.8	6.1	1.7
一、按登记注册统计类别分	**by status of Regisstrated Statistics Category**			
内资企业	**Domestic Invested Enterprises**	**63.0**	**4.9**	**1.7**
有限责任公司	Limited Liability Corporations	66.5	4.3	1.8
股份有限公司	Share-holding Corporations Ltd.	50.6	8.1	1.4
非公司企业法人	Non Corporate Legal Entity	58.9	8.6	1.5
其中：国有企业	State-owned Enterprise	55.1	9.3	1.6
集体企业	Collective-owned Enterprise	71.5	7.4	1.5
个人独资企业	Individual Sole-Proprietorship Enterprises	67.8	3.0	4.0
合伙企业	Partnership Enterprises	79.4	2.2	2.6
港澳台投资企业	**Enterprises with Funds from Hong Kong, Macao and Taiwan**	**56.6**	**10.8**	**1.3**
外商投资企业	**Foreign Invested Enterprises**	**47.1**	**6.7**	**1.6**
其他统计类别	**Other Statistical Categories**	**91.9**	**1.6**	**5.0**
二、按轻重工业分	**by Light & Heavy Industry**			
轻工业	Light Industry	55.1	6.0	1.8
重工业	Heavy Industry	62.8	5.3	1.6
三、按企业规模分	**by Enterprise Size**			
大型企业	Large-sized Enterprises	57.0	6.6	1.8
中型企业	Medium-sized Enterprises	63.2	4.9	1.7
小微企业	Small-sized and Micro-sized Enterprises	65.6	4.5	1.5
四、按工业门类分	**by Industries**			
采矿业	Mining	70.1	24.1	1.2
制造业	Manufacturing	59.5	4.9	1.7
电力、热力、燃气及水的生产和供应业	Production and Supply of Electricity,Heat, Gas and Water	66.2	5.2	1.5
五、按行业大类分	**by Sector**			
煤炭开采和洗选业	Mining and Washing of Coal	71.7	32.6	0.7
石油和天然气开采业	Extraction of Petroleum and Natural Gas	65.4	21.6	8.1
黑色金属矿采选业	Mining of Ferrous Metal Ores	69.6	11.7	1.7
有色金属矿采选业	Mining of Non-ferrous Metal Ores	70.5	32.8	0.9
非金属矿采选业	Mining and Processing of Nonmetal Ores	68.4	11.6	0.5
开采专业及辅助性活动	Mining Specialties and Auxiliary Activities	92.7	1.6	2.8
其他采矿业	Mining of Other Ores			
农副食品加工业	Processing of Food from Agricultural Products	67.5	2.3	2.8
食品制造业	Manufacture of Foods	56.2	7.9	1.7
酒、饮料和精制茶制造业	Manufacture of Wine, Drinks and Refined Tea	52.4	9.5	1.2
烟草制品业	Manufacture of Tobacco	28.1	26.9	2.1
纺织业	Manufacture of Textile	54.3	3.5	1.6
纺织服装、服饰业	Manufacture of Textile,Wearing Apparel and Finery	58.1	7.4	1.4

14-5 续表 continued

类　　别	Category	资　产负债率(%) Assets-Liability Ratio (%)	成本费用利润率(%) Ratio of Profits to Cost (%)	流动资产周转率(次) Ratio of Turnover Working Capitals (time)
皮革、毛皮、羽毛及其制品和制鞋业	Manufacture of Leather, Fur, Feather & Its Products and Footwear	67.8	3.2	1.8
木材加工及木 竹、藤、棕、草制品业	Processing of Timbers, Manufacture of Wood, Bamboo, Rattan, Palm and Straw Products	58.8	5.2	3.9
家具制造业	Manufacture of Furniture	63.6	5.6	2.0
造纸及纸制品业	Manufacture of Paper and Paper Products	62.4	3.6	1.7
印刷和记录媒介复制业	Printing, Reproduction of Recording Media	56.8	5.3	1.7
文教、工美、体育和娱乐用品制造业	Manufacture of Culture, Education,Arts and Crafts, Sport and Entertainment Goods	52.3	8.2	1.7
石油、煤炭及其他燃料加工业	Processing of Oil, Coal and Other Fuel	83.0	1.4	2.9
化学原料和化学制品制造业	Manufacture of Chemical Raw Material and Chemical Products	56.8	6.1	1.9
医药制造业	Manufacture of Medicines	41.2	16.0	1.2
化学纤维制造业	Manufacture of Chemical Fiber	49.6	12.1	1.1
橡胶和塑料制品业	Manufacture of Rubber and Plastic	56.4	8.9	1.3
非金属矿物制品业	Manufacture of Non-metallic Mineral Products	62.3	5.4	1.0
黑色金属冶炼及压延加工业	Manufacture and Processing of Ferrous Metals	65.5	1.5	2.4
有色金属冶炼及压延加工业	Manufacture & Processing of Non-ferrous Metals	55.2	4.8	2.3
金属制品业	Manufacture of Metal Products	63.3	4.1	1.6
通用设备制造业	Manufacture of General Purpose Machinery	52.3	8.3	1.1
专用设备制造业	Manufacture of Special Purpose Machinery	54.5	8.3	0.9
汽车制造业	Manufacture of Automobiles	61.5	5.6	1.5
铁路、船舶、航空航天和其他运输设备制造业	Manufacture of Railroad,Marine,Aerospace and Other Transportation Equipment	61.6	6.8	0.8
电气机械及器材制造业	Manufacture of Electrical Machinery & Equipment	59.4	6.5	1.3
计算机、通信和其他电子设备制造业	Manufacture of Computer, Communications and Other Electronic Equipment	55.9	3.1	1.6
仪器仪表制造业	Manufacture of Measuring Instrument	44.5	12.6	0.9
其他制造业	Other Manufacture	61.1	6.3	1.3
废弃资源综合利用业	Comprehensive Utilization of Waste	66.7	2.6	2.1
金属制品、机械和设备修理业	Metal Products, Machinery and Equipment Repair Industry	77.1	4.6	0.7
电力、热力的生产和供应业	Production and Supply of Electricity Power and Heat Power	67.4	5.0	1.6
燃气生产和供应业	Production and Supply of Gas	61.8	5.0	2.6
水的生产和供应业	Production and Supply of Water	59.4	11.8	0.5

14-6 规模以上国有控股工业企业主要财务分析指标(2023年)
Main Financial Indicators of State-holding Industrial Enterprises above Designated Size(2023)

类 别	Category	资产负债率(%) Assets-Liability Ratio (%)	成本费用利润率(%) Ratio of Profits to Cost (%)	流动资产周转率(次) Ratio of Turnover Working Capitals (time)
总 计	**Total**	**64.8**	**6.1**	**1.7**
一、按隶属关系分	**by Type of Ownership**			
中央企业	Central Enterprises	60.5	4.7	3.1
地方企业	Local Enterprises	66.8	7.0	1.3
二、按轻重工业分	**by Light & Heavy Industry**			
轻工业	Light Industry	46.9	11.7	1.4
重工业	Heavy Industry	66.1	5.7	1.7
三、按企业规模分	**by Enterprise Size**			
大型企业	Large-sized Enterprises	60.8	7.8	1.9
中型企业	Medium-sized Enterprises	69.2	3.3	1.8
小微企业	Small-sized and Micro-sized Enterprises	72.8	3.1	1.0
四、按工业门类分	**by Industries**			
采矿业	Mining	70.5	28.9	1.1
制造业	Manufacturing	61.9	4.6	1.7
电力、热力、燃气及水的生产和供应业	Production and Supply of Electricity,Heat, Gas and Water	66.0	3.0	1.9
五、按行业大类分	**by Sector**			
煤炭开采和洗选业	Mining and Washing of Coal	71.8	38.0	0.7
石油和天然气开采业	Extraction of Petroleum and Natural Gas	66.5	20.8	9.4
黑色金属矿采选业	Mining of Ferrous Metal Ores	49.0	30.7	1.4
有色金属矿采选业	Mining of Non-ferrous Metal Ores	70.6	41.6	0.8
非金属矿采选业	Mining and Processing of Nonmetal Ores	82.0	15.8	0.3
开采专业及辅助性活动	Mining Specialties and Auxiliary Activities			
其他采矿业	Mining of Other Ores			
农副食品加工业	Processing of Food from Agricultural Products	73.6	0.4	4.1
食品制造业	Manufacture of Foods	37.7	13.6	1.4
酒、饮料和精制茶制造业	Manufacture of Wine, Drinks and Refined Tea	46.4	11.1	1.5
烟草制品业	Manufacture of Tobacco	28.1	27.0	2.1
纺织业	Manufacture of Textile	37.4	11.6	1.2
纺织服装、服饰业	Manufacture of Textile,Wearing Apparel and Finery	54.6	7.1	0.6

14-6 续表 continued

类　　别	Category	资　产 负债率 (%) Assets-Liability Ratio (%)	成本费用 利 润 率 (%) Ratio of Profits to Cost (%)	流动资产 周 转 率 (次) Ratio of Turnover Working Capitals (time)
皮革、毛皮、羽毛及其制品和制鞋业	Manufacture of Leather, Fur, Feather & Its Products and Footwear			
木材加工及木 竹、藤、棕、草制品业	Processing of Timbers, Manufacture of Wood, Bamboo, Rattan, Palm and Straw Products	83.6	-17.5	0.6
家具制造业	Manufacture of Furniture			
造纸及纸制品业	Manufacture of Paper and Paper Products	77.3	-2.0	0.7
印刷和记录媒介复制业	Printing, Reproduction of Recording Media	55.3	4.2	1.2
文教、工美、体育和娱乐用品制造业	Manufacture of Culture, Education,Arts and Crafts, Sport and Entertainment Goods			
石油、煤炭及其他燃料加工业	Processing of Oil, Coal and Other Fuel	73.5	1.0	4.6
化学原料和化学制品制造业	Manufacture of Chemical Raw Material and Chemical Products	57.5	8.4	2.4
医药制造业	Manufacture of Medicines	35.0	21.6	0.9
化学纤维制造业	Manufacture of Chemical Fiber	41.7	9.8	0.8
橡胶和塑料制品业	Manufacture of Rubber and Plastic	56.6	5.0	1.2
非金属矿物制品业	Manufacture of Non-metallic Mineral Products	68.7	7.9	0.8
黑色金属冶炼及压延加工业	Manufacture and Processing of Ferrous Metals	62.1	0.1	4.7
有色金属冶炼及压延加工业	Manufacture & Processing of Non-ferrous Metals	92.4	-0.4	2.6
金属制品业	Manufacture of Metal Products	67.6	3.0	1.5
通用设备制造业	Manufacture of General Purpose Machinery	46.5	12.1	0.8
专用设备制造业	Manufacture of Special Purpose Machinery	70.7	2.6	0.8
汽车制造业	Manufacture of Automobiles	69.5	4.6	1.9
铁路、船舶、航空航天和其他运输设备制造业	Manufacture of Railroad,Marine,Aerospace and Other Transportation Equipment	64.2	6.9	0.8
电气机械及器材制造业	Manufacture of Electrical Machinery & Equipment	57.8	8.9	1.2
计算机、通信和其他电子设备制造业	Manufacture of Computer, Communications and Other Electronic Equipment	64.9	0.9	1.3
仪器仪表制造业	Manufacture of Measuring Instrument	46.3	14.7	0.7
其他制造业	Other Manufacture			
废弃资源综合利用业	Comprehensive Utilization of Waste	74.4	2.3	2.4
金属制品、机械和设备修理业	Metal Products, Machinery and Equipment Repair Industry	78.6	2.8	0.7
电力、热力的生产和供应业	Production and Supply of Electricity Power and Heat Power	67.4	2.9	2.2
燃气生产和供应业	Production and Supply of Gas	60.7	3.7	3.0
水的生产和供应业	Production and Supply of Water	59.6	5.2	0.4

14-7 规模以上非公有制工业企业主要财务分析指标(2023年)
Main Financial Indicators of Non-public Industrial Enterprises above Designated Size(2023)

类　别	Category	资产负债率(%) Assets-Liability Ratio (%)	成本费用利润率(%) Ratio of Profits to Cost (%)	流动资产周转率(次) Ratio of Turnover Working Capitals (time)
总　计	**Total**	**59.9**	**5.2**	**1.7**
一、按轻重工业分	**by Light & Heavy Industry**			
轻工业	Light Industry	56.3	5.5	1.8
重工业	Heavy Industry	61.2	5.1	1.6
二、按企业规模分	**by Enterprise Size**			
大型企业	Large-sized Enterprises	53.8	5.8	1.8
中型企业	Medium-sized Enterprises	61.8	5.3	1.7
小微企业	Small-sized and Micro-sized Enterprises	63.8	4.6	1.6
三、按工业门类分	**by Industries**			
采矿业	Mining	70.5	6.7	1.5
制造业	Manufacturing	59.2	5.0	1.7
电力、热力、燃气及水的生产和供应业	Production and Supply of Electricity,Heat, Gas and Water	66.2	9.2	1.1
四、按行业大类分	**by Sector**			
煤炭开采和洗选业	Mining and Washing of Coal	67.1	1.4	1.7
石油和天然气开采业	Extraction of Petroleum and Natural Gas			
黑色金属矿采选业	Mining of Ferrous Metal Ores	86.6	7.5	1.8
有色金属矿采选业	Mining of Non-ferrous Metal Ores	64.5	10.8	2.0
非金属矿采选业	Mining and Processing of Nonmetal Ores	56.6	8.3	0.8
开采专业及辅助性活动	Mining Specialties and Auxiliary Activities	64.2	7.0	1.8
其他采矿业	Mining of Other Ores			
农副食品加工业	Processing of Food from Agricultural Products	67.1	2.4	2.8
食品制造业	Manufacture of Foods	57.1	7.5	1.7
酒、饮料和精制茶制造业	Manufacture of Wine, Drinks and Refined Tea	63.5	8.0	1.1
烟草制品业	Manufacture of Tobacco			
纺织业	Manufacture of Textile	53.9	3.5	1.6
纺织服装、服饰业	Manufacture of Textile,Wearing Apparel and Finery	58.5	7.4	1.4

14-7 续表 continued

类 别	Category	资产负债率 (%) Assets-Liability Ratio (%)	成本费用利润率 (%) Ratio of Profits to Cost (%)	流动资产周转率 (次) Ratio of Turnover Working Capitals (time)
皮革、毛皮、羽毛及其制品和制鞋业	Manufacture of Leather, Fur, Feather & Its Products and Footwear	67.7	3.3	1.8
木材加工及木 竹、藤、棕、草制品业	Processing of Timbers, Manufacture of Wood, Bamboo, Rattan, Palm and Straw Products	58.5	5.3	4.0
家具制造业	Manufacture of Furniture	62.8	6.2	2.1
造纸及纸制品业	Manufacture of Paper and Paper Products	59.3	4.0	1.9
印刷和记录媒介复制业	Printing, Reproduction of Recording Media	56.8	5.5	1.8
文教、工美、体育和娱乐用品制造业	Manufacture of Culture, Education,Arts and Crafts, Sport and Entertainment Goods	50.9	8.1	1.7
石油、煤炭及其他燃料加工业	Processing of Oil, Coal and Other Fuel	86.9	1.4	2.5
化学原料和化学制品制造业	Manufacture of Chemical Raw Material and Chemical Products	56.4	5.5	1.8
医药制造业	Manufacture of Medicines	42.1	15.4	1.2
化学纤维制造业	Manufacture of Chemical Fiber	55.7	14.2	1.2
橡胶和塑料制品业	Manufacture of Rubber and Plastic	56.8	9.3	1.3
非金属矿物制品业	Manufacture of Non-metallic Mineral Products	61.3	5.0	1.1
黑色金属冶炼及压延加工业	Manufacture and Processing of Ferrous Metals	66.8	2.0	2.1
有色金属冶炼及压延加工业	Manufacture & Processing of Non-ferrous Metals	53.8	5.8	2.4
金属制品业	Manufacture of Metal Products	62.7	4.2	1.7
通用设备制造业	Manufacture of General Purpose Machinery	55.4	7.0	1.2
专用设备制造业	Manufacture of Special Purpose Machinery	50.2	9.5	1.0
汽车制造业	Manufacture of Automobiles	59.7	6.2	1.4
铁路、船舶、航空航天和其他运输设备制造业	Manufacture of Railroad,Marine,Aerospace and Other Transportation Equipment	54.7	6.8	1.0
电气机械及器材制造业	Manufacture of Electrical Machinery & Equipment	60.9	5.6	1.3
计算机、通信和其他电子设备制造业	Manufacture of Computer, Communications and Other Electronic Equipment	51.0	4.0	1.7
仪器仪表制造业	Manufacture of Measuring Instrument	44.0	12.2	1.0
其他制造业	Other Manufacture	62.7	6.2	1.4
废弃资源综合利用业	Comprehensive Utilization of Waste	64.7	2.8	2.0
金属制品、机械和设备修理业	Metal Products, Machinery and Equipment Repair Industry	73.8	7.6	0.8
电力、热力的生产和供应业	Production and Supply of Electricity Power and Heat Power	67.1	9.4	1.0
燃气生产和供应业	Production and Supply of Gas	63.0	6.2	2.3
水的生产和供应业	Production and Supply of Water	58.3	27.7	0.7

14−8　2009−2023年规模以上工业增加值
Value Added of Industry Enterprises above Designated Size From 2009 to 2023

类别	Category	2009	2010	2011	2012	2013	2014	2015	2016
		工业增加值比上年增长(%) Growth Rate(%)	工业增加值比上年增长(%) Growth Rate(%)	工业增加值比上年增长(%) Growth Rate(%)	工业增加值比上年增长(%) Growth Rate(%)	工业增加值比上年增长(%) Growth Rate(%)	工业增加值比上年增长(%) Growth Rate(%)	工业增加值比上年增长(%) Growth Rate(%)	工业增加值比上年增长(%) Growth Rate(%)
全省总计	**Total**	**14.9**	**15.0**	**14.0**	**11.4**	**11.3**	**9.6**	**7.5**	**6.8**
在总计中:轻工业	of which: Light Industry	12.1	12.9	11.9	11.2	10.2	8.5	7.4	5.5
重工业	Heavy Industry	16.2	16.1	15.1	11.5	11.8	10.1	7.5	7.5
在总计中:国有企业	of which: State-owned Enterprises	4.6	13.2	15.7	6.1	5.3	-0.2	-0.5	-2.6
集体企业	Collective-owned Enterprises	17.8	9.9	11.5	10.5	10.6	5.7	4.2	4.4
股份制企业	Cooperative Enterprises	16.0	15.6	14.6	12.3	12.3	10.3	7.8	7.4
外商及港澳台商投资企业	Enterprises with Funds from Foreign Countries,Hong Kong, Macao and Taiwan	11.0	14.1	11.1	7.8	10.3	9.0	7.5	5.6
在总计中:国有控股企业	of which: State-holding Enterprises	4.7	12.5	6.1	3.7	4.8	2.8	-1.9	4.5
在总计中:大中型工业企业	of which: Large and Medium-sized Enterprises	9.1	13.3	11.0	8.0	9.5	8.1	5.8	7.2

注:本表增幅按快报可比价计算。
a) Data in this table are calculated at constant prices of the express report.

14−8　续表 continued

类别	Category	2017	2018	2019	2020	2021	2022	2023
		工业增加值比上年增长(%) Growth Rate(%)	工业增加值比上年增长(%) Growth Rate(%)	工业增加值比上年增长(%) Growth Rate(%)	工业增加值比上年增长(%) Growth Rate(%)	工业增加值比上年增长(%) Growth Rate(%)	工业增加值比上年增长(%) Growth Rate(%)	工业增加值比上年增长(%) Growth Rate(%)
全省总计	**Total**	**6.9**	**5.2**	**1.2**	**5.0**	**9.6**	**5.1**	**7.1**
在总计中:轻工业	of which: Light Industry	6.9	0.5	-4.7	4.2	16.3	10.6	5.3
重工业	Heavy Industry	6.9	7.4	3.1	5.3	7.4	3.3	7.4
在总计中:国有企业	of which: State-owned Enterprises	8.5	13.6	7.4	2.5	11.8	18.9	2.2
集体企业	Collective-owned Enterprises	6.6	-7.7	-10.5	-11.3	-28.9	14.6	持平
股份制企业	Cooperative Enterprises	7.1	4.7	0.8	4.6	10.6	5.4	7.7
外商及港澳台商投资企业	Enterprises with Funds from Foreign Countries,Hong Kong, Macao and Taiwan	7.0	9.2	1.4	7.4	5.2	-1.9	4.9
在总计中:国有控股企业	of which: State-holding Enterprises	9.3	9.1	3.8	3.5	5.7	6.5	5.4
在总计中:大中型工业企业	of which: Large and Medium-sized Enterprises	7.8	7.3	-0.6	6.0	8.6	6.8	8.1

14—9 按行业分规模以上工业增加值构成
Its Composition of Industry Enterprises above Designated Size by Sector

类 别	Category	2022	
		增加值占规模以上工业比重(%) Composition (%)	工业增加值比上年增长(%) Growth Rate (%)
全省总计	**Total**	**100.0**	**5.1**
采矿业	**Mining**	**7.4**	**27.3**
煤炭开采和洗选业	Mining and Washing of Coal	3.3	18.2
石油和天然气开采业	Extraction of Petroleum and Natural Gas	1.5	-0.1
黑色金属矿采选业	Mining of Ferrous Metal Ores	1.0	37.2
有色金属矿采选业	Mining of Non-ferrous Metal Ores	0.7	121.1
非金属矿采选业	Mining and Processing of Nonmetal Ores	0.3	14.1
开采专业及辅助性活动	Mining Specialties and Auxiliary Activities	0.5	100.2
其他采矿业	Mining of Other Ores		87.7
制造业	**Manufacturing**	**83.1**	**2.9**
农副食品加工业	Processing of Food from Agricultural Products	4.1	3.8
食品制造业	Manufacture of Foods	2.1	14.8
酒、饮料和精制茶制造业	Manufacture of Wine, Drinks and Refined Tea	0.9	3.3
烟草制品业	Manufacture of Tobacco	1.5	8.0
纺织业	Manufacture of Textile	2.1	-7.0
纺织服装、服饰业	Manufacture of Textile, Wearing Apparel and Finery	0.7	-8.4
皮革、毛皮、羽毛及其制品和制鞋业	Manufacture of Leather, Fur, Feather & Its Products and Footwear	0.2	1.0
木材加工及木 竹、藤、棕、草制品业	Processing of Timbers, Manufacture of Wood, Bamboo, Rattan, Palm and Straw Products	1.3	6.7
家具制造业	Manufacture of Furniture	0.3	-1.6
造纸及纸制品业	Manufacture of Paper and Paper Products	1.5	2.1
印刷和记录媒介复制业	Printing, Reproduction of Recording Media	0.3	7.2
文教、工美、体育和娱乐用品制造业	Manufacture of Culture, Education,Arts and Crafts, Sport and Entertainment Goods	0.7	-5.0
石油、煤炭及其他燃料加工业	Processing of Oil, Coal and Other Fuel	8.6	-10.2
化学原料和化学制品制造业	Manufacture of Chemical Raw Material and Chemical Products	16.0	19.9
医药制造业	Manufacture of Medicines	4.5	10.7
化学纤维制造业	Manufacture of Chemical Fiber	0.2	-2.6
橡胶和塑料制品业	Manufacture of Rubber and Plastic	2.5	-1.2
非金属矿物制品业	Manufacture of Non-metallic Mineral Products	5.1	-5.7
黑色金属冶炼及压延加工业	Manufacture and Processing of Ferrous Metals	3.8	-0.6
有色金属冶炼及压延加工业	Manufacture & Processing of Non-ferrous Metals	4.9	3.0
金属制品业	Manufacture of Metal Products	3.0	-6.1
通用设备制造业	Manufacture of General Purpose Machinery	3.6	-5.9
专用设备制造业	Manufacture of Special Purpose Machinery	3.9	3.7
汽车制造业	Manufacture of Automobiles	3.5	-13.8
铁路、船舶、航空航天和其他运输设备制造业	Manufacture of Railroad,Marine,Aerospace and Other Transportation Equipment	1.0	1.1
电气机械及器材制造业	Manufacture of Electrical Machinery & Equipment	2.3	6.6
计算机、通信和其他电子设备制造业	Manufacture of Computer, Communications and Other Electronic Equipment	3.9	17.9
仪器仪表制造业	Manufacture of Measuring Instrument	0.4	5.2
其他制造业	Other Manufacture		4.3
废弃资源综合利用业	Comprehensive Utilization of Waste	0.2	4.1
金属制品、机械和设备修理业	Metal Products, Machinery and Equipment Repair Industry	0.2	25.4
电力、热力、燃气及水的生产和供应业	**Production and Supply of Electricity,Heat,Gas and Water**	**9.5**	**11.5**
电力、热力生产和供应业	Production and Supply of Electric Power and Heat Power	8.1	12.3
燃气生产和供应业	Production and Supply of Gas	0.9	6.2
水的生产和供应业	Production and Supply of Water	0.5	8.6

14-9　续表 continued

类　　别	Category	2023 增加值占规模以上工业比重(%) Composition (%)	2023 工业增加值比上年增长(%) Growth Rate (%)
全省总计	**Total**	**100.0**	**7.1**
采矿业	**Mining**	**6.9**	**6.6**
煤炭开采和洗选业	Mining and Washing of Coal	2.8	9.3
石油和天然气开采业	Extraction of Petroleum and Natural Gas	1.3	1.4
黑色金属矿采选业	Mining of Ferrous Metal Ores	1.1	13.0
有色金属矿采选业	Mining of Non-ferrous Metal Ores	1.0	23.9
非金属矿采选业	Mining and Processing of Nonmetal Ores	0.3	17.6
开采专业及辅助性活动	Mining Specialties and Auxiliary Activities	0.3	-29.2
其他采矿业	Mining of Other Ores		4.9
制造业	**Manufacturing**	**83.6**	**7.8**
农副食品加工业	Processing of Food from Agricultural Products	4.3	4.0
食品制造业	Manufacture of Foods	2.1	3.3
酒、饮料和精制茶制造业	Manufacture of Wine, Drinks and Refined Tea	0.9	-5.0
烟草制品业	Manufacture of Tobacco	1.6	4.9
纺织业	Manufacture of Textile	2.1	4.6
纺织服装、服饰业	Manufacture of Textile, Wearing Apparel and Finery	0.7	-20.7
皮革、毛皮、羽毛及其制品和制鞋业	Manufacture of Leather, Fur, Feather & Its Products and Footwear	0.3	-0.7
木材加工及木 竹、藤、棕、草制品业	Processing of Timbers, Manufacture of Wood, Bamboo, Rattan, Palm and Straw Products	1.5	12.1
家具制造业	Manufacture of Furniture	0.3	5.2
造纸及纸制品业	Manufacture of Paper and Paper Products	1.5	6.0
印刷和记录媒介复制业	Printing, Reproduction of Recording Media	0.3	-3.2
文教、工美、体育和娱乐用品制造业	Manufacture of Culture, Education,Arts and Crafts, Sport and Entertainment Goods	0.7	2.2
石油、煤炭及其他燃料加工业	Processing of Oil, Coal and Other Fuel	8.6	11.0
化学原料和化学制品制造业	Manufacture of Chemical Raw Material and Chemical Products	15.6	13.7
医药制造业	Manufacture of Medicines	4.4	5.7
化学纤维制造业	Manufacture of Chemical Fiber	0.2	10.6
橡胶和塑料制品业	Manufacture of Rubber and Plastic	2.7	11.5
非金属矿物制品业	Manufacture of Non-metallic Mineral Products	4.7	0.1
黑色金属冶炼及压延加工业	Manufacture and Processing of Ferrous Metals	3.5	3.5
有色金属冶炼及压延加工业	Manufacture & Processing of Non-ferrous Metals	4.8	-1.0
金属制品业	Manufacture of Metal Products	2.9	3.6
通用设备制造业	Manufacture of General Purpose Machinery	4.0	14.4
专用设备制造业	Manufacture of Special Purpose Machinery	3.7	3.3
汽车制造业	Manufacture of Automobiles	4.2	20.5
铁路、船舶、航空航天和其他运输设备制造业	Manufacture of Railroad,Marine,Aerospace and Other Transportation Equipment	1.1	11.7
电气机械及器材制造业	Manufacture of Electrical Machinery & Equipment	2.5	9.9
计算机、通信和其他电子设备制造业	Manufacture of Computer, Communications and Other Electronic Equipment	3.8	4.2
仪器仪表制造业	Manufacture of Measuring Instrument	0.5	8.6
其他制造业	Other Manufacture		0.1
废弃资源综合利用业	Comprehensive Utilization of Waste	0.2	-5.9
金属制品、机械和设备修理业	Metal Products, Machinery and Equipment Repair Industry	0.2	29.0
电力、热力、燃气及水的生产和供应业	**Production and Supply of Electricity,Heat,Gas and Water**	**9.5**	**0.9**
电力、热力生产和供应业	Production and Supply of Electric Power and Heat Power	8.0	1.5
燃气生产和供应业	Production and Supply of Gas	0.9	-4.5
水的生产和供应业	Production and Supply of Water	0.6	7.3

14-10 各市规模以上工业企业主要经济指标(2023年)
Main Economic Indicators of Industrial Enterprises above Designated Size by Region(2023)

单位:亿元 (100 million yuan)

地 区	Region	企业单位数(个) Number of Enterprises (unit)	资 产 总 计 Total Assets	流动资产合 计 Total Current Assets	负债合计 Total Liabilities	营业收入 Business Revenue	营业成本 Business Cost	利润总额 Total Profits	平均用工人数(万人) Annual Average of Employed Persons (10 000 person)
全省总计	**Total**	**39472**	**130627.9**	**69215.4**	**80091.9**	**115672.0**	**99695.0**	**5874.4**	**589.6**
济 南 市	Jinan	2811	11412.8	6832.0	7062.3	9613.3	8234.0	448.1	43.9
青 岛 市	Qingdao	4949	15641.4	9585.7	9139.8	13120.9	11045.8	685.0	71.4
淄 博 市	Zibo	2109	6697.0	3534.5	3977.6	6755.3	5723.2	286.2	31.9
枣 庄 市	Zaozhuang	1181	2863.4	1476.5	1778.3	1850.4	1580.9	96.0	15.4
东 营 市	Dongying	1048	10105.1	5062.0	7419.1	10233.4	8459.9	395.8	27.5
烟 台 市	Yantai	2966	13320.0	6441.5	7454.9	9910.7	8431.6	738.3	57.0
潍 坊 市	Weifang	4415	12678.2	7453.8	7919.8	12031.7	10431.1	475.6	70.3
济 宁 市	Jining	2452	8031.2	3695.6	5084.9	4962.6	4080.0	463.1	38.9
泰 安 市	Tai'an	1573	4697.6	2666.6	3201.2	3069.1	2579.8	162.3	22.4
威 海 市	Weihai	1402	4102.6	2467.3	2128.3	2736.0	2252.3	209.5	26.0
日 照 市	Rizhao	1044	4664.9	2499.9	3154.6	4815.6	4501.2	88.1	13.9
临 沂 市	Linyi	4699	7493.1	3900.1	4755.2	7963.8	7085.5	259.7	53.5
德 州 市	Dezhou	2245	4630.6	2200.4	2516.5	3806.5	3230.1	229.8	26.9
聊 城 市	Liaocheng	1917	4825.8	2892.2	3072.9	4623.7	4104.5	229.4	21.8
滨 州 市	Binzhou	1896	10209.8	5774.3	6451.8	9654.7	8915.6	432.4	30.0
菏 泽 市	Heze	2761	4402.6	2077.2	2371.9	6642.0	5615.0	566.9	28.0

14-11 各市规模以上国有控股工业企业主要经济指标(2023年)
Main Economic Indicators of State-holding Industrial Enterprises above Designated Size by Region(2023)

单位:亿元 (100 million yuan)

地 区	Region	企业单位数(个) Number of Enterprises (unit)	资产总计 Total Assets	流动资产合计 Total Current Assets	负债合计 Total Liabilities	营业收入 Business Revenue	营业成本 Business Cost	利润总额 Total Profits	平均用工人数(万人) Annual Average of Employed Persons (10 000 person)
全省总计	**Total**	**2234**	**44076.6**	**17192.6**	**28548.9**	**28417.8**	**24040.3**	**1582.1**	**105.4**
济南市	Jinan	307	4125.0	2194.6	2786.1	3877.8	3492.7	96.9	10.7
青岛市	Qingdao	256	6303.6	3209.5	3927.0	4158.7	3548.5	189.6	12.6
淄博市	Zibo	126	1748.8	667.9	934.9	1720.0	1438.4	35.3	6.7
枣庄市	Zaozhuang	131	1360.5	677.2	912.1	562.8	452.6	46.3	4.9
东营市	Dongying	82	2965.5	504.0	2245.3	2291.8	1678.4	131.6	9.6
烟台市	Yantai	204	5855.7	1918.2	3754.1	3559.6	3011.4	344.3	10.2
潍坊市	Weifang	165	3462.8	1815.6	2119.5	1996.9	1662.3	108.8	7.0
济宁市	Jining	188	4016.4	1558.3	2896.3	1580.7	1209.2	291.1	12.2
泰安市	Tai'an	130	1912.2	938.2	1467.3	659.9	554.0	35.6	5.2
威海市	Weihai	74	820.2	390.1	564.1	241.6	194.8	20.3	1.6
日照市	Rizhao	62	981.6	342.0	704.6	791.9	746.9	1.1	1.4
临沂市	Linyi	129	1394.0	454.2	865.2	735.9	668.9	3.3	3.3
德州市	Dezhou	97	1118.8	323.6	519.1	606.4	503.7	53.0	2.4
聊城市	Liaocheng	88	1337.6	709.8	997.0	922.3	813.0	30.4	3.0
滨州市	Binzhou	95	771.7	348.1	537.0	425.5	362.1	11.5	1.4
菏泽市	Heze	96	1050.4	485.7	716.3	403.8	278.9	74.7	2.5

14-12 各市规模以上外商和港澳台商投资工业企业主要经济指标(2023年)
Main Economic Indicators of Industrial Enterprises above Designated Size with Funds from Foreign Countries (Territories), Hong Kong, Macao and Taiwan by Region(2023)

单位:亿元 (100 million yuan)

地　区	Region	企业单位数(个) Number of Enterprises (unit)	资产总计 Total Assets	流动资产合计 Total Current Assets	负债合计 Total Liabilities	营业收入 Business Revenue	营业成本 Business Cost	利润总额 Total Profits	平均用工人数(万人) Annual Average of Employed Persons (10 000 person)
全省总计	**Total**	**2769**	**21307.9**	**11500.2**	**11263.4**	**16438.7**	**14002.3**	**1327.5**	**88.1**
济南市	Jinan	160	2394.7	1412.4	1294.1	1717.6	1403.7	173.8	7.6
青岛市	Qingdao	794	3178.3	2078.9	1551.7	3251.8	2718.9	243.8	18.3
淄博市	Zibo	100	733.1	359.2	357.9	467.1	378.7	44.3	4.4
枣庄市	Zaozhuang	61	209.3	140.8	94.3	210.3	183.8	10.8	1.7
东营市	Dongying	52	340.7	171.0	194.5	124.7	98.2	14.9	0.7
烟台市	Yantai	465	2733.8	1739.6	1194.9	3069.7	2673.7	201.7	16.3
潍坊市	Weifang	262	1822.7	1029.8	1037.0	1429.3	1280.3	26.6	7.9
济宁市	Jining	113	2732.9	904.8	1900.2	722.9	511.9	221.5	7.0
泰安市	Tai'an	56	512.1	242.8	254.4	472.0	417.4	27.8	1.7
威海市	Weihai	266	943.1	562.6	379.4	681.5	528.7	64.4	8.7
日照市	Rizhao	98	1184.0	750.2	744.4	1617.3	1546.2	8.2	2.9
临沂市	Linyi	118	867.8	569.5	479.2	626.4	510.0	34.7	4.3
德州市	Dezhou	77	311.4	150.4	149.3	263.8	228.8	16.3	1.7
聊城市	Liaocheng	40	1307.5	763.0	721.5	639.4	542.1	66.0	1.3
滨州市	Binzhou	55	201.5	137.6	119.9	192.0	171.6	2.5	1.5
菏泽市	Heze	50	504.6	285.9	194.3	768.7	627.6	136.5	1.5

14-13 各市规模以上非公有制工业企业主要经济指标(2023年)
Main Economic Indicators of Non-public Industrial Enterprises above Designated Size by Region(2023)

单位:亿元 (100 million yuan)

地 区	Region	企业单位数(个) Number of Enterprises (unit)	资产总计 Total Assets	流动资产合计 Total Current Assets	负债合计 Total Liabilities	营业收入 Business Revenue	营业成本 Business Cost	利润总额 Total Profits	平均用工人数(万人) Annual Average of Employed Persons (10 000 person)
全省总计	**Total**	**36830**	**82864.9**	**49889.1**	**49644.9**	**83774.6**	**72779.9**	**4105.9**	**468.0**
济南市	Jinan	2463	6844.4	4381.9	4013.8	5449.3	4511.5	324.8	31.6
青岛市	Qingdao	4634	8793.4	5989.2	4910.8	8207.3	6929.5	447.8	55.5
淄博市	Zibo	1944	4805.3	2794.3	2947.0	4848.7	4121.5	246.5	24.2
枣庄市	Zaozhuang	1036	1334.9	727.6	778.7	1220.8	1076.3	42.8	10.2
东营市	Dongying	932	6631.2	4247.3	4868.7	7145.5	6146.5	226.7	16.8
烟台市	Yantai	2711	6526.1	4034.5	3404.0	5709.7	4861.0	351.6	43.4
潍坊市	Weifang	4223	9113.3	5575.0	5753.8	9933.8	8678.0	364.8	62.6
济宁市	Jining	2252	4000.8	2131.1	2172.5	3369.3	2858.9	172.1	26.5
泰安市	Tai'an	1413	2703.8	1682.8	1682.9	2338.0	1964.3	125.3	16.6
威海市	Weihai	1314	3166.7	2004.1	1524.5	2421.0	1995.2	184.4	23.8
日照市	Rizhao	968	3595.0	2122.0	2410.4	3949.8	3685.6	85.8	12.2
临沂市	Linyi	4551	6027.5	3414.7	3848.1	7130.8	6331.9	253.1	49.7
德州市	Dezhou	2131	3459.5	1853.6	1962.8	3174.0	2703.9	175.8	24.4
聊城市	Liaocheng	1816	3353.2	2096.1	2025.7	3606.6	3207.7	195.3	17.9
滨州市	Binzhou	1778	9159.2	5244.2	5686.8	9032.3	8373.2	416.7	27.2
菏泽市	Heze	2664	3350.6	1590.7	1654.5	6237.6	5335.3	492.5	25.4

14-14 各市规模以上工业企业主要财务分析指标(2023年) Main Financial Indicators of Industrial Enterprises above Designated Size by Region(2023)

单位：% (%)

地 区	Region	资 产 负债率 Assets-Liability Ratio	成本费用 利 润 率 Ratio of Profits to Cost	流动资产 周 转 率 (次) Ratio of Turnover Working Capitals (time)
全省总计	**Total**	**61.3**	**5.4**	**1.7**
济 南 市	Jinan	61.9	4.9	1.4
青 岛 市	Qingdao	58.4	5.5	1.4
淄 博 市	Zibo	59.4	4.6	1.9
枣 庄 市	Zaozhuang	62.1	5.4	1.3
东 营 市	Dongying	73.4	4.4	2.0
烟 台 市	Yantai	56.0	8.0	1.5
潍 坊 市	Weifang	62.5	4.2	1.6
济 宁 市	Jining	63.3	10.1	1.3
泰 安 市	Tai'an	68.2	5.6	1.2
威 海 市	Weihai	51.9	8.2	1.1
日 照 市	Rizhao	67.6	1.9	1.9
临 沂 市	Linyi	63.5	3.4	2.0
德 州 市	Dezhou	54.4	6.4	1.7
聊 城 市	Liaocheng	63.7	5.2	1.6
滨 州 市	Binzhou	63.2	4.6	1.7
菏 泽 市	Heze	53.9	9.5	3.2

14-15 各市规模以上国有控股工业企业主要财务分析指标(2023年)
Main Financial Indicators of State-holding Industrial Enterprises above Designated Size by Region(2023)

单位：% (%)

地 区	Region	资产负债率 Assets-Liability Ratio	成本费用利润率 Ratio of Profits to Cost	流动资产周转率(次) Ratio of Turnover Working Capitals (time)
全省总计	**Total**	**64.8**	**6.1**	**1.7**
济南市	Jinan	67.5	2.6	1.8
青岛市	Qingdao	62.3	4.9	1.3
淄博市	Zibo	53.5	2.3	2.6
枣庄市	Zaozhuang	67.0	8.8	0.8
东营市	Dongying	75.7	7.2	4.6
烟台市	Yantai	64.1	10.7	1.9
潍坊市	Weifang	61.2	6.0	1.1
济宁市	Jining	72.1	20.9	1.0
泰安市	Tai'an	76.7	5.7	0.7
威海市	Weihai	68.8	9.1	0.6
日照市	Rizhao	71.8	0.1	2.3
临沂市	Linyi	62.1	0.5	1.6
德州市	Dezhou	46.4	9.7	1.9
聊城市	Liaocheng	74.5	3.5	1.3
滨州市	Binzhou	69.6	3.0	1.2
菏泽市	Heze	68.2	23.4	0.8

14-16 规模以上工业主要产品产量(2023年)
Output of Major Industrial Products above Designated Size(2023)

名称		Item		生产量 Output
铁矿石原矿量	(万吨)	Ironstone in Original Iron Ores	(10 000 tons)	3514.7
原　盐	(万吨)	Salt	(10 000 tons)	1030.6
小麦粉	(万吨)	Wheat Flour	(10 000 tons)	2257.1
大　米	(万吨)	Rice	(10 000 tons)	56.7
精制食用植物油	(万吨)	Refined Edible Vegetable Oil	(10 000 tons)	620.8
鲜、冷藏肉	(万吨)	Frozen,Fresh Meat	(10 000 tons)	1269.2
配合饲料+混合饲料	(万吨)	Formula Feed & Mixed Feed	(10 000 tons)	3031.5
速冻米面食品	(万吨)	Quick-frozen Food	(10 000 tons)	4.3
方便面	(万吨)	Instant Noodles	(10 000 tons)	16.2
乳制品	(万吨)	Milk Products	(10 000 tons)	257.0
液体乳	(万吨)	Liquid Milk	(10 000 tons)	230.1
罐　头	(万吨)	Canned Food	(10 000 tons)	57.3
酱　油	(万吨)	Soy Sauce	(10 000 tons)	54.9
发酵酒精(折96度,商品量)	(万千升)	Fermenting Alcohol	(10 000 kiloliter)	62.9
饮料酒	(万千升)	Liquor	(10 000 kiloliter)	527.5
白酒(折65度,商品量)	(万千升)	White Spirit	(10 000 kiloliter)	20.4
啤　酒	(万千升)	Beer	(10 000 kiloliter)	485.4
葡萄酒	(万千升)	Wine	(10 000 kiloliter)	6.5
饮料	(万吨)	Drinks	(10 000 tons)	536.9
碳酸型饮料(汽水)	(万吨)	Carbonated Drinks	(10 000 tons)	97.2
包装饮用水	(万吨)	Bottled Drinking Water	(10 000 tons)	143.4
果汁蔬菜汁类饮料	(万吨)	Juice and Vegetable Juice Beverage	(10 000 tons)	103.1
冷冻饮品	(万吨)	Frozen Drinks	(10 000 tons)	11.5
卷　烟	(亿支)	Cigarettes	(100 million pieces)	1293.1
化学纤维用浆粕	(万吨)	Chemical Fiber Pulp	(10 000 tons)	5.6
化学纤维	(万吨)	Chemical Fiber	(10 000 tons)	103.5
粘胶短纤维	(万吨)	Viscose Staple Fiber	(10 000 tons)	20.0
合成纤维	(万吨)	Synthetic Fiber	(10 000 tons)	38.4
锦纶纤维	(万吨)	Nylon Fiber	(10 000 tons)	14.2
涤纶纤维	(万吨)	Polyester Fiber	(10 000 tons)	15.7
腈纶纤维	(万吨)	Acrylic Fiber	(10 000 tons)	2.8
丙纶纤维	(万吨)	Polypropylene Fiber	(10 000 tons)	3.3
纱	(万吨)	Yarn	(10 000 tons)	397.6
布	(亿米)	Cloth	(100 million m)	48.5
棉　布	(亿米)	Cotton Cloth	(100 million m)	40.7
棉混纺布(混纺交织布)	(亿米)	Cotton Blended Cloth	(100 million m)	4.3
化学纤维短纤布	(亿米)	Chemical Fiber Cloth	(100 million m)	3.5
印染布	(亿米)	Printed Fabric	(100 million m)	42.1
绒线(毛线)	(万吨)	Knitting Wool	(10 000 tons)	2.7
毛机织物(呢绒)	(万米)	Wool Fabric	(10 000 m)	3960.5
亚麻布(含亚麻≥55%)	(万米)	Ramie and Flax Cloth	(10 000 m)	451.6
帘子布	(万吨)	Cord Fabric	(10 000 tons)	20.6

14-16 续表 1 continued

名称		Item		生产量 Output
服 装	(万件)	Garments	(10 000 pieces)	168160.1
梭织服装	(万件)	Woven Garments	(10 000 pieces)	52410.4
羽绒服装	(万件)	Down Wear	(10 000 pieces)	438.9
西服套装	(万件)	Suits	(10 000 pieces)	951.2
衬 衫	(万件)	Shirts	(10 000 pieces)	1505.3
针织服装	(万件)	Knitted Clothing	(10 000 pieces)	115749.7
轻 革	(万平方米)	Leather	(10 000 sq.m)	4533.2
皮革鞋靴	(万双)	Shoes	(10 000 pairs)	3648.6
人造板	(万立方米)	Manmade Plates	(10 000 cu.m)	8483.9
胶合板	(万立方米)	Plywood	(10 000 cu.m)	6940.3
纤维板	(万立方米)	Fiberboard	(10 000 cu.m)	717.9
刨花板	(万立方米)	Flakeboard	(10 000 cu.m)	806.6
人造板表面装饰板	(万平方米)	Secondary Processing Decorative Plates	(10 000 sq.m)	2362.6
实木木地板	(万平方米)	Solid Wood Floor	(10 000 sq.m)	39.9
复合木地板	(万平方米)	Engineered Wooden Floor	(10 000 sq.m)	2095.4
家 具	(万件)	Furniture	(10 000 units)	5311.7
木质家具	(万件)	Wood Furniture	(10 000 units)	3919.5
金属家具	(万件)	Metal Furniture	(10 000 units)	458.2
软体家具(包括床垫、沙发)	(万件)	Soft Furniture	(10 000 units)	94.2
纸 浆	(万吨)	Paper Pulp	(10 000 tons)	567.6
机制纸及纸板	(万吨)	Machine-made Paper and Paperboards	(10 000 tons)	2637.2
未涂布印刷书写用纸	(万吨)	Uncoated Writing Printing Paper	(10 000 tons)	143.1
新闻纸	(万吨)	Newsprint	(10 000 tons)	16.7
纸制品	(万吨)	Paper Products	(10 000 tons)	495.3
瓦楞纸箱(纸箱)	(万吨)	Corrugated Box	(10 000 tons)	210.6
硫酸(折100%)	(万吨)	Sulfuric	(10 000 tons)	635.8
盐酸(含量31%以上)	(万吨)	Hydrochloric Acid(content of more than 31%)	(10 000 tons)	128.7
烧碱(折100%)	(万吨)	Caustic	(10 000 tons)	1111.8
离子膜法烧碱(折100%)	(万吨)	Ionic Membrane Caustic	(10 000 tons)	991.3
碳酸钠(纯碱)	(万吨)	Soda Ash	(10 000 tons)	464.4
合成氨	(万吨)	Synthetic Ammonia	(10 000 tons)	804.3
农用氮、磷、钾化学肥料总计(折纯)	(万吨)	Chemical Fertilizer	(10 000 tons)	472.7
氮 肥(折含N 100%)	(万吨)	Nitrogen Fertilizer	(10 000 tons)	443.7
尿 素(折含N 100%)	(万吨)	Urea	(10 000 tons)	400.8
磷肥(折合P2O5 100%)	(万吨)	Phosphate Fertilizer	(10 000 tons)	0.5

14-16 续表 2 continued

名　　称		Item		生产量 Output
化学农药原药(折有效成分100%)	(万吨)	Chemical Pesticide	(10 000 tons)	65.4
杀虫剂原药	(万吨)	Insecticides Pesticide	(10 000 tons)	7.2
杀菌剂原药	(万吨)	Fungicides Pesticide	(10 000 tons)	1.7
除草剂原药	(万吨)	Herbicide Pesticide	(10 000 tons)	42.1
乙　烯	(万吨)	Ethylene	(10 000 tons)	281.4
纯　苯	(万吨)	Benzene	(10 000 tons)	192.6
精甲醇	(万吨)	Extracted Methanol	(10 000 tons)	444.5
冰乙酸(冰醋酸)	(万吨)	Acetic Acid	(10 000 tons)	171.5
涂料	(万吨)	Paint	(10 000 tons)	136.5
初级形态塑料	(万吨)	Primary Plastic	(10 000 tons)	1406.7
聚丙烯树脂	(万吨)	Polypropylene Colophony	(10 000 tons)	202.3
聚氯乙烯树脂	(万吨)	PVC Colophony	(10 000 tons)	295.4
合成橡胶	(万吨)	Synthetic Rubber	(10 000 tons)	166.7
合成纤维单体	(万吨)	Synthetic Fiber Monomer	(10 000 tons)	65.2
合成纤维聚合物	(万吨)	Synthetic Fiber Polymers	(10 000 tons)	17.0
合成洗涤剂	(万吨)	Synthetic Detergents	(10 000 tons)	71.5
中成药	(万吨)	Traditional Chemical Medicine	(10 000 tons)	13.7
橡胶轮胎外胎	(万条)	Tires	(10 000 tires)	47776.3
子午线轮胎外胎	(万条)	Radial Tires	(10 000 tires)	41070.9
塑料制品	(万吨)	Plastic Articles	(10 000 tons)	517.0
塑料薄膜	(万吨)	Plastic Film	(10 000 tons)	100.5
农用薄膜	(万吨)	Agricultural Film	(10 000 tons)	11.9
泡沫塑料	(万吨)	Foam	(10 000 tons)	11.9
塑料人造革、合成革	(万吨)	Plastic leather and synthetic leather	(10 000 tons)	0.7
日用塑料制品	(万吨)	Plastic Products for Daily Use	(10 000 tons)	26.6
硅酸盐水泥熟料	(万吨)	Portland Cement Clinker	(10 000 tons)	7097.3
窑外分解窑水泥熟料	(万吨)	Decomposition Kiln Clinker	(10 000 tons)	6301.6
水　泥	(万吨)	Cement	(10 000 tons)	12969.7
商品混凝土	(万立方米)	Concrete	(10 000 cu.m)	23364.1
水泥混凝土排水管	(千米)	Cement and Concrete Drain Pipes	(1 000 m)	1729.6
水泥混凝土压力管	(千米)	Cement and Concrete Pressure Pipes	(1 000 m)	1122.8
水泥混凝土电杆	(万根)	Cement Concrete Poles	(10 000 units)	41.3
预应力混凝土桩	(万米)	Prestressed concrete piles	(10 000 m)	1394.9
砖	(亿块)	Brick	(100 million units)	30.7
瓦	(亿片)	Tile	(100 million units)	0.5
天然大理石建筑板材	(万平方米)	Natural Marble Building Block	(10 000 sq.m)	307.7
天然花岗石建筑板材	(万平方米)	Natural Granite Building Block	(10 000 sq.m)	958.1

14-16 续表 3 continued

名 称		Item		生产量 Output
粉末冶金制品	(万吨)	Sintered Metal Products	(10 000 tons)	11.6
工业锅炉	(蒸发量吨)	Industrial Boilers	(evaporation ton)	30625.0
电站用汽轮机	(万千瓦)	Turbine Power Plant	(10 000 kW)	33.6
金属切削机床	(万台)	Metal-cutting Machine Tools	(10 000 units)	7.3
金属成形机床	(万台)	Metal Forming Machine	(10 000 units)	1.0
数控金属成形机床	(台)	CNC Metal Forming Machine	(units)	1593
铸造机械	(万台)	Casting Machinery	(10 000 units)	2.7
起重机	(万吨)	Lifting Equipment	(10 000 tons)	33.3
输送机械	(万吨)	Conveyer	(10 000 tons)	11.8
泵	(万台)	Pumps	(10 000 units)	80.1
气体压缩机	(万台)	Gas Compressor	(10 000 units)	740.4
阀 门	(万吨)	Valves	(10 000 tons)	35.1
液压元件	(万件)	Hydraulic Components	(10 000 units)	1997.2
气动元件	(万件)	Pneumatic Components	(10 000 units)	1933.9
滚动轴承	(亿套)	Rolling Bearings	(100 million units)	9.3
减变速机	(万台(套))	Reducer	(10 000 units)	87.5
风 机	(万台)	Fans	(10 000 units)	172.4
包装专用设备	(台)	Packaging Special Equipment	(unit)	40242
矿山专用设备	(万吨)	Special Equipment for Mine	(10 000 tons)	84.0
水泥专用设备	(台(套))	Cement Special Equipment	(unit)	1922
混凝土机械	(台)	Concrete Machinery	(unit)	69565
金属冶炼设备	(吨)	Metal Smelting Equipment	(ton)	20542.6
金属轧制设备	(吨)	Metal Rolling Equipment	(ton)	3637.6
饲料生产专用设备	(台)	Specialized Feed Processing Machinery	(unit)	421
印刷专用设备	(台)	Printing Special Equipment	(unit)	3484
大型拖拉机	(台)	Large Tractors	(unit)	74261
中型拖拉机	(台)	Medium Tractors	(unit)	143506
小型拖拉机	(万台)	Small Tractors	(10 000 units)	7.7
收获机械	(台)	Harvesting Machinery	(unit)	58574
棉花加工机械	(台)	Cotton Processing Equipment	(unit)	2068
环境污染防治专用设备	(台(套))	Special Equipment for Environmental Protection	(unit)	193571
大气污染防治设备	(台(套))	Air Pollution Control Equipment	(unit)	66712
水质污染防治设备	(台(套))	Water Pollution Control Equipment	(unit)	121213
铁路货车	(辆)	Railway Freight Wagons	(unit)	3464

14-16　续表 4 continued

名　　称		Item		生产量 Output
汽　车	(万辆)	Motor Vehicles	(10 000 units)	194.5
轿车	(万辆)	Cars	(10 000 units)	37.1
客车	(万辆)	Buses	(10 000 units)	6.0
载货汽车	(万辆)	Trucks	(10 000 units)	125.7
改装汽车	(万辆)	Modified Cars	(10 000 units)	14.9
民用钢质船舶	(万载重吨)	Civil Steel Vessels	(10 000 dwts)	355.6
电动自行车	(万辆)	Electric Bicycle	(10 000 units)	108.5
发电机组	(万千瓦)	Power Generation Equipment	(10 000 kW)	605.6
汽轮发电机组	(万千瓦)	Steam Turbogenerator	(10 000 kW)	403.3
交流电动机	(万千瓦)	AC Motors	(10 000 kW)	2164.6
变压器	(万千伏安)	Transformers	(10 000 KVA pm)	36766.4
高压开关板	(台(套、面))	High Voltage Switch Plate	(unit)	23495
低压开关板	(万台(套、面))	Low Voltage Switch Plate	(10 000 units)	16.6
通信及电子网络用电缆	(万对千米)	Cable for Communications and Electronic Network	(10 000 couples·km)	18.8
电力电缆	(万千米)	Power Cable	(10 000 km)	324.6
光缆	(万芯千米)	Fire Optic Cable	(10 000 cores·km)	1055.9
绝缘制品	(吨)	Insulation Products	(ton)	80766.6
原电池及原电池组(非扣式)	(亿只)	Primary Cells and Batteries	(100 million units)	33.6
电光源	(万只)	Light Bulbs	(10 000 units)	27387.1
灯具及照明装置	(万套(台、个))	Lamps and Lighting Fixtures	(10 000 units)	9644.0
家用洗衣机	(万台)	Household Washing Machines	(10 000 units)	935.3
家用电冰箱	(万台)	Household Refrigerators	(10 000 units)	964.2
家用冷柜(家用冷冻箱)	(万台)	Household Freezers	(10 000 units)	653.2
房间空气调节器	(万台)	Air Conditioners	(10 000 units)	1448.3
家用吸排油烟机	(万台)	Vacuum Cleaners	(10 000 units)	117.8
家用电热水器	(万台)	Electric Water Heater	(10 000 units)	495.3
电饭锅	(万个)	Electric Cookers	(10 000 units)	82.2
电焊机	(万台)	Welders	(10 000 units)	44.5
电子计算机整机	(万台)	Computers	(10 000 units)	81.5
显示器	(万台)	Display	(10 000 units)	159.4
打印机	(万台)	Printers	(10 000 units)	1169.5
电话单机	(万部)	Telephone Sets	(10 000 units)	73.4
移动通信手持机(手机)	(万台)	Mobile Telephones	(10 000 units)	316.5
彩色电视机	(万台)	Color Television Sets	(10 000 units)	2431.6
半导体分立器件	(亿只)	Discrete Semiconductor Devices	(100 million units)	484.9

主要统计指标解释

工 业 指从事自然资源的开采，对采掘品和农产品进行加工和再加工的物质生产部门。具体包括：(1)对自然资源的开采，如采矿、晒盐等(但不包括禽兽捕猎和水产捕捞)；(2)对农副产品的加工、再加工，如粮油加工、食品加工、缫丝、纺织、制革等；(3)对采掘品的加工、再加工，如炼铁、炼钢、化工生产、石油加工、机器制造、木材加工等，以及电力、自来水、煤气的生产和供应等；(4)对工业品的修理、翻新，如机器设备的修理、交通运输工具(如汽车)的修理等。

工业统计调查单位为独立核算法人工业企业。

独立核算法人工业企业指从事工业生产经营活动的单位。独立核算法人工业企业应同时具备以下条件：①依法成立，有自己的名称、组织机构和场所，能够承担民事责任；②独立拥有和使用资产，承担负债，有权与其他单位签订合同；③独立核算盈亏，并能够编制资产负债表。

国有控股企业 即原来的国有及国有控股企业。国有企业(即原全民所有制工业或国营工业)指企业全部资产归国家所有，并按《中华人民共和国企业法人登记管理条例》规定登记注册的非公司制的经济组织。包括国有企业、国有独资公司和国有联营企业。1957年以前的公私合营和私营工业，后均改造为国营工业，1992年改为国有工业，这部分工业的资料不单独分列时，均包括在国有企业内。国有控股企业是对混合所有制经济的企业进行的“国有控股”分类。它是指这些企业的全部资产中国有资产(股份)相对其他所有者中的任何一个所有者占资(股)最多的企业。该分组反映了国有经济控股情况。

轻工业 指主要提供生活消费品和制作手工工具的工业。按其所使用的原料不同，可分为两大类：(1)以农产品为原料的轻工业，是指直接或间接以农产品为基本原料的轻工业。主要包括食品制造、饮料制造、烟草加工、纺织、缝纫、皮革和毛皮制作、造纸以及印刷等工业；(2)以非农产品为原料的轻工业，是指以工业品为原料的轻工业。主要包括文教体育用品、化学药品制造、合成纤维制造、日用化学制品、日用玻璃制品、日用金属制品、手工工具制造、医疗器械制造、文化和办公用机械制造等工业。

重工业 指为国民经济各部门提供物质技术基础的主要生产资料的工业。按其生产性质和产品用途，可以分为下列三类：(1)采掘(伐)工业，是指对自然资源的开采，包括石油开采、煤炭开采、金属矿开采、非金属矿开采等工业；(2)原材料工业，指向国民经济各部门提供基本材料、动力和燃料的工业。包括金属冶炼及加工、炼焦及焦炭、化学、化工原料、水泥、人造板以及电力、石油和煤炭加工等工业；(3)加工工业，是指对工业原材料进行再加工制造的工业。包括装备国民经济各部门的机械设备制造工业、金属结构、水泥制品等工业，以及为农业提供的生产资料如化肥、农药等工业。

根据上述划分原则，修理业中以重工业产品为修理作业对象的划为重工业，反之划为轻工业。

工业增加值 指工业企业在报告期内以货币表现的工业生产活动的最终成果。

工业增加值有两种计算方法：一是生产法，即工业总产出减去工业中间投入加上应交增值税；二是收入法，即从收入的角度出发，根据生产要素在生产过程中应得到的收入份额计算，具体构成项目有固定资产折旧、劳动者报酬、生产税净额、营业盈余，这种方法也称要素分配法。本年鉴中的工业增加值是以生产法计算的。

生产法工业增加值的计算方法为：

工业增加值=工业总产出-工业中间投入+应交增值税

(1)工业总产出：指工业企业在一定时期内工业生产活动的总成果。工业总产出包括：成品生产价值，对外加工费收入，自制半成品、在产品期末期初差额价值。1995年后用新规定计算的工业总产值代替。

(2)工业中间投入：指工业企业在工业生产活动中消耗的外购物质产品和对外支付的服务费用。服务费用包括支付给物质生产部门(工业、农业、批发零售贸易业、建筑业、运输邮电业)的服务费用和支付给非物质生产部门(如保险、金融、文化教育、科学研究、医疗卫生、行政管理等)的服务费用。工业中间投入的确定须遵循以下原则：必须从外部购入的，并已计入工业总产出的产品和服务价值；必须是本期投入生产，并一次性消耗掉(包括本期摊销的低值易耗品等)的产品和服务价值。

资产总计 指企业拥有或控制的能以货币计量的经济资源，包括各种财产、债权和其他权利。资产按流动性分为流动资产、长期投资、固定资产、无形资产、递延资产和其他资产。该指标根据企业会计“资产负债表”中“资产总计”项目的期末数增列。

流动资产合计 资产满足以下条件之一应归为流动资产：(1) 预计在一个正常营业周期中变现、出售或耗用，主要包括存货、应收账款等；(2) 主要为交易目的而持有；(3) 预计在资产负债表日起一年内（含一年）变现；(4) 自资产负债日起一年内，交换其他资产或清偿负债的能力不受限制的现金或现金等价物。包括货币资金、应收票据、应收账款、存货等项目。来源于会计“资产负债表”中“流动资产合计”项目的期末余额数。

负债合计 指企业所承担的能以货币计量，将以资产或劳务偿付的债务，偿还形式包括货币、资产或提供劳务。负债一般按偿还期长短分为流动负债和长期负债。根据会计“资产负债表”中“负债合计”的年末数填列。

营业收入 指企业经营主要业务和其他业务所确认的收入总额。营业收入包括“主营业务收入”和“其他业务收入”。

来源于会计“利润表”中“营业收入”项目的本年累计数。

营业成本　指企业经营主要业务和其他业务所发生的成本总额。包括企业（单位）在报告期内从事销售商品、提供劳务等日常活动发生的各种耗费。包括“主营业务成本”和“其他业务成本”。来源于会计“利润表”中“营业成本”项目的本年累计数。

利润总额　指企业生产经营活动的最终成果，是企业在一定时期内实现的盈亏相抵后的利润总额(亏损以“−”号表示)，它等于营业利润加上补贴收入加上投资收益加上营业外净收入再加上以前年度损益调整。

平均用工人数　指报告期企业平均实际拥有的、参与本企业生产经营活动的人员数。其计算公式为：

$$季平均人数=\frac{季内各月平均人数之和}{3}$$

$$月平均人数=\frac{报告月内每天实有人数之和}{报告月日历日数}$$

$$年平均人数=\frac{年内各月平均人数之和}{12}$$

资产负债率　该指标既反映企业经营风险的大小，也反映企业利用债权人提供的资金从事经营活动的能力。计算公式为：

$$资产负债率(\%)=\frac{负债总额}{资产总额}\times100\%$$

资产与负债均为报告期期末数。

成本费用利润率　反映企业投入的生产成本及费用的经济效益，同时也反映企业降低成本所取得的经济效益。计算公式为：

$$成本费用利润率(\%)=\frac{利润总额}{成本费用总额}\times100\%$$

公式中：成本费用总额为产品营业成本、销售费用、管理费用、财务费用、研发费用之和。

流动资产周转率　指一定时期内流动资产完成的周转次数，反映投入工业企业流动资金的周转速度。计算公式为：

$$流动资产周转率=\frac{产品销售收入}{全部流动资产平均余额}$$

公式中：全部流动资产平均余额为期初和期末的流动资产之和的算术平均值。

Explanatory Notes on Main Statistical Indicators

Industry refers to the material production sector which is engaged in extraction of natural resources and processing and reprocessing of minerals and agricultural products, including (1) extraction of natural resources, such as mining, salt production (but not including hunting and fishing); (2) processing and reprocessing of farm and sideline produces, such as rice husking, flour milling, wine making, oil pressing, silk reeling, spinning and weaving, and leather making; (3) manufacture of industrial products, such as steel making, iron smelting, chemicals manufacturing, petroleum processing, machine building, timber processing; water and gas production and electricity generation and supply; (4)repairing of industrial products such as the repairing of machinery and means of transport (including cars).

Units of industrial statistics survey corporate industrial enterprises with independent accounting system.

Corporate industrial enterprises with independent accounting system refer to enterprises engaging in industrial production activities, which meet the following requirements: (1)They are established legally, having their own names, organizations, location, able to take civil liability; (2)They possess and use their assets independently, assume liabilities, and are entitled to sign contracts with other units; (3)They are financially independent and compile their own balance sheets.

State-holding Enterprises refer to state owned enterprises plus state holding enterprises. State owned enterprises (originally known as state run enterprises with ownership by the whole society) are non corporate economic entities registered in accordance with the Regulation of the People's Republic of China on the Management of Registration of Legal Enterprises, where all assets are owned by the state. Included in this category are state owned enterprises, state funded corporations and state owned joint operation enterprises. Joint state private industries and private industries, which existed before 1957, were transformed into state run industries since 1957, and into state owned industries after 1992. Statistics on those enterprises are included in the state owned industries instead of grouping them separately. State holding enterprises is a sub classification of enterprises with mixed ownership, referring to enterprises where the percentage of state assets (or shares by the state) is larger than any other single share holder of the same enterprise. This sub classification illustrates the control of the state over a particular industry.

Light Industry refers to the industry that produces consumer goods and hand tools. It consists of two categories, depending on the materials used:

(1) Industries using farm products as raw materials. These are branches of light industry which directly or indirectly use farm products as basic raw materials, including the manufacture of food and beverages, tobacco processing, textile, clothing, fur and leather manufacturing, paper making, printing, etc.

(2) Industries using non farm products as raw materials. These are branches of light industry which use manufactured goods as raw materials, including the manufacture of cultural, educational articles and sports goods, chemicals, synthetic fiber, chemical products for daily use, glass products for daily use, metal products for daily use, hand tools, medical apparatus and instruments, and the manufacture of cultural and clerical machinery.

Heavy Industry refers to the industry which produces capital goods, and provides various sectors of the national economy with necessary material and technical basis. It consists of the following three branches according to the purpose of production or the use of products:

(1) Mining, quarrying and logging industry refers to the industry that extracts natural resources, including extraction of petroleum, coal, metal and non metal ores.

(2) Raw materials industry refers to the industry that provides various sectors of the national economy with raw materials, fuels and power. It includes smelting and processing of metals, coking and coke chemistry, chemical materials and building materials such as cement, plywood, and power, petroleum refining and coal dressing.

(3) Manufacturing industry refers to the industry that processes raw materials. It includes machine building industry which equips sectors of the national economy, industries of metal structure and cement products, industries producing means of agricultural production, such as chemical fertilizers and pesticides.

According to the above principle of classification, the repairing trades, which are engaged primarily in repairing products of heavy industry are classified into heavy industry while these engaged in repairing products of light industry are classified into light industry.

Value-added of Industry refers to the final results of industrial production of industrial enterprises in money terms during the reference period.

Industrial value added can be calculated by two approaches: the production approach, i.e. gross industrial output value minus intermediate input plus value added tax, and the income approach, i.e. income for various factors used in the course of production, including depreciation of fixed assets, remuneration of labourers, net of production tax, and operating surplus. Value added of industry in the Yearbook is calculated by production approach as following:

Value added of industry=gross industrial output industrial intermediate input+value added tax

(1)Gross industrial output: refers to the total achievements of industrial production during a given period. Gross industrial output includes value of finished products, income from external processing, and value of change in semi finished products at the end and at the beginning of the reference period. Since 1995, it was substituted by the gross industrial output value by new method.

(2) Industrial intermediate input: refers to purchased goods and paid services consumed during the industrial production of enterprises. Fees paid for services include fees paid for the services provided by material production sectors (industry, agriculture, wholesale and retail trade, construction, transport, post and telecommunications) and by non material production sectors (insurance, banking, culture, education, scientific research, health and medical care, public administration, etc.). The determination of industrial intermediate input follows the principle that the goods and services must be purchased from outside and included in the gross industrial output, and that the goods and services are inputted into production and consumed (include low value consumables) during the reference period..

Total Assets refer to all economic resources, in monetary terms, that is owned or controlled by enterprises, including properties, creditors equity and other economic rights of all forms. Classified by the degree of equitability, total assets include circulating assets, long term investment, fixed assets, intangible assets and deferred assets, and other assets. Data on this indicator can be obtained by the year end figures of total assets in the Assets and Liability Table of accounting records of enterprises.

Total Current Assets refer to the assets that meet one of the following requirements: (1) expected to be cashed, sold or used in a normal operation cycle, mainly including inventory and accounts receivable; (2) be owned for trading purpose mainly; (3) expected to be cashed in one year (including one year) from the day of the Balance Sheet; (4) unlimited cash or cash equivalents that can be exchanged with other assets or being capable of settling debts during one year since the day of the Balance Sheet. Included are monetary capital, notes receivable, accounts receivable and inventories. Data on this indicator can be obtained from the year-end figures of total current assets in the Balance Sheet of accounting records.

Total Liabilities refer to payable liabilities of enterprises that have to repay in terms of money, assets or labour services. In terms of payment, it can be divided into liquid liabilities and long term liabilities. Data on this item is obtained from the ending figures on total liabilities from the Assets and Liability Table from the enterprises.

Business Revenue refers to the total revenue recognized by an enterprise in its principal business and other business operations. Business revenue includes " revenue from principal Business" and " revenue from other business". It comes from this year's cumulative report of "business revenue" items from the "income statement".

Business Cost refers to the total cost incurred by an enterprise in its principal business and other business operations. It includes various expenditures incurred by enterprises (units) in their daily activities of selling goods and providing labour services during the reporting period. It includes "Cost of principal business" and "Cost of other business". It comes from this year's cumulative report of "operating cost" items from the "income statement".

Total Profits refer to the final achievements of production and operation of the enterprises, represented by the total profits after deducting losses (loss is expressed by the negative figure). It is the sum of profits from operation, income from subsidies, investment earnings, net income from activities other than operation, and adjustment of profits and losses of previous years.

Average Annual Number of Employed Persons Employed persons refer to all those who are employed in enterprises and receive remunerations therefrom, including currently working employees, retirees who are re employed, teachers of local run schools, as well as foreigners, staff from Hong Kong, Macao and Taiwan, part time employees and persons with second job who are employed by the enterprise, and employees of other units temporarily working in the enterprises, but excluding former employees who left the enterprise with their employment records still kept by the enterprises.

Average number of employed persons refers to the number of employees everyday during the reference period, calculated with the following formula:

$$\text{Monthly average number} = \frac{\text{sum of actual employees everyday in reference month}}{\text{number of calendar dates in reference month}}$$

$$\text{Quarterly average number} = \frac{\text{sum of monthly average number in reference quarter}}{3}$$

$$\text{Annual average number} = \frac{\text{sum of monthly average number in reference year}}{12}$$

Ratio of Debts to Assets reflect both the operation risk and the capability of the enterprise in making use of the capital from the creditors. It is calculated as follows:

$$\text{Ratio of Debts to Assets (\%)} = \frac{\text{total debts}}{\text{total assets}} \times 100\%$$

Both assets and debts are figures at the end of the reference period.

Ratio of Profits to Total Industrial Costs refers to the ratio of profits realized in a given period to the total costs in the same period, which reflects the economic efficiency of input cost and is calculated as follows:

$$\text{Ratio of Profits to Total Industrial Cost (\%)} = \frac{\text{total profits}}{\text{total costs}} \times 100\%$$

Total costs in the above formula is the sum of business cost, marketing cost, management cost, financial cost and R&D

expenses.

Ratio of Turnover of Working Capitals refers to the number of times of turnover of working capital in a given period of time, which reflects the speed of the turnover of working capital of industrial enterprises, and is calculated as follows:

$$\text{Ratio of Turnover of Working Capital} = \frac{\text{sales revenue of products}}{\text{average balance of total working capital}}$$

In the above formula, average balance of total working capital refers to the arithmetic mean of the sum of working capital at the beginning and at the end of the reference period.

第15篇

建筑业

Construction

简 要 说 明

一、本篇资料的主要内容

本篇资料反映了全省建筑业基本情况，主要包括建筑业总产值、从业人员、建筑企业生产指标、财务指标等方面的内容。

二、本篇资料的来源

本篇资料来源于建筑业统计年报，由省统计局投资处整理提供。

Brief Introduction

I. Content

Data in this chapter show the basic conditions of the construction industry in Shandong Province, mainly including the gross output value of construction, number of employed persons, major production indices and financial indicators.

II. Source of Data

Data in this chapter are based on the annual report of construction industry, and are prepared and provided by the Division of Investment and Construction Statistics of Shandong Provincial Bureau of Statistics.

15-1 主要年份建筑业总产值
Gross Output Value of Construction Enterprises in Major Years

单位:亿元 (100 million yuan)

年 份 Year	总 计 Total	#国有经济 State-owned Construction Enterprises	中 央 Central	地 方 Local
1957	1.32	1.32	0.67	0.65
1962	1.20	0.99	0.44	0.55
1965	2.51	1.66	0.53	1.13
1970	3.02	1.76	0.76	1.00
1975	7.24	4.66	2.27	2.39
1978	11.34	7.62	2.54	5.08
1979	11.96	8.14	2.62	5.52
1980	14.26	9.76	4.01	5.75
1981	13.42	9.41	4.98	4.43
1982	14.50	9.46	4.41	5.05
1983	15.89	10.45	4.56	5.89
1984	23.07	16.25	8.62	7.63
1985	31.21	22.05	12.21	9.84
1986	34.71	24.44	14.87	9.57
1987	40.91	28.67	17.51	11.16
1988	49.38	33.34	20.04	13.30
1989	55.24	37.94	22.36	15.71
1990	58.89	40.60	24.27	16.33
1991	71.40	47.77	27.40	20.38
1992	98.66	61.86	32.81	29.05
1993	141.14	93.32	46.57	46.75
1994	206.42	133.92	78.70	55.22
1995	257.95	163.73	92.25	71.48
1996	593.90	198.27	101.45	96.82
1997	652.59	228.26	112.47	115.79
1998	702.64	279.97	104.79	135.25
1999	770.80	248.19	113.14	135.05
2000	820.52	249.48	120.37	129.11
2001	986.49	246.45	94.37	152.08
2002	1153.24	254.86	86.30	168.56
2003	1485.89	331.17	126.80	204.37
2004	1969.01	657.70	302.85	354.85
2005	2509.17	782.56	365.49	417.07
2006	2791.81	799.34	370.15	429.19
2007	3289.05	977.26	459.81	517.45
2008	3842.52	963.53	478.23	485.30
2009	4579.15	1136.65	599.49	537.16
2010	5496.59	1368.34	704.30	664.04
2011	6482.90	1680.49	920.80	759.69
2012	7281.33	1811.97	968.40	843.57
2013	8467.67	1984.39	1068.93	915.46
2014	9313.45	2197.68	1242.32	955.36
2015	9378.54	2322.58	1323.14	999.45
2016	10087.43	2564.51	1463.21	1101.30
2017	11477.80	2936.38	1698.82	1237.56
2018	12898.29	3656.71	2169.51	1487.19
2019	14269.29	4288.38	2598.34	1690.04
2020	14947.30	4824.41	2927.95	1896.46
2021	16412.05	5261.21	3185.86	2075.35
2022	17559.63	6225.30	3577.48	2647.81
2023	18781.89	7070.35	4007.30	3063.05

注:1.1995年前数据不含县以下集体施工企业部分。2.从2004年开始国有经济含国有控股。
a) Before 1995, data in this table don't include the data of enterprises of collective owned ones under county level.
b) Since 2004, state-owned enterprises include state-controlled ones.

15-2 主要年份计算建筑业劳动生产率的平均人数

Average Number of Employed Persons in Construction Enterprises for Calculating the Labor Productivity in Major Years

单位:万人 (10 000 persons)

年份 Year	总计 Total	#国有经济 State-owned Construction Enterprises	中央 Central	地方 Local
1957	4.21	4.21	2.14	2.07
1962	6.48	4.91	2.13	2.78
1965	7.35	4.77	1.52	3.25
1970	10.31	5.76	2.66	3.10
1975	18.81	11.33	5.36	5.97
1978	25.20	16.21	5.40	10.81
1979	26.00	16.96	6.24	10.72
1980	26.91	18.07	8.91	9.16
1981	28.55	19.20	11.07	8.20
1982	27.36	17.52	9.00	8.71
1983	27.88	18.02	6.42	11.55
1984	33.93	22.26	9.37	12.93
1985	40.53	26.89	13.13	13.67
1986	38.57	24.69	15.17	9.67
1987	39.34	24.50	14.97	9.62
1988	40.48	24.88	14.74	10.08
1989	38.90	22.86	13.63	10.83
1990	38.15	21.83	11.65	10.18
1991	39.72	23.83	12.51	11.32
1992	45.10	23.44	11.66	11.78
1993	52.78	29.57	11.87	17.70
1994	66.22	37.17	20.10	17.07
1995	66.84	35.32	14.91	20.40
1996	188.02	40.96	14.82	26.14
1997	175.78	40.49	14.39	26.10
1998	169.11	38.59	11.28	27.30
1999	164.95	33.56	10.86	22.70
2000	171.94	31.80	10.27	21.53
2001	181.07	29.15	8.15	21.00
2002	183.56	23.08	4.57	18.50
2003	210.11	29.43	8.50	20.93
2004	238.91	53.85	16.50	37.35
2005	249.81	48.93	16.21	32.72
2006	282.30	59.04	27.76	31.28
2007	288.40	51.78	17.36	34.42
2008	300.24	44.74	18.32	26.42
2009	305.99	42.81	17.99	24.82
2010	344.88	54.00	25.20	28.80
2011	307.56	45.07	21.18	23.89
2012	270.26	38.87	18.57	20.30
2013	305.01	44.17	23.15	21.02
2014	332.49	48.78	25.04	23.74
2015	310.73	43.10	21.65	21.45
2016	322.58	40.56	19.74	20.82
2017	349.15	50.42	27.55	22.87
2018	351.84	55.48	30.96	24.52
2019	345.09	55.71	29.03	26.68
2020	305.91	54.27	28.33	25.94
2021	306.86	59.99	35.11	24.88
2022	309.31	69.06	39.44	29.62
2023	358.93	89.10	40.92	48.18

注:1.1995年前数据不含县以下集体施工企业部分。2.从2004年开始国有经济含国有控股。

a) Before 1995, data in this table don't include the data of enterprises of collective owned ones under county level.

b) Since 2004, state-owned enterprises include State-controlled ones.

15-3 建筑业企业生产指标(2023年)

Main Production Indicators of Construction Enterprises(2023)

类 别	Category	企业个数(个) Number of Enterprises (unit)	建筑业总产值(万元) Gross Output Value (10 000 yuan)	竣工产值(万元) Value of Projects Completed (10 000 yuan)	签订合同额(万元) Value of Contracts (10 000 yuan)	#上年结转 Carryover of Last Year
总 计	**Total**	**12570**	**187818935**	**71802023**	**407200077**	**187861500**
#国有及国有控股企业	State-owned and State-controlled Enterprises	964	70703486	15543816	221108907	108414260
一、按登记注册统计类别分	**by status of Registrated Statistics Category**					
内资企业	Domestic Invested Enterprises	12551	186853320	71438150	405289274	186951601
港澳台投资企业	Enterprises with Funds from Hong Kong, Macao and Taiwan	11	722434	271127	1511219	788526
外商投资企业	Foreign Funded Enterprises	8	243181	92747	399584	121373
二、按国民经济行业分	**by Sector**					
房屋建筑业	Building	5264	111443869	49894357	222317560	102545643
土木工程建筑业	Civil Engineering	3637	54062534	12782596	154997441	76424563
建筑安装业	Construction Installation	1506	13107123	5911112	17790736	4819686
建筑装饰、装修和其他建筑业	Building Decoration and Others	2163	9205409	3213958	12094340	4071607
#建筑装饰和装修业	Building Decoration	1709	7053709	2558948	9386251	2864006

注：本表登记注册统计类别按《关于市场主体统计分类的划分规定》(国统字〔2023〕14号)执行，以下相关表同。

a) The registered statistical categories of this table is implemented in accordance with the Regulations on the Classification of Market Entity Statistics (Guotongzi [2023] No. 14),The same applies to the relevant following tables.

15-3 续表 1 continued

类别	Category	企业个数(个) Number of Enterprises (unit)	建筑业总产值(万元) Gross Output Value (10 000 yuan)	竣工产值(万元) Value of Projects Completed (10 000 yuan)	签订合同额(万元) Value of Contracts (10 000 yuan)	#上年结转 Carryover of Last Year
三、按企业资质等级分	**by Qualification Criteria**					
施工总承包	Construction Contract	8293	169365592	64208590	380672538	180332430
特　级	Special Grade	69	69361514	24522930	184548199	90856013
一　级	First Grade	770	63258385	24245682	127361715	61686216
二　级	Second Grade	2719	23290954	10289347	46869689	19297357
三级及以下	Third Grade and below	4735	13454739	5150631	21892935	8492845
专业承包	Professional Contract	4277	18453343	7593434	26527539	7529070
一　级	First Grade	978	10915337	4391977	16231442	4276171
二　级	Second Grade	2249	5183577	2258522	7080014	2207792
三级及以下	Third Grade and below	1050	2354429	942934	3216083	1045107
四、按控股情况分	**by Share Holding**					
国有控股	State-controlled	964	70703486	15543816	221108907	108414260
集体控股	Collective-controlled	360	8586313	3930693	13076551	6140605
私人控股	Private-controlled	11233	108162837	52089680	171918025	72448570
其他控股	Others	13	366299	237834	1096594	858065

15-3 续表 2 continued

类 别	Category	房屋建筑施工面积(平方米) Floor Space of Buildings under Construction (sq.m)	房屋建筑竣工面积(平方米) Floor Space of Buildings Completed (sq.m)	从事建筑业活动的平均人数(人) Average Number of Employed Persons in Construction Enterprises (person)
总 计	**Total**	**979915164**	**233844548**	**3589251**
#国有及国有控股企业	State-owned and State-controlled Enterprises	301644311	35923686	890214
一、按登记注册统计类别分	**by status of Regisstrated Statistics Category**			
内资企业	Domestic Invested Enterprises	978005407	233361349	3574857
港澳台投资企业	Enterprises with Funds from Hong Kong, Macao and Taiwan	1422914	234852	10013
外商投资企业	Foreign Funded Enterprises	486843	248347	4381
二、按国民经济行业分	**by Sector**			
房屋建筑业	Building	919142898	216812846	2246476
土木工程建筑业	Civil Engineering	39017759	8120842	812250
建筑安装业	Construction Installation	9515943	3247425	306436
建筑装饰、装修和其他建筑业	Building Decoration and Others	12238564	5663435	224089
#建筑装饰和装修业	Building Decoration	9266255	3981593	179564

15-3 续表 3 continued

类　别	Category	房屋建筑施工面积(平方米) Floor Space of Buildings under Construction (sq.m)	房屋建筑竣工面积(平方米) Floor Space of Buildings Completed (sq.m)	从事建筑业活动的平均人数(人) Average Number of Employed Persons in Construction Enterprises (person)
三、按企业资质等级分	**by Qualification Criteria**			
施工总承包	Construction Contract	930593407	212599549	3123746
特　级	Special Grade	455453309	95970186	1048879
一　级	First Grade	310166562	65881179	1127632
二　级	Second Grade	122383920	36093305	567727
三级及以下	Third Grade and below	42589616	14654879	379508
专业承包	Professional Contract	49321757	21244999	465505
一　级	First Grade	29338769	12773380	262639
二　级	Second Grade	14567019	6166730	135269
三级及以下	Third Grade and below	5415969	2304889	67597
四、按控股情况分	**by Share Holding**			
国有控股	State-controlled	301644311	35923686	890214
集体控股	Collective-controlled	63542859	18379120	192637
私人控股	Private-controlled	614187929	179484962	2497199
其他控股	Others	540065	56780	9201

15-4 建筑业主要财务指标(2023年)

Major Financial Indicators of Construction Enterprises(2023)

单位:万元 (10 000 yuan)

类 别	Category	年初存货 Inventory at Beginning of year	流动资产 Total Current Assets	固定资产原价 Fixed Assets Original Price	在建工程 Project under Constr -uction	资产合计 Total Assets	流动负债 Current Liabilities
总 计	**Total**	**27491396**	**213912129**	**18590850**	**3124825**	**261767197**	**170704033**
#国有及国有控股企业	State-owned and State-controlled Enterprises	7573533	98593012	6871013	1671840	122789913	86355671
一、按登记注册统计类别分	**by status of Regisstrated Statistics Category**						
内资企业	Domestic Invested Enterprises	27326519	212269515	18436743	3069555	259827408	169429603
港澳台投资企业	Enterprises with Funds from Hong Kong,Macao and Taiwan	116676	810248	28458	20075	987397	639872
外商投资企业	Foreign Funded Enterprises	48202	832366	125648	35195	952392	634558
二、按国民经济行业分	**by Sector**						
房屋建筑业	Building	17036951	99274181	7186126	1945309	118583283	75680681
土木工程建筑业	Civil Engineering	7985847	91082747	9132260	990993	115970521	79083318
建筑安装业	Construction Installation	1092784	11604119	1280205	105882	13388418	7646074
建筑装饰、装修和其他建筑业	Building Decoration and Others	1375814	11951082	992259	82640	13824975	8293960
#建筑装饰和装修业	Building Decoration	1119304	9253461	590983	59905	10494000	6821814

15-4 续表 1 continued

单位:万元 (10 000 yuan)

类 别	Category	年初存货 Inventory at Beginning of year	流动资产 Total Current Assets	固定资产原价 Fixed Assets Original Price	在建工程 Project under Construction	资产合计 Total Assets	流动负债 Current Liabilities
三、按企业资质等级分	**by Qualification Criteria**						
施工总承包	Construction Contract	24853612	190378308	16184306	2884535	234015113	154166265
特 级	Special Grade	6087636	60989237	3394697	342030	78944887	57141166
一 级	First Grade	9008541	68594668	5411028	1588807	80920812	53736801
二 级	Second Grade	6695990	38596485	4074233	599462	45931707	28744894
三级及以下	Third Grade and below	3061446	22197919	3304347	354236	28217708	14543405
专业承包	Professional Contract	2637784	23533820	2406544	240290	27752084	16537767
一 级	First Grade	1387601	13121388	906666	102275	15209965	9528106
二 级	Second Grade	911739	7159104	886935	112040	8618148	4926352
三级及以下	Third Grade and below	338443	3253328	612944	25975	3923971	2083310
四、按控股情况分	**by Share Holding**						
国有控股	State-controlled	7573533	98593012	6871013	1671840	122789913	86355671
集体控股	Collective-controlled	1854237	9420141	835440	96601	11881588	7402099
私人控股	Private-controlled	17980076	105533276	10771804	1303841	126468671	76617990
其他控股	Others	83549	365700	112593	52542	627025	328272

15-4 续表 2 continued

单位:万元 (10 000 yuan)

类 别	Category	非流动负债 Non-current liabilities	负债合计 Total Liabilities	所有者权益 Creditors' Equity	主营业务收入 Revenue from Principal Business	主营业务成本 Cost of Principal Business
总 计	**Total**	**9489313**	**203015491**	**58751706**	**176164240**	**161031019**
#国有及国有控股企业	State owned and State controlled Enterprises	7048080	99330665	23459248	74799991	68809816
一、按登记注册统计类别分	**by status of Regisstrated Statistics Category**					
内资企业	Domestic Invested Enterprises	9462849	201714072	58113337	175428058	160366593
港澳台投资企业	Enterprises with Funds from Hong Kong, Macao and Taiwan	21679	662076	325321	630129	591065
外商投资企业	Foreign Funded Enterprises	4786	639344	313048	106053	73361
二、按国民经济行业分	**by Sector**					
房屋建筑业	Building	3145512	91060404	27522880	93041457	86157520
土木工程建筑业	Civil Engineering	5828881	91571902	24398619	59162069	53402794
建筑安装业	Construction Installation	270034	10178432	3209986	15068623	13867092
建筑装饰、装修和其他建筑业	Building Decoration and Others	244886	10204754	3620221	8892091	7603613
#建筑装饰和装修业	Building Decoration	175336	7863178	2630822	6710706	5617538

15-4 续表 3 continued

单位:万元 (10 000 yuan)

类　别	Category	非流动负债 Non-current Liabilities	负债合计 Total Liabilities	所有者权益 Total Owner's Equities	主营业务收入 Revenue from Principal Business	主营业务成本 Cost of Principal Business
三、按企业资质等级分	**by Qualification Criteria**					
施工总承包	Construction Contract	9018462	182583879	51431235	156399217	143805804
特　级	Special Grade	3272186	62232580	16712307	66741906	62117667
一　级	First Grade	2742163	63418561	17502251	54830760	50632732
二　级	Second Grade	1523759	35748456	10183251	22056082	19810899
三级及以下	Third Grade and below	1480354	21184281	7033427	12770470	11244507
专业承包	Professional Contract	470851	20431612	7320472	19765023	17225214
一　级	First Grade	214410	11619769	3590196	11942536	10393345
二　级	Second Grade	126560	6061261	2556887	5415027	4730781
三级及以下	Third Grade and below	129882	2750583	1173388	2407460	2101088
四、按控股情况分	**by Share Holding**					
国有控股	State-controlled	7048080	99330665	23459248	74799991	68809816
集体控股	Collective-controlled	422535	9590564	2291024	7213941	6173297
私人控股	Private-controlled	2002002	93749292	32719379	93816406	85774437
其他控股	Others	16697	344970	282056	333902	273469

15-4 续表 4 continued

单位:万元 (10 000 yuan)

类 别	Category	主营业务税金及附加 Taxes and Other Charges on Principal Business	销售费用 Sales Expenses	管理费用 Management Expenses	财务费用 Financial Expenses	利润总额 Total Profits
总 计	**Total**	**684550**	**394072**	**5532597**	**1245985**	**5789890**
#国有及国有控股企业	State-owned and State-controlled Enterprises	180644	103777	1624998	509905	2656729
一、按登记注册统计类别分	**by status of Regisstrated Statistics Category**					
内资企业	Domestic Invested Enterprises	682922	392691	5513274	1243243	5741619
港澳台投资企业	Enterprises with Funds from Hong Kong, Macao and Taiwan	1201	10	13796	2157	27986
外商投资企业	Foreign Funded Enterprises	426	1372	5527	586	20285
二、按国民经济行业分	**by Sector**					
房屋建筑业	Building	405486	99849	2119970	597523	3136549
土木工程建筑业	Civil Engineering	172913	177835	2218187	527137	2033997
建筑安装业	Construction Installation	71643	64939	676990	43127	294722
建筑装饰、装修和其他建筑业	Building Decoration and Others	34508	51448	517450	78198	324622
#建筑装饰和装修业	Building Decoration	23044	43704	397172	55396	273770

15-4 续表 5 continued

单位:万元 (10 000 yuan)

类　　别	Category	主营业务税金及附加 Taxes and Other Charges on Principal Business	销售费用 Sales Expenses	管理费用 Management Expenses	财务费用 Financial Expenses	利润总额 Total Profits
三、按企业资质等级分	**by Qualification Criteria**					
施工总承包	Construction Contract	605818	260108	4323258	1108981	5153228
特　级	Special Grade	162886	89115	834293	302225	2440502
一　级	First Grade	260180	45755	1464893	467698	1452502
二　级	Second Grade	128802	50171	1112364	217773	768638
三级及以下	Third Grade and below	53950	75068	911708	121285	491587
专业承包	Professional Contract	78731	133964	1209339	137005	636663
一　级	First Grade	50143	59666	547788	75391	333834
二　级	Second Grade	19251	54360	439513	39341	223051
三级及以下	Third Grade and below	9337	19938	222038	22273	79778
四、按控股情况分	**by Share Holding**					
国有控股	State-controlled	180644	103777	1624998	509905	2656729
集体控股	Collective-controlled	54681	8425	312598	46212	240299
私人控股	Private-controlled	448611	280656	3579613	688692	2847165
其他控股	Others	614	1213	15387	1176	45698

15−5 各市建筑业主要生产指标(2023年)

Main Production Indicators of Construction Enterprises by Region(2023)

地 区	Region	企业个数(个) Number of Enterprises (unit)	建筑业合同(万元) Value of Construction Contracts (10 000 yuan)	#上年结转合同额 Carryover of Last Year	建筑业总产值(万元) Gross Output Value of Construction (10 000 yuan)	竣工产值(万元) Value of Construction Completed (10 000 yuan)	房屋建筑施工面积(平方米) Floor Space under Construction (sq.m)	房屋建筑竣工面积(平方米) Floor Space Completed (sq.m)	从事建筑业活动的平均人数(人) Average Number of Employed Persons in Construction Enterprises (person)
全省总计	**Total**	**12570**	**407200077**	**187861500**	**187818935**	**71802023**	**979915164**	**233844548**	**3589251**
济南市	Jinan	1519	148493397	76972399	47770851	12674904	206903520	37353009	638306
青岛市	Qingdao	1122	84518358	42478957	38291031	13019396	264667797	46225574	754546
淄博市	Zibo	650	19331747	7213617	12968006	6087552	69575736	21179054	261222
枣庄市	Zaozhuang	381	6479149	2634261	3822816	1261486	27776410	5106789	91480
东营市	Dongying	452	4978811	1777380	3340462	2199960	7895043	3226309	58656
烟台市	Yantai	1215	21648039	6908224	9934801	4792426	52179301	17246788	190581
潍坊市	Weifang	845	17968143	8628862	11501375	5981390	67407613	21432151	195412
济宁市	Jining	1577	14650751	6450754	9019060	3835686	48666924	15487503	172267
泰安市	Tai'an	612	21088864	5264797	14341490	6178921	16201792	5673487	433688
威海市	Weihai	634	5571142	2875321	3708981	1950326	21941040	6548057	56467
日照市	Rizhao	540	11696508	4573363	5428253	1688313	19929098	4873769	87519
临沂市	Linyi	847	19901940	8004378	13009174	5402241	83905183	23757767	301535
德州市	Dezhou	450	9142400	4287512	4346862	1990815	35125892	9513854	107984
聊城市	Liaocheng	580	8812440	5129165	3742177	1910696	30764683	6702476	88925
滨州市	Binzhou	456	6504202	2363948	2779735	1360146	11068889	3820271	48899
菏泽市	Heze	690	6414188	2298563	3813864	1467766	15906243	5697690	101764

15-6 各市建筑业主要财务指标(2023年)

Financial Indicators of Construction Enterprises by Region(2023)

单位:万元 (10 000 yuan)

地 区	Region	流动资产 Total Current Assets	固定资产原价 Fixed Assets Original Price	在建工程 Projects under Construction	资产合计 Total Assets	流动负债 Liquid Liabilities	非流动负债 Non-current liabilities	负债合计 Total Liabilities
全省总计	**Total**	**213912129**	**18590850**	**3124825**	**261767197**	**170704033**	**9489313**	**203015491**
济南市	Jinan	59146032	3428495	266135	72668724	54051617	2972574	57543077
青岛市	Qingdao	36197800	2379378	341664	43787649	30036960	2253581	35118887
淄博市	Zibo	8696600	1106507	43695	10245161	5365028	119806	7197039
枣庄市	Zaozhuang	6221255	580608	147572	7233944	4251162	243862	5936197
东营市	Dongying	5663430	736886	94914	7320722	4475609	99058	5947949
烟台市	Yantai	12222677	1614802	1236441	14824251	8869162	411869	10250698
潍坊市	Weifang	12421921	1319428	135202	14792484	8427853	639295	10650157
济宁市	Jining	11136055	1371354	92973	13688754	7260815	463833	9950082
泰安市	Tai'an	10304626	788584	84002	11893543	6830169	334902	9868894
威海市	Weihai	5600384	754249	96038	6772867	4176083	335833	5049136
日照市	Rizhao	9591115	776204	133230	11449653	7704216	423111	9386531
临沂市	Linyi	15378389	1456226	101414	20456945	14018652	160193	15961974
德州市	Dezhou	6149673	560068	75684	7152062	3952253	231756	5215167
聊城市	Liaocheng	4820278	501596	47780	6055509	3482825	111340	4471065
滨州市	Binzhou	4757195	687158	103093	6231511	3752103	272976	4949400
菏泽市	Heze	5604700	529306	124988	7193421	4049526	415324	5519238

15-6 续表 continued

单位:万元 (10 000 yuan)

地 区	Region	所有者权益 Owner's Equity	实收资本 Paid-in Capitals	主营业务收入 Revenue from Principal Business	主营业务成本 Cost of Principal Business	主营业务税金及附加 Taxes and Other Charges on Principal Business	管理费用 Management Expenses	财务费用 Financial Expenses	利润总额 Total Profits
全省总计	**Total**	**58751706**	**27143433**	**176164240**	**161031019**	**684550**	**5532597**	**1245985**	**5789890**
济南市	Jinan	15125647	7059070	55933089	51592654	119548	1307874	285080	1998849
青岛市	Qingdao	8668762	3566072	31489389	28627047	85453	803959	224689	895637
淄博市	Zibo	3048121	3338337	10520301	9739894	52835	319198	43488	297027
枣庄市	Zaozhuang	1297746	531591	3370382	2973287	38950	151982	19399	193251
东营市	Dongying	1372772	806880	3404806	3148015	15303	184635	40764	45114
烟台市	Yantai	4573553	1966210	9253390	8112590	65788	439311	73927	532321
潍坊市	Weifang	4142328	1385624	8465929	7725667	42763	316879	92786	276289
济宁市	Jining	3738672	1731490	7369856	6596978	33946	437227	76430	167124
泰安市	Tai'an	2024649	1013683	15061341	14440713	100698	259333	33128	165416
威海市	Weihai	1723731	616628	2875131	2523782	15957	212729	26403	106516
日照市	Rizhao	2063122	1036405	4309307	3859155	12507	180920	90551	143829
临沂市	Linyi	4494971	1413737	9941561	8851883	44516	298224	93738	505629
德州市	Dezhou	1936895	702230	4529710	4057182	14748	195953	33292	154688
聊城市	Liaocheng	1584445	668654	3348182	3074116	12776	161253	34940	76215
滨州市	Binzhou	1282111	710447	2990155	2706106	11087	133062	24892	123443
菏泽市	Heze	1674183	596377	3301711	3001949	17674	130057	52478	108543

主要统计指标解释

建筑业统计单位 指从事房屋、构筑物建造和设备安装活动的法人企业。建筑业法人企业应具有建筑业资质并能够独立核算，同时其应具备以下条件：①依法成立，有自己的名称、组织机构和场所，能够承担民事责任；②独立拥有和使用资产，承担负债，有权与其他单位签订合同；③独立核算盈亏，能够编制资产负债表。

建筑业总产值 是以货币形式表现的建筑业企业在一定时期内生产的建筑业产品和提供的服务的总和。建筑业总产值包括：

⑴建筑工程产值：指列入建筑工程预算内的各种工程价值。

⑵安装工程产值：指设备安装工程价值，不包括被安装设备本身的价值。

⑶其他产值：建筑业总产值中除建筑工程、安装工程以外的产值。包括房屋构筑物修理产值、非标准设备制造产值、总包企业向分包企业收取的管理费以及不能明确划分的施工活动所完成的产值。

a.房屋构筑物修理产值：指房屋和构筑物修理所完成的产值，但不包括被修理房屋、构筑物本身价值和生产设备的修理产值。

b.非标准设备制造产值：指加工制造没有定型的非标准生产设备的加工费和原材料价值(如化工厂、炼油厂用的各种罐、槽，矿井生产统一使用的各种漏斗、三角槽、阀门等)以及附属加工厂为本企业承建工程制作的非标准设备的价值。

房屋建筑施工面积 指在报告期内施过工的全部房屋建筑面积，包括本期新开工的房屋面积、上期施工跨入本期继续施工的房屋面积、上期停缓建在本期恢复施工的房屋面积、本期竣工的房屋面积及本期施工后又停缓建的房屋面积。

房屋建筑竣工面积 指在报告期内房屋建筑按照设计要求全部完工，达到了使用条件，经验收鉴定合格，正式移交使用单位的房屋建筑面积。

Explanatory Notes on Main Statistical Indicators

Statistical Unit in Construction refers to corporate enterprise engaged in the construction of buildings and structures and in the installation of equipment. A corporate construction enterprise should have qualification certificates with independent accounting system, and should meet the following 3 requirements: a) being set up in line with relevant legal basis, having its full name, organization and location, and capable of taking civil liabilities; b) independently possessing and using its assets and assuming its liabilities, and entitled to sign contracts with other institutions; and c) making independent accounts of its profits and losses, and capable of compiling its own balance sheet.

Gross Output Value of Construction refers to total of construction products and services, expressed in money terms, produced or rendered by construction and installation enterprises during a given period of time. It includes:

(1)Output value of construction projects, that is the value of projects covered by the project budgets;

(2)Output value of installation projects, that is the value of the installation of equipment, (excluding the value of the equipment to be installed);

(3)Output value of others, that is the output value of construction industry excluding that of construction projects and installation projects. It includes: output value of repair of buildings and structures; output value of non standard equipment manufacturing; overhead expenses received by contracted enterprises to the sub contracted enterprises and the completed output value of construction activities that have no clear definition.

a. Output value of repair of buildings and structures, that is the value created through the repairs of buildings or structures, but does not include the value of buildings or structures being repaired and the value of the repair of production equipment;

b. Output value of manufactured non standard equipment, that is the value of non standard production equipment including raw materials and manufacturing cost made for the construction project (i.e., chemical plant; kettles or tanks used by refineries; various fillers, triangle tanks, valves used by mines), and the output value of equipment manufactured by subsidiary workshops.

Floor Space of Buildings under Construction refers to floor space of buildings under construction during the reference period, including newly started buildings, buildings started earlier and continued during the reference period, and buildings suspended earlier but restarted during the reference period, buildings completed during the reference period, and buildings under construction and then suspended during the reference period.

Floor Space of Buildings Completed refers to the floor space of buildings that are completed in the reference period in accordance with the requirements of the design, up to the standard for putting them into use, and have been checked and accepted by concerned departments as qualified ones.

第16篇

服务业

Service Enterprises

简 要 说 明

一、本篇资料的主要内容

本篇资料主要反映规模以上服务业的财务状况。据国家统计报表制度，2012 年规模以上服务业年报首次纳入“一套表”联网直报系统。

二、本篇资料的来源

本篇资料来源于规模以上服务业年报数据，由省统计局服务业处整理提供。

Brief Introduction

I. Content

Data in this chapter reflect the basic information, financial condition, employed persons, labor remuneration and E-commerce transactions of some service enterprises above designated size. According to the National Statistical Reporting System, some service enterprises above designated size have been integrated into the "network reporting" system since 2012.

II. Source of Data

Data in this chapter are based on the yearly statistics report of some service enterprises above designated size and are prepared and compiled by the Division of comprehensive Service Statistics of Shandong Provincial Bureau of Statistics.

16-1 规模以上服务业企业主要财务状况(2023年)

Main Financial Indicators of Service Enterprises above the Designated Size(2023)

单位:亿元 (100 million yuan)

项　目	Item	2023
资产总计	Total Assets	51166.94
负债合计	Total Liabilities	29480.05
营业收入	Business Revenue	14186.03
营业成本	Business Costs	11677.47
税金及附加	Tax and Extra Charges on Business	80.38
销售费用	Sales Expenses	367.17
管理费用	Management Expenses	988.97
财务费用	Financial Expenses	434.57
营业利润	Business Profits	1070.50
利润总额	Total Profits	1094.83
所得税费用	Income Taxes Payable	164.69
应付职工薪酬	Total Wages Payable	2512.03
应交增值税	Value-added Tax Payable	309.87

注：表中2023年数据为快报数，以下表同。

a) Data of 2023 are preliminary data, the same applies to the following tables.

16-2 规模以上服务业企业分登记注册类型财务状况(2023年)

Financial Indicators of Service Enterprises above Designated Size by Registration Type(2023)

单位:万元 (10 000 yuan)

类别	Category	企业单位数(个) Number of Industrial Enterprises (unit)	资产总计 Total Assets	负债合计 Total Liabilities
全省总计	**Provincial Total**	**12246**	**511669352**	**294800534**
按登记注册类型分	**by Status of Registration**			
内资企业	**Domestic Funded Enterprises**	**11920**	**483842248**	**281293636**
国有企业	State-owned Enterprises	528	107062860	62520116
集体企业	Collective-owned Enterprises	56	662361	457323
股份合作企业	Cooperative Enterprises	14	70661	33200
联营企业	Joint Ownership Enterprises	4	147103	102777
有限责任公司	Limited Liability Corporations	3427	291840267	168044343
股份有限公司	Share-holding Corporations Limited	232	34550471	16267082
私营企业	Private Enterprises	7503	47748900	32536637
其他企业	Other Enterprises	156	1759626	1332160
港、澳、台商投资企业	**Enterprises with Funds from Hong Kong, Macao and Taiwan**	**118**	**12412416**	**7964211**
合资经营企业(港或澳、台资)	Joint-ventures Enterprises	46	2888031	1185019
合作经营企业(港或澳、台资)	Cooperative Enterprises			
港澳台商独资经营企业	Enterprises with Sole Investment	67	5430470	2521657
港澳台商投资股份有限公司	Share-holding Corporations Ltd. With Funds from Hong Kong, Macao and Taiwan	3	4090840	4255578
其他港澳台投资企业	Other Enterprises	2	3075	1957
外商投资企业	**Foreign Funded Enterprises**	**208**	**15414688**	**5542687**
中外合资经营企业	Joint-venture Enterprises	70	3920387	1150130
中外合作经营企业	Cooperation Enterprises	3	6730	9539
外资企业	Enterprises with Sole Foreign Funds	121	10169832	3666283
外商投资股份有限公司	Share-holding Corporations Ltd. With Foreign Investment	9	1150933	572630
其他外商投资企业	Other Enterprises	5	166806	144105

16-2 续表 1 continued

单位:万元 (10 000 yuan)

类别	Category	营业收入 Business Revenue	营业成本 Business Costs	税金及附加 Tax and Extra Charges on Business
全省总计	**Provincial Total**	**141860288**	**116774719**	**803802**
按登记注册类型分	**by Status of Registration**			
内资企业	**Domestic Funded Enterprises**	**129395685**	**107197749**	**745411**
国有企业	State-owned Enterprises	11376931	9066904	89751
集体企业	Collective-owned Enterprises	207036	146824	3692
股份合作企业	Cooperative Enterprises	40509	26402	638
联营企业	Joint Ownership Enterprises	22034	14545	136
有限责任公司	Limited Liability Corporations	61551859	51523429	436868
股份有限公司	Share-holding Corporations Limited	8954889	6741065	50720
私营企业	Private Enterprises	46384925	39103902	161905
其他企业	Other Enterprises	857504	574678	1701
港、澳、台商投资企业	**Enterprises with Funds from Hong Kong, Macao and Taiwan**	**5239516**	**4111002**	**25600**
合资经营企业(港或澳、台资)	Joint-ventures Enterprises	1083100	709463	5680
合作经营企业(港或澳、台资)	Cooperative Enterprises			
港澳台商独资经营企业	Enterprises with Sole Investment	2205587	1589444	16961
港澳台商投资股份有限公司	Share-holding Corporations Ltd. With Funds from Hong Kong, Macao and Taiwan	1943247	1806105	2956
其他企业	Other Enterprises	7582	5989	3
外商投资企业	**Foreign Funded Enterprises**	**7225088**	**5465968**	**32791**
中外合资经营企业	Joint-venture Enterprises	1974128	1496503	6925
中外合作经营企业	Cooperation Enterprises	2066	1154	802
外资企业	Enterprises with Sole Foreign Funds	4581884	3529782	22414
外商投资股份有限公司	Share-holding Corporations Ltd. With Foreign Investment	532162	344039	2051
其他企业	Other Enterprises	134849	94490	598

16−2 续表 2 continued

单位:万元 (10 000 yuan)

类 别	Category	销售费用 Selling Expenses	管理费用 Management Expenses	财务费用 Financial Expenses	营业利润 Business Profits
全省总计	**Provincial Total**	**3671744**	**9889681**	**4345690**	**10704955**
按登记注册类型分	**by Status of Registration**				
内资企业	**Domestic Funded Enterprises**	**3106806**	**9162718**	**4283233**	**8832333**
国有企业	State-owned Enterprises	168197	893914	1219049	1389542
集体企业	Collective-owned Enterprises	7529	38588	1153	9740
股份合作企业	Cooperative Enterprises	2017	11305	88	-1194
联营企业	Joint Ownership Enterprises		741	3785	2852
有限责任公司	Limited Liability Corporations	1330278	3918236	2499508	4177566
股份有限公司	Share-holding Corporations Limited	333078	643998	281331	1220049
私营企业	Private Enterprises	1238115	3466333	267894	1980645
其他企业	Other Enterprises	27593	189603	10425	53133
港、澳、台商投资企业	**Enterprises with Funds from Hong Kong, Macao and Taiwan**	**288900**	**241687**	**138234**	**560803**
合资经营企业(港或澳、台资)	Joint-ventures Enterprises	42191	46143	17046	245654
合作经营企业(港或澳、台资)	Cooperative Enterprises				
港澳台商独资经营企业	Enterprises with Sole Investment	157211	154281	32018	303249
港澳台商投资股份有限公司	Share-holding Corporations Ltd. With Funds from Hong Kong, Macao and Taiwan	87653	40856	89160	12615
其他企业	Other Enterprises	1846	407	11	-715
外商投资企业	**Foreign Funded Enterprises**	**276038**	**485276**	**-75777**	**1311819**
中外合资经营企业	Joint-venture Enterprises	68120	116592	-2498	342128
中外合作经营企业	Cooperation Enterprises	890	647	94	-1519
外资企业	Enterprises with Sole Foreign Funds	166483	332034	-78228	834705
外商投资股份有限公司	Share-holding Corporations Ltd. With Foreign Investment	30276	24056	4336	122212
其他企业	Other Enterprises	10269	11947	520	14294

16-2 续表 3 continued

单位:万元 (10 000 yuan)

类 别	Category	利润总额 Total Profits	所得税费用 Income Taxes Payable	应付职工薪酬 Total Wages Payable	应交增值税 Value-added Tax Payable
全省总计	**Provincial Total**	**10948280**	**1646868**	**25120254**	**3098702**
按登记注册类型分	**by Status of Registration**				
内资企业	**Domestic Funded Enterprises**	**9018467**	**1268722**	**23085658**	**2806828**
国有企业	State-owned Enterprises	1419741	180745	1960525	242742
集体企业	Collective-owned Enterprises	19139	5403	51862	6234
股份合作企业	Cooperative Enterprises	-1178	21	9188	909
联营企业	Joint Ownership Enterprises	2904	927	4300	722
有限责任公司	Limited Liability Corporations	4294842	693853	11964995	1514325
股份有限公司	Share-holding Corporations Limited	1235647	165154	1430098	200173
私营企业	Private Enterprises	1994896	220588	7369364	831638
其他企业	Other Enterprises	52476	2032	295325	10085
港、澳、台商投资企业	**Enterprises with Funds from Hong Kong, Macao and Taiwan**	**622246**	**181582**	**812893**	**161741**
合资经营企业(港或澳、台资)	Joint-ventures Enterprises	245771	48444	121563	20870
合作经营企业(港或澳、台资)	Cooperative Enterprises				
港澳台商独资经营企业	Enterprises with Sole Investment	303767	118276	352478	109839
港澳台商投资股份有限公司	Share-holding Corporations Ltd. With Funds from Hong Kong, Macao and Taiwan	73423	15074	337923	31030
其他企业	Other Enterprises	-715	-213	929	2
外商投资企业	**Foreign Funded Enterprises**	**1307568**	**196564**	**1221703**	**130133**
中外合资经营企业	Joint-venture Enterprises	344536	81862	296613	14375
中外合作经营企业	Cooperation Enterprises	-1491		963	75
外资企业	Enterprises with Sole Foreign Funds	828229	93573	826706	106478
外商投资股份有限公司	Share-holding Corporations Ltd. With Foreign Investment	122683	20384	70817	4376
其他企业	Other Enterprises	13611	746	26604	4829

16—3 规模以上服务业企业分控股情况财务状况(2023年)

Financial Indicators of Service Enterprises above Designated Size by Holding Type(2023)

单位:万元 (10 000 yuan)

类别	Category	企业单位数(个) Number of Industrial Enterprises (unit)	资产总计 Total Assets	负债合计 Total Liabilities	营业收入 Business Revenue	营业成本 Business Costs
全省总计	**Provincial Total**	**12246**	**511669352**	**294800534**	**141860288**	**116774719**
按控股情况分	**by Holding Type**					
国有控股	State-holding	2130	404185095	227692078	63835535	52488735
集体控股	Collective-holding	309	9618895	6948480	4748589	3594492
私人控股	Private-holding	9397	77872264	52166860	64670313	54082693
港澳台商控股	Holdings form Hong Kong, Macao and Taiwan	96	5767862	2497129	2212209	1671921
外商控股	Foreign-holding	162	12766350	4731438	5676066	4432019
其他	Others	133	1297695	675768	668985	478988

16—3 续表 1 continued

单位:万元 (10 000 yuan)

类别	Category	税金及附加 Tax and Extra Charges on Business	销售费用 Selling Expenses	管理费用 Management Expenses	财务费用 Financial Expenses	营业利润 Business Profits
全省总计	**Provincial Total**	**803802**	**3671744**	**9889681**	**4345690**	**10704955**
按控股情况分	**by Holding Type**					
国有控股	State-holding	432341	1333834	3897944	3788764	6262242
集体控股	Collective-holding	48781	158422	475926	72120	303855
私人控股	Private-holding	273291	1812226	4826882	522089	2903631
港澳台商控股	Holdings form Hong Kong, Macao and Taiwan	18191	127704	151119	36391	264872
外商控股	Foreign-holding	28503	202361	390691	-74668	970989
其他	Others	2491	34701	129767	207	-2440

16-3 续表 2 continued

单位:万元 (10 000 yuan)

类别	Category	利润总额 Total Profits	所得税费用 Income Taxes Payable	应付职工薪酬 Total Wages Payable	应交增值税 Value-added Tax Payable
全省总计	**Provincial Total**	**10948280**	**1646868**	**25120254**	**3098702**
按控股情况分	**by Holding Type**				
国有控股	State-holding	6448845	992215	12016411	1526202
集体控股	Collective-holding	307193	36700	1066600	109466
私人控股	Private-holding	2957635	365803	10592291	1231097
港澳台商控股	Holdings form Hong Kong, Macao and Taiwan	269231	125445	309819	105204
外商控股	Foreign-holding	964850	123990	971244	110921
其他	Others	-1616	2300	142978	14620

16-4 规模以上服务业企业分行业财务状况(2023年)

Financial Indicators of Service Enterprises above Designated Size by Sector(2023)

单位:万元 (10 000 yuan)

行业	Category	企业单位数(个) Number of Industrial Enterprises (unit)	资产总计 Total Assets	负债合计 Total Liabilities	营业收入 Business Revenue
全省总计	**Provincial Total**	**12246**	**511669352**	**294800534**	**141860288**
按行业分	**Grouped by Sector**				
交通运输、仓储和邮政业	Transport, Storage and Postal Services	3642	220711054	124682030	61657271
信息传输、软件和信息技术服务业	Information Transmission, Software and Information Technology Services	1052	41095560	20362524	26349585
房地产业	Real Estate	1059	51846042	32094731	5390483
租赁和商务服务业	Leasing and Business Services	2739	113606000	68116120	23034858
科学研究和技术服务业	Scientific Research and Technical Services	1714	26033369	14236571	13900791
水利、环境和公共设施管理业	Management of Water Conservancy, Environment and Public Facilities	383	41539703	23883050	3727774
居民服务、修理和其他服务业	Households' Service, Repair and Other Services	433	1644375	1139608	1322863
教育	Education	213	2119833	1737147	859867
卫生和社会工作	Health and Social Work	449	4830823	3528553	3256934
文化、体育和娱乐业	Culture, Sports and Entertainment	562	8242594	5020202	2359863

16-4 续表 1 continued

单位:万元 (10 000 yuan)

行 业	Category	营业成本 Business Costs	税金及附加 Tax and Extra Charges on Business	销售费用 Selling Expenses	管理费用 Management Expenses
全省总计	**Provincial Total**	**116774719**	**803802**	**3671744**	**9889681**
按行业分	**Grouped by Sector**				
交通运输、仓储和邮政业	Transport, Storage and Postal Services	54922919	242632	735422	2772947
信息传输、软件和信息技术服务业	Information Transmission, Software and Information Technology Services	19638329	88145	1306737	1589646
房地产业	Real Estate	3916051	128892	184620	706890
租赁和商务服务业	Leasing and Business Services	19505905	197358	466130	1659994
科学研究和技术服务业	Scientific Research and Technical Services	10491563	66953	374298	1631185
水利、环境和公共设施管理业	Management of Water Conservancy, Environment and Public Facilities	2706454	36120	53875	336420
居民服务、修理和其他服务业	Households' Service, Repair and Other Services	1072152	4026	88019	129027
教育	Education	533377	3510	53783	207126
卫生和社会工作	Health and Social Work	2403444	8847	161897	487005
文化、体育和娱乐业	Culture, Sports and Entertainment	1584527	27319	246963	369441

16-4 续表 2 continued

单位:万元 (10 000 yuan)

行 业	Category	财务费用 Financial Expenses	营业利润 Business Profits	利润总额 Total Profits
全省总计	**Provincial Total**	**4345690**	**10704955**	**10948280**
按行业分	**Grouped by Sector**			
交通运输、仓储和邮政业	Transport, Storage and Postal Services	2367593	4010442	4147700
信息传输、软件和信息技术服务业	Information Transmission, Software and Information Technology Services	13105	2614237	2597874
房地产业	Real Estate	476306	365456	388784
租赁和商务服务业	Leasing and Business Services	984588	1722308	1752313
科学研究和技术服务业	Scientific Research and Technical Services	48976	1179365	1198887
水利、环境和公共设施管理业	Management of Water Conservancy, Environment and Public Facilities	356214	401180	426361
居民服务、修理和其他服务业	Households' Service, Repair and Other Services	2596	25813	27177
教育	Education	19492	51695	50474
卫生和社会工作	Health and Social Work	41703	128282	122961
文化、体育和娱乐业	Culture, Sports and Entertainment	35118	206178	235750

16−4 续表 3 continued

单位:万元 (10 000 yuan)

行业	Category	所得税费用 Income Taxes Payable	应付职工薪酬 Total Wages Payable	应交增值税 Value-added Tax Payable
全省总计	**Provincial Total**	**1646868**	**25120254**	**3098702**
按行业分	**Grouped by Sector**			
交通运输、仓储和邮政业	Transport, Storage and Postal Services	729549	8244364	1173452
信息传输、软件和信息技术服务业	Information Transmission, Software and Information Technology Services	430379	4332936	700618
房地产业	Real Estate	73547	1352393	189865
租赁和商务服务业	Leasing and Business Services	186693	4900297	476127
科学研究和技术服务业	Scientific Research and Technical Services	132004	3457320	354699
水利、环境和公共设施管理业	Management of Water Conservancy, Environment and Public Facilities	43446	714541	92382
居民服务、修理和其他服务业	Households' Service, Repair and Other Services	9301	272047	29804
教育	Education	7505	356643	14622
卫生和社会工作	Health and Social Work	22405	1019793	11921
文化、体育和娱乐业	Culture, Sports and Entertainment	12041	469919	55212

16−5 各市规模以上服务业企业财务状况(2023年)

Financial Indicators of Service Enterprises above Designated Size by Region(2023)

单位:万元 (10 000 yuan)

地区	Region	企业单位数(个) Number of Industrial Enterprises (unit)	资产总计 Total Assets	负债合计 Total Liabilities	营业收入 Business Revenue	营业成本 Business Costs	税金及附加 Tax and Extra Charges on Business	销售费用 Selling Expenses
全省总计	**Total**	**12246**	**511669352**	**294800534**	**141860288**	**116774719**	**803802**	**3671744**
济南市	Jinan	2300	186155360	100511161	42639802	35605260	208703	1207417
青岛市	Qingdao	2710	106401858	61146535	37530053	31717865	188933	966632
淄博市	Zibo	619	31641017	19386864	5887550	4700314	43568	130903
枣庄市	Zaozhuang	408	7111709	4593217	1823529	1465200	12391	47744
东营市	Dongying	522	14727557	10252116	6972147	5848210	45369	72383
烟台市	Yantai	900	32790914	19779702	9003370	7087432	63563	220245
潍坊市	Weifang	662	22430664	10764945	5411384	4286891	29459	169911
济宁市	Jining	787	15572785	10397023	5465577	4275352	28090	163968
泰安市	Tai'an	355	10314600	7229585	3065230	2442556	16601	94819
威海市	Weihai	345	5566853	3353605	2577393	2060992	17016	79140
日照市	Rizhao	350	32849211	19750052	5226014	4353078	37012	59478
临沂市	Linyi	722	10900750	7962954	4904650	3748615	45098	168563
德州市	Dezhou	373	5731254	3248308	3233823	2807343	25994	73083
聊城市	Liaocheng	369	11204789	6870595	2577903	2164756	11227	58656
滨州市	Binzhou	376	7444536	4299450	2400297	1909136	15143	57228
菏泽市	Heze	448	10825495	5254421	3141566	2301720	15637	101576

16-5 续表 continued

单位:万元 (10 000 yuan)

地 区	Region	管理费用 Management Expenses	财务费用 Financial Expenses	营业利润 Business Profits	利润总额 Total Profits	所得税费用 Income Taxes Payable	应付职工薪酬 Total Wages Payable	应交增值税 Value-added Tax Payable
全省总计	**Total**	**9889681**	**4345690**	**10704955**	**10948280**	**1646868**	**25120254**	**3098702**
济南市	Jinan	3065749	1509868	3125667	3270979	556776	8646482	1006155
青岛市	Qingdao	2322310	909576	2468896	2550519	435053	5376309	625730
淄博市	Zibo	420315	279752	526747	509363	39750	1063194	134118
枣庄市	Zaozhuang	160771	54961	117115	118394	12775	284932	42165
东营市	Dongying	461872	160907	444541	425481	41014	1849054	163814
烟台市	Yantai	705279	282345	751620	766725	116056	1718651	221692
潍坊市	Weifang	413424	85489	604777	609635	87509	1017118	108243
济宁市	Jining	363581	108081	575448	577468	48836	860202	148054
泰安市	Tai'an	274429	125934	146284	167306	24509	555715	68215
威海市	Weihai	238671	47128	203712	211812	39916	470826	44186
日照市	Rizhao	282665	421796	372152	381991	69901	638117	87510
临沂市	Linyi	423756	93660	405621	400869	58028	882862	124460
德州市	Dezhou	186104	53866	182642	186330	12775	452551	165206
聊城市	Liaocheng	161637	83751	143545	138977	26691	423652	43778
滨州市	Binzhou	172010	57532	206766	201107	32119	412170	54898
菏泽市	Heze	237108	71045	429423	431324	45161	468420	60479

主要统计指标解释

规模以上服务业 辖区内年营业收入 2000 万元及以上服务业法人单位。包括：交通运输、仓储和邮政业，信息传输、软件和信息技术服务业，水利、环境和公共设施管理业三个门类和卫生行业大类。

辖区内年营业收入 1000 万元及以上服务业法人单位。包括：租赁和商务服务业，科学研究和技术服务业，教育三个门类，以及物业管理、房地产中介服务、房地产租赁经营和其他房地产业四个行业小类。

辖区内年营业收入 500 万元及以上服务业法人单位。包括：居民服务、修理和其他服务业，文化、体育和娱乐业两个门类，以及社会工作行业大类。

Explanatory Notes on Main Statistical Indicators

The statistical coverage of some service enterprises above designated size The corporative enterprises with annual revenue from business above 20 million yuan of some services business, including three sectors of transport, storage and postal services, information transmission, software and information technology services, management of Water Conservancy, Environment and Public Facilities, and one major categories of health services.

The corporative enterprises with annual revenue from business above 10 million yuan of some services business, including three sectors of leasing and business services, scientific research and technical services, education, and four sub-categories of property management ,real estate agent services, real estate lease operation and other real estate,etc.

The corporative enterprises with annual revenue from business above 5 million yuan of some services business, including two sectors of households' service, repair and other services, culture, sports and entertainment services, and one major categories of social services .

第17篇

运输和邮电

Transport, Post and Telecommunication Services

简 要 说 明

一、本篇资料的主要内容

本篇资料反映了全省交通运输业和邮电通讯业发展的基本状况，主要包括交通设施基本情况、客货运量及周转量、交通运输企业主要技术经济指标、沿海主要港口货物吞吐量、邮政和电信基本情况、地方交通和营业性运输车辆、民用汽车拥有量等方面的内容。

二、本篇资料的来源

本篇资料中，交通运输资料分别来源于济南铁路局、山东省地方铁路局、省交通厅、省公安厅交警总队，邮电通信业资料来源于省通信管理局和省邮政局。

本篇资料由省统计局服务业处整理提供。

Brief Introduction

I. Content

Data in this chapter cover mainly the basic conditions of the development of transport, post and telecommunications in Shandong Province, including the basic conditions of transport, the freight traffic and passenger traffic accomplished by various means, major financial indices of related enterprises, cargo handled at principal sea ports, the possession of the transport equipment and the basic conditions of post and telecommunication services.

II. Source of Data

Data in this chapter are provided by Jinan Railway Board, Shandong Local Railway Board, Shandong Communications Department, and Traffic Police General Brigade of Shandong Public Security Department. Data on post and telecommunication services are provided by Shandong Communication Administration and Shandong Post Bureau.

Data in this chapter are prepared and compiled by the Division of Comprehensive Service Statistics of Shandong Provincial Bureau of Statistics.

17-1 主要年份运输线路长度

Length of Transport Routes in Major Years

单位:公里 (km)

年份 Year	铁路通车里程 Length of Railways in Operation	公路通车里程 Length of Highways in Operation	#晴雨通车 In Operation Regardless of Weather	内河通航里程 Length of Navigable Inland Waterways	#通机动船 In Operation for Motor Vessels
1949	887	3152	65	1082	
1952	954	7669	170	1459	409
1955	956	9070	667	1459	409
1957	1154	13425	2115	1642	1063
1962	1168	15766	4189	2179	1353
1965	1208	22176	5669	1827	1310
1970	1276	29159	12666	1821	1629
1975	1275	31712	20212	1876	1764
1976	1386	32978	21645	2118	1802
1977	1386	33629	23636	2343	1811
1978	1385	34244	25289	2403	1880
1979	1388	35139	26106	1972	1953
1980	1411	35311	26544	1970	1736
1981	1582	35292	27284	1849	1712
1982	1565	35504	27875	1859	1722
1983	1565	35722	28480	1859	1722
1984	1569	35935	29427	1859	1725
1985	1572	36327	30250	1840	1706
1986	2041	37005	31286	1840	1706
1987	2042	37530	32468	1840	1706
1988	2042	38759	34057	1840	1706
1989	2042	39783	35557	1840	1706
1990	2041	40772	37015	1840	1706
1991	2042	41937	39081	1891	1780
1992	2048	43134	40612	1891	1780
1993	2048	46033	43992	1891	1780
1994	2048	50225	48385	1891	1780
1995	2048	54243	52702	1891	1780
1996	2620	57271	55882	1891	1780
1997	2721	59260	58028	1414	1302
1998	2658	64145	63142	1414	1302
1999	2672	67847	67055	1476	
2000	2672	70686	70038	1476	
2001	2709	71128	70701	1476	
2002	2709	74029	73665	1476	
2003	3236	76266	75948	1012	
2004	3348	77768	77483	1012	
2005	3402	80132	79854	1012	
2006	3405	204911	203363	1012	
2007	3379	212236	211279	1012	
2008	3329	220687	219525	1012	
2009	3620	226693	225235	1012	
2010	3833	229858	228906	1150	
2011	4177	233189	232264	1150	
2012	4306	244586	243779	1150	
2013	4397	252785	252066	1150	
2014	4546	259514	259031	1150	
2015	4863	263447	262986	1150	
2016	4882	265720	265265	1150	
2017	5115	270590	270150	1150	
2018	5676	275642	275344	1150	
2019	5972	280325	280186	1150	
2020	6881	286814	286741	1117	
2021	7198	288143	283469	1117	
2022	7327	291759	288228	1117	
2023	7694	293411	291708	1117	

注:1. 2006年起，村道纳入公路通车里程。2. 自2020年起，铁路相关数据含地方铁路。
a) Length of highways includes that of village-level highways since 2006. b) The data of railways includes the local railways since 2020.

17-2 主要年份旅客运量及周转量

Passenger Traffic and Turnover Volume in Major Years

年 份 Year	客运量(万人) Passenger Traffic (10 000 persons)	铁路 Railways	公路 Highways	水路 Waterways	周转量(百万人公里) Passenger Turnover (million passenger-km)	铁路 Railways	公路 Highways	水路 Waterways
1949	928	846	82		1368	1287	81	
1952	1196	938	251	7	1553	1365	180	8
1955	1775	1086	678	11	2229	1786	438	5
1957	3019	1872	1128	19	3002	2427	565	10
1962	7590	5923	1599	68	7664	6690	933	41
1965	4566	2457	2077	32	3664	2699	953	12
1970	5725	2454	3240	31			1445	14
1975	7084	3202	3844	38	6676	4708	1953	15
1976	7614	3233	4239	52	6996	4791	2189	16
1977	8679	3522	5103	54	7702	5127	2560	15
1978	9431	3467	5897	67	8448	5535	2895	18
1979	10857	3431	7338	88	9373	5950	3403	19
1980	12208	3586	8532	90	10624	6769	3839	16
1981	12682	3600	8994	88	11365	7272	4077	16
1982	13109	3695	9322	92	12283	7788	4477	18
1983	14839	3792	10942	102	14237	8954	5264	19
1984	17309	4071	13125	113	17058	10615	6423	20
1985	19772	4073	15565	134	20357	12433	7901	23
1986	26459	4005	22311	143	24671	13895	10752	24
1987	25209	4212	20811	186	27316	15608	11680	28
1988	29035	4447	24297	291	32412	17974	14402	36
1989	30718	3905	26419	344	32286	16552	15693	41
1990	29798	3303	26136	359	30138	14830	15255	53
1991	31940	3286	28240	405	32620	15873	16598	96
1992	33920	3244	30145	486	35164	17043	18002	119
1993	33634	3346	29693	595	34068	17785	16114	169
1994	34592	3587	30253	627	35627	18273	17126	222
1995	36425	3414	32317	694	35097	17418	17449	230
1996	39199	2854	35611	734	35344	15317	19696	331
1997	43218	3071	39234	913	40060	17277	22347	436
1998	50904	3223	46467	868	45229	18327	24599	483
1999	59350	3670	54817	863	51828	20568	28846	414
2000	66128	3840	61466	822	54873	22180	32358	335
2001	70497	3723	65787	987	59432	23373	35573	486
2002	74626	3566	69948	1112	64294	24644	39173	477
2003	75492	3324	71053	1115	61769	22024	39223	522
2004	89388	3857	84290	1241	74799	26696	47545	558
2005	98485	3952	93178	1355	82778	28268	53910	600
2006	109472	4757	103298	1417	93014	32223	60128	663
2007	123963	5127	117309	1527	106879	34039	72022	818
2008	213387	5470	205917	2000	141867	36694	104569	604
2009	234234	5806	226134	2294	158713	37993	119723	997
2010	248720	6041	240044	2635	164471	42135	121151	1185
2011	250469	6609	241457	2403	172751	45872	125691	1188
2012	264935	7650	254711	2574	183196	50951	130995	1250
2013	269391	8484	258327	2580	189285	54995	133137	1153
2014	73582	9508	62052	2022	114056	61734	51141	1181
2015	59625	10666	46960	1999	112745	64444	47137	1164
2016	62727	11904	48823	2000	116882	68442	47240	1200
2017	64536	13388	49111	2037	122676	73365	48104	1207
2018	66613	14525	50044	2044	126935	76302	49357	1276
2019	67317	15722	49581	2014	127981	77287	49256	1439
2020	30096	9797	19475	824	59517	43191	15931	395
2021	28350	12164	15139	1047	70560	52392	17783	385
2022	16386	7321	8247	818	41481	31333	9829	319
2023	33259	18265	12442	2552	97968	80918	16213	837

注：1.2008年起、公路、水路数据改用全国公路水路运输量专项调查数据(以下相关表同)。
2.交通运输部2014年修订了公路、水运运输量统计试行方案，统计口径发生了变化(以下相关表同)。
3.2020年起，铁路客货运量、周转量为济南局、北京局、郑州局在山东省内数据，口径为国家铁路(以下相关表同)。

a) Since 2008, data on highways and waterways are based on the National Special Highway and Waterways Survey(The same as the following tables).
b) The pilot statistical investigation program on passenger traffic and turnover was revised in 2014,and the statistical scope was adjusted(The same as the following tables).
c) Since 2020, The railway passenger and freight volume and turnover refer to the data of Jinan Bureau,Beijing Bureau and Zhengzhou Bureau in Shandong Province,the caliber is national railway(The same as the following tables).

17-3 主要年份货物运量及周转量

Freight Traffic and Turnover Volume in Major Years

年 份 Year	货运量 (万吨) Freight Traffic (10 000 tons)	铁 路 Railways	公 路 Highways	水 路 Waterways	周转量 (百万吨公里) Freight Turnover (million ton-km)	铁 路 Railways	公 路 Highways	水 路 Waterways
1949	547	381	166	0.2	1245	1178	66	1
1952	1802	640	1029	133	3711	3346	154	211
1955	3305	895	2013	397	4919	4359	246	344
1957	4558	1238	2973	347	6923	6190	327	406
1962	4500	1801	2419	280	8106	7309	421	376
1965	7544	2821	4339	385	11929	10721	750	458
1970	10081	3911	5693	477	19167	17346	1186	635
1975	14598	4214	9781	603	22198	18947	2374	877
1976	17320	4904	11732	684	24062	20096	2942	1024
1977	21484	5365	15255	864	27326	22293	3865	1168
1978	22964	5940	16128	896	31005	25746	4060	1199
1979	22536	5951	15748	837	31586	26540	3634	1113
1980	22086	5687	15629	770	31329	26087	4005	1237
1981	20496	5306	14427	763	31941	26332	4093	1516
1982	21641	5415	15413	813	35160	28400	4937	1823
1983	23726	5655	17216	855	38996	30966	5787	2243
1984	25310	6035	18389	886	41974	33250	6505	2219
1985	27371	6403	20105	863	48431	37342	8139	2468
1986	32299	6789	24619	893	57599	44618	10287	2694
1987	36012	7072	28008	932	64533	49069	12231	3234
1988	39866	7322	31670	874	72723	53851	15325	3547
1989	43098	7934	34331	833	78996	58657	16612	3727
1990	41443	8012	32654	777	77845	58546	15705	3594
1991	44145	8372	34587	1186	81402	59694	16660	5047
1992	47676	8609	37684	1381	87617	62750	18931	5936
1993	51250	9023	40820	1407	92257	63127	20444	8687
1994	57187	9259	46485	1443	101437	66744	23069	11625
1995	66546	9256	55669	1621	112655	69857	26397	16401
1996	70664	10226	58270	2168	122849	71385	30559	20895
1997	72780	10368	60340	2072	126093	73323	31915	20855
1998	76813	10224	64716	1867	118753	65877	34322	18513
1999	80212	10553	67696	1956	127304	73588	35350	18330
2000	92483	11253	76778	4452	403315	79964	40575	282776
2001	99464	12426	81574	5464	467545	84815	41143	341587
2002	107454	13624	89714	4116	304075	92525	46009	165541
2003	117712	17167	95900	4645	342906	107157	50987	184762
2004	132036	17862	106887	7287	478309	111109	59606	307594
2005	147999	18338	120455	9206	558286	121908	71182	365196
2006	167511	19126	136750	11635	665521	151159	84510	429852
2007	198507	19923	163959	14625	642854	131151	106926	404777
2008	247489	20872	216604	10013	1010234	134133	511792	364309
2009	284463	19596	251587	13280	1095569	134139	604502	356928
2010	298055	18056	264366	15633	1174705	144775	621680	408250
2011	314962	19711	279380	15871	1258364	152606	662435	443323
2012	330270	19814	296752	13704	1099119	149384	705922	243813
2013	344401	19043	311812	13546	1026088	138910	749888	137290
2014	260983	16792	230018	14172	817690	123808	571138	122744
2015	258444	15786	227934	14724	833415	107728	587699	137988
2016	281557	16745	249752	15060	879552	113668	607143	158741
2017	322564	17853	288052	16659	962225	121363	665022	175840
2018	349481	18710	312807	17964	995988	126468	685968	183552
2019	304732	20850	266124	17758	1007631	143456	674620	189555
2020	308627	23189	267230	18208	1034063	156609	678440	199014
2021	333420	22895	291196	19329	1200214	168212	751761	280241
2022	322708	24717	276906	21085	1420835	183155	791263	446417
2023	336140	25349	285567	25224	1497081	179641	799935	517505

注：2019年起，公路货运量采用全国公路货运量专项调查数据。与以往不可比(以下相关表同)。

a) The highway freight volume adopts the special survey data of national highway freight volume since 2019,and not comparable with the previous (the same as in the following tables).

17–4 沿海主要港口货物吞吐量

Volume of Freight Handled in Major Coastal Ports

单位:万吨 (10 000 tons)

港口名称	Seaport	1995	2000	2005	2010	2015	2018	2019	2020	2021	2022	2023
总 计	**Total**	**10594**	**16025**	**38401**	**86421**	**134218**	**161512**	**161064**	**168881**	**178158**	**189036**	**197399**
青岛港	Qingdao	5103	8661	18679	35012	49749	54250	57736	60459	63029	65754	68367
烟台港	Yantai	1361	1964	4506	15033	33027	44308	38632	39935	42337	46257	48465
日照港	Rizhao	1452	2674	8421	22597	36082	43763	46377	49615	54117	57057	59284
威海港	Weihai	379	658	1532	2407	7324	5570	3730	3863	4273	4520	5154

17–5 交通运输企业主要技术经济指标

Major Technical and Economic Indicators of Transportation Enterprises

类 别	Category	2018	2019	2020	2021	2022	2023
铁路运输	**Railway Transport**						
货车周转时间 (天)	Turning Around Time of Freight Locomotives (day)	1.7	1.5	1.5	1.5	1.4	1.4
货车全周转距离 (公里)	Turning Around Length of Freight Locomotives (km)	419	419	411	407	404	401
货车中转距离 (公里)	Transfer Length of Freight Locomotives (km)	216	222	226	228	236	233
平均一日装车数 (车)	Daily Loading Coach (coach)	8921	10072	10936	10937	11938	12265
平均一日卸车数 (车)	Daily Unloading Coach (coach)	10696	12119	12903	13938	15055	14505
货车静载重 (吨)	Static Load of Freight Locomotives (ton)	57.5	56.8	57.6	57.1	56.3	56.2
货运机车日产量 (万总重吨公里)	Average Daily Ton-kilometers of Freight Locomotives (10 000 tonkm)	149.5	156.2	164.5	162.9	171.8	167.4
内燃机车每万吨公里耗油 (公斤)	Oil Consumption of Diesel Locomotives per 10000 Ton-km (kg)	38.0	38.6	47.5	49.7	49.4	48.8
沿海水运船舶	**Coastal Waterways Transport**						
全部船舶净载重量 (万吨)	Static Load of Vessels (10 000 tons)	1659	1713	1681	1552	1532	1424
码头泊位 (个)	Berths in Ports (unit)	597	596	607	616	638	661
最大靠泊能力 (万吨)	Maximum Capacity on Berths (10 000 tons)	40	40	40	40	40	40
年综合通过能力 (万吨)	Integrated Capacity (10 000 tons)	85866	90823	95179	100247	102138	121323
旅客吞吐量 (万人)	Passenger Handled (10 000 persons)	1461	1480	637	694	596	1398

17-6 1978-2023年邮政基本情况

Basic Conditions of Post Services from 1978 to 2023

年 份 Year	邮政局总计 (处) Post &Telecommunication offices (unit)	#设在农村 in Rural Area	邮路总长度 (万公里) Length of Postal Routes (10 000 km)	函 件 (万件) Letters (10 000 pcs)	报刊期发数 (万份) Issue of Newspapers and Magazines (10 000 copies)
1978	2349	2048		15532	542
1979	2348	2042	22.6	16336	613
1980	2363	2057	22.5	17324	775
1981	2363	2052	22.8	17540	859
1982	2371	2050	4.2	17340	946
1983	2384	2048	4.2	17434	1131
1984	2415	2060	4.4	18958	1572
1985	2516	2153	4.7	21930	2017
1986	2531	2174	5.0	23745	1743
1987	2540	2176	5.2	26940	1888
1988	2576	2196	5.3	28884	1777
1989	2608	2210	5.3	30043	1176
1990	2647	2233	5.8	29486	1047
1991	2672	2247	5.7	28001	1174
1992	2699	2267	6.7	28266	1326
1993	3259	2492	8.5	32966	1247
1994	4180		9.7	35920	982
1995	4080	3400	10.5	38789	1180
1996	3727	3013	13.4	35112	1020
1997	5397		15.1	32859	996
1998	5382		15.1	33114	1147
1999	4414	3497	18.5	35138	1568
2000	3011	2255	17.0	32878	1701
2001	3040	2225	15.9	31400	1324
2002	3012	2193	16.5	51496	972
2003	3007	2166	15.7	58220	1152
2004	3009	2118	16.2	50087	716
2005	3025	2118	17.3	24075	823
2006	3043	2105	17.0	44356	703
2007	3046	2086	17.4	47157	763
2008	2934	2080	17.7	46362	823
2009	2862	2030	18.1	52074	868
2010	2840	1991	6.8	53963	1618
2011	2851	2012	6.6	46014	796
2012	2856	2022	7.3	45663	976
2013	2861	2022	7.3	42389	914
2014	2870	2044	7.6	29233	976
2015	2870	2049	8.0	18787	943
2016	2878	2041	10.0	10328	837
2017	2880	2054	45.2	6978	1151
2018	2873	2063	40.8	6369	854
2019	2889	2060	44.3	6263	921
2020	3005	2037	26.9	4341	904
2021	2979	2009	41.6	3796	726
2022	2903	2021	42.9	3212	706
2023	2908	2079		3839	645

注：2023年起，不再统计邮路总长度。

a) Since 2023, the statistics on the Length of Postal Routes has no longer been carried out. The same applies to the relevant following tables.

17-7 1978-2023年电信业务总量

Business Volume of Telecommunication Services from 1978 to 2023

年份 Year	电信业务总量 (万元) Business Volume of Telecommunication Services (10 000 yuan)	电报 (万份) Telegraph (10 000 copies)	长话电路 (路) Lines of Long-distance Calls (line)	长途电话 (万次) Long-distance Calls (10 000 times)	市内电话 (万户) Local Telephones (10 000 subscribers)	农村电话 (万户) Rural Telephones (10 000 subscribers)
1978	10058	588	1082	1308	6.3	3.8
1979	10515	632	1177	1428	7.1	4.3
1980	11030	711	1282	1525	7.5	4.4
1981	11291	789	1415	1532	8.0	4.5
1982	11629	805	1532	1649	8.5	4.6
1983	12529	917	1653	1789	9.4	4.8
1984	13751	908	1929	1963	10.7	5.1
1985	16186	1132	2190	2325	12.1	5.2
1986	17735	1203	2638	2569	13.4	5.5
1987	20719	1519	3341	2984	15.2	5.9
1988	27124	1918	4392	3987	18.5	6.4
1989	32153	1812	5694	4693	22.3	6.9
1990	39401	1634	7436	5800	26.5	7.3
1991	103322	1651	12675	8724	32.9	8.1
1992	156134	1673	18422	16978	45.8	9.5
1993	274917	1412	32615	32273	69.6	12.8
1994	404027	987	47589	52719	84.8	19.2
1995	537135	667	40634	55755	165.8	46.1
1996	697719	458	54179	61409	227.0	80.0
1997	957400	324	67834	79719	283.5	128.6
1998	1338886	226	98760	97077	346.7	179.6
1999	1411800	202	163381	96553	413.8	283.8
2000	1865000	178	222500	96010	547.0	559.0
2001	2300200	138	108000	101682	661.0	827.0
2002	2759820		135000	99470	790.0	950.0
2003	3325632		268530	149245	1008.0	1085.0
2004	4846250		510000	121275	1314.0	1198.0
2005	6754670		290996	152883	1410.9	1275.7
2006	9286877		462662	148631	1380.5	1256.7
2007	11799357		350028	157152	1377.6	1211.5
2008	14262026		413082	124858	1398.4	1053.7
2009	15867854		1238400	123510	1291.3	965.0
2010	19209000				1193.5	829.6
2011	7236000				1087.6	809.0
2012	7976000				1101.3	786.8
2013	8637000				1032.2	712.2
2014	10678489				879.3	538.9
2015	12531166				773.2	343.9
2016	8633818				678.2	292.2
2017	14947602				639.0	245.0
2018	36519157				618.1	228.3
2019	57866070					
2020	72000713					
2021	10020067					
2022	11044264					
2023	11277202					

注：2021年起，电信业务总量按上年不变价格计算。
a) The business volume of telecommunication services was calculated at last year constant prices since 2021.

17-8 邮电业务基本情况

Basic Conditions of Post and Telecommunication Services

类　别		Category		2018	2019	2020	2021	2022	2023
函　件	(万件)	Letters	(10 000 pcs)	6369	6263	4341	3796	3212	3839
报刊期发数	(万份)	Issue of Newspapers and Magazines	(10 000 copies)	854	921	904	726	706	645
年末移动电话用户	(万户)	Number of Mobile Telephone Subscribers at Year-end	(10 000 subscribers)	10569.6	10785.5	10907.1	11248.5	11700.4	12002.1
#4G移动电话用户	(万户)	4G Mobile Phone Subscribers	(10 000 subscribers)	7294.2	8112.7	8450.1	7134.1	6423.1	5545.5
固定电话年末用户	(万户)	Number of Fixed Telephone Subscribers at Year-end	(10 000 subscribers)	846.3	1185.2	1125.2	1107.4	1134.2	1101.6
#城市电话用户	(万户)	Urban Fixed Telephone Subscribers	(10 000 subscribers)	618.1					
农村电话用户	(万户)	Rural Telephone Subscribers	(10 000 subscribers)	228.3					
邮政所	(处)	Post Offices	(unit)	2873	2889	3005	2979	2903	2908
邮路总长度	(公里)	Length of Postal Routes	(km)	408336	442719	269210	416064	428755	
(固定)互联网宽带接入用户	(万户)	Number of Internet Broad Band Subscribers	(10 000 subscribers)	2884.8	3186.1	3445.6	3863.7	4264.7	4581.9
#光纤宽带用户	(万户)	Fibre Broadband Users	(10 000 subscribers)	2534.5	2900.4	3202.8	3656.8	4041.1	4325.8
移动互联网用户	(万户)	Number of Mobile Internet Subscribers	(10 000 subscribers)	9552.3	8855.3	8761.3	9368.0	9770.6	10370.1
移动互联网用户接入流量	(万G)	Fibre Broadband Users	(10 000 G)	384043	647315	857509	1256956	1554419	1867527

17-9 各市邮电业务基本情况(2023年)

Basic Conditions of Post and Telecommunication Services by Region (2023)

地　区	Region	邮政行业业务总量(亿标准量) Business Volume of Post Services (Billion Standard Quantity)	电信业务总　量(亿元) Business Volume of Telecommunication Services (100 million yuan)	移动电话用户数(万户) Number of Mobile Telephone Subscribers (10 000 subscribers)	固定电话用户数(万户) Number of Fixed Telephone Subscribers (10 000 subscribers)	(固定)互联网宽带接入用户(万户) Number of Internet Broad Band Subscribers (10 000 subscribers)
全省总计	**Total**	**828.8**	**1127.7**	**12002.1**	**1101.6**	**4581.9**
济 南 市	Jinan	108.1	160.4	1315.5	163.2	559.3
青 岛 市	Qingdao	121.8	154.8	1383.9	161.7	534.5
淄 博 市	Zibo	22.4	53.8	573.8	72.3	199.9
枣 庄 市	Zaozhuang	21.2	37.9	419.4	37.4	162.7
东 营 市	Dongying	10.2	31.0	305.9	34.0	114.3
烟 台 市	Yantai	53.8	82.6	915.9	89.8	361.0
潍 坊 市	Weifang	69.3	95.2	1112.0	94.1	396.6
济 宁 市	Jining	45.7	75.8	880.5	67.2	328.3
泰 安 市	Tai'an	23.5	49.8	585.8	53.1	217.5
威 海 市	Weihai	30.1	38.4	417.0	42.9	169.5
日 照 市	Rizhao	15.3	32.7	344.4	28.6	137.1
临 沂 市	Linyi	147.4	105.3	1176.9	66.3	446.0
德 州 市	Dezhou	54.3	47.8	588.2	46.6	226.4
聊 城 市	Liaocheng	38.9	52.8	632.6	56.3	229.7
滨 州 市	Binzhou	21.0	41.2	440.1	39.5	177.6
菏 泽 市	Heze	45.6	71.7	910.2	48.7	321.5

17-10　各市公路情况(2023年)

Basic Conditions of Highways by Region (2023)

单位:公里　　(km)

地　区	Region	公路里程 Length of Highways	等级公路里　程 Expressway and Class I to IV Highways	二级及二级以上公路合计 Second Class and Above	高速公路里　程 Length of Expressway	公路密度(公里/百平方公里) Road Density (km/100 sq.km)
全省总计	**Total**	**293411**	**293411**	**48455**	**8433**	**187**
济南市	Jinan	18351	18351	3051	823	179
青岛市	Qingdao	15634	15634	4353	909	138
淄博市	Zibo	11638	11638	2032	400	195
枣庄市	Zaozhuang	9335	9335	1648	287	205
东营市	Dongying	9361	9361	1382	237	109
烟台市	Yantai	19887	19887	4505	668	143
潍坊市	Weifang	29759	29759	5643	867	184
济宁市	Jining	21390	21390	3466	499	191
泰安市	Tai'an	16705	16705	2588	476	215
威海市	Weihai	6993	6993	1923	235	121
日照市	Rizhao	10349	10349	1804	222	193
临沂市	Linyi	32557	32557	4898	686	189
德州市	Dezhou	21777	21777	2816	569	210
聊城市	Liaocheng	21596	21596	2284	474	248
滨州市	Binzhou	17818	17818	2777	491	184
菏泽市	Heze	30262	30262	3285	590	249

17-11　各市地方交通旅客运输量(2023年)

Passenger Transport Volume of Local Traffic by Region (2023)

地　区	Region	客运量(万人) Passenger Traffic (10 000 persons)	公路 Highways	水运 Waterways	周转量(百万人公里) Passenger-Kilometers (million passenger-km)	公路 Highways	水运 Waterways
全省总计	**Total**	**14993.7**	**12441.5**	**2552.2**	**17050.2**	**16213.1**	**837.1**
济南市	Jinan	2354.3	2137.0	217.3	4631.9	4619.3	12.5
青岛市	Qingdao	2524.9	2174.1	350.8	1827.3	1785.0	42.2
淄博市	Zibo	143.1	138.7	4.4	300.5	300.3	0.2
枣庄市	Zaozhuang	171.6	139.9	31.8	343.6	342.2	1.4
东营市	Dongying	385.9	377.3	8.6	711.3	709.6	1.7
烟台市	Yantai	2317.1	1494.9	822.1	2029.6	1449.8	579.8
潍坊市	Weifang	516.5	516.3	0.2	599.6	599.6	
济宁市	Jining	922.5	802.8	119.6	1071.3	1064.2	7.1
泰安市	Tai'an	1491.7	1488.0	3.7	683.5	683.0	0.4
威海市	Weihai	1543.2	601.7	941.5	933.6	753.5	180.1
日照市	Rizhao	244.8	207.8	36.9	362.0	351.1	11.0
临沂市	Linyi	567.8	564.9	2.9	1282.2	1282.1	0.2
德州市	Dezhou	247.6	247.6		256.7	256.7	
聊城市	Liaocheng	1024.2	1024.2		887.6	887.6	
滨州市	Binzhou	144.7	144.7		263.2	263.2	
菏泽市	Heze	394.2	381.7	12.4	866.2	865.6	0.6

17-12 各市地方交通货物运输量(2023年)

Freight Transport Volume of Local Traffic by Region (2023)

地区	Region	货运量(万吨) Volume of Freight Traffic (10 000 tons)	公路 Highways	水运 Waterways	周转量(百万吨公里) Freight Turnover (million ton-km)	公路 Highways	水运 Waterways
全省总计	**Total**	**310791**	**285567**	**25224**	**1317441**	**799935**	**517505**
济南市	Jinan	24590	24589	1	61549	61545	3
青岛市	Qingdao	34817	27531	7286	494137	70650	423487
淄博市	Zibo	18250	18250		48691	48691	
枣庄市	Zaozhuang	10538	9376	1162	23202	18517	4685
东营市	Dongying	7691	7647	44	18828	18658	170
烟台市	Yantai	24292	18919	5373	61922	45371	16551
潍坊市	Weifang	29957	26894	3063	90088	68579	21509
济宁市	Jining	34990	29687	5303	101741	78162	23580
泰安市	Tai'an	7579	7543	36	19107	18960	147
威海市	Weihai	8046	6465	1580	32851	19873	12978
日照市	Rizhao	8822	7851	971	35424	22255	13169
临沂市	Linyi	35642	35642		150398	150398	
德州市	Dezhou	15092	15092		33510	33510	
聊城市	Liaocheng	20641	20641		64563	64563	
滨州市	Binzhou	13989	13793	196	43097	42710	387
菏泽市	Heze	15854	15646	208	38333	37494	839

17-13 各市公路营业性运输车辆(2023年)

Transport Vehicles in Operation by Region (2023)

单位:辆 (unit)

地区	Region	汽车 Vehicles	客车 Passenger Vehicles	货车 Trucks
全省总计	**Total**	**1432081**	**17847**	**1414234**
济南市	Jinan	68137	2534	65603
青岛市	Qingdao	128244	3285	124959
淄博市	Zibo	56965	451	56514
枣庄市	Zaozhuang	52743	333	52410
东营市	Dongying	39490	791	38699
烟台市	Yantai	62125	1500	60625
潍坊市	Weifang	133185	1504	131681
济宁市	Jining	199920	846	199074
泰安市	Tai'an	49357	921	48436
威海市	Weihai	23856	782	23074
日照市	Rizhao	36791	586	36205
临沂市	Linyi	236095	1340	234755
德州市	Dezhou	61415	547	60868
聊城市	Liaocheng	130399	970	129429
滨州市	Binzhou	74694	441	74253
菏泽市	Heze	78665	1016	77649

注:公路营运载客汽车不包括在公路运输管理部门管理并注册登记为公共汽车和出租汽车的车辆。数据来源于交通部门。

a)Passenger vehicles do not include those managed by department of highway transportation and registered as buses and taxis.The data comes from the transportation department.

17－14 各市民用汽车拥有量(2023年)

Possession of Civil Vehicles by Region(2023)

单位:辆 (unit)

地 区	Region	民用汽车总计 Total Civil Vehicles	载客汽车 Passenger Vehicles	大 型 Large	中 型 Medium	小 型 Small	微 型 Minicar
全省总计	**Total**	**30304571**	**26849805**	**122273**	**31744**	**26465906**	**229882**
济南市	Jinan	3380155	3092930	14426	3418	3057938	17148
青岛市	Qingdao	3675593	3320584	20398	5003	3274056	21127
淄博市	Zibo	1416224	1284174	6315	2686	1267978	7195
枣庄市	Zaozhuang	1150075	1047790	3956	966	1031851	11017
东营市	Dongying	926675	828721	3741	1674	819444	3862
烟台市	Yantai	2175368	1978827	10961	3434	1952554	11878
潍坊市	Weifang	3058255	2646619	11339	2696	2611035	21549
济宁市	Jining	2096129	1770527	9205	1884	1735671	23767
泰安市	Tai'an	1116218	995525	5533	1297	982389	6306
威海市	Weihai	1010216	903844	5174	1850	893710	3110
日照市	Rizhao	887583	777581	3620	695	766481	6785
临沂市	Linyi	3402994	2923694	7445	2425	2871714	42110
德州市	Dezhou	1438228	1283092	4315	1033	1266170	11574
聊城市	Liaocheng	1494157	1298193	5070	721	1278724	13678
滨州市	Binzhou	1240531	1084959	4564	733	1071407	8255
菏泽市	Heze	1836170	1612745	6211	1229	1584784	20521

注:民用汽车不含三轮汽车和低速载货汽车。其他汽车指专项作业车。
a) Civil vehicles don't include three-wheeled vehicles and low-speed trucks.Other vehicles refer to special operation vehicles.

17－14 续表 continued

单位:辆 (unit)

地 区	Region	载货汽车 Trucks	大 型 Large	中 型 Medium	小 型 Small	微 型 Minicar	其他汽车 Others
全省总计	**Total**	**3307886**	**979824**	**50503**	**2275555**	**2004**	**146880**
济南市	Jinan	269473	53505	3856	211363	749	17752
青岛市	Qingdao	339375	85809	8714	244711	141	15634
淄博市	Zibo	125001	36942	1317	86476	266	7049
枣庄市	Zaozhuang	99119	33295	1036	64774	14	3166
东营市	Dongying	90045	25666	867	63470	42	7909
烟台市	Yantai	187893	44260	4119	139440	74	8648
潍坊市	Weifang	397234	92980	8406	295637	211	14402
济宁市	Jining	308776	148266	2402	158028	80	16826
泰安市	Tai'an	116123	29325	1952	84835	11	4570
威海市	Weihai	101819	16561	1301	83921	36	4553
日照市	Rizhao	105557	25478	875	79115	89	4445
临沂市	Linyi	466597	167818	9930	288805	44	12703
德州市	Dezhou	147692	42227	1168	104255	42	7444
聊城市	Liaocheng	188602	78608	1175	108743	76	7362
滨州市	Binzhou	149931	48498	1472	99946	15	5641
菏泽市	Heze	214649	50586	1913	162036	114	8776

17−15 各市私人汽车拥有量(2023年)

Possession of Private Vehicles by Region (2023)

单位:辆 (unit)

地区	Region	汽车总计 Total	载客汽车 Passenger Vehicles	大型 Large	中型 Medium	小型 Small	微型 Minicar
全省总计	**Total**	**26897037**	**24803131**	**1518**	**11094**	**24587065**	**203454**
济南市	Jinan	3004462	2822848	475	1261	2805170	15942
青岛市	Qingdao	3186457	2996379	142	1186	2979881	15170
淄博市	Zibo	1261606	1187652	71	1338	1179458	6785
枣庄市	Zaozhuang	823325	762951	50	333	755691	6877
东营市	Dongying	818315	767593	35	420	763736	3402
烟台市	Yantai	1962614	1838559	32	1324	1825898	11305
潍坊市	Weifang	2831220	2521894	139	1385	2499472	20898
济宁市	Jining	1832151	1679430	144	487	1655676	23123
泰安市	Tai'an	1028417	946398	27	522	939704	6145
威海市	Weihai	919194	845873	96	567	842343	2867
日照市	Rizhao	803595	733440	17	260	726871	6292
临沂市	Linyi	3059936	2768299	123	949	2732488	34739
德州市	Dezhou	1233617	1143387	75	260	1133616	9436
聊城市	Liaocheng	1319789	1222681	26	197	1209510	12948
滨州市	Binzhou	1098781	1007837	22	250	1000122	7443
菏泽市	Heze	1713558	1557910	44	355	1537429	20082

注：私人汽车不含登记在个人名下三轮汽车和低速载货汽车。
a) Total Private vehicles don't include three-wheeled vehicles and low-speed trucks.

17−15 续表 continued

单位:辆 (unit)

地区	Region	载货汽车 Trucks	大型 Large	中型 Medium	小型 Small	微型 Minicar	其他汽车 Others
全省总计	**Total**	**2020111**	**108244**	**19495**	**1891626**	**746**	**73795**
济南市	Jinan	173990	15080	1270	157609	31	7624
青岛市	Qingdao	184777	1033	1177	182487	80	5301
淄博市	Zibo	70677	1204	286	69120	67	3277
枣庄市	Zaozhuang	58750	4846	415	53477	12	1624
东营市	Dongying	48228	1207	245	46752	24	2494
烟台市	Yantai	120892	7827	1594	111435	36	3163
潍坊市	Weifang	300512	35243	4661	260504	104	8814
济宁市	Jining	142105	6412	514	135121	58	10616
泰安市	Tai'an	79506	5438	763	73298	7	2513
威海市	Weihai	71589	5918	523	65123	25	1732
日照市	Rizhao	68088	1074	152	66783	79	2067
临沂市	Linyi	283699	18791	6722	258152	34	7938
德州市	Dezhou	86300	274	182	85818	26	3930
聊城市	Liaocheng	93188	761	156	92218	53	3920
滨州市	Binzhou	87791	1542	385	85851	13	3153
菏泽市	Heze	150019	1594	450	147878	97	5629

17-16 按行业分企业信息化及电子商务情况(2023年)

行 业	Industry	企业数(个) Number of Enterprises (unit)	期末使用计算机数(台) Computers Used at the End of Period (unit)
全 省	**Total**	**120269**	**3856707**
采矿业	Mining	409	107323
制造业	Manufacturing	36349	1526220
电力、热力、燃气及水生产和供应业	Production and Supply of Electricity, Heat, Gas and Water	1933	156618
建筑业	Construction	13050	388303
批发和零售业	Wholesale and Retail Trades	39095	481914
交通运输、仓储和邮政业	Transport, Storage and Post	4196	215221
住宿和餐饮业	Hotels and Catering Services	7334	69454
信息传输、软件和信息技术服务业	Information Transmission, Software and Information Technology Services	1225	301023
房地产业	Real Estate	8771	154635
租赁和商务服务业	Leasing and Business Services	3336	109266
科学研究和技术服务业	Scientific Research and Technical Services	1967	181268
水利、环境和公共设施管理业	Management of Water Conservancy, Environment and Public Facilities	454	15133
居民服务、修理和其他服务业	Service to Households, Repair and Other Services	528	8235
教育	Education	326	53462
卫生和社会工作	Health and Social Service	604	58703
文化、体育和娱乐业	Culture, Sports and Entertainment	692	29929

注：有电子商务交易活动的企业是指通过计算机网络开展电子商务销售或电子商务采购的企业。

Informatization and E-Commerce of Enterprises by Industrial Sector (2023)

每百人使用计算机数(台) Computers Used Per 100 Persons (unit)	企业拥有网站数(个) Websites of Enterprises (unit)	每百家企业拥有网站数(个) Websites Per 100 Enterprises (unit)	有电子商务交易活动 With E-Commerce Transactions		电子商务销售额(万元) Sales of E-Commerce (10 000 yuan)	电子商务采购额(万元) Purchases of E-Commerce (10 000 yuan)
			企业数(个) Enterprises (unit)	比重(%) Proportion (%)		
34	**50724**	**42**	**22920**	**19**	**331524450**	**138648272**
36	185	45	49	12	2343984	3195474
30	22840	63	7109	20	166780570	70990055
52	900	47	273	14	19994799	1014423
19	4419	34	756	6	195862	2373210
50	10162	26	7843	20	109510150	55669697
47	1464	35	872	21	11055052	2868076
24	2206	30	3704	51	1638637	67760
117	1156	94	338	28	15229516	1396983
38	3274	37	501	6	830609	56910
19	1363	41	514	15	2205221	333752
77	1356	69	292	15	470399	586721
9	173	38	58	13	126712	9780
14	189	36	120	23	140505	39923
99	219	67	43	13	77360	1781
56	447	74	152	25	278131	21165
69	371	54	296	43	646945	22561

a) Enterprises with E-Commerce Transactions refers to those enterprises which performed sales or purchases through internet.

17-17 各市企业信息化及电子商务情况(2023年)

地区	Region	企业数(个) Number of Enterprises (unit)	期末使用计算机数(台) Computers Used at the End of Period (unit)	每百人使用计算机数(台) Computers Used Per 100 Persons (unit)
全省总计	**Total**	**120269**	**3856707**	**34**
济南市	Jinan	14865	775833	50
青岛市	Qingdao	16675	704638	46
淄博市	Zibo	6738	200903	28
枣庄市	Zaozhuang	4216	87954	30
东营市	Dongying	3601	171698	36
烟台市	Yantai	9767	316615	32
潍坊市	Weifang	9923	345942	32
济宁市	Jining	9820	204471	28
泰安市	Tai'an	4937	142145	21
威海市	Weihai	4154	144173	35
日照市	Rizhao	3382	95082	36
临沂市	Linyi	10416	195957	24
德州市	Dezhou	5189	115795	29
聊城市	Liaocheng	5193	99718	25
滨州市	Binzhou	4887	100215	23
菏泽市	Heze	6502	100535	22

注：有电子商务交易活动的企业是指通过计算机网络开展电子商务销售或电子商务采购的企业。

Informatization and E-Commerce of Enterprises by Region (2023)

企业拥有网站数(个) Websites of Enterprises (unit)	每百家企业拥有网站数(个) Websites Per 100 Enterprises (unit)	有电子商务交易活动 With E-Commerce Transactions		电子商务销售额(万元) Sales of E-Commerce (10 000 yuan)	电子商务采购额(万元) Purchases of E-Commerce (10 000 yuan)
		企业数(个) Enterprises (unit)	比重(%) Proportion (%)		
50724	**42**	**22920**	**19**	**331524450**	**138648272**
7405	50	2708	18	45044954	20561806
8631	52	5466	33	79289298	51777174
2796	41	1073	16	17794730	12031127
1432	34	701	17	1611430	401947
1601	44	454	13	36547715	2676016
3894	40	1285	13	21719591	9923960
4711	47	1090	11	16647939	8887387
3690	38	2011	21	7935965	2783198
2205	45	1378	28	9327918	1588169
1752	42	639	15	2732893	1117090
1408	42	484	14	29155005	12741126
3062	29	2337	22	19103672	6021320
2354	45	672	13	4950829	1168842
2090	40	759	15	5903889	2507412
1647	34	721	15	5459168	2951853
2041	31	1140	18	11097192	1508532

a) Enterprises with E-Commerce Transactions refers to those enterprises which performed sales or purchases through internet.

主要统计指标解释

铁路营业里程 又称营业长度(包括正式营业和临时营业里程)，指办理客货运输业务的铁路正线总长度。凡是全线或部分建成双线及以上的线路，以第一线的实际长度计算；复线、站线、段管线、岔线和特殊用途线以及不计算运费的联络线都不计算营业里程。该指标可以反映铁路运输业基础设施的发展水平，也是计算客货周转量、运输密度和机车车辆运用效率等指标的基础资料。

公路里程 指在一定时期内实际达到《公路工程技术标准 JTG B01-2014》规定的等级公路，并经公路主管部门正式验收交付使用的公路里程数。包括大中城市的郊区公路以及通过小城镇街道部分的公路里程和桥梁、渡口的长度，不包括大中城市的街道、厂矿、林区生产用道和农业生产用道的里程。两条或多条公路共同经由同一路段，只计算一次，不得重复计算里程长度。该指标可以反映公路建设的发展规模，也是计算运输网密度等指标的基础资料。

内河航道里程 也称内河通航里程，指在一定时期内，能通航运输船舶及排筏的天然河流、湖泊水库、运河及通航渠道的长度。包括全年季节性通航累计三个月以上的航道，不包括仅供零散流放竹、木排的河道。该指标可以反映内河水运网的规模、水平和发展情况。

货(客)运量 指在一定时期内，各种运输工具实际运送的货物(旅客)数量。该指标是反映运输业为国民经济和人民生活服务的数量指标，也是制定和检查运输生产计划、研究运输发展规模和速度的重要指标。货运按吨计算，客运按人计算。货物不论运输距离长短、货物类别，均按实际重量统计。旅客不论行程远近或票价多少，均按一人一次客运量统计；半价票、小孩票也按一人统计。

货物(旅客)周转量 指在一定时期内，由各种运输工具运送的货物(旅客)数量与其相应运输距离的乘积之总和。该指标可以反映运输业生产的总成果，也是编制和检查运输生产计划，计算运输效率、劳动生产率以及核算运输单位成本的主要基础资料。计算货物周转量通常按发出站与到达站之间的最短距离，也就是计费距离计算。计算公式为：

$$\text{货物（旅客）周转量}=\Sigma\text{（货物（旅客）运输量}\times\text{运输距离）}$$

铁路货车平均静载重 指铁路货车在始发站静止状态下平均每车装载的货物重量，用以分析货车完成装车时车辆载重力的利用情况。计算公式为：

$$\text{货车平均静载量}=\frac{\text{货物发送吨数}}{\text{装车数}}$$

铁路货运机车日产量 指在一定时期内，平均每台货运机车在一昼夜内所完成的总重吨公里数，包括载运货物的重量和车辆本身的自重。该指标从时间和牵引能力两方面反映了机车运用效率。计算公式为：

$$\text{货运机车平均日产量}=\frac{\text{货运总重吨公里数}}{\text{货运机车台日数}}$$

沿海主要港口货物吞吐量 指经水运进出沿海主要港区范围，并经过装卸的货物数量，包括邮件及办理托运手续的行李、包裹以及补给运输船舶的燃、物料和淡水。货物吞吐量按货物流向分为进口、出口吞吐量，按货物交流性质分为外贸货物吞吐量和国内贸易货物吞吐量。货物吞吐量的货类构成及其流向，是衡量港口生产能力大小的重要指标。

民用汽车拥有量 指报告期末，在公安交通管理部门按照《机动车注册登记工作规范》，已注册登记领有民用车辆牌照的全部汽车数量。汽车拥有量统计的主要分类：根据汽车结构分为载客汽车、载货汽车及其他汽车；根据汽车所有者不同分为个人(私人)汽车、单位汽车；根据汽车的使用性质分为营运汽车、非营运汽车；根据汽车大小规格不同载客汽车分为大型、中型、小型和微型，载货汽车分为重型、中型、轻型和微型。

邮电业务总量 指以价值量形式表现的邮电通信企业为社会提供各类邮电通信服务的总数量。邮电业务量按专业分类包括函件、包件、汇票、报刊发行、邮政快件、特快专递、邮政储蓄、集邮、公众电报、用户电报、传真、长途电话、出租电路、无线寻呼、移动电话、分组交换数据通信、出租代维等。计算方法为各类产品乘以相应的平均单价(不变价)之和，再加上出租电路和设备、代用户维护电话交换机和线路等的服务收入。该指标综合反映了一定时期邮电业务发展的总成果，是研究邮电业务量构成和发展趋势的重要指标。计算公式为：

$$\begin{aligned}\text{邮电业务总量}&=\Sigma\text{（各类邮电业务量}\times\text{不变单价）}\\&\quad+\text{出租代维及其他业务收入}\\&=\text{邮政业务总量}+\text{电信业务总量}\end{aligned}$$

移动电话用户 指通过移动电话交换机进入移动电话网、占用移动电话号码的各类电话用户。包括签约用户和智能网预付费用户。一个移动电话号码统计为一户。

互联网上网人数 指平均每周使用互联网至少 1 小时的中国公民人数。

本地电话用户 指接入本地电信运营商固定电话网上的电话用户。包括：住宅用户、单位用户、公用电话用户等。按电话用户位置又分为市内电话用户和农村电话用户。1997 年以前，“市内电话用户”是指接入县城及县以上城市的电话网上的电话用户；“农村电话用户”是指接入县邮电局农话台及县以下农村电话交换点，以县城为中心(除市话用户外)联通县、乡(镇)、行政村、村民小组的用户。从1997年起，电话用户数分组调整为以用户所在区域划分为“城市电话用户”和“乡村电话用户”，与过去的按市内电话和农村电话划分方法不同。而电话用户总数、电话机总部数统计范围不变。

城市电话用户 指直辖市、省辖市、地级市、县级市的市区、市郊区及县城(包括县人民政府所在地的县城关区或行政建制相当于县人民政府所在地的镇)范围内接入局用交换机的电话用户数，包括分布在农村地区的独立工矿区、林区、驻军等电话用户数。

农村电话用户 指按行政区划属于城市范围以外的乡(镇)、村的电话用户数。

Explanatory Notes on Main Statistical Indicators

Length of Railways in Operation refers to the total length of the trunk line under passenger and freight transportation (including both full operation and temporary operation). The calculation is based on the actual length of the first line even if this line has a full or partial double track or more tracks, excluding double tracks, station sidings, tracks under the charge of stations, branch lines, special purpose lines and the non payable connecting lines. The length of railways in operation is an important indicator to show the development of the infrastructure for the railway transport, and also the essential data to calculate volume of passenger freight transport, traffic density and utilization efficiency of the locomotives and carriages.

Length of Highways refers to the length of Graded Highways in conformity with 'Technical Standard for Highway Engineering JTG B01-2014' , and having been formally checked and accepted by the departments of highways and put into use. The length of highways includes that of the suburb highways at large and medium sized cities, highways passing through streets at small cities and towns, and also the length of bridges and ferries. It does not include the length of streets in big and medium sized cities and highways built for the production purpose at factories, mines, forest areas and agricultural areas. If two or more highways go the same section of the way, the length of the section is only calculated for once and no duplication is allowed. The length of highways is an important indicator to show the development of the highway construction and to provide essential information to calculate the transport network density.

Length of Navigable Inland Waterways it is an indicator reflecting the size and development of inland water network, it refers to the length of the natural rivers, lakes, reservoirs, canals, and ditches open to navigation during a given period, which enables the transport by ships and rafts. It includes the channels open to navigation for over an accumulative 3 months in a year, yet this does not include the river courses, which are only used to float odd logs and bamboo rafts. This indicator can reflect the scale, level and development situation of the inland waterway network.

Freight (Passenger) Traffic refers to the volume of freight (passenger) transported with various means. Freight transport is calculated in tons and passenger traffic is calculated in the number of persons. Despite the type of freight and traveling distance, the freight transport is calculated in the actual weight of the goods: and despite the traveling distance and ticket price, the passenger traffic is calculated by the principle that one person can be counted only once in one travel. The passengers who travel with a half price ticket or a child ticket is also calculated as one person. The freight (passenger) traffic provides a quantitative measure to show how the transport industry serves the national economy and people, and is also an important indicator for planning the transport industry and for studying the development scale and speed of the transport industry.

Freight Ton kilometers (Passenger kilometers) refer to the sum of the products of the volume of transported cargo (passengers) multiplying by the transport distance. It is an important indicator to reflect the achievement of transportation industry. Normally, the shortest distance between the departure station and the destination station (i.e., the payable distance) is the basis to calculate the freight ton kilometers. This is an important indicator to show the total results of the transport industry, to prepare and examine the transport plan and to measure the efficiency, the labour productivity and the unit cost of transport.The formula is as follows:

$$\begin{matrix}\text{Freight ton-kilometres}\\ \text{(passenger-kilometres)}\end{matrix} = \sum \begin{matrix}\text{freight}\\ \text{(passenger)traffic}\end{matrix} \times \begin{matrix}\text{distance of}\\ \text{transportation}\end{matrix}$$

Static Load of Freight Cars refers to the average cargo weight as loaded by each freight car under the static condition at the departure station. It is used to show the utilization extent of the loading capacity of the freight cars. The formula is:

$$\begin{matrix}\text{Static load (ton)}\\ \text{of freight car}\end{matrix} = \frac{\text{tonnage of goods dispatched}}{\text{number of freight cars loaded}}$$

Average Daily Haul of Freight Locomotives refers to the average total ton kilometers accomplished by each freight transport locomotive over day and night during a given period of time. It includes both the weight of the goods carried and the dead weight of the train itself. It is a comprehensive indicator reflecting the locomotive efficiency in terms of both time and the pulling force.

$$\begin{matrix}\text{Average daily haul of}\\ \text{freight transport locomotive}\\ \text{(ton-kilometre)}\end{matrix} = \frac{\begin{matrix}\text{Total ton-kilometres}\\ \text{of freight}\end{matrix}}{\begin{matrix}\text{Daily number of freight}\\ \text{transport locomotive}\end{matrix}}$$

Volume of Freight Handled in Major Coastal Ports refers to the volume of cargo passing in and out the harbor area of the major coastal ports and having been loaded and unloaded. The volume includes that of the postal matters, registered luggage and fuels, materials and fresh water as supplies of the ships. The volume of freight handled may be classified by direction of flow as freight for import and freight for export, or by nature of cargo as freight for domestic trade and freight for foreign trade. As an important indicator, the volume of freight handled by type of cargo and by main flow direction reflects the production capacity of ports.

Possession of Civil Motor Vehicles refer to the total numbers of vehicles that are registered and received vehicles license tags according to the Work Standard for Motor Vehicles Registration formulated by transport management office under department of public security at the end of reference period. They are divided into following categories according to the structure of motor vehicles: passenger vehicles, trucks and others; and private vehicles and vehicles for units use according to ownerships; working vehicles and non working vehicles according to kind of usage; large passenger vehicles, medium passenger vehicles, small passenger vehicles and mini passenger vehicle, heavy trucks, light heavy trucks, light trucks and mini trucks according to sizes of vehicles.

Business Volume of Post and Telecommunications refers to the total amount of post and telecommunication services, expressed in value terms, provided by the post and telecommunications departments for the society. Post and telecommunication services can be classified as letters, parcels, remittance, issue of newspapers and magazines, fast mail service, express mail service, savings deposits, stamps for collection, public and individual telegraph service, facsimiles, long distance telephone service, leasing of telephone lines, urban paging service, mobile telephone service, data transfer and transmission, etc. The accounting approach is to multiply the service products of all types with their average unit price (constant price) to get sum of business value, plus income from other services such as leasing of telephone lines and equipment, maintenance of telephone switchboards and lines on behalf of customers. This indicator reflects the overall results of post and telecommunications service during a given period, and is important to study the composition of business service and the development of post and telecommunications service.

The formula is as follows:

Business volume of post and telecommunications

=∑(Transaction of post and telecommunication services ×price[constant price])

+Income from leasing, maintenance and other services

= business volume of postal service

+ business volume of telecommunications service

Mobile Telephone Subscribers refer to the persons who own mobile telephone numbers and are connected with the mobile telephone communication network through the mobile telephone switchboards, including contracted subscribers and pre paid subscribers for intelligent network. One mobile telephone is taken as a subscriber.

Internet Users refer to the number of Chinese citizens who use Internet at least for one hour each week.

Local Telephone Subscribers refer to subscribers that are connected to the local telecommunication service provider through fix line network, including household subscribers, institutional subscribers and public telephones. They are also classified as city subscribers and rural subscribers according to locations. Before 1997, city subscribers referred to those connected to city telephone networks in county towns and cities, while village subscribers referred to those connected to village telephone stations at and below counties. Since 1997, the classification of telephone subscribers was modified on the basis of physical location of the subscribers as urban telephone subscribers and rural telephone subscribers, which is different from the previous classification of categorizing local telephones and rural telephones, while the definition of total subscribers and total number of telephones remain unchanged.

Urban Telephone Subscribers refer to number of telephone subscribers, located at municipalities, cities under the jurisdiction of province, cities at prefecture level, downtown and suburb of city at county level town and county towns (including country towns where county government located, and towns of county level according to the administrative organizational system), that are connected to the public line telephone network, including rural mineral area, forest area, military area.

Rural Telephone Subscribers refer to telephone subscribers, located at counties (towns) and villages outside the range of cities according to administrative jurisdiction.

第18篇

批发和零售业、住宿和餐饮业

Wholesale, Retail, Hotels and Catering Services

简 要 说 明

一、本篇资料的主要内容

本篇资料反映全省市场发展情况、批发和零售业、住宿和餐饮业经营情况和效益情况等，主要包括批发和零售业商品流转情况及财务状况、住宿和餐饮业经营情况及财务状况、社会消费品零售总额等内容。

二、本篇资料的来源

本篇资料中除特别注明外，其余均来自限额以上批发和零售业、住宿和餐饮业年报资料和定期报表统计资料。

本篇资料由省统计局贸易处整理提供。

Brief Introduction

I. Content

Data in this chapter are supposed to show the development of Shandong's domestic market, wholesale and retail trade, hotels and catering services, mainly including the circulation of commodities in the wholesale and retail trade, the financial indices of related businesses and the total retail sales of consumer goods.

II. Source of Data

Except the data specifically noted, all data in this chapter are based on the annual report of wholesale, retail, hotels and catering services and periodic statistical statements.

Data in this chapter are prepared and compiled by the Division of Trade and External Economic Relations Statistics of Shandong Provincial Bureau of Statistics.

18-1 限额以上批发和零售业情况

Basic Conditions of Enterprises above Designated Size of Wholesale and Retail Trade

指标	Item	2018	2019	2020	2021	2022	2023
批发和零售业	**Wholesale and Retail Trades**						
法人企业（个）	Number of Corporation Enterprises (unit)	15695	15617	21036	24740	29600	40203
年末从业人数（万人）	Engaged Persons at Year-end (10 000 persons)	82.5	74.3	78.9	81.9	85.2	96.7
商品购进额（亿元）	Total Purchases (100 million yuan)	30902.8	35945.1	45047.6	64852.2	74150.2	84606.9
#进口额（亿元）	Imports (100 million yuan)	769.5	1189.6	1671.7	2423.8	2844.2	2864.0
商品销售额（亿元）	Total Sale (100 million yuan)	34878.2	40037.2	48585.3	68119.2	77573.4	88882.9
#出口额（亿元）	Exports (100 million yuan)	1233.0	1370.1	1409.2	1787.7	2396.8	2590.1
期末商品库存额（亿元）	Total Stock at Year-end (100 million yuan)	1961.1	2003.6	2479.5	3203.8	3717.0	3802.3
批发业	**Wholesale Trade**						
法人企业（个）	Number of Corporation Enterprises (unit)	8298	9938	15036	18293	21612	27394
年末从业人数（万人）	Engaged Persons at Year-end (10 000 persons)	32.6	32.3	37.7	40.1	42.2	48.6
商品购进额（亿元）	Total Purchases (100 million yuan)	24409.3	30080.8	38989.8	57869.4	66579.7	75798.4
#进口额（亿元）	Imports (100 million yuan)	676.8	1058.9	1549.3	2295.6	2708.3	2745.7
商品销售额（亿元）	Total Sales (100 million yuan)	27161.1	33144.5	41723.0	60197.3	69254.1	78876.1
#出口额（亿元）	Exports (100 million yuan)	1230.8	1364.0	1407.4	1785.7	2396.0	2589.4
期末商品库存额（亿元）	Total Stock at Year-end (100 million yuan)	1183.3	1304.3	1783.1	2470.4	2869.1	2979.7
零售业	**Retail Trade**						
法人企业（个）	Number of Corporation Enterprises (unit)	7397	5679	6000	6447	7988	12809
年末从业人数（万人）	Engaged Persons at Year-end (10 000 persons)	50.0	42.0	41.2	41.7	43.0	48.2
商品购进额（亿元）	Total Purchases (100 million yuan)	6493.6	5864.3	6057.8	6982.8	7570.6	8808.5
#进口额（亿元）	Imports (100 million yuan)	92.8	130.7	122.4	128.2	135.9	118.3
商品销售额（亿元）	Total Sales (100 million yuan)	7717.1	6892.7	6862.3	7921.8	8319.3	10006.8
#出口额（亿元）	Exports (100 million yuan)	2.2	6.1	1.7	2.0	0.8	0.7
期末商品库存额（亿元）	Total Stock at Year-end (100 million yuan)	777.8	699.3	696.3	733.4	847.9	822.6
年末零售营业面积（万平方米）	Business Area of Retail at Year-end (10 000 sq.m)	2968.0	3043.9	3138.5	3241.6	3452.1	3941.7

18-2 限额以上批发和零售业商品购进、销售、库存总额(2023年)

单位:万元

指标名称	Indicator	法人单位(个) Corporate Unit (unit)
总　　计	**Total**	**40203**
一、批发业	**Wholesale Trade**	**27394**
1.按登记注册统计类别	by status of Regisstrated Statistics Category	
内资企业	Domestic Invested Enterprises	26778
港澳台投资企业	Enterprises with Investment from Hong Kong, Macao and Taiwan	187
外商投资企业	Enterprises with Foreign Investment	225
农民专业合作社(联合社)	Professional Farmers Cooperatives(Association)	204
个体工商户	Individual Business Owners	
其他市场主体	Other Units	
2.按国民经济行业分(GB/T 4754-2017)	by Sector	
农、林、牧产品批发业	Wholesale of Agricultural Forestry and Livestock Products	1834
食品、饮料及烟草制品批发	Wholesale of Food, Beverages and Tobaccos	2807
纺织、服装及家庭用品批发	Wholesale of Textiles, Garments and Daily Consumer Articles	1506
文化、体育用品及器材批发	Wholesale of Culture, Sports Appliances and Equipments	567
医药及医疗器材批发	Wholesale of Medicines and Medical Appliances	1334
矿产品、建材及化工产品批发	Wholesale of Mineral Products, Building Materials and Chemical Products	14951
机械设备、五金产品及电子产品批发	Wholesale of Machinery, Hardware and Electronic Equipment	3634
贸易经纪与代理	Trade Broker and Agency	64
其他批发业	Other Wholesale not Classified Elsewhere	697
二、零售业	**Retail Trade**	**12809**
1.按登记注册统计类别	by status of Regisstrated Statistics Category	
内资企业	Domestic Invested Enterprises	12613
港澳台投资企业	Enterprises with Investment from Hong Kong, Macao and Taiwan	87
外商投资企业	Enterprises with Foreign Investment	53
农民专业合作社(联合社)	Professional Farmers Cooperatives(Association)	56
个体工商户	Individual Business Owners	
其他市场主体	Other Units	
2.按国民经济行业分(GB/T 4754-2017)	by Sector	
综合零售	Integrated Retail	1225
食品、饮料及烟草制品专门零售	Special Retail of Food, Beverages and Tobaccos	1295
纺织、服装及日用品专门零售	Special Retail of Textiles, Garments and Daily Consumer Articles	506
文化、体育用品及器材专门零售	Special Retail of Culture, Sports Appliances and Equipments	379
医药及医疗器材专门零售业	Special Retail of Medicines and Medical Appliances	494
汽车、摩托车、零配件和燃料及其他动力销	Retail of Motor Vehicles, Motorcycles,Parts,Fuel and Other Power	5820
家用电器及电子产品专门零售业	Special Retail of Household Electric Appliances and Electronic Products	1363
五金、家具及室内装修材料专门零售	Special Retail of Hardware, Furniture and Decoration Materials	484
货摊、无店铺及其他零售业	Non-shop and Other Retails	1243

注：本表登记注册统计类别按《关于市场主体统计分类的划分规定》(国统字〔2023〕14号)执行，以下相关表同。

Total Purchases,Sales and Inventory of Enterprises above Designated Size of Wholesale and Retail Trades(2023)

(10 000 yuan)

购进总额 Total Purchases Value	#进口 Import	销售总额 Total Sale Value 合计 Total	批发 Wholesale	#出口 Export	零售 Retail	年末库存总额 Inventory (year-end)
846068644	**28640469**	**888828935**	**786982235**	**25900965**	**101846701**	**38022700**
757983848	**27457294**	**788760532**	**778750152**	**25893987**	**10010381**	**29797009**
718151856	22157149	746906684	738032725	20660124	8873959	28163387
22345186	5005941	23293387	23065577	4762849	227810	1111005
16707294	274938	17721155	16840327	471014	880828	507053
779511	19267	839307	811523		27784	15565
28802325	935133	29802775	29593453	408070	209321	1693805
51016892	3271433	57298785	54915945	1673543	2382840	2962388
32563298	1299009	33953256	32510913	5288121	1442343	1649192
11804267	504990	12524407	11447473	509303	1076935	916565
29866425	118251	32810522	32550612	273177	259910	2296221
534950931	20108733	549852237	546580886	5779344	3271352	16150389
53770683	621110	56797515	56035762	10853404	761753	3492921
1055649	21913	1171925	1087342	539079	84583	59336
14153379	576724	14549111	14027766	569945	521345	576192
88084796	**1183175**	**100068403**	**8232083**	**6978**	**91836320**	**8225691**
80615201	958769	88899383	6127856	6978	82771527	7729314
4268089	164580	4602281	356318		4245963	312500
3115014	59826	6465750	1746168		4719582	179943
86493		100990	1741		99248	3934
15389163	62271	19259817	1016617	40	18243201	1244812
2760346	17144	3152519	347622	609	2804898	282768
1547179	8003	2017788	226180		1791608	316753
1695329	1994	1843872	91828	36	1752044	316177
4462840	1534	5140901	170598	395	4970303	670426
44546712	994599	49048054	4412990	810	44635065	3931339
4288584	25474	4612574	224943	105	4387631	528658
714584	3818	832565	26698		805867	100255
12680060	68339	14160313	1714608	4984	12445705	834505

a) The registered statistical categories of this table is implemented in accordance with the Regulations on the Classification of Market Entity Statistics (Guotongzi [2023] No. 14),the same applies to tables following.

18-3 限额以上批发和零售业企业财务状况(2023年)

单位:万元

指标名称	Indicator	企业数(个) Number of Enterprises (unit)
总　　计	**Total**	**40203**
一、批发业	**Wholesale Trade**	**27394**
1.按登记注册统计类别	by status of Registrated Statistics Category	
内资企业	Domestic Invested Enterprises	26778
港澳台投资企业	Enterprises with Investment from Hong Kong, Macao and Taiwan	187
外商投资企业	Enterprises with Foreign Investment	225
农民专业合作社（联合社）	Professional Farmers Cooperatives(Association)	204
个体工商户	Individual Business Owners	
其他市场主体	Other Units	
2.按国民经济行业分(GB/T 4754-2017)	by Sector	
农、林、牧产品批发业	Wholesale of Agricultural Forestry and Livestock Products	1834
食品、饮料及烟草制品批发	Wholesale of Food, Beverages and Tobaccos	2807
纺织、服装及家庭用品批发	Wholesale of Textiles, Garments and Daily Consumer Articles	1506
文化、体育用品及器材批发	Wholesale of Culture, Sports Appliances and Equipments	567
医药及医疗器材批发	Wholesale of Medicines and Medical Appliances	1334
矿产品、建材及化工产品批发	Wholesale of Mineral Products, Building Materials and Chemical Products	14951
机械设备、五金产品及电子产品批发	Wholesale of Machinery, Hardware and Electronic Equipment	3634
贸易经纪与代理	Trade Broker and Agency	64
其他批发业	Other Wholesale not Classified Elsewhere	697
二、零售业	**Retail Trade**	**12809**
1.按登记注册统计类别	by status of Registrated Statistics Category	
内资企业	Domestic Invested Enterprises	12613
港澳台投资企业	Enterprises with Investment from Hong Kong, Macao and Taiwan	87
外商投资企业	Enterprises with Foreign Investment	53
农民专业合作社（联合社）	Professional Farmers Cooperatives(Association)	56
个体工商户	Individual Business Owners	
其他市场主体	Other Units	
2.按国民经济行业分(GB/T 4754-2017)	by Sector	
综合零售	Integrated Retail	1225
食品、饮料及烟草制品专门零售	Special Retail of Food, Beverages and Tobaccos	1295
纺织、服装及日用品专门零售	Special Retail of Textiles, Garments and Daily Consumer Articles	506
文化、体育用品及器材专门零售	Special Retail of Culture, Sports Appliances and Equipments	379
医药及医疗器材专门零售业	Special Retail of Medicines and Medical Appliances	494
汽车、摩托车、零配件和燃料及其他动力销售	Retail of Motor Vehicles, Motorcycles,Parts,Fuel and Other Power	5820
家用电器及电子产品专门零售业	Special Retail of Household Electric Appliances and Electronic Products	1363
五金、家具及室内装修材料专门零售	Special Retail of Hardware, Furniture and Decoration Materials	484
货摊、无店铺及其他零售业	Non-shop and Other Retails	1243

注：限额以上批发零售企业中，由于包含了部分视同法人单位，因此财务指标数据资产≠负债+所有者权益(以下相关表同)。

Financial Indicators of Enterprises above Designated Size of Wholesale and Retail Trades(2023)

(10 000 yuan)

年末资产负债 Assets and Liabilities at Year-end						损益及分配 Losses,Profits and Distribution	
流动资产合计 Total Current Assets	固定资产原价 Original Value of Fixed Assets	本年折旧 Depreciation in the Year	资产合计 Total Assets	负债合计 Total Liabilities	所有者权益合计 Total Owner's Equities	营业收入合计 Business Revenue	主营业务收入 Revenue from Principal Business
336144442	**28047328**	**2151560**	**415652506**	**333099404**	**83854410**	**794788311**	**788342844**
298450479	**17240025**	**1354525**	**362401947**	**287380455**	**75019169**	**705196311**	**701117026**
274290761	16163156	1282203	331234220	269738085	61493812	666725653	663365699
14221868	486139	39515	20088880	11542046	8546833	21779158	21702705
9773661	533799	28229	10864299	5971147	4893152	15859042	15217413
164189	56931	4577	214549	129177	85371	832458	831208
10299693	1457933	96764	13489767	11161049	2328718	27925087	27836348
19634625	2619723	175870	23444483	17088437	6356046	52487797	52280822
18570785	708551	64779	20588429	17942500	2646014	31195189	30982461
5067676	577021	30515	7358258	5217363	2138873	11374193	10417881
21406772	1213778	111850	24900497	19541295	5359202	29537284	29323642
188436016	8202409	660437	231297789	182753475	48543814	485882050	483893349
30482016	2124640	168477	36170607	29639662	6531062	52081987	51771373
582799	6259	596	604382	545907	58475	1181582	1115046
3970096	329712	45236	4547735	3490767	1056965	13531143	13496104
37693963	**10807302**	**797035**	**53250558**	**45718948**	**8835241**	**89592000**	**87225819**
34751660	9217458	693248	47900914	40482241	8722304	78831825	76804067
1634943	484130	32527	2614758	1976482	638275	4897976	4750824
1265020	1082417	69280	2660354	3221996	-561642	5769021	5578177
42340	23298	1980	74533	38229	36304	93178	92750
13847731	4679977	258071	20262646	16587890	3674757	16261400	15164549
1396097	410076	36347	1842470	1270400	572070	2898793	2861581
1058981	217028	15737	1553365	1047787	505578	1811343	1779916
889574	185894	22227	1110143	829708	280435	1692749	1650760
2347127	207511	17709	3146121	2623311	522810	4731692	4655606
12636640	4396180	377891	18206501	17766731	1767639	44405031	43482509
2203683	231763	24474	2541333	2042998	498335	4142066	4119971
512533	171139	12201	750734	554960	195774	758390	755424
2801598	307736	32380	3837246	2995165	817843	12890537	12755503

a) Of enterprises above designated size of wholesale and retail trades, the financial data have the problem of total assets ≠ liabilities + total owner's equities, because some of them are regarded as legal entities(the same as in the following tables).

18-3 续表

单位:万元

指标名称	Indicator	营业成本 Cost of Business
总　　计	**Total**	**757827245**
一、批发业	**Wholesale Trade**	**678752199**
1.按登记注册统计类别	by status of Regisstrated Statistics Category	
内资企业	Domestic Invested Enterprises	641418391
港澳台投资企业	Enterprises with Investment from Hong Kong, Macao and Taiwan	21099339
外商投资企业	Enterprises with Foreign Investment	15458263
农民专业合作社（联合社）	Professional Farmers Cooperatives(Association)	776205
个体工商户	Individual Business Owners	
其他市场主体	Other Units	
2.按国民经济行业分(GB/T 4754-2017)	by Sector	
农、林、牧产品批发业	Wholesale of Agricultural Forestry and Livestock Products	27021647
食品、饮料及烟草制品批发	Wholesale of Food, Beverages and Tobaccos	46906025
纺织、服装及家庭用品批发	Wholesale of Textiles, Garments and Daily Consumer Articles	29043288
文化、体育用品及器材批发	Wholesale of Culture, Sports Appliances and Equipments	10617049
医药及医疗器材批发	Wholesale of Medicines and Medical Appliances	26763620
矿产品、建材及化工产品批发	Wholesale of Mineral Products, Building Materials and Chemical Products	475525983
机械设备、五金产品及电子产品批发	Wholesale of Machinery, Hardware and Electronic Equipment	48907334
贸易经纪与代理	Trade Broker and Agency	1126919
其他批发业	Other Wholesale not Classified Elsewhere	12840333
二、零售业	**Retail Trade**	**79075047**
1.按登记注册统计类别	by status of Regisstrated Statistics Category	
内资企业	Domestic Invested Enterprises	69452610
港澳台投资企业	Enterprises with Investment from Hong Kong, Macao and Taiwan	4429404
外商投资企业	Enterprises with Foreign Investment	5107927
农民专业合作社（联合社）	Professional Farmers Cooperatives(Association)	85107
个体工商户	Individual Business Owners	
其他市场主体	Other Units	
2.按国民经济行业分(GB/T 4754-2017)	by Sector	
综合零售	Integrated Retail	13266389
食品、饮料及烟草制品专门零售	Special Retail of Food, Beverages and Tobaccos	2493423
纺织、服装及日用品专门零售	Special Retail of Textiles, Garments and Daily Consumer Articles	1401128
文化、体育用品及器材专门零售	Special Retail of Culture, Sports Appliances and Equipments	1451547
医药及医疗器材专门零售业	Special Retail of Medicines and Medical Appliances	3720102
汽车、摩托车、零配件和燃料及其他动力销售	Retail of Motor Vehicles, Motorcycles,Parts,Fuel and Other Power	41155413
家用电器及电子产品专门零售业	Special Retail of Household Electric Appliances and Electronic Products	3686589
五金、家具及室内装修材料专门零售	Special Retail of Hardware, Furniture and Decoration Materials	624268
货摊、无店铺及其他零售业	Non-shop and Other Retails	11276189

continued

(10 000 yuan)

损益及分配 Losses,Profits and Distribution							工资、福利、增值税 Wages,Welfare and Value Added Tax	
税金及附加 Taxes and Other Charges on Business	销售费用 Expenses on Sales	管理费用 Expenses on Management	财务费用 Expenses on Finance	营业利润 Profits from Business	利润总额 Total Profits	所得税费用 Income Tax Expense	应付职工薪酬(本年贷方累计发生额) Payroll payable (Cumulative amount of credits)	应交增值税 Value Added Tax Payable
2152749	**15733223**	**8649080**	**1960757**	**9211262**	**9460154**	**1475393**	**9520092**	**4667140**
1896097	**9665046**	**6052983**	**1537755**	**7888255**	**8094202**	**1283732**	**5780943**	**3690742**
1859400	9169149	5744900	1420176	7771716	7796832	1202394	5506206	3568004
18848	264167	149148	75910	96493	107780	41624	114116	51752
17337	224268	139540	40814	-7893	163420	38200	139581	69396
513	7463	19395	856	27939	26169	1514	21040	1589
18191	252864	227659	93952	345956	364972	12557	188864	73074
1301310	1482434	1255825	65379	1476996	1459909	336565	1424889	575384
45889	1301878	498617	-17716	261554	280345	70625	722163	279299
15071	276396	213648	23579	243810	242674	13072	264485	43589
60096	1454213	662276	124060	477332	474154	81708	684564	421578
378065	3436657	2180817	1122530	3927320	4107592	597999	1578758	1623362
54167	1135328	846739	91868	951372	955456	143761	770785	451015
1047	33060	8786	9628	2116	3357	539	16637	12943
22262	292216	158615	24474	201801	205743	26906	129799	210500
256652	**6068177**	**2596097**	**423002**	**1323007**	**1365952**	**191662**	**3739149**	**976397**
218057	5451691	2375353	393416	1085696	1107343	170526	3407887	829712
19486	313052	85393	12455	40835	45375	8854	172169	41877
18611	302062	133698	15942	192692	209448	12259	155085	104541
499	1372	1654	1190	3783	3786	23	4008	267
88545	1713513	755574	104725	445869	475271	66097	1133702	201422
6599	135618	117892	11196	144126	143217	19126	151457	33737
8931	222820	94696	11596	90067	90716	16863	126593	42213
16728	104532	58068	4049	52123	51748	7270	89072	20203
9882	698564	207758	34316	56523	55684	16755	519288	71900
99405	1723352	943545	215558	292052	302803	35865	1254985	424036
6089	204105	143347	16883	89287	90272	3427	150795	39036
3645	50431	57360	8524	12879	12814	1522	50551	14627
16828	1215242	217857	16156	140081	143428	24737	262706	129224

18-4 各市限额以上批发和零售业商品购进、销售、库存总额(2023年)
Total Purchases,Sales and Inventory Value of Enterprises above Designated Size of Wholesale and Retail Trades by Region(2023)

单位：亿元 (100 million yuan)

地区	Region	法人单位(个) Corporate Unit (unit)	年末从业人数(万人) Persons Employed at Year-end (10 000 persons)	购进总额 Total Purchases Value	#进口 Import	销售总额 Total Sale Value 合计 Total	批发 Wholesale	#出口 Export	零售 Retail	年末库存总额 Inventory (year-end)
全省总计	**Total**	**40203**	**96.7**	**84606.9**	**2864.0**	**88882.9**	**78698.2**	**2590.1**	**10184.7**	**3802.3**
济南市	Jinan	6097	17.1	14093.1	253.5	14637.5	12802.1	619.2	1835.4	810.7
青岛市	Qingdao	5677	15.0	23908.8	2026.9	24613.1	22485.9	901.3	2127.2	1018.3
淄博市	Zibo	2660	5.2	4834.6	79.7	5227.0	4776.9	46.4	450.0	154.1
枣庄市	Zaozhuang	1205	2.4	943.8	4.4	1088.8	862.8	36.9	226.0	45.3
东营市	Dongying	1297	2.9	5673.8	33.0	5856.5	5581.0	76.2	275.5	275.7
烟台市	Yantai	3284	9.6	6050.8	125.0	6470.9	5560.0	81.9	910.9	241.7
潍坊市	Weifang	2830	7.3	4730.9	26.7	5152.8	4333.9	275.9	818.9	204.8
济宁市	Jining	3407	7.1	3611.0	8.9	3761.0	3120.0	133.7	641.0	164.2
泰安市	Tai'an	1701	3.7	2956.7	8.2	3090.6	2797.1	19.7	293.4	74.7
威海市	Weihai	1004	4.0	1426.6	41.3	1558.6	1111.4	93.1	447.1	75.6
日照市	Rizhao	1040	2.2	3282.3	76.7	3444.3	3268.0	62.3	176.3	138.6
临沂市	Linyi	3485	7.4	3889.0	66.0	4207.9	3471.9	115.2	736.0	212.4
德州市	Dezhou	1523	3.0	1652.6	8.6	1829.8	1487.2	6.3	342.7	71.7
聊城市	Liaocheng	1596	3.0	2004.0	1.6	2098.6	1796.0	46.7	302.6	76.2
滨州市	Binzhou	1607	3.0	3799.5	99.9	3962.2	3701.3	36.5	260.9	173.5
菏泽市	Heze	1790	3.7	1749.2	3.7	1883.3	1542.6	38.9	340.7	64.8

18-5 各市限额以上批发和零售业财务状况(2023年)

Financial Indicators of Enterprises above Designated Size of Wholesale and Retail Trades by Region(2023)

单位:亿元 (100 million yuan)

地区	Region	企业数(个) Number of Enterprises (unit)	流动资产合计 Total Current Assets	固定资产原价 Total Current Assets	本年折旧 Depreciation in the Year	资产合计 Total Assets	负债合计 Total Liabilities	所有者权益合计 Total Owners' Equities	营业收入合计 Business Revenue	主营业务收入 Revenue from Principal Business
全省总计	**Total**	**40203**	**33614.4**	**2804.7**	**215.2**	**41565.3**	**33309.9**	**8385.4**	**79478.8**	**78834.3**
济南市	Jinan	6097	6562.6	415.6	28.4	7844.8	6291.3	1589.6	13030.0	12887.2
青岛市	Qingdao	5677	8510.6	442.3	25.7	9742.7	8257.4	1552.7	22038.3	21957.9
淄博市	Zibo	2660	1457.1	250.8	13.9	2238.2	1797.6	454.5	4662.9	4632.8
枣庄市	Zaozhuang	1205	454.8	62.6	4.9	571.0	427.3	144.6	987.5	980.0
东营市	Dongying	1297	2439.8	145.8	9.5	2786.0	2558.6	228.9	5203.7	5184.6
烟台市	Yantai	3284	2535.2	245.2	25.4	3204.6	2446.8	757.8	5830.7	5787.7
潍坊市	Weifang	2830	1744.7	232.5	22.6	2286.9	1853.1	433.8	4565.2	4443.3
济宁市	Jining	3407	1392.4	181.9	17.3	1750.4	1295.9	454.5	3408.1	3384.3
泰安市	Tai'an	1701	777.2	97.7	7.9	1192.3	705.6	486.7	2769.8	2735.5
威海市	Weihai	1004	1039.3	104.2	7.2	1422.4	1032.7	389.7	1450.2	1417.3
日照市	Rizhao	1040	1092.4	82.3	5.5	1371.5	1344.9	24.2	3063.3	3045.5
临沂市	Linyi	3485	1611.4	195.2	20.3	1859.0	1509.9	349.1	3773.0	3748.1
德州市	Dezhou	1523	597.8	111.9	9.9	735.2	608.2	134.0	1643.9	1632.5
聊城市	Liaocheng	1596	509.4	56.4	4.6	576.5	441.6	140.7	1886.4	1874.7
滨州市	Binzhou	1607	2286.5	95.8	5.9	3153.9	2158.1	995.8	3595.0	3563.8
菏泽市	Heze	1790	603.3	84.2	6.5	829.9	581.0	248.9	1570.8	1559.1

18-5 续表 continued

单位:亿元 (100 million yuan)

地区	Region	营业成本 Cost of Business	税金及附加 Taxes and Other Charges on Business	销售费用 Expenses on Sales	管理费用 Expenses on Manage-ment	财务费用 Expenses on Finance	营业利润 Profits from Business	利润总额 Total Profits	所得税费用 Income Tax Expense	应付职工薪酬(本年贷方累计发生额) Payroll payable (Cumulative amount of credits)	应交增值税 Value Added Tax Payable
全省总计	**Total**	**75782.7**	**215.3**	**1573.3**	**864.9**	**196.1**	**921.1**	**946.0**	**147.5**	**952.0**	**466.7**
济南市	Jinan	12398.3	28.5	324.0	177.6	34.7	83.3	100.2	26.3	197.8	80.9
青岛市	Qingdao	21229.0	39.5	395.3	177.8	38.9	156.6	167.1	38.8	194.8	102.5
淄博市	Zibo	4450.6	10.7	101.2	45.2	9.5	48.9	49.5	7.3	43.6	33.9
枣庄市	Zaozhuang	915.1	6.0	29.7	15.0	2.8	18.4	19.0	2.8	19.1	8.6
东营市	Dongying	5027.2	7.4	45.4	30.6	11.6	96.4	91.1	9.7	27.0	14.3
烟台市	Yantai	5470.9	18.3	132.1	69.2	14.8	131.2	130.3	13.2	90.0	39.3
潍坊市	Weifang	4327.8	17.9	98.2	65.1	12.7	46.8	47.2	6.1	70.7	30.4
济宁市	Jining	3144.5	13.4	91.4	52.3	8.7	99.3	99.2	9.6	51.8	21.4
泰安市	Tai'an	2659.4	8.5	47.8	26.1	4.9	27.5	28.1	6.1	29.3	17.4
威海市	Weihai	1322.7	6.3	64.3	30.7	5.3	27.3	27.9	4.5	38.1	12.7
日照市	Rizhao	2974.9	8.3	30.1	25.0	11.6	14.0	14.8	3.3	21.5	20.4
临沂市	Linyi	3568.8	17.1	82.2	58.6	9.0	37.7	37.2	5.9	63.5	25.0
德州市	Dezhou	1550.7	7.4	34.0	20.1	5.2	17.8	17.6	1.5	24.3	16.2
聊城市	Liaocheng	1802.9	6.8	32.3	20.7	-0.1	25.3	25.4	3.0	26.3	14.5
滨州市	Binzhou	3481.2	7.3	32.6	27.0	21.6	29.5	29.8	5.7	24.4	12.8
菏泽市	Heze	1458.7	11.8	32.8	24.0	4.8	61.2	61.7	3.7	29.8	16.4

18-6 限额以上住宿和餐饮业情况
Basic Conditions of Enterprises above Designated Size of Hotels and Catering Services

指　标	Item	2018	2019	2020	2021	2022	2023
住宿和餐饮业	**Hotels and Catering Services**						
法人企业 (个)	Number of Corporation Enterprises (unit)	2700	2466	2810	3475	4637	7537
年末从业人数 (万人)	Engaged Persons at Year-end (10 000 persons)	20.0	19.3	19.2	21.5	23.2	30.2
营业额 (亿元)	Business Revenue (100 million yuan)	386.9	385.9	349.4	480.3	530.8	807.0
#餐费收入 (亿元)	From Meals (100 million yuan)	240.8	242.7	227.9	317.9	352.8	548.9
年末餐饮营业面积(万平方米)	Business Area of Catering Services at Year-end(10 000 sq.m)	448.8	799.4	854.0	966.5	1154.8	1493.2
住宿业	**Hotels**						
法人企业 (个)	Number of Corporation Enterprises (unit)	1099	1089	1183	1403	1714	2376
年末从业人数 (万人)	Engaged Persons at Year-end (10 000 persons)	9.2	9.1	8.3	8.7	8.9	10.2
营业额 (亿元)	Business Revenue (100 million yuan)	170.9	171.0	139.3	184.7	192.6	278.3
#客房收入 (亿元)	From Hotel Rooms (100 million yuan)	85.3	85.3	69.7	96.3	106.8	167.3
餐费收入 (亿元)	From Meals (100 million yuan)	67.5	67.7	53.8	67.5	62.9	82.0
客房数 (万间)	Number of Rooms (10 000 rooms)	21.8	17.4	22.7	26.3	26.3	29.4
床位数 (万张)	Number of Beds (10 000 beds)	33.6	27.5	36.4	41.0	40.3	45.6
年末餐饮营业面积(万平方米)	Business Area of Catering Services at Year-end (10 000 sq.m)	179.1	453.1	486.7	541.7	605.1	646.1
餐饮业	**Catering Services**						
法人企业 (个)	Number of Corporation Enterprises (unit)	1601	1377	1627	2072	2923	5161
年末从业人数 (万人)	Engaged Persons at Year-end (10 000 persons)	10.9	10.2	10.8	12.8	14.3	20.0
营业额 (亿元)	Business Revenue (100 million yuan)	216.0	215.0	210.1	295.6	338.2	528.7
#餐费收入 (亿元)	From Meals (100 million yuan)	173.3	175.1	174.2	250.4	289.9	466.9
年末餐饮营业面积(万平方米)	Business Area of Catering Services at Year-end (10 000 sq.m)	269.7	346.3	367.3	424.8	549.6	847.2

18-7 限额以上住宿和餐饮业经营情况(2023年)

Business of Enterprises above Designated Size of Hotels and Catering Services (2023)

指标名称	Indicator	法人单位(个) Corporate Unit (unit)	从业人数(人) Employed Persons (person)
总　计	**Total**	**7537**	**301758**
一、住宿业	**Hotels**	**2376**	**102094**
1.按登记注册统计类别	by Status of Registrated Statistics Category		
内资企业	Domestic Invested Enterprises	2354	98843
港澳台投资企业	Enterprises with Investment from Hong Kong, Macao and Taiwan	11	1904
外商投资企业	Enterprises with Foreign Investment	10	1335
农民专业合作社（联合社）	Professional Farmers Cooperatives(Association)		
个体工商户	Individual Business Owners		
其他市场主体	Other Units		
2.按国民经济行业分(GB/T 4754-2017)	by Sector		
旅游饭店	Tourist Hotels	847	66260
一般旅馆	General Hotels	1410	31363
民宿服务	Homestay Services	39	570
露营地服务	Campground Services		
其他住宿业	Other Accommodation Services	80	3901
二、餐饮业	**Catering Services**	**5161**	**199664**
1.按登记注册统计类别	by Status of Registrated Statistics Category		
内资企业	Domestic Invested Enterprises	5131	187816
港澳台投资企业	Enterprises with Investment from Hong Kong, Macao and Taiwan	17	4836
外商投资企业	Enterprises with Foreign Investment	13	7012
农民专业合作社（联合社）	Professional Farmers Cooperatives(Press Association)		
个体工商户	Individual Business Owners		
其他市场主体	Other Units		
2.按国民经济行业分	by Sector		
正餐服务	Dinner Services	4091	139399
快餐服务	Fast Food Services	692	34807
饮料及冷饮服务	Beverages and Cold Drinks Services	71	2768
餐饮配送及外卖送餐服务	Catering Delivery and Takeout Services	252	18171
其他餐饮业	Other Catering Services	55	4519

18-7 续表 continued

单位:万元 (10 000 yuan)

指标名称	Indicator	营业额 Business Revenue	客房收入 Revenue from Hotel Rooms	餐费收入 Revenue from Meals	商品销售收入 Revenue from Commodities	其他收入 Other Revenue
总 计	**Total**	**8069820**	**2002226**	**5489196**	**190317**	**388081**
一、住宿业	**Hotels**	**2782502**	**1672913**	**819902**	**63193**	**226493**
1.按登记注册统计类别	by Status of Registrated Statistics Category					
内资企业	Domestic Invested Enterprises	2667185	1615765	778106	62239	211075
港澳台投资企业	Enterprises with Investment from Hong Kong, Macao and Taiwan	68177	30302	26244	849	10782
外商投资企业	Enterprises with Foreign Investment	46999	26705	15552	106	4637
农民专业合作社（联合社）	Professional Farmers Cooperatives (Association)					
个体工商户	Individual Business Owners					
其他市场主体	Other Units					
2.按国民经济行业分 (GB/T 4754-2017)	by Sector					
旅游饭店	Tourist Hotels	1821346	904507	685774	49761	181304
一般旅馆	General Hotels	859966	706085	104932	12350	36599
民宿服务	Homestay Services	17277	12303	2929	66	1978
露营地服务	Campground Services					
其他住宿业	Other Accommodation Services	83914	50018	26267	1016	6613
二、餐饮业	**Catering Services**	**5287318**	**329313**	**4669294**	**127123**	**161588**
1.按登记注册统计类别	by Status of Registrated Statistics Category					
内资企业	Domestic Invested Enterprises	4840144	326725	4233469	121292	158657
港澳台投资企业	Enterprises with Investment from Hong Kong, Macao and Taiwan	124523	2538	115852	3369	2764
外商投资企业	Enterprises with Foreign Investment	322651	49	319973	2462	167
农民专业合作社（联合社）	Professional Farmers Cooperatives (Association)					
个体工商户	Individual Business Owners					
其他市场主体	Other Units					
2.按国民经济行业分 (GB/T 4754-2017)	by Sector					
正餐服务	Dinner Services	3609475	328187	3089886	69644	121758
快餐服务	Fast Food Services	1061874	467	1026220	24162	11025
饮料及冷饮服务	Beverages and Cold Drinks Services	125411		112104	10825	2483
餐饮配送及外卖送餐服务	Catering Delivery and Takeout Services	419213	462	375235	20439	23078
其他餐饮业	Other Catering Services	71344.6	196.3	65849.2	2053.7	3245.4

18-8 各市限额以上住宿和餐饮业经营情况(2023年)

Business of Hotels and Catering Services above Designated Size by Region (2023)

地区	Region	法人单位(个) Corporation Unit (unit)	从业人数(人) Persons Employed (person)	营业额(万元) Business Revenue (10000 yuan)	客房收入 Revenue from Hotel Rooms	餐费收入 Revenue from Meals	商品销售收入 Revenue from Commodi-ties	其他收入 Other Revenue
全省总计	**Total**	**7537**	**301758**	**8069820**	**2002226**	**5489196**	**190317**	**388081**
济南市	Jinan	1206	57331	1512756	342808	1030471	35092	104386
青岛市	Qingdao	1232	67952	2141227	551865	1422848	63079	103434
淄博市	Zibo	336	12340	346775	95290	223258	17416	10810
枣庄市	Zaozhuang	723	11541	292618	55818	225064	4627	7109
东营市	Dongying	103	5681	189523	40707	122549	2609	23658
烟台市	Yantai	601	25282	739897	208282	500627	6331	24658
潍坊市	Weifang	518	18057	496708	106144	353897	13256	23411
济宁市	Jining	909	20951	532866	107846	409579	6275	9167
泰安市	Tai'an	256	11573	253294	77725	158115	7849	9606
威海市	Weihai	275	19503	406441	106807	264714	9572	25348
日照市	Rizhao	141	5711	144573	53458	84744	2957	3414
临沂市	Linyi	255	13008	311790	86713	200443	8115	16518
德州市	Dezhou	218	8131	168978	41086	116933	2884	8075
聊城市	Liaocheng	216	8213	166631	38945	113642	3193	10852
滨州市	Binzhou	255	7905	175205	32121	134672	4727	3686
菏泽市	Heze	293	8579	190540	56611	127643	2335	3950

18−9 限额以上住宿和餐饮业财务状况(2023年)

单位：万元

指 标 名 称	Indicator	企业数(个) Number of Enterprises (unit)
总 计	**Total**	**7537**
一、住宿业	**Hotels**	**2376**
1.按登记注册统计类别	by Status of Regisstrated Statistics Category	
内资企业	Domestic Invested Enterprises	2354
港澳台投资企业	Enterprises with Investment from Hong Kong, Macao and Taiwan	11
外商投资企业	Enterprises with Foreign Investment	10
农民专业合作社（联合社）	Professional Farmers Cooperatives(Association)	
个体工商户	Individual Business Owners	
其他市场主体	Other Units	
2.按国民经济行业分(GB/T 4754−2017)	by Sector	
旅游饭店	Tourist Hotels	847
一般旅馆	General Hotels	1410
民宿服务	Homestay Services	39
露营地服务	Campground Services	
其他住宿业	Other Accommodation Services	80
二、餐饮业	**Catering Services**	**5161**
1.按登记注册统计类别	by Status of Regisstrated Statistics Category	
内资企业	Domestic Invested Enterprises	5131
港澳台投资企业	Enterprises with Investment from Hong Kong, Macao and Taiwan	17
外商投资企业	Enterprises with Foreign Investment	13
农民专业合作社（联合社）	Professional Farmers Cooperatives(Association)	
个体工商户	Individual Business Owners	
其他市场主体	Other Units	
2.按国民经济行业分(GB/T 4754−2017)	by Sector	
正餐服务	Dinner Services	4091
快餐服务	Fast Food Services	692
饮料及冷饮服务	Beverages and Cold Drinks Services	71
餐饮配送及外卖送餐服务	Catering Delivery and Takeout Services	252
其他餐饮业	Other Catering Services	55

Financial Indicators of Enterprises above Designated Size of Hotels and Catering Services(2023)

(10 000 yuan)

年末资产负债 Assets and Liabilities at Year-end						损益及分配 Losses,Profits and Distribution	
流动资产合计 Total Current Assets	固定资产原价 Original Value of Fixed Assets	本年折旧 Depre-ciation in the Year	资产合计 Total Assets	负债合计 Total Liabilities	所有者权益合计 Total Owner's Equities	营业收入合计 Business Revenue	主营业务收入 Revenue from Principal Business
5907763	**7250547**	**402110**	**12830991**	**10752216**	**2078773**	**7708868**	**7537398**
3262048	**4527354**	**229216**	**7273097**	**6251668**	**1021429**	**2657515**	**2571380**
2942938	4094189	213230	6552138	5836357	715781	2548550	2463022
143746	302077	7510	350226	187221	163005	64584	64533
175360	131088	8476	370729	228090	142639	44240	43683
2271408	3715046	167158	5235996	4405077	830919	1735993	1678766
806916	681475	52919	1628943	1429087	199855	821914	806764
14585	24630	1517	47258	45685	1573	18593	16788
169139	106203	7621	360900	371819	-10919	81016	69063
2645715	**2723194**	**172894**	**5557894**	**4500548**	**1057344**	**5051353**	**4966019**
2541826	2567613	164015	5260179	4207015	1053162	4630690	4559440
64596	104167	4446	162700	217684	-54983	116590	113452
39293	51413	4433	135015	75849	59166	304073	293126
2027153	2481996	150840	4558973	3800229	758742	3458063	3397490
265688	165631	12286	522159	340226	181934	1010889	991631
28906	11603	1342	62258	47570	14688	117189	115759
294431	60491	7952	381300	287314	93985	397749	393952
29537	3473	474	33204	25209	7995	67463	67187

18-9 续表

单位:万元

指 标 名 称	Indicator	营业成本 Cost of Business
总 计	**Total**	**4326516**
一、住宿业	**Hotels**	**1223486**
1.按登记注册统计类别	by Status of Regisstrated Statistics Category	
内资企业	Domestic Invested Enterprises	1180386
港澳台投资企业	Enterprises with Investment from Hong Kong, Macao and Taiwan	22508
外商投资企业	Enterprises with Foreign Investment	20543
农民专业合作社（联合社）	Professional Farmers Cooperatives(Association)	
个体工商户	Individual Business Owners	
其他市场主体	Other Units	
2.按国民经济行业分(GB/T 4754-2017)	by Sector	
旅游饭店	Tourist Hotels	766195
一般旅馆	General Hotels	400364
民宿服务	Homestay Services	8591
露营地服务	Campground Services	
其他住宿业	Other Accommodation Services	48336
二、餐饮业	**Catering Services**	**3103030**
1.按登记注册统计类别	by Status of Regisstrated Statistics Category	
内资企业	Domestic Invested Enterprises	2888208
港澳台投资企业	Enterprises with Investment from Hong Kong, Macao and Taiwan	51517
外商投资企业	Enterprises with Foreign Investment	163305
农民专业合作社（联合社）	Professional Farmers Cooperatives(Association)	
个体工商户	Individual Business Owners	
其他市场主体	Other Units	
2.按国民经济行业分(GB/T 4754-2017)	by Sector	
正餐服务	Dinner Services	2060622
快餐服务	Fast Food Services	598677
饮料及冷饮服务	Beverages and Cold Drinks Service	64549
餐饮配送及外卖送餐服务	Catering Delivery and Takeout Services	321886
其他餐饮业	Other Catering Services	57296

continued

(10 000 yuan)

损 益 及 分 配 Losses,Profits and Distribution							工资、福利、增值税 Wages,Welfare and Value Added Tax	
税金及附加 Taxes and Other Charges on Business	销售费用 Expenses on Sales	管理费用 Expenses on Management	财务费用 Expenses on Finance	营业利润 Profits from Business	利润总额 Total Profits	所得税费用 Income Tax Expense	应付职工薪酬(本年贷方累计发生额) Payroll payable (Cumulative amount of credits)	应交增值税 Value Added Tax Payable
52437	**1670639**	**1355566**	**109770**	**288731**	**308157**	**32399**	**1945282**	**114939**
28125	**648187**	**690782**	**69086**	**16386**	**24010**	**7949**	**745351**	**54047**
24041	629015	650060	62890	19308	26734	6744	714042	51864
3467	10694	25285	4093	-1244	-1090	1284	18363	1324
617	8477	15346	2103	-1680	-1636	-79	12887	857
23856	453070	449526	50438	10353	13682	5821	527061	37819
3403	172160	214512	13126	19075	22940	2027	187712	14803
48	3840	4578	858	668	652	21	2904	420
819	19118	22167	4665	-13710	-13265	80	27673	1004
24312	**1022452**	**664784**	**40683**	**272346**	**284147**	**24451**	**1199931**	**60892**
23515	903693	627331	32895	227236	239164	12713	1097930	57064
559	45682	11045	5934	3240	2602	1200	28547	3082
238	73078	26408	1854	41870	42381	10538	73454	746
22288	700383	529102	31880	174722	179888	8472	840004	46933
1166	258909	78019	5537	82273	83593	13299	208651	7662
66	35721	10634	439	6027	6441	1050	31371	-281
685	23980	41589	2797	7802	12632	1621	88527	5717
108	3459	5440	31	1521	1593	9	31380	862

18-10 各市限额以上住宿和餐饮业财务状况(2023年)

Financial Indicators of Enterprises above Designated Size of Hotels and Catering Services by Region(2023)

单位:万元 (10 000 yuan)

地区	Region	企业数(个) Number of Enterprises (unit)	流动资产合计 Total Current Assets	固定资产原价 Original Value of Fixed Assets	本年折旧 Depreciation in the Year	资产合计 Total Assets	负债合计 Total Liabilities	所有者权益合计 Total Owners' Equities	营业收入合计 Business Revenue	主营业务收入 Revenue from Principal Business
全省总计	**Total**	**7537**	**5907763**	**7250547**	**402110**	**12830991**	**10752216**	**2078773**	**7708868**	**7537398**
济南市	Jinan	1206	1091894	990368	50642	1986399	1760350	226049	1458363	1409490
青岛市	Qingdao	1232	1702340	1467918	65917	3098885	2527971	570914	2024236	1985651
淄博市	Zibo	336	158815	190153	12515	320897	287083	33815	331545	324555
枣庄市	Zaozhuang	723	120491	300312	16568	365777	425380	-59602	286514	283165
东营市	Dongying	103	151033	181773	12438	386571	395812	-9241	181614	176600
烟台市	Yantai	601	465623	1034825	70399	1271967	904011	367957	699287	691229
潍坊市	Weifang	518	337143	312776	16361	630022	597056	32964	459367	446171
济宁市	Jining	909	497184	584566	34771	1037433	773527	263906	517566	509487
泰安市	Tai'an	256	292638	325957	17073	727402	580160	147242	245080	238555
威海市	Weihai	275	277031	534207	25131	857174	757916	99258	394154	387693
日照市	Rizhao	141	104422	104770	6765	236212	226294	9917	140760	136952
临沂市	Linyi	255	196517	639543	33054	745024	645846	99178	293524	286491
德州市	Dezhou	218	127146	190237	10657	390186	241474	148712	163269	159700
聊城市	Liaocheng	216	134085	109924	7241	238939	218415	20523	164212	155951
滨州市	Binzhou	255	154037	137283	6413	295449	242669	52779	168314	166837
菏泽市	Heze	293	97365	145935	16165	242655	168253	74402	181062	178870

18-10 续表 continued

单位:万元 (10 000 yuan)

地区	Region	营业成本 Cost of Business	税金及附加 Taxes and Other Charges on Business	销售费用 Expenses on Sales	管理费用 Expenses on Management	财务费用 Expenses on Finance	营业利润 Profits from Business	利润总额 Total Profits	所得税费用 Income Tax Expense	应付职工薪酬(本年贷方累计发生额) Payroll payable (Cumulative amount of credits)	应交增值税 Value Added Tax Payable
全省总计	**Total**	**4326516**	**52437**	**1670639**	**1355566**	**109770**	**288731**	**308157**	**32399**	**1945282**	**114939**
济南市	Jinan	763582	7060	403139	273644	18217	9956	19834	6189	380698	21021
青岛市	Qingdao	1081485	12262	467942	380989	36174	53525	56588	16057	499676	27899
淄博市	Zibo	187862	1013	74171	52040	3679	12926	13261	488	72117	4892
枣庄市	Zaozhuang	201084	992	28034	39719	1342	15127	15242	299	54756	2911
东营市	Dongying	101786	1788	45458	31674	1974	1825	3501	240	39897	3145
烟台市	Yantai	409333	5180	136100	114470	6240	29321	31665	3117	165751	13618
潍坊市	Weifang	280382	3362	94176	71652	8596	-373	-402	561	116368	7016
济宁市	Jining	316876	2558	66634	85356	5860	46177	46924	1088	120726	5718
泰安市	Tai'an	127334	1933	58842	46439	5600	5156	4349	360	62321	4150
威海市	Weihai	213723	4038	95827	65527	10609	3185	3393	899	138144	6100
日照市	Rizhao	74105	364	29579	33680	1411	3737	2959	289	35552	2443
临沂市	Linyi	168473	7778	52663	56986	1457	4550	5258	807	79445	4733
德州市	Dezhou	85572	1588	39961	27873	2367	66460	67828	271	45788	2350
聊城市	Liaocheng	101429	584	28805	24052	2650	7438	7482	100	48287	2543
滨州市	Binzhou	109830	522	22605	28937	1070	5372	5610	253	44525	2080
菏泽市	Heze	103658	1415	26704	22528	2526	24348	24666	1384	41231	4319

18-11 亿元以上商品交易市场情况(2023年)

Basic Statistics on Commodity Exchange Markets of Transaction Value over 100 Million Yuan (2023)

类别	Category	市场数量(个) Number of Markets (unit)	摊位数(个) Number of Booths (unit)	年末出租摊位数(个) Number of Booths Rented at Year-end (unit)	年末营业面积(平方米) Operating Area at Year-end (sq.m)	成交额(亿元) Turnover (100 million yuan)
总计	**Total**	**501**	**334659**	**270551**	**40062763**	**10018.0**
一、按市场类别分组	**Grouped by Market Category**					
综合市场	Comprehensive Markets	101	96662	77746	6932862	1452.1
综合贸易市场	Comprehensive Transaction Markets	101	96662	77746	6932862	1452.1
生产资料综合市场	Means of Production Comprehensive Markets	4	2201	1536	181100	35.7
工业消费品综合市场	Industrial Consumable Comprehensive Markets	18	35449	29388	2151674	570.5
农产品综合市场	Farm Produce Comprehensive Markets	48	28376	24596	2104179	451.8
其他综合市场	Other Comprehensive Markets	31	30636	22226	2495909	394.1
专业市场	Special Markets	400	237997	192805	33129901	8565.9
生产资料市场	Production Markets	78	35264	30896	10194481	3150.4
农业生产用具市场	Agricultural Production Equipment Markets	1	85	85	80000	1.6
木材市场	Wood Markets	6	1661	1571	575141	118.8
建材市场	Building Material Markets	33	14321	12960	2798178	349.7
化工材料及制品市场	Chemical Material and Products Markets	1	875	781	110000	686.5
金属材料市场	Metal Material Markets	25	7663	5285	5560524	1728.1
机械设备市场	Mechanical Equipment Markets	8	9097	8870	942502	131.8
其他生产资料市场	Other Means of Production Markets	4	1562	1344	128136	133.8
农产品市场	Farm Produce Markets	125	76519	64476	9154403	2919.9
粮油市场	Grain and Oil Markets	6	2707	1902	308032	135.4
肉禽蛋市场	Meat, Poultry and Eggs Markets	4	2425	2099	82060	15.4
水产品市场	Aquatic Products Markets	32	14830	9909	1204685	709.7
蔬菜市场	Vegetables Markets	43	36624	33870	4817036	1038.4
干鲜果品市场	Dried and Fresh Melons and Fruits Markets	23	11017	9474	1846744	567.8
其他农产品市场	Other Agricultural Products Markets	17	8916	7222	895846	453.2
食品、饮料及烟酒市场	Food, Beverages, Tobacco and Liquor Markets	13	8325	5564	794430	170.6
食品饮料市场	Food and Beverage Markets	6	4075	2583	374000	104.4
茶叶市场	Tea Markets	3	1380	1081	150000	18.5
烟酒市场	Tobacco and Liquor Markets	2	600	525	22000	33.1
其他食品饮料及烟酒市场	Other Food, Beverages, Tobacco and Liquor Markets	2	2270	1375	248430	14.6
纺织、服装、鞋帽市场	Textile, Clothing, shoes and Hats Markets	39	43760	35856	2184970	650.0
布料及纺织品市场	Cloth and Textile Markets	4	2060	1440	165000	18.9
服装市场	Clothing Markets	23	32494	26335	1514490	496.6
鞋帽市场	Shoes and Hats Markets	5	3665	2838	160336	50.2
其他纺织服装鞋帽市场	Others	7	5541	5243	345144	84.2
日用品及文化用品市场	Daily Use Articles and Cultural Goods Markets	19	14722	12557	1122639	297.4
小商品市场	Merchandise Markets	13	11761	9743	876939	220.9

18−11 续表 continued

类 别	Category	市场数量(个) Number of Markets (unit)	摊位数(个) Number of Booths (unit)	年末出租摊位数 Number of Booths Rented at Year End	年末营业面积(平方米) Operating Area at Year End (sq.m)	成交额(亿元) Turnover (100 million yuan)
玩具市场	Toys Markets	1	600	557	60000	16.4
图书、报刊市场	Books, Newspapers and Magazines Markets	1	149	117	25000	11.0
其他日用品及文化用品市场	Other Daily Use and Cultural Goods Markets	4	2212	2140	160700	49.2
黄金、珠宝、玉器等首饰市场	Gold,Jewelry,Jade Markets	1	809	523	500000	114.4
电器、通讯器材、电子设备市场	Electrical Appliances, Communication Appliances, Electronic Equipment Markets	8	4101	3649	329200	130.3
家电市场	Household Appliances Markets	1	925	920	156000	76.0
通讯器材市场	Communication Appliances Markets	2	1170	1170	66500	38.6
计算机及辅助设备市场	Computers and Auxiliary Equipment Markets	5	2006	1559	106700	15.7
医药、医疗用品及器材市场	Medicine, Medical Supplies and Medical Equipment Markets	1	1022	842	61420	9.4
中药材市场	Chinese Medicine Markets	1	1022	842	61420	9.4
家具、五金及装饰材料市场	Furniture, Hardware and Decorative Materials Markets	59	36026	25298	4893470	444.0
家具市场	Furniture Markets	18	7240	5661	1299020	53.1
装饰材料市场	Decoration Materials Markets	19	10252	7492	1398774	70.6
灯具市场	Lamps Markets	1	970	950	150000	34.6
厨具、盥洗设备市场	Kitchen Utensils and Washing Equipment Markets	3	1625	1304	348000	29.8
五金材料市场	Hardware Materials Markets	11	10131	5915	720119	172.7
其他装修市场	Others	7	5808	3976	977557	83.2
汽车、摩托车及零配件市场	Automobile, Motorcycles and Spare Parts Markets	49	11499	7764	3015338	533.4
汽车市场	Automobile Markets	35	4742	3410	2378604	366.0
摩托车市场	Motorcycle Markets	1	78	78	27000	1.2
机动车零配件市场	Vehicle Spare Parts Markets	13	6679	4276	609734	166.2
花、鸟、鱼、虫市场	Flowers, Birds, Fish and Insects Markets	4	3910	3793	837600	132.1
花卉市场	Flower Markets	4	3910	3793	837600	132.1
其他专业市场	Others	4	2040	1587	41950	14.1
二、按营业状态分组	**Grouped by Operating Status**					
1.常年营业	Perennial Operating	486	327018	263458	38611599	9599.6
2.季节性营业	Seasonal Operating	15	7641	7093	1451164	418.4
三、按经营方式分组	**Grouped by Operating Mode**					
1.以批发为主	Wholesale	333	252788	205381	30778538	9159.1
2.以零售为主	Retail	168	81871	65170	9284225	858.9
四、按经营环境分组	**Grouped by Operating Environment**					
1.露天式	Open Air	118	50733	42580	11113278	2451.9
2.封闭式	Closed	334	252931	203367	25732215	6747.3
3.其他	Others	49	30995	24604	3217270	818.9

18-12 亿元以上商品交易市场成交情况(2023年)

Basic Statistics on Transactions in Commodity Exchange Markets of Turnover above 100 Million Yuan(2023)

类　　别	Category	年末出租摊位数(个) Number of Booths Rented at Year end (unit)	全年成交额(亿元) Turnover (100 million yuan)
合　计	**Total**	**270551**	**10018.0**
1.粮油、食品类	Grain, Oil and Food	97275	3715.7
#粮油类	Grain and Oil	8323	280.4
肉禽蛋类	Meal,Poultry and Eggs	10548	416.2
水产品类	Aquatic Products	16433	975.5
蔬菜类	Vegetables	34672	1087.8
干鲜果品类	Dried and Fresh Fruits	20078	788.7
2.饮料类	Beverages	3231	60.9
3.烟酒类	Tobacco and Liquor	3493	77.4
4.服装、鞋帽、针、纺织品类	Clothing, Shoes, Hats and Textiles	53709	806.1
(1)服装类	Clothing	34858	514.7
(2)鞋帽类	Shoes and Hats	9476	148.1
(3)针、纺织品类	Knitwear and Textiles	9375	143.3
5.化妆品类	Cosmetics	2465	76.0
6.金银珠宝类	Gold,Silver and Jewelry	1193	127.3
7.日用品类	Articles for Daily Use	16514	367.5
#可穿戴智能设备	Wearable smart device	89	0.9
8.五金电料类	Hardware & Electrical Materials	12828	306.4
9.体育、娱乐用品类	Sports & Recreational Articles	1116	14.0
#照相器材类	Cameras and Related Equipments	39	0.6
10.书报杂志类	Newspapers and Magazines	253	14.1
11.电子出版物及音像制品类	E-journal and Video Products	75	0.5
12.家用电器和音像器材类	Household Appliances and Video Equipments	3512	118.4
#能效等级为1和2级的商品	Products with Energy Efficiency Levels 1 and 2	421	14.4
#智能家用电器和音像器材	Smart Home Appliances and Audiovisual Equipments	651	62.5
13.中西药材品类	Traditional Chinese and Western Medicine	1059	15.0
#西药类	Western Medicine	88	1.4
中草药及中成药类	Traditional Chinese Medicine	872	9.5
14.文化办公用品类	Cultural and Official Appliances	5000	71.0
#计算机及其配套产品	Computers and Corollary Equipments	1257	13.4
15.家具类	Furniture	8691	94.2
16.通讯器材类	Communication Appliances	2032	52.4
#智能手机	Smart phone	1269	39.4
17.煤炭及制品类	Coal and Related Products	17	2.0
18.木材及制品类	Wood and Wooden Products	2197	142.1
19.石油及制品类	Petroleum and Related Products	197	243.8
20.化工材料及制品类	Chemical Materials and Related Products	1194	538.3
#化肥类	Fertilizers	65	0.7
21.金属材料类	Metal Materials	6494	1712.7
22.建筑及装潢材料类	Building and Decoration Materials	21962	492.2
23.机电产品及设备类	Mechanical & Electrical Products	5087	155.0
#农机类	Agricultural Machineries	134	2.0
24.汽车类	Automobiles	8201	552.7
#新能源汽车	New Energy Vehicles	258	44.0
25.种子饲料类	Seeds and Feedstuff	369	5.5
26.棉麻类	Cotton and Hemp	438	11.0
27.其他类	Others	11949	245.8

18−13 各市亿元以上商品交易市场情况(2023年)
Basic Statistics on Commodity Exchange Markets of Turnover above 100 Million Yuan by Region(2023)

地 区	Region	市场数量(个) Number of Markets (unit)	摊位数(个) Number of Booths (unit)	年末出租摊位数 Number of Booths Rented at Year End	年末营业面积(平方米) Operating Area at Year End (sq.m)	成交额(万元) Turnover (10 000 yuan)
全省总计	**Total**	**501**	**334659**	**270551**	**40062763**	**100180022**
济南市	Jinan	26	18920	17583	1662745	7057221
青岛市	Qingdao	47	38726	34598	4146539	13864589
淄博市	Zibo	30	17539	14357	1489645	9213844
枣庄市	Zaozhuang	36	22549	16198	1549020	2779463
东营市	Dongying	11	2995	2399	585666	330331
烟台市	Yantai	19	15809	9550	1764867	2969765
潍坊市	Weifang	34	23783	22179	4531259	8121141
济宁市	Jining	47	29482	25413	4459323	8680520
泰安市	Tai'an	8	8444	4888	3243003	8431855
威海市	Weihai	16	6332	6103	646448	1243023
日照市	Rizhao	11	8954	4657	920749	1049607
临沂市	Linyi	75	49819	43077	5763114	17905836
德州市	Dezhou	47	24278	17000	3095809	3402913
聊城市	Liaocheng	17	17020	14652	2450355	7091840
滨州市	Binzhou	10	4401	4173	502492	4732983
菏泽市	Heze	67	45608	33724	3251729	3305091

18－14 连锁门店及配送中心分布情况(2023年)

Distribution of Stores and Distribution Centers of Chain Stores of Wholesale and Retail Trades and Hotel and Catering Services(2023)

单位：个 (unit)

地区	Region	门店总数 Number of Stores	直营店数 Under Direct Management	加盟店数 Through License Arrangement	配送中心数 Distribution Centers	自有 Under Direct Management
合计	**Total**	**32759**	**26063**	**6696**	**363**	**342**
批发和零售业	**Wholesale and Retail Trades**	**30469**	**24609**	**5860**	**342**	**322**
北京	Beijing	28	8	20	1	1
天津	Tianjin	8	2	6	1	1
河北	Hebei	133	17	116	2	2
山西	Shanxi	42	1	41	2	2
内蒙古	Inner Mongolia	13	4	9	1	1
辽宁	Liaoning	63	3	60	2	2
吉林	Jilin	9	1	8	1	1
黑龙江	Heilongjiang	11	2	9	1	1
上海	Shanghai	69	4	65	1	1
江苏	Jiangsu	68	11	57	3	3
浙江	Zhejiang	109	3	106	5	4
安徽	Anhui	45	3	42	1	1
福建	Fujian	17	3	14	3	3
江西	Jiangxi	28	2	26	2	2
山东	Shandong	29120	24491	4629	286	268
济南	Jinan	3482	3123	359	30	24
青岛	Qingdao	4353	3784	569	33	30
河南	Henan	319	20	299	4	3
湖北	Hubei	82	17	65	3	3
湖南	Hunan	34	1	33	3	3
广东	Guangdong	55	4	51	5	5
广西	GuangXi	18		18	2	2
海南	Hainan	4	1	3	1	1
重庆	Chongqing	22	1	21	2	2
四川	Sichuan	64	3	61	4	4
贵州	Guizhou	10	2	8	1	1
云南	Yunnan	8	1	7	1	1
西藏	Xizang	1		1		
陕西	Shaanxi	32	1	31	1	1
甘肃	Gansu	27	1	26	1	1
青海	Qinghai	2		2		
宁夏	Ningxia	17	1	16	1	1
新疆	Xinjiang	11	1	10	1	1
住宿和餐饮业	**Hotel and Catering Services**	**2290**	**1454**	**836**	**21**	**20**
北京	Beijing	9	8	1	1	1
天津	Tianjin	1		1		
河北	Hebei	13	1	12		
内蒙古	Inner Mongolia	1		1		
辽宁	Liaoning	5	2	3		
吉林	Jilin	2		2		
黑龙江	Heilongjiang	2		2		
江苏	Jiangsu	8	6	2		
安徽	Anhui					
山东	Shandong	2244	1435	809	19	18
济南	Jinan	589	510	79	4	4
青岛	Qingdao	351	264	87	5	5
河南	Henan	2	1	1		
湖南	Hunan	2	1	1		
海南	Hainan				1	1
云南	Yunnan	1		1		
陕西	Shaanxi					

注：本表数据是指总部设在山东的连锁企业的门店及配送中心的分布情况。

a) Data in this table refers to the distribution of stores and distribution centers of chain stores that headquarters in Shandong.

18-15 批发和零售业连锁经营情况(2023年)

指　　标	Item	连锁总店(总部)数(个) Number of chain head stores (unit)	合　计 Total
总　　计	**Total**	**443**	**30366**
一、按行业分组	**by Sector**		
批发业	Wholesale Trade	45	2266
零售业	Retail Trade	398	28100
二、按登记注册统计类别分	**by status of Regisstrated Statistics Category**		
内资企业	Domestic Invested Enterprises	431	29003
国有独资公司	State Sole-proprietorship Corporations	NA	75
私营有限责任公司	Private Limited Liability Corporations	276	15796
其他有限责任公司	Other Limited Liability Corporations	122	8529
私营股份有限公司	Private Share-holding Corporations Ltd.	12	247
其他股份有限公司	Other Share-holding Corporations Ltd.	17	4296
全民所有制企业(国有企业)	Enterprise Owned by the Whole People	NA	49
股份合作企业	Cooperative Enterprises	NA	6
个人独资企业	Individual Sole-proprietorship Enterprises	NA	5
港澳台投资企业	Enterprises with Investment from Hong Kong, Macao and Taiwan	NA	228
#港澳台投资有限责任公司	Limited Liability Corporations with Investment from Hong Kong, Macao and Taiwan	NA	228
外商投资	Enterprises with Foreign Investment	9	1135
外商投资有限责任公司	Limited Liability Corporations with Foreign Investment	4	728
外商投资股份有限公司	Share-holding Corporations Ltd. with Foreign Investment	NA	159
其他外商投资企业	Other Foreign Invested Enterprises	NA	248
三、按连锁零售业态分组	**by Business Categories**		
便利店	Convenience Stores	12	1329
超　市	Supermarkets	64	2645
折扣店	Discount Stores	NA	39
仓储会员店	Warehouse Club Stores	NA	9
百货店	Department Stores	20	724
购物中心	Shopping Mall	10	128
专业店	Professional Stores	298	22792
#加油站	Gas Station	27	1367
品牌专卖店	Brand Exclusive Stores	27	2394
集合店	Multi-brands Stores	NA	13
其　他	Other Stores	9	293

注：NA表示企业个数小于或等于3（以下相关表同）。

Business of Chain Operation of Wholesale and Retail Trade(2023)

门店总数(个) Number of Stores(unit)		年末零售营业面积(平方米) Operational Area at Yeai-end(sq.m)			年末从业人员数(人) Engaged Persons at Yeai-end(person)		
直营店 Under Direct Management	加盟店 Through License Arrangement	合 计 Total	直营店 Under Direct Management	加盟店 Through License Arrangement	合 计 Total	直营店 Under Direct Management	加盟店 Through License Arrangement
24560	**5806**	**26012931**	**19193086**	**6819845**	**205157**	**191637**	**13520**
700	1566	916302	879834	36468	20368	14849	5519
23860	4240	25096629	18313252	6783377	184789	176788	8001
23654	5349	24908656	18099950	6808706	197770	184518	13252
75		50680	50680		2011	2011	
13158	2638	3252434	3111051	141383	78304	72800	5504
7262	1267	11899230	5275863	6623367	53892	51161	2731
199	48	1058542	1055113	3429	9102	8965	137
2904	1392	8622380	8590753	31627	53812	49054	4758
49		2238	2238		275	275	
6		12152	12152		216	216	
NA	4	11000	2100	8900	158	36	122
228		102340	102340		1524	1524	
228		102340	102340		1524	1524	
678	457	1001935	990796	11139	5863	5595	268
271	457	155318	144179	11139	3854	3586	268
159		109067	109067		686	686	
248		737550	737550		1323	1323	
801	528	98070	81001	17069	2462	2050	412
2032	613	3740645	3677164	63481	47646	46165	1481
39		17658	17658		249	249	
9		3100	3100		201	201	
710	14	8357202	8348022	9180	41983	41851	132
128		1361500	1361500		7108	7108	
20071	2721	12232573	5548044	6684529	83561	79084	4477
1367		1866512	1866512		7700	7700	
640	1754	172415	144027	28388	10168	3450	6718
7	6	2600	1400	1200	77	45	32
123	170	27168	11170	15998	11702	11434	268

a) NA refers to less than or equal to three(The same applies to the following tables).

18－15 续表 1 continued

指 标	Item	连锁门店商品购进额(万元) Total Purchases of chain store(10000 yuan)		
		合 计 Total	直营店 Under Direct Management	加盟店 Through License Arrangement
总 计	**Total**	**24103724**	**21064010**	**3039714**
一、按行业分组	**by Sector**			
批发业	Wholesale Trade	4311253	3902583	408670
零售业	Retail Trade	19792471	17161427	2631044
二、按登记注册统计类别分	**by status of Regisstrated Statistics Category**			
内资企业	Domestic Invested Enterprises	21633620	18681545	2952074
国有独资公司	State Sole-proprietorship Corporations	185398	185398	
私营有限责任公司	Private Limited Liability Corporations	6222378	6101339	121038
其他有限责任公司	Other Limited Liability Corporations	7035720	4616187	2419533
私营股份有限公司	Private Share-holding Corporations Ltd.	661785	661440	345
其他股份有限公司	Other Share-holding Corporations Ltd.	7374636	6965845	408791
全民所有制企业(国有企业)	Enterprise Owned by the Whole People	113015	113015	
股份合作企业	Cooperative Enterprises	37507	37507	
个人独资企业	Individual Sole-proprietorship Enterprises	3180	814	2367
港澳台投资企业	Enterprises with Investment from Hong Kong, Macao and Taiwan	828683	828683	
#港澳台投资有限责任公司	Limited Liability Corporations with Investment from Hong Kong, Macao and Taiwan	828683	828683	
外商投资企业	Enterprises with Foreign Investment	1641422	1553782	87640
外商投资有限责任公司	Limited Liability Corporations with Foreign Investment	332033	244393	87640
外商投资股份有限公司	Share-holding Corporations Ltd. with Foreign Investment	217391	217391	
其他外商投资企业	Other Foreign Invested Enterprises	1091997	1091997	
三、按连锁零售业态分组	**by Business Categories**			
便利店	Convenience Stores	188119	99367	88753
超 市	Supermarkets	5379950	5335040	44910
折扣店	Discount Stores	31944	31944	
仓储会员店	Warehouse Club Stores	19805	19805	
百货店	Department Stores	3076986	3074585	2401
购物中心	Shopping Mall	615770	615770	
专业店	Professional Stores	10789460	8376955	2412504
#加油站	Gas Station	4602215	4602215	
品牌专卖店	Brand Exclusive Stores	1904331	1414411	489920
集合店	Multi-brands Stores	449	283	166
其 他	Others	2096912	2095851	1061

18-15 续表 2 continued

指　　标	Item	连锁门店商品销售额(万元) Sale Value of chain store(10000 yuan)		
		合 计 Total	直营店 Under Direct Management	加盟店 Through License Arrangement
总　　计	**Total**	**28907544**	**28116084**	**791460**
一、按行业分组	**by Sector**			
批发业	Wholesale Trade	4338583	3928229	410354
零售业	Retail Trade	24568961	24187855	381105
二、按登记注册统计类别分	**by status of Regisstrated Statistics Category**			
内资企业	Domestic Invested Enterprises	26291304	25587883	703421
国有独资公司	State Sole-proprietorship Corporations	185392	185392	
私营有限责任公司	Private Limited Liability Corporations	6753631	6639280	114350
其他有限责任公司	Other Limited Liability Corporations	8044527	7897842	146685
私营股份有限公司	Private Share-holding Corporations Ltd.	930284	929911	373
其他股份有限公司	Other Share-holding Corporations Ltd.	10218093	9778242	439851
全民所有制企业(国有企业)	Enterprise Owned by the Whole People	120034	120034	
股份合作企业	Cooperative Enterprises	36422	36422	
个人独资企业	Individual Sole-proprietorship Enterprises	2923	761	2162
港澳台投资企业	Enterprises with Investment from Hong Kong, Macao and Taiwan	825351	825351	
#港澳台投资有限责任公司	Limited Liability Corporations with Investment from Hong Kong, Macao and Taiwan	825351	825351	
外商投资	Enterprises with Foreign Investment	1790889	1702850	88039
外商投资有限责任公司	Limited Liability Corporations with Foreign Investment	378960	290921	88039
外商投资股份有限公司	Share-holding Corporations Ltd. with Foreign Investment	420446	420446	
其他外商投资企业	Other Foreign Invested Enterprises	991483	991483	
三、按连锁零售业态分组	**by Business Categories**			
便利店	Convenience Stores	211219	121797	89421
超　市	Supermarkets	5970568	5894821	75746
折扣店	Discount Stores	18269	18269	
仓储会员店	Warehouse Cub Stores	20016	20016	
百货店	Department Stores	5754849	5752654	2195
购物中心	Shopping Mall	1026286	1026286	
专业店	Professional Stores	11771711	11628919	142792
#加油站	Gas Station	4897551	4897551	
品牌专卖店	Brand Exclusive Stores	1920996	1441373	479622
集合店	Multi-brands Stores	606	426	180
其　他	Others	2213025	2211522	1503

18-16 住宿和餐饮业连锁经营情况(2023年)

指 标 名 称	Indicator	连锁总店或总部数(个) Number of chain head stores (unit)	门店总数(个) Number of Stores (unit)
总 计	**Total**	**54**	**2290**
一、按行业分组	**by Sector**		
住宿业	Hotel Services	5	234
餐饮业	Catering Services	49	2056
二、按登记注册统计类别分	**by status of Regisstrated Statistics Category**		
内资企业	Domestic Invested Enterprises	46	1618
国有独资公司	State Sole-proprietorship Corporations	NA	NA
私营有限责任公司	Private Limited Liability Corporations	28	1051
其他有限责任公司	Other Limited Liability Corporations	13	519
私营股份有限公司	Private Share-holding Corporations Ltd.		
其他股份有限公司	Other Share-holding Corporations Ltd.	NA	34
全民所有制企业(国有企业)	Enterprise Owned by the Whole People		
股份合作企业	Cooperative Enterprises		
个人独资企业	Individual Sole-proprietorship Enterprises	NA	12
港澳台投资企业	Enterprises with Investment from Hong Kong, Macao and Taiwan	4	154
#港澳台投资有限责任公司	Limited Liability Corporations with Investment from Hong Kong, Macao and Taiwan	4	154
外商投资	Enterprises with Foreign Investment	4	518
外商投资有限责任公司	Limited Liability Corporations with Foreign Investment	4	518
外商投资股份有限公司	Share-holding Corporations Ltd. with Foreign Investment		
其他外商投资企业	Other Foreign Invested Enterprises		

Business of Chain Operation of Hotels and Catering Services(2023)

直营店 Under Direct Management	年末从业人员(人) Engaged Persons (person)	直营店 Under Direct Management	年末餐饮营业面积(平方米) Operational Area (sq.m)	直营店 Under Direct Management	客房数(间) Number of rooms (room)	直营店 Under Direct Management	床位数(张) Number of Beds (unit)	直营店 Under Direct Management
1454	**32462**	**24368**	**744745**	**611471**	**24417**	**10113**	**37389**	**15938**
30	808	779	3369	3319	17116	2812	25635	4184
1424	31654	23589	741376	608152	7301	7301	11754	11754
791	21498	13702	552833	423959	24417	10113	37389	15938
NA	10	10			97	97	129	129
429	11896	4154	256233	127594	654	654	945	945
314	2832	2778	28162	27927	16365	2061	24561	3110
34	6725	6725	267378	267378	7301	7301	11754	11754
12	35	35	1060	1060				
145	4123	3825	53227	48827				
145	4123	3825	53227	48827				
518	6841	6841	138685	138685				
518	6841	6841	138685	138685				

18-16 续表

指标名称	Indicator	餐位数(位) Number of Diningseats (unit)	直营店 Under Direct Management
总计	**Total**	**171360**	**138734**
一、按行业分组	**by Sector**		
住宿业	Hotel Services	1848	1824
餐饮业	Catering Services	169512	136910
二、按登记注册类型分组	**by Status of Registration**		
内资企业	Domestic Invested Enterprises	119832	88406
国有独资公司	State Sole-proprietorship Corporations		
私营有限责任公司	Private Limited Liability Corporations	89687	58309
其他有限责任公司	Other Limited Liability Corporations	9975	9927
私营股份有限公司	Private Share-holding Corporations Ltd.		
其他股份有限公司	Other Share-holding Corporations Ltd.	19756	19756
全民所有制企业(国有企业)	Enterprise Owned by the Whole People		
股份合作企业	Cooperative Enterprises		
个人独资企业	Individual Sole-proprietorship Enterprises	414	414
港澳台投资企业	Enterprises with Investment from Hong Kong, Macao and Taiwan	13109	11909
#港澳台投资有限责任公司	Limited Liability Corporations with Investment from Hong Kong, Macao and Taiwan	13109	11909
外商投资	Enterprises with Foreign Investment	38419	38419
外商投资有限责任公司	Limited Liability Corporations with Foreign Investment	38419	38419
外商投资股份有限公司	Share-holding Corporations Ltd. with Foreign Investment		
其他外商投资企业	Other Foreign Invested Enterprises		

continued

连锁门店商品购进额(万元) Total Purchases of chain store (10000 yuan)	直营店 Under Direct Management	统一配送商品购进额 Centralized Purchases and Delivery	连锁门店营业额(万元) Bussiness Revenue of chain store (10000 yuan)	直营店 Under Direct Management	餐费收入 From Meals	直营 Under Direct Management
244011	**191150**	**215600**	**966689**	**774737**	**803987**	**667042**
778	487	292	79443	24304	2069	1672
243232	190664	215308	887246	750433	801918	665370
148681	97734	120291	581969	396762	426191	295991
151	151		394	394		
120320	69817	105488	284610	154682	260746	131084
19193	18750	9270	128163	72884	53646	53109
3483	3483		163195	163195	106191	106191
5534	5534	5534	5608	5608	5608	5608
17547	15634	17527	74642	67897	70334	63588
17547	15634	17527	74642	67897	70334	63588
77782	77782	77782	310078	310078	307463	307463
77782	77782	77782	310078	310078	307463	307463

18－17　主要年份社会消费品零售总额

Total Retail Sales of Consumer Goods in Major Years

单位:亿元　　　　(100 million yuan)

年份 Year	社会消费品零售总额 Retail Sale of Consumer Goods	按所在地分 by Location			按行业分 by Sector				
		市 City	县 County	县以下 Under County Level	批发和零售业 Wholesale and Retail Trades	住宿和餐饮业 Hotels and Catering Services	制造业 Manufacturing	农业生产者 Agricultural Producers	其他行业 Other Sectors
1949	6.23				3.92	0.63	1.68		
1952	19.01				13.23	1.92	3.21	0.53	0.12
1957	26.00				21.86	1.08	2.19	0.51	0.45
1962	30.49				25.39	1.37	1.98	1.60	0.15
1965	33.85				29.92	1.83	1.35	0.60	0.15
1970	40.94				36.53	1.37	1.87	0.95	0.22
1975	60.32				51.98	2.72	2.85	1.54	1.22
1978	79.73	23.39	21.14	35.19	68.40	3.65	4.57	2.34	0.77
1979	92.22	27.46	23.10	41.66	78.38	4.25	6.09	2.64	0.86
1980	114.01	32.36	27.78	53.86	94.61	5.03	10.00	3.38	0.99
1981	131.47	35.84	34.40	61.23	107.10	5.82	13.42	3.53	1.60
1982	141.48	41.63	34.22	65.64	112.90	7.64	14.12	4.82	2.00
1983	162.14	47.85	37.49	76.80	127.67	9.83	16.93	5.16	2.55
1984	189.08	66.58	37.98	84.52	147.25	11.23	20.57	6.16	3.87
1985	227.03	84.16	46.50	96.38	173.62	13.86	25.27	8.94	5.34
1986	261.64	96.22	54.18	111.25	194.85	15.48	31.38	12.32	7.61
1987	300.69	119.11	58.69	122.89	217.34	18.16	41.14	14.91	9.14
1988	392.37	164.12	73.40	154.85	287.09	22.88	49.85	20.50	12.05
1989	430.74	199.91	72.75	158.09	315.80	23.93	49.86	26.34	14.81
1990	460.13	218.97	79.19	161.96	338.02	25.07	50.24	30.41	16.38
1991	536.03	263.90	86.76	185.36	392.19	30.67	59.41	35.48	18.28
1992	653.23	336.37	99.77	217.08	471.87	37.56	77.87	44.17	21.76
1993	875.00	476.00	123.37	275.63	610.75	52.50	124.25	67.37	20.13
1994	1183.67	655.75	168.08	359.84	795.42	85.23	139.67	111.27	52.08
1995	1532.39	891.85	171.62	468.92	991.45	125.65	188.49	153.24	73.55
1996	1833.77	1085.59	187.04	561.14	1173.62	161.37	232.89	168.71	97.19
1997	2117.72	1304.52	207.54	605.67	1348.99	184.24	264.72	220.24	99.53
1998	2400.27	1471.36	230.43	698.48	1497.77	223.22	307.23	254.43	117.62
1999	2659.30	1632.81	255.29	771.20	1672.70	260.61	319.12	281.89	124.98
2000	2988.30	1846.77	286.88	854.66	1900.56	310.78	328.72	304.80	143.43
2001	3291.04	2040.44	319.23	931.36	2119.43	362.02	329.10	322.52	157.97
2002	3652.03	2308.08	339.64	1004.30	2410.34	427.29	321.38	325.03	167.99
2003	4114.01	2637.09	415.51	1061.41	3398.18	518.36			197.47
2004	4653.79	2921.00	517.90	1214.89	3909.20	581.50			163.09
2005	5366.71	3386.04	598.29	1382.38	4502.52	675.75			188.44
2006	6212.32	3954.01	692.84	1565.47	5203.03	796.62			212.66
2007	7328.39	4672.93	826.82	1828.64	6135.16	956.52			236.71
2008	8977.22	5698.86	1044.43	2233.93	7845.43	895.96			235.83
2009	10293.79	6693.07	1197.16	2403.56	8616.39	1393.50			283.89
2010	12028.30								
2011	13939.83								
2012	15785.25								
2013	17703.85								
2014	19706.36								
2015	21550.95								
2016	23482.07								
2017	25527.94								
2018	27480.28								
2019	29251.18								
2020	29248.05								
2021	33714.54								
2022	33236.16								
2023	36141.83								

注:1.自2010年起，社会消费品零售总额由按所在地、按行业分组调整为按经营地、按消费类型分组。

2.2020年，根据第四次经济普查结果，对1993－2019年社会消费品零售总额及分组数据进行了修订。

a)Since 2010,the group of Retail Sale of Consumer Goods has been adjusted from grouping by location and industry to grouping by business location and consumption form.

b)Figures of total retail sales of consumer goods of 1993-2019 are revised according to the result of the fourth national economic census in 2020.

18-18 各市社会消费品零售总额(2023年)

Total Retail Sales of Consumer Goods by Region(2023)

地 区	Region	绝对额（亿元） Amount (100 million yuan)					比上年增长（%） Growth Rate (%)				
		社会消费品零售总额 Total Retail Sales of Consumer Goods	按经营地分 by Operation Place		按消费类型分 by Consumption Pattern		社会消费品零售总额 Total Retail Sales of Consumer Goods	按经营地分 by Operation Place		按消费类型分 by Consumption pattern	
			城镇 Urban	乡村 Rural	商品零售 Retail Sales	餐饮收入 Catering Income		城镇 Urban	乡村 Rural	商品零售 Retail Sales	餐饮收入 Catering Income
全省总计	**Total**	**36141.83**	**30361.97**	**5779.86**	**31796.35**	**4345.48**	**8.7**	**8.6**	**9.5**	**7.4**	**19.9**
济南市	Jinan	5199.03	4561.63	637.39	4436.73	762.30	6.6	6.5	7.5	5.8	11.5
青岛市	Qingdao	6318.94	5206.82	1112.12	5582.78	736.16	7.3	7.1	8.0	5.6	13.3
淄博市	Zibo	1418.11	1246.68	171.44	1251.28	166.84	9.6	9.5	9.8	9.0	14.2
枣庄市	Zaozhuang	1128.62	947.09	181.54	999.48	129.14	11.3	11.2	11.6	9.9	23.3
东营市	Dongying	842.01	752.86	89.16	680.75	161.27	9.2	9.0	10.4	6.6	21.7
烟台市	Yantai	3545.66	2788.11	757.54	3164.44	381.21	9.2	8.9	10.2	8.5	14.5
潍坊市	Weifang	2936.12	2556.49	379.63	2584.77	351.36	7.0	7.0	6.4	6.2	18.4
济宁市	Jining	2732.74	2322.32	410.42	2423.11	309.63	11.0	10.8	11.6	9.4	24.4
泰安市	Tai'an	1286.83	1094.93	191.89	1156.80	130.03	10.8	10.2	14.1	8.9	30.0
威海市	Weihai	1364.39	1170.29	194.10	1171.88	192.50	6.0	6.0	5.5	5.3	9.8
日照市	Rizhao	716.59	566.50	150.09	632.85	83.74	9.1	8.6	10.6	7.2	25.7
临沂市	Linyi	3226.69	2713.62	513.08	2862.37	364.32	10.6	10.3	11.2	9.6	20.8
德州市	Dezhou	1402.37	1137.97	264.41	1271.76	130.62	10.0	5.5	34.6	9.1	18.5
聊城市	Liaocheng	1013.74	844.44	169.29	895.72	118.01	10.5	10.4	10.5	10.5	10.4
滨州市	Binzhou	909.75	727.90	181.85	817.49	92.26	10.9	10.8	11.1	9.3	26.7
菏泽市	Heze	2100.25	1724.34	375.91	1864.15	236.10	11.2	11.1	11.6	8.0	19.6

主要统计指标解释

社会消费品零售总额　指企业（单位、个体户）通过交易直接售给个人、社会集团非生产、非经营用的实物商品金额，以及提供餐饮服务所取得的收入金额。个人包括城乡居民和入境人员，社会集团包括机关、社会团体、部队、学校、企事业单位、居委会或村委会等。

商品购进额　指从本企业以外的单位和个人购进（包括从国外直接进口）作为转卖或加工后转卖的商品金额（含增值税）。本指标反映批发和零售业从国内外市场上购进商品的总价。

商品购进包括：(1) 从工农业生产者、批发和零售业、住宿和餐饮业、出版社或报社的出版发行部门和其他服务业等企事业单位和个体经营户购进的商品；(2) 从机关社会团体购进的商品；(3) 从海关、市场管理部门购进的缉私和没收的商品；(4) 从居民收购的废旧商品等。

不包括：(1) 企业为本单位自身经营用，不是作为转卖而购进的商品，如材料物资、包装物、低值易耗品、办公用品等；(2) 未通过买卖行为而收入的商品，如接受其他部门移交的商品、借入的商品、收入代其他单位保管的商品、其他单位赠送的样品、加工回收的成品等；(3) 经本单位介绍，由买卖双方直接结算，本单位只收取手续费的业务；(4) 销售退回和买方拒付货款的商品；(5) 商品溢余；(6) 期货交易商品。

商品销售额　指对本单位以外的单位和个人出售的商品金额（包括售给本单位消费用的商品，含增值税），在批发和零售业中，本指标反映在国内市场上销售商品以及出口商品的总价。

商品销售包括：(1) 售给个人和社会集团消费用的商品；(2) 售给农业、工业、建筑业、服务业等国民经济各行业用于生产、经营用的商品，包括售予批发和零售业作为转卖或加工后转卖的商品；(3) 对国（境）外直接出口的商品。

商品销售不包括：(1) 未通过买卖行为付出的商品，如因机构变动移交给其他企业单位的商品、借出的商品、归还受其他单位委托代保管的商品、付出的加工原料和赠送给其他单位的样品等；(2) 促销返券所销售的、不计入营业收入的商品；(3) 经本单位介绍，由买卖双方直接结算，本单位只收取手续费的业务；(4) 未发生所有权转移的商品预付卡销售，如加油卡；(5) 汽车维修、电话卡销售等服务性经济活动；(6) 购货退回的商品；(7) 商品损耗和损失；(8) 出售本单位自用的废旧物资；(9) 期货交易商品；(10) 自来水供应企业、电力企业、天然气供应企业提供的水、电、气。

期末商品库存额　对于批发和零售业法人单位和个体经营户，是指报告期末取得所有权的全部商品金额（含增值税）；对于批发和零售业产业活动单位，是指报告期末实际在库且归属法人具有所有权的全部商品金额（含增值税）。这个指标反映批发和零售业的商品库存情况，以及对市场商品供应的保证程度。

库存商品包括：(1) 存放在本单位（如门市部、批发站、采购站、经营处）的仓库、货场、货柜和货架中的商品；(2) 挑选、整理、包装中的商品；(3) 已记入购进而尚未运到本单位的商品，即发货单或银行承兑凭证已到而货未到的商品；(4) 寄放他处的商品，如因购货方拒绝付款而暂时存在购货方的商品；(5) 委托其他单位代销（未作销售或调出）尚未售出的商品；(6) 代其他单位购进尚未交付的商品。

库存商品不包括：(1) 所有权不属于本单位的商品，如商品已作销售但买方尚未取走的商品，代替他人保管、运输、加工的商品，代其他单位销售（未做购进或调入）而未售出的商品；(2) 委托外单位加工的商品（包括本单位所属加工厂和其他生产单位加工生产尚未收回成品的商品）；(3) 外贸企业代理其他单位从国外进口，尚未付给订货单位的商品；(4) 代国家储备部门保管的商品。

库存商品金额可以采用进价或售价进行核算。采用进价核算的商品，应按商品进货原则（或实际采购成本）计算期末库存；采用售价核算的商品，应按商品的售价计算期末库存。购入的商品，在商品到达验收入库后计算期末库存（对已记入购进尚未运到的商品，也可计算期末库存）；对于月终尚未开出承兑商业汇票的入库商品，按应付给供货单位的价款暂估计算期末库存；年度终了，凡已转入库存和已作销售的进口商品，属于国外以离岸价格成交、有应付未付国外运保费的，应先估计期末库存，委托其他单位代销的商品包括在期末库存中；委托外单位加工的商品，在发出商品时作减少期末库存，当加工商品收回时增加期末库存（包括商品进货原价、加工费用、加工税金等）。

营业额　指住宿和餐饮业单位在经营活动中，因提供服务或销售商品等取得的全部收入（含增值税），收入主要来源于提供客房、餐费服务、商品销售和其他服务，如商务服务。不包括多产业法人企业附营的其他行业产业活动单位的餐费收入、商品销售收入等各项收入。

客房收入　指住宿和餐饮业单位在经营活动中因提供住宿服务取得的收入（含增值税）。不包括多产业法人企业附营的其他行业产业活动单位的客房收入。

餐费收入　指本单位为顾客提供就餐服务取得的收入（含增值税）。包括：经烹饪、调制加工后出售的各种食品，如主食、炒菜、凉拌菜等的收入。不包括多产业法人企业附营的其他行业产业活动单位的餐费收入。

亿元商品交易市场　指年成交额在亿元及以上的商品交易市场。商品交易市场是指经有关部门和组织批准设立，有固定场所、设施，有经营管理部门和监管人员，若干市场经营者入内，常年或实际开业三个月以上，集中、公开、独立地进行生活消费品、生产资料等现货商品交易以及提供相关服务的交易场所，包括各类消费品市场、生产资料市场等。

连锁总店（总部） 负责连锁企业资源（商号、商誉、经营模式、服务标准、管理模式等）的开发、配置、控制或使用等功能的企业核心管理机构。连锁经营是指经营同类商品或服务，使用统一商号的若干店铺，在同一总店（总部）的管理下，采取统一采购或特许经营等方式，实现规模效益的组织形式，包括直营连锁、特许连锁和自愿连锁三种形式。系统内企业，如新华书店、烟草公司、石油公司等，应注意是否具备连锁经营特征，如果不具备连锁经营特征，则不能纳入连锁统计范畴。

直营连锁：是指连锁店铺由连锁公司全资或控股开设，在总部的直接控制下，开展统一经营的连锁经营形式。

特许连锁：是指拥有注册商标、企业标志、专利、专有技术等经营资源的企业（特许人），以合同形式将其拥有的经营资源许可其他经营者（被特许人）使用，被特许人按合同约定在统一的经营模式下开展经营，并向特许人支付特许经营费用的连锁经营形式。

自愿连锁：是指若干个店铺或企业自愿组合起来，在不改变各自资产所有权关系的情况下，以同一个品牌形象面对消费者，以共同进货为纽带开展的连锁经营形式。

Explanatory Notes on Main Statistical Indicators

Total Retail Sales of Consumer Goods refers to the amount obtained by enterprises (units, self-employed individuals) through direct sales of non-production and non-business physical commodity to individuals, social institutions, and revenue from providing catering services. Individuals include rural and urban households, population from abroad, social institutions include government agencies, social organizations, military units, schools, institutions, neighbourhood (village) committees.

Total Purchases of Commodities refer to the total value of purchases of commodities by enterprises (establishments) from other establishments or individuals (including direct import from abroad) for the purpose of re-selling, either with or without further processing of the commodities purchased. The commodities include: (1) commodities purchased from agricultural and industrial producer, wholesaler, retailer, publishing house and other enterprises, institutions and individual operators of service business; (2) commodities purchased from institutions and social groups; (3) confiscated goods purchased from the customs authorities or market management agencies; (4) second-hand goods and wastes purchased from residents; The commodities exclude (1) commodities purchased by enterprises (establishments) for use in their own business operation, commodities obtained without buying or selling procedures such as materials, consumable goods of low value, office appliance, etc. (2) received goods without trading, such as goods handed over from others, borrowed goods, preserved goods for others, donated goods from others, processed and retrieved goods, etc. (3) goods of direct settlement between buyer and seller with handling fees introduced by others, (4) goods returned or refused to pay by the buyer, (5) excessive goods, (6) futures trading commodities.

Total Sales of Commodities refer to value of commodities sold by the establishments to other establishments and individuals (including goods sold for self consumption, including the value-added tax). The commodities include: (1) commodities sold to individuals and social groups for their consumption; (2) commodities sold to establishments in all industries for their production and operation, including agriculture, industry, construction, and catering services including commodities sold to wholesale and retail establishments for re-selling, with or without further processing; and (3) commodities for direct export to abroad. Excluded are (1) extended commodities without trading, such as goods handed over to other enterprises and institutions because of the change of organizations, lent goods, returned goods preserved for others, extended processing materials and samples donated to others, (2) goods sold by coupon rebates that are not included in business income, (3) goods of direct settlement between buyer and seller with handling fees introduced by others, (4) prepaid cards for goods without transfer of ownership, such as gas cards, (5) Service-oriented economic activities such as automobile maintenance and telephone card sales, (6) goods returned after purchase, (7) damaged and spoiled goods, (8) waste and used goods of self use, (9) futures trading commodities, (10) water, electricity and gas supplied by water supply enterprises, electric power enterprises and natural gas supply enterprises.

Total Stock of Commodities For the legal entities and self-employed individuals engaged in wholesale and retail trade, it refers to total value (including VAT) of commodities possessed at the end of the reference period; and for wholesale and retail establishments, it refers to the value (including VAT) of all commodities actually in stock and owned by their legal persons at the end of reference period. The commodities in stock includes: (1) commodities located in storage, garages, counters, and shelves of operating places of wholesale and retail trades (such as sale stores, wholesale centres, procurement stations and operating offices); (2) commodities in the process of being selected, sorted, and packed; (3) commodities not arrived but recorded as purchase in the account, i.e. commodities not arrived but payment receipts for the commodities from the sellers or the banks arrived; (4) commodities deposited in other places rather than places mentioned above, for instance: commodities in the hold of purchasers temporarily due to the refusal of payment; (5) commodities entrusted to other units to sell but not sold yet; (6) commodities purchased for other units but not delivered yet. Commodities not included as stock are those not owned by the enterprises (units), commodities on commission for processing, imported commodities of agency of foreign trade enterprise but not yet delivered to ordering units and finally those put in stock on behalf of the state reserves units.

The amount of inventory goods can be calculated using the purchase price or the selling price. In order to calculate the ending stocks at purchase price, the principle of accounting on the basis of actual purchase cost should be adopted; and to calculated the ending stocks at selling price, the principle of accounting on the basis of selling price adopted. Goods purchased should be calculated when they are delivered, checked and put in storage (for the goods purchase but not delivered, they are also included in the ending stocks). For the goods in storage and without commercial acceptance, the ending stocks are calculated at the price provided by the suppliers; at the end of the year, all the imported goods in storage or sold, which are transacted at F.O.B. prices and have not been paid the premiums payable, should be calculated as ending stocks, including the goods entrusted other units to sell. When the goods entrusted other units to manufacture are delivered, the ending stocks should be reduced; when it delivered back, the ending stocks increased (including purchase price, processing cost, processing taxes, etc.).

Business Revenue refers to the total income that the hotels and catering services enterprise received from providing services or selling commodities through business activities, including income from hotels, catering services, selling of commodities (including VAT) and other services. It excludes the income provided by the industrial units in other industries of this corporate enterprise.

Income from hotel rooms refers to the income of hotel and catering services provided by the enterprise in the hotel and catering service industry. It excludes the room income provided by the industrial units in other industries of this corporate enterprise.

Income from catering services refers to the income that the enterprise received by providing catering services, including selling of cooked or prepared foods, such as stable food, cooked dishes or cold dishes. It excludes the income provided by the industrial units in other industries of this corporate enterprise.

Volume of Transaction at Large Commodity Markets (with transaction value over 100 million yuan) refers to thc commodity markets with an annual transaction at and above 100 million. The commodity market refers to the markets approved and managed by related departments, where there are fixed sites, facilities, managers and administration offices, where there are a certain number of traders to operate for three month and above or all the year, where the commodities including the articles for daily consumption and capital goods and services are traded in a centralized, independent and open way. Such market includes markets of daily goods and market of capital goods, etc.

Chain Enterprise (also called chain stores or chain corporations) refer to the core leading stores responsible for development, allocation, administration and utilization of resources (name of stores, brand of stores, operation model, service standard, management way, etc.) of chain stores. Chain stores refers to the stores engaged in providing homogeneous commodities or services, with the central leadership of head store (headquarters) and guided by common policies, conduct centralized purchase and distributed selling of commodities, in order to gain better efficiency through standardized operation. The chain stores include regular chain stores, franchise chain stores and voluntary chain stores. In-system enterprises, such as Xinhua Bookstore, Tobacco Company, and Oil Company, should pay attention to whether they have the characteristics of chain operation. If they do not have the characteristics of chain operation, they cannot be included in the chain statistics category.

Chain stores have 3 categories:

a) Chain stores under direct management: These are formal chain stores invested or controlled by the headquarters. They operate under the direct and unified management from the headquarters. Adopting a direct management approach, the headquarters give orders and control all retail stores, which follow completely the directives from the headquarters. Large monopolized commercial companies develop and expand their business through purchasing, merging, direct investment and controlling of shares.

b) Chain stores through special permit: Through contracts, chain stores (or their owners) obtain licenses from the headquarters to use designated trade marks, names, operation know how, and to sell the commodity developed by the headquarters. Under this arrangement, each store in the chain is an independent legal entity and operates under the guidance from the headquarters.

c) Chain stores through voluntary arrangement: Under this arrangement, all stores operate together under the guidance of the headquarters, while maintaining their status of independent legal entities with full ownership of their assets. They use the same store name, sign contracts with the headquarters concerning purchase, sale, publicity, etc. and operate under the contract. They are free to engage in other activities which are not bounded in the contract. They could join or leave the chain on voluntary basis.

第19篇

教育和科技

Education, Science and Technology

简 要 说 明

一、本篇资料的主要内容

本篇资料反映了全省教育和科技事业基本情况。教育部分主要包括高等教育、中等教育、初等教育、成人高等教育、职业教育、幼儿园等方面基本情况；科技部分主要包括科技成果、专利、规模以上工业科技活动和全社会科技活动情况。

二、本篇资料的来源

1.教育部分中，技工学校的资料来源于省人力资源社会保障厅，其他资料来源于省教育厅。

2.科技部分中，科技成果资料来源于省科学技术厅，专利资料来源于省市场监督管理局，规模以上工业企业科技活动和全社会科技活动资料来源于省统计局统计年报。

本篇资料由省统计局人口处（社科处）整理提供。

Brief Introduction

I. Content

Data in this chapter show the basic conditions of education and technology. Data on education show the development of higher education, secondary education, primary education, vocational education and kindergartens. Data on technology show the basic conditions of scientific and technological achievements and prizes, number of patent applications examined and granted, scientific and technological activities of industrial enterprises above designate size and basic conditions of R&D institutions.

II. Source of Data

(1) Data on the basic conditions of technical schools are provided by Shandong Human Resources and Social Security Department and other data on education are provided by Shandong Provincial Education Department.

(2) Data on scientific and technological are provided by Department of Science and Technology of Shandong Province. Data on patents are provided by Shandong Provincial Department of Market Regulatory Authority. Data on scientific and technological activities come from the annual report of scientific and technological activities, which is provided by Shandong Provincial Bureau of Statistics.

Data in this chapter are provided and compiled by the Division of Urbanization,Population and Employment Statistics（by the Division of Social,Science and Culture Industry Employment Statistics）of Shandong Provincial Bureau of Statistics.

19－1 各级各类学校基本情况(2023年)

Basic Statistics on Education Institutions(2023)

项　目	Item	学校数(所) Number of Schools (unit)	招生数(人) New Enrollment (person)	在　校学生数(人) Total Enrol -lment (person)	毕业生数(人) Graduates (person)	教职工数(人) Teachers and Staff (person)	专任教师(人) Full-time Teachers (person)
高等教育	**Higher Education**						
研究生培养机构	Institutions Providing Postgraduate Programs	35	59591	175734	46836		
普通高校	Regular Institutions of Higher Education	32	59431	175269	46700		
科研机构	Research Institutions	3	160	465	136		
普通高等学校	Regular Institutions of Higher Education	156	908800	2672548	745225	189835	144793
本科院校	Universities with Full Undergraduate Courses	70	477134	1549804	417214	127267	93883
#独立学院	Non-university Tertiary	4	13489	36349	11547	1965	1649
#职业本科	Bachelor of Vocational Studies	3	26883	73860	19529	3317	2831
专科(高职)院校	Colleges with Specialized Courses	86	431666	1122744	328011	62568	50910
#高等职业学校	Vocational and Technical Colleges	78	401546	1038245	297972	57359	46850
成人高等教育	Institutions of Higher Education for Adult	11	524242	1124505	429796	1296	762
中等教育	**Secondary Education**						
高中阶段教育	Senior Secondary Education						
普通高中	Regular Senior Secondary Schools	782	715743	1985425	611440	204610	166895
中等职业学校	Secondary Vocational Education	413	300762	882941	290260	66107	59389
技工学校	Technical Schools	215	184243	447812	134699	30859	
初中阶段教育	Junior Secondary Education						
普通初中	Regular Junior Secondary Schools	3327	1276723	4003470	1245220	392674	315640
初等教育	**Primary Education**						
普通小学	Regular Primary Schools	8654	1801986	8120924	1283619	415138	477406
特殊教育学校	**Special Education**	**161**	**9554**	**54572**	**10612**	**7614**	**6856**
学前教育	**Pre-school Education**	**22464**	**811357**	**3072401**	**1675257**	**409261**	**255734**

注：1、研究生机构的学生数据为硕士研究生和博士研究生数据；2、普通高等学校的学生数据为普通本专科学生数据，按学校类型归类；3、成人高等教育学生数含普通高校开展的成人高等教育学生数。

a) Data on students of Institutions Providing Postgraduate Programs refers to graduate students and doctoral students.

b) Data on students of Regular Institutions of Higher Education refers to undergraduates.

c) Data on students of Higher Adult Education including those in both Institutions of Higher Education for Adult and Regular Institutions of Higher Education.

19-2 主要年份普通高等教育基本情况

Basic Statistics on Higher Education in Major Years

年份 Year	学校数（所） Number of Schools (unit)	招生数（人） New Enrollment (person)	在校学生数（人） Total Enrollment (person)	毕业生数（人） Graduates (person)	教职工数（人） Teachers and Staff (person)	专任教师（人） Full-time Teachers (person)
1949	7	1405	3969	70	1908	484
1952	7	2777	6753	1703	3684	1024
1955	7	3280	8915	1825	3397	1471
1957	7	3122	12532	1686	4518	2114
1962	26	3496	26001	7148	10144	4318
1965	16	5621	22164	6102	9156	3898
1970	16			9162	10185	4526
1975	21	7366	17582	6033	13858	5601
1976	22	8896	21340	6072	15035	5941
1977	27	13192	25735	7203	17712	7028
1978	34	19712	38390	7015	20202	7855
1979	35	12856	44771	5364	23544	9478
1980	35	14402	51427	7684	26130	10347
1981	37	14160	59645	6311	27512	10379
1982	37	15765	51794	23993	30381	12065
1983	41	19827	55276	16806	31535	12943
1984	47	24862	66429	13563	33591	13919
1985	49	32745	83567	16159	36383	14974
1986	49	30211	92422	21183	39009	15951
1987	50	32972	95891	29428	41620	16716
1988	50	35714	101281	30869	43990	17585
1989	51	34308	103928	31766	46037	18162
1990	49	35023	105822	33104	46704	18377
1991	49	36067	107093	34500	46839	17825
1992	51	57878	130188	34994	47483	18059
1993	51	57918	151758	33935	48156	18405
1994	49	55036	156639	50457	49537	19460
1995	49	55611	160398	52083	50829	19932
1996	49	56544	169184	47835	51490	20079
1997	48	56950	175920	50141	50374	20414
1998	49	62994	187473	51477	50261	20581
1999	52	82410	213679	49612	49624	21252
2000	58	124817	303826	49687	54910	24764
2001	65	183553	449360	69583	64362	30902
2002	75	218719	583601	94697	72408	37412
2003	85	273894	761417	117253	84391	45457
2004	97	327452	946124	166959	93653	53847
2005	104	400573	1171284	224611	109920	64636
2006	109	445034	1338122	268384	121167	74676
2007	111	453479	1440378	355735	128761	81889
2008	114	514176	1534009	411143	134072	87432
2009	128	501082	1592974	431598	136753	89734
2010	133	495722	1631373	444003	139100	91413
2011	139	497292	1645589	472882	142698	94621
2012	137	498621	1658490	474266	142370	96058
2013	140	527539	1698545	475858	142240	98685
2014	142	580763	1796665	464076	143939	101380
2015	143	595646	1900612	474195	147035	104724
2016	144	624408	1995880	509142	150345	107748
2017	145	612660	2015345	571220	154311	110807
2018	145	629065	2040793	585871	158526	112717
2019	146	741661	2183944	577980	164932	117609
2020	152	729927	2291481	605379	172041	124215
2021	153	780954	2429912	617855	177805	129888
2022	153	853325	2527073	734267	182225	135492
2023	156	908800	2672548	745225	189835	144793

注：普通高等教育学生数据为普通本专科数据，含部分成人高校举办的高职班。

a) Data on higher education student is about normal university and technological university, with some held in adult colleges of higher vocational education.

19-3 主要年份中等专业教育基本情况

Basic Statistics on Vocational Secondary Education in Major Years

年 份 Year	学校数 (所) Number of Schools (unit)	招生数 (人) New Enrollment (person)	毕业生数 (人) Graduates (person)	在校学生数 (人) Total Enrollment (person)	教职工数 (人) Teachers and Staff (person)	专任教师 (人) Full-time Teachers (person)
1949	34	4784	1778	13738	1207	441
1950	48	7734	4292	14206	1663	709
1951	80	11179	4855	21918	3372	1307
1952	171	33756	5223	50175	6845	2744
1953	76	8478	23488	33516	4916	1812
1954	69	9478	9812	32458	4509	1807
1955	58	7738	11553	25336	3707	1477
1956	90	30047	9403	45706	6522	2573
1957	86	7972	12089	40738	6112	2742
1958	394	106779	15584	129494	8704	4537
1959	487	58777	21286	110617	11394	4955
1960	474	79722	32699	143184	15798	7893
1961	198	10395	22687	65735	12433	6008
1962	85	585	16909	23599	6072	2797
1963	79	9685	13814	18942	5883	3312
1964	94	15282	6751	27420	6086	2769
1965	275	35768	2242	72974	9197	4850
1966	158	2831	3403	50097	9128	4310
1967	160	2810	11544	41288	9159	4388
1968	155	11861	28731	24411	9461	4328
1969	128	2107	10537	15956	8410	3942
1970	126	2648	12356	6238	8121	3997
1971	135	18497	11758	12823	7776	5403
1972	140	9746	1313	11581	8756	3773
1973	122	16377	1980	25717	8366	3771
1974	129	18963	9440	34035	10175	4434
1975	144	21442	15786	40798	11378	5038
1976	178	23328	19908	44345	13296	5522
1977	176	23195	29665	33142	14004	5649
1978	189	25961	9006	49466	14814	6158
1979	195	26574	2882	75484	16080	6792
1980	203	28137	35212	68593	17617	7898
1981	165	27797	32661	63864	18563	8115
1982	174	29235	26782	66640	20482	9204
1983	179	31570	21413	77601	21503	9775
1984	188	33597	27166	84125	22539	10184
1985	208	45163	30024	100176	24511	11333
1986	227	44130	31422	114039	27320	12807
1987	214	40120	36247	103128	26820	12846
1988	225	44606	33551	114168	28985	14522
1989	230	48407	28370	134515	29314	14719
1990	236	48634	35423	148504	31634	16000
1991	240	52092	45259	155092	31842	15617
1992	234	55353	52088	158309	32857	15972
1993	241	77875	51360	185062	34354	16769
1994	243	89643	50801	222551	35066	17526
1995	244	95442	58680	258801	36084	18211
1996	255	105468	78496	289827	38030	19898
1997	252	112348	90545	311161	38458	20291
1998	254	114956	99483	327031	39160	20949
1999	251	122331	106740	344062	39274	21311
2000	243	93493	103629	333184	37241	20409
2001	200	92215	110827	310508	28002	15607
2002	165	115941	111333	314135	27005	15369
2003	154	94625	64046	256655	23630	13761
2004	145	87889	65953	260276	21621	12771
2005	134	86044	75076	257161	20406	12193
2006	130	90432	79902	264456	20563	12634
2007	135	98634	92275	283231	20985	13223
2008	130	93217	83077	271905	20308	13224
2009	124	99212	88355	271993	19981	13093

19-4 主要年份普通中学基本情况

Basic Statistics on Senior and Junior Secondary Education in Major Years

年 份 Year	学校数 (所) Number of Schools (unit)	招生数 (万人) New Enrollment (10 000 persons)	毕业生数 (万人) Graduates (10 000 persons)	在校学生数 (万人) Total Enrollment (10 000 persons)	教职工数 (人) Teachers and Staff (person)	专任教师 (人) Full-time Teachers (person)
1949	66	1.08	0.34	3.89	3431	1585
1952	189	6.12	0.99	10.44	10170	4507
1955	218	6.74	5.08	17.51	14778	6756
1957	1004	17.64	6.20	33.99	24369	14054
1962	1247	15.04	12.77	43.21	37062	21542
1965	6166	34.06	11.67	80.74	53914	37339
1970	13938	103.39	58.50	188.13	122751	100261
1975	14621	172.20	113.98	305.11	200906	161092
1976	19822	263.31	127.48	437.85	275864	228657
1977	20171	260.62	161.35	522.33	330445	277784
1978	17361	210.68	218.75	478.22	318128	264663
1979	16322	176.14	192.39	418.22	304551	246035
1980	14646	144.10	107.90	407.91	309538	247920
1981	12974	125.17	117.55	361.45	296240	233102
1982	11160	119.41	106.37	328.57	271664	212707
1983	9971	112.21	86.35	315.39	256926	200957
1984	9175	115.88	85.31	334.42	257968	201521
1985	9038	123.80	96.87	356.32	268321	209202
1986	8259	125.02	105.22	376.19	283726	220304
1987	7877	125.52	116.95	379.54	297083	232958
1988	7474	125.17	120.41	373.53	307364	241845
1989	6997	123.30	118.61	363.74	315494	245260
1990	6699	125.60	115.14	367.30	324027	249459
1991	6310	129.17	115.30	372.98	329927	253428
1992	5897	132.87	115.58	382.49	335020	258308
1993	5640	139.14	115.88	395.28	337259	260896
1994	5429	154.67	116.82	427.15	345640	268514
1995	5073	167.06	118.14	470.46	358301	279301
1996	4820	169.69	122.97	512.22	375463	294849
1997	4693	178.19	141.95	541.38	392365	310926
1998	4635	201.28	159.91	571.54	404824	322785
1999	4586	222.20	164.88	620.43	414538	333884
2000	4575	234.18	167.96	678.60	430754	350353
2001	4684	220.94	188.59	702.18	451014	359665
2002	4648	201.65	205.62	689.17	461898	369664
2003	4606	192.94	222.82	654.34	468627	374811
2004	4569	192.32	213.80	628.34	473687	379100
2005	4404	179.71	207.29	592.49	470584	377133
2006	4175	164.60	196.70	554.04	462298	372370
2007	4039	162.49	191.02	520.31	454920	370255
2008	3893	160.54	172.88	502.14	445545	367658
2009	3750	160.24	158.65	499.34	442447	372550
2010	3645	164.12	156.89	501.07	438787	372082
2011	3569	161.83	157.80	501.58	462765	376760
2012	3522	159.88	153.20	492.64	464942	376819
2013	3464	158.53	156.04	488.48	466088	382340
2014	3461	153.58	153.73	486.06	471653	386923
2015	3446	151.12	156.01	479.93	475798	390059
2016	3504	160.35	157.62	482.41	484579	397471
2017	3560	164.39	151.42	494.85	502004	410339
2018	3671	164.26	148.46	509.93	515123	419903
2019	3791	176.10	157.56	528.13	536931	435808
2020	3920	187.62	166.72	548.68	558935	453428
2021	4019	187.58	163.43	570.76	586421	471988
2022	4055	192.21	172.84	587.63	590836	478343
2023	4109	199.25	185.67	598.89	597284	482535

注：专任教师按照教师教授学生层次归类。

a) Full-time teachers are classified according to the academic level of their students.

19-5 主要年份技工学校基本情况

Basic Statistics on Technical Schools in Major Years

年 份 Year	学校数 (所) Number of Schools (unit)	招生数 (人) New Enrollment (person)	毕业生数 (人) Graduates (person)	在校学生数 (人) Total Enrollment (person)	教职工数 (人) Teachers and Staff (person)	专任教师 (人) Full-time Teachers (person)
1953	1	150		150	25	15
1955	2	452	150	802	206	72
1957	6	1525	452	2300	614	213
1962	19	1274	906	5188	2078	688
1965	18	2336	1381	6662	1214	503
1970	6		452		639	106
1975	26	3407	1700	5652	1751	345
1976	26	3144	1704	5841	2204	435
1977	29	6083	5421	6414	3189	735
1978	64	13669	301	19651	7042	1563
1979	72	11673	4950	26632	7055	1951
1980	94	15698	9854	32208	8974	2978
1981	100	9323	11190	29605	9749	3474
1982	103	9379	12857	25953	10154	3474
1983	106	10698	11562	24343	10560	3508
1984	119	12851	8624	28302	11215	3732
1985	134	16748	9219	35163	14142	3423
1986	163	22069	10035	47114	19968	3928
1987	206	28114	11281	63839	22647	5390
1988	236	40381	16036	87832	26382	5996
1989	256	40821	22402	105330	27843	7088
1990	266	42429	28654	118605	19084	10084
1991	279	44081	39679	122591	33739	11210
1992	290	46436	39628	128557	37579	12233
1993	302	55920	42320	142660	37222	12853
1994	306	67812	45358	165989	39351	13424
1995	312	70251	65457	169023	38891	13948
1996	312	77595	62981	185253	37747	13778
1997	305	74054	65310	192675	35160	14059
1998	305	55668	59292	188493	33806	14035
1999	302	50896	71460	161531	28871	14531
2000	279	48008	66546	137718	24484	14066
2001	278	53283	55769	132122	23152	16060
2002	249	83186	49634	165386	22190	13072
2003	244	105896	46247	212811	20684	13371
2004	249	121444	58834	274432	21370	14607
2005	229	138505	78091	325924	22049	15058
2006	197	148625	98239	357648	22309	16211
2007	200	159954	110278	385325	26744	23586
2008	197	161000	121000	415000	24700	18847
2009	196	147000	140300	396200	24963	19378
2010	209	136995	133615	397719	18183	14962
2011	208	149407	123404	381503	24379	21050
2012	213	154546	113066	401207	29909	21451
2013	207	144165	121782	369922	30860	23977
2014	203	128007	108046	329473	29404	23000
2015	194	131550	98154	318182	29228	22613
2016	194	133600	89629	335348	29133	22908
2017	194	129109	103815	332634	29294	22565
2018	181	135184	96351	329897	29388	22525
2019	181	151122	91679	355409	29438	22294
2020	181	173803	95962	405418	29943	23573
2021	194	169851	104221	442034	32647	26284
2022	207	172380	127154	455069	33658	26793
2023	215	184243	134699	447812	30859	

19–6 主要年份小学基本情况
Basic Statistics on Primary Schools in Major Years

年 份 Year	学校数 (所) Number of Schools (unit)	招生数 (万人) New Enrollment (10 000 persons)	毕业生数 (万人) Graduates (10 000 persons)	在校学生数 (万人) Total Enrollment (10 000 persons)	教职工数 (人) Teachers and Staff (person)	专任教师 (人) Full-time Teachers (person)
1949	27476	64.85	5.92	193.00	47640	45710
1952	55096	138.44	15.52	453.75	130791	122107
1955	52171	91.05	19.65	432.74	135050	126975
1957	52337	90.99	43.32	490.88	153512	146366
1962	58670	125.37	40.61	487.56	185043	180870
1965	143202	289.83	44.92	966.72	322560	316441
1970	79041	206.71	138.66	813.58	331613	296931
1975	82327	240.58	143.75	1091.22	401530	390571
1976	78698	215.88	208.06	1059.68	403562	391905
1977	78137	220.55	198.87	1035.87	399653	388337
1978	79375	234.57	181.42	1041.84	395247	384540
1979	78828	219.38	164.83	1040.06	407704	393271
1980	78796	211.68	155.64	1041.70	418828	402739
1981	78829	197.06	154.84	1017.62	417223	400449
1982	77893	190.23	159.74	978.73	414849	395455
1983	76610	184.50	160.87	946.26	414753	393013
1984	74314	176.38	160.80	927.50	410443	387448
1985	71062	167.67	164.07	894.06	405550	379751
1986	65447	161.76	158.81	870.41	412879	384564
1987	64095	152.42	158.86	844.87	421864	394296
1988	63006	156.57	154.47	830.01	432249	404509
1989	62321	162.45	149.77	823.19	439419	408468
1990	61845	158.09	144.84	818.21	446395	414653
1991	59976	156.99	143.85	815.15	447368	414924
1992	56885	163.94	141.97	826.21	450396	416662
1993	54009	185.75	145.75	853.57	448575	415928
1994	50824	206.15	153.03	895.54	448601	414912
1995	47068	205.33	154.07	940.36	456568	422989
1996	40458	194.37	152.29	971.86	463651	429345
1997	37377	183.70	155.59	990.19	468548	434671
1998	34480	146.34	173.92	951.34	467987	435156
1999	29453	116.04	191.40	870.72	451063	418828
2000	26017	104.48	195.12	774.88	440161	408200
2001	21342	101.36	176.17	699.19	422905	390374
2002	19590	107.26	144.10	662.59	414600	383816
2003	18303	107.86	128.24	642.78	410968	380066
2004	16943	110.17	124.69	627.80	410264	378793
2005	15871	104.27	113.31	615.37	410394	377729
2006	14611	107.18	101.69	623.02	415117	381673
2007	14064	111.46	103.87	634.01	420353	386641
2008	13503	104.61	107.48	632.98	420552	387957
2009	12858	101.78	109.47	626.81	421057	389962
2010	12405	111.30	110.26	629.25	417504	387453
2011	12047	119.40	106.82	644.07	393612	386280
2012	11573	109.55	106.16	627.67	387203	382562
2013	11151	115.69	103.30	625.98	383692	387312
2014	10770	124.70	101.02	648.47	378886	389080
2015	10404	124.43	98.92	674.63	379239	396368
2016	10027	123.91	107.15	691.31	386405	408856
2017	9738	126.98	110.96	708.47	391838	421877
2018	9674	129.64	111.52	725.97	392333	430702
2019	9646	127.86	117.75	738.56	396465	442729
2020	9619	129.63	125.16	743.29	400114	454285
2021	9458	137.92	125.73	755.81	410021	468276
2022	9063	130.64	125.42	760.62	410354	467563
2023	8654	180.20	128.36	812.09	415138	477406

注：专任教师按照教师教授学生层次归类，包含九年一贯制和十二年一贯制学校中从事小学教育的专任教师。

a) Full-time teachers classified according to the academic level of their students,including the primary education section of the nine-year and twelve-year primary-secondary schools.

19-7 1985-2023年成人高等教育基本情况
Basic Statistics on Adult Education from 1985 to 2023

年 份 Year	学校数 (所) Number of Schools (unit)	招生数 (人) New Enrollment (person)	毕业生数 (人) Graduates (person)	在校学生数 (人) Total Enrollment (person)	教职工数 (人) Teachers and Staff (person)	专任教师 (人) Full-time Teachers (person)
1985	53	41358	14543	85909	7918	3677
1986	55	38305	18626	119123	9514	4417
1987	58	30789	30352	110258	8900	3847
1988	53	43784	35680	101606	10179	4137
1989	53	43386	30687	115753	11552	4754
1990	53	32580	29317	114764	12745	5164
1991	54	26409	40382	104560	12669	4926
1992	51	49078	41748	105427	12883	5017
1993	53	71210	31104	149282	12648	5257
1994	53	81379	30786	196381	13048	5872
1995	53	61032	55764	198934	13159	6037
1996	53	59850	65204	194454	13308	6495
1997	53	65775	74017	185029	14096	6925
1998	46	73618	61603	198780	13023	6557
1999	40	87117	61611	221161	14335	7131
2000	40	82423	70810	219977	14090	7084
2001	34	103165	57373	255775	13911	6841
2002	29	111023	69723	316605	11797	6182
2003	27	128242	79518	373086	9877	5300
2004	24	132313	107645	268112	11056	6247
2005	24	108707	118379	258521	11481	6683
2006	24	95858	34999	295189	12775	7516
2007	23	106857	97584	297085	12627	7537
2008	22	152713	93079	355307	7390	4840
2009	21	136048	105081	377343	6240	4142
2010	18	133191	110347	388741	4225	2946
2011	17	147677	144703	386481	3951	2731
2012	17	166515	120404	428180	4286	2917
2013	11	165522	128297	459803	2843	1982
2014	11	178737	147592	485274	2259	1544
2015	11	163012	161377	484493	2200	1493
2016	11	179199	167440	502274	1604	1082
2017	11	157559	279185	375102	1580	1048
2018	11	233966	181058	426995	1479	970
2019	11	292911	158662	556026	1257	785
2020	11	414972	223507	742379	1248	777
2021	11	451062	280241	906118	1140	702
2022	11	529350	397487	1032978	1262	764
2023	11	524242	429796	1124505	1296	762

注：自2001年起成人高等学历教育统计口径调整为不含电大普通专科班及高职。
a) After 2001, adult higher education exclude regular specialized courses and vocational education.

19－8　研究生教育基本情况
Basic Statistics on Postgraduate Education

项　目	Item	2015	2018	2019	2020	2021	2022	2023
一、培养单位数　（个）	**Institutions Providing Postgraduate Programs (unit)**	**33**	**33**	**34**	**34**	**35**	**35**	**35**
高等学校　（个）	Regular Institutions of Higher Education (unit)	30	30	31	31	32	32	32
科研单位　（个）	Research Institutions (unit)	3	3	3	3	3	3	3
二、招生数　（人）	**Enrollment (person)**	**27548**	**37796**	**40675**	**50518**	**53567**	**56935**	**59591**
攻读博士学位（人）	Study for Doctor's Degree (person)	2025	2663	3022	3346	3726	4196	4624
高等学校　（人）	Regular Institutions of Higher Education (person)	2025	2663	3022	3346	3726	4196	4624
科研单位　（人）	Research Institutions (person)							
攻读硕士学位（人）	Study for Master's Degree (person)	25523	35133	37653	47172	49841	52739	54967
高等学校　（人）	Regular Institutions of Higher Education (person)	25473	35041	37558	47035	49700	52581	54807
科研单位　（人）	Research Institutions (person)	50	92	95	137	141	158	160
三、在校生数　（人）	**Total Enrollment (person)**	**77630**	**102531**	**114618**	**131563**	**149077**	**165208**	**175734**
攻读博士学位（人）	Study for Doctor's Degree (person)	8913	10835	11895	13391	15001	16650	18296
高等学校　（人）	Regular Institutions of Higher Education (person)	8913	10835	11895	13391	15001	16650	18296
科研单位　（人）	Research Institutions (person)							
攻读硕士学位（人）	Study for Master's Degree (person)	68717	91696	102723	118172	134076	148558	157438
高等学校　（人）	Regular Institutions of Higher Education (person)	68569	91499	102461	117847	133700	148116	156973
科研单位　（人）	Research Institutions (person)	148	197	262	325	376	442	465
四、毕业生数　（人）	**Graduates (person)**	**23192**	**26286**	**27640**	**32795**	**34454**	**38935**	**46836**
攻读博士学位（人）	Study for Doctor's Degree (person)	1494	1569	1712	1716	1861	2211	2516
高等学校　（人）	Regular Institutions of Higher Education (person)	1494	1569	1712	1716	1861	2211	2516
科研单位　（人）	Research Institutions (person)							
攻读硕士学位（人）	Study for Master's Degree (person)	21698	24717	25928	31079	32593	36724	44320
高等学校　（人）	Regular Institutions of Higher Education (person)	21652	24647	25881	31006	32503	36634	44184
科研单位　（人）	Research Institutions (person)	46	70	47	73	90	90	136

19－9 各市中等职业学校基本情况(2023年)

Basic Statistics on Secondary Vocational Schools by Region (2023)

地 区	Region	学校数(所) Schools (unit)	招生数(人) New Enrollment (person)	毕业生数(人) Graduates (person)	在校学生数(人) Total Enrollment (person)	专任教师数(人) Full-time Teachers (person)
全省总计	**Total**	**413**	**300762**	**290260**	**882941**	**59389**
济南市	Jinan	32	19796	22143	60528	4315
青岛市	Qingdao	54	26722	33474	90352	7210
淄博市	Zibo	21	9804	10303	30723	2473
枣庄市	Zaozhuang	18	15117	13710	42151	2002
东营市	Dongying	9	8152	9452	26784	1547
烟台市	Yantai	28	15961	17393	46343	4307
潍坊市	Weifang	33	27662	28020	89225	6464
济宁市	Jining	22	24420	20162	61347	3703
泰安市	Tai'an	13	15780	14047	42394	2744
威海市	Weihai	16	8071	6957	23601	2120
日照市	Rizhao	14	11988	12411	33864	1998
临沂市	Linyi	35	35727	36002	108970	5861
德州市	Dezhou	31	16326	15193	47503	3487
聊城市	Liaocheng	21	22292	16318	58000	3478
滨州市	Binzhou	18	10295	11047	31024	2624
菏泽市	Heze	48	32649	23628	90132	5056

注：不含技工学校数据。

a) Data in the table excludes that on Technical Schools.

19－10 各市普通中学情况(2023年)

Basic Statistics on Secondary Schools by Region (2023)

地 区	Region	普通高中 Senior Secondary Schools					普通初中 Junior Secondary Schools				
		学校数(所) Schools (unit)	招生数(人) New Enrollment (person)	毕业生数(人) Graduates (person)	在校学生数(人) Total Enrollment (person)	专任教师数(人) Full-time Teachers (person)	学校数(所) Schools (unit)	招生数(人) New Enrollment (person)	毕业生数(人) Graduates (person)	在校学生数(人) Total Enrollment (person)	专任教师数(人) Full-time Teachers (person)
全省总计	**Total**	**782**	**715743**	**611440**	**1985425**	**166895**	**3327**	**1276723**	**1245220**	**4003470**	**315640**
济南市	Jinan	65	52426	49279	153035	12919	267	98649	84513	284252	23521
青岛市	Qingdao	94	60574	52032	158504	13936	287	97345	98286	291073	25325
淄博市	Zibo	38	28850	30960	83729	7345	154	42061	41649	160037	15175
枣庄市	Zaozhuang	29	34466	23798	90294	6513	104	61588	63966	190165	12971
东营市	Dongying	17	14512	14154	42313	4076	89	23624	22614	89576	8504
烟台市	Yantai	45	31258	29668	88587	9233	231	54077	54686	209606	20561
潍坊市	Weifang	67	58498	61976	186501	18570	307	95830	97673	275763	24651
济宁市	Jining	56	62357	46996	175883	13100	285	107951	119919	351853	28276
泰安市	Tai'an	42	30748	33297	85102	8372	166	64910	54024	234505	18296
威海市	Weihai	18	12951	10868	36960	3749	101	26106	23190	97889	8563
日照市	Rizhao	18	19169	17458	51946	4768	89	32765	32985	100092	8223
临沂市	Linyi	71	91467	75030	238892	18219	337	180620	175071	557835	39611
德州市	Dezhou	36	44055	39157	127573	10635	176	73243	67701	214248	16966
聊城市	Liaocheng	62	65116	41539	165938	12596	223	103627	101206	312057	20937
滨州市	Binzhou	44	21972	24871	65197	6724	135	45867	37936	127058	10904
菏泽市	Heze	80	87324	60357	234971	16140	376	168460	169801	507461	33156

注：专任教师按照教师教授学生层次归类。

a) Full-time teachers classified according to the academic level of their students.

19-11 各市小学基本情况(2023年)
Basic Statistics on Primary Schools by Region (2023)

地　区	Region	学校数 (所) Schools (unit)	招生数 (人) New Enrollment (Person)	毕业生数 (人) Graduates (person)	在校学生数 (人) Total Enrollment (person)	专任教师数 (人) Full-time Teachers (person)
全省总计	**Total**	**8654**	**1801986**	**1283619**	**8120924**	**477406**
济南市	Jinan	574	157714	98260	706426	41373
青岛市	Qingdao	663	169445	96822	738771	43184
淄博市	Zibo	252	68792	42010	258697	16937
枣庄市	Zaozhuang	412	70427	61436	356670	21888
东营市	Dongying	98	46178	23781	158765	9654
烟台市	Yantai	272	76949	54167	328121	20369
潍坊市	Weifang	617	181257	95569	722968	43339
济宁市	Jining	867	162819	110789	682604	42451
泰安市	Tai'an	428	85627	65800	342252	21286
威海市	Weihai	100	31843	25291	140559	8577
日照市	Rizhao	214	60517	32871	245573	14159
临沂市	Linyi	1303	269059	181849	1156385	60905
德州市	Dezhou	580	95527	72690	457423	28881
聊城市	Liaocheng	691	110265	105538	604992	35109
滨州市	Binzhou	250	73469	46256	311181	18708
菏泽市	Heze	1333	142098	170490	909537	50586

注：专任教师按照教师教授学生层次归类。
a) Full-time teachers classified according to the academic level of their students.

19-12 各市幼儿园基本情况(2023年)
Basic Statistics on Kindergartens by Region (2023)

地　区	Region	幼儿园数 (所) Number of Kindergartens (unit)	入园(班)幼儿数 (人) Entrants (person)	在园(班)幼儿数 (人) Enrolment (person)	离园(班)幼儿数 (人) Graduates (person)	专任教师数 (人) Full-timeTeachers (person)
全省总计	**Total**	**22464**	**811357**	**3072401**	**1675257**	**255734**
济南市	Jinan	2117	84059	309342	144517	25648
青岛市	Qingdao	2109	80750	299538	147069	27080
淄博市	Zibo	721	31764	120976	65412	10053
枣庄市	Zaozhuang	695	32602	99708	57039	7358
东营市	Dongying	365	20524	69367	36665	7651
烟台市	Yantai	932	40197	161024	72340	12921
潍坊市	Weifang	1815	67431	288306	165403	24219
济宁市	Jining	2013	71714	271474	154057	20447
泰安市	Tai'an	1254	32240	148655	84546	13738
威海市	Weihai	360	17670	65545	29244	6026
日照市	Rizhao	696	25236	101813	59473	8253
临沂市	Linyi	3258	105359	406727	255248	33902
德州市	Dezhou	1602	44227	156429	88333	14750
聊城市	Liaocheng	1299	44643	172210	94775	15537
滨州市	Binzhou	771	33894	125335	72164	10714
菏泽市	Heze	2457	79047	275952	148972	17437

19－13　各市特殊教育基本情况(2023年)
Basic Statistics on Special Education by Region(2023)

地　区	Region	学校数 (所) Schools (unit)	招生数 (人) New Enrollment (person)	毕业生数 (人) Graduates (person)	在校学生数 (人) Total Enrollment (person)	专任教师数 (人) Full-time Teachers (person)
全省总计	**Total**	**161**	**9554**	**10612**	**54572**	**6856**
济 南 市	Jinan	13	834	760	4497	593
青 岛 市	Qingdao	15	962	1024	5231	763
淄 博 市	Zibo	9	479	566	2163	446
枣 庄 市	Zaozhuang	6	346	468	2311	224
东 营 市	Dongying	3	127	137	900	128
烟 台 市	Yantai	12	547	539	2882	399
潍 坊 市	Weifang	14	761	860	4396	577
济 宁 市	Jining	13	961	993	5464	534
泰 安 市	Tai'an	5	441	528	2417	273
威 海 市	Weihai	4	221	167	1193	226
日 照 市	Rizhao	7	365	378	1979	221
临 沂 市	Linyi	16	1381	1332	8455	960
德 州 市	Dezhou	14	608	752	3594	445
聊 城 市	Liaocheng	9	747	1180	4062	415
滨 州 市	Binzhou	8	284	366	1873	239
菏 泽 市	Heze	13	490	562	3155	413

注：专任教师按照教师教授学生层次归类。
a) Full-time teachers classified according to the academic level of their students.

19−14 各市中小学教职工情况(2023年)

Basic Statistics on Teachers and Staff of Primary and Secondary Schools by Region (2023)

单位:人 (person)

地区	Region	普通中学教职工 Teachers and Staff of Secondary Schools	普通中学专任教师 Full-time Teachers of Secondary Schools Students	小学教职工 Teachers and Staff of Primary Schools	小学专任教师 Full-time Teachers of Primary Schools Students
全省总计	**Total**	**597284**	**482535**	**415138**	**477406**
济南市	Jinan	50206	36440	31714	41373
青岛市	Qingdao	46862	39261	39676	43184
淄博市	Zibo	27038	22520	14464	16937
枣庄市	Zaozhuang	22918	19484	20849	21888
东营市	Dongying	15877	12580	7612	9654
烟台市	Yantai	36562	29794	16684	20369
潍坊市	Weifang	57612	43221	34692	43339
济宁市	Jining	49904	41376	39072	42451
泰安市	Tai'an	31950	26668	18577	21286
威海市	Weihai	15150	12312	7386	8577
日照市	Rizhao	15845	12991	12367	14159
临沂市	Linyi	68794	57830	53334	60905
德州市	Dezhou	33770	27601	26165	28881
聊城市	Liaocheng	40823	33533	32098	35109
滨州市	Binzhou	25212	17628	13836	18708
菏泽市	Heze	58761	49296	46612	50586

注：专任教师按照教师教授学生层次归类，小学专任教师含有一贯制学校中从事小学教育的专任教师。

a) Full-time teachers are classified according to the academic level of their students, primary full-time teachers including the ones engaged in primary education in general secondary school.

19-15 各市普通中小学专任教师学历情况(2023年)

Basic Statistics on Education of Teachers and Staff of Primary and Secondary Schools by Region (2023)

单位：人 (person)

地区	Region	普通高中专任教师 Full-time Teachers of Senior Secondary Schools	#本科及以上 With Undergraduate Education or Higher	普通初中专任教师 Full-time Teachers of Junior Secondary Schools	#本科及以上 With Undergraduate Education or Higher	普通小学专任教师 Full-time Teachers of Regular Primary Schools	#本科及以上 With Undergraduate Education or Higher
全省总计	**Total**	**166895**	**166076**	**315640**	**306426**	**477406**	**438892**
济南市	Jinan	12919	12916	23521	23238	41373	39547
青岛市	Qingdao	13936	13936	25325	25180	43184	41697
淄博市	Zibo	7345	7344	15175	15117	16937	16663
枣庄市	Zaozhuang	6513	6458	12971	12580	21888	19612
东营市	Dongying	4076	4072	8504	8167	9654	8656
烟台市	Yantai	9233	9207	20561	20150	20369	19624
潍坊市	Weifang	18570	18514	24651	24207	43339	41003
济宁市	Jining	13100	13066	28276	27869	42451	40492
泰安市	Tai'an	8372	8330	18296	17324	21286	18886
威海市	Weihai	3749	3740	8563	8496	8577	8429
日照市	Rizhao	4768	4767	8223	8012	14159	13021
临沂市	Linyi	18219	18094	39611	38654	60905	55986
德州市	Dezhou	10635	10557	16966	16375	28881	26914
聊城市	Liaocheng	12596	12516	20937	19583	35109	30027
滨州市	Binzhou	6724	6709	10904	10638	18708	17569
菏泽市	Heze	16140	15850	33156	30836	50586	40766

注：专任教师按照教师教授学生层次归类。

a) Full-time teachers are classified according to the academic level of their students.

19-16 各市幼儿园、特殊教育专任教师学历情况(2023年)
Basic Statistics on Education of Teachers and Staff of Kindergartens and Special Education(2023)

单位：人 (person)

地 区	Region	幼儿园专任教师 Full-time Teachers of Kindergartens	#本科及以上 With Undergraduate Education or Higher	特殊教育专任教师 Full-time Teachers of Special Education	#本科及以上 With Undergraduate Education or Higher
全省总计	**Total**	**255734**	**102475**	**6856**	**5992**
济南市	Jinan	25648	11401	593	554
青岛市	Qingdao	27080	14270	763	721
淄博市	Zibo	10053	5177	446	440
枣庄市	Zaozhuang	7358	2734	224	201
东营市	Dongying	7651	5672	128	123
烟台市	Yantai	12921	4965	399	370
潍坊市	Weifang	24219	11810	577	549
济宁市	Jining	20447	6362	534	464
泰安市	Tai'an	13738	3892	273	250
威海市	Weihai	6026	3393	226	223
日照市	Rizhao	8253	2732	221	177
临沂市	Linyi	33902	8846	960	731
德州市	Dezhou	14750	5565	445	324
聊城市	Liaocheng	15537	6418	415	323
滨州市	Binzhou	10714	5102	239	218
菏泽市	Heze	17437	4136	413	324

注：专任教师按照教师教授学生层次归类。

a) Full-time teachers classified according to the academic level of their students.

19-17 1978-2023年重要科技成果数量
Major Achievements in Science and Technology from 1978 to 2023

单位:项 (unit)

年份 Year	成果数量 Number of Achievements	#农业 Agriculture	#工业 Industry	国际领先先进水平 Advanced Internationally	国内领先先进水平 Advanced nationally
1978	652	116	443	19	283
1979	456	90	261	21	149
1980	657	195	396	25	210
1981	704	169	485	29	201
1982	732	153	516	35	298
1983	977	209	660	26	378
1984	997	196	730	21	420
1985	1196	277	758	41	566
1986	1337	183	933	75	634
1987	1525	264	964	92	838
1988	1786	300	1104	118	1045
1989	1957	325	1220	135	1081
1990	2112	375	1246	150	1148
1991	2488	541	1405	175	1503
1992	2668	57	1265	327	1538
1993	2858	605	1418	372	1745
1994	3113	696	1487	416	2131
1995	3251	702	1524	466	2272
1996	3388	709	1599	471	2353
1997	3507	737	1517	456	2678
1998	3558	614	1515	724	2516
1999	3688	557	1270	744	2737
2000	3728	575	1289	599	2861
2001	3112	494	1138	506	2439
2002	3018	452	1117	486	2371
2003	2896	433	1071	466	2276
2004	3028	454	1120	485	2392
2005	2408	320	539	534	1741
2006	2313	338	630	448	1742
2007	2346	330	704	543	1662
2008	2330	301	677	592	1618
2009	2364	306	849	751	1412
2010	2367	391	751	676	1316
2011	2379	305	723	647	1296
2012	2393	338	853	609	1349
2013	2332	297	866	681	1067
2014	2955	440	1095	817	1146
2015	3011	385	1019	967	1212
2016	3016	421	919	762	1095
2017	2537	363	796	610	973
2018	1791	232	451	416	682
2019	2552	316	807	735	957
2020	2342	338	673	485	988
2021	2908	329	754	638	1002
2022	3075	346	820	730	1066
2023	3529	294	1113	875	1367

19–18 科技成果情况

Basic Statistics on Science and Technology

单位:项 (unit)

类 别	Category	2017	2018	2019	2020	2021	2022	2023
一、国家级科技成果奖励成果	**National Scientific and Technical Award**	**19**	**25**	**32**	**31**			**35**
国家技术发明奖	National Technology Invention Award	3	4	5	6			4
国家自然科学奖	State Natural Science Award		3	1	1			
国家科技进步奖	The State Scientific and Technological Progress Award	16	17	26	24			31
国际合作奖	International Cooperation Award		1					
二、省级重要科技成果	**Important Scientific and Technical Award**	**2537**	**1791**	**2552**	**2342**	**2908**	**3075**	**3529**
三、省科学技术奖	**Provincial Science and Technology Award**							
自然科学奖	Natural Science Award	17	24	29	39	45	36	49
技术发明奖	Technological Invention Award	7	13	13	15	11	19	30
科技进步奖	Scientific and Technological Progress Award	122	157	199	215	243	142	186
四、专利情况	**Patent Applications**							
申请量	Number of Patent Applications	204861	238795	263407	369349	369470	408136	424640
#发明专利	Inventions	67773	75817	69511	87330	82481	88744	96906
授权量	Number of Patent Applications Granted	100522	132382	146481	238778	329838	342290	273523
#发明专利	Inventions	19090	20338	20652	26745	36345	48696	55318

注:1.2017年以前，专利申请量是指国家知识产权局受理的专利申请数量；从2017年开始，是指国家知识产权局受理的按规定缴足申请费、符合进入初步审查阶段条件的专利申请数量。

2.科技部科技奖励评审工作周期调整为两年一次或五年两次，国家级科技成果奖励成果数据统计频次相应调整。

a) Before 2017,the amount of patent application refers to the number of patent applications accepted by the State Intellectual Property Office; from 2017,it refers to the amount of application fees paid by the State Intellectual Property Office and the number of patent applications that have entered the preliminary examination stage.

b) Since the review frequency of scientific and technical award by MOST was adjusted to once every two years or twice every five years, the statistical frequency of National Scientific and Technical Award is adjusted accordingly.

19-19 各市国内三种专利授权数（2023年）
Patents Granted by Region (2023)

单位：件 (piece)

地 区	Region	申请授权数合计 Number of Patents Application Granted	发 明 Inventions	实用新型 Utility Models	外观设计 Designs
总 计	**Total**	**273523**	**55318**	**192463**	**25742**
济南市	Jinan	50587	13693	33615	3279
青岛市	Qingdao	68629	15584	47281	5764
淄博市	Zibo	13074	2536	9492	1046
枣庄市	Zaozhuang	5883	703	4553	627
东营市	Dongying	6374	1809	4251	314
烟台市	Yantai	19614	4517	13553	1544
潍坊市	Weifang	24641	4991	17091	2559
济宁市	Jining	13019	1991	10175	853
泰安市	Tai'an	8970	1371	6871	728
威海市	Weihai	11060	1578	8080	1402
日照市	Rizhao	4708	628	3671	409
临沂市	Linyi	14937	2059	9746	3132
德州市	Dezhou	10186	1252	7578	1356
聊城市	Liaocheng	8426	859	6683	884
滨州市	Binzhou	6992	1060	5410	522
菏泽市	Heze	6423	687	4413	1323

19–20 R&D经费支出情况(2023年)

单位：万元

类 别	Category	R&D经费内部支出合计 Internal Expenditure on R&D	基础研究支出 Basic Research	应用研究支出 Applied Research
总 计		**23860197**	**999856**	**1765383**
一、按行业分	**by Sector**			
农、林、牧、渔业	Agriculture,Forestry,Animal Husbandry and Fishing	23597	151	655
采矿业	Mining	501252	13945	71208
制造业	Manufacturing	18260870	104246	442944
电力、燃气及水的生产和供应业	Production and Supply of Electric Power and Heat Power	280581	545	19602
建筑业	Construction	1196003	7959	63359
批发和零售业	Wholesale and Retail Trade	3937		
交通运输、仓储和邮政业	Traffic,Transport,Storage and Post	54850		191
住宿和餐饮业	Hotels and Catering Services			
信息传输、软件和信息技术服务业	Information Transfer, Software and Information Technology Services	438895	1560	18295
金融业	Financial Intermediation	1870		57
房地产业	Real Estate			
租赁和商务服务业	Leasing and Business Services	17523		3551
科学研究和技术服务业	Scientific Research and Technical Service	1670032	319729	461421
水利、环境和公共设施管理业	Management of Water Conservancy,Environment and Public Facilities	18598		13
居民服务、修理和其他服务业	Households Services, Repair and Other Services			
教 育	Education	1221868	492958	618967
卫生和社会工作	Health and Social Work	159039	58758	65094
文化、体育和娱乐业	Culture,Sports and Entertainment	11284	5	27
公共管理、社会保障和社会组织	Public management and Social Organization			
国际组织	International Organization			
二、按地区分	**by Region**			
济南市	Jinan	3748862	349802	488917
青岛市	Qingdao	4334738	279103	399342
淄博市	Zibo	1367522	63825	80533
枣庄市	Zaozhuang	397748	9224	54559
东营市	Dongying	1018686	19984	27751
烟台市	Yantai	2276392	92464	150361
潍坊市	Weifang	1858305	36888	76948
济宁市	Jining	1043379	35062	54218
泰安市	Tai'an	927127	22518	107963
威海市	Weihai	863498	3488	22759
日照市	Rizhao	756982	1264	17261
临沂市	Linyi	1465886	18507	36090
德州市	Dezhou	1157979	14124	23548
聊城市	Liaocheng	914119	29230	22773
滨州市	Binzhou	1153195	20401	31238
菏泽市	Heze	575780	3973	171122

注：农林牧渔业、金融业数据为2009年R&D资源清查数据。

Basic Statistics On Expenditure on R&D(2023)

(10 000 yuan)

试验发展支出 Experimental Development	政府资金 Government Appropriation Funds	企业资金 Self-raised Funds by Enterprises	境外资金 Foreign funds	其他资金 Other Funds	R&D经费外部支出合计 External expenditure on R&D	对境内研究机构的支出 Expenditure On Domestic Research Institutions	对境内高等学校支出 Expenditure On Domestic colleges and universities	对境内企业支出 Expenditure On Domestic Enterprises	对境外支出 Expenditure On Overseas
21094958	**1972143**	**21520515**	**32773**	**334765**	**939302**	**230635**	**122017**	**492436**	**91651**
22792	3770	19784		44	1105	861	245		
416099	3306	497813		134	15492	2060	4169	9263	
17713681	360454	17846831	12992	40594	640318	153770	57267	346581	82700
260434	636	279230		715	64551	21851	12966	29735	
1124685	599	1194793		612	5407	998	3482	927	
3937	974	2917		45	89	89			
54659	1351	53304		194	11406	289	1019	8688	1410
419039	10485	428367		43	46148	4505	1121	40489	33
1813		1870							
13972	416	17107			1450	1202	40	209	
888881	914602	574134	19021	162275	65223	21124	10689	30554	400
18584	122	18471		5	2102	182	8	1913	
109943	582875	527161	745	111087	82100	22901	30856	21128	7108
35188	92528	47482	10	19019	3862	805	141	2916	
11252	27	11252	5		49		15	34	
2910143	691980	2956926	11153	88802	353684	89293	43117	182162	38366
3656293	572076	3639856	14968	107838	172820	46134	20804	94016	10250
1223165	123456	1222745	25	21296	81082	23006	10999	44716	2344
333964	25531	362490	1	9726	6395	3075	1243	2077	
970951	14309	1001202		3175	16203	4500	3502	6344	1841
2033567	202648	2052812	3474	17459	66361	9406	5864	50268	812
1744469	73055	1771499	234	13517	61145	3110	8733	35905	13395
954100	51321	980658	7	11392	37069	3174	4185	8733	20978
796646	54035	858317	1	14775	19765	6981	4687	7949	137
837250	26662	829489	2451	4896	14852	3443	1455	8204	1655
738456	6649	744156		6178	12616	1963	1161	9447	
1411289	20570	1435867		9449	28016	14136	1833	10193	1854
1120307	16757	1137645	456	3121	14635	2902	1201	10532	
862116	37385	865328	1	11404	21059	5832	4605	10604	19
1101556	47231	1095449	2	10513	23384	9531	7128	6724	
400685	8478	566077		1225	10217	4151	1502	4563	1

a)Data on Financial Intermediation , Agriculture, Forestry, Animal Husbandry and Fishery come from the result of R&D resource inventory of 2009.

19-21 R&D人员情况（2023年）

Basic Statistics On R&D Personnel(2023)

类 别	Category	有研究与试验发展活动单位数(个) Number of Units with Research and Development Activities (unit)	研究与试验发展人员(人) Research and Development Personnel (person)	全时人员 Full-time Personnel	非全时人员 Part-time Personnel
总 计		**15787**	**793448**	**523240**	**270207**
一、按行业分	**by Sector**				
农、林、牧、渔业	Farming,Forestry,Animal Husbandry and Fishing	27	848	594	254
采矿业	Mining	178	23867	11557	12310
制造业	Manufacturing	13427	540687	387188	153499
电力、燃气及水的生产和供应业	Production and Supply of Electric Power and Heat Power	349	9982	6119	3863
建筑业	Construction	352	30342	19260	11082
批发和零售业	Wholesale and Retail Trade	11	182	136	46
交通运输、仓储和邮政业	Traffic,Transport,Storage and Post	70	3510	1586	1924
住宿和餐饮业	Hotels and Catering Services				
信息传输、软件和信息技术服务业	Information Transfer, Software and Information Technology Services	240	17088	11874	5214
金融业	Financial Intermediation	2	133	37	96
房地产业	Real Estate				
租赁和商务服务业	Leasing and Business Services	47	1039	835	204
科学研究和技术服务业	Scientific Research and Technical Service	712	47330	34248	13082
水利、环境和公共设施管理业	Management of Water Conservancy,Environment and Public Facilities	33	654	471	183
居民服务、修理和其他服务业	Households Services, Repair and Other Services				
教 育	Education	254	101521	39980	61541
卫生和社会工作	Health and Social Work	73	15351	8710	6639
文化、体育和娱乐业	Culture,Sports and Entertainment	12	918	649	270
公共管理、社会保障和社会组织	Public Management and Social Organization				
国际组织	International Organization				
二、按地区分	**by Region**				
济南市	Jinan	1415	126980	80818	46162
青岛市	Qingdao	2140	135833	92731	43101
淄博市	Zibo	836	43212	28525	14687
枣庄市	Zaozhuang	473	18944	10969	7974
东营市	Dongying	545	27347	19187	8160
烟台市	Yantai	1214	68969	47816	21153
潍坊市	Weifang	1212	74600	53444	21156
济宁市	Jining	1099	44141	28709	15432
泰安市	Tai'an	627	33701	20358	13343
威海市	Weihai	594	28340	20377	7963
日照市	Rizhao	435	15379	9895	5484
临沂市	Linyi	1775	51703	32299	19403
德州市	Dezhou	936	38618	22727	15891
聊城市	Liaocheng	568	21015	13790	7225
滨州市	Binzhou	795	34645	23700	10946
菏泽市	Heze	1123	30026	17900	12126

19−22 R&D人员折合全时当量情况（2023年）

Basic Statistics On Full-time Equivalent of R&D Personnel(2023)

单位：人年 (man-year)

类 别	Category	R&D人员折合全时当量 Full-time Equivalent of R&D Personnel	基础研究人员 Basic Research Personnel	应用研究人员 Applied Research Personnel	试验发展人员 Experimental Development Personnel
总 计		**580961**	**35287**	**49317**	**496355**
一、按行业分	**by Sector**				
农、林、牧、渔业	Farming,Forestry,Animal Husbandry and Fishing	695	7	41	646
采矿业	Mining	17657	1602	3340	12715
制造业	Manufacturing	421188	899	10892	409397
电力、燃气及水的生产和供应业	Production and Supply of Electric Power and Heat Power	7280	3	326	6951
建筑业	Construction	24135	222	2085	21828
批发和零售业	Wholesale and Retail Trade	123			123
交通运输、仓储和邮政业	Traffic,Transport,Storage and Post	2438		8	2430
住宿和餐饮业	Hotels and Catering Services				
信息传输、软件和信息技术服务业	Information Transfer, Software and Information Technology Services	12752		503	12250
金融业	Financial Intermediation	28		12	16
房地产业	Real Estate				
租赁和商务服务业	Leasing and Business Services	858		50	808
科学研究和技术服务业	Scientific Research and Technical Service	38027	5437	9387	23203
水利、环境和公共设施管理业	Management of Water Conservancy,Environment and Public Facilities	519		3	516
居民服务、修理和其他服务业	Households Services, Repair and Other Services				
教 育	Education	44970	22939	19065	2966
卫生和社会工作	Health and Social Work	9511	4179	3601	1730
文化、体育和娱乐业	Culture,Sports and Entertainment	778		2	776
公共管理、社会保障和社会组织	Public Management and Social Organization				
国际组织	International Organization				
二、按地区分	**by Region**				
济南市	Jinan	86092	13372	13657	59063
青岛市	Qingdao	97009	8714	9592	78703
淄博市	Zibo	30782	1018	1762	28003
枣庄市	Zaozhuang	14570	302	2589	11680
东营市	Dongying	21339	1724	705	18910
烟台市	Yantai	53359	1880	2834	48645
潍坊市	Weifang	56113	1603	2579	51932
济宁市	Jining	35249	1488	2121	31639
泰安市	Tai'an	25270	1495	3532	20241
威海市	Weihai	21893	119	823	20951
日照市	Rizhao	11106	83	546	10477
临沂市	Linyi	37686	821	1261	35606
德州市	Dezhou	26237	846	1263	24128
聊城市	Liaocheng	15320	790	933	13597
滨州市	Binzhou	26827	809	849	25167
菏泽市	Heze	22109	223	4272	17615

19-23 规模以上工业企业R&D经费支出情况（2023年）

单位：万元

类　别	Category	R&D经费内部支出合　计 Internal Expenditure on R&D	基础研究支　出 Basic Research
总　计		**18693400**	**112559**
一、按企业规模分	**by Enterprise Size**		
大型企业	Large-sized Enterprises	8259561	90889
中型企业	Medium-sized Enterprises	4470324	7278
小微企业	Small and Micro-sized Enterprises	5963515	14391
二、按登记注册统计类别分	**by Status of Registration**		
内资企业	Domestic Funded Enterprises	16357462	104420
有限责任公司	Limited Liability Corporations	11633506	50731
股份有限公司	Share-holding Corporations Limited	4383363	39848
非公司企业法人	Non Corporate Legal Entity	259040	13842
其中:国有企业	State-owned Enterprises	183655	13842
集体企业	Collective-owned Enterprises	28334	
个人独资企业	Sole Proprietorship Enterprises	80497	
合伙企业	Partnership Enterprises	1057	
其他内资企业	Other Enterprises		
港澳台投资企业	Enterprises with Funds from Hong Kong, Macao and Taiwan	1062424	6731
外商投资企业	Foreign Funded Enterprises	1273513	1408
三、按行业分	**by Sector**		
采矿业	**Mining**	**501252**	**13945**
煤炭开采和洗选业	Mining and Washing of Coal	250427	
石油和天然气开采业	Extraction of Petroleum and Natural Gas	41670	13565
黑色金属矿采选业	Mining of Ferrous Metal Ores	83442	
有色金属矿采选业	Mining of Non-ferrous Metal Ores	75855	
非金属矿采选业	Mining and Processing of Nonmetal Ores	12821	
开采专业及辅助性活动	Mining Specialties and Auxiliary Activities	37038	381
其他采矿业	Mining of Other Ores		
制造业	**Manufacturing**	**17911567**	**98068**
农副食品加工业	Processing of Food from Agricultural Products	676330	2188
食品制造业	Manufacture of Foods	322868	5151
酒、饮料和精制茶制造业	Manufacture of Wine, Drinks and Refined Tea	126816	296
烟草制品业	Manufacture of Tobacco	5090	
纺织业	Manufacture of Textile	362659	
纺织服装、服饰业	Manufacture of Textile Wearing Apparel and Finery	70289	73
皮革、毛皮、羽毛及其制品和制鞋业	Manufacture of Leather, Fur, Feather & Its Products and Footwear	51118	
木材加工及木 竹、藤、棕、草制品业	Processing of Timbers, Manufacture of Wood, Bamboo, Rattan, Palm, and Straw Products	240475	
家具制造业	Manufacture of Furniture	41887	
造纸及纸制品业	Manufacture of Paper and Paper Products	389098	
印刷和记录媒介复制业	Printing and Reproduction of Recording Media	64656	
文教、工美、体育和娱乐用品制造业	Manufacture of Culture, Education,Arts and crafts, Sport and Entertainment Goods	189347	1288
石油、煤炭及其他燃料加工业	Processing of Oil, Coal and Other Fuel	598646	277

Expenditures of Industrial Enterprises above Designated Size on R&D(2023)

（10 000yuan）

应用研究支出 Applied Research	试验发展支出 Experimental Development	政府资金 Government Appropriation Funds	企业资金 Self-raised Funds by Enterprises	境外资金 Foreign funds	其他资金 Other Funds	R&D经费内部支出占营业收入比重（%） Ratio of Expenditure on R&D to Business Revenue (%)
496295	**18084546**	**200777**	**18468438**	**12992**	**11193**	**1.62**
194723	7973949	86601	8172827		134	1.71
120714	4342332	57707	4401859	5782	4976	1.54
180858	5768265	56469	5893751	7210	6084	1.56
429972	15823071	182145	16162225	5392	7700	1.65
320081	11262693	101119	11519472	5392	7523	1.43
99705	4243811	75926	4307393		44	2.69
9365	235833	4519	254388		134	3.15
8934	160879	4511	179011		134	2.80
431	27903		28334			2.54
289	80207	581	79915			0.99
531	526		1057			0.61
50006	1005688	8859	1053448	117		1.33
16318	1255788	9773	1252764	7483	3493	1.51
71208	**416099**	**3306**	**497813**		**134**	**1.50**
65492	184935	962	249465			1.85
2625	25480	1700	39836		134	0.41
1330	82112		83442			2.24
725	75130	114	75741			2.56
	12821		12821			1.00
1036	35621	529	36509			1.96
405485	**17408014**	**196836**	**17691395**	**12992**	**10345**	**1.75**
21266	652875	5619	670343		368	0.71
9618	308099	2078	320605		185	1.63
1984	124536	2112	124591		113	1.79
221	4869		5090			0.11
11931	350729	1261	361158		241	1.54
6101	64115	268	70021			1.13
249	50869	15	51103			2.00
10124	230351	1969	238507			1.17
966	40920	433	41454			1.34
978	388120	1572	386644		882	1.98
377	64279	1134	63522			2.06
5482	182577	353	188994			2.58
33509	564860	2007	596639			0.47

19-23 续表

单位：万元

类别	Category	R&D经费内部支出合计 Internal Expenditure on R&D	基础研究支出 Basic Research
化学原料和化学制品制造业	Manufacture of Chemical Raw Material and Chemical Products	2698981	35698
医药制造业	Manufacture of Medicines	1501184	13823
化学纤维制造业	Manufacture of Chemical Fiber	61685	903
橡胶和塑料制品业	Manufacture of Rubber and Plastic	819746	2753
非金属矿物制品业	Manufacture of Non-metallic Mineral Products	801668	804
黑色金属冶炼及压延加工业	Manufacture and Processing of Ferrous Metals	926993	2669
有色金属冶炼及压延加工业	Manufacture & Processing of Non-ferrous Metals	748651	1817
金属制品业	Manufacture of Metal Products	770304	987
通用设备制造业	Manufacture of General Purpose Machinery	1203742	1066
专用设备制造业	Manufacture of Special Purpose Machinery	1118553	319
汽车制造业	Manufacture of Automotive	931817	18564
铁路、船舶、航空航天和其他运输设备制造业	Manufacture of Railroad,Marine,Aerospace and Other Transportation Equipment	378170	354
电气机械及器材制造业	Manufacture of Electrical Machinery & Equipment	1049148	1094
计算机、通信和其他电子设备制造业	Manufacture of Computer, Communications and Other Electronic Equipment	1525200	7490
仪器仪表制造业	Manufacture of Measuring Instrument	168744	456
其他制造业	Other Manufacture	15716	
废弃资源综合利用业	Comprehensive Utilization of Waste	26844	
金属制品、机械和设备修理业	Metal Products, Machinery and Equipment Repair Industry	25144	
电力、热力、燃气及水的生产和供应业	**Production and Supply of Electric, Heat,Has and Water**	**280581**	**545**
电力、热力的生产和供应业	Production and Supply of Electric Power and Heat Power	221800	545
燃气生产和供应业	Production and Supply of Gas	33213	
水的生产和供应业	Production and Supply of Water	25568	
四、按地区分	**by Region**		
济南市	Jinan	2002875	7077
青岛市	Qingdao	2712122	2520
淄博市	Zibo	1099119	35367
枣庄市	Zaozhuang	337694	73
东营市	Dongying	983678	15629
烟台市	Yantai	1849234	4369
潍坊市	Weifang	1718094	216
济宁市	Jining	893305	688
泰安市	Tai'an	765382	4352
威海市	Weihai	805981	1314
日照市	Rizhao	690404	14
临沂市	Linyi	1288439	5221
德州市	Dezhou	1094773	5185
聊城市	Liaocheng	852020	18564
滨州市	Binzhou	1048197	9590
菏泽市	Heze	552083	2383

continued

（10 000yuan）

应用研究支出 Applied Research	试验发展支出 Experimental Development	政府资金 Government Appropriation Funds	企业资金 Self-raised Funds by Enterprises	境外资金 Foreign funds	其他资金 Other Funds	R&D经费内部支出占营业收入比重（%） Ratio of Expenditure on R&D to Business Revenue (%)
56388	2606895	33317	2665664			2.00
22047	1465314	16896	1484247		41	5.26
391	60391	787	60898			2.76
13007	803986	6090	813385		272	2.64
46571	754293	7818	792563		1287	1.73
37768	886556	549	926443			1.21
17049	729786	2273	746378			0.97
6365	762952	2321	767853		130	2.04
40254	1162421	21017	1181348	689	688	3.14
18606	1099628	17931	1098950	405	1268	3.11
5280	907973	6353	915419	6114	3932	1.61
4461	373355	7187	369406	1577		3.31
15214	1032840	8696	1040313		139	2.72
15500	1502211	39394	1480842	4207	757	2.66
3193	165095	7212	161532			3.80
	15716	5	15667		44	2.19
585	26259	170	26675			1.01
	25144	1	25143			1.90
19602	**260434**	**636**	**279230**		**715**	**0.28**
13690	207565	379	220861		560	0.27
2912	30301	20	33193			0.24
2999	22568	237	25175		155	0.75
32007	1963791	19528	1982572	641	134	2.08
25038	2684564	38733	2667104	5863	422	2.07
23252	1040501	9642	1089181		296	1.63
36969	300652	7862	329381		451	1.82
21125	946924	6629	975371		1678	0.96
40396	1804469	39295	1806170	3467	302	1.87
26720	1691158	22660	1694697	117	619	1.43
25906	866712	8808	884293		205	1.80
46476	714553	8793	756369		219	2.51
7457	797211	5592	797894	2449	46	2.95
4731	685660	1179	685269		3957	1.43
13583	1269635	9657	1277936		847	1.62
9762	1079826	10701	1082270	456	1347	2.88
7685	825771	3944	847771		305	1.84
8024	1030584	3056	1044899		243	1.09
167165	382535	4698	547262		122	0.83

19–24 规模以上工业企业R&D人员情况（2023年）

单位：人

类 别	Category	研究与试验发展人员 Research and Development Personnel
总 计		**572787**
一、按企业规模分	**by Enterprise Size**	
大型企业	Large-sized Enterprises	190526
中型企业	Medium-sized Enterprises	136819
小微企业	Small and Micro-sized Enterprises	245442
二、按登记注册统计类别分	**by Status of Registration**	
内资企业	Domestic Funded Enterprises	508040
有限责任公司	Limited Liability Corporations	384160
股份有限公司	Share-holding Corporations Limited	110131
非公司企业法人	Non Corporate Legal Entity	8924
其中：国有企业	State-owned Enterprises	6817
集体企业	Collective-owned Enterprises	821
个人独资企业	Sole Proprietorship Enterprises	4717
合伙企业	Partnership Enterprises	107
其他内资企业	Other Enterprises	
港澳台投资企业	Enterprises with Funds from Hong Kong, Macao and Taiwan	30395
外商投资企业	Foreign Funded Enterprises	34352
三、按行业分	**by Sector**	
采矿业	**Mining**	**23867**
煤炭开采和洗选业	Mining and Washing of Coal	13078
石油和天然气开采业	Extraction of Petroleum and Natural Gas	3979
黑色金属矿采选业	Mining of Ferrous Metal Ores	1959
有色金属矿采选业	Mining of Non-ferrous Metal Ores	2227
非金属矿采选业	Mining and Processing of Nonmetal Ores	680
开采专业及辅助性活动	Mining Specialties and Auxiliary Activities	1944
其他采矿业	Mining of Other Ores	
制造业	**Manufacturing**	**538938**
农副食品加工业	Processing of Food from Agricultural Products	26754
食品制造业	Manufacture of Foods	14819
酒、饮料和精制茶制造业	Manufacture of Wine, Drinks and Refined Tea	4348
烟草制品业	Manufacture of Tobacco	289
纺织业	Manufacture of Textile	23698
纺织服装、服饰业	Manufacture of Textile Wearing Apparel and Finery	6182
皮革、毛皮、羽毛及其制品和制鞋业	Manufacture of Leather, Fur, Feather & Its Products and Footwear	2539
木材加工及木 竹、藤、棕、草制品业	Processing of Timbers, Manufacture of Wood, Bamboo, Rattan, Palm, and Straw Products	10546
家具制造业	Manufacture of Furniture	2310
造纸及纸制品业	Manufacture of Paper and Paper Products	10058
印刷和记录媒介复制业	Printing, Reproduction of Recording Media	3554
文教、工美、体育和娱乐用品制造业	Manufacture of Culture, Education,Arts and crafts, Sport and Entertainment Goods	9486
石油、煤炭及其他燃料加工业	Processing of Oil, Coal and Other Fuel	9600

Basic Statistics On R&D Personnel of Industrial Enterprises above Designated Size(2023)

(person)

本年度参加项目人员 Personnel involved in the project current year	科技管理和服务人员 Technology management and service personnel	全时人员 Full-time Personnel	非全时人员 Part-time Personnel
546544	**26243**	**403163**	**169624**
181827	8699	137407	53119
130309	6510	95099	41720
234408	11034	170657	74785
484932	23108	356719	151321
366169	17991	262883	121277
105544	4587	85692	24439
8568	356	5910	3014
6541	276	4747	2070
794	27	429	392
4546	171	2151	2566
104	3	83	24
28898	1497	21003	9392
32714	1638	25441	8911
22356	**1511**	**11557**	**12310**
11908	1170	4729	8349
3893	86	2620	1359
1873	86	1541	418
2147	80	1194	1033
635	45	411	269
1900	44	1062	882
514872	**24066**	**385487**	**153451**
25723	1031	18169	8585
14320	499	10600	4219
4190	158	2723	1625
282	7	136	153
22175	1523	16221	7477
5898	284	4262	1920
2395	144	1865	674
10097	449	5495	5051
2219	91	1527	783
9636	422	6665	3393
3419	135	2336	1218
9099	387	6477	3009
9190	410	5918	3682

19-24 续表

单位：人

类　别	Category	研究与试验发展人员 Research and Development Personnel
化学原料和化学制品制造业	Manufacture of Chemical Raw Material and Chemical Products	55410
医药制造业	Manufacture of Medicines	30846
化学纤维制造业	Manufacture of Chemical Fiber	2090
橡胶和塑料制品业	Manufacture of Rubber and Plastic	26252
非金属矿物制品业	Manufacture of Non-metallic Mineral Products	31899
黑色金属冶炼及压延加工业	Manufacture and Processing of Ferrous Metals	13361
有色金属冶炼及压延加工业	Manufacture & Processing of Non-ferrous Metals	15109
金属制品业	Manufacture of Metal Products	27067
通用设备制造业	Manufacture of General Purpose Machinery	45305
专用设备制造业	Manufacture of Special Purpose Machinery	41635
汽车制造业	Manufacture of Automotive	32735
铁路、船舶、航空航天和其他运输设备制造业	Manufacture of Railroad,Marine,Aerospace and Other Transportation Equipment	10823
电气机械及器材制造业	Manufacture of Electrical Machinery & Equipment	26860
计算机、通信和其他电子设备制造业	Manufacture of Computer, Communications and Other Electronic Equipment	44226
仪器仪表制造业	Manufacture of Measuring Instrument	8541
其他制造业	Other Manufacture	846
废弃资源综合利用业	Comprehensive Utilization of Waste	801
金属制品、机械和设备修理业	Metal Products, Machinery and Equipment Repair Industry	949
电力、热力、燃气及水的生产和供应业	**Production and Supply of Electric, Heat,Has and Water**	**9982**
电力、热力的生产和供应业	Production and Supply of Electric Power and Heat Power	6834
燃气生产和供应业	Production and Supply of Gas	1691
水的生产和供应业	Production and Supply of Water	1457
四、按地区分	**by Region**	
济南市	Jinan	50441
青岛市	Qingdao	77410
淄博市	Zibo	33174
枣庄市	Zaozhuang	15665
东营市	Dongying	24500
烟台市	Yantai	54604
潍坊市	Weifang	65587
济宁市	Jining	36002
泰安市	Tai'an	23303
威海市	Weihai	25496
日照市	Rizhao	12481
临沂市	Linyi	44456
德州市	Dezhou	32117
聊城市	Liaocheng	17296
滨州市	Binzhou	31561
菏泽市	Heze	28694

continued

(person)

本年度参加项目人员 Personnel involved in the project current year	科技管理和服务人员 Technology management and service personnel	全时人员 Full-time Personnel	非全时人员 Part-time Personnel
52874	2536	39516	15894
29645	1201	23770	7076
1984	106	1370	720
25019	1233	17252	9000
30415	1484	20767	11132
12815	546	8859	4502
13673	1436	10181	4928
25862	1205	18659	8408
43496	1809	33048	12257
40051	1584	31455	10180
31083	1652	24744	7991
10474	349	8079	2744
25772	1088	19756	7104
42314	1912	36895	7331
8259	282	7028	1513
812	34	551	295
754	47	505	296
927	22	658	291
9316	**666**	**6119**	**3863**
6383	451	4419	2415
1578	113	801	890
1355	102	899	558
48685	1756	37620	12821
73727	3683	57810	19600
31650	1524	24089	9085
14762	903	9050	6615
23646	854	17785	6715
52578	2026	40833	13771
63193	2394	48761	16826
34366	1636	24415	11587
22373	930	14946	8357
24255	1241	18931	6565
11865	616	8278	4203
42691	1765	28430	16026
30737	1380	20831	11286
16608	688	12230	5066
28710	2851	21960	9601
26698	1996	17194	11500

19-25 规模以上工业企业R&D人员折合全时当量情况（2023年）
Full-time Equivalent of R&D Personnel of Industrial Enterprises above Designated Size(2023)

单位：人年 (man-year)

类别	Category	R&D人员折合全时当量 Full-time Equivalent of R&D Personnel	基础研究人员 Basic Research Personnel	应用研究人员 Applied Research Personnel	试验发展人员 Experimental Development Personnel
总计		**444404**	**2305**	**13914**	**428184**
一、按企业规模分	**by Enterprise Size**				
大型企业	Large-sized Enterprises	151659	1906	5790	143964
中型企业	Medium-sized Enterprises	105950	154	3434	102362
小微企业	Small and Micro-sized Enterprises	186794	245	4691	181859
二、按登记注册统计类别分	**by Status of Registration**				
内资企业	Domestic Funded Enterprises	394105	2259	12236	379609
有限责任公司	Limited Liability Corporations	294397	603	9603	284191
股份有限公司	Share-holding Corporations Limited	89275	71	2091	87114
非公司企业法人	Non Corporate Legal Entity	6941	1585	522	4834
其中：国有企业	State-owned Enterprises	5102	1585	483	3034
集体企业	Collective-owned Enterprises	605		38	566
个人独资企业	Sole Proprietorship Enterprises	3399		2	3397
合伙企业	Partnership Enterprises	92		19	73
其他内资企业	Other Enterprises				
港澳台投资企业	Enterprises with Funds from Hong Kong, Macao and Taiwan	23808	38	1064	22706
外商投资企业	Foreign Funded Enterprises	26491	8	614	25869
三、按行业分	**by Sector**				
采矿业	**Mining**	**17657**	**1602**	**3340**	**12715**
煤炭开采和洗选业	Mining and Washing of Coal	9821		3147	6674
石油和天然气开采业	Extraction of Petroleum and Natural Gas	3043	1583	87	1373
黑色金属矿采选业	Mining of Ferrous Metal Ores	1203		16	1187
有色金属矿采选业	Mining of Non-ferrous Metal Ores	1965		33	1932
非金属矿采选业	Mining and Processing of Nonmetal Ores	449			449
开采专业及辅助性活动	Mining Specialties and Auxiliary Activities	1175	19	58	1099
其他采矿业	Mining of Other Ores				
制造业	**Manufacturing**	**419467**	**701**	**10247**	**408519**
农副食品加工业	Processing of Food from Agricultural Products	20405	23	479	19903
食品制造业	Manufacture of Foods	11337	139	270	10928
酒、饮料和精制茶制造业	Manufacture of Wine, Drinks and Refined Tea	3084	38	64	2983
烟草制品业	Manufacture of Tobacco	194		6	189
纺织业	Manufacture of Textile	17466		719	16747
纺织服装、服饰业	Manufacture of Textile Wearing Apparel and Finery	4828	4	406	4417
皮革、毛皮、羽毛及其制品和制鞋业	Manufacture of Leather, Fur, Feather & Its Products and Footwear	1941		19	1922
木材加工及木 竹、藤、棕、草制品业	Processing of Timbers, Manufacture of Wood, Bamboo, Rattan, Palm, and Straw Products	7819		217	7603
家具制造业	Manufacture of Furniture	1720		37	1683
造纸及纸制品业	Manufacture of Paper and Paper Products	7476		41	7435
印刷和记录媒介复制业	Printing, Reproduction of Recording Media	2880		13	2867
文教、工美、体育和娱乐用品制造业	Manufacture of Culture, Education,Arts and crafts, Sport and Entertainment Goods	7520	16	243	7261
石油、煤炭及其他燃料加工业	Processing of Oil, Coal and Other Fuel	7318	2	627	6689

19—25 续表 continued

单位：人年 (man-year)

类 别	Category	R&D人员折合全时当量 Full-time Equivalent of R&D Personnel	基础研究人员 Basic Research Personnel	应用研究人员 Applied Research Personnel	试验发展人员 Experimental Development Personnel
化学原料和化学制品制造业	Manufacture of Chemical Raw Material and Chemical Products	43818	96	1059	42663
医药制造业	Manufacture of Medicines	24801	45	544	24211
化学纤维制造业	Manufacture of Chemical Fiber	1652	24	13	1615
橡胶和塑料制品业	Manufacture of Rubber and Plastic	20450	80	323	20047
非金属矿物制品业	Manufacture of Non-metallic Mineral Products	24049		1304	22745
黑色金属冶炼及压延加工业	Manufacture and Processing of Ferrous Metals	10292	31	513	9749
有色金属冶炼及压延加工业	Manufacture & Processing of Non-ferrous Metals	12270	33	238	12000
金属制品业	Manufacture of Metal Products	21153	1	226	20926
通用设备制造业	Manufacture of General Purpose Machinery	33130	13	828	32289
专用设备制造业	Manufacture of Special Purpose Machinery	32708	14	686	32008
汽车制造业	Manufacture of Automotive	25490		233	25257
铁路、船舶、航空航天和其他运输设备制造业	Manufacture of Railroad,Marine,Aerospace and Other Transportation Equipment	8538	6	148	8384
电气机械及器材制造业	Manufacture of Electrical Machinery & Equipment	21399	23	366	21011
计算机、通信和其他电子设备制造业	Manufacture of Computer, Communications and Other Electronic Equipment	36869	115	488	36266
仪器仪表制造业	Manufacture of Measuring Instrument	6944		131	6813
其他制造业	Other Manufacture	617			617
废弃资源综合利用业	Comprehensive Utilization of Waste	621		9	612
金属制品、机械和设备修理业	Metal Products, Machinery and Equipment Repair Industry	679			679
电力、热力、燃气及水的生产和供应业	**Production and Supply of Electric, Heat, Has and Water**	**7280**	**3**	**326**	**6951**
电力、热力的生产和供应业	Production and Supply of Electric Power and Heat Power	5075	3	172	4900
燃气生产和供应业	Production and Supply of Gas	1124		67	1057
水的生产和供应业	Production and Supply of Water	1082		87	994
四、按地区分	**by Region**				
济南市	Jinan	39084	3	537	38545
青岛市	Qingdao	58135	113	621	57401
淄博市	Zibo	25348	10	416	24922
枣庄市	Zaozhuang	12352	2	1947	10403
东营市	Dongying	19543	1603	382	17558
烟台市	Yantai	45226	1	1005	44220
潍坊市	Weifang	50950	11	487	50452
济宁市	Jining	29857	6	1194	28657
泰安市	Tai'an	18979	74	1121	17784
威海市	Weihai	20025	8	375	19642
日照市	Rizhao	9012		92	8920
临沂市	Linyi	32758	110	490	32158
德州市	Dezhou	23539	120	447	22972
聊城市	Liaocheng	13278		328	12950
滨州市	Binzhou	25043	200	391	24451
菏泽市	Heze	21276	45	4081	17150

19-26 按行业分规模以上工业企业新产品开发及生产情况(2023年)

New Products Development and Production of Industrial Enterprises above Designated Size by Industrial Sector(2023)

行业	Sector	新产品项目数(项) New Products (unit)	开发新产品经费(万元) Expenditure on new products Development (10 000 yuan)	新产品销售收入(万元) Sales Revenue of New Products (10 000 yuan)
总　计	**Total**	**120033**	**24971529**	**471245878**
煤炭开采和洗选业	Mining and Washing of Coal	481	153495	1391836
石油和天然气开采业	Extraction of Petroleum and Natural Gas	275	61808	29047
黑色金属矿采选业	Mining of Ferrous Metal Ores	171	71744	1187768
有色金属矿采选业	Mining of Non-ferrous Metal Ores	237	86754	1158961
非金属矿采选业	Mining and Processing of Nonmetal Ores	113	14909	289528
开采专业及辅助性活动	Mining Specialties and Auxiliary Activities	164	67944	1027103
其他采矿业	Mining of Other Ores			
农副食品加工业	Processing of Food from Agricultural Products	5875	1109488	30839061
食品制造业	Manufacture of Foods	3156	473734	8924358
酒、饮料和精制茶制造业	Manufacture of Wine, Drinks and Refined Tea	708	142717	1950966
烟草制品业	Manufacture of Tobacco	67	13830	913024
纺织业	Manufacture of Textile	3197	487672	9186892
纺织服装、服饰业	Manufacture of Textile Wearing Apparel and Finery	1093	102274	1815198
皮革、毛皮、羽毛及其制品和制鞋业	Manufacture of Leather, Fur, Feather & Its Products and Footwear	453	79041	1204965
木材加工及木 竹、藤、棕、草制品业	Processing of Timbers, Manufacture of Wood, Bamboo, Rattan, Palm, and Straw Products	2144	324773	6789776
家具制造业	Manufacture of Furniture	566	63093	1319273
造纸及纸制品业	Manufacture of Paper and Paper Products	1623	493749	10108146
印刷和记录媒介复制业	Printing, Reproduction of Recording Media	912	93510	1259678
文教、工美、体育和娱乐用品制造业	Manufacture of Culture, Education,Arts and crafts, Sport and Entertainment Goods	1716	249126	3142389
石油、煤炭及其他燃料加工业	Processing of Oil, Coal and Other Fuel	1017	1330964	46984731
化学原料和化学制品制造业	Manufacture of Chemical Raw Material and Chemical Products	11805	3300171	69108735
医药制造业	Manufacture of Medicines	7147	1660033	15577219
化学纤维制造业	Manufacture of Chemical Fiber	453	62304	989547
橡胶和塑料制品业	Manufacture of Rubber and Plastic	5843	1005399	17632499
非金属矿物制品业	Manufacture of Non-metallic Mineral Products	8776	1092968	17579197
黑色金属冶炼及压延加工业	Manufacture and Processing of Ferrous Metals	1935	1295383	21096177
有色金属冶炼及压延加工业	Manufacture & Processing of Non-ferrous Metals	2431	1135029	34136286
金属制品业	Manufacture of Metal Products	7864	1035535	19190550
通用设备制造业	Manufacture of General Purpose Machinery	12193	1579192	20807663
专用设备制造业	Manufacture of Special Purpose Machinery	12366	1591414	21268081
汽车制造业	Manufacture of Automotive	6486	1234838	32249799
铁路、船舶、航空航天和其他运输设备制造业	Manufacture of Railroad,Marine,Aerospace and Other Transportation Equipment	1973	487649	7850859
电气机械及器材制造业	Manufacture of Electrical Machinery & Equipment	6794	1320621	21052207
计算机、通信和其他电子设备制造业	Manufacture of Computer, Communications and Other Electronic Equipment	5020	2109479	35817388
仪器仪表制造业	Manufacture of Measuring Instrument	2610	248238	2550124
其他制造业	Other Manufacture	231	26977	381204
废弃资源综合利用业	Comprehensive Utilization of Waste	219	29129	786964
金属制品、机械和设备修理业	Metal Products, Machinery and Equipment Repair Industry	182	40026	532237
电力、热力生产和供应业	Production and Supply of Electric Power and Heat Power	1197	235161	1867839
燃气生产和供应业	Production and Supply of Gas	284	36140	1005954
水的生产和供应业	Production and Supply of Water	256	25222	242650

19—27 高技术制造业R&D活动及新产品开发情况

Statistics on R&D Activities and New Products Development in High-tech Manufacturing Industry

行 业	Industry	有R&D活动的企业数（个） Number of Enterprises with R&D Activities (unit)		R&D人员折合全时当量（人年） Full-time Equivalent of R&D Personnel (man year)		R&D经费内部支出（万元） Internal Expenditure on R&D (10 000 yuan)	
		2022	2023	2022	2023	2022	2023
合　计	**Total**	**1635**	**1426**	**72667**	**77622**	**3635674**	**3537961**
医药制造业	Medical and Pharmaceutical Products	518	447	25111	24801	1572948	1501184
航空、航天器及设备制造业	Aviation and Aircrafts Manufacturing	9	7	392	352	10890	11219
电子及通信设备制造业	Electronic and Communication Equipment	604	572	29277	32586	1330656	1277085
计算机及办公设备制造业	Electronic Computers and Office Equipments	63	49	7452	6988	354809	348503
医疗仪器设备及仪器仪表制造业	Medical Treatment Instruments and Meters	433	335	10283	12326	361397	366476
信息化学品制造业	Manufacture of Electronic Chemicals	8	16	153	569	4975	33494

19—27 续表 continued

行 业	Industry	专利申请数（件） Patent Applications (piece)		拥有发明专利（件） Patents in Force (piece)		新产品开发项目数（项） New Products (units)		新产品开发经费支出（万元） Expenditure on New Products Development (10 000 yuan)	
		2022	2023	2022	2023	2022	2023	2022	2023
合　计	**Total**	**18149**	**19543**	**27157**	**33915**	**15683**	**17818**	**3645609**	**4450294**
医药制造业	Medical and Pharmaceutical Products	3441	3753	8107	8527	6658	7147	1531058	1660033
航空、航天器及设备制造业	Aviation and Aircrafts Manufacturing	63	95	107	100	75	90	10910	13629
电子及通信设备制造业	Electronic and Communication Equipment	8826	9546	12712	17513	4131	5079	1326384	1861142
计算机及办公设备制造业	Electronic Computers and Office Equipments	1276	1292	2395	2828	773	757	365059	379272
医疗仪器设备及仪器仪表制造业	Medical Treatment Instruments and Meters	4470	4764	3758	4823	3949	4577	394701	496391
信息化学品制造业	Manufacture of Electronic Chemicals	73	93	78	124	97	168	17497	39828

注：本表的数据口径为规模以上工业企业。

a) Data in this table cover industrial enterprises above designated size.

19−28 高技术制造业基本情况

Statistics on Production and Management in High-tech Manufacturing Industry

项　目	Item	2018	2019	2020	2021	2022	2023
生产经营情况	**Production Operation**						
企业数 (个)	Number of Enterprises (unit)	1979	1564	1718	1807	2251	2610
从业人员年平均人数 (万人)	Annual Average Number of Persons Engaged (10 000 persons)	63.1	54.2	55.8	58.9	64.3	66.4
营业收入 (亿元)	Revenue from Principal Business (100 million yuan)	7065.4	5910.6	6741.6	7935.4	9027.1	10033.6
利润 (亿元)	Profits (100 million yuan)	621.8	478.8	682.2	744.3	729.3	710.5
R&D及相关活动情况	**R&D and related Activities**						
有R&D活动的企业数 (个)	Number of Enterprises with R&D Activities (unit)	898	865	1067	1338	1635	1426
R&D人员全时当量 (人年)	Full-time Equivalent of R&D Personnel (man year)	49617	35706	44598	62205	72667	77622
R&D经费内部支出 (亿元)	Internal Expenditure on R&D (100 million yuan)	226.6	195.9	230.7	271.9	363.6	353.8
新产品开发经费 (亿元)	Expenditure on New Products Development (100 million yuan)	218.3	202.5	224.6	298.2	364.6	445.0
专利申请数 (件)	Number of Patent Applications Examined (unit)	17712	11074	14146	17170	18149	19543
拥有发明专利数 (件)	Number of Invention Patents (unit)	19986	18387	17307	22209	27157	33915

注：1.生产经营情况的数据口径为规模以上工业企业。2.从2015年起高技术制造业汇总范围包括信息化学品制造业。
a) Data on production operation cover industrial enterprises above designated size.
b) Data on high-tech manufacturing Industry include manufacture of electronic chemical since 2015.

主要统计指标解释

普通高等学校 指按照国家规定的设置标准和审批程序批准举办的，通过全国普通高等学校统一招生考试，招收高中毕业生为主要培养对象，实施高等教育的全日制大学、独立设置的学院和高等专科学校、高等职业学校和其他机构。

成人高等学校 指按照国家规定的设置标准和审批程序批准举办的，通过全国成人高等学校统一招生考试，招收具有高中毕业或同等学历的在职从业人员为主要培养对象，利用函授、业余、脱产等多种形式对其实施高等学历教育的学校。包括职工高等学校、农民高等学校、管理干部学院、教育学院、独立函授学院、广播电视大学、其他机构等。其他机构是承担国家成人招生计划任务不计校数的机构。

研究与试验发展(R&D) 指为增加知识存量（也包括有关人类、文化和社会的知识）以及设计已有知识的新应用而进行的创造性、系统性工作，包括基础研究、应用研究和试验发展三种类型。国际上通常采用 R&D 活动的规模和强度指标反映一国的科技实力和核心竞争力。

基础研究 指一种不预设任何特定应用或使用目的的实验性或理论性工作，其主要目的是为获得（已发生）现象和可观察事实的基本原理、规律和新知识。其成果通常表现为提出一般原理、理论或规律，并以论文、著作、研究报告等形式为主。

应用研究 指为获取新知识，达到某一特定的实际目的或目标而开展的初始性研究。应用研究是为了确定基础研究成果的可能用途，或确定实现特定和预定目标的新方法。其研究成果以论文、著作、研究报告、原理性模型或发明专利等形式为主。

试验发展 指利用从科学研究、实际经验中获取的知识和研究过程中产生的其他知识，开发新的产品、工艺或改进现有产品、工艺而进行的系统性研究。其研究成果以专利、专有技术，以及具有新颖性的产品原型、原始样机及装置等形式为主。

R&D 人员 指报告期 R&D 活动单位中从事基础研究、应用研究和试验发展活动的人员。包括直接参加上述三类 R&D 活动的人员，以及与上述三类 R&D 活动相关的管理人员和直接服务人员，即直接为 R&D 活动提供资料文献、材料供应、设备维护等服务的人员。不包括为 R&D 活动提供间接服务的人员，如餐饮服务、安保人员等。

R&D 人员全时当量 指报告期 R&D 人员按实际从事 R&D 活动时间计算的工作量，以“人年”为计量单位。为国际上比较科技人力投入而制定的可比指标。

R&D 经费支出 指报告期调查单位内部为实施 R&D 活动而实际发生的全部经费，按支出性质分为日常性支出和资产性支出。不包括调查单位委托其他单位或与其他单位合作开展 R&D 活动而转拨给其他单位的全部经费。

新产品销售收入 指报告期企业销售新产品实现的销售收入。新产品是指采用新技术原理、新设计构思研制、生产的全新产品，或在结构、材质、工艺等某一方面比原有产品有明显改进，从而显著提高了产品性能或扩大了使用功能的产品。既包括经政府有关部门认定并在有效期内的新产品，也包括企业自行研制开发，未经政府有关部门认定，从投产之日起一年之内的新产品。

专利 是专利权的简称，是对发明人的发明创造经审查合格后，由国家知识产权局依据专利法授予发明人和设计人对该项发明创造享有的专有权。包括发明、实用新型和外观设计。反映拥有自主知识产权的科技和设计成果情况。

发明（专利） 指对产品、方法或者其改进所提出的新的技术方案。是国际通行的反映拥有自主知识产权技术的核心指标。

Explanatory Notes on Main Statistical Indicators

Regular Institutions of Higher Learning refer to educational establishments set up according to the government evaluation and approval procedures, enrolling graduates from senior secondary schools and providing higher education courses and training for senior professionals. They include full time universities, colleges, high professional schools, high professional vocational schools and others.

Institutions of Higher Learning for Adults refer to educational establishments, set up in line with relevant rules approved by the government, enrolling staff and workers with senior secondary school or equivalent education, and providing higher education courses in many forms of correspondence, spare time, or full time for adults. Professionals thus trained receive a qualification equivalent to graduates studying regular courses at regular universities, colleges and professional colleges. Institutions of higher learning for adults include schools of high education for staff and workers, schools of high education for peasants, colleges for management cadres, pedagogical colleges, independent correspondence colleges, Radio and TV universities and other educational establishments. Other educational establishments are responsible for enrolling adult students but not covered in the number of schools.

Research and Experimental Development (R&D) refers to creative and systematic work undertaken in order to increase the stock of knowledge (including knowledge of humankind, culture and society) and to devise new applications of available knowledge.R&D includes 3 categories of activities:basic research, applied research and experimental development.The scale and intensity of R&D are widely used internationally to reflect the strength of S&T and the core competitiveness of a country in the world.

Basic Research refers to experimental or theoretical work undertaken primarily to acquire new knowledge of the underlying foundations of phenomena and observable facts,without any particular application or use in view. Basic research usually formulates hypotheses, theories or laws, and its results are mainly released or disseminated in the form of scientific papers or monographs or research reports.

Applied Research refers to original investigation undertaken in order to acquire new knowledge. It is directed primarily towards a specific, practical aim or objective. Purpose of the applied research is to identify the possible uses of results from basic research, or to explore new (fundamental) methods or new approaches. Results of applied research are expressed in the form of scientific papers, monographs, fundamental models or invention patents.

Experimental Development refers to systematic work, drawing on knowledge gained from research and practical experience and producing additional knowledge, which is directed to producing new products or processes or to improving existing products or processes. Results of experimental development activities are embodied in patents,exclusive technology, and monotype of new products or equipment.

R&D Personnel refer to persons of R&D activities units engaged in basic research, applied research, and experimental development at the reference period, including persons of directly participating in the three activities above, as well as management and direct service staff related to R&D activities, such as literature provision, material supply, equipment maintenance staff, it excludes persons providing indirect support and ancillary services, such as canteen and security staff.

Full-time Equivalent of R&D Personnel refers to the ratio of working hours actually spent on R&D during a specific reference period (usually a calendar year) divided by the total number of hours conventionally worked in the same period by an individual or by a group. The measurement unit of the ratio is “man-years”. This is an internationally comparable indicator of S&T manpower input.

Expenditure on R&D refers to the real expenditure of surveyed units on their own R&D activities in reporting period.It is divided into current expenditures and gross fixed capital expenditures for R&D according to the nature of expenditure.It doesn’t include the fees transferred to cooperated or entrusted agencies on R&D activities.

Sales Income of New Products refers to the sales income of new products of the enterprises at the reference period. New products refer to products developed and produced with new technologies and designs or improved in structure, material, process or other aspects so that their performance are improved or their functions expanded. New products include those affirmed by government authorities in their validity period and also those developed by enterprises without the affirmation of government authorities within one year after they are put into production.

Patent is an abbreviation for the patent right and refers to the exclusive right of ownership by the inventors or designers for the creation or inventions, given from the China National Intellectual Property Administration after due process of assessment and approval in accordance with the Patent Law.Patents are granted for inventions, utility models and designs.This indicator reflects the achievements of S&T and design with independent intellectual property.

Patented Inventions refer to new technical proposals to the products or methods or their modifications. This is universal core indicator reflecting the technologies with independent intellectual property.

第20篇

文化、体育和卫生

Culture, Sports and Health

简 要 说 明

一、本篇资料的主要内容

本篇资料反映了全省文化、体育和卫生基本情况。文化部分主要包括文化、文物、广播、电视、档案、报纸杂志出版、图书出版等方面的发展状况。体育部分主要包括运动员、教练员、裁判员发展人数等情况。卫生部分主要包括卫生机构及其人员、床位数、县及县以上医院诊疗人次数、入院人数等基本情况。

二、本篇资料的来源

1.文化部分中，艺术事业、图书馆事业、群众文化事业的资料来源于省文化和旅游厅，广播电视资料来源于省广播电视局，电影有关资料来源于省电影局，新闻出版有关资料来源于省新闻出版局，档案馆有关资料来源于省档案馆。

2.体育部分的资料来源于省体育局。

3.卫生部分的资料来源于省卫健委。

本篇资料由省统计局人口处（社科处）整理提供。

Brief Introduction

I. Content

Data in this chapter show the basic conditions of culture,sports and health. Data on culture show the basic conditions on arts, cultural relics, broadcasting, television, archives and publication. Data on sports mainly include the number of athletes, coaches and referees. Data on health include the number of institutions, personnel, hospital beds.

II. Source of Data

(1) Data on the causes of arts, libraries, mass culture are provided by the Department of Culture and Tourism of Shandong Province. Data on broadcasting and television are provided by Shandong Provincial Administration of Radio and Television. Data on film are provided by Shandong Provincial Administration of Film. Data on news and publication are provided by Shandong Provincial Administration of Press and Publication. Data on archives and publication are provided by Shandong Provincial Archives Administration.

(2) Data on sports are provided by Shandong Provincial Physical Culture Administration.

(3) Data on public health are provided by Shandong Provincial Department of Health.

In this chapter, data are prepared by the Division of Urbanization,Population and Employment Statistics（by the Division of Social,Science and Culture Industry Employment Statistics）of Shandong Provincial Bureau of Statistics.

20-1 主要年份文化、文物事业基本情况

Number of Institutions for Culture and Cultural Relics of Major Years

年 份 Year	文化(艺术)馆 Cultural Centre		文化站 Cultural Station		艺术表演团体 Art Performance Groups	
	机构数 (个) Number (unit)	人 数 (人) Personnel (person)	机构数 (个) Number (unit)	人 数 (人) Personnel (person)	机构数 (个) Number (unit)	人 数 (人) Personnel (person)
1949	39				46	
1952	166		139		113	
1957	134		283		175	
1962	130		500		180	
1965	141	1261	6	10	176	9923
1970	137	1601			154	9599
1975	151	1891	887	944	157	12709
1976	150	1979	1644	1803	157	13396
1977	155	2110	1988	2185	156	13557
1978	155	2151	2103	2196	155	13219
1979	155	2138	2104	2163	155	12896
1980	155	2251	2117	2197	156	12562
1981	156	2420	2099	2218	157	11930
1982	155	2490	2107	2268	157	11280
1983	155	2609	2102	2172	157	10584
1984	154	2590	2132	2204	159	9922
1985	157	2818	2198	2230	158	9317
1986	159	2940	2276	2292	149	9177
1987	157	2849	2345	2410	139	7751
1988	159	3043	2423	2787	127	7344
1989	159	3140	2452	2643	123	6992
1990	159	3127	2482	2666	119	6703
1991	156	3100	2504	2783	120	6640
1992	156	3129	2481	2798	120	6657
1993	157	3145	2454	2862	119	6430
1994	157	3197	2387	2882	118	6448
1995	158	3265	2363	3117	118	6170
1996	159	3237	2466	3286	118	6090
1997	158	3264	2482	3177	118	6148
1998	158	3252	2494	3339	118	6170
1999	158	3194	2493	3293	117	6077
2000	159	3055	2422	3304	118	5943
2001	159	2975	1912	2943	121	5990
2002	156	2935	1866	3019	121	6030
2003	157	2968	1792	3022	120	5988
2004	159	3136	1783	3190	118	5995
2005	158	2982	1768	3166	117	6066
2006	158	3058	1857	3330	118	6250
2007	157	3012	1826	3715	119	6163
2008	156	3025	1826	3754	119	6254
2009	158	3115	1867	4593	118	6279
2010	158	3055	1855	4543	119	6268
2011	160	3086	1828	4643	116	6163
2012	158	3033	1821	4987	104	5722
2013	159	3062	1807	4915	103	5557
2014	158	3047	1811	5181	104	5728
2015	157	3034	1814	5534	104	5368
2016	157	3006	1816	5262	103	5651
2017	157	2978	1815	5334	105	5689
2018	157	2950	1819	5329	105	5539
2019	157	2864	1815	5581	104	5665
2020	158	2887	1821	5628	103	5381
2021	158	2974	1821	6194	101	5237
2022	158	2993	1823	6129	101	4987
2023	158	3058	1823	6571	92	4700

20－1 续表 continued

年 份 Year	剧 场(院) Theaters		图 书 馆 Libraries		博 物 馆 Museums	
	机构数 (个) Number (unit)	人 数 (人) Personnel (person)	机构数 (个) Number (unit)	人 数 (人) Personnel (person)	机构数 (个) Number (unit)	人 数 (人) Personnel (person)
1949	5		3			
1952	15		3			
1957	44		40			
1962	129		84			
1965	128	755	27	257	7	183
1970	83	600	12	193	5	155
1975	81	592	43	436	8	211
1976	71	577	62	564	9	237
1977	76	658	66	621	9	246
1978	75	661	80	737	10	298
1979	77	705	88	876	10	310
1980	71	627	88	924	10	317
1981	72	649	89	1004	9	268
1982	71	667	89	1075	15	338
1983	61	660	89	1131	17	364
1984	65	678	92	1240	19	380
1985	62	705	99	1338	23	488
1986	123	2193	101	1486	30	527
1987	119	2310	105	1613	36	763
1988	116	2388	111	1780	40	876
1989	118	2413	113	1796	40	979
1990	117	2516	115	1876	41	1021
1991	121	2736	118	1956	45	1141
1992	120	2772	122	2055	45	1215
1993	119	2837	126	2178	52	1329
1994	118	2878	126	2256	54	1418
1995	115	2783	130	2318	56	1462
1996	111	2727	131	2359	54	1522
1997	107	2652	131	2471	54	1562
1998	107	2577	131	2536	56	1422
1999	107	2544	133	2555	57	1663
2000	105	2473	133	2506	59	1633
2001	105	2444	136	2503	66	1611
2002	104	2434	140	2559	70	1566
2003	104	2353	140	2573	73	1634
2004	95	2088	142	2633	72	1684
2005	94	1881	145	2690	75	1723
2006	95	2098	143	2624	76	1770
2007	92	1937	145	2640	87	1915
2008	90	1827	147	2606	96	2064
2009	82	1640	150	2669	111	2307
2010	91	1904	149	2680	114	2456
2011	93	2134	150	2697	120	2787
2012	93	2083	150	2647	178	4353
2013	93	1719	153	2760	194	4748
2014	93	1734	153	2730	243	5369
2015	92	1632	154	2750	312	6310
2016	93	1602	154	2828	393	7152
2017	100	1821	154	2877	485	7976
2018	106	1902	154	2843	517	8059
2019	93	1732	154	2816	541	8319
2020	87	1712	154	2904	577	8871
2021	82	1618	153	2995	629	10114
2022	77	1459	153	3182	665	10391
2023	65	1495	153	3256	348	8247

注：自2023年起，博物馆统计口径调整为国有博物馆。
a) Since 2023, statistical caliber of museums has been adjusted to the number of State owned museums.

20−2 文化、文物机构人员情况(2023年)

Number of Institution and Personnel in Culture and Culture Relics(2023)

项　目	Item	机构数(个) Number of Institutions (unit)	人员数(人) Number of Employed Persons (person)
总　计	**Total**	**18764**	**94000**
文化	Culture	2645	28841
文化和旅游部门所属的艺术表演团体	Art Performance Troupes belonged to Department of Culture and Tourism	92	4700
文化和旅游部门所属的艺术表演场馆	Art Performance Venues belonged to Department of Culture and Tourism	65	1495
美术展览创作机构	Fine Arts Exhibition and Creation Institutions	68	570
公共图书馆	Public Libraries	153	3256
群众文化服务业	Mass Culture	1981	9629
艺术馆、文化馆	Cultural and Art Centers	158	3058
文化站	Cultural Stations	1823	6571
文化和旅游部门教育机构	Culture Education	4	769
文化和旅游科研机构	Art Research	3	131
文化和旅游行政主管部门	Administrative Department of Culture	159	6093
其他文化和旅游机构	Other Cultural Institutions	120	2198
文物	Cultural Relics	517	12209
文物保护管理机构	Agency of Relics Preservation	79	2680
文物保护科研机构	Research Institutions for Cultural Relic Protection	10	371
博物馆	Museums	348	8247
其他文物机构	Other Cultural Relics Institutions	80	911
文化市场经营机构	Business Units Dealing in Culture Market	15602	52950
娱乐场所	Place of Entertainment	2100	11539
互联网上网服务营业场所(网吧)	Internet Service Establishments (Internet Bar)	9691	8097

注：1.文化市场经营机构含互联网上网服务营业场所和娱乐场所。
2.自2023年起，原“公有制艺术表演团体”和“公有制艺术表演场馆”统计口径调整为“文化和旅游部门所属的艺术表演团体”和“文化和旅游部门所属的艺术表演场馆。
3.自2023年起，博物馆统计口径调整为国有博物馆，“艺术展览创作机构”统计口径调整为“美术展览创作机构”，“文物科研机构”统计口径调整为“文物保护科研机构”。

a) Business units dealing in culture market include internet service and entertainment venues.

b) Since 2023, data of Publicly Owned Art Performance Troupes and Art Performance Venues have been separately adjusted to Art Performance Troupes and Art Performance Venues belonged to Department of Culture and Tourism.

c) Since 2023, statistical caliber of museums, Art exhibition and Creation Institutions, Historical Relics Scientific and Research Agencies have been separately adjusted to State Owned Museums,Fine Arts exhibition and Creation Institutions,Research Institutions for Cultural Relic Protection.

20-3 各市文化、文物事业基本情况(2023年)
Basic Statistics on Culture and Cultural Relics by Region (2023)

地区	Region	公共图书馆数(个) Public Libraries (unit)	公共图书馆藏书量(万册) Total Collections (10 000 volumes)	艺术表演团体(个) Performance Troupes (unit)	艺术表演场所(个) Art Performance Places (unit)	文化馆(群众艺术馆)(个) Cultural (Mass Art) Centers (unit)	文化站(个) Cultural Stations (unit)	文化事业费(万元) Total Cultural Expenditures (10 000 yuan)	文物事业费(万元) Total Cultural Relics Expenditures (10 000 yuan)	博物馆(个) Museums (unit)
全省总计	**Total**	**153**	**8555**	**92**	**65**	**158**	**1823**	**565098**	**164450**	**348**
济南市	Jinan	13	1060	6	7	13	161	44811	14304	22
青岛市	Qingdao	11	998	8	7	11	137	91716	10163	45
淄博市	Zibo	9	362	2	4	9	88	26677	12842	21
枣庄市	Zaozhuang	7	202	1	2	7	65	8498	5178	17
东营市	Dongying	6	360	2	2	6	40	22014	1793	11
烟台市	Yantai	14	731	10	5	15	154	41913	14821	25
潍坊市	Weifang	12	919	6		13	119	32612	11285	36
济宁市	Jining	12	373	12	11	12	156	50293	20850	43
泰安市	Tai'an	7	257	2	2	7	88	16691	9516	11
威海市	Weihai	5	482	4	2	6	73	20766	4749	9
日照市	Rizhao	5	196	1	1	5	54	13115	3152	10
临沂市	Linyi	13	488	4	4	13	160	32968	10740	33
德州市	Dezhou	12	310	4	2	12	134	19006	3301	14
聊城市	Liaocheng	8	262	5	5	10	136	16586	4321	16
滨州市	Binzhou	8	315	9	1	8	90	18102	2867	12
菏泽市	Heze	10	260	10	6	10	168	18967	7480	20

注：全省数据含省本级数据。
a) The whole provincial data in the table include provincial level data.

20-4 电影基本情况
Basic Statistics on Film

项　目		Item		2019	2020	2021	2022	2023
电影剧本(梗概)备案公示数量	(部)	Number of Filing and Publicity of Movie Scripts	(unit)	109	135	173	105	145
电影完成片数量	(部)	Number of Completed Films	(unit)	57	46	77	17	37
农村公益电影放映队数量	(个)	Number of Movie Charity Projection Teams in Rural Areas	(unit)	4191	3983	4310	4415	4450
农村公益电影放映场次	(万场)	Number of Movie Charity Projection in Rural Areas	(10 000 stages)	78	73	79	78	81
城市影院银幕数量	(块)	Number of Movie Screens in City Cinemas	(piece)	3592	3697	4336	4577	4752
城市电影观影人次	(万人)	Number of Movie Viewers in City Cinemas	(10 000 persons)	8095	2854	6354	4064	7214
城市电影票房收入	(亿元)	City Movie Box Office	(100 million yuan)	28.8	10.0	25.0	16.8	29.6

20-5 广播电视基本情况
Basic Statistics on Radio and Television Stations

项　目		Item		2019	2020	2021	2022	2023
广播		**Radio**						
广播节目综合人口覆盖率	(%)	Radio Coverage Rate of the Population	(%)	99.1	99.5	99.5	99.7	99.7
广播节目套数	(套)	Number of Radio Programs	(set)	172	171	171	173	172
广播节目制作时间	(万小时)	Length of Radio Programs Produced	(10 000 hours)	59.1	59.7	58.2	56.5	53.8
公共广播节目播出时间	(万小时)	Length of Public Radio Programs Broadcasted	(10 000 hours)	102.4	103.0	102.9	105.3	104.6
对外广播节目播出套数	(套)	Number of International Radio Programs Broadcasted	(set)					
对外广播节目播出时间	(万小时)	Length of International Radio Programs Broadcasted	(10 000 hours)					
广播节目播出语言种类	(种)	Kinds of Languages of Radio Programs Broadcasted	(kind)	1	1	1	1	1
电视		**Television**						
电视节目综合人口覆盖率	(%)	TV Coverage Rate of Population	(%)	99.1	99.6	99.6	99.7	99.7
有线广播电视用户数	(万户)	Number of Users of Cable Radio and TV	(10 000 households)	1579.2	1570.6	1550.0	1471.9	1430.9
有线广播电视入户率	(%)	Popularization Rate of Cable Radio and TV	(%)	49.2	47.9	45.4	42.8	41.1
电视节目套数	(套)	Number of TV Programs	(set)	259	261	269	269	270
电视节目制作时间	(万小时)	Length of TV Programs Produced	(10 000 hours)	24.0	20.8	19.3	17.7	16.6
公共电视节目播出时间	(万小时)	Length of Public TV Programs Broadcasted	(10 000 hours)	142.4	144.8	147.9	148.7	150.2
电视节目播出语言种类	(种)	Kinds of Languages of TV Programs Broadcasted	(kind)	3	2	2	1	1
对外电视节目播出套数	(套)	Number of International TV Programs Broadcasted	(set)	1	1	1		
对外电视节目播出时间	(万小时)	Length of International TV Programs Broadcasted	(10 000 hours)	0.9	0.9	0.3		
广播电视技术及其他		**TV Technology and Others**						
广播电视总收入	(亿元)	Revenue of Radio and TV	(100 million yuan)	172.7	174.1	234.5	241.0	296.6
广播电视从业人员数	(万人)	Staff and Workers of Radio and TV	(10 000 persons)	5.3	5.5	5.9	6.2	6.8
中、短波转播发射台	(座)	Transmission and Relaying Stations of Medium and Short Wave Broadcast	(unit)	30	25	25	25	25
调频、电视转播发射台	(座)	Relaying Stations and TV Transmission of Frequency Modulation Broadcasting	(unit)	198	192	181	179	174
微波实有站	(座)	Microwave Stations	(unit)	34	34	35	27	27

20—6 图书、期刊和报纸出版情况(2023年)

Number of Books,Magazines and Newspapers Published(2023)

类　别	Item	种 数 (种) Number of Publications (kind)	总印数 (万册、万份) Total Printed Copies (10 000 Copies)
图书总计	**Books**	**17284**	**63845.5**
马列主义、毛泽东思想	Marxism-Leninism, Mao Zedong Thought	20	2.7
哲学	Philosophy	122	51.1
社会科学总论	General Social Sciences	50	21.8
政治、法律	Politics and Law	202	583.4
军事	Military Affairs	13	12.7
经济	Economics	211	53.1
文化、科学、教育、体育	Culture, Science, Education and Sports	12379	58214.7
语言、文字	Languages	154	140.8
文学	Literature	2107	2713.4
艺术	Arts	308	143.3
历史、地理	History and Geography	523	1200.8
自然科学总论	General Natural Sciences	13	27.7
数理科学、化学	Mathematics and Chemistry	107	51.6
天文学、地球科学	Astronomy and Geology	89	97.4
生物科学	Biology	86	86.0
医学、卫生	Medicine and Health Care	318	97.5
农业科学	Agricultural Science	40	8.1
工业技术	Industrial Technology	372	129.3
交通运输	Transportation	70	23.6
航空、航天	Aeronautics and Aerospace	2	0.4
环境科学	Environmental Science	30	15.0
综合性图书	General Books	68	171.3
图片(不使用《中国标准书号》)	Picture (not subject to CSBN)		
期刊总计	**Magazine**	**269**	**6309.7**
综　合	Synthesis	17	275.8
哲学社会科学	Philosophy and Social Science	72	2251.5
自然科学技术	Natural Science and Technology	132	219.1
文化教育	Culture and Education	31	2780.5
文学艺术	Literature and Arts	17	782.9
画　刊	Pictorial	1	2.9
少　儿	Children's Books	6	3338.7
报纸总计	**Newspaper**	**76**	**124043.4**
综合报	Synthetical Newspaper	39	99095.0
专业报	Special Newspaper	20	18181.4
生活服务报	Life Service Newspaper	13	2659.2
读者对象报	Reader Object Newspaper	4	4107.7

20-7 档案馆基本情况(2023年)
Statistics on Archive Institution(2023)

项　目		Item		总 计 Total	国家综合档案馆 National Comprehen-sive Archive	省 级 Provincial Level	市地级 City Level	县 级 County Level
档案馆	(个)	Number of Institutions	(unit)	200	159	1	16	142
现有专职人数	(人)	Number of Personnel	(person)	2766	2405	87	477	1841
档案馆面积	(平方米)	Floor Space of Archives Institution	(sq.m)	1263826	1163953	49230	293948	820775
馆藏档案		Number of Archives						
全　宗	(个)	Whole Volume	(unit)	25804	25342	397	4935	20010
案　卷	(卷)	Files	(volume)	23300442	18181586	1043837	4437034	12700715
中华人民共和国成立前档案案卷		Before 1949 Files		364777	349059	10462	329416	9181
中华人民共和国成立后档案案卷		After 1949 Files		22935665	17832527	1033375	4107618	12691534
馆藏资料	(册)	Number of Material Stored	(volume)	3014750	2878221	116685	651910	2109626
档案资料利用情况		Use of Archiver						
利用档案	(卷(件)次)	Number of Archives Used	(volume-times)	1651742	1387030	157930	443370	785730
利用资料	(册次)	Number of Material Used	(vomume-times)	27648	23778	8	5106	18664
利用档案人次	(人次)	Number of Persons Using Material	(person-times)	355376	218194	21483	33561	163150
开放案卷	(卷)	Opening Archives	(volume)	2388917	1142293		476367	665926
开放档案目录(案卷级)	(万条)	Catalog of Opening Archives (Files)	(10 000 units)	171.49	81.13		18.63	62.50

注：开放案卷、开放档案目录，省级仅有“文件级”的数据，故该两项为空。
a) Catalog of opening archives: only "file level" data is available at the provincial level, so the two items are empty.

20-7 续表 continued

项　目		Item		国家专门档案馆 National Special Archives	部　门档案馆 Depart-ment Archives	大型企业档案馆 Enterprise Archive Institution	省、部属事业单位档案馆 Province and Ministry Archive Institution
档案馆	(个)	Number of Institutions	(unit)	14	2	4	21
现有专职人数	(人)	Number of Personnel	(person)	156	8	17	180
档案馆面积	(平方米)	Floor Space of Archives Institution	(sq.m)	37654	3143	15350	43726
馆藏档案		Number of Archives					
全　宗	(个)	Whole Volume	(unit)	9	1	67	385
案　卷	(卷)	Files	(volume)	2839790	107234	590948	1580884
中华人民共和国成立前档案案卷		Before 1949 Files		15572			146
中华人民共和国成立后档案案卷		After 1949 Files		2824218	106467	590948	1580738
馆藏资料	(册)	Number of Material Stored	(volume)	89798	3900	11742	31089
档案资料利用情况		Use of Archiver					
利用档案	(卷(件)次)	Number of Archives Used	(volume-times)	72100	5736	12128	174748
利用资料	(册次)	Number of Material Used	(vomume-times)	1909	210	51	1700
利用档案人次	(人次)	Number of Persons Using Material	(person-times)	31962	316	2113	102791
开放案卷	(卷)	Opening Archives	(volume)	801014			445610
开放档案目录(案卷级)	(万条)	Catalog of Opening Archives (Files)	(10 000 units)	66.70			23.66

20-8 等级运动员、教练员、裁判员发展人数

Basic Statistics on Athletes, Coaches and Referees

单位:人 (person)

项 目	Item	2020	2021	2022
等级运动员	**Number of Athletes and Referees in Grades**	**4201**	**5151**	**4459**
国际运动健将	International Master of Sportsmen	5	1	1
运动健将	Master of Sportsmen	147	57	37
一 级	First Grade Sportsmen	618	1009	1686
二 级	Second Grade Sportsmen	3403	4084	2735
聘任教练员	**Employed Coaches**	**130**	**258**	**246**
国家级	National Coaches	1	13	15
高 级	Senior Coaches	10	41	33
一 级	First Grade Coaches	28	73	83
二 级	Second Grade Coaches	69	94	99
三 级	Third Grade Coaches	22	37	16
等级裁判员	**Number of Referees in Grades**	**1804**	**5383**	**3541**
国际级	International Referees		29	
国家级	National Referees	3	117	14
一 级	First Grade Referees	551	1065	1401
二 级	Second Grade Referees	1983	4172	2126

注：因体育部门统计制度调整，表中指标2023年度数据暂缺,以下相关表同。

a) Statistical system of sports department has been revised, data of 2023 for indicators in the table above is temporarily unavailable. The same applies to the following relevant tables.

20-9 分项目分技术等级运动员发展人数（2022年）
Certified Athletes by Type of Sports and Technical Grade(2022)

单位：人 (person)

项 目	Item	合 计 Total	国际级运动健将 International Master of Sportsmen	运动健将 Master of Sportsmen	一级运动员 First Grade Sportsmen	二级运动员 Second Grade Sportsmen
合计	**Total**	**4459**	**1**	**37**	**1686**	**2735**
田径	Track and Field Events	847		3	129	715
游泳	Swimming	623		1	208	414
跳水	Diving	45		2	27	16
体操	Artistic Gymnastics	74			66	8
蹦床	Trampoline	16		2	5	9
举重	Weightlifting	38			10	28
拳击	Boxing	21		2	4	15
摔跤	Wrestling	34			12	22
中国式摔跤	Chinese Wrestling	2			2	
柔道	Judo	37			24	13
跆拳道	Taekwondo	49			22	27
自行车	cycling					
击剑	Fencing	22		2	3	17
马术	Equestrian	34			7	27
现代五项	Modern Pentathlon	4			4	
射击	Shooting	92			63	29
射箭	Archery	110		2	81	27
赛艇	Rowing	63			42	21
皮划艇(静水)	Canoe Kayak	47		1	46	
帆船	Sailing	15	1	2	9	3
帆板	Windsurfing					
足球	Football	152				152
篮球	Basketball	170			38	132
排球	Volleyball	562		1	251	310
沙滩排球	Beach Volleyball	36		2	19	15
乒乓球	Table Tennis	208		7	99	102
羽毛球	Badminton	142		3	50	89
网球	Tennis	69		2	38	29
手球	Handball	192			57	135
棒球	Baseball	79			16	63
垒球	Softball	43			13	30
短道速滑	Short-track Speed Skating	13		1	4	8
技巧	Acrobatic Gymnastics					
武术	Wushu					
围棋	Weiqi	15			8	7
国际象棋	Chess	3			3	
登山	Mountain Climbing					
攀岩	Rock Climbing	96			37	59
摩托车	Motorcycle					
铁人三项	Triathlon	8			8	
高尔夫球	Golf ball	56			30	26
橄榄球	Rugby	101			34	67
健美	Bodybuilding					
健美操	Aerobics					
竞走	Heel-and-toe Walking Race					
(武术)散打	Sanda	32		1	9	22
空手道	Karate	103		1	29	73
冲浪	Surfing	12		2	6	4
武术套路	Wushu routine	1				1
自由式滑雪	Freestyle skiing	1			1	
皮划艇激流回旋	Canoe slalom	11			10	1
篮球三人制	Basketball Three Syste	37			31	6
场地自行车	Track Cycling	10			8	2
BMX小轮车	Bicycle Motocross	5			4	1
花样滑冰	Figure skating	5			4	1
航空模型	Model airplane	1				1
象棋	Chinese chess	2			1	1
轮滑	Skating	2				2
滑板	Skateboard	13			8	5
公路自行车	Road Cycling	3			3	
山地自行车	Mountain Biking	3			3	
水球	Water Polo	1			1	
橄榄球15人制	15-a-side rugby	98			98	
健身	Fitness	1			1	

20−10 体育系统机构人员情况（2022年）

Number of Institutions and Engaged Persons of Physical Education System(2022)

单位：个、人 (unit,person)

指 标	Item	省级 Provincial Level 机构 Institutions	省级 Provincial Level 人员 Persons	地级 Prefectural Level 机构 Institutions	地级 Prefectural Level 人员 Persons	县级 County Level 机构 Institutions	县级 County Level 人员 Persons
总 计	**Total**	**26**	**3665**	**78**	**3385**	**218**	**4497**
独立行政机关	Independent Administrative Agencies of Government	1	51	14	311	6	85
合并行政机关	Combined Administrative Agencies of Government			2	12	71	1175
竞技体校	Competitive Sports Schools			1	112	14	567
其他事业单位	Other Institutions	6	351	26	473	88	1951
本科院校	Colleges	1	710				
企业	Companies			2	36		
少儿体育运动学校(业余体校)	Spare-time Sports Schools			5	295	20	343
体育场馆	Stadiums and Gymnasiums	1	114	10	420	2	13
体育科研机构	Sport Scientific Research Institutions	1	51	1	16		
体育类民办非企业	People-run Non-enterprise Sport Units						
体育运动学校	Physical Education and Sport Schools			15	1615	6	121
体育中学	Sport Middle Schools			1	52	11	242
训练基地	Training Bases	1	24	1	43		
运动项目管理部门(优秀运动队)	Sports Events Managing Agencies	15	2364				
其他机构	Other Institutions						

20-11 卫生总费用

Total Health Expenditure

年份 Year	卫生总费用(亿元) Total Health Expenditure (100 million yuan)	政府卫生支出 Government Health Expenditure		社会卫生支出 Social Health Expenditure		个人现金卫生支出 Out-of-pocket Health Expenditure		人均卫生总费用(元) Per Capita Health Expenditure (yuan)	卫生总费用占GDP比重(%) Health Expenditure as Percentage of GDP (%)
		绝对数(亿元) Level (100 million yuan)	占卫生总费用比重(%) As Percentage of Health Expenditure (%)	绝对数(亿元) Level (100 million yuan)	占卫生总费用比重(%) As Percentage of Health Expenditure (%)	绝对数(亿元) Level (100 million yuan)	占卫生总费用比重(%) As Percentage of Health Expenditure (%)		
1998	195.71	30.66	15.67	56.62	28.93	108.43	55.40	221.44	2.79
1999	227.96	31.96	14.02	58.05	25.46	137.96	60.52	256.63	3.04
2000	271.98	34.96	12.85	67.16	24.69	169.85	62.45	302.30	3.26
2001	301.92	39.60	13.12	90.42	29.95	171.89	56.93	333.94	3.28
2002	353.46	48.42	13.70	96.92	27.42	208.13	58.88	389.19	3.44
2003	399.68	59.13	14.79	117.92	29.50	222.64	55.70	438.01	3.31
2004	448.60	69.68	15.53	136.31	30.39	242.61	54.08	488.67	2.99
2005	542.13	83.83	15.46	168.77	31.13	289.53	53.41	586.21	2.93
2006	650.10	108.89	16.75	219.95	33.83	321.26	49.42	698.36	2.94
2007	801.02	148.01	18.48	272.91	34.07	380.10	47.45	855.15	3.08
2008	987.17	193.19	19.57	359.72	36.44	434.26	43.99	1048.25	3.18
2009	1163.20	254.02	21.84	428.68	36.85	480.51	41.31	1228.26	3.43
2010	1345.30	327.40	24.34	497.02	36.95	520.88	38.72	1403.13	3.43
2011	1648.65	425.10	25.78	616.02	37.37	607.53	36.85	1710.70	3.63
2012	1928.88	498.38	25.84	726.42	37.66	704.09	36.50	1991.65	3.86
2013	2245.97	571.45	25.44	874.71	38.95	799.80	35.61	2307.49	4.11
2014	2484.16	619.70	24.95	1039.50	41.84	824.97	33.21	2537.60	4.18
2015	2844.96	722.22	25.39	1213.99	42.67	908.75	31.94	2889.11	4.52
2016	3354.70	813.19	24.24	1536.92	45.81	1004.59	29.95	3372.70	4.93
2017	3570.82	842.49	23.59	1679.35	47.03	1048.99	29.38	3568.74	4.92
2018	4140.82	917.10	22.15	1982.61	47.88	1241.11	29.97	4121.35	5.41
2019	4284.04	961.00	22.43	2060.05	48.09	1262.99	29.48	4254.18	6.03
2020	4823.41	1169.79	24.25	2235.99	46.36	1417.63	29.39	4750.85	6.60
2021	5374.74	1172.53	21.82	2685.86	49.97	1516.35	28.21	5284.90	6.47
2022	5802.75	1274.84	21.97	2940.76	50.68	1587.15	27.35	5709.80	6.64

20-12 卫生事业基本情况
Basic Statistics of Health Institutions

年份 Year	卫生机构数(个) Number of Health Institutions (unit)	#医院、卫生院 Hospitals and Township Hospitals	卫生机构床位数(万张) Number of Beds (10 000 beds)	#医院、卫生院 Hospitals and Township Hospitals	卫生技术人员数(万人) Medical Technical Personnel (10 000 persons)	#执业(助理)医师 Licensed (Assistant) Doctors
1949	288	112	0.3	0.3	2.6	1.8
1952	1879	223	1.8	0.9	3.9	2.0
1955	4620	221	2.1	1.1	6.0	2.9
1957	10235	232	2.4	1.5	7.3	3.3
1962	19460	349	4.9	3.4	9.0	4.3
1965	16336	502	5.4	3.8	8.9	4.4
1970	6173	2155	6.2	5.7	7.9	3.7
1975	7092	2336	9.3	8.6	12.4	5.0
1976	7438	2402	10.2	9.4	13.6	5.2
1977	8003	2420	11.1	10.3	14.4	5.5
1978	8389	2453	12.0	11.1	15.0	5.7
1979	8731	2541	12.5	11.6	16.1	6.2
1980	8908	2552	12.7	11.7	16.9	6.2
1981	9448	2565	12.9	11.8	17.9	6.9
1982	9830	2583	13.2	12.0	18.7	7.3
1983	9965	2597	13.5	12.2	19.3	7.6
1984	9972	2626	14.1	12.8	19.8	7.7
1985	10304	2623	14.7	13.4	20.5	8.0
1986	10399	2659	15.3	13.9	21.3	8.3
1987	10634	2690	16.2	14.7	22.1	8.7
1988	10475	2767	16.8	15.2	22.8	9.2
1989	10707	2975	17.2	15.5	23.4	10.4
1990	11040	3037	17.7	16.0	24.1	10.7
1991	11141	3066	18.2	16.5	24.1	10.5
1992	10865	3097	18.7	17.1	24.7	10.6
1993	10881	3096	19.5	17.7	25.8	11.1
1994	10654	3134	19.9	18.1	26.4	11.5
1995	10463	3104	20.0	18.2	27.1	11.9
1996	11968	3139	20.0	18.7	28.7	12.8
1997	10993	3151	20.7	19.4	29.4	13.0
1998	11008	3170	20.8	19.6	30.1	13.3
1999	14611	3151	21.3	20.1	30.8	13.9
2000	17118	3150	21.5	20.3	31.5	14.5
2001	17348	3000	21.8	20.7	31.8	14.9
2002	17500	2980	22.1	21.0	32.2	15.4
2003	16025	2929	21.8	20.8	31.1	13.4
2004	16574	2891	23.2	21.6	32.3	13.9
2005	16788	2922	25.1	23.5	32.5	14.1
2006	17016	2942	25.9	24.3	33.7	14.6
2007	15337	3075	28.3	26.5	34.6	15.0
2008	14973	3008	32.0	29.7	37.6	16.0
2009	15094	3024	34.7	32.1	40.6	16.9
2010	16496	3099	38.2	35.1	44.1	17.8
2011	68275	3135	41.6	37.8	48.2	18.6
2012	68840	3188	47.3	43.0	53.0	20.1
2013	75475	3426	49.0	44.6	59.8	23.2
2014	77066	3491	50.0	45.9	60.4	23.1
2015	77435	3556	51.9	47.7	61.9	23.7
2016	77050	3643	54.3	49.8	64.3	24.5
2017	79099	4108	58.5	53.8	68.9	26.5
2018	81512	4219	60.8	56.0	73.9	29.0
2019	83661	4203	63.0	58.1	78.3	31.5
2020	84870	4202	64.7	59.9	81.4	32.9
2021	85716	4194	67.4	62.3	85.3	34.3
2022	86024	4191	69.4	64.2	87.6	35.0
2023	88195	4352	73.9	68.1	93.5	37.2

注：1.自2011年，医疗卫生机构数含村卫生室。2.自2013年，医疗卫生机构数含部分计划生育技术服务机构。
a) Since 2011, the number of health institutions include village health room.
b) Since 2013 ,the data of health institutions include technical service centers for birth control.

20–13 医院工作状况

Basic Statistics of Hospitals above County Level

项　　目	Item	2018	2019	2020	2021	2022	2023
机构数 (个)	Number of Medical Units (unit)	2579	2615	2640	2654	2666	2847
诊疗人次数 (万人次)	Number of Patients Treated (10 000 person-times)	23295	24961	22155	26023	24633	27727
#门诊急诊人次数 (万人次)	Out-Patients and Emergency Patients (10 000 person-times)	22606	24240	21445	25184	23822	26826
#死亡人数 (人)	Casualties (person)	27655	29766	33146	37336	39337	39230
观察室收容病人数 (万人次)	Number of Inpatients (10 000 person-times)	216	183	139	162	147	173
#死亡人数 (人)	Casualties In-Patient (person)	5056	4737	3935	4675	6499	6566
健康检查人数 (万人)	Number of People Having Physical Checkup (10 000 persons)	1367	1481	1476	1713	1568	1679
本年入院人数 (万人)	Hospital Admissions (10 000 persons)	1447	1498	1340	1490	1484	1864
本年出院人数 (万人)	Number of People Discharged from Hospitals (10 000 persons)	1445	1491	1338	1485	1474	1854
本年住院病人手术人次数 (万人次)	Number of Operations on Inpatients (10 000 person-times)	396	431	436	523	524	601
年底实有病床数 (张)	Beds Owned by Hospitals at the Year-end (bed)	460690	481391	498935	522326	538439	571285
实际开放总床日数 (万床日)	Total Number of Beds Used at Midnight (10 000 bed-days)	15769	16457	17177	17990	18600	19699
平均每日开放病床数 (张)	Average Number of Beds Used Every Day (bed)	432014	450867	469322	492863	509586	539694
实际占用总床日数 (万床日)	Total Number of Beds Occupied (10 000 bed-days)	13015	13278	12199	13532	12774	15609
出院者占用总床日数 (万床日)	Total Number of Beds for Patients Discharged (10 000 bed-days)	12666	12883	11845	13077	12350	15272
病床周转次数 (次)	Turnover of Beds (time)	33.4	33.1	28.5	30.1	28.9	34.4
病床工作日 (日)	Days of Beds in Use (day)	301.3	294.5	259.9	274.6	250.7	289.2
病床使用率 (%)	Utilization Rate of Beds (%)	82.5	80.7	71.0	75.2	68.7	79.2
出院者平均在院日数 (日)	Average Hospitalization Period (day)	8.8	8.6	8.9	8.8	8.4	8.2

20–14　各类医疗卫生机构基本情况(2023年)
Basic Statistics on Medical Institutions(2023)

医疗机构分类	Institutions	机构数(个) Number of Institutions (unit)	床位数(张) Number of Beds (bed)	卫生技术人员(人) Number of Medical Personnel (person)	执业(助理)医师 Licensed (Assistant) Doctors	注册护士 Registered Nurse	诊疗人次(万人次) Number of Visits (10 000 times)
总计	**Total**	**88195**	**738504**	**934824**	**371921**	**417574**	**78133**
医院	**Hospital**	**2847**	**571285**	**575664**	**199776**	**292170**	**27727**
综合医院	General Hospital	1463	356881	392168	138653	199641	20225
中医医院	Traditional Chinese Medicine Hospital	438	90101	95157	34659	43943	4357
专科医院	Specialized Hospital	830	116641	85705	25822	46898	3119
基层医疗卫生机构	**Basic Medical Institutions**	**84424**	**136298**	**290933**	**148632**	**99737**	**47760**
社区卫生服务中心(站)	Health Service Center for Community	2499	24529	50330	20505	20243	7381
卫生院	Health Centers	1505	109661	103295	42530	35648	10081
村卫生室	Village Clinic	51539		32717	28316	3097	20124
门诊部	Outpatient Department	2074	1544	24441	11795	10531	1132
诊所、卫生所、医务室	Infirmaries and Clinics	26807	564	80150	45486	30218	9042
专业公共卫生机构	**Specialized Public Health Institutions**	**612**	**27636**	**60942**	**21511**	**22773**	**2611**
疾病预防控制中心	Center for Disease Control and Prevention	194		11551	5140	991	
专科疾病防治院(所、站)	Specialized Disease Prevention &Treatment Institution	75	5365	3613	1187	1559	170
健康教育所(站、中心)	Health Education Institute	3		51	30	8	
妇幼保健院(所、站)	Women and Children Care Agencies	158	22271	40442	14597	18760	2312
急救中心(站)	First-Aid Center	16		350	98	214	130
采供血机构	Pick and Supply Blood Institution	27		2245	403	1211	
卫生监督所(中心)	Medical Supervision Institution	126		2563			
计划生育技术服务机构	Institutions of Technical Service for Family Planning	13		127	56	30	
其他机构	**Other Institutions**	**312**	**3285**	**7285**	**2002**	**2894**	**34**
疗养院	Sanatorium	57	3285	1964	632	954	34
临床检验中心	Clinical Laboratory Center	47		1123	131	63	

20-15 各市卫生事业基本情况(2023年)

Statistics on Health Service by Region(2023)

地 区	Region	卫生机构数(个) Number of Health Institutions (unit)	基层医疗卫生机构 Health Care Institutions at Grass-root Level	医院 Hospitals	疾病预防控制机构数 Sanitation Stations	妇幼保健机构 Maternity and Child Care Center
全省总计	**Total**	**88195**	**84424**	**2847**	**194**	**158**
济南市	Jinan	8130	7704	314	16	15
青岛市	Qingdao	8980	8500	358	41	12
淄博市	Zibo	4691	4497	157	9	9
枣庄市	Zaozhuang	2805	2681	93	7	7
东营市	Dongying	1938	1824	77	6	6
烟台市	Yantai	6140	5863	203	16	14
潍坊市	Weifang	8792	8423	280	15	13
济宁市	Jining	7344	7047	222	13	12
泰安市	Tai'an	4865	4718	112	8	7
威海市	Weihai	2668	2559	76	5	5
日照市	Rizhao	2517	2418	66	5	5
临沂市	Linyi	8801	8451	261	14	13
德州市	Dezhou	5537	5374	123	12	12
聊城市	Liaocheng	5933	5750	148	9	9
滨州市	Binzhou	3327	3173	112	8	9
菏泽市	Heze	5727	5442	245	10	10

注:1.医院中不包括卫生院。2.本表内数字包括诊所、卫生保健所、医务室的机构、人员数。3.妇幼保健机构包括妇幼保健院、所、站。
a) Number of hospitals exclude the township hospitals. b) Data in this table include the number of clinics,health care centers,medical staff.
c) Maternity and child care centers include centers on different level.

20-15 续表 continued

地 区	Region	床位数(张) Number of Beds (bed)	基层医疗卫生机构 Health Care Institutions at Grass-root Level	医院 Hospitals	卫生机构人员(人) Health Care Institutions Personnel (person)	卫生技术人员(人) Medical Technical Personnel (person)	执业(助理)医师 Licensed (Assistant) Doctors	注册护士 Nurses
全省总计	**Total**	**738504**	**136298**	**571285**	**1136036**	**934824**	**371921**	**417574**
济南市	Jinan	82453	9063	70579	146933	122212	47093	56204
青岛市	Qingdao	69611	7873	60226	124019	104894	43106	47515
淄博市	Zibo	37564	5512	29674	56986	47943	19305	20804
枣庄市	Zaozhuang	27934	4505	21938	39535	32832	12614	15752
东营市	Dongying	14582	1635	12399	27302	23645	9476	10774
烟台市	Yantai	45817	6497	37343	75304	59700	24039	25597
潍坊市	Weifang	77284	15731	57281	100795	84533	33609	38505
济宁市	Jining	61902	12294	47380	95223	77626	29627	35504
泰安市	Tai'an	38307	7116	28873	57682	46384	17673	21019
威海市	Weihai	20669	2977	16594	31924	26466	10694	11935
日照市	Rizhao	19075	3676	13863	30172	24240	9519	10556
临沂市	Linyi	82801	21212	58166	109890	90205	36319	39135
德州市	Dezhou	31349	8459	21473	50413	40961	17383	16954
聊城市	Liaocheng	37312	8216	27482	61583	51770	21189	22747
滨州市	Binzhou	29206	6428	21963	40301	34119	13925	14932
菏泽市	Heze	62638	15104	46051	87974	67294	26350	29641

主要统计指标解释

医疗卫生机构 指从卫生计生行政部门取得《医疗机构执业许可证》，或从民政、工商行政、机构编制管理部门取得法人单位登记证书，为社会提供医疗保健、疾病控制、卫生监督服务或从事医学科研和医学在职培训等工作的单位。医疗卫生机构包括医院、基层医疗卫生机构、专业公共卫生机构、其他医疗卫生机构。

医院 包括综合医院、中医医院、中西医结合医院、民族医院、各类专科医院和护理院，不包括专科疾病防治院、妇幼保健院和疗养院。

卫生人员 指在医院、基层医疗卫生机构、专业公共卫生机构及其他医疗卫生机构工作的职工，包括卫生技术人员、乡村医生和卫生员、其他技术人员、管理人员和工勤人员。一律按支付年底工资的在岗职工统计，包括各类聘任人员(含合同工)及返聘本单位半年以上人员，不包括临时工、离退休人员、退职人员、离开本单位仍保留劳动关系人员、本单位返聘和临聘不足半年人员。

卫生技术人员 包括执业医师、执业助理医师、注册护士、药师(士)、检验技师(士)、影像技师(士)、卫生监督员和见习医(药、护、技)师(士)等卫生专业人员。不包括从事管理工作的卫生技术人员(如院长、副院长、党委书记等)。

床位数 指年底固定实有床位(非编制床位)，包括正规床、简易床、监护床、正在消毒和修理床位、因扩建或大修而停用的床位，不包括产科新生儿床、接产室待产床、库存床、观察床、临时加床和病人家属陪侍床。

总诊疗人次数 指所有诊疗工作的总人次数，统计界定原则为：①按挂号数统计，包括门诊、急诊、出诊、预约诊疗、单项健康检查、健康咨询指导（不含健康讲座）人次。患者一次就诊多次挂号，按实际诊疗次数统计，不包括根据医嘱进行的各项检查、治疗、处置工作量以及免疫接种、健康管理服务人次数；②未挂号就诊、本单位职工就诊及外出诊（不含外出会诊）不收取挂号费的，按实际诊疗人次统计。

Explanatory Notes on Main Statistical Indicators

Health Care Institutions refer to the units which have been qualified the Certification of Health Care Institution issued by the administration of public health, or qualified the Certification of Corporate Unit issued by the administration of civil affairs, the administration for industry and commerce, or the commission office for public sector reform, and which engage in medical care, disease prevention and control, health supervision and inspection, medicine research and health education, etc, including: hospitals, primary-level medical and health care institutions, public health centers, and so on.

Hospitals include polyclinics, traditional Chinese therapeutics and western therapeutics, ethical hospitals, various specialty hospitals and nursing hospitals, exclusive of women and children care agencies, special disease prevention and curing agencies.

Health Care Employees refer to the employees engaged in hospitals, primary-level medical and health care institutions, and other medical and health institutions, including medical technical personnel, rural doctors and hygienists, other technical personnel, administrative staff and handymen. The data is based on the year end payroll, including all kinds employees (contract workers) and rehired retired staff, and excluding temporary workers, retired personnel, resigned personnel, personnel who have left the institution but kept labor relations, and rehired personnel on duty less than six months.

Medical Technical Personnel refers to the professional staff engaged in health care, including licensed doctors, licensed assistant doctors, registered nurses, pharmacists, and laboratory technicians, imaging technicians, health care supervisors, and intern doctors ,pharmacists, nurses, and technicians and so on, excluding the personnel engaged in managerial jobs, such as presidents, vice presidents or party secretaries.

The Number of Beds refer to the number of fixed existing beds which include regular beds, simple beds, care beds, beds being disinfected or fixed and beds not in use because of expansion and housing repairs, excluding neonatal beds, beds for expectant mothers, stored beds, observation beds, temporarily added beds and accompanying beds.

Total Visits refer to all the people visiting health institutions. The data is based on the registration number, including outpatients, emergency treatments, home visits, appointment clinics, health examinations and health counseling, and also on the number of people on medical treatment unregistered in and out of their units, with excluded the number of people on medical device for physical checkup, treatment, disposal workload, immunization and health management.

第21篇

公共管理和社会服务

Public Management and Social Services

简 要 说 明

一、本篇资料的主要内容

本篇资料反映了全省民政、司法、测绘、标准计量、质检和残疾人事业发展情况。

二、本篇资料的来源

1.民政部分的资料来源于省民政厅、省退役军人事务厅、省高院。

2.司法部分的资料来源于省司法厅、省检察院、省高院。

3.测绘部分的资料来源于省自然资源厅。

4.交通、火灾部分资料来源于省公安厅、省消防救援总队。

5.标准计量、质检部分的资料来源于省市场监管局。

6.残联资料来源于山东残疾人联合会。

本篇资料中，测绘和标准计量部分由省统计局综合处加工整理，其他各部分资料由省统计局人口处（社科处）整理提供。

Brief Introduction

I. Content

Data in this chapter show the basic conditions of civil affairs，legal and judicial affairs, surveying and mapping, standard measuring ,quality inspection and work for persons with disabilities .

II. Source of Data

(1) Data on civil affairs are provided by Shandong Provincial Department of Civil Affairs,Provincial Department of Retired Military Affairs and Provincial Department of High Court.

(2) Data on legal and judicial affairs are provided by Shandong Provincial Department of Justice, Provincial Department of Procuratorate and Provincial Department of High Court.

(3) Data on surveying and mapping are provided by the Department of Nature and Resources of Shandong Province.

(4) Data on traffic and fire are provided by Shandong Provincial Department of Public Security and Shandong Fire and Rescue Brigade.

(5) Data on standard measuring are provided by Shandong Provincial Department of Market Regulatory Authority .

(6) Data on Disabled persons are from the Shandong Disabled Persons Federation.

In this chapter, data on surveying are prepared by the Division of Comprehensive Statistics of Shandong Provincial Bureau of Statistics. Other data are prepared by the Division of Urbanization,Population and Employment Statistics（by the Division of Social,Science and Culture Industry Employment Statistics）of Shandong Provincial Bureau of Statistics.

21-1 民政事业基本情况
Basic Statistics on Civil Affairs

项目	Item	2019	2020	2021	2022	2023
一、民政事业支出情况	**Civil Affairs Expenditures**					
民政事业费总支出 (万元)	Total Operating Expenses For Civil Affairs (10 000 yuan)	1691003	2147802	2542677	2742619	2745551
基本建设支出 (万元)	Capital Expenditures (10 000 yuan)	56021	99174	101162	40920	41113
二、社会救助情况	**Social Relief**					
城镇居民最低生活保障人数(人)	Number of Urban Residents for Minimum Livelihood Guarantee (person)	132837	122978	108845	92869	90052
城镇最低生活保障支出 (万元)	Expenditures by Urban Residents for Minimum Livelihood Guarantee (10 000 yuan)	82403	93355	95218	90384	82846
农村最低生活保障人数 (人)	Number of Rural Residents for Minimum Livelihood Guarantee (person)	1177686	1352566	1349399	1289477	1307397
农村最低生活保障支出 (万元)	Expenditures by Rural Residents for Minimum Livelihood Guarantee (10 000 yuan)	418351	608367	747980	807525	804004
农村特困供养人数 (人)	Rural Poor of Dependents (person)	241442	324540	329213	332603	336031
三、社会组织情况	**Social Organization**					
社会组织个数 (个)	Total (unit)	56022	60247	63687	66479	67680
社会团体 (个)	Social Groups (unit)	18153	18473	19274	21526	22625
民办非企业 (个)	Private Non-Enterprise (unit)	37657	41532	44129	44626	44721
基金会 (个)	Foundation (unit)	212	242	284	327	334
四、社会事务情况	**Social Affairs**					
孤儿数 (人)	Number of Orphans (person)	9479	8184	7940	7704	7354
儿童收养登记数 (件)	Number of Adoption Registration of Children (case)	1143	1067	1411	673	276
殡葬类单位数 (个)	Number of Funeral and Interment Enterprises (unit)	199	225	205	211	211
火化炉数 (台)	Number of Cremators (set)	582	567	572	578	599
全年处理遗体数据 (具)	Cremated Remains During the Year (bodies)	674830	692940	714755		809589
五、基层自治组织情况	**Primary-Level Self-Governing Bodies**					
村民委员会 (个)	Villagers ' Committee (unit)	69546	58868	54621	54484	54079
居民委员会 (个)	Residents ' Committee (unit)	7594	7552	6840	6926	6916
六、福利彩票情况	**Welfare Lottery**					
销售额 (亿元)	Sales (100 million yuan)	136.0	91.9	90.4	91.8	110.2
全省各级留用公益金 (亿元)	At All Levels In the Province Retained the Community Chest (100 million yuan)	20.2	14.6	14.8	14.9	16.8

注：2019年开始民政事业费支出不再包含退役军人安置、优待抚恤、减灾救灾、医疗救助等资金支出。

a) From 2019,total operating expenses for civil affairs does not contain some capital expenditures of veteran placement,preferential treatment,disaster reduction and relief,medical support.

21–2 婚姻登记情况
Basic Statistics on Marriages and Divorces

项　　目	Item	2019	2020	2021	2022	2023
国内登记结婚	**Domestic Marriage Registration**					
准予登记结婚 (对)	Registered Marriage (couple)	532960	487448	462535	420552	481559
#恢复结婚 (对)	Resuming of Marriage (couple)	8774	7552	7380	32647	32457
初婚人数 (人)	First Marriage (person)	723525	668971	641630	612068	719155
再婚人数 (人)	Number of Remarriage (person)	342395	305925	283440	229036	243963
男　性 (人)	Male (person)	159052	141555	130620	104718	110638
女　性 (人)	Female (person)	183343	164370	152820	124318	133325
其中：涉外、华侨及港澳台居民登记结婚	**Marriage Registration Concerning Foreigners, Overseas Chinese or Residents of Hong Kong, Macao, Taiwan**					
准予登记结婚 (对)	Registered Marriage (couple)	1559	466	396	397	1350
准予登记结婚人数 (人)	Number of Persons Registered (person)	3118	932	792	794	2700
内地居民 (人)	Mainland Resident (person)	1529	465	396	397	1350
男　性 (人)	Male (person)	973	237	143	164	932
女　性 (人)	Female (person)	556	228	253	233	418
港澳居民 (人)	Compatriots in Hong Kong and Macao (person)	36	18	27	35	73
台湾居民 (人)	Compatriots in Taiwan (person)	146	50	62	56	129
华　侨 (人)	Overseas Chinese (person)	38	5	5		5
外国人 (人)	Foreigners (person)	1369	394	302	306	1144
离婚登记	**Divorce Registration**					
法院受理离婚案件 (件)	Divorce Case Handled (unit)	107613	102472	109325	101708	121887
准予登记离婚总数 (对)	Number of Registered Divorce (couple)	284561	259610	187157	185169	219651
民政部门办理离婚 (对)	Divorces Handled through Civil Administration Departments (couple)	237355	214479	135268	130595	154948
#涉外、华侨及港澳台居民登记离婚 (对)	Divorces Concerning Foreigners,Overseas Chinese, or Residents of Hong Kong, Macao, Taiwan (couple)	186	91	55	45	114
法院调解离婚 (对)	Divorces through Law Court Mediation (couple)	33024	32117	39956	42428	53091
法院判决离婚 (对)	Divorces through Law Court Judgment (couple)	14182	13014	11933	12146	11612

21-3 养老服务机构和设施情况(2023年)
Statistics on Old-age Care Institutions and Facilities(2023)

地 区	Region	养老机构和设施数量(个) Number of Old-age Care Institutions and Facilities (unit)	养老机构数量 Number of Old-age Care Institutions	养老设施数量 Number of Old-age Care Facilities	养老床位数量(张) Number of Beds in Old-age Care Institutions (bed)	年末收养人数(人) Number of persons who are cared in Old-age Care Institutions at the End of the Year (person)
全 省	**Total**	**35411**	**3540**	**31871**	**723040**	**180708**
济南市	Jinan	6631	316	6315	68082	9966
青岛市	Qingdao	2498	346	2152	55221	19341
淄博市	Zibo	2544	354	2190	38482	11554
枣庄市	Zaozhuang	1117	140	977	31137	6576
东营市	Dongying	837	72	765	15823	2828
烟台市	Yantai	2580	387	2193	70325	20988
潍坊市	Weifang	2033	246	1787	47506	13309
济宁市	Jining	1895	292	1603	69010	14131
泰安市	Tai'an	1756	256	1500	47669	6464
威海市	Weihai	2093	211	1882	51108	17313
日照市	Rizhao	3752	72	3680	26913	4336
临沂市	Linyi	2103	205	1898	51542	13441
德州市	Dezhou	1009	146	863	26903	8960
聊城市	Liaocheng	954	147	807	32723	8923
滨州市	Binzhou	1562	124	1438	40133	7723
菏泽市	Heze	2047	226	1821	50463	14855

21-4 律师、公证工作基本情况
Basic Statistics on Lawyers and Notarization

项　　目		Item		2016	2017	2018	2019	2020	2021	2022	2023
律师工作		**Lawyers**									
律师事务所	(个)	Number of Law Offices	(unit)	1796	1931	2029	2165	2290	2434	2577	2732
国资所	(个)	State-owned	(unit)	35	33	25	22	19	17	13	15
合伙所	(个)	Partnership	(unit)	1173	1276	1399	1551	1688	1859	2016	2188
个人所	(个)	Initiated by Individual	(unit)	588	622	605	592	583	558	548	529
执业律师	(人)	Number of Lawyers	(person)	22043	24437	26986	29960	31468	33960	40490	46628
专职律师	(人)	Full-time Lawyers	(person)	20601	22715	24478		27242	29454	32395	35111
兼职律师	(人)	Part-time Lawyers	(person)	624	656	676		910	747	808	767
公证工作		**Notarization**									
公证处	(个)	Number of Notary Offices	(unit)	157	157	158	160	161	160	162	162
公证员	(人)	Notaries	(person)	1017	2292	1037	1013	1012	1014	1050	1021
公证员助理	(人)	Assistant Notaries	(person)	569	714	827	905	1058	1058	971	1011
办理各类公证事项	(万件)	Number of Notarized Affair	(10 000 units)	77.1	84.4	87.3	84.6	71.2	78.6	65.6	78.2

21-5 各市交通事故情况（2023年）
Basic Statistics on Traffic Accidents by Region (2023)

地　区	Region	发生数（起）Number of Traffic Accidents (case)	死亡人数（人）Number of Deaths (person)	受伤人数（人）Number of Injuries (person)	直接财产损失（万元）Direct Property Losses (10 000 yuan)
全省总计	**Total**	**11626**	**3020**	**10604**	**3982.67**
济 南 市	Jinan	2937	380	2827	704.12
青 岛 市	Qingdao	1655	293	1532	437.01
淄 博 市	Zibo	890	214	762	426.78
枣 庄 市	Zaozhuang	255	103	205	64.04
东 营 市	Dongying	445	116	435	77.33
烟 台 市	Yantai	497	186	394	82.75
潍 坊 市	Weifang	946	254	937	396.95
济 宁 市	Jining	659	178	662	295.91
泰 安 市	Tai'an	447	183	376	179.25
威 海 市	Weihai	126	103	38	20.10
日 照 市	Rizhao	346	92	312	139.48
临 沂 市	Linyi	507	292	340	202.89
德 州 市	Dezhou	585	189	482	205.95
聊 城 市	Liaocheng	890	182	940	316.43
滨 州 市	Binzhou	229	97	195	143.89
菏 泽 市	Heze	138	118	84	82.17

注：全省总计含省公安厅交通管理局五支队和直属公安局数据。

a) The number of total contains No.5 detachment of traffic administration bureau of Provincial Public Security Department and Public Security Bureau directly under.

21—6 火灾事故情况（2023年）
Basic Statistics on Fire Accidents(2023)

项 目	Item	合 计 Total	特 大 Extraordinarily Serious	重 大 Serious	较 大 Comparatively Serious	一 般 Ordinary
发 生 （起）	Fire Accidents (case)	90188			4	90184
死 亡 （人）	Deaths (person)	91			12	79
受 伤 （人）	Injuries (person)	192			7	185
直接财产损失 （万元）	Direct Property Losses (10 000 yuan)	102460			4400	98061
平均每起事故损失 （元）	Average Loss of Fire (yuan)	11361			10999125	10873

注：根据应急管理部消防救援局统一部署，自2020年起，全国消防救援队伍实施“全口径”火灾统计，数据与以往不可比。

a) According to the unified deployment of the Fire Rescue Bureau of the emergency management department,from 2020,The national fire rescue team implements fire statistics of full caliber,and the data are not comparable with the previous.

21—7 各市火灾事故情况（2023年）
Basic Statistic on Fires by Region(2023)

地 区	Region	发生数（起） Number of Fire Accidents (case)	死亡人数（人） Number of Deaths (person)	受伤人数（人） Number of Injuries (person)	直接财产损失（万元） Direct Property Losses (10 000 yuan)
全省总计	**Total**	**90188**	**91**	**192**	**102460**
济 南 市	Jinan	6535	7	7	5494
青 岛 市	Qingdao	9128	21	59	14294
淄 博 市	Zibo	5932	7	8	5302
枣 庄 市	Zaozhuang	5272	3	1	1252
东 营 市	Dongying	4660	2	4	2401
烟 台 市	Yantai	5904	7	17	7007
潍 坊 市	Weifang	6306	6	9	9288
济 宁 市	Jining	6193	1	3	6635
泰 安 市	Tai'an	4832		5	2364
威 海 市	Weihai	2688	7	9	2615
日 照 市	Rizhao	2965	3	12	3106
临 沂 市	Linyi	8328	10	21	19195
德 州 市	Dezhou	5571	4	10	7401
聊 城 市	Liaocheng	5344	1	12	6864
滨 州 市	Binzhou	4473	2	4	2849
菏 泽 市	Heze	6057	10	11	6393

21–8 人民检察院审查批准、决定逮捕犯罪嫌疑人和提起公诉被告人情况（2023年）
Arrests of Criminal Suspects and Defendants under Public Prosecution Approved by People's Procuratorate (2023)

案件分类	Category of Cases	批捕、决定逮捕合计 Total of Arrests		决定起诉合计 Total of Public Prosecutions	
		件 (case)	人 (person)	件 (case)	人 (person)
合　计	**Total**	**25502**	**32855**	**78781**	**101600**
公安、安全、监狱机关提请小计	Sub-total of Requests by Departments of State and Public Security and Prisons	25448	32806	78129	100872
危害国家安全案	Offences Against State Security	18	18	21	25
危害公共安全案	Offences Against Public Security	1289	1384	32814	33098
破坏社会主义市场经济秩序案	Offences Against Socialist Economic Order	2206	3161	4017	7988
侵犯公民人身、民主权利案	Offences Against Citizens' Personal and Democratic Rights	5139	5781	8630	10280
侵犯财产案	Offences Against Properties	8313	10362	12770	17158
妨害社会管理秩序案	Offences Against Social Management of Order	8466	12078	19853	32276
危害国防利益案	Offences Against National Defense	17	22	24	47
军人违反职责案	Offences on Dereliction of Duty by Servicemen				
职务犯罪案件小计	Sub-total of Cases Handled Directly by Procuratorate's Offices	41	49	652	728
贪污贿赂案	Offences on Corruption and Bribery	1	1	573	625
渎职侵权案	Offences on Abuse and Dereliction of Duty	40	48	79	103

21–9 人民法院审理一审案件情况
First Trial Cases by Courts

单位：件　　(case)

年　份 Year	收　案 Cases Accepted	刑　事 Criminal	民　事 Civil	行　政 Administrative
2005	537098	41768	476405	18925
2006	530542	42175	468457	19910
2007	535832	43501	472368	19963
2008	603565	44935	534050	24580
2009	625334	45711	552631	26992
2010	652618	44885	578371	29362
2011	681311	48777	603837	28697
2012	711631	56597	629299	25735
2013	699878	54966	626509	18403
2014	730167	58763	655196	16208
2015	848676	63910	767974	16792
2016	848117	60802	769902	17413
2017	803382	63629	724970	14783
2018	926131	70425	838135	17571
2019	989818	87276	879704	22838
2020	1064382	64527	973955	25900
2021	1102277	80119	997867	24291
2022	1026908	67984	932527	26397
2023	1378068	79949	1272736	25383

注：一审案件指人民法院按照诉讼级别管辖按第一审程序审理的案件。
a) First trial cases refer to cases accepted by people's courts according to the first trial proceedings.

21-10 各市测绘持证单位个数和人员情况(2023年)
Basic Statistics on Surveying and Mapping Departments by Region(2023)

地区	Region	持证单位数(个) Departments with Certificate (unit)	#甲级 First-class	乙级 Second-class	测绘专业技术人员(人) Surveying and Mapping Technical Personnel (person)	#高级职称 Senior Title	中级职称 Intermediate Title	测绘服务总值(万元) Output Value (10 000 yuan)
全省总计	**Total**	**1234**	**114**	**1120**	**14812**	**2317**	**6076**	**789144**
济南市	Jinan	259	47	212	4865	905	1843	326499
青岛市	Qingdao	198	14	184	2084	511	847	146469
淄博市	Zibo	54	8	46	760	125	302	31207
枣庄市	Zaozhuang	29		29	214	26	80	9179
东营市	Dongying	69	6	63	747	99	313	52375
烟台市	Yantai	94	9	85	1097	160	453	60997
潍坊市	Weifang	94	4	90	819	73	313	20474
济宁市	Jining	63	2	61	643	74	233	19997
泰安市	Tai'an	50	3	47	549	37	275	22452
威海市	Weihai	34	4	30	384	32	206	12695
日照市	Rizhao	37	2	35	279	31	166	9316
临沂市	Linyi	73	6	67	834	99	330	26353
德州市	Dezhou	55	2	53	476	41	240	17647
聊城市	Liaocheng	42	3	39	345	25	193	9721
滨州市	Binzhou	35	2	33	299	41	106	7330
菏泽市	Heze	48	2	46	417	38	176	16434

21-11 残疾人事业基本情况

Basic Statistics on the Work for Persons with Disabilities

项目		Item		2023
康复		**Rehabilitation**		
视力残疾人接受基本康复服务	(人)	Basic Vision Rehabilitation Services for Persons with Disabilities	(person)	137129
0-6岁儿童	(人)	0-6 Years old Children	(person)	290
7-17岁儿童	(人)	7-17 Years old Children	(person)	316
成人	(人)	Adult	(person)	136523
听力残疾人接受基本康复服务	(人)	Basic Rehabilitation Services for Persons with Hearing Disabilities	(person)	151264
0-6岁儿童	(人)	0-6 Years old Children	(person)	1478
7-17岁儿童	(人)	7-17 Years old Children	(person)	1542
成人	(人)	Adult	(person)	148244
肢体残疾人接受基本康复服务	(人)	Basic Rehabilitation Services for Persons with Physically Disabled	(person)	1092045
0-6岁儿童	(人)	0-6 Years old Children	(person)	3483
7-17岁儿童及成人	(人)	7-17 Years old Children and Adult	(person)	1088562
智力残疾人接受基本康复服务	(人)	Basic Rehabilitation Services for Persons with Mental Retardation	(person)	169006
0-6岁儿童	(人)	0-6 Years old Children	(person)	7598
7-17岁儿童及成人	(人)	7-17Years old Children and Adult	(person)	161408
精神残疾人接受基本康复服务	(人)	Basic Rehabilitation Services for Persons with Mental Disabilities	(person)	217870
0-6岁孤独症儿童	(人)	0-6 Years old Autism Children	(person)	7441
7-17岁孤独症儿童	(人)	7-17 Years old Autism Children	(person)	4948
成年精神残疾人	(人)	Adults with Mental Disabilities	(person)	205481
残疾人康复机构	(个)	Rehabilitation of Persons with Disabilities	(unit)	1888
康复机构在岗人员	(万人)	Rehabilitation institutions Employed Personnel	(10 000 persons)	6.7
社区康复协调员	(万人)	Community Rehabilitation Coordinator	(10 000 persons)	5.0
教育		**Education**		
高等院校录取残疾考生	(人)	Admissions for Candidates with Disabilities in Colleges and Universities	(person)	2006
就业		**Employment**		
残疾人就业状况	(万人)	the Employment Situation of Persons with Disabilities	(10 000 persons)	59.4
按比例就业	(万人)	Proportional Employment	(10 000 persons)	7.7
集中就业	(万人)	Focus on Employment	(10 000 persons)	1.5
个体就业	(万人)	Individual Employment	(10 000 persons)	3.3
公益性岗位就业	(万人)	Public Welfare Jobs Employment	(10 000 persons)	3.1
辅助性就业	(万人)	Accessible Employment	(10 000 persons)	0.7
农村种养殖	(万人)	Species Breeding in Rural Areas	(10 000 persons)	29.8
灵活就业	(万人)	Flexible Employment	(10 000 persons)	13.3
社会保障		**Social Security**		
残疾居民参加城乡社会养老保险	(万人)	Disabled Residents in Urban and Rural Social Endowment Insurance	(10 000 persons)	194
托养服务机构	(个)	Fostering Services	(unit)	1091
托养残疾人数	(万人)	Farmed Out the Number of Persons with Disabilities	(10 000 persons)	1.9
扶贫		**Poverty Alleviation**		
残疾人就业基地建设		the Disabled Poor Base Construction		
残疾人就业基地	(个)	Bases for Poverty Alleviation of Persons with Disabilities	(unit)	152
安置残疾人就业	(万人)	Disabled Employment	(10 000 persons)	0.32
扶持带动残疾人户数	(万户)	Support-Led Families of Persons with Disabilities	(10 000 households)	0.11
实用技术培训	(万人次)	Practical Techniques Training	(10 000 person-times)	0.97
维权		**Activist**		
处理残疾人来信	(件次)	Letter From Dealing with Persons with Disabilities	(piece-times)	799
接待残疾人来访	(人次)	Receiving Visiting Persons with Disabilities	(person-times)	1922
电话接听和处理残疾人反映问题	(件次)	Handled Phones Reflect the Problems of Persons with Disabilities	(piece-times)	10554

21−12 产品质量监督抽查情况(2023年)

Results of Sampling Check on the Quality of Products (2023)

项　目	Item	抽查企业 (家) Number of Enterprises Supervised (unit)	抽查产品 (批) Production Supervised (batch-time)	不合格产品 (批) Production Unqualified (batch-time)
合　计	**Total**	**8329**	**12591**	**913**
食品相关产品	Food Related Products	1227	1394	22
日用消费及纺织品	Consumer Goods and Textiles	954	2163	193
建筑与装饰装修材料	Building & Decoration Material	1189	1677	78
农业生产资料	Agricultural Means of Production	499	638	45
轻工产品	Light Industry Products	1018	1561	140
机械及安防产品	Machinery, Security and Protection Products	1951	2559	191
电子电器	Electronic and Electrical Appliances	586	918	100
电工及材料	Electrical Engineering and Materials	1114	1681	144

21－13 各市质量强省建设情况(2023年)

Statistics on Quality Province by Region (2023)

地 区	Region	国内注册商标期末有效量(件) The Volume of Domestically Registered Trademarks in Validity at the End of the Period (case)	马德里国际注册期末有效量(件) The Volume of Trademarks Registered Under the Madrid System in Validity at the End of the Period (case)	地理标志商标期末有效数(件) The Number of Geographical Indications in Validity at the End of the Period (case)	驰名商标期末实有数(件) The Actual Number of Famous Trademarks at the End of the Period (case)	年末累计省长质量奖(个) Shandong provincial governor Quality Award end to This Year (unit)	年末累计地理标志保护产品(个) Products Protected by Geographical Indications end to This Year (unit)
全省总计	**Total**	**2642939**	**10010**	**869**	**806**	**95**	**83**
济南市	Jinan	421883	956	38	78	15	7
青岛市	Qingdao	500258	4900	38	150	13	7
淄博市	Zibo	94926	155	50	68	6	3
枣庄市	Zaozhuang	68424	233	29	13	1	4
东营市	Dongying	40628	1479	47	22	7	1
烟台市	Yantai	155394	306	63	74	8	9
潍坊市	Weifang	214059	315	95	102	9	12
济宁市	Jining	110065	120	131	49	6	9
泰安市	Tai'an	77707	102	58	56	1	3
威海市	Weihai	78058	194	65	36	8	5
日照市	Rizhao	51936	104	43	7	3	3
临沂市	Linyi	347961	117	37	62	6	2
德州市	Dezhou	85742	144	24	31	1	1
聊城市	Liaocheng	112864	83	53	21	6	6
滨州市	Binzhou	69762	308	38	24	3	3
菏泽市	Heze	120059	494	60	13	2	6

21-14 各市标准化工作情况(2023年)
Statistics on Standardization by Region (2023)

单位：项 (unit)

地区	Region	制定国际标准数量 Number of Formulation International Standards		主导制定国家标准数量 Number of Leading Formulation National Standards		制修订地方标准数量 Number of Formulation or Revision Local Standards		标准化试点项目数量 Number of Standardization Project			
								国家级 National		省级 Provincial	
		本年度 This Year	累计 Accumul -ative	本年度 This Year	累计 Accumul -ative	本年度 This Year	累计 Accumul -ative	本年度 This Year	累计 Accumul -ative	本年度 This Year	累计 Accumul -ative
全省总计	**Total**	**28**	**304**	**138**	**1614**	**172**	**3468**	**32**	**731**	**153**	**1572**
省　直	Shengzhi	6	29	37	300	107	2016			4	
济南市	Jinan	4	44	16	310	30	606	5	107	11	233
青岛市	Qingdao	4	161	32	428	7	151	6	84	10	127
淄博市	Zibo	2	29	6	96	1	46	2	47	9	78
枣庄市	Zaozhuang	1	2	1	9	1	33		17	7	54
东营市	Dongying	2	9	5	41		32	2	33	10	58
烟台市	Yantai	6	23	9	112	5	158	1	50	7	101
潍坊市	Weifang		14	5	66	7	97	2	85	11	95
济宁市	Jining			3	48	6	44	5	40	9	97
泰安市	Tai'an	1	4	1	30	2	104	3	46	9	69
威海市	Weihai	1	12	4	60	1	65	2	44	10	106
日照市	Rizhao	1	2	4	9	1	21		31	10	92
临沂市	Linyi	1	22	3	29		34	2	48	11	106
德州市	Dezhou		4	6	31	1	13	1	31	10	81
聊城市	Liaocheng	3	9	2	19	1	14		31	9	71
滨州市	Binzhou		3	4	21	2	27	1	41	9	105
菏泽市	Heze				5		7		21	7	95

主要统计指标解释

律　师　指依法取得律师执业证书，担任法律顾问，民事(刑事、行政)案件代理人、刑事案件辩护人、办理非诉讼业务，解答法律询问，代写法律事务文书等，为社会提供法律服务的人员。

公　证　指公证处根据当事人申请，依照事实和法律，按照法定程序制作的，具有法律效力的司法证明文书。

公证员　指在公证处工作的人员总称，包括公证处主任、副主任、公证员、公证员助理(助理公证员)和其他从事辅助性工作的人员。

公证员助理　指在公证机构中协助公证员完成公证执业活动中各项辅助性工作的专职人员。

批准逮捕　指人民检察院对公安机关、国家安全机关、监狱管理机关提出逮捕的犯罪嫌疑人进行审查，根据事实，依法做出逮捕决定。该指标主要反映人民检察院对提请逮捕犯罪嫌疑人进行审查后依法做出批准逮捕决定的情况。

决定逮捕　指人民检察院对直接立案侦查的案件，认为需要逮捕犯罪嫌疑人时，依据法律做出的逮捕决定。该指标主要反映人民检察院对直接受理的案件行使决定逮捕权的情况。

提起公诉　指人民检察院对公安机关移送起诉以及自行侦查终结移送起诉的案件，经审查认为犯罪嫌疑人符合法定的起诉条件而代表国家将其提交人民法院审判的一种诉讼活动。

Explanatory Notes on Main Statistical Indicators

Lawyers refer to professionals who have obtained a lawyer' s practice certificate in accordance with the law, and act as legal advisers, agents in criminal or civil lawsuits, or defenders in criminal lawsuits, to handle non-litigious legal affairs, to advise on legal inquiries , to draft legal documents, or to provide the public with legal services.

Notarization refers to legally binding judicial notary documents, developed at the request of the interested party based on facts and the law following certain legal proceedings.

Notary Personnel refer to people working for notary offices including: directors, deputy directors, notaries, assistant notaries and other people providing assistance.

Assistant Notary refers to the full-time staff who assist the notary in the notary office to complete different auxiliary tasks of notarization.

Approval for Arrest refers to the decision made by the People's Procuratorates, in accordance with the law and relevant facts and after due investigation, to approve the arrest of the suspect(s) as proposed by the public security departments, state security departments or prisons authority. This indicator reflects approved arrests made by the People's Procuratorates that are proposed by related departments.

Decision on Arrest refers to decision made by the People's Procuratorates, in accordance with laws, to arrest the suspect(s) in the cases that are accepted and to be investigated by the People's Procuratorates. This indicator mainly reflects the decision on execution of the authority of arrests by the People's Procuratorates.

Initiation of Public Prosecution refers to the prosecution submitted to the People's Court for trial on behalf of the country by the People's Procuratorates, based on the fact that the suspect(s) is deemed to meet the legal requirements for prosecution after the People's Procuratorates have conducted investigations on the cases transferred by the public security organs.

第22篇

各县(市、区)主要经济指标

Main Indicators of Counties (Cities and Districts at County Level)

简　要　说　明

一、本篇资料的主要内容

本篇资料反映了全省各县（市、区）经济社会事业发展基本情况，主要包括土地面积、生产总值、农业、金融、城乡居民收入和教育等方面的内容。

二、本篇资料的来源

本篇资料粮食数据、畜牧业数据和城乡居民人均可支配收入分别由山东调查总队农业调查处、农村调查处、居民收支调查处整理提供，行政区域面积来源于自然资源部门；年末金融机构各项存款余额、住户存款余额、年末金融机构各项贷款余额来源于金融部门；普通中学专任教师数、小学专任教师数、普通中学在校学生数、小学在校学生数来源于教育部门，由省统计局农村处整理提供。其余资料由省统计局农村处、核算处整理提供。

Brief Introduction

I. Content

Data in this chapter show the development in society and economy of counties or cities on the county level, mainly including area, GDP, agriculture, banking, disposable income of rural and urban households, and education.

II. Source of Data

Grain data,Animal husbandry data and disposable income of rural and urban households in this chapter are provided respectively by the Division of Rural Surveys，the Division of Countryside Surveys and the Division of Residents' Income and Expenditure Surveys of NBS Survey office in Shandong. Data on administrative area come from the natural resources department; data on the balance of deposits in various forms of financial institutions, the balance of household deposits of financial institutions, the balance of various loans of financial institutions at the year-end come from the financial sector; the data on full-time teachers in ordinary middle schools, full-time teachers in primary schools, students in ordinary middle schools, and students in primary schools come from the education department, which are compiled and provided by the Rural Department of the Provincial Bureau of Statistics.The rest of data are are provided by the Division of Countryside Statistics and National Accounts of Shandong Provincial Bureau of Statistics.

22-1　各县(市、区)主要经济指标(2023年)

Major Economic Indicators of Counties(Cities and Districts at County Level)(2023)

地　区	Region	行政区域土地面积(平方公里) Area of Local land (sq.km)	地区生产总值(亿元) Gross Domestic Product (100 million yuan)	年末金融机构各项存款余额(万元) Deposit Balance of Financial Institution at Year-end (10 000 yuan)	住户存款余额(万元) Household Deposits (10 000 yuan)	年末金融机构各项贷款余额(万元) Loan Balance of Financial Institution at Year-end (10 000 yuan)
济南市	**Jinan**					
历下区	Lixia	101	3335.7	119308153	57625837	75788524
市中区	Shizhong	281	1350.4	5128		6279
槐荫区	Huaiyin	152	801.8			
天桥区	Tianqiao	259	794.7	12111784		13216585
历城区	Licheng	1301	2105.0	5458		5866
长清区	Changqing	1209	400.4	6214900	5282500	4055300
章丘区	Zhangqiu	1719	1339.1	13036197	9300841	11352494
济阳区	Jiyang	1099	352.6	6560890	4139875	4795740
莱芜区	Laiwu	1740	1030.2	13746100		10615700
钢城区	Gangcheng	506	350.1	3343418		2851523
平阴县	Pingyin	715	281.2	3817874	2891868	2392749
商河县	Shanghe	1162	246.1	3583734	2920666	2465345
青岛市	**Qingdao**					
市南区	Shinan	32	1578.0			
市北区	Shibei	66	1203.2			
黄岛区	Huangdao	2129	5003.4	36804100	18380000	36333900
崂山区	Laoshan	396	1150.9			
李沧区	Licang	99	633.5			
城阳区	Chengyang	584	1397.4	17649751		17476944
即墨区	Jimo	1921	1594.7	17239000	11561000	16050000
胶州市	Jiaozhou	1324	1637.5	15361000	9730000	15905000
平度市	Pingdu	3176	875.6	12561600	9952000	9585200
莱西市	Laixi	1568	686.2	8718025	6105763	8149302
淄博市	**Zibo**					
淄川区	Zichuan	960	541.0	8590617	6992742	4778025
张店区	Zhangdian	360	1232.7	29320744	17346515	24050214
博山区	Boshan	698	280.5	5653180	4903515	2524058
临淄区	Linzi	664	931.6	12204371	8973010	6535720
周村区	Zhoucun	307	281.3	5526800	4609145	3041600
桓台县	Huantai	509	726.2	6290191	4277308	5475802
高青县	Gaoqing	831	225.5	2875054	2460820	2518233
沂源县	Yiyuan	1636	343.2	4841020	3777674	3783496
枣庄市	**Zaozhuang**					
市中区	Shizhong	374	331.2	7009015	5146954	5481493
薛城区	Xuecheng	507	409.6	8086483	5018990	8131668
峄城区	Yicheng	637	179.2	1956468	1595855	1422688
台儿庄区	Taierzhuang	532	148.1	1887563	1446771	1620239

22-1 续表 1 continued

地 区	Region	行政区域土地面积(平方公里) Area of Local land (sq.km)	地区生产总值(亿元) Gross Domestic Product (100 million yuan)	年末金融机构各项存款余额(万元) Deposit Balance of Financial Institution at Year-end (10 000 yuan)	住户存款余额(万元) Household Deposits (10 000 yuan)	年末金融机构各项贷款余额(万元) Loan Balance of Financial Institution at Year-end (10 000 yuan)
山亭区	Shanting	1019	142.5	1888318	1550266	1158065
滕州市	Tengzhou	1495	946.1	12171687	9687925	9110882
东营市	**Dongying**					
东营区	Dongying	1179	1744.5	33162676	17651529	23103901
河口区	Hekou	2270	591.1	5736000	3904678	3355862
垦利区	Kenli	2340	375.6	5925911	3590481	5330778
利津县	Lijin	1301	329.5	3557220	2152849	2848851
广饶县	Guangrao	1167	858.3	11794101	6089787	7121153
烟台市	**Yantai**					
芝罘区	Zhifu	181	1301.3			
福山区	Fushan	937	2717.8	29326431	9866040	23266250
牟平区	Muping	1515	413.8	6733741	5015371	3483302
莱山区	Laishan	332	597.3	9381590	6018508	6785558
蓬莱区	Penglai	1204	574.0	7597807	6017113	5484717
龙口市	Longkou	941	1511.4	15750678	9744101	13498700
莱阳市	Laiyang	1730	514.4	8201065	6217864	3669920
莱州市	Laizhou	1949	820.3	12116380	10320661	4952696
招远市	Zhaoyuan	1432	868.5	8945529	6384423	5020140
栖霞市	Qixia	1793	309.3	4519718	4097129	1911018
海阳市	Haiyang	1916	534.4	6595390	5667959	5552235
潍坊市	**Weifang**					
潍城区	Weicheng	270	391.7			
寒亭区	Hanting	1301	661.5			
坊子区	Fangzi	896	279.3	4801903	3716935	3429901
奎文区	Kuiwen	193	1109.8	49114291	24400997	42726080
临朐县	Linqu	1831	430.3	7655705	6080745	5736628
昌乐县	Changle	1101	419.1	6455027	4734062	5585745
青州市	Qingzhou	1561	733.6	13114681	10570050	8444056
诸城市	Zhucheng	2151	830.5	12678993	9474794	10245771
寿光市	Shouguang	1997	1028.7	17663839	11908379	13324649
安丘市	Anqiu	1712	460.7	8073577	6538231	6677703
高密市	Gaomi	1523	679.5	8884180	7308001	8124873
昌邑市	Changyi	1631	581.1	7086016	6048789	5064882
济宁市	**Jining**					
任城区	Rencheng	884	1022.3	31151488	17448595	31582708
兖州区	Yanzhou	650	859.4	7116567	5419263	5449864
微山县	Weishan	1738	448.8	4194035	3435998	2286415
鱼台县	Yutai	653	246.3	2808656	2428809	2446221

22-1 续表 2 continued

地 区	Region	行政区域土地面积（平方公里）Area of Local land (sq.km)	地区生产总值（亿元）Gross Domestic Product (100 million yuan)	年末金融机构各项存款余额（万元）Deposit Balance of Financial Institution at Year-end (10 000 yuan)	住户存款余额（万元）Household Deposits (10 000 yuan)	年末金融机构各项贷款余额（万元）Loan Balance of Financial Institution at Year-end (10 000 yuan)
金乡县	Jinxiang	888	275.3	4967518	4108597	3610109
嘉祥县	Jiaxiang	975	371.7	6349710	5502012	3919684
汶上县	Wenshang	889	282.5	4897787	4197737	3178556
泗水县	Sishui	1118	226.7	3587015	3080248	2113982
梁山县	Liangshan	961	300.5	6529321	5841714	3236406
曲阜市	Qufu	815	441.6	5820179	4696590	3696880
邹城市	Zoucheng	1617	1041.3	10077012	7746797	11668294
泰安市	**Tai'an**					
泰山区	Taishan	337	581.7	19137800		16100200
岱岳区	Daiyue	1751	648.5	11101944	8238727	8163983
宁阳县	Ningyang	1124	311.1	5268485	4295582	3444322
东平县	Dongping	1339	266.4	5215031	4501863	3543969
新泰市	Xintai	1934	643.4	10877249	9468120	7160454
肥城市	Feicheng	1278	872.8	10758769	8174292	5746679
威海市	**Weihai**					
环翠区	Huancui	992	1512.5	36095372	20918580	30919183
文登区	Wendeng	1614	611.9	9549662	7484410	7529899
荣成市	Rongcheng	1556	1049.8	13729380	9792977	10786319
乳山市	Rushan	1660	339.3	6574960	5504112	4222592
日照市	**Rizhao**					
东港区	Donggang	1273	1088.8	23936119	12385796	29129680
岚山区	Lanshan	787	607.6	3984990	3105246	3397089
五莲县	Wulian	1497	230.8	4702639	3708427	2740660
莒 县	Juxian	1821	463.8	8489801	7196066	6356045
临沂市	**Linyi**					
兰山区	Lanshan	891	1448.8	36776270	21930095	42169200
罗庄区	Luozhuang	569	572.9	6371137	4868614	7431209
河东区	Hedong	834	707.8	9724390	4627241	9640233
沂南县	Yinan	1719	306.5	6771454	5751762	4735855
郯城县	Tancheng	1195	411.2	5250667	4565586	3923522
沂水县	Yishui	2414	573.3	8611551	7226666	5635693
兰陵县	Lanling	1724	360.8	6483916	5582248	5357750
费 县	Feixian	1660	526.6	6049819	4872030	4968598
平邑县	Pingyi	1823	314.8	5512896	4668425	3982730
莒南县	Junan	1751	393.4	7842569	6030698	5237808
蒙阴县	Mengyin	1602	220.2	4188951	3515620	2745723
临沭县	Linshu	1010	268.8	4895309	3603020	4452758

22-1 续表 3 continued

地 区	Region	行政区域土地面积(平方公里) Area of Local land (sq.km)	地区生产总值(亿元) Gross Domestic Product (100 million yuan)	年末金融机构各项存款余额(万元) Deposit Balance of Financial Institution at Year-end (10 000 yuan)	住户存款余额(万元) Household Deposits (10 000 yuan)	年末金融机构各项贷款余额(万元) Loan Balance of Financial Institution at Year-end (10 000 yuan)
德州市	**Dezhou**					
德城区	Decheng	590	896.3	19560262	12581777	12927893
陵城区	Lingcheng	1161	292.5	4007422	3399640	2039289
宁津县	Ningjin	833	296.2	4835341	4122145	2088120
庆云县	Qingyun	501	205.0	2564920	1973655	1894354
临邑县	Linyi	1016	336.9	4500625	3569705	2337166
齐河县	Qihe	1411	426.4	5083142	3861067	4544305
平原县	Pingyuan	1047	293.6	3961067	3434023	1785847
夏津县	Xiajin	882	239.8	3550148	3016926	1962345
武城县	Wucheng	751	212.6	3688514	3122533	1768355
乐陵市	Laoling	1173	298.6	4388581	3510681	3055003
禹城市	Yucheng	992	307.3	4426708	3493059	3393372
聊城市	**Liaocheng**					
东昌府区	Dongchangfu	1443	943.2	22765806	13743203	17090338
茌平区	Chiping	1003	394.2	7470109	4503105	3899451
阳谷县	Yanggu	1008	347.3	5801197	4955699	3305788
莘 县	Shenxian	1388	286.0	6392401	5761001	3275332
东阿县	Donge	727	184.5	3729608	2947636	2109683
冠 县	Guanxian	1161	277.8	5275566	4330639	2885251
高唐县	Gaotang	947	193.1	4024718	3414045	2244750
临清市	Linqing	951	300.2	6405018	5752255	3062768
滨州市	**Binzhou**					
滨城区	Bincheng	1041	804.7	17810877	9154877	14607248
沾化区	Zhanhua	2219	207.9	2510077	1983758	1963621
惠民县	Huimin	1363	243.4	4022979	3313926	2412621
阳信县	Yangxin	798	291.7	2762529	2163220	2575831
无棣县	Wudi	2094	437.6	4199378	2810347	3122046
博兴县	Boxing	900	481.3	7079563	4910359	5286264
邹平市	Zouping	1250	652.2	9175826	5861983	8956400
菏泽市	**Heze**					
牡丹区	Mudan	1428	1077.3	20814800	13465045	19153300
定陶区	Dingtao	845	286.4	4238292	3675508	2220321
曹 县	Caoxian	1967	582.0	8045419	7040648	4384274
单 县	Shanxian	1647	455.1	6746019	5864817	4074445
成武县	Chengwu	988	243.7	4513836	4092648	2109171
巨野县	Juye	1302	447.6	7383557	6483372	3770441
郓城县	Yuncheng	1633	531.2	8930940	8122606	4239830
鄄城县	Juancheng	1038	311.1	5237183	4768856	2400870
东明县	Dongming	1306	530.0	5183956	4386817	3180822

22-1 续表 4 continued

地　区	Region	粮食面积（公顷）Area of Grain (hectares)	粮食产量（吨）Output of Grain (ton)	油料产量（吨）Output of Oil-bearing Crops (ton)	蔬菜产量（吨）Output of Vegetables (ton)	园林水果产量（吨）Output of Fruits (ton)	肉类总产量（吨）Output of Meat (ton)	奶类产量（吨）Output of Milk (ton)
济南市	**Jinan**							
历下区	Lixia							
市中区	Shizhong	4097	20461	8	4435	3608	3203	
槐荫区	Huaiyin	2155	13670		11778	284	380	
天桥区	Tianqiao	12442	71742	101	11057	7885	5794	
历城区	Licheng	19999	107256	867	181120	113992	10171	10804
长清区	Changqing	44493	269256	18079	572011	65620	26874	61296
章丘区	Zhangqiu	107731	642698	5593	1932073	75678	51390	6389
济阳区	Jiyang	101094	636189	1387	1273709	21492	25341	42973
莱芜区	Laiwu	31693	197913	20070	1318229	123716	67410	2505
钢城区	Gangcheng	4334	25812	11094	209401	104492	23263	3082
平阴县	Pingyin	35593	203044	9588	686760	106363	31946	92297
商河县	Shanghe	122189	840884	41	1063335	16763	49671	234485
青岛市	**Qingdao**							
市南区	Shinan							
市北区	Shibei							
黄岛区	Huangdao	48636	265554	86909	588400	110613	60256	612
崂山区	Laoshan			104	10345	7166		
李沧区	Licang							
城阳区	Chengyang	935	5881	143	34972	18378	1586	4619
即墨区	Jimo	78466	452564	37204	704380	35571	90866	54206
胶州市	Jiaozhou	63775	395846	23879	1149437	66754	38288	6695
平度市	Pingdu	202404	1489347	95780	2979913	244605	157722	11053
莱西市	Laixi	87896	577289	80549	1312673	391075	187673	219091
淄博市	**Zibo**							
淄川区	Zichuan	14065	60353	1102	30527	20668	15031	332
张店区	Zhangdian	4180	22967	60	17175	4891	5945	855
博山区	Boshan	5622	23762	872	54824	95461	4199	52
临淄区	Linzi	46649	345208	8	1046941	21686	41656	13518
周村区	Zhoucun	10515	56193	230	29418	8469	10156	1424
桓台县	Huantai	46068	353164		57202	5406	12550	5313
高青县	Gaoqing	81797	586013	152	461661	25479	42204	125652
沂源县	Yiyuan	9389	36800	13973	273605	925361	35609	312
枣庄市	**Zaozhuang**							
市中区	Shizhong	14319	80227	11187	174325	21192	19321	4030
薛城区	Xuecheng	38144	235492	5415	264304	14447	19427	1190
峄城区	Yicheng	51200	296128	10862	665488	64555	34769	3850
台儿庄区	Taierzhuang	50179	302876	997	607246	17710	33180	22423

22-1 续表 5 continued

地 区	Region	粮食面积(公顷) Area of Grain (hectares)	粮食产量(吨) Output of Grain (ton)	油料产量(吨) Output of Oil-bearing Crops (ton)	蔬菜产量(吨) Output of Vegetables (ton)	园林水果产量(吨) Output of Fruits (ton)	肉类总产量(吨) Output of Meat (ton)	奶类产量(吨) Output of Milk (ton)
山亭区	Shanting	24522	146466	21953	229173	133112	27083	1530
滕州市	Tengzhou	107146	812637	28147	3842090	53634	56413	2000
东营市	**Dongying**							
东营区	Dongying	24907	144934	96	95035	12311	23623	7477
河口区	Hekou	24689	127012	119	31986	30847	41142	262221
垦利区	Kenli	56264	327583	164	63165	10621	88874	64346
利津县	Lijin	67286	394854	506	223410	16453	81377	2683
广饶县	Guangrao	82635	524832		421038	7351	71741	140699
烟台市	**Yantai**							
芝罘区	Zhifu	47	261	185	15170	2771	129	117
福山区	Fushan	2369	13273	11423	83861	450154	20227	4534
牟平区	Muping	19974	115108	36415	165379	811634	166809	18714
莱山区	Laishan	1893	11690	3106	43995	54485	257	552
蓬莱区	Penglai	8587	51023	20363	178161	1648052	69203	7012
龙口市	Longkou	15498	101036	6507	260547	620261	54067	23033
莱阳市	Laiyang	70213	428682	88388	589472	618788	143735	65077
莱州市	Laizhou	83626	557198	41723	435251	330749	129496	15377
招远市	Zhaoyuan	38005	228750	70235	151058	746174	56890	8563
栖霞市	Qixia	13183	80008	49790	186457	2314459	45489	4029
海阳市	Haiyang	51223	307104	85128	507949	490240	97030	6875
潍坊市	**Weifang**							
潍城区	Weicheng	10584	66983		114256	10267	7653	7436
寒亭区	Hanting	44172	284133	875	301752	32473	33663	47074
坊子区	Fangzi	48711	314427	6841	663134	31435	50249	2890
奎文区	Kuiwen	1612	9992	44	443			
临朐县	Linqu	27909	171599	17238	301811	412592	111754	66836
昌乐县	Changle	36332	223217	32378	1421674	85194	99767	22176
青州市	Qingzhou	29462	183587	52	2101185	110185	144993	3225
诸城市	Zhucheng	126659	806090	44820	1106058	78838	229885	3308
寿光市	Shouguang	86686	608900	375	3919713	32396	208809	39011
安丘市	Anqiu	55159	340795	43539	2141500	148512	118561	9977
高密市	Gaomi	134008	902683	11445	826174	46558	162522	15505
昌邑市	Changyi	85682	554205	8073	740227	77589	108865	6317
济宁市	**Jining**							
任城区	Rencheng	64806	460718	173	341528	34736	14178	14962
兖州区	Yanzhou	46566	337338	2790	525815	10005	15279	3072
微山县	Weishan	50449	339985	1027	352655	4372	22418	
鱼台县	Yutai	50468	385873		757822	8489	23161	753

22-1 续表 6 continued

地 区	Region	粮食面积(公顷) Area of Grain (hectares)	粮食产量(吨) Output of Grain (ton)	油料产量(吨) Output of Oil-bearing Crops (ton)	蔬菜产量(吨) Output of Vegetables (ton)	园林水果产量(吨) Output of Fruits (ton)	肉类总产量(吨) Output of Meat (ton)	奶类产量(吨) Output of Milk (ton)
金乡县	Jinxiang	35647	229683	9563	2546062	46951	33863	5832
嘉祥县	Jiaxiang	102935	693054	1931	454612	23056	66509	4569
汶上县	Wenshang	100150	706502	5865	255902	11983	61998	52424
泗水县	Sishui	39367	253608	58083	682191	61122	70026	725
梁山县	Liangshan	97986	632607	4970	886317	49147	87838	92656
曲阜市	Qufu	64235	451317	9194	152813	49678	49792	8924
邹城市	Zoucheng	69884	487725	52271	996280	107484	65933	2052
泰安市	**Tai'an**							
泰山区	Taishan	2116	15559	2	14258	4830	5304	8491
岱岳区	Daiyue	61845	468735	16209	1830975	126327	45664	50044
宁阳县	Ningyang	85559	616201	61260	902700	115605	84013	65874
东平县	Dongping	99960	637745	12211	743992	17747	37083	7784
新泰市	Xintai	52502	386941	90490	1453125	290307	107913	16474
肥城市	Feicheng	71619	505325	6274	1184768	91259	61200	101514
威海市	**Weihai**							
环翠区	Huancui	9834	57076	13827	83017	166771	14285	4157
文登区	Wendeng	39691	241053	65387	284530	337666	84587	7838
荣成市	Rongcheng	37600	224079	46535	236880	266226	28659	22262
乳山市	Rushan	38059	234783	83476	447601	488131	72279	1195
日照市	**Rizhao**							
东港区	Donggang	21232	140646	27887	125225	125522	46042	5585
岚山区	Lanshan	19405	129774	24314	148574	39366	39211	74785
五莲县	Wulian	35207	225949	66886	301744	137646	68470	
莒 县	Juxian	58227	399351	87354	631222	170361	165342	10800
临沂市	**Linyi**							
兰山区	Lanshan	30410	178456	19175	144762	79541	44825	9222
罗庄区	Luozhuang	27637	172268	8306	138150	5816	16630	26189
河东区	Hedong	45932	302964	16086	315150	37741	30937	1084
沂南县	Yinan	58502	361950	79208	1206951	110470	255237	42907
郯城县	Tancheng	94435	731624	12047	688815	24303	68521	1710
沂水县	Yishui	49125	308382	80179	1072045	846694	129871	10739
兰陵县	Lanling	99349	683618	53733	3684045	106837	127129	20944
费 县	Feixian	50209	317964	78398	501055	273386	132587	7644
平邑县	Pingyi	47162	300467	63783	335356	310505	82040	369
莒南县	Junan	73688	449011	106456	342261	89838	195127	3957
蒙阴县	Mengyin	18208	132056	33748	210694	1409787	47059	
临沭县	Linshu	52336	326299	158723	175682	49383	90727	13871

22-1 续表 7 continued

地 区	Region	粮食面积(公顷) Area of Grain (hectares)	粮食产量(吨) Output of Grain (ton)	油料产量(吨) Output of Oil-bearing Crops (ton)	蔬菜产量(吨) Output of Vegetables (ton)	园林水果产量(吨) Output of Fruits (ton)	肉类总产量(吨) Output of Meat (ton)	奶类产量(吨) Output of Milk (ton)
德州市	**Dezhou**							
德城区	Decheng	33040	220627	53	93645	15183	10895	1593
陵城区	Lingcheng	131433	984472	174	617644	10212	85586	25879
宁津县	Ningjin	91536	656578	642	410480	11865	44092	5390
庆云县	Qingyun	42605	284343	55	156142	10974	37541	839
临邑县	Linyi	110453	799989	677	448383	6869	58696	10305
齐河县	Qihe	151545	1143449	2756	1147575	41077	88626	64867
平原县	Pingyuan	115317	858010	579	1333002	24328	110945	12600
夏津县	Xiajin	90607	626248	2526	265847	26944	102333	5301
武城县	Wucheng	88968	656575	3561	289674	13591	19812	6004
乐陵市	Laoling	117877	866314	26	375227	115554	75001	70132
禹城市	Yucheng	96940	721269	1816	1670032	8004	82775	108176
聊城市	**Liaocheng**							
东昌府区	Dongchangfu	110860	820050	3145	1341650	34106	119220	3593
茌平区	Chiping	106320	761742	1393	441264	20761	72602	3646
阳谷县	Yanggu	107780	808598	2072	2102017	40999	193563	13941
莘 县	Shenxian	115520	811990	7338	2928889	45830	153583	2865
东阿县	Donge	70413	503461	806	298254	19543	63797	1602
冠 县	Guanxian	102740	714281	6519	1483970	293474	107792	20525
高唐县	Gaotang	97433	686066	6029	298279	14060	66708	1651
临清市	Linqing	103260	722644	1317	808556	15250	44510	45577
滨州市	**Binzhou**							
滨城区	Bincheng	74487	470328	154	141254	9608	39474	24251
沾化区	Zhanhua	71221	422647	1822	39917	341152	79543	5507
惠民县	Huimin	116866	786679	4841	1157154	82999	132885	2693
阳信县	Yangxin	68491	451496		218980	219771	133059	778
无棣县	Wudi	74664	455098	997	37632	124254	120960	356
博兴县	Boxing	75844	515715	74	179580	4679	38251	435
邹平市	Zouping	109466	735340	144	72657	37188	92234	31646
菏泽市	**Heze**							
牡丹区	Mudan	130720	883977	24374	1231351	93381	91035	10339
定陶区	Dingtao	90621	629160	7123	847631	23330	46115	4827
曹 县	Caoxian	202790	1379996	34194	927655	42641	149148	157320
单 县	Shanxian	137317	928637	43268	1935979	134790	77847	15995
成武县	Chengwu	83858	575228	2657	1291441	26614	48065	1895
巨野县	Juye	102245	685247	10164	1603428	87099	64947	4715
郓城县	Yuncheng	167778	1143659	28753	1417028	52857	118629	8377
鄄城县	Juancheng	123414	836219	36366	387957	49621	82897	4566
东明县	Dongming	152029	1026353	47041	680473	36236	99814	15652

22−1 续表 8 continued

地　区	Region	普通中学专任教师数（人）Full-time Teachers in Secondary Schools (person)	小　学专任教师数（人）Full-time Teachers in Primary Schools (person)	普通中学在校学生数（人）Total Enrollment in Secondary Schools (person)	小　学在校学生数（人）Total Enrollment in Primary Schools (person)	城镇居民人均可支配收入（元）Per Capita Disposable Income of Urban Households (yuan)	农村居民人均可支配收入（元）Per Capita Disposable Income of Rural Households (yuan)
济南市	**Jinan**						
历下区	Lixia	3068	5301	36178	98543		
市中区	Shizhong	3260	4479	42292	81026		
槐荫区	Huaiyin	1525	3380	19764	61153		
天桥区	Tianqiao	2179	3251	26674	54032		
历城区	Licheng	6483	7233	77741	125918	61253	28893
长清区	Changqing	2389	2195	25962	35149	51444	25704
章丘区	Zhangqiu	4561	4383	48375	68071	50279	30210
济阳区	Jiyang	2522	2599	33512	46067	41224	24225
莱芜区	Laiwu	4768	3457	57068	61432	45410	24302
钢城区	Gangcheng	1200	1045	12890	16921	52594	25668
平阴县	Pingyin	1587	1546	17685	20766	37721	21482
商河县	Shanghe	2258	2187	37837	41560	36937	21541
青岛市	**Qingdao**						
市南区	Shinan	2030	2330	24750	39289		
市北区	Shibei	2856	4129	35026	72872		
黄岛区	Huangdao	6652	7839	79590	146400	65091	30191
崂山区	Laoshan	2213	2190	22964	31631	74395	33570
李沧区	Licang	1728	2973	22037	54688		
城阳区	Chengyang	4434	5520	54764	101217	70355	31904
即墨区	Jimo	5612	6080	65002	99530	59006	30111
胶州市	Jiaozhou	4041	5048	45950	81417	57914	29911
平度市	Pingdu	5421	4660	54180	74952	55525	28722
莱西市	Laixi	3763	2415	37409	36858	56193	29633
淄博市	**Zibo**						
淄川区	Zichuan	3002	2180	31402	30929	51741	26140
张店区	Zhangdian	5819	5056	74884	87782		
博山区	Boshan	2043	1212	18446	16901	50227	24729
临淄区	Linzi	2917	2039	31223	33233	56641	30362
周村区	Zhoucun	1791	1327	19219	20208	49447	25640
桓台县	Huantai	2829	1731	26986	24998	53759	28389
高青县	Gaoqing	1851	1374	19011	14924	42490	22615
沂源县	Yiyuan	2653	2178	24852	29833	51047	25457
枣庄市	**Zaozhuang**						
市中区	Shizhong	3239	3509	47096	59985	43343	23484
薛城区	Xuecheng	3576	3417	49067	60729	39426	21636
峄城区	Yicheng	2442	2284	33179	32168	37540	22261
台儿庄区	Taierzhuang	1886	1939	25378	27695	34730	19267

22-1 续表 9 continued

地　区	Region	普通中学专任教师数(人) Full-time Teachers in Secondary Schools (person)	小　学专任教师数(人) Full-time Teachers in Primary Schools (person)	普通中学在校学生数(人) Total Enrollment in Secondary Schools (person)	小　学在校学生数(人) Total Enrollment in Primary Schools (person)	城镇居民人均可支配收入(元) Per Capita Disposable Income of Urban Households (yuan)	农村居民人均可支配收入(元) Per Capita Disposable Income of Rural Households (yuan)
山亭区	Shanting	1644	2089	22027	28280	28789	19230
滕州市	Tengzhou	6697	8742	103712	149375	46085	23852
东营市	**Dongying**						
东营区	Dongying	5610	4598	68887	78827	62205	28853
河口区	Hekou	1117	902	9557	12244	60554	26347
垦利区	Kenli	1324	918	12836	17111	57801	26595
利津县	Lijin	1677	975	10371	11856	48990	25138
广饶县	Guangrao	2852	2261	30238	38727	55537	29433
烟台市	**Yantai**						
芝罘区	Zhifu	4200	2899	52000	50500		
福山区	Fushan	3455	3064	45090	61058	61561	33146
牟平区	Muping	1336	1337	11649	16762	58297	30103
莱山区	Laishan	1180	1234	13378	22746	68973	32721
蓬莱区	Penglai	1624	1378	18066	18956	60169	31167
龙口市	Longkou	2820	1846	30973	34673	63613	32214
莱阳市	Laiyang	3224	1888	31295	30893	45446	24209
莱州市	Laizhou	3367	2293	31302	32638	57766	30501
招远市	Zhaoyuan	2588	1371	21323	23247	59623	31059
栖霞市	Qixia	2224	1333	12324	10974	42447	23026
海阳市	Haiyang	2119	1499	14444	18099	55786	27564
潍坊市	**Weifang**						
潍城区	Weicheng	1570	2608	17781	45280	53281	28698
寒亭区	Hanting	3571	3384	31115	49503	48847	27399
坊子区	Fangzi	2713	2360	29921	37991	47952	27305
奎文区	Kuiwen	3264	5041	37429	87794		
临朐县	Linqu	3576	3518	45771	64429	44539	25242
昌乐县	Changle	3563	2874	40294	45735	45932	26472
青州市	Qingzhou	4079	4100	38678	69187	49965	27819
诸城市	Zhucheng	4929	4368	50162	74840	52522	29635
寿光市	Shouguang	5347	5447	54137	90817	53322	30303
安丘市	Anqiu	4040	3769	45772	60766	44893	25977
高密市	Gaomi	4224	3693	46584	63035	50473	26843
昌邑市	Changyi	2339	2177	24620	33591	46901	27701
济宁市	**Jining**						
任城区	Rencheng	8098	6937	106371	120568	51883	24353
兖州区	Yanzhou	3234	2882	38367	47405	51403	26869
微山县	Weishan	2610	2926	27589	39885	41449	23633
鱼台县	Yutai	1804	1874	23192	32535	39833	23274

22-1 续表 10 continued

地 区	Region	普通中学专任教师数（人）Full-time Teachers in Secondary Schools (person)	小 学专任教师数（人）Full-time Teachers in Primary Schools (person)	普通中学在校学生数（人）Total Enrollment in Secondary Schools (person)	小 学在校学生数（人）Total Enrollment in Primary Schools (person)	城镇居民人均可支配收入（元）Per Capita Disposable Income of Urban Households (yuan)	农村居民人均可支配收入（元）Per Capita Disposable Income of Rural Households (yuan)
金乡县	Jinxiang	3547	3630	41661	58144	41527	24843
嘉祥县	Jiaxiang	4764	4529	68477	70048	39522	23301
汶上县	Wenshang	2984	3678	39510	60239	39753	23141
泗水县	Sishui	2309	3023	31184	45360	34130	19079
梁山县	Liangshan	3860	4254	54514	73261	39422	22655
曲阜市	Qufu	2932	3140	33651	44608	40748	23772
邹城市	Zoucheng	5234	5653	63220	91311	47574	25569
泰安市	**Tai'an**						
泰山区	Taishan	5266	2786	63109	64200		
岱岳区	Daiyue	4053	3771	44087	57958	45389	23904
宁阳县	Ningyang	3315	2935	39768	37358	45052	23756
东平县	Dongping	3296	2318	42019	42173	40356	23128
新泰市	Xintai	6403	5835	81437	96431	47293	24754
肥城市	Feicheng	4198	3219	49221	46458	47888	26006
威海市	**Weihai**						
环翠区	Huancui	5332	4457	68585	78734	60613	28168
文登区	Wendeng	2636	1583	24029	21466	55542	30935
荣成市	Rongcheng	2724	1675	28754	28755	57065	31636
乳山市	Rushan	1620	862	13481	11604	49415	24739
日照市	**Rizhao**						
东港区	Donggang	4703	5660	57385	104062		
岚山区	Lanshan	1485	1588	14603	24675	43613	23093
五莲县	Wulian	2265	1978	21132	29792	35260	22541
莒 县	Juxian	4538	4933	58918	87044	35364	22595
临沂市	**Linyi**						
兰山区	Lanshan	11732	11256	160336	262896	49060	21723
罗庄区	Luozhuang	4848	5541	71655	101465	48806	21399
河东区	Hedong	5258	5782	67971	104617	48797	21722
沂南县	Yinan	4195	4173	51135	73087	45985	19819
郯城县	Tancheng	4902	4756	64439	85733	46620	20430
沂水县	Yishui	4260	4853	55363	91028	47800	21133
兰陵县	Lanling	6254	5646	99372	100020	42409	20892
费 县	Feixian	3914	4291	55561	80766	47873	20378
平邑县	Pingyi	3566	4870	54395	93588	46268	20257
莒南县	Junan	3670	4282	46019	68592	43596	19556
蒙阴县	Mengyin	2368	2629	31259	43203	44645	19515
临沭县	Linshu	2863	2826	39222	51390	48475	19873

22-1 续表 11 continued

地 区	Region	普通中学专任教师数(人) Full-time Teachers in Secondary Schools (person)	小 学专任教师数(人) Full-time Teachers in Primary Schools (person)	普通中学在校学生数(人) Total Enrollment in Secondary Schools (person)	小 学在校学生数(人) Total Enrollment in Primary Schools (person)	城镇居民人均可支配收入(元) Per Capita Disposable Income of Urban Households (yuan)	农村居民人均可支配收入(元) Per Capita Disposable Income of Rural Households (yuan)
德州市	**Dezhou**						
德城区	Decheng	4624	4765	61271	95746	37284	22522
陵城区	Lingcheng	1865	2482	23526	33745	34706	21959
宁津县	Ningjin	1986	2137	26605	33838	34590	21224
庆云县	Qingyun	2078	2273	27954	38177	34619	20866
临邑县	Linyi	2282	2458	28033	37177	35269	21812
齐河县	Qihe	2740	3083	32759	43509	35923	23062
平原县	Pingyuan	1934	2251	23019	27537	35862	22066
夏津县	Xiajin	2644	2283	31351	34352	33569	20941
武城县	Wucheng	2023	1776	23583	29761	34549	21782
乐陵市	Laoling	2958	2978	35410	47291	35245	22611
禹城市	Yucheng	2467	2395	28310	36320	35083	22353
聊城市	**Liaocheng**						
东昌府区	Dongchangfu	9628	9695	137670	165062	37361	20437
茌平区	Chiping	2433	2567	32578	49320	37089	20437
阳谷县	Yanggu	3575	3939	45946	60944	33752	19914
莘 县	Shenxian	5583	5918	87649	105841	32622	20433
东阿县	Donge	1858	1769	21489	30684	29651	19886
冠 县	Guanxian	4535	4601	63054	75366	35078	19855
高唐县	Gaotang	2293	2503	30870	42073	35375	20221
临清市	Linqing	3628	4117	58739	75702	34914	20046
滨州市	**Binzhou**						
滨城区	Bincheng	4370	4684	47333	79854	46404	24761
沾化区	Zhanhua	1545	1754	13076	23367	44371	23747
惠民县	Huimin	2391	2515	24842	38493	44240	22433
阳信县	Yangxin	2779	1921	25092	34883	43411	21567
无棣县	Wudi	2508	2386	26267	44570	44605	24379
博兴县	Boxing	1872	2254	20018	33621	45998	24581
邹平市	Zouping	3015	3099	35771	56393	45416	26712
菏泽市	**Heze**						
牡丹区	Mudan	9064	9717	156471	217909	38845	19941
定陶区	Dingtao	3340	3308	43131	54364	33333	19782
曹 县	Caoxian	6483	7731	109614	135899	35385	19184
单 县	Shanxian	6122	5579	83994	102021	33971	19357
成武县	Chengwu	4014	3618	53958	53005	33880	19500
巨野县	Juye	5412	5377	84250	99777	36513	19789
郓城县	Yuncheng	6526	6458	89927	101582	35912	19922
鄄城县	Juancheng	3889	4484	59327	73729	32085	18991
东明县	Dongming	4446	4314	61760	71251	34411	19319

附录1

全国各省（市、自治区）主要经济指标

Main Economic Indicators of the Whole Country by Region

简 要 说 明

一、本篇资料的主要内容

本篇资料反映了全国各省、自治区、直辖市经济社会发展基本情况，主要包括行政区划、人口、国内生产总值及其构成、财政、价格指数、居民生活、农业、工业、投资、建筑业、交通运输、国内贸易、进出口等方面的资料。

二、本篇资料的来源

本篇资料来源于中国统计出版社出版的《中国统计摘要 2024》，由省统计局综合处整理。

Brief Introduction

I. Content

Data in this chapter reflect the basic Socio-economic development of some provinces, mainly including divisions of administrative areas, population, GDP and its components, finance, price indices, livelihood, agriculture, industry, investment, construction industry, transportation, domestic trade, exports and imports etc.

II. Source of Data

Data in this chapter come from China Statistics Abstract 2024 published by China Statistics Press and are prepared and compiled by the Division of Comprehensive Statistics of Shandong Provincial Bureau of Statistics.

附录 1-1 各地区行政区划(2023年底)
Divisions of Administrative Areas by Region(Year-end of 2023)

单位:个 (unit)

省级区划名称	Provinces, Autonomous Regions and Municipalities	地级区划数 Number of Regions at Prefecture Level	#地级市 Cities at Prefecture Level	县级区划数 Number of Regions at County Level	#市辖区 Districts under the Jurisdiction of Cities	#县级市 Cities at County Level	#县 Counties	#自治县 Autonomous Counties
全国总计	**National Total**	**333**	**293**	**2844**	**977**	**397**	**1299**	**117**
北京市	Beijing			16	16			
天津市	Tianjin			16	16			
河北省	Hebei	11	11	167	49	21	91	6
山西省	Shanxi	11	11	117	26	11	80	
内蒙古自治区	Inner Mongolia	12	9	103	23	11	17	
辽宁省	Liaoning	14	14	100	59	16	17	8
吉林省	Jilin	9	8	60	21	20	16	3
黑龙江省	Heilongjiang	13	12	121	54	21	45	1
上海市	Shanghai			16	16			
江苏省	Jiangsu	13	13	95	55	21	19	
浙江省	Zhejiang	11	11	90	37	20	32	1
安徽省	Anhui	16	16	104	45	9	50	
福建省	Fujian	9	9	84	31	11	42	
江西省	Jiangxi	11	11	100	27	12	61	
山东省	**Shandong**	**16**	**16**	**136**	**58**	**26**	**52**	
河南省	Henan	17	17	157	54	21	82	
湖北省	Hubei	13	12	103	39	26	35	2
湖南省	Hunan	14	13	122	36	19	60	7
广东省	Guangdong	21	21	122	65	20	34	3
广西壮族自治区	Guangxi	14	14	111	41	10	48	12
海南省	Hainan	4	4	25	10	5	4	6
重庆市	Chongqing			38	26		8	4
四川省	Sichuan	21	18	183	55	19	105	4
贵州省	Guizhou	9	6	88	16	10	50	11
云南省	Yunnan	16	8	129	17	18	65	29
西藏自治区	Xizang	7	6	74	8	2	64	
陕西省	Shaanxi	10	10	107	31	7	69	
甘肃省	Gansu	14	12	86	17	5	57	7
青海省	Qinghai	8	2	44	7	5	25	7
宁夏回族自治区	Ningxia	5	5	22	9	2	11	
新疆维吾尔自治区	Xinjiang	14	4	108	13	29	60	6
香港特别行政区	Hong Kong Special Administrative Region							
澳门特别行政区	Macao Special Administrative Region							
台湾省	Taiwan							

注：本表资料由民政部提供。

a)Data in this table are provided by the Ministry of Civil Affairs.

附录 1-1 续表 continued

单位:个 (unit)

省级区划名称	Provinces, Autonomous Regions and Municipalities	乡镇级区划数 Number of Regions at Township Level	#镇数 Number of Towns	#乡数 Number of Townships	#民族乡 Minority Autonomous Township	#街道办事处 Street Communities
全国总计	**National Total**	**38658**	**21421**	**8190**	**956**	**9045**
北京市	Beijing	343	143	35	5	165
天津市	Tianjin	252	125	3	1	124
河北省	Hebei	2254	1332	611	38	310
山西省	Shanxi	1280	631	430		219
内蒙古自治区	Inner Mongolia	1025	509	270	17	246
辽宁省	Liaoning	1354	640	201	54	513
吉林省	Jilin	970	426	181	28	363
黑龙江省	Heilongjiang	1315	574	334	52	407
上海市	Shanghai	215	106	2		107
江苏省	Jiangsu	1237	701	17	1	519
浙江省	Zhejiang	1364	618	258	14	488
安徽省	Anhui	1522	1011	224	9	287
福建省	Fujian	1108	653	252	19	203
江西省	Jiangxi	1581	832	560	8	189
山东省	**Shandong**	**1825**	**1072**	**57**		**696**
河南省	Henan	2459	1192	567	11	700
湖北省	Hubei	1260	761	161	10	338
湖南省	Hunan	1946	1134	388	83	424
广东省	Guangdong	1613	1112	11	7	490
广西壮族自治区	Guangxi	1256	806	312	59	138
海南省	Hainan	218	175	21		22
重庆市	Chongqing	1031	625	161	14	245
四川省	Sichuan	3101	2016	626	83	459
贵州省	Guizhou	1510	831	314	192	365
云南省	Yunnan	1426	666	537	140	223
西藏自治区	Xizang	711	142	534	9	35
陕西省	Shaanxi	1317	973	17		327
甘肃省	Gansu	1356	892	337	32	127
青海省	Qinghai	404	140	222	28	42
宁夏回族自治区	Ningxia	243	103	90		50
新疆维吾尔自治区	Xinjiang	1162	480	457	42	224
香港特别行政区	Hong Kong Special Administrative Region					
澳门特别行政区	Macao Special AdministrativeRegion					
台湾省	Taiwan					

附录 1-2　地区生产总值、增长速度及构成(2023年)

Gross Domestic Product ,Growth Rate and Composition(2023)

地　区	Region	地区生产总值(亿元) Gross Domestic Product (100 million yuan)	第一产业 Primary Industry	第二产业 Secondary Industry	第三产业 Tertiary Industry	地区生产总值比上年增长(%) Growth Rate (%)	构成 (%) composition 第一产业 Primary Industry	第二产业 Secondary Industry	第三产业 Tertiary Industry
北　京	Beijing	43760.7	105.5	6525.6	37129.6	5.2	0.2	14.9	84.8
天　津	Tianjin	16737.3	268.5	5982.6	10486.2	4.3	1.6	35.7	62.7
河　北	Hebei	43944.1	4466.2	16435.3	23042.6	5.5	10.2	37.4	52.4
山　西	Shanxi	25698.2	1388.9	13329.7	10979.6	5.0	5.4	51.9	42.7
内蒙古	Inner Mongolia	24627.0	2737.3	11703.6	10186.1	7.3	11.1	47.5	41.4
辽　宁	Liaoning	30209.4	2651.0	11734.5	15823.9	5.3	8.8	38.8	52.4
吉　林	Jilin	13531.2	1644.8	4585.0	7301.4	6.3	12.2	33.9	54.0
黑龙江	Heilongjiang	15883.9	3518.3	4291.3	8074.3	2.6	22.1	27.0	50.8
上　海	Shanghai	47218.7	96.1	11613.0	35509.6	5.0	0.2	24.6	75.2
江　苏	Jiangsu	128222.2	5075.8	56909.7	66236.7	5.8	4.0	44.4	51.7
浙　江	Zhejiang	82553.2	2332.0	33952.7	46268.6	6.0	2.8	41.1	56.0
安　徽	Anhui	47050.6	3496.6	18871.8	24682.2	5.8	7.4	40.1	52.5
福　建	Fujian	54355.1	3217.7	23966.4	27171.0	4.5	5.9	44.1	50.0
江　西	Jiangxi	32200.1	2450.4	13706.5	16043.2	4.1	7.6	42.6	49.8
山　东	**Shandong**	**92068.7**	**6506.2**	**35987.9**	**49574.6**	**6.0**	**7.1**	**39.1**	**53.8**
河　南	Henan	59132.4	5360.10	22175.3	31597.0	4.1	9.1	37.5	53.4
湖　北	Hubei	55803.6	5073.4	20215.5	30514.7	6.0	9.1	36.2	54.7
湖　南	Hunan	50012.9	4621.3	18822.8	26568.8	4.6	9.2	37.6	53.1
广　东	Guangdong	135673.2	5540.7	54437.3	75695.2	4.8	4.1	40.1	55.8
广　西	Guangxi	27202.4	4468.2	8924.1	13810.1	4.1	16.4	32.8	50.8
海　南	Hainan	7551.2	1507.4	1448.5	4595.3	9.2	20.0	19.2	60.9
重　庆	Chongqing	30145.8	2074.7	11699.1	16372.0	6.1	6.9	38.8	54.3
四　川	Sichuan	60132.9	6056.6	21306.7	32769.5	6.0	10.1	35.4	54.5
贵　州	Guizhou	20913.3	2894.3	7311.4	10707.5	4.9	13.8	35.0	51.2
云　南	Yunnan	30021.1	4206.6	10256.3	15558.2	4.4	14.0	34.2	51.8
西　藏	Xizang	2392.7	215.0	883.0	1294.7	9.5	9.0	36.9	54.1
陕　西	Shaanxi	33786.1	2649.8	16068.9	15067.4	4.3	7.8	47.6	44.6
甘　肃	Gansu	11863.8	1641.3	4080.8	6141.8	6.4	13.8	34.4	51.8
青　海	Qinghai	3799.1	387.0	1612.8	1799.2	5.3	10.2	42.5	47.4
宁　夏	Ningxia	5315.0	428.1	2487.2	2399.6	6.6	8.1	46.8	45.2
新　疆	Xinjiang	19125.9	2742.2	7710.3	8673.4	6.8	14.3	40.3	45.3

注：本表绝对数按当年价格计算，增长速度按不变价格计算。
a)Absolute figure are calculated at current prices,growth rate at constant prices.

附录 1-3 年末常住人口
Basic Statistics on National Population

单位:万人 (10 000 persons)

地 区	Region	2014	2015	2016	2017	2018	2019	2020	2021	2022	2023
全 国	**Total**	**137646**	**138326**	**139232**	**140011**	**140541**	**141008**	**141212**	**141260**	**141175**	**140967**
北 京	Beijing	2171	2188	2195	2194	2192	2190	2189	2189	2184	2186
天 津	Tianjin	1429	1439	1443	1410	1383	1385	1387	1373	1363	1364
河 北	Hebei	7323	7345	7375	7409	7426	7447	7464	7448	7420	7393
山 西	Shanxi	3528	3519	3514	3510	3502	3497	3490	3480	3481	3466
内蒙古	Inner Mongolia	2449	2440	2436	2433	2422	2415	2403	2400	2401	2396
辽 宁	Liaoning	4358	4338	4327	4312	4291	4277	4255	4229	4197	4182
吉 林	Jilin	2642	2613	2567	2526	2484	2448	2399	2375	2348	2339
黑龙江	Heilongjiang	3608	3529	3463	3399	3327	3255	3171	3125	3099	3062
上 海	Shanghai	2467	2458	2467	2466	2475	2481	2488	2489	2475	2487
江 苏	Jiangsu	8281	8315	8381	8423	8446	8469	8477	8505	8515	8526
浙 江	Zhejiang	5890	5985	6072	6170	6273	6375	6468	6540	6577	6627
安 徽	Anhui	5997	6011	6033	6057	6076	6092	6105	6113	6127	6121
福 建	Fujian	3945	3984	4016	4065	4104	4137	4161	4187	4188	4183
江 西	Jiangxi	4480	4485	4496	4511	4513	4516	4519	4517	4528	4515
山 东	**Shandong**	**9808**	**9866**	**9973**	**10033**	**10077**	**10106**	**10165**	**10170**	**10163**	**10123**
河 南	Henan	9645	9701	9778	9829	9864	9901	9941	9883	9872	9815
湖 北	Hubei	5816	5850	5885	5904	5917	5927	5745	5830	5844	5838
湖 南	Hunan	6611	6615	6625	6633	6635	6640	6645	6622	6604	6568
广 东	Guangdong	11489	11678	11908	12141	12348	12489	12624	12684	12657	12706
广 西	Guangxi	4770	4811	4857	4907	4947	4982	5019	5037	5047	5027
海 南	Hainan	936	945	957	972	982	995	1012	1020	1027	1043
重 庆	Chongqing	3043	3070	3110	3144	3163	3188	3209	3212	3213	3191
四 川	Sichuan	8139	8196	8251	8289	8321	8351	8371	8372	8374	8368
贵 州	Guizhou	3677	3708	3758	3803	3822	3848	3858	3852	3856	3865
云 南	Yunnan	4653	4663	4677	4693	4703	4714	4722	4690	4693	4673
西 藏	Xizang	325	330	340	349	354	361	366	366	364	365
陕 西	Shaanxi	3827	3846	3874	3904	3931	3944	3955	3954	3956	3952
甘 肃	Gansu	2531	2523	2520	2522	2515	2509	2501	2490	2492	2465
青 海	Qinghai	576	577	582	586	587	590	593	594	595	594
宁 夏	Ningxia	678	684	695	705	710	717	721	725	728	729
新 疆	Xinjiang	2325	2385	2428	2480	2520	2559	2590	2589	2587	2598

注:1.本表2014—2019年数据根据第七次全国人口普查数据修订。2.全国数据包括中国人民解放军现役军人数，但不包括香港、澳门特别行政区和台湾地区数据；分省数据中未包括中国人民解放军现役军人数。

a)The data in this table from 2014 to 2019 are revised based on the data of the seventh national census.

b)The military personnel were included in the national total population,but excluded in the regional total population.The national total population excluded the population of Hong Kong,Macao and Taiwan.

附录 1-4　固定资产投资(不含农户)增长速度
Investment in Fixed Assets Growth Rate

单位:%　　(%)

地　区	Region	2019	2020	2021	2022	2023
全国总计	**Total**	**5.4**	**2.9**	**4.9**	**5.1**	**3.0**
北　京	Beijing	-2.5	2.2	4.9	3.6	4.9
天　津	Tianjin	13.1	3.0	4.8	-9.9	-16.4
河　北	Hebei	6.5	3.2	3.0	7.9	6.3
山　西	Shanxi	9.3	10.6	8.7	5.9	-6.6
内蒙古	Inner Mongolia	6.7	-1.5	9.8	17.6	19.8
辽　宁	Liaoning	0.3	2.6	2.6	3.6	4.0
吉　林	Jilin	-16.2	8.3	11.0	-2.4	0.3
黑龙江	Heilongjiang	6.3	3.6	6.4	0.6	-14.8
上　海	Shanghai	5.1	10.3	8.0	-1.0	13.8
江　苏	Jiangsu	5.1	0.3	5.8	3.8	5.2
浙　江	Zhejiang	10.0	5.4	10.8	9.1	6.1
安　徽	Anhui	9.2	5.1	9.4	9.0	4.0
福　建	Fujian	5.9	-0.4	6.0	7.5	2.5
江　西	Jiangxi	9.2	8.2	10.8	8.6	-5.9
山　东	**Shandong**	**-8.2**	**3.6**	**6.0**	**6.1**	**5.2**
河　南	Henan	8.0	4.3	4.5	6.7	2.1
湖　北	Hubei	10.7	-18.8	20.4	15.0	5.0
湖　南	Hunan	10.1	7.6	8.0	6.6	-3.1
广　东	Guangdong	11.1	7.2	6.3	-2.6	2.5
广　西	Guangxi	9.6	4.2	7.6	0.1	-15.5
海　南	Hainan	-9.2	8.0	10.2	-4.2	1.1
重　庆	Chongqing	5.6	3.9	6.1	0.7	4.3
四　川	Sichuan	8.6	2.8	5.9	6.0	2.4
贵　州	Guizhou	0.9	3.2	-3.1	-5.1	-5.7
云　南	Yunnan	8.5	7.7	4.0	7.5	-10.6
西　藏	Xizang	-2.2	5.4	-14.2	-18.0	35.1
陕　西	Shaanxi	2.5	4.1	-3.0	8.1	0.2
甘　肃	Gansu	6.6	7.8	11.1	10.1	5.9
青　海	Qinghai	5.0	-12.2	-2.9	-7.6	-7.5
宁　夏	Ningxia	-10.3	4.0	2.2	10.2	5.5
新　疆	Xinjiang	2.5	16.2	15.0	7.6	12.4

附录 1-5 房地产开发企业（单位）房屋施工、竣工面积和商品房销售面积
Floor Space of Buildings for Real Estate Development

单位:万平方米 (10 000 sq.m)

地区	Region	房屋施工面积 Floor Space of Buildings under Construction		房屋竣工面积 Floor Space of Buildings Completed		商品房销售面积 Floor Space of Buildings Sold	
		2022	2023	2022	2023	2022	2023
全国总计	**Total**	**904999**	**838364**	**86222**	**99831**	**135837**	**111735**
北 京	Beijing	13333	12531	1938	2042	1040	1123
天 津	Tianjin	11085	9718	1504	1814	974	1177
河 北	Hebei	33652	31675	2523	3421	4616	4323
山 西	Shanxi	25351	24535	2127	2345	2257	2353
内蒙古	Inner Mongolia	15312	13649	1101	1217	1381	1512
辽 宁	Liaoning	22974	20860	1946	2242	2182	2071
吉 林	Jilin	11580	10529	724	671	1001	1057
黑龙江	Heilongjiang	9968	9080	732	829	926	858
上 海	Shanghai	16678	17216	1676	2096	1853	1808
江 苏	Jiangsu	62512	57386	7892	8817	12115	11019
浙 江	Zhejiang	55955	55611	6130	9934	6815	6106
安 徽	Anhui	40842	34994	5945	5634	7471	4678
福 建	Fujian	31735	27664	4063	4265	6054	4225
江 西	Jiangxi	22715	21609	1463	1935	6703	3433
山 东	**Shandong**	**75799**	**71308**	**6686**	**8862**	**11686**	**11287**
河 南	Henan	57697	52066	6452	6044	11141	6965
湖 北	Hubei	34933	31570	3281	3779	6385	5265
湖 南	Hunan	38367	31939	3436	4274	6793	5637
广 东	Guangdong	88663	82982	8161	8017	10591	9622
广 西	Guangxi	32203	29532	2345	2615	4371	2917
海 南	Hainan	9057	9091	751	741	644	900
重 庆	Chongqing	22699	20530	2796	3257	4439	3572
四 川	Sichuan	52211	47770	4072	4118	10340	8006
贵 州	Guizhou	26256	24785	967	1579	3847	2215
云 南	Yunnan	27403	25039	2565	3195	2938	2491
西 藏	Xizang	698	646	36	67	60	80
陕 西	Shaanxi	28712	28573	1976	2172	3309	2711
甘 肃	Gansu	12268	12102	918	1241	1470	1497
青 海	Qinghai	3349	3150	248	270	204	236
宁 夏	Ningxia	4918	4851	627	1039	716	690
新 疆	Xinjiang	16076	15376	1141	1298	1516	1903

附录 1-6　房地产开发企业(单位)投资和商品房销售额

Investment and Total Sale of Commercial Buildings of Enterprises for Real Estate Development

单位:亿元　　(100 million yuan)

地区	Region	房地产开发投资额 Investment for Real Estate		商品房销售额 Total Sale of Commercial Buildings		#住宅 Residential	
		2022	2023	2022	2023	2022	2023
全国总计	**Total**	**132895.4**	**110912.9**	**133307.8**	**116622.2**	**116747.0**	**102989.6**
北　京	Beijing	4178.5	4195.7	3976.9	4233.2	3545.3	3809.3
天　津	Tianjin	2127.9	1231.5	1516.4	1893.4	1421.6	1810.2
河　北	Hebei	4983.0	3093.5	3702.1	3538.6	3488.8	3374.1
山　西	Shanxi	1764.2	1751.5	1515.0	1588.2	1418.4	1505.1
内蒙古	Inner Mongolia	978.3	963.4	868.0	993.1	808.7	902.8
辽　宁	Liaoning	2362.0	1744.7	1814.7	1557.0	1659.7	1404.8
吉　林	Jilin	1014.8	823.8	696.3	730.2	631.0	671.9
黑龙江	Heilongjiang	628.6	457.0	569.4	554.4	506.7	488.5
上　海	Shanghai	4979.5	5885.8	7467.5	7260.0	6937.8	6685.2
江　苏	Jiangsu	12406.9	11891.3	14811.6	12682.1	13177.0	11269.7
浙　江	Zhejiang	12939.5	13197.9	12660.1	11503.8	11061.4	10147.4
安　徽	Anhui	6811.7	4659.4	5487.9	3872.8	4964.3	3563.8
福　建	Fujian	5515.4	4403.4	6502.4	4656.7	5284.3	3811.3
江　西	Jiangxi	2209.3	1580.7	4905.2	2482.4	4138.6	2100.7
山　东	**Shandong**	**9225.9**	**8168.9**	**9807.7**	**9541.5**	**8481.3**	**8174.2**
河　南	Henan	6793.4	4189.4	6724.8	4546.5	6152.3	4209.8
湖　北	Hubei	6172.0	5409.0	5413.3	4619.5	4821.7	3970.5
湖　南	Hunan	5180.3	3833.1	4312.3	3700.1	3800.1	3299.7
广　东	Guangdong	14963.0	13465.9	15870.5	15135.5	13428.5	13005.5
广　西	Guangxi	2307.4	1337.0	2390.1	1685.6	1908.0	1438.5
海　南	Hainan	1158.4	1170.7	1098.0	1493.8	924.9	1290.3
重　庆	Chongqing	3467.6	2792.4	3101.6	2475.0	2448.8	1953.3
四　川	Sichuan	7500.0	5320.6	8215.9	7170.2	6966.7	6286.1
贵　州	Guizhou	2403.7	1188.3	2193.6	1251.7	1909.0	1123.6
云　南	Yunnan	3152.0	2066.6	1999.4	1702.2	1736.1	1486.1
西　藏	Xizang	60.7	79.2	50.7	66.8	43.7	55.4
陕　西	Shaanxi	4254.8	2943.3	3270.5	2973.5	2958.8	2721.1
甘　肃	Gansu	1481.7	1263.1	835.5	900.8	780.5	845.7
青　海	Qinghai	296.1	201.4	145.0	166.5	127.7	154.4
宁　夏	Ningxia	419.9	436.1	502.1	479.4	451.0	441.0
新　疆	Xinjiang	1158.9	1168.5	883.5	1167.5	764.7	989.7

附录 1-7 一般公共预算收入
General Public Budget Revenue

单位:亿元 (100 million yuan)

地　区	Region	2018	2019	2020	2021	2022	2023
地方总计	**Total**	**97903.4**	**101080.6**	**100143.2**	**111084.2**	**108762.2**	**117218.6**
北　京	Beijing	5785.9	5817.1	5483.9	5932.3	5714.4	6181.1
天　津	Tianjin	2106.2	2410.4	1923.1	2141.1	1846.7	2027.3
河　北	Hebei	3513.9	3739.0	3826.5	4167.6	4056.3	4286.2
山　西	Shanxi	2292.7	2347.7	2296.6	2834.5	3454.0	3479.2
内蒙古	Inner Mongolia	1857.6	2059.7	2051.2	2349.9	2824.4	3083.4
辽　宁	Liaoning	2616.1	2652.4	2655.8	2765.6	2525.1	2754.0
吉　林	Jilin	1240.9	1116.9	1085.0	1144.0	851.0	1074.8
黑龙江	Heilongjiang	1282.6	1262.8	1152.5	1300.5	1290.7	1396.0
上　海	Shanghai	7108.1	7165.1	7046.3	7771.8	7608.2	8312.5
江　苏	Jiangsu	8630.2	8802.4	9059.0	10015.2	9258.9	9930.2
浙　江	Zhejiang	6598.2	7048.6	7248.2	8262.6	8039.9	8600.0
安　徽	Anhui	3048.7	3182.7	3216.0	3498.2	3589.1	3939.0
福　建	Fujian	3007.4	3052.9	3079.0	3383.4	3339.2	3591.9
江　西	Jiangxi	2373.0	2487.4	2507.5	2812.2	2948.3	3059.6
山　东	**Shandong**	**6485.4**	**6526.7**	**6559.9**	**7284.5**	**7104.1**	**7464.7**
河　南	Henan	3766.0	4041.9	4168.8	4353.9	4250.4	4512.1
湖　北	Hubei	3307.1	3388.6	2511.5	3283.3	3281.1	3692.3
湖　南	Hunan	2860.8	3007.1	3008.7	3250.7	3101.8	3360.5
广　东	Guangdong	12105.3	12654.5	12923.8	14105.0	13260.9	13851.3
广　西	Guangxi	1681.4	1811.9	1716.9	1800.2	1687.7	1783.8
海　南	Hainan	752.7	814.1	816.1	921.2	832.4	900.7
重　庆	Chongqing	2265.5	2134.9	2094.9	2285.5	2103.4	2440.7
四　川	Sichuan	3911.0	4070.8	4260.9	4773.2	4880.5	5529.1
贵　州	Guizhou	1726.9	1767.5	1786.8	1969.4	1886.4	2078.3
云　南	Yunnan	1994.3	2073.6	2116.7	2278.3	1949.5	2149.4
西　藏	Xizang	230.4	222.0	221.0	215.6	179.6	236.6
陕　西	Shaanxi	2243.1	2287.9	2257.3	2775.4	3311.6	3437.4
甘　肃	Gansu	871.1	850.5	874.6	1001.9	907.6	1003.5
青　海	Qinghai	272.9	282.2	298.0	328.8	329.1	381.3
宁　夏	Ningxia	436.5	423.6	419.4	460.0	460.1	502.3
新　疆	Xinjiang	1531.4	1577.6	1477.2	1618.6	1889.8	2179.7

注:1.本表数据为地方财政本级收入。2.由于体制调整，2022年起新疆数据包含新疆生产建设兵团。
a)Data in this table are the revenue of local governments.
b)Due to institutional adjustments, Since 2022, Xinjiang data includes the data of Xinjiang Production and Construction Corps.

附录 1-8　一般公共预算支出

General Public Budget Expenditure

单位:亿元　　(100 million yuan)

地　区	Region	2018	2019	2020	2021	2022	2023
地方总计	**Total**	**188196.3**	**203743.2**	**210583.5**	**210623.0**	**224981.3**	**236354.4**
北　京	Beijing	7471.4	7408.2	7116.2	7205.1	7469.2	7971.6
天　津	Tianjin	3103.2	3555.7	3151.4	3152.5	2729.8	3280.5
河　北	Hebei	7726.2	8309.0	9022.8	8848.2	9305.6	9605.7
山　西	Shanxi	4283.9	4710.8	5110.9	5046.6	5876.5	6351.2
内蒙古	Inner Mongolia	4831.5	5100.9	5270.2	5239.6	5887.7	6817.5
辽　宁	Liaoning	5337.7	5745.1	6014.2	5879.2	6261.4	6567.3
吉　林	Jilin	3789.6	3933.4	4127.2	3696.8	4044.0	4406.9
黑龙江	Heilongjiang	4676.8	5011.6	5449.4	5104.8	5452.0	5776.7
上　海	Shanghai	8351.5	8179.3	8102.1	8430.9	9393.2	9638.5
江　苏	Jiangsu	11657.4	12573.6	13681.6	14585.3	14901.4	15242.7
浙　江	Zhejiang	8629.5	10053.0	10082.0	11014.6	12017.8	12353.1
安　徽	Anhui	6572.1	7392.2	7473.6	7591.1	8379.8	8638.2
福　建	Fujian	4832.7	5077.9	5216.1	5204.7	5691.2	5868.4
江　西	Jiangxi	5667.5	6386.8	6674.1	6778.9	7289.1	7500.6
山　东	**Shandong**	**10101.0**	**10739.8**	**11233.5**	**11713.2**	**12128.6**	**12582.7**
河　南	Henan	9217.7	10163.9	10372.7	9784.3	10646.7	11062.6
湖　北	Hubei	7258.3	7970.2	8442.9	7933.7	8623.9	9295.8
湖　南	Hunan	7479.6	8034.4	8403.1	8325.5	8991.6	9584.5
广　东	Guangdong	15729.3	17297.9	17430.8	18247.0	18533.1	18510.9
广　西	Guangxi	5310.7	5851.0	6179.5	5806.5	5893.3	6102.6
海　南	Hainan	1691.3	1858.6	1972.5	1971.4	2097.4	2257.3
重　庆	Chongqing	4540.9	4847.7	4893.9	4835.1	4892.8	5304.6
四　川	Sichuan	9707.5	10348.2	11198.5	11215.7	11914.7	12731.7
贵　州	Guizhou	5029.7	5948.7	5739.5	5590.0	5851.4	6202.8
云　南	Yunnan	6075.0	6770.1	6974.0	6634.4	6699.8	6730.3
西　藏	Xizang	1970.7	2187.7	2210.9	2027.0	2593.0	2809.1
陕　西	Shaanxi	5302.4	5718.5	5930.3	6069.2	6761.0	7180.9
甘　肃	Gansu	3772.2	3951.6	4163.4	4032.6	4257.2	4518.5
青　海	Qinghai	1647.4	1863.7	1932.8	1854.5	1975.1	2188.7
宁　夏	Ningxia	1419.1	1438.3	1480.4	1427.9	1587.8	1751.5
新　疆	Xinjiang	5012.5	5315.5	5533.2	5376.9	6835.4	7521.3

注:由于体制调整，2022年起新疆数据包含新疆生产建设兵团。

a)Due to institutional adjustments, Since 2022, Xinjiang data includes the data of Xinjiang Production and Construction Corps.

附录 1-9 居民消费价格分类指数(2023年)
Consumer Price Indices by Category (2023)

(上年=100) (preceding year=100)

地区	Region	居民消费价格指数 Consumer Price Indices	食品烟酒 Food, Tobacco, Liquor	衣着 Clothing	居住 Residence	生活用品及服务 Daily Necessities and Services	交通和通信 Transportation and Communication	教育文化和娱乐 Recreation, Education and Culture	医疗保健 Medical Care	其他用品和服务 Other Supplies and Services
全　国	**Total**	**100.2**	**100.3**	**101.0**	**100.0**	**100.1**	**97.7**	**102.0**	**101.1**	**103.2**
北　京	Beijing	100.4	100.1	100.6	100.3	100.3	98.3	102.8	100.2	104.2
天　津	Tianjin	100.4	100.5	101.0	100.5	100.0	97.2	103.1	100.4	103.6
河　北	Hebei	100.6	100.5	102.3	100.3	100.6	97.6	101.5	103.2	103.2
山　西	Shanxi	99.9	99.8	100.3	100.0	100.3	98.0	100.4	100.9	102.4
内蒙古	Inner Mongolia	100.6	100.6	101.2	100.1	100.5	98.0	101.5	103.3	103.5
辽　宁	Liaoning	100.1	100.1	100.5	100.4	100.2	98.1	101.0	100.1	103.1
吉　林	Jilin	99.9	99.3	100.1	100.0	100.2	97.8	101.4	100.7	103.4
黑龙江	Heilongjiang	100.6	100.6	101.7	100.1	100.3	98.1	101.6	102.5	102.8
上　海	Shanghai	100.3	98.8	102.0	100.2	100.4	99.1	103.6	100.2	104.8
江　苏	Jiangsu	100.4	101.0	101.4	100.0	100.6	96.7	101.8	103.2	103.9
浙　江	Zhejiang	100.3	100.6	101.0	99.6	100.4	97.9	102.8	101.0	103.6
安　徽	Anhui	100.2	100.5	101.6	99.7	100.1	97.5	102.0	100.7	103.2
福　建	Fujian	100.0	100.9	100.0	99.8	99.9	96.7	101.6	100.7	103.1
江　西	Jiangxi	100.3	100.4	101.9	100.1	99.8	97.5	102.3	100.7	103.3
山　东	**Shandong**	**100.1**	**100.3**	**100.6**	**100.1**	**100.0**	**97.7**	**102.0**	**100.2**	**103.7**
河　南	Henan	99.8	99.6	99.8	99.6	99.6	97.9	101.4	100.9	103.2
湖　北	Hubei	100.1	99.9	101.3	100.4	100.2	97.5	101.8	100.5	102.9
湖　南	Hunan	100.2	99.4	101.0	100.4	100.1	98.0	101.6	102.0	103.0
广　东	Guangdong	100.4	101.4	101.8	99.5	99.9	97.7	102.7	100.4	102.3
广　西	Guangxi	99.8	100.0	102.1	99.1	99.0	96.9	101.8	101.5	102.1
海　南	Hainan	100.3	101.3	99.8	99.4	100.2	98.5	101.8	99.8	102.0
重　庆	Chongqing	99.7	98.6	101.0	100.2	99.8	98.8	101.3	100.2	102.4
四　川	Sichuan	100.0	99.8	99.0	100.4	100.0	97.9	102.5	100.6	102.6
贵　州	Guizhou	99.7	99.8	102.0	99.8	100.0	97.3	100.4	100.0	101.9
云　南	Yunnan	100.3	100.9	100.5	100.3	100.2	97.2	102.2	100.7	103.0
西　藏	Xizang	99.9	99.9	100.1	100.2	100.0	98.1	100.6	101.0	103.7
陕　西	Shaanxi	100.1	99.8	100.4	100.4	99.7	97.9	101.0	101.4	103.8
甘　肃	Gansu	100.5	100.3	100.2	99.6	100.0	99.2	101.6	103.5	103.2
青　海	Qinghai	100.5	99.4	100.5	100.1	100.1	99.2	104.2	102.1	103.5
宁　夏	Ningxia	100.4	100.3	100.5	100.6	99.8	98.5	101.7	100.8	104.6
新　疆	Xinjiang	100.0	99.6	102.5	100.0	99.4	98.0	101.0	100.3	104.4

附录 1-10　全体居民人均收支情况

Per Capita Income and Expenditure of All Households

单位：元　　　　(yuan)

地　区 Region	人均可支配收入 Per Capita Disposable Income						人均消费支出 Per Capita Consumption Expenditure					
	2018	2019	2020	2021	2022	2023	2018	2019	2020	2021	2022	2023
全国总计 Total	**28228**	**30733**	**32189**	**35128**	**36883**	**39218**	**19853**	**21559**	**21210**	**24100**	**24538**	**26796**
北　京 Beijing	62361	67756	69434	75002	77415	81752	39843	43038	38903	43640	42683	47586
天　津 Tianjin	39506	42404	43854	47449	48976	51271	29903	31854	28461	33188	31324	34914
河　北 Hebei	23446	25665	27136	29383	30867	32903	16722	17987	18037	19954	20890	22920
山　西 Shanxi	21990	23828	25214	27426	29178	30924	14810	15863	15733	17191	17537	19756
内蒙古 Inner Mongolia	28376	30555	31497	34108	35921	38130	19665	20743	19794	22658	22298	27025
辽　宁 Liaoning	29701	31820	32738	35112	36089	37992	21398	22203	20672	23831	22604	24865
吉　林 Jilin	22798	24563	25751	27770	27975	29797	17200	18075	17318	19605	17898	21411
黑龙江 Heilongjiang	22726	24254	24902	27159	28346	29694	16994	18111	17056	20636	20412	22052
上　海 Shanghai	64183	69442	72232	78027	79610	84834	43351	45605	42536	48879	46045	52508
江　苏 Jiangsu	38096	41400	43390	47498	49862	52674	25007	26697	26225	31451	32848	35491
浙　江 Zhejiang	45840	49899	52397	57541	60302	63830	29471	32026	31295	36668	38971	42194
安　徽 Anhui	23984	26415	28103	30904	32745	34893	17045	19137	18877	21911	22542	23607
福　建 Fujian	32644	35616	37202	40659	43118	45426	22996	25314	25126	28440	30042	31869
江　西 Jiangxi	24080	26262	28017	30610	32419	34242	15792	17650	17955	20290	21708	23379
山　东 Shandong	**29205**	**31597**	**32886**	**35705**	**37560**	**39890**	**18780**	**20427**	**20940**	**22821**	**22640**	**24293**
河　南 Henan	21964	23903	24810	26811	28222	29933	15169	16332	16143	18391	19019	21011
湖　北 Hubei	25815	28319	27881	30829	32914	35146	19538	21567	19246	23846	24828	27106
湖　南 Hunan	25241	27680	29380	31993	34036	35895	18808	20479	20998	22798	24083	25462
广　东 Guangdong	35810	39014	41029	44993	47065	49327	26054	28995	28492	31589	32169	34331
广　西 Guangxi	21485	23328	24562	26727	27981	29514	14935	16418	16357	18088	18343	19749
海　南 Hainan	24579	26679	27904	30457	30957	33192	17528	19555	18972	22242	21500	23752
重　庆 Chongqing	26386	28920	30824	33803	35666	37595	19248	20774	21678	24598	25371	26515
四　川 Sichuan	22461	24703	26522	29080	30679	32514	17664	19338	19783	21518	22302	23550
贵　州 Guizhou	18430	20397	21795	23996	25508	27098	13798	14780	14874	17957	17939	20161
云　南 Yunnan	20084	22082	23295	25666	26937	28421	14250	15780	16792	18851	18951	20995
西　藏 Xizang	17286	19501	21744	24950	26675	28983	11520	13029	13225	15342	15886	17220
陕　西 Shaanxi	22528	24666	26226	28568	30116	32128	16160	17465	17418	19347	19848	22012
甘　肃 Gansu	17488	19139	20335	22066	23273	25011	14624	15879	16175	17456	17489	19013
青　海 Qinghai	20757	22618	24037	25919	27000	28587	16557	17545	18284	19020	17261	20327
宁　夏 Ningxia	22400	24412	25735	27904	29599	31604	16715	18297	17506	20024	19136	21629
新　疆 Xinjiang	21500	23103	23845	26075	27063	28947	16189	17397	16512	18961	17927	19715

附录 1-11 城镇居民人均收支情况
Per Capita Income and Expenditure of Urban Households

单位：元 (yuan)

地 区 Region	人均可支配收入 Per Capita Disposable Income						人均消费支出 Per Capita Consumption Expenditure					
	2018	2019	2020	2021	2022	2023	2018	2019	2020	2021	2022	2023
全国总计 Total	**39251**	**42359**	**43834**	**47412**	**49283**	**51821**	**26112**	**28063**	**27007**	**30307**	**30391**	**32994**
北 京 Beijing	67990	73849	75602	81518	84023	88650	42926	46358	41726	46776	45617	50897
天 津 Tianjin	42976	46119	47659	51486	53003	55355	32655	34811	30895	36067	33824	37586
河 北 Hebei	32977	35738	37286	39791	41278	43631	22127	23483	23167	24192	25071	27906
山 西 Shanxi	31035	33262	34793	37433	39532	41327	19790	21159	20332	21965	21923	24524
内蒙古 Inner Mongolia	38305	40782	41353	44377	46295	48676	24437	25383	23888	27194	26667	32249
辽 宁 Liaoning	37342	39777	40376	43051	44003	45896	26448	27355	24849	28438	26652	29091
吉 林 Jilin	30172	32299	33396	35646	35471	37503	22394	23394	21623	24421	21835	26677
黑龙江 Heilongjiang	29191	30945	31115	33646	35042	36492	21035	22165	20397	24422	24011	25882
上 海 Shanghai	68034	73615	76437	82429	84034	89477	46015	48272	44839	51295	48111	54919
江 苏 Jiangsu	47200	51056	53102	57743	60178	63211	29462	31329	30882	36558	37796	40461
浙 江 Zhejiang	55574	60182	62699	68487	71268	74997	34598	37508	36197	42193	44511	47762
安 徽 Anhui	34393	37540	39442	43009	45133	47446	21523	23782	22683	26495	26832	27900
福 建 Fujian	42121	45620	47160	51140	53817	56153	28145	30946	30487	33942	35692	37674
江 西 Jiangxi	33819	36546	38556	41684	43697	45554	20760	22714	22134	24587	25976	27733
山 东 Shandong	**39549**	**42329**	**43726**	**47066**	**49050**	**51571**	**24798**	**26731**	**27291**	**29314**	**28555**	**30251**
河 南 Henan	31874	34201	34750	37095	38484	40234	20989	21972	20645	23178	23539	25570
湖 北 Hubei	34455	37601	36706	40278	42626	44990	23996	26422	22885	28506	29121	31500
湖 南 Hunan	36698	39842	41698	44866	47301	49243	25064	26924	26796	28294	29580	31035
广 东 Guangdong	44341	48118	50257	54854	56905	59307	30924	34424	33511	36621	36936	39333
广 西 Guangxi	32436	34745	35859	38530	39703	41287	20159	21591	20907	22555	22438	24427
海 南 Hainan	33349	36017	37097	40213	40118	42661	22971	25317	23560	27565	26418	28930
重 庆 Chongqing	34889	37939	40006	43502	45509	47435	24154	25785	26464	29850	30574	31531
四 川 Sichuan	33216	36154	38253	41444	43233	45227	23484	25367	25133	26971	27637	29280
贵 州 Guizhou	31592	34404	36096	39211	41086	42772	20788	21402	20587	25333	24230	27693
云 南 Yunnan	33488	36238	37500	40905	42168	43563	21626	23455	24569	27441	26240	28338
西 藏 Xizang	33797	37410	41156	46503	48753	51900	23029	25637	24927	28159	28265	28858
陕 西 Shaanxi	33319	36098	37868	40713	42431	44713	21966	23514	22866	24784	24766	27303
甘 肃 Gansu	29957	32323	33822	36187	37572	39833	22606	24454	24615	25757	25207	27044
青 海 Qinghai	31515	33830	35506	37745	38736	40408	22998	23799	24315	24513	21700	25373
宁 夏 Ningxia	31895	34328	35720	38291	40194	42395	21977	24161	22379	25386	24213	27076
新 疆 Xinjiang	32764	34664	34838	37642	38410	40578	24191	25594	22952	25724	24142	26134

附录 1-12　农村居民人均收支情况
Per Capita Income and Expenditure of Rural Households

单位：元　　　　(yuan)

地　区　Region	人均可支配收入 Per Capita Disposable Income						人均消费支出 Per Capita Consumption Expenditure					
	2018	2019	2020	2021	2022	2023	2018	2019	2020	2021	2022	2023
全国总计 Total	**14617**	**16021**	**17131**	**18931**	**20133**	**21691**	**12124**	**13328**	**13713**	**15916**	**16632**	**18175**
北　京 Beijing	26490	28928	30126	33303	34754	37358	20195	21881	20913	23574	23745	26277
天　津 Tianjin	23065	24804	25691	27955	29018	30851	16863	17843	16844	19285	18934	21553
河　北 Hebei	14031	15373	16467	18179	19364	20688	11383	12372	12644	15391	16271	17244
山　西 Shanxi	11750	12902	13878	15308	16323	17677	9172	9728	10290	11410	12091	13684
内蒙古 Inner Mongolia	13803	15283	16567	18337	19641	21221	12661	13816	13594	15691	15444	18650
辽　宁 Liaoning	14656	16108	17450	19217	19908	21483	11455	12030	12311	14606	14326	16040
吉　林 Jilin	13748	14936	16067	17642	18134	19472	10826	11457	11864	13411	12729	14354
黑龙江 Heilongjiang	13804	14982	16168	17889	18577	19756	11417	12495	12360	15225	15162	16453
上　海 Shanghai	30375	33195	34911	38521	39729	42988	19965	22449	22095	27205	27430	30782
江　苏 Jiangsu	20845	22675	24198	26791	28486	30488	16567	17716	17022	21130	22597	25029
浙　江 Zhejiang	27302	29876	31930	35247	37565	40311	19707	21352	21555	25415	27483	30468
安　徽 Anhui	13996	15416	16620	18372	19575	21144	12748	14546	15024	17163	17980	18905
福　建 Fujian	17821	19568	20880	23229	24987	26722	14943	16281	16339	19290	20467	21746
江　西 Jiangxi	14460	15796	16981	18684	19936	21358	10885	12497	13579	15663	16984	18421
山　东 Shandong	**16297**	**17775**	**18753**	**20794**	**22110**	**23776**	**11270**	**12309**	**12660**	**14299**	**14687**	**16075**
河　南 Henan	13831	15164	16108	17533	18697	20053	10392	11546	12201	14073	14824	16638
湖　北 Hubei	14978	16391	16306	18259	19709	21293	13946	15328	14472	17647	18991	20922
湖　南 Hunan	14093	15395	16585	18295	19546	20921	12721	13969	14974	16951	18078	19210
广　东 Guangdong	17168	18818	20143	22306	23598	25142	15411	16949	17132	20012	20800	22209
广　西 Guangxi	12435	13676	14815	16363	17433	18656	10617	12045	12431	14165	14658	15435
海　南 Hainan	13989	15113	16279	18076	19117	20708	10956	12418	13169	15487	15145	16924
重　庆 Chongqing	13781	15133	16361	18100	19313	20820	11977	13112	14140	16096	16727	17964
四　川 Sichuan	13331	14670	15929	17575	18672	19978	12723	14056	14953	16444	17199	17901
贵　州 Guizhou	9716	10756	11642	12856	13707	14817	9170	10222	10818	12557	13172	14260
云　南 Yunnan	10768	11902	12842	14197	15147	16361	9123	10260	11069	12386	13309	15147
西　藏 Xizang	11450	12951	14598	16932	18209	19924	7452	8418	8917	10577	11139	12619
陕　西 Shaanxi	11213	12326	13316	14745	15704	16992	10071	10935	11376	13158	14094	15647
甘　肃 Gansu	8804	9629	10344	11433	12165	13131	9065	9694	9923	11206	11494	12575
青　海 Qinghai	10393	11499	12342	13604	14456	15614	10352	11343	12134	13300	12516	14790
宁　夏 Ningxia	11708	12858	13889	15337	16430	17772	10790	11465	11724	13536	12825	14649
新　疆 Xinjiang	11975	13122	14056	15575	16550	17948	9421	10318	10778	12821	12169	13645

附录 1-13 农林牧渔业总产值及增长速度(2023年)

Gross Output Value and Growth Rate of Farming,Forestry, Animal Husbandry and Fishery(2023)

地 区	Region	农林牧渔业总产值(亿元) Gross Output Value (100 million yuan)	#农业 Farming	#林业 Forestry	#牧业 Animal Husbandry	#渔业 Fishery	农林牧渔业总产值比上年增长(%) Growth Rate (%)
全国总计	**Total**	**158507.2**	**87073.4**	**7006.1**	**38964.6**	**16116.2**	**4.2**
北 京	Beijing	252.6	135.6	65.9	42.0	4.0	-4.6
天 津	Tianjin	511.3	269.4	6.0	145.5	71.9	1.3
河 北	Hebei	7770.9	4081.0	259.1	2395.0	351.2	3.0
山 西	Shanxi	2291.7	1332.7	177.4	642.8	9.6	4.0
内蒙古	Inner Mongolia	4447.3	2288.0	116.9	1898.7	32.2	5.5
辽 宁	Liaoning	5266.8	2284.5	144.6	1691.5	957.0	4.7
吉 林	Jilin	3128.0	1494.5	70.1	1402.2	65.4	5.0
黑龙江	Heilongjiang	6492.5	4200.4	208.0	1722.9	155.1	2.6
上 海	Shanghai	269.6	145.2	7.2	47.0	52.7	-0.7
江 苏	Jiangsu	8935.5	4844.1	188.4	1230.1	1903.2	3.9
浙 江	Zhejiang	3978.0	1871.9	198.3	393.2	1375.3	4.2
安 徽	Anhui	6247.9	2906.3	479.9	1746.3	689.5	4.4
福 建	Fujian	5729.2	2193.5	454.8	1083.4	1789.6	4.3
江 西	Jiangxi	4198.9	2003.4	399.8	978.3	554.1	4.2
山 东	**Shandong**	**12531.9**	**6462.4**	**244.5**	**2973.7**	**1807.6**	**5.1**
河 南	Henan	10304.6	6471.2	162.2	2596.0	141.5	2.2
湖 北	Hubei	9106.9	4428.8	356.3	1934.3	1602.0	4.4
湖 南	Hunan	8199.4	4141.5	513.7	2232.1	635.0	3.7
广 东	Guangdong	9202.1	4431.0	562.7	1696.8	2005.3	5.1
广 西	Guangxi	7229.3	4253.5	543.7	1505.3	583.0	4.7
海 南	Hainan	2410.3	1319.7	111.4	334.2	523.0	4.8
重 庆	Chongqing	3154.3	1978.0	188.1	766.6	142.9	4.5
四 川	Sichuan	9977.8	5821.7	481.8	3035.6	359.1	4.0
贵 州	Guizhou	4953.6	3360.3	358.5	907.9	81.2	4.0
云 南	Yunnan	6834.5	4041.8	485.2	1969.3	125.4	4.3
西 藏	Xizang	320.1	132.6	9.5	170.0	0.3	13.1
陕 西	Shaanxi	4724.9	3468.1	96.4	864.4	36.7	4.0
甘 肃	Gansu	2927.7	2001.6	37.3	700.1	1.8	6.1
青 海	Qinghai	575.6	259.3	12.6	290.9	4.3	4.7
宁 夏	Ningxia	885.7	459.5	10.6	358.0	22.8	7.6
新 疆	Xinjiang	5648.3	3991.4	55.6	1210.6	33.6	6.5

注：本表绝对数按当年价格计算，增长速度按可比价格计算。

a) Absolute figures in this table are calculated at current prices while growth rate at constant prices.

附录 1-14 主要农产品产量(2023年)
Output of Major Agriculture Products(2023)

单位:万吨　　(10 000 tons)

地区	Region	粮食 Grain	油料 Oil Crops	棉花 Cotton	蔬菜 Vegetables	水果 Fruits	肉类 Meat	#猪肉 Pork	#牛肉 Beef	#羊肉 Mutton	奶类 Milk
全国总计	**Total**	**69541.0**	**3863.7**	**561.8**	**82868.1**	**32744.3**	**9748.2**	**5794.3**	**752.7**	**531.3**	**4281.3**
北京	Beijing	47.8	1.0		207.5	41.8	4.2	2.7	0.5	0.2	26.5
天津	Tianjin	255.7	0.4	0.1	253.7	42.3	31.5	17.4	3.2	1.1	54.1
河北	Hebei	3809.9	118.3	10.4	5498.0	1563.2	495.0	283.3	59.4	37.5	574.3
山西	Shanxi	1478.1	17.9		1065.9	1082.8	155.0	99.5	10.2	12.0	147.5
内蒙古	Inner Mongolia	3957.8	206.2		1097.1	213.3	291.2	75.7	77.8	108.8	794.9
辽宁	Liaoning	2563.4	128.1		2139.7	928.2	473.7	249.1	32.0	6.8	136.0
吉林	Jilin	4186.5	88.4		540.0	157.2	309.4	158.5	49.1	9.0	30.9
黑龙江	Heilongjiang	7788.2	16.5		870.5	188.9	328.5	201.8	55.2	15.6	504.3
上海	Shanghai	101.9	0.6		254.8	31.7	12.2	10.7		0.2	30.7
江苏	Jiangsu	3797.7	103.4	0.5	6135.6	1015.2	331.7	191.3	3.3	6.5	72.9
浙江	Zhejiang	638.8	35.6	0.3	1992.5	733.4	119.9	80.8	1.5	2.5	20.9
安徽	Anhui	4150.8	189.0	2.0	2630.1	828.8	497.1	262.4	11.7	22.0	53.6
福建	Fujian	511.0	24.4		1804.8	914.3	311.4	135.5	2.8	2.3	25.4
江西	Jiangxi	2198.3	148.1	2.2	1860.9	799.0	369.1	257.4	17.8	3.2	6.3
山东	**Shandong**	**5655.3**	**280.7**	**12.6**	**9272.4**	**3208.2**	**910.1**	**382.8**	**58.2**	**32.8**	**318.3**
河南	Henan	6624.3	703.0	0.7	8045.6	2561.6	679.1	465.3	38.0	27.3	241.8
湖北	Hubei	2777.0	394.9	9.6	4502.7	1191.5	457.9	347.2	17.2	10.5	9.0
湖南	Hunan	3068.0	293.1	7.6	4488.8	1266.1	582.6	461.8	20.4	16.9	8.0
广东	Guangdong	1285.2	121.0		4099.3	2127.8	507.5	298.0	4.4	1.9	20.3
广西	Guangxi	1395.4	80.8	0.1	4425.0	3553.2	478.9	276.0	15.3	4.3	13.8
海南	Hainan	147.0	7.9		632.9	592.6	76.4	42.1	2.0	1.1	0.3
重庆	Chongqing	1095.9	77.5		2362.0	645.9	215.8	158.2	8.5	6.9	3.1
四川	Sichuan	3593.8	438.6		5417.9	1490.4	697.1	489.7	39.1	27.1	72.1
贵州	Guizhou	1119.7	111.0		3470.0	756.7	246.9	184.6	22.2	4.8	3.7
云南	Yunnan	1974.0	68.5		2960.8	1380.9	536.1	405.4	44.7	22.3	73.9
西藏	Xizang	108.9	5.0		88.4	3.1	31.3	1.7	23.7	5.5	64.3
陕西	Shaanxi	1323.7	60.6		2151.2	2335.5	135.7	104.5	9.0	10.4	163.9
甘肃	Gansu	1272.9	63.1	4.2	1822.6	1044.0	157.4	72.7	29.8	40.9	102.8
青海	Qinghai	116.2	32.1		158.5	2.5	41.4	5.2	22.8	13.0	33.9
宁夏	Ningxia	378.8	4.6		544.5	310.5	41.4	8.6	14.4	15.1	430.6
新疆	Xinjiang	2119.2	43.2	511.2	2074.2	1733.8	222.6	64.4	58.4	62.8	243.2

附录 1-15 主要工业产品产量(2023年)

Output of Major Industrial Products(2023)

地区	Region	农用化肥(折纯)(万吨) Chemical Fertilizer (10 000 tons)	生铁(万吨) Pig Iron (10 000 tons)	粗钢(万吨) Crude Steel (10 000 tons)	钢材(万吨) Steel (10 000 tons)	水泥(万吨) Cement (10 000 tons)
全国总计	**Total**	**5713.6**	**87101.3**	**101908.1**	**136268.2**	**202293.0**
北京	Beijing				183.7	200.0
天津	Tianjin	61.0	1895.3	1644.5	5991.9	484.0
河北	Hebei	232.6	19530.7	21050.6	29792.6	9982.0
山西	Shanxi	425.9	6015.3	6292.0	6876.6	4660.6
内蒙古	Inner Mongolia	466.7	2347.9	3266.9	3385.8	3729.6
辽宁	Liaoning	38.1	6948.9	7344.1	7848.4	3814.0
吉林	Jilin	19.0	1359.9	1452.5	1588.2	2032.1
黑龙江	Heilongjiang	82.8	865.7	956.4	933.3	1944.7
上海	Shanghai	0.8	1460.4	1573.3	1917.2	441.7
江苏	Jiangsu	187.1	9762.2	11859.2	16193.9	14280.3
浙江	Zhejiang	33.4	873.6	1445.7	3155.8	12710.8
安徽	Anhui	215.4	3111.2	3891.5	4164.9	13251.7
福建	Fujian	23.2	1486.1	3405.5	3956.8	8038.7
江西	Jiangxi	91.7	2446.7	2658.5	3646.3	8341.1
山东	**Shandong**	**465.8**	**7293.9**	**7455.9**	**10858.5**	**12894.3**
河南	Henan	432.3	2819.1	3262.4	3400.2	9553.9
湖北	Hubei	670.9	2863.8	3640.9	3848.6	9892.7
湖南	Hunan	58.0	2180.8	2415.6	2890.8	8285.9
广东	Guangdong	10.7	2437.6	3692.1	6319.1	14322.3
广西	Guangxi	27.4	3402.1	3816.6	5200.5	9998.8
海南	Hainan	65.5				1545.4
重庆	Chongqing	184.2	651.6	889.7	2072.2	5477.8
四川	Sichuan	316.5	1983.6	2688.8	4045.9	12151.6
贵州	Guizhou	243.6	390.6	443.6	579.9	5883.4
云南	Yunnan	250.6	1472.1	2309.6	2459.0	9610.5
西藏	Xizang					1198.4
陕西	Shaanxi	155.8	1182.8	1426.6	1629.4	5768.4
甘肃	Gansu	21.0	814.7	1108.9	1179.4	4125.5
青海	Qinghai	476.8	67.1	73.8	69.7	1192.2
宁夏	Ningxia	73.9	326.4	596.2	582.2	1670.0
新疆	Xinjiang	382.6	1111.4	1246.9	1497.3	4810.5

附录 1-15 续表 continued

地区	Region	布（亿米） Cloth (100 million m)	家用电冰箱（万台） Home Refrigerators (10 000 units)	汽车（万辆） Motor Vehicles (10 000 sets)	移动通信手持机（万台） Mobile Communication Handsets (10 000 units)	微型计算机设备（万台） Microcomputer Equipments (10 000 units)
全国总计	**Total**	**294.9**	**9632.3**	**3011.3**	**156642.2**	**33056.9**
北京	Beijing			100.3	10286.8	615.8
天津	Tianjin	0.1		89.5		
河北	Hebei	8.1		84.1		
山西	Shanxi	0.2		10.6	2009.2	19.5
内蒙古	Inner Mongolia			10.6		
辽宁	Liaoning	0.7	179.2	94.3	6.2	
吉林	Jilin	0.3		155.9		
黑龙江	Heilongjiang			9.0		1.0
上海	Shanghai	0.5		215.6	2367.1	1900.9
江苏	Jiangsu	50.7	1426.7	165.0	7893.9	2762.2
浙江	Zhejiang	67.6	517.5	152.6	3032.3	140.0
安徽	Anhui	5.0	2946.5	208.8		2125.8
福建	Fujian	22.7		33.2	852.6	466.1
江西	Jiangxi	5.7	77.5	48.0	9268.5	2370.8
山东	**Shandong**	**45.1**	**962.8**	**197.4**	**277.4**	**0.6**
河南	Henan	5.0	61.2	78.3	14510.9	165.5
湖北	Hubei	33.6	612.4	179.0	5387.7	1347.2
湖南	Hunan	0.8		44.7	1571.2	141.7
广东	Guangdong	15.9	2169.0	519.2	64944.2	7335.0
广西	Guangxi	0.3	205.9	97.5	2266.1	173.4
海南	Hainan			3.0		
重庆	Chongqing	1.6	150.3	231.8	8493.3	7400.5
四川	Sichuan	10.2	140.0	97.5	14567.0	5337.8
贵州	Guizhou	0.6	161.4	4.8	1458.0	2.8
云南	Yunnan			1.8	4187.4	743.7
西藏	Xizang					
陕西	Shaanxi	6.2	21.6	147.0	3126.4	2.9
甘肃	Gansu					
青海	Qinghai				120.4	
宁夏	Ningxia	0.5				
新疆	Xinjiang	13.3	0.2	1.9	15.5	3.6

附录 1-16 规模以上工业主要经济指标(2023年)
Main Indicators on Economic Efficiency of Industrial Enterprises above Designated Size(2023)

单位:亿元 (100 million yuan)

地区	Region	资产总计 Total Assets	流动资产合计 Total Current Assets	负债合计 Total Liabilities	营业收入 Business Revenue	营业成本 Business Cost	利润总额 Total Profits
全国总计	**Total**	**1673576.9**	**858703.3**	**955717.7**	**1334390.8**	**1130986.0**	**76858.3**
北京	Beijing	70966.8	28781.7	31221.9	27807.9	23453.0	1692.3
天津	Tianjin	26175.0	13139.4	14383.8	24004.7	20494.7	1443.7
河北	Hebei	63540.0	31183.9	40419.9	51584.8	46254.8	1166.0
山西	Shanxi	60004.6	28491.1	40744.0	34873.8	28865.9	2823.7
内蒙古	Inner Mongolia	46634.2	17031.3	26392.6	28466.0	22632.9	3020.2
辽宁	Liaoning	44009.7	21984.9	26307.7	35677.3	30675.0	1500.9
吉林	Jilin	20150.4	9440.8	11354.8	14019.0	11975.5	809.1
黑龙江	Heilongjiang	19756.2	9454.7	12142.7	11861.0	9918.4	396.2
上海	Shanghai	56468.5	32903.0	26936.4	44960.4	37183.6	2497.8
江苏	Jiangsu	186712.1	112975.8	102282.1	168354.6	143548.6	9344.4
浙江	Zhejiang	137728.0	78451.2	76430.5	110954.9	94350.2	5905.6
安徽	Anhui	62404.2	33319.0	35822.8	50875.0	43969.5	2418.4
福建	Fujian	53522.6	28449.4	29404.2	56505.5	48987.7	3429.3
江西	Jiangxi	36111.4	19501.5	21300.4	40922.2	36231.2	2068.0
山东	**Shandong**	**128440.2**	**67983.6**	**78788.3**	**113496.2**	**98484.6**	**5586.1**
河南	Henan	55334.1	27577.6	33778.4	46451.7	41096.5	1764.7
湖北	Hubei	56380.8	25796.0	30523.8	45935.9	39070.7	2344.8
湖南	Hunan	38578.5	18387.0	20330.7	39277.8	32271.9	2052.1
广东	Guangdong	210715.1	125048.1	122852.4	185803.6	155020.6	10575.2
广西	Guangxi	28584.0	13741.8	18901.3	23275.4	20813.5	706.9
海南	Hainan	5223.4	1930.5	3143.9	3532.8	2907.1	187.5
重庆	Chongqing	27778.7	15002.4	15783.9	26821.8	23147.5	1371.6
四川	Sichuan	69848.8	31196.7	38645.1	49344.7	40136.1	4506.1
贵州	Guizhou	20252.1	8715.1	12664.9	10085.6	7692.0	1072.7
云南	Yunnan	29151.4	11235.8	16115.5	19568.0	15661.9	1501.9
西藏	Xizang	2499.5	527.5	1297.7	554.9	409.8	51.3
陕西	Shaanxi	46055.9	21055.1	25370.2	28599.6	22024.3	3523.3
甘肃	Gansu	16321.3	6083.9	9558.6	11122.3	9513.8	514.0
青海	Qinghai	8402.3	3157.0	5203.1	4200.3	3405.2	486.4
宁夏	Ningxia	13741.4	4542.6	9210.6	7912.9	6798.2	377.4
新疆	Xinjiang	32085.9	11614.9	18405.8	17540.3	13991.1	1720.7

注：本表为快报数据。
a) Data in this table are preliminary data.

附录 1-17 建筑业总产值和房屋建筑面积

Output Value of Construction and Floor Space of Buildings

地　区	Region	总产值(亿元) Total Output Value (100 million yuan)		施工面积(万平方米) Floor Space of Buildings Under Construction (10 000 sq.m)		竣工面积(万平方米) Floor Space of Buildings Completed (10 000 sq.m)	
		2022	2023	2022	2023	2022	2023
全国总计	**Total**	**311979.8**	**315911.9**	**1564518.2**	**1513425.6**	**405477.2**	**385587.9**
北　京	Beijing	13866.1	14272.5	89888.3	104439.0	13815.4	13767.0
天　津	Tianjin	4751.3	5072.3	18808.4	17763.4	2722.0	3754.9
河　北	Hebei	6951.3	7261.3	35918.4	33436.5	7099.0	7800.0
山　西	Shanxi	6145.5	6147.1	22648.1	22173.4	5634.9	4205.7
内蒙古	Inner Mongolia	1332.8	1459.5	7045.5	6667.9	1096.3	1271.6
辽　宁	Liaoning	3936.9	4326.6	13329.4	11583.1	3633.2	3399.3
吉　林	Jilin	2100.7	2219.9	7047.1	5637.8	1882.6	2052.7
黑龙江	Heilongjiang	1414.5	1426.0	3868.0	3310.1	1056.8	1216.7
上　海	Shanghai	9273.9	10045.8	58203.1	56244.5	8757.5	9707.7
江　苏	Jiangsu	40660.0	43140.2	275135.4	258944.7	76318.6	73189.8
浙　江	Zhejiang	23861.1	24593.5	171655.1	165952.2	44915.4	46267.0
安　徽	Anhui	11702.6	12466.8	49670.7	59769.3	14856.9	15465.6
福　建	Fujian	17129.5	17383.4	87432.9	96623.9	20254.6	19447.0
江　西	Jiangxi	10694.8	10827.8	37048.4	35467.7	14682.6	12584.4
山　东	**Shandong**	**17559.6**	**18686.6**	**98827.9**	**97786.7**	**22917.7**	**22676.8**
河　南	Henan	15086.9	11476.8	66509.3	59861.0	18282.6	12653.3
湖　北	Hubei	21155.0	21348.2	91309.9	79153.4	33261.2	26825.1
湖　南	Hunan	14481.0	15176.1	76159.7	75122.3	23988.5	25459.6
广　东	Guangdong	22956.5	25195.3	107366.0	103432.0	24929.5	24153.4
广　西	Guangxi	7275.8	5933.1	27539.2	26725.7	8561.0	5789.5
海　南	Hainan	467.2	494.4	1861.8	1846.7	449.5	1396.0
重　庆	Chongqing	10369.4	9709.7	36185.8	31839.5	12601.6	11184.2
四　川	Sichuan	18675.2	17401.5	77718.4	62066.7	22398.7	18265.5
贵　州	Guizhou	4820.2	3939.0	16415.1	14179.3	3375.3	2452.2
云　南	Yunnan	8168.6	7890.9	17690.2	16324.1	5973.1	5674.1
西　藏	Xizang	203.8	228.9	262.6	330.0	117.5	241.6
陕　西	Shaanxi	10067.9	10340.5	40252.7	38932.8	6825.8	7774.8
甘　肃	Gansu	2477.7	2686.7	12228.8	11073.0	2030.5	2078.2
青　海	Qinghai	566.5	614.1	971.5	962.9	174.8	225.1
宁　夏	Ningxia	725.8	741.5	1802.3	1652.4	559.3	678.9
新　疆	Xinjiang	3101.5	3405.9	13718.3	14124.1	2304.9	3930.1

注：本表为快报数据(以下相关表同)。
a) Data in this table are preliminary data.(The same applies to the following relevant tables.)

附录 1-18 建筑业主要效益指标(2023年)

Main Economic Indicators on Construction Enterprises(2023)

地区	Region	企业个数(个) Number of Enterprises (unit)	从事建筑业活动的从业人员平均人数(万人) Average Number of Employed Persons (10 000 persons)	按建筑业总产值计算的劳动生产率(元/人) Labor Productivity in Terms of Total Output Value (yuan/person)	人均竣工产值(元/人) Per Capita Output Value of Buildings Completed (yuan/person)	人均施工面积(平方米/人) Per Capita Floor Space of Buildings Under Construction (sq.m/person)	人均竣工面积(平方米/人) Per Capita Floor Space of Buildings Completed (sq.m/person)
全国总计	**Total**	**157929**	**6795.3**	**464899**	**202364**	**222.7**	**56.7**
北京	Beijing	2701	229.3	622369	325375	455.4	60.0
天津	Tianjin	3351	77.8	651770	206351	228.3	48.2
河北	Hebei	4126	136.4	532247	191865	245.1	57.2
山西	Shanxi	3800	134.5	457106	142679	164.9	31.3
内蒙古	Inner Mongolia	1105	29.8	490057	186118	223.9	42.7
辽宁	Liaoning	5880	67.9	637236	204930	170.6	50.1
吉林	Jilin	2610	43.1	514767	225350	130.7	47.6
黑龙江	Heilongjiang	2056	38.5	370529	125551	86.0	31.6
上海	Shanghai	2429	145.8	688888	348191	385.7	66.6
江苏	Jiangsu	14761	1125.7	383245	256867	230.0	65.0
浙江	Zhejiang	10854	604.0	407193	233290	274.8	76.6
安徽	Anhui	8873	253.1	492507	179051	236.1	61.1
福建	Fujian	9269	537.0	323728	129233	179.9	36.2
江西	Jiangxi	6877	253.4	427345	156459	140.0	49.7
山东	**Shandong**	**12483**	**352.3**	**530468**	**197055**	**277.6**	**64.4**
河南	Henan	10049	281.3	408043	149422	212.8	45.0
湖北	Hubei	6888	299.4	713013	299091	264.4	89.6
湖南	Hunan	4207	309.0	491169	234697	243.1	82.4
广东	Guangdong	11192	451.9	557487	160949	228.9	53.4
广西	Guangxi	2853	125.6	472488	164704	212.8	46.1
海南	Hainan	392	8.4	591615	291941	221.0	167.0
重庆	Chongqing	3966	232.0	418542	167999	137.2	48.2
四川	Sichuan	9343	432.9	401988	151497	143.4	42.2
贵州	Guizhou	2354	83.1	473746	103185	170.5	29.5
云南	Yunnan	4612	171.5	460097	152404	95.2	33.1
西藏	Xizang	497	5.1	450828	193307	65.0	47.6
陕西	Shaanxi	4330	205.5	503140	157934	189.4	37.8
甘肃	Gansu	2725	54.4	493772	152265	203.5	38.2
青海	Qinghai	620	11.0	558302	221375	87.5	20.5
宁夏	Ningxia	768	20.5	362469	146925	80.8	33.2
新疆	Xinjiang	1958	75.2	452815	187221	187.8	52.3

附录 1-19 客运量和旅客周转量(2023年)
Passenger Traffic and Passenger-Kilometers(2023)

地 区	Region	客运量(万人) Passenger Traffic (10 000 persons)	#铁 路 Railways	#公 路 Highways	#水 运 Waterways	旅客周转量(亿人公里) Passenger Kilometers (100 million passenger km)	#铁 路 Railways	#公 路 Highways	#水 运 Waterways
全国总计	**Total**	**930442**	**385450**	**457264**	**25771**	**28609.7**	**14729.4**	**3517.6**	**53.8**
北 京	Beijing	40885	15165	25720		236.7	163.2	73.5	
天 津	Tianjin	13187	4969	8056	162	226.5	178.8	47.4	0.2
河 北	Hebei	20418	12388	8030		1080.4	1003.9	76.5	
山 西	Shanxi	12379	8514	3659	206	277.5	231.9	45.6	0.1
内 蒙 古	Inner Mongolia	7538	5060	2478		216.5	184.2	32.3	
辽 宁	Liaoning	28002	11187	16285	530	643.5	553.2	86.6	3.8
吉 林	Jilin	14503	5933	8443	127	290.3	225.4	64.8	0.1
黑 龙 江	Heilongjiang	16265	8161	7872	232	282.5	229.6	52.6	0.3
上 海	Shanghai	19966	13007	6326	633	190.1	119.0	70.2	0.9
江 苏	Jiangsu	73556	31821	38904	2831	1311.0	1052.6	257.3	1.1
浙 江	Zhejiang	51460	26686	19680	5094	923.1	739.3	178.1	5.7
安 徽	Anhui	25898	15191	10484	223	998.7	883.7	114.6	0.3
福 建	Fujian	25584	12471	12024	1089	466.2	378.6	86.6	1.0
江 西	Jiangxi	24638	12702	11708	228	832.7	749.1	83.3	0.3
山 东	**Shandong**	**35997**	**21003**	**12442**	**2552**	**981.4**	**810.9**	**162.1**	**8.4**
河 南	Henan	59098	20224	38583	291	1496.2	1124.6	371.1	0.4
湖 北	Hubei	36512	17042	18753	718	867.3	743.2	120.1	3.9
湖 南	Hunan	46863	17552	27953	1358	1142.4	967.8	172.5	2.1
广 东	Guangdong	70296	36939	30583	2774	1275.8	1014.1	253.1	8.6
广 西	Guangxi	29826	12078	16854	893	636.2	467.5	165.1	3.6
海 南	Hainan	9626	3035	4307	2284	91.4	47.8	39.4	4.2
重 庆	Chongqing	27943	9538	17532	872	381.4	267.3	108.5	5.5
四 川	Sichuan	61012	21927	37977	1108	757.1	529.0	227.0	1.0
贵 州	Guizhou	25122	8067	16709	345	504.0	370.7	132.6	0.6
云 南	Yunnan	23178	9442	13121	616	429.0	294.5	133.5	1.0
西 藏	Tibet	1174	421	753		46.3	22.4	23.9	
陕 西	Shaanxi	24903	12057	12754	92	636.3	528.4	107.7	0.2
甘 肃	Gansu	15729	6200	9371	157	468.5	402.4	66.0	0.2
青 海	Qinghai	2601	1033	1439	129	117.9	86.9	30.8	0.1
宁 夏	Ningxia	3870	1053	2591	226	71.8	43.3	28.4	0.1
新 疆	Xinjiang	20453	4583	15871		422.4	316.2	106.2	
不分地区	Not Classified by Region	61958				10309.0			

注：不分地区合计为民航完成数。
a)The total passenger traffic not classified by region refers to that completed by civil aviation.

附录 1-20 货运量和货物周转量(2023年)
Freight Traffic and Freight Ton-kilometers(2023)

地区	Region	货运量(万吨) Total (10 000 tons)	#铁路 Railways	#公路 Highways	#水运 Waterways	货物周转量(亿吨公里) Total (100 million ton-km)	#铁路 Railways	#公路 Highways	#水运 Waterways
全国总计	**Total**	**5570636**	**503535**	**4033681**	**936746**	**247745.3**	**36460.4**	**73950.2**	**129951.5**
北京	Beijing	19707	308	19399		1062.6	805.7	256.9	
天津	Tianjin	56073	11673	33742	10659	2785.8	566.6	690.0	1529.2
河北	Hebei	253091	30124	217492	5475	14796.9	5436.7	8472.2	888.0
山西	Shanxi	222753	101001	121751	1	6877.4	3494.2	3383.2	
内蒙古	Inner Mongolia	236621	90250	146372		5556.1	3195.7	2360.4	
辽宁	Liaoning	179704	20073	153305	6325	4685.9	1196.6	2869.1	620.2
吉林	Jilin	54410	5376	49034		2013.0	572.2	1440.8	
黑龙江	Heilongjiang	54458	12137	41619	701	1942.2	1011.9	891.4	39.0
上海	Shanghai	153213	547	50436	102230	32789.8	22.1	895.4	31872.3
江苏	Jiangsu	310363	9315	183485	117563	13232.1	368.7	3459.5	9403.9
浙江	Zhejiang	344881	5565	222803	116512	15062.2	278.0	3142.2	11642.0
安徽	Anhui	422888	8054	260939	153895	12097.2	833.6	3792.7	7470.9
福建	Fujian	178749	5211	110497	63040	12230.9	214.6	1319.1	10697.2
江西	Jiangxi	209403	5131	188006	16267	5348.0	598.2	4256.8	493.1
山东	**Shandong**	**346633**	**35842**	**285567**	**25224**	**15043.2**	**1868.8**	**7999.4**	**5175.1**
河南	Henan	283056	12521	251333	19202	12228.8	2696.3	8183.2	1349.4
湖北	Hubei	248947	6159	173045	69743	8593.4	1172.3	2424.3	4996.8
湖南	Hunan	228497	5091	200674	22732	3036.9	1015.4	1574.4	447.1
广东	Guangdong	371033	12344	252809	105880	29304.4	370.8	2850.5	26083.0
广西	Guangxi	228355	11503	172005	44846	5589.6	772.4	2000.4	2816.8
海南	Hainan	35987	890	7774	27324	11713.2	12.7	45.3	11655.2
重庆	Chongqing	141104	2518	117584	21001	3928.5	334.8	1126.6	2467.1
四川	Sichuan	201400	8437	185814	7148	3434.4	1159.9	1983.9	290.6
贵州	Guizhou	102678	6503	95909	266	1468.7	678.5	783.9	6.3
云南	Yunnan	144427	6226	137540	661	2062.1	515.4	1538.6	8.1
西藏	Xizang	5058	104	4954		161.6	36.1	125.5	
陕西	Shaanxi	180282	46129	134102	51	4478.1	2547.8	1930.1	0.2
甘肃	Gansu	79807	9905	69902		4245.7	2155.2	2090.5	
青海	Qinghai	21605	3622	17983		803.4	593.9	209.5	
宁夏	Ningxia	54996	9935	45061		946.6	281.4	665.3	
新疆	Xinjiang	103783	21041	82742		2843.3	1654.2	1189.1	
不分地区	Not Classified by Region	96674				7383.2			

注：1.不分地区合计中包括管道、民航等完成数。货运量和货物周转量的全国总计，等于分省数与不分地区中民航、管道运输数据之和。
a)The data not classified by region refers to pipelines, civil aviation ,etc.Ltd.The total freight traffic and freight ton-kilometers of China refers to the sum of the data classified by region and the data completed by civil aviation and pipelines.

附录 1-21 社会消费品零售总额

Total Retail Sale of Consumer Goods

单位:亿元 (100 million yuan)

地 区	Region	2022 社会消费品零售总额 Total Retail Sales of Consumer Goods	2022 增长 (%) Growth Rate (%)	2023 社会消费品零售总额 Total Retail Sales of Consumer Goods	2023 增长 (%) Growth Rate (%)
全 国	**National Total**	**439732.5**	**-0.2**	**471495.2**	**7.2**
北 京	Beijing	13794.2	-7.2	14462.7	4.8
天 津	Tianjin	3572.0	-5.2	3820.7	7.0
河 北	Hebei	13720.1	1.6	15040.5	9.6
山 西	Shanxi	7562.7	-2.4	7981.8	5.5
内蒙古	Inner Mongolia	4971.4	-1.8	5374.3	8.1
辽 宁	Liaoning	9526.2	-2.6	10362.1	8.8
吉 林	Jilin	3807.7	-9.7	4150.4	9.0
黑龙江	Heilongjiang	5210.0	-6.0	5634.2	8.1
上 海	Shanghai	16442.1	-9.1	18515.5	12.6
江 苏	Jiangsu	42752.1	0.1	45547.5	6.5
浙 江	Zhejiang	30467.2	4.3	32550.2	6.8
安 徽	Anhui	21518.4	0.2	23008.3	6.9
福 建	Fujian	21050.1	3.3	22109.6	5.0
江 西	Jiangxi	12853.5	5.3	13659.8	6.3
山 东	**Shandong**	**33236.2**	**-1.4**	**36141.8**	**8.7**
河 南	Henan	24407.4	0.1	26004.4	6.5
湖 北	Hubei	22164.8	2.8	24041.9	8.5
湖 南	Hunan	19050.7	2.4	20203.3	6.1
广 东	Guangdong	44882.9	1.6	47494.9	5.8
广 西	Guangxi	8539.1	持平	8651.6	1.3
海 南	Hainan	2268.4	-9.2	2511.3	10.7
重 庆	Chongqing	13926.1	-0.3	15130.3	8.6
四 川	Sichuan	24104.6	-0.1	26313.4	9.2
贵 州	Guizhou	8507.1	-4.5	9011.2	5.9
云 南	Yunnan	10838.8	1.0	11560.7	6.7
西 藏	Xizang	726.5	-10.3	879.8	21.1
陕 西	Shaanxi	10401.6	1.5	10759.0	3.4
甘 肃	Gansu	3922.2	-2.8	4329.7	10.4
青 海	Qinghai	842.1	-11.2	987.7	17.3
宁 夏	Ningxia	1338.4	0.2	1354.9	1.2
新 疆	Xinjiang	3240.5	-9.6	3849.7	18.8

附录 1-22 货物进出口总额(按收发货人所在地分)

Total Volume of Imports and Exports (by Location of Importers/Exporters)

单位:亿美元 (100 million USD)

地 区	Region	2018	2019	2020	2021	2022	2023
全国总计	**Total**	**46224.2**	**45778.9**	**46559.1**	**59957.9**	**62701.1**	**59368.3**
北 京	Beijing	4124.9	4164.6	3364.8	4709.6	5460.9	5187.5
天 津	Tianjin	1225.6	1066.5	1063.2	1296.8	1246.1	1138.4
河 北	Hebei	539.0	580.4	644.7	826.1	823.9	826.6
山 西	Shanxi	207.6	209.8	218.4	329.6	275.1	240.4
内蒙古	Inner Mongolia	156.9	159.4	152.2	190.5	225.3	279.1
辽 宁	Liaoning	1146.0	1053.2	948.3	1192.2	1186.6	1089.5
吉 林	Jilin	206.8	189.0	185.3	232.4	233.9	238.1
黑龙江	Heilongjiang	264.4	271.1	222.3	308.5	396.9	423.6
上 海	Shanghai	5156.8	4939.1	5038.3	6285.2	6258.1	5990.3
江 苏	Jiangsu	6639.1	6295.2	6428.3	7989.1	8143.1	7461.3
浙 江	Zhejiang	4323.6	4472.2	4885.4	6407.3	7033.0	6967.8
安 徽	Anhui	628.4	687.3	787.0	1052.4	1130.9	1143.9
福 建	Fujian	1874.1	1931.1	2035.8	2838.4	2973.9	2808.1
江 西	Jiangxi	481.9	508.9	580.3	769.7	993.8	812.4
山 东	**Shandong**	**2924.0**	**2970.0**	**3202.1**	**4379.9**	**4828.6**	**4640.6**
河 南	Henan	828.1	825.0	972.7	1256.1	1271.1	1151.6
湖 北	Hubei	527.8	571.6	622.5	811.6	921.0	916.4
湖 南	Hunan	464.7	628.5	706.8	850.1	1050.9	880.1
广 东	Guangdong	10844.6	10366.3	10240.2	12765.9	12455.0	11802.6
广 西	Guangxi	623.0	682.2	704.1	916.9	960.0	984.9
海 南	Hainan	127.3	131.5	135.9	226.0	300.2	329.2
重 庆	Chongqing	790.2	839.5	941.8	1222.7	1220.0	1015.6
四 川	Sichuan	899.2	984.0	1169.0	1454.9	1506.9	1361.1
贵 州	Guizhou	76.0	65.7	79.1	100.5	108.5	107.9
云 南	Yunnan	298.6	336.9	391.3	458.0	485.7	367.7
西 藏	Xizang	7.2	7.0	3.1	6.1	6.9	15.4
陕 西	Shaanxi	533.0	510.3	546.0	731.5	714.8	575.4
甘 肃	Gansu	60.1	55.2	55.3	73.2	85.8	70.1
青 海	Qinghai	7.3	5.4	3.3	4.9	6.1	6.9
宁 夏	Ningxia	37.8	34.9	17.8	30.3	32.2	29.3
新 疆	Xinjiang	200.0	237.1	213.7	241.3	366.0	506.8

附录 1-23 货物进出口总额(按境内目的地、货源地分)

Total Volume of Imports and Exports (by Destination and Origin of Goods in China)

单位:亿美元 (100 million USD)

地区	Region	2018	2019	2020	2021	2022	2023
全国总计	**Total**	**46224.2**	**45778.9**	**46559.1**	**59957.9**	**62701.1**	**59368.3**
北京	Beijing	1274.2	1122.8	1150.1	1575.8	1452.2	1372.2
天津	Tianjin	1417.4	1363.7	1257.7	1564.5	1637.9	1494.4
河北	Hebei	874.7	947.3	1000.8	1351.8	1407.5	1478.3
山西	Shanxi	246.5	228.6	219.9	352.9	318.6	264.6
内蒙古	Inner Mongolia	198.3	201.2	205.8	286.1	327.2	349.4
辽宁	Liaoning	1340.8	1338.4	1182.6	1518.9	1577.8	1477.0
吉林	Jilin	215.4	192.4	195.9	243.7	230.8	240.5
黑龙江	Heilongjiang	237.4	248.8	205.3	287.1	346.0	368.2
上海	Shanghai	4858.6	4737.0	4787.8	6043.9	5996.8	5742.0
江苏	Jiangsu	7171.3	6785.3	6843.7	8630.4	8895.1	8275.9
浙江	Zhejiang	4414.5	4517.1	4650.4	6179.7	6832.1	6613.1
安徽	Anhui	594.0	637.8	752.2	1024.9	1144.7	1174.5
福建	Fujian	1728.3	1747.7	1721.0	2456.0	2662.1	2452.8
江西	Jiangxi	411.7	443.5	509.3	677.9	946.5	829.3
山东	**Shandong**	**3641.1**	**3587.6**	**3534.7**	**5187.2**	**5817.9**	**5647.7**
河南	Henan	874.9	880.0	1044.6	1356.1	1407.6	1257.8
湖北	Hubei	513.0	537.7	616.5	783.3	924.6	855.7
湖南	Hunan	354.6	421.0	478.6	540.2	694.4	607.6
广东	Guangdong	12112.5	11842.7	12062.1	14548.7	14222.3	13381.4
广西	Guangxi	607.3	653.3	667.0	1000.4	1059.5	1111.8
海南	Hainan	180.9	171.7	165.8	200.6	275.0	262.1
重庆	Chongqing	681.9	755.6	839.8	1084.3	1053.0	911.9
四川	Sichuan	932.3	1044.0	1173.1	1410.5	1540.4	1405.5
贵州	Guizhou	83.6	69.3	74.8	101.5	104.3	103.8
云南	Yunnan	271.8	334.4	343.6	406.1	508.0	399.3
西藏	Xizang	6.4	6.2	2.8	6.2	3.6	6.1
陕西	Shaanxi	522.5	490.7	513.0	669.5	625.2	523.6
甘肃	Gansu	64.9	53.8	57.0	76.5	96.7	80.5
青海	Qinghai	5.8	4.9	3.1	3.9	6.4	6.9
宁夏	Ningxia	40.5	41.9	29.3	44.4	58.0	44.6
新疆	Xinjiang	347.0	372.8	270.7	344.7	528.8	629.7

附录 1-24　货物进出口总额(2023年)

Total Volume of Imports and Exports (2023)

单位:亿美元 (100 million USD)

地　区	Region	按收发货人所在地分 by Location of Importers/Exporters		按境内目的地、货源地分 by Destination and Origin of Goods	
		出口额 Exports	进口额 Imports	出口额 Exports	进口额 Imports
全国总计	**Total**	**33800.2**	**25568.0**	**33800.2**	**25568.0**
北　京	Beijing	852.7	4334.7	293.0	1079.2
天　津	Tianjin	516.8	621.6	536.9	957.5
河　北	Hebei	498.1	328.5	786.6	691.8
山　西	Shanxi	149.0	91.4	188.0	76.6
内蒙古	Inner Mongolia	111.5	167.6	122.4	226.9
辽　宁	Liaoning	502.8	586.7	630.2	846.7
吉　林	Jilin	88.9	149.1	92.6	147.9
黑龙江	Heilongjiang	107.9	315.6	96.8	271.5
上　海	Shanghai	2471.2	3519.1	1980.0	3762.0
江　苏	Jiangsu	4794.4	2666.9	5043.3	3232.6
浙　江	Zhejiang	5073.0	1894.8	4850.9	1762.2
安　徽	Anhui	743.5	400.4	814.5	360.0
福　建	Fujian	1672.6	1135.5	1595.5	857.3
江　西	Jiangxi	561.0	251.4	568.9	260.5
山　东	**Shandong**	**2761.8**	**1878.7**	**2995.9**	**2651.8**
河　南	Henan	750.1	401.5	845.4	412.3
湖　北	Hubei	616.0	300.4	565.9	289.8
湖　南	Hunan	572.2	307.9	442.0	165.6
广　东	Guangdong	7731.0	4071.6	8353.7	5027.7
广　西	Guangxi	515.9	469.1	394.7	717.1
海　南	Hainan	105.7	223.5	84.2	177.9
重　庆	Chongqing	680.2	335.3	616.3	295.6
四　川	Sichuan	858.1	503.1	834.9	570.7
贵　州	Guizhou	73.9	34.0	77.2	26.7
云　南	Yunnan	131.5	236.3	162.1	237.2
西　藏	Xizang	13.8	1.6	5.5	0.6
陕　西	Shaanxi	374.5	200.9	361.1	162.5
甘　肃	Gansu	17.6	52.4	27.2	53.3
青　海	Qinghai	4.2	2.7	5.0	1.8
宁　夏	Ningxia	21.4	7.9	33.8	10.8
新　疆	Xinjiang	428.9	77.8	395.7	234.0

附录 1-25　外商投资企业进出口总额

Volume of Import and Export of Foreign-funded Enterprises

单位:万美元　　(10 000 USD)

地　区	Region	2022 进出口总额 Total	2022 出口额 Exports	2022 进口额 Imports	2023 进出口总额 Total	2023 出口额 Exports	2023 进口额 Imports
全国总计	**Total**	**207636776**	**112333022**	**95303754**	**179316806**	**96564928**	**82751878**
北　京	Beijing	9066599	2507669	6558929	8071058	2137252	5933806
天　津	Tianjin	5949755	2476448	3473308	5293618	2243235	3050384
河　北	Hebei	1282081	813599	468482	1464726	1048839	415886
山　西	Shanxi	1257472	1204401	53071	1003695	952318	51377
内蒙古	Inner Mongolia	170375	98892	71483	173581	85455	88126
辽　宁	Liaoning	4373879	1971175	2402703	4062291	1907012	2155279
吉　林	Jilin	932886	160558	772329	873575	161442	712134
黑龙江	Heilongjiang	154039	74576	79463	151730	79161	72569
上　海	Shanghai	38301644	14046814	24254830	35146639	12451486	22695153
江　苏	Jiangsu	41136784	24087865	17048918	34685231	20820866	13864365
浙　江	Zhejiang	10081089	6337846	3743243	8896494	5574260	3322234
安　徽	Anhui	2746851	1583848	1163003	2472149	1570326	901823
福　建	Fujian	6571488	4109327	2462160	5513055	3263235	2249820
江　西	Jiangxi	2083530	1222873	860656	1994725	1203125	791601
山　东	**Shandong**	**8951401**	**5872362**	**3079038**	**8164780**	**5264359**	**2900420**
河　南	Henan	5591975	4089338	1502637	3546457	2358985	1187473
湖　北	Hubei	1551143	878818	672325	1290157	807545	482612
湖　南	Hunan	700580	474465	226115	678634	468814	209821
广　东	Guangdong	45567127	27565873	18001254	39752849	24331807	15421042
广　西	Guangxi	1704981	880764	824217	1282249	693295	588953
海　南	Hainan	864978	533910	331068	820144	527090	293054
重　庆	Chongqing	5758840	3841931	1916909	4662667	3236891	1425776
四　川	Sichuan	8636039	4910960	3725079	6354170	3607652	2746517
贵　州	Guizhou	48718	30482	18236	40392	25497	14895
云　南	Yunnan	87855	55819	32036	65100	39934	25165
西　藏	Xizang	108		108	245	4	241
陕　西	Shaanxi	3985065	2460462	1524603	2766708	1659086	1107623
甘　肃	Gansu	6074	2156	3918	11554	4786	6769
青　海	Qinghai	1382	1261	121	1309	1244	65
宁　夏	Ningxia	50580	35367	15213	42124	28520	13604
新　疆	Xinjiang	21460	3162	18298	34701	11408	23293

附录2

国际统计资料

International Statistical Data

简　要　说　明

一、本篇资料的主要内容

本篇资料反映了近年来世界主要国家经济社会事业发展基本情况，主要包括人口、土地面积、国内生产总值及其增长、农业、工业、国际贸易、直接投资、国际旅游、国际储备、外债、医疗卫生、互联网用户等方面的内容。

二、本篇资料的来源

本篇资料来源于中国统计出版社出版的《国际统计年鉴 2023》，由省统计局综合处整理。

Brief Introduction

I. Content

Data in this chapter show the social and economic indicators of other countries, mainly including population, territory, GDP, agriculture, industry, international trade, direct investment, international tourism, international reserve, international debts, public health, internet users, TOP500 of international companies, etc.

II. Source of Data

Data in this chapter come from International Statistical Yearbook 2023 published by China Statistics Press and are prepared and compiled by the Division of Comprehensive Statistics of Shandong Provincial Bureau of Statistics.

附录 2-1 中国主要指标居世界的位次

Ranking of China in the World in Terms of Main Indicators

资料来源：联合国贸发会议数据库、世界贸易组织数据库、世界银行WDI数据库、国际货币基金组织数据库。
Source: UNCTAD Database;WTO Database;World Bank WDI Database;IMF Database.

指 标	Indicator	1978	1980	1990	2000	2010	2020	2022
国土面积	Surface Area	4	4	4	4	4	4	4
人 口	Population	1	1	1	1	1	1	2
国内生产总值	GDP	11	12	11	6	2	2	2
人均国民总收入①	GNI per capita ①	175(188)	177(188)	178(200)	141(207)	120(215)	67(191)	71(188)
货物进出口贸易总额	Foreign Trade Total	29	26	16	8	2	1	1
出口额	Exports	31	30	15	7	1	1	1
进口额	Imports	29	22	18	8	2	2	2
外商直接投资	Foreign Direct Investment Inflows	128	55	12	8	2	2	2
对外直接投资	Foreign Direct Investment Outflows	45	63	22	33	5	2	3
外汇储备	Foreign Exchange Reserves	38	36	10	2	1	1	1

注：①括号中所列为参加排序的国家和地区数。
Note:①The number in the parentheses indicates the number of countries or territories the order based on.

附录 2-2 中国主要指标占世界的比重

Major Indicators as Percentage of the World for China

资料来源：联合国贸发会议数据库、世界贸易组织数据库、世界银行WDI数据库、国际货币基金组织数据库、联合国FAO数据库。
Source: UNCTAD Database,WTO Database,World Bank WDI Database,IMF Database,FAO Database.

单位：% (%)

指 标	Indicator	1978	1980	1990	2000	2010	2020	2022
国土面积	Surface Area	7.1	7.1	7.1	7.1	7.1	7.1	
人 口	Population, Total	22.3	22.1	21.5	20.7	19.3	18.2	17.8
国内生产总值	GDP	1.7	1.7	1.6	3.6	9.1	17.3	17.7
货物进出口贸易总额	Foreign Trade Total	0.8	0.9	1.6	3.6	9.7	13.1	12.5
出口额	Exports	0.8	0.9	1.8	3.9	10.3	14.7	14.4
进口额	Imports	0.8	1.0	1.5	3.4	9.0	11.6	10.6
外商直接投资	Foreign Direct Investment Inflows		0.1	1.7	3.0	8.2	15.5	14.6
对外直接投资	Foreign Direct Investment Outflows			0.3	0.1	4.9	19.7	9.8
外汇储备	Foreign Exchange Reserves	0.5	0.6	3.3	8.5	30.7	25.3	25.9
稻谷产量	Rice Production	35.5	35.3	36.5	31.4	28.2	27.5	26.9
小麦产量	Wheat Production	12.1	12.5	16.6	17.0	18.0	17.7	17.0
玉米产量	Maize Production	14.2	15.8	20.0	17.9	20.8	22.4	23.8
大豆产量	Soybeans Production	10.0	9.8	10.1	9.6	5.7	5.5	5.8

附录 2-3 中国农业主要产品产量居世界的位次
Ranking of China in the World in Terms of Major Agricultural Products

资料来源：联合国FAO数据库。
Source: FAO Database.

项 目	Item	1978	1980	1990	2000	2010	2020	2022
谷物	Cereals	2	1	1	1	1	1	1
肉类①	Meat,Total①	3	3	2	1	1	1	1
籽棉	Seed Cotton	2	2	1	1	1	1	1
大豆	Soybeans	3	3	3	4	4	4	4
花生	Groundnuts,with Shell	2	2	2	1	1	1	1
油菜籽	Rapeseed	2	2	1	1	1	1	2
甘蔗	Sugar Cane	10	10	4	3	3	3	3
茶叶	Tea	2	2	2	2	1	1	1
水果	Fruit	6	8	1	1	1	1	1

注：①1990年以前为猪、牛、羊肉产量的位次。
Note: ①Data refer to pork,beef and mutton prior to 1990.

附录 2-4 中国工业主要产品产量居世界位次
Ranking of China in the World in Terms of Major Industrial Products

资料来源：联合国统计月报数据库、联合国FAO数据库。
Source: UN Monthly Bulletin of Statistics Database,FAO Database.

项 目	Item	1978	1980	1990	2000	2010	2020	2021
粗 钢	Crude Steel	5	5	4	1	1	1	1
煤	Coal	3	3	1	1	1	1	1
原 油	Crude Petroleum	8	6	5	5	4	6	5
发电量	Electricity	7	6	3	2	2	1	1
水 泥	Cement	4	4	1	1	1	1	1
化 肥	Fertilizer	3	3	3	1	1	1	1

附录 2-5 国土面积与人口密度
Country Area and Population Density

资料来源：世界银行WDI数据库。
Source: World Bank WDI Database.
单位：万平方公里 (10 000 sq.km)

国家或地区	Country or Area	国土面积(万平方公里) Surface Area(10 000 sq.km)	人口密度(人/平方公里) Population Density(persons/sq.km)		
		2021	2010	2020	2021
世　界	**World**	**14048.7**	**53.7**	**60.2**	**60.8**
中　国	China	960.0	142.5	150.3	150.4
中国香港	Hong Kong SAR, China	0.1	6689.7	7124.8	7060.1
中国澳门	Macao SAR, China		18764.2	20555.7	20806.3
孟加拉国	Bangladesh	14.8	1140.0	1286.2	1301.0
文　莱	Brunei Darussalam	0.6	75.2	83.8	84.5
柬 埔 寨	Cambodia	18.1	81.4	92.9	94.0
印　度	India	298.0	417.3	469.7	473.4
印度尼西亚	Indonesia	191.7	130.0	144.8	144.6
伊　朗	Iran	174.5	46.3	53.8	54.2
以 色 列	Israel	2.2	352.3	425.8	432.7
日　本	Japan	37.8	351.4	346.4	344.8
哈萨克斯坦	Kazakhstan	272.5	6.0	6.9	7.0
韩　国	Korea, Rep.	10.0	509.8	531.1	530.2
老　挝	Lao PDR	23.7	27.4	31.7	32.2
马来西亚	Malaysia	33.0	87.4	101.1	102.2
蒙　古	Mongolia	156.4	1.7	2.1	2.1
缅　甸	Myanmar	67.7	75.6	81.9	82.4
巴基斯坦	Pakistan	79.6	252.3	294.7	300.2
菲 律 宾	Philippines	30.0	317.4	376.3	381.9
新 加 坡	Singapore	0.1	7231.8	7919.0	7595.5
斯里兰卡	Sri Lanka	6.6	329.6	354.3	358.2
泰　国	Thailand	51.3	133.6	139.9	140.1
越　南	Viet Nam	33.1	279.0	308.4	311.0
埃　及	Egypt	100.1	87.7	108.0	109.8
尼日利亚	Nigeria	92.4	176.7	228.7	234.3
南　非	South Africa	121.9	42.7	48.5	49.0
加 拿 大	Canada	1563.4	3.8	4.2	4.3
墨 西 哥	Mexico	196.4	57.9	64.8	65.2
美　国	United States	983.2	33.8	36.2	36.3
阿 根 廷	Argentina	278.0	14.9	16.6	16.7
巴　西	Brazil	851.6	23.5	25.5	25.6
委内瑞拉	Venezuela	91.2	32.6	32.3	32.0
捷　克	Czech Rep.	7.9	135.6	138.6	136.1
法　国	France	54.9	118.8	123.4	123.7
德　国	Germany	35.8	234.6	238.0	238.1
意 大 利	Italy	30.2	200.5	201.0	199.9
荷　兰	Netherlands	4.2	492.6	518.0	520.7
波　兰	Poland	31.3	124.2	123.8	123.3
俄 罗 斯	Russia	1709.8	8.7	8.8	8.8
西 班 牙	Spain	50.6	93.2	94.8	94.9
土 耳 其	Turkey	78.5	95.1	109.3	110.2
乌 克 兰	Ukraine	60.4	79.2	76.2	75.6
英　国	United Kingdom	24.4	259.4	277.3	277.0
澳大利亚	Australia	774.1	2.9	3.3	3.3
新 西 兰	New Zealand	26.8	16.5	19.3	19.4

附录 2-6 国内生产总值(现价美元)

GDP(current US$)

资料来源：世界银行WDI数据库。
Source: World Bank WDI Database.

单位：亿美元 (100 million USD)

国家或地区	Country or Area	2000	2010	2015	2020	2021	2022
世　界	**World**	**338990**	**667071**	**752833**	**852577**	**975297**	**1013257**
高收入国家	**High Income**	**277637**	**457643**	**482692**	**539474**	**601977**	**616675**
中等收入国家	**Middle Income**	**58302**	**199707**	**263064**	**305784**	**365289**	**387810**
中等偏下收入国家	**Lower Middle Income**	**13777**	**45666**	**57464**	**66190**	**75956**	**81715**
中等偏上收入国家	**Upper Middle Income**	**44525**	**154040**	**205600**	**239594**	**289333**	**306095**
中低收入国家	**Low and Middle Income**	**60113**	**205481**	**267542**	**310166**	**369965**	**393098**
东亚和太平洋	**East Asia and Pacific**	**17363**	**79007**	**133236**	**174876**	**208392**	**211938**
欧洲和中亚	**Europe and Central Asia**	**6629**	**29531**	**29217**	**29916**	**35801**	**41293**
拉丁美洲和加勒比	**Latin America and Caribbean**	**20023**	**45578**	**46366**	**40511**	**50869**	**58441**
中东和北非国家	**Middle East and North Africa**	**5362**	**15878**	**14391**	**12849**	**15011**	**16967**
南　亚	**South Asia**	**6477**	**20822**	**27334**	**34899**	**40629**	**43903**
撒哈拉以南非洲	**Sub-Saharan Africa**	**4235**	**14642**	**17004**	**17147**	**19302**	**20589**
低收入国家	**Low Income**	**1868**	**5942**	**4507**	**4380**	**4650**	**5281**
最不发达地区	**Least Developed Countries**	**2207**	**7059**	**9560**	**11627**	**12681**	**14271**
重债穷国	**Heavily Indebted Poor Countries**	**1776**	**5260**	**7005**	**8116**	**9017**	**9807**
中　国	China	12113	60872	110616	146877	178205	179632
中国香港	Hong Kong SAR, China	1717	2286	3094	3449	3689	3598
中国澳门	Macao SAR, China	68	282	450	253	310	240
阿富汗	Afghanistan		159	191	200	143	
阿尔巴尼亚	Albania	35	119	114	152	179	189
阿尔及利亚	Algeria	548	1612	1660	1457	1635	1950
安道尔	Andorra	14	34	28	29	33	34
安哥拉	Angola	91	838	905	485	665	1068
安提瓜和巴布达	Antigua and Barbuda	8	11	14	14	16	19
阿根廷	Argentina	2842	4236	5947	3857	4879	6311
亚美尼亚	Armenia	19	93	106	126	139	195
阿鲁巴岛	Aruba	19	25	30	26	31	35
澳大利亚	Australia	4162	11489	13518	13304	15590	16930
奥地利	Austria	1973	3923	3820	4350	4793	4709
阿塞拜疆	Azerbaijan	53	529	531	427	548	787
巴哈马	Bahamas	81	101	117	98	115	129
巴　林	Bahrain	91	257	311	346	393	444
孟加拉国	Bangladesh	534	1153	1951	3739	4163	4602
巴巴多斯	Barbados	31	45	47	47	49	57
白俄罗斯	Belarus	127	572	565	614	697	728
比利时	Belgium	2368	4814	4623	5263	6007	5834
伯利兹	Belize	11	17	22	20	24	28
贝　宁	Benin	35	95	114	157	177	174
百慕大	Bermuda	35	66	67	69	71	75
不　丹	Bhutan	4	15	20	25	28	
玻利维亚	Bolivia	84	196	330	366	404	440
波　黑	Bosnia and Herzegovinian	56	172	164	202	236	245
博茨瓦纳	Botswana	58	126	135	150	187	204
巴　西	Brazil	6554	22088	18022	14761	16496	19201
文　莱	Brunei Darussalam	60	137	129	120	140	167
保加利亚	Bulgaria	132	508	508	704	840	903
布基纳法索	Burkina Faso	30	101	118	177	196	188
布隆迪	Burundi	9	20	31	26	28	33
柬埔寨	Cambodia	37	112	180	259	270	295
喀麦隆	Cameroon	106	275	322	408	450	436
加拿大	Canada	7448	16173	15565	16476	20015	21379
佛得角	Cape Verde	5	18	17	18	20	22

附录 2-6 续表 1 continued

单位：亿美元 (100 million USD)

国家或地区	Country or Area	2000	2010	2015	2020	2021	2022
中　　非	Central African Rep.	9	21	17	23	25	24
乍　　得	Chad	14	107	110	107	118	127
海峡群岛	Channel Islands	64			98	117	
智　　利	Chile	783	2171	2425	2543	3166	3010
哥伦比亚	Colombia	999	2865	2935	2702	3185	3436
科 摩 罗	Comoros	4	9	10	12	13	12
刚果(金)	Congo, Dem. Rep.	191	216	379	487	553	647
刚果(布)	Congo, Rep.	32	131	124	115	148	158
哥斯达黎加	Costa Rica	150	377	564	624	650	692
科特迪瓦	Cote D'Ivoire	166	349	458	630	718	700
克罗地亚	Croatia	221	588	509	578	691	716
古　　巴	Cuba	306	596	871	1074	5452	6334
塞浦路斯	Cyprus	100	257	198	252	295	293
捷　　克	Czech Rep.	618	2091	1880	2460	2818	2905
丹　　麦	Denmark	1642	3220	3027	3548	4057	4002
吉 布 提	Djibouti	6	11	24	32	34	35
多米尼克	Dominica	3	5	5	5	6	6
多米尼加	Dominican Rep.	243	539	712	788	942	1135
厄瓜多尔	Ecuador	183	696	993	993	1062	1150
埃　　及	Egypt	998	2190	3294	3838	4247	4767
萨尔瓦多	El Salvador	118	184	234	249	295	325
赤道几内亚	Equatorial Guinea	10	163	132	99	121	120
厄立特里亚	Eritrea	7	16				
爱沙尼亚	Estonia	57	195	229	314	372	381
埃塞俄比亚	Ethiopia	82	299	646	1077	1113	1268
法罗群岛	Faeroe Islands	11	23	26	33	37	36
斐　　济	Fiji	17	31	47	44	43	50
芬　　兰	Finland	1260	2494	2345	2719	2968	2829
法　　国	France	13656	26452	24392	26474	29594	27791
法属波立尼西亚	French Polynesia	36	61	53	58	62	58
加　　蓬	Gabon	51	144	144	153	202	211
冈 比 亚	Gambia	8	15	14	18	20	22
格鲁吉亚	Georgia	31	122	150	158	186	248
德　　国	Germany	19480	33997	33576	38877	42785	40825
加　　纳	Ghana	50	322	494	700	795	738
希　　腊	Greece	1305	2971	1957	1885	2147	2176
格 陵 兰	Greenland	11	25	25	31	32	
关　　岛	Guam		49	58	59	61	
危地马拉	Guatemala	193	407	622	777	861	950
几 内 亚	Guinea	30	69	88	142	161	210
几内亚比绍	Guinea-Bissau	4	8	10	14	16	16
圭 亚 那	Guyana	7	34	43	55	80	147
海　　地	Haiti	68	119	148	145	209	203
洪都拉斯	Honduras	72	158	210	238	285	317
匈 牙 利	Hungary	472	1322	1252	1572	1821	1773
冰　　岛	Iceland	90	138	175	216	256	281
印　　度	India	4684	16756	21036	26716	31503	34166
印度尼西亚	Indonesia	1650	7551	8609	10591	11865	13191
伊　　朗	Iran	1096	4868	4082	2397	3591	4135
伊 拉 克	Iraq	484	1385	1668	1809	2077	2642
爱 尔 兰	Ireland	1002	2219	2924	4286	5134	5331
马 恩 岛	Isle of Man	16	59	71	67		
以 色 列	Israel	1360	2384	3034	4133	4885	5250
意 大 利	Italy	11467	21361	18366	18975	21554	20497
牙 买 加	Jamaica	90	132	142	138	147	171

附录 2-6 续表 2 continued

单位：亿美元 (100 million USD)

国家或地区	Country or Area	2000	2010	2015	2020	2021	2022
日　本	Japan	49684	57591	44449	50488	50055	42322
约　旦	Jordan	85	271	386	437	463	487
哈萨克斯坦	Kazakhstan	183	1480	1844	1711	1971	2255
肯 尼 亚	Kenya	127	454	701	1007	1097	1134
基里巴斯	Kiribati	1	2	2	2	2	2
韩　国	Korea, Rep.	5762	11437	14660	16443	18184	16739
科 威 特	Kuwait	377	1154	1146	1059	1374	1754
吉尔吉斯斯坦	Kyrgyzstan	14	48	67	83	92	115
老　挝	Lao PDR	17	71	144	190	188	155
拉脱维亚	Latvia	80	240	273	344	394	409
黎 巴 嫩	Lebanon	173	384	499	317	231	
莱 索 托	Lesotho	9	22	24	21	23	22
利比里亚	Liberia	9	20	32	30	35	40
利 比 亚	Libya	383	754	487	468	398	458
列支敦士登	Liechtenstein	25	51	63	64	77	
立 陶 宛	Lithuania	115	371	414	570	668	710
卢 森 堡	Luxemburg	212	562	601	737	856	816
马达加斯加	Madagascar	46	100	113	131	146	153
马 拉 维	Malawi	25	101	92	121	126	132
马来西亚	Malaysia	938	2550	3014	3375	3738	4070
马尔代夫	Maldives	6	26	41	37	53	62
马　里	Mali	30	107	131	175	193	188
马 耳 他	Malta	41	90	111	153	181	181
马绍尔群岛	Marshall Islands	1	2	2	2	3	3
毛里塔尼亚	Mauritania	18	56	62	83	92	98
毛里求斯	Mauritius	47	100	120	114	115	129
墨 西 哥	Mexico	7421	11054	12133	11207	13126	14659
密克罗尼西亚	Micronesia, Fed.	2	3	3	4	4	4
摩尔多瓦	Moldova	13	70	78	115	137	145
摩 纳 哥	Monaco	27	54	63	67	86	88
蒙　古	Mongolia	11	72	116	133	153	171
黑　山	Montenegro	10	41	41	48	59	62
摩 洛 哥	Morocco	430	1009	1104	1214	1418	1309
莫桑比克	Mozambique	59	114	162	142	162	184
缅　甸	Myanmar	89	495	597	790	663	623
纳米比亚	Namibia	39	114	113	106	124	129
瑙　鲁	Nauru		…	1	1	1	2
尼 泊 尔	Nepal	55	160	244	334	369	408
荷　兰	Netherlands	4175	8474	7656	9098	10297	10094
新喀里多尼亚	New Caledonia	34	94	87	95	101	96
新 西 兰	New Zealand	526	1465	1781	2126	2556	2481
尼加拉瓜	Nicaragua	51	88	128	127	141	157
尼 日 尔	Niger	22	79	97	137	149	153
尼日利亚	Nigeria	692	3670	4930	4322	4408	4726
北马其顿	North Macedonia	38	94	101	124	140	136
挪　威	Norway	1715	4311	3882	3676	4903	5794
阿　曼	Oman	195	650	787	759	882	1147
巴基斯坦	Pakistan	995	1967	3000	3004	3485	3747
帕　劳	Palau	1	2	3	3	2	
巴 拿 马	Panama	123	294	541	571	674	765
巴布亚新几内亚	Papua New Guinea	35	143	217	238	261	316
巴 拉 圭	Paraguay	89	273	362	354	400	417
秘　鲁	Peru	517	1475	1898	2019	2237	2426
菲 律 宾	Philippines	837	2084	3064	3618	3941	4043
波　兰	Poland	1722	4757	4771	5994	6813	6881

附录 2-6 续表 3 continued

单位：亿美元 (100 million USD)

国家或地区	Country or Area	2000	2010	2015	2020	2021	2022
葡 萄 牙	Portugal	1186	2381	1994	2290	2555	2552
波多黎各	Puerto Rico	617	984	1034	1031	1064	1134
卡 塔 尔	Qatar	178	1251	1617	1444	1797	2363
罗马尼亚	Romania	373	1700	1779	2514	2858	3007
俄 罗 斯	Russia	2597	15249	13635	14931	18369	22404
卢 旺 达	Rwanda	21	61	85	102	111	133
圣基茨和尼维斯	Saint Kitts and Nevis	4	8	10	9	9	10
圣卢西亚	Saint Lucia	9	15	18	16	20	23
圣文森特和格林纳丁斯	Saint Vincent and the Grenadines	4	7	8	9	9	9
萨 摩 亚	Samoa	3	7	8	9	8	8
圣马力诺	San Marino	10	19	14	15	19	
圣多美和普林西比	Sao Tome and Principe		2	3	5	5	5
沙特阿拉伯	Saudi Arabia	1895	5282	6695	7343	8742	11086
塞内加尔	Senegal	60	161	178	245	276	277
塞尔维亚	Serbia	69	418	397	534	631	636
塞 舌 尔	Seychelles	7	10	14	12	13	16
塞拉利昂	Sierra Leone	6	26	43	41	42	41
新 加 坡	Singapore	961	2398	3080	3484	4238	4668
斯洛伐克	Slovakia	292	912	889	1067	1186	1155
斯洛文尼亚	Slovenia	203	482	431	537	618	601
所罗门群岛	Solomon Islands	4	9	13	15	16	16
南 非	South Africa	1518	4174	3467	3383	4201	4053
西 班 牙	Spain	5984	14221	11962	12781	14457	14178
斯里兰卡	Sri Lanka	163	586	851	844	885	744
苏 丹	Sudan	123	742	850	270	342	517
苏 里 南	Suriname	9	44	51	29	31	36
斯威士兰	Swaziland	17	44	41	40	49	48
瑞 典	Sweden	2628	4958	5051	5471	6397	5912
瑞 士	Switzerland	2792	5989	6941	7420	8134	8184
叙 利 亚	Syrian Arab Republic	806	2525	165	112	90	
塔吉克斯坦	Tajikistan	9	56	83	81	89	105
坦桑尼亚	Tanzania	134	320	474	661	707	757
泰 国	Thailand	1264	3411	4013	5005	5056	4954
东 帝 汶	Timor-Leste	4	9	16	22	36	32
多 哥	Togo	15	47	58	75	84	83
汤 加	Tonga	2	4	4	5	5	
特立尼达和多巴哥	Trinidad And Tobago	82	222	270	208	245	301
突 尼 斯	Tunisia	215	462	458	425	467	463
土 耳 其	Turkey	2743	7770	8643	7203	8199	9071
土库曼斯坦	Turkmenistan	29	226	358	458	500	565
图 瓦 卢	Tuvalu	…	…	…	1	1	1
乌 干 达	Uganda	62	267	324	376	405	456
乌 克 兰	Ukraine	324	1412	910	1566	1998	1605
阿 联 酋	United Arab Emirates	1043	3002	3703	3495	4152	5071
英 国	United Kingdom	16655	24855	29279	26978	31415	30891
美 国	United States	102509	150490	182060	210605	233151	254397
乌 拉 圭	Uruguay	228	420	577	537	614	712
乌兹别克斯坦	Uzbekistan	138	498	862	602	696	804
瓦努阿图	Vanuatu	3	7	7	9	10	11
委内瑞拉	Venezuela	1171	3932				
越 南	Viet Nam	312	1472	2393	3466	3661	4088
约旦河西岸和加沙	West Bank and Gaza	43	97	140	155	181	191
也 门	Yemen	97	309	424			
赞 比 亚	Zambia	36	203	213	181	221	292
津巴布韦	Zimbabwe	67	120	200	215	284	274

附录 2-7 人均国内生产总值（现价美元）
GDP per Capita（current US$）

资料来源：世界银行WDI数据库。
Source: World Bank WDI Database.

单位：美元 (USD)

国家或地区	Country or Area	2000	2010	2015	2020	2021	2022
世　界	**World**	**5517**	**9571**	**10168**	**10902**	**12364**	**12744**
高收入国家	**High Income**	**25191**	**38768**	**39811**	**43446**	**48497**	**49557**
中等收入国家	**Middle Income**	**1258**	**3804**	**4716**	**5198**	**6156**	**6491**
中等偏下收入国家	**Lower Middle Income**	**610**	**1703**	**1980**	**2123**	**2406**	**2561**
中等偏上收入国家	**Upper Middle Income**	**1875**	**5999**	**7684**	**8663**	**10422**	**10993**
中低收入国家	**Low and Middle Income**	**1198**	**3567**	**4343**	**4735**	**5590**	**5886**
东亚和太平洋	**East Asia and Pacific**	**956**	**4012**	**6500**	**8263**	**9813**	**9954**
欧洲和中亚	**Europe and Central Asia**	**1788**	**7790**	**7486**	**7478**	**8913**	**10380**
拉丁美洲和加勒比	**Latin America and Caribbean**	**4277**	**8616**	**8301**	**6889**	**8586**	**9796**
中东和北非国家	**Middle East and North Africa**	**1889**	**4625**	**3806**	**3120**	**3591**	**3999**
南　亚	**South Asia**	**460**	**1254**	**1539**	**1854**	**2136**	**2287**
撒哈拉以南非洲	**Sub-Saharan Africa**	**631**	**1664**	**1686**	**1489**	**1634**	**1700**
低收入国家	**Low Income**	**488**	**1163**	**774**	**657**	**679**	**750**
最不发达地区	**Least Developed Countries**	**333**	**837**	**1004**	**1083**	**1153**	**1268**
重债穷国	**Heavily Indebted Poor Countries**	**374**	**834**	**963**	**968**	**1047**	**1109**
中　国	China	959	4550	8016	10409	12618	12720
中国香港	Hong Kong SAR, China	25757	32550	42432	46109	49765	48984
中国澳门	Macao SAR, China	15685	50676	73221	37475	45105	34585
阿富汗	Afghanistan		562	567	512	356	
阿尔巴尼亚	Albania	1127	4094	3953	5343	6377	6810
阿尔及利亚	Algeria	1780	4496	4197	3354	3700	4343
安道尔	Andorra	21620	48238	38886	37207	42072	41993
安哥拉	Angola	557	3587	3217	1451	1927	3000
安提瓜和巴布达	Antigua and Barbuda	11010	13405	15986	15225	17179	19920
阿根廷	Argentina	7667	10386	13789	8501	10651	13651
亚美尼亚	Armenia	603	3143	3666	4506	4973	7018
澳大利亚	Australia	21870	52147	56759	51868	60697	65100
奥地利	Austria	24626	46904	44196	48789	53518	52085
阿塞拜疆	Azerbaijan	655	5844	5501	4230	5408	7762
巴　林	Bahrain	12739	21187	22795	23433	26850	30147
孟加拉国	Bangladesh	413	777	1236	2233	2458	2688
巴巴多斯	Barbados	11560	16494	17024	16883	17507	20239
白俄罗斯	Belarus	1276	6035	5967	6543	7490	7888
比利时	Belgium	23099	44185	41008	45609	51850	49927
伯利兹	Belize	4720	5399	6099	5185	6061	6984
贝　宁	Benin	503	1009	1042	1241	1361	1303
百慕大	Bermuda	56284	101875	102006	107792	111775	118775
不　丹	Bhutan	723	2194	2696	3181	3560	
玻利维亚	Bolivia	977	1922	2976	3069	3345	3600
波　黑	Bosnia and Herzegovinian	1332	4507	4655	6095	7230	7569
博茨瓦纳	Botswana	3352	6042	5870	5875	7239	7739
巴　西	Brazil	3727	11249	8783	6924	7697	8918
文　莱	Brunei Darussalam	17972	34610	30681	27179	31449	37152
保加利亚	Bulgaria	1621	6864	7079	10148	12219	13974
布基纳法索	Burkina Faso	250	627	632	824	889	830
布隆迪	Burundi	138	223	289	217	221	259
柬埔寨	Cambodia	302	783	1171	1578	1625	1760
喀麦隆	Cameroon	700	1384	1400	1539	1654	1563
加拿大	Canada	24271	47562	43596	43350	52359	54918
佛得角	Cape Verde	1177	3501	3169	3126	3398	3754
中　非	Central African Rep.	244	460	352	435	461	427
乍　得	Chad	168	897	774	644	686	717
海峡群岛	Channel Islands	44318			57340	67961	
智　利	Chile	5103	12765	13567	13174	16241	15355

附录 2-7 续表 1 continued

单位：美元 (USD)

国家或地区	Country or Area	2000	2010	2015	2020	2021	2022
哥伦比亚	Colombia	2547	6393	6229	5304	6183	6624
科 摩 罗	Comoros	654	1384	1323	1520	1577	1485
刚果(金)	Congo, Dem. Rep.	393	325	482	525	577	654
刚果(布)	Congo, Rep.	1030	2963	2455	2011	2540	2649
哥斯达黎加	Costa Rica	3773	8147	11530	12179	12604	13365
科特迪瓦	Cote D'Ivoire	987	1654	1942	2349	2613	2486
克罗地亚	Croatia	4952	13694	12099	14270	17809	18570
古 巴	Cuba	2752	5276	7684	9500	48436	56496
塞浦路斯	Cyprus	14388	31023	23408	28281	32746	32048
捷 克	Czech Rep.	6029	19960	17830	22993	26823	27223
丹 麦	Denmark	30744	58041	53255	60837	69269	67790
吉 布 提	Djibouti	743	1228	2409	2922	3063	3136
多米尼克	Dominica	4879	7182	7724	7003	7668	8351
多米尼加	Dominican Rep.	2846	5510	6839	7168	8477	10111
厄瓜多尔	Ecuador	1452	4640	6131	5645	5965	6391
埃 及	Egypt	1399	2510	3370	3572	3887	4295
萨尔瓦多	El Salvador	1978	3017	3762	3962	4664	5127
赤道几内亚	Equatorial Guinea	1527	14906	9789	6199	7406	7182
厄立特里亚	Eritrea	295	505				
爱沙尼亚	Estonia	4071	14663	17402	23595	27944	28247
埃塞俄比亚	Ethiopia	123	335	630	919	925	1028
斐 济	Fiji	2016	3469	5105	4816	4656	5356
芬 兰	Finland	24346	46505	42802	49170	53560	50916
法 国	France	22416	40676	36653	39180	43671	40886
法属波立尼西亚	French Polynesia	14346	21448	18253	19186	20230	18985
加 蓬	Gabon	3991	8400	7090	6680	8636	8820
冈 比 亚	Gambia	545	797	612	704	772	808
格鲁吉亚	Georgia	750	3233	4014	4256	5023	6675
德 国	Germany	23695	41572	41103	46749	51427	48718
加 纳	Ghana	253	1259	1711	2177	2422	2204
希 腊	Greece	12073	26717	18084	17617	20311	20867
格 陵 兰	Greenland	19004	43989	44536	54693	57116	
格林纳达	Grenada	4841	6761	8380	8438	9011	9689
危地马拉	Guatemala	1664	2853	3995	4610	5029	5473
几 内 亚	Guinea	359	667	756	1074	1189	1515
几内亚比绍	Guinea-Bissau	301	542	586	710	795	776
圭 亚 那	Guyana	939	4590	5668	6863	9995	18199
海 地	Haiti	815	1205	1406	1283	1824	1748
洪都拉斯	Honduras	1080	1874	2257	2354	2772	3040
匈 牙 利	Hungary	4624	13218	12717	16126	18753	18390
冰 岛	Iceland	32096	43237	52952	58848	68710	73467
印 度	India	442	1351	1590	1913	2238	2411
印度尼西亚	Indonesia	771	3094	3323	3896	4334	4788
伊 朗	Iran	1672	6459	4991	2746	4084	4670
伊 拉 克	Iraq	1964	4430	4417	4251	4771	5937
爱 尔 兰	Ireland	26335	48664	62179	85973	102002	103983
马 恩 岛	Isle of Man	20694	70625	84753	79531		
以 色 列	Israel	21631	31267	36207	44847	52130	54931
意 大 利	Italy	20138	36036	30242	31923	36449	34776
牙 买 加	Jamaica	3447	4836	5078	4897	5184	6047
日 本	Japan	39169	44968	34961	39987	39827	33824
约 旦	Jordan	1673	3915	4064	3999	4153	4311
哈萨克斯坦	Kazakhstan	1229	9070	10511	9122	10374	11492
肯 尼 亚	Kenya	412	1094	1497	1936	2070	2099
基里巴斯	Kiribati	757	1438	1459	1404	1766	1702
韩 国	Korea, Rep.	12257	23079	28737	31721	35142	32423
科 威 特	Kuwait	19494	39213	29315	24298	32325	41080

附录 2-7 续表 2 continued

单位：美元 (USD)

国家或地区	Country or Area	2000	2010	2015	2020	2021	2022
吉尔吉斯斯坦	Kyrgyzstan	280	880	1121	1257	1366	1655
老 挝	Lao PDR	319	1128	2125	2593	2536	2054
拉脱维亚	Latvia	3362	11421	13786	18096	20930	21780
黎 巴 嫩	Lebanon	3995	7695	7803	5600	4136	
莱 索 托	Lesotho	444	1105	1114	917	1030	970
利比里亚	Liberia	302	497	700	598	676	755
利 比 亚	Libya	7424	11611	7868	7035	5909	6716
列支敦士登	Liechtenstein	75210	141467	167809	165287	197505	
立 陶 宛	Lithuania	3293	11988	14264	20382	23850	25065
卢 森 堡	Luxemburg	48660	110886	105462	116905	133712	125006
马达加斯加	Madagascar	285	459	456	462	503	517
马 拉 维	Malawi	226	688	544	622	634	645
马来西亚	Malaysia	4088	8880	9700	10164	11135	11993
马尔代夫	Maldives	2210	7158	9480	7217	10076	11781
马 里	Mali	263	688	724	823	882	833
马 耳 他	Malta	10432	21799	24922	29598	34881	34128
马绍尔群岛	Marshall Islands	2127	3001	3704	5546	6130	6225
毛里塔尼亚	Mauritania	660	1646	1563	1836	1998	2065
毛里求斯	Mauritius	3929	8000	9508	9011	9069	10256
墨 西 哥	Mexico	7582	9823	10098	8895	10359	11497
密克罗尼西亚	Micronesia, Fed.	2088	2760	2891	3639	3589	3714
摩尔多瓦	Moldova	441	2437	2750	4376	5275	5714
摩 纳 哥	Monaco	81764	161781	170339	182537	235133	240862
蒙 古	Mongolia	464	2660	3919	4041	4566	5046
黑 山	Montenegro	1627	6688	6517	7677	9466	10093
摩 洛 哥	Morocco	1492	3068	3139	3258	3768	3442
莫桑比克	Mozambique	334	495	604	457	504	558
缅 甸	Myanmar	196	1003	1159	1480	1232	1149
纳米比亚	Namibia	2156	5445	4966	4252	4919	5031
尼 泊 尔	Nepal	224	589	882	1139	1229	1337
荷 兰	Netherlands	26214	51000	45193	52163	58728	57025
新喀里多尼亚	New Caledonia	16039	37495	32429	34878	37247	35745
新 西 兰	New Zealand	13641	33677	38631	41761	49996	48419
尼加拉瓜	Nicaragua	997	1496	2025	1877	2065	2255
尼 日 尔	Niger	193	472	481	565	591	585
尼日利亚	Nigeria	563	2280	2680	2075	2066	2163
北马其顿	North Macedonia	1862	4578	4862	5965	6779	6591
挪 威	Norway	38178	88163	74810	68340	90655	106177
阿 曼	Oman	8321	22552	18777	16708	19509	25057
巴基斯坦	Pakistan	644	1012	1422	1322	1506	1589
帕 劳	Palau	7416	10029	15761	14349	12922	
巴 拿 马	Panama	4099	8125	13670	13293	15491	17358
巴布亚新几内亚	Papua New Guinea	639	1879	2502	2446	2625	3116
巴 拉 圭	Paraguay	1728	4726	5861	5353	5959	6153
秘 鲁	Peru	1941	5047	6180	6064	6635	7126
菲 律 宾	Philippines	1073	2202	2974	3224	3461	3499
波 兰	Poland	4501	12504	12560	15817	18050	18688
葡 萄 牙	Portugal	11526	22521	19250	22242	24661	24515
波多黎各	Puerto Rico	16192	26436	29763	31427	32602	35209
卡 塔 尔	Qatar	27495	73021	66985	52316	66859	87661
罗马尼亚	Romania	1660	8398	8977	13047	14947	15787
俄 罗 斯	Russia	1772	10675	9313	10194	12532	15271
卢 旺 达	Rwanda	255	594	734	774	821	966
圣基茨和尼维斯	Saint Kitts and Nevis	9276	16428	20026	18554	18035	20262
圣卢西亚	Saint Lucia	5847	8672	10290	8458	9414	11481
圣文森特和格林纳丁斯	Saint Vincent and the Grenadines	3760	6591	7387	8306	8360	9125
萨 摩 亚	Samoa	1407	3494	4048	4043	3857	3743

附录 2-7 续表 3 continued

单位：美元 (USD)

国家或地区	Country or Area	2000	2010	2015	2020	2021	2022
圣马力诺	San Marino	37474	59516	42282	45321	54982	
圣多美和普林西比	Sao Tome and Principe		1080	1571	2161	2361	2404
沙特阿拉伯	Saudi Arabia	8795	17959	20442	20398	24161	30436
塞内加尔	Senegal	620	1287	1238	1492	1634	1599
塞尔维亚	Serbia	915	5735	5589	7734	9230	9394
塞舌尔	Seychelles	8064	10938	14894	12020	12963	15875
塞拉利昂	Sierra Leone	139	401	581	493	505	461
新加坡	Singapore	23853	47237	55646	61274	77710	82808
斯洛伐克	Slovakia	5427	16909	16391	19552	21783	21258
斯洛文尼亚	Slovenia	10201	23532	20890	25545	29291	29457
所罗门群岛	Solomon Islands	976	1662	2135	2222	2233	2203
南非	South Africa	3242	8060	6205	5742	7055	6776
西班牙	Spain	14750	30532	25754	26960	30104	29350
斯里兰卡	Sri Lanka	870	2837	3990	3852	3994	3354
苏丹	Sudan	378	1706	2226	608	750	1102
苏里南	Suriname	1978	8000	8908	4797	4869	5858
斯威士兰	Swaziland	1687	4036	3583	3373	3983	4040
瑞典	Sweden	29625	52869	51545	52838	61143	55873
瑞士	Switzerland	38864	76531	83806	85656	91992	92101
叙利亚	Syrian Arab Republic	4942	11305	857	537		
塔吉克斯坦	Tajikistan	137	740	970	852	917	1054
坦桑尼亚	Tanzania	399	731	929	1104	1146	1192
泰国	Thailand	2004	4996	5709	7002	7061	6909
巴哈马	The Bahamas	24850	27047	29725	23998	28260	31458
东帝汶	Timor-Leste	418	810	1322	1660	2741	2358
多哥	Togo	405	709	760	875	964	918
汤加	Tonga	1997	3416	4118	4606	4426	
特立尼达和多巴哥	Trinidad And Tobago	6121	15712	18390	13872	16033	18222
突尼斯	Tunisia	2171	4241	3961	3498	3807	3777
土耳其	Turkey	4278	10615	10852	8561	9661	10616
土库曼斯坦	Turkmenistan	636	4287	6208	7297		
图瓦卢	Tuvalu	1564	3043	3384	4675	5373	5335
乌干达	Uganda	258	825	864	847	883	964
乌克兰	Ukraine	658	3078	2125	3752	4828	4534
阿联酋	United Arab Emirates	31856	34166	41525	37629	44316	53758
英国	United Kingdom	28290	39693	45071	40318	46586	45850
美国	United States	36330	48651	56763	63529	70219	76399
乌拉圭	Uruguay	6932	12513	16951	15650	17924	20795
乌兹别克斯坦	Uzbekistan	558	1742	2754	1759	1993	2255
瓦努阿图	Vanuatu	1416	2733	2644	2918	3045	3010
委内瑞拉	Venezuela	4796	13693				
越南	Viet Nam	395	1684	2595	3586	3756	4164
约旦河西岸和加沙	West Bank and Gaza	1476	2557	3272	3234	3679	3789
也门	Yemen	518	1249	1488	584	604	677
赞比亚	Zambia	364	1469	1308	957	1137	1488
津巴布韦	Zimbabwe	565	938	1410	1373	1774	1267

附录 2-8 三次产业对国内生产总值的贡献率

Share of the Contributions of the Three Strata of Industry to the Increase of GDP

资料来源：世界银行WDI数据库。
Source: World Bank WDI Database.

单位：% (%)

国家或地区	Country or Area	第一产业 Primary Industry 2000	第一产业 Primary Industry 2022	第二产业 Secondary Industry 2000	第二产业 Secondary Industry 2022	第三产业 Tertiary Industry 2000	第三产业 Tertiary Industry 2022
中　国	China	5.4	10.2	41.1	49.7	52.6	40.7
孟加拉国	Bangladesh	25.0	5.0	25.7	48.1	52.3	44.0
文　莱	Brunei Darussalam	1.5	2.1	86.9	188.5	21.9	-88.7
柬埔寨	Cambodia	9.8	2.3	57.2	63.6	33.3	15.2
印　度	India	-0.1	6.9	41.1	15.0	55.2	65.6
印度尼西亚	Indonesia	6.5	5.4	56.6	30.1	35.9	53.9
伊　朗	Iran	5.8	5.0	64.1	48.7	24.8	41.7
以色列	Israel	1.0	0.9①	26.0	13.5①	61.6	72.9①
日　本	Japan	4.3	1.3①	27.6	66.9①	64.2	74.7①
哈萨克斯坦	Kazakhstan	-2.9	14.1	53.0	44.1	44.2	45.8
马来西亚	Malaysia	7.8		61.1	28.6	32.9	70.4
蒙　古	Mongolia	-379.1	34.7	39.9	-16.1		53.3
巴基斯坦	Pakistan	42.3	15.3	5.1	20.5	46.0	54.3
菲律宾	Philippines	11.9	0.6	47.4	25.9	40.7	73.5
斯里兰卡	Sri Lanka	2.8	4.3	35.3	61.6	54.5	14.6
越　南	Viet Nam	14.5	4.8	51.9	35.7	35.0	52.9
埃　及	Egypt	7.6	6.4	39.5	32.2	-60.8	51.3
尼日利亚	Nigeria	11.3	14.8	62.7	-28.8	25.0	108.2
南　非	South Africa	2.7	0.4	30.7	-24.1	64.5	115.9
加拿大	Canada	0.7	6.1	33.1	18.3	60.9	75.4
墨西哥	Mexico	0.6	3.1	32.5	30.3	65.3	57.7
美　国	United States	3.7	-3.8①	26.3	10.1①	69.0	85.9①
阿根廷	Argentina	18.0	-5.5	77.3	28.1	-21.6	60.3
巴　西	Brazil	2.5	-3.1	24.9	11.3	50.4	84.6
委内瑞拉	Venezuela	8.9		46.7		37.4	
捷　克	Czech Rep.	2.0	-2.0	34.7	20.0	58.3	71.5
法　国	France	-0.4	0.6	26.9	-6.9	61.6	101.5
德　国	Germany	-1.1	-1.8	40.3	-7.0	59.4	98.2
意大利	Italy	-0.3	-0.9	18.2	12.1	71.0	84.7
荷　兰	Netherlands	0.4	-0.2	18.1	12.1	74.3	87.0
波　兰	Poland	-0.1	-0.7	-7.0	39.6	91.5	47.6
俄罗斯	Russia	6.0	-11.9	37.4	2.4	37.3	65.5
西班牙	Spain	4.3	-0.6	27.6	11.6	60.6	81.1
土耳其	Turkey	9.1	0.6	23.7	4.1	54.2	98.8
乌克兰	Ukraine	17.7	11.5	62.5	33.4	26.3	42.5
英　国	United Kingdom	1.4	0.5	8.3	-2.2	80.4	91.1
新西兰	New Zealand	6.9	-0.4①	8.5	15.6①	82.3	75.8①

注：①2021年数据。
Note:①Data refer to 2021.

附录 2–9 资本形成总额、消费支出及净出口对国内生产总值增长的贡献率

Share of the Contributions of Gross Capital Formation,Final Consumption Expenditure and External Balance on Goods and Services to the Increase of GDP

资料来源：世界银行数据库。
Source: World Bank Database.

单位：% (%)

国家或地区	Country or Area	资本形成总额 Gross Capital Formation		消费支出 Final Consumption Expenditure		净出口 External Balance on Goods and Services	
		2000	2022	2000	2022	2000	2022
中国	China	21.7	50.1	78.8	32.8		
中国香港	Hong Kong SAR, China		63.1	43.4	-7.5		44.0
中国澳门	Macao SAR, China	-97.3	15.1	-36.8	14.2		70.5
文莱	Brunei Darussalam	-221.3	33.7	-0.4	-250.5		39.6
印度尼西亚	Indonesia	-1033.8	24.6	29.4	43.5		15.2
伊朗	Iran	23.2	82.6①	117.9	66.0		
以色列	Israel	6.2	49.8	57.0	62.4	34.4	-15.3
日本	Japan	31.7	8.2②	55.2	44.6②	4.0	51.7②
哈萨克斯坦	Kazakhstan	21.3	4.9②	21.8	69.6②		
韩国	Korea, Rep.	51.2	-4.4	60.6	106.5		0.5
马来西亚	Malaysia	111.9	18.6	56.9	82.7		-1.3
缅甸	Myanmar		29.9		42.5		27.0
新加坡	Singapore						15.1
斯里兰卡	Sri Lanka	41.8	110.9	60.2	68.4		-79.3
泰国	Thailand			92.3	127.1		67.0
尼日利亚	Nigeria	50.5	17.5②	19.2	332.2②		-249.7②
南非	South Africa	11.3	94.1	71.2	93.5		-84.1
加拿大	Canada	32.5	49.5	54.6	94.6	14.6	-48.8
墨西哥	Mexico	23.6	33.4	100.0	139.6		-17.0
巴西	Brazil	25.7	-36.8	58.2	101.8		20.8
委内瑞拉	Venezuela	49.8		84.1			
捷克	Czech Rep.	70.8	107.1	17.1	-10.7	3.7	3.9
法国	France	47.9	43.2	60.0	84.8	-6.2	-28.5
德国	Germany	27.3	27.8	43.2	136.9	26.9	-67.3
意大利	Italy	30.4	41.3	59.1	72.7	7.7	-14.5
荷兰	Netherlands	7.8	11.1	61.8	69.4	28.7	20.0
波兰	Poland	5.0	74.9	73.6	33.6		-8.2
俄罗斯	Russia	100.0	58.7	36.3	12.9		
西班牙	Spain	31.3	12.8	65.8	43.2	1.1	43.0
乌克兰	Ukraine	41.0	23.5	20.2	64.2		19.4
英国	United Kingdom	9.4	14.0	85.8	94.4	6.7	-26.2
澳大利亚	Australia			69.4	95.1		
新西兰	New Zealand	-8.9	58.9②	35.3	95.6②	47.9	-73.6②

注：①2018年数据。②2021年数据。
Note:①Data refer to 2018. ②Data refer to 2021.

附录 2-10 年中人口

Mid-year Population

资料来源：世界银行WDI数据库。
Source: World Bank WDI Database.

国家或地区	Country or Area	年中人口（万人）Mid-year Population(10 000 persons) 2000	2010	2020	2022	增长率(%) Growth Rate(%) 2022
世　界	**World**	**614432.1**	**697003.9**	**782096.4**	**795115.0**	**0.8**
高收入国家	**High Income**	**110214.0**	**118045.9**	**124172.6**	**124489.9**	**0.1**
中等收入国家	**Middle Income**	**463516.1**	**524996.7**	**588369.3**	**597422.1**	**0.7**
中低收入国家	**Low and Middle Income**	**501775.4**	**576086.5**	**655074.7**	**667794.9**	**0.9**
低收入国家	**Low Income**	**38259.3**	**51089.7**	**66705.4**	**70372.8**	**2.7**
中　国	China	126264.5	133770.5	141110.0	141217.5	
中国香港	Hong Kong SAR, China	666.5	702.4	748.1	734.6	-0.9
中国澳门	Macao SAR, China	43.2	55.7	67.6	69.5	1.2
阿富汗	Afghanistan	1954.3	2819.0	3897.2	4112.9	2.5
阿尔巴尼亚	Albania	308.9	291.3	283.8	277.6	-1.3
阿尔及利亚	Algeria	3077.5	3585.6	4345.2	4490.3	1.6
美属萨摩亚	American Samoa	5.8	5.5	4.6	4.4	-1.7
安道尔	Andorra	6.6	7.2	7.8	8.0	1.0
安哥拉	Angola	1639.4	2336.4	3342.8	3558.9	3.1
安提瓜和巴布达	Antigua and Barbuda	7.5	8.6	9.3	9.4	0.6
阿根廷	Argentina	3707.1	4078.8	4537.7	4623.5	0.9
亚美尼亚	Armenia	316.9	294.6	280.6	278.0	-0.4
阿鲁巴岛	Aruba	8.9	10.0	10.7	10.6	-0.1
澳大利亚	Australia	1902.9	2203.2	2565.5	2597.9	1.1
奥地利	Austria	801.2	836.3	891.7	904.3	1.0
阿塞拜疆	Azerbaijan	804.9	905.4	1009.3	1017.5	0.4
巴哈马	Bahamas	32.5	37.3	40.6	41.0	0.5
巴　林	Bahrain	71.1	121.4	147.7	147.2	0.6
孟加拉国	Bangladesh	12919.3	14839.1	16742.1	17118.6	1.1
巴巴多斯	Barbados	26.5	27.5	28.1	28.2	0.2
白俄罗斯	Belarus	998.0	948.4	938.0	920.9	-1.0
比利时	Belgium	1025.1	1089.6	1153.9	1166.9	0.7
伯利兹	Belize	24.0	32.2	39.5	40.5	1.3
贝　宁	Benin	699.8	944.6	1264.3	1335.3	2.7
百慕大	Bermuda	6.2	6.5	6.4	6.4	-0.4
不　丹	Bhutan	58.7	70.6	77.3	78.2	0.6
玻利维亚	Bolivia	859.3	1022.3	1193.6	1222.4	1.2
波　黑	Bosnia and Herzegovinian	417.9	381.1	331.8	323.4	-1.2
博茨瓦纳	Botswana	172.7	209.2	254.6	263.0	1.6
巴　西	Brazil	17587.4	19635.3	21319.6	21531.3	0.5
文　莱	Brunei Darussalam	33.4	39.6	44.2	44.9	0.8
保加利亚	Bulgaria	817.0	739.6	693.4	646.5	-6.2
布基纳法索	Burkina Faso	1188.3	1611.7	2152.3	2267.4	2.6
布隆迪	Burundi	630.8	912.7	1222.0	1289.0	2.7
柬埔寨	Cambodia	1211.9	1436.4	1639.7	1676.8	1.1
喀麦隆	Cameroon	1509.2	1987.8	2649.1	2791.5	2.6
加拿大	Canada	3068.6	3400.5	3800.7	3893.0	1.8
佛得角	Cape Verde	45.8	52.1	58.3	59.3	0.9
开曼群岛	Cayman Islands	4.0	5.4	6.7	6.9	0.8
中　非	Central African Rep.	375.9	466.0	534.3	557.9	2.2
乍　得	Chad	825.9	1189.5	1664.5	1772.3	3.1
海峡群岛	Channel Islands	14.5	15.7	17.1	17.4	0.8
智　利	Chile	1535.2	1700.4	1930.0	1960.4	0.6
哥伦比亚	Colombia	3921.5	4481.6	5093.1	5187.4	0.7
科摩罗	Comoros	53.7	65.6	80.6	83.7	1.8
刚果(金)	Congo, Dem. Rep.	4861.6	6639.1	9285.3	9901.0	3.2
刚果(布)	Congo, Rep.	313.4	443.8	570.2	597.0	2.3
哥斯达黎加	Costa Rica	397.9	462.2	512.3	518.1	0.5
科特迪瓦	Cote D'Ivoire	1680.0	2112.0	2681.2	2816.1	2.5

附录 2-10 续表 1 continued

国家或地区	Country or Area	年中人口（万人） Mid-year Population(10 000 persons)				增长率(%) Growth Rate(%)
		2000	2010	2020	2022	2022
克罗地亚	Croatia	446.8	429.5	404.8	385.4	-0.6
古　巴	Cuba	1110.6	1129.0	1130.1	1121.2	-0.4
塞浦路斯	Cyprus	94.8	113.0	123.8	125.1	0.6
捷　克	Czech Rep.	1025.5	1047.4	1069.8	1052.6	0.2
丹　麦	Denmark	534.0	554.8	583.1	590.3	0.8
吉布提	Djibouti	74.2	91.9	109.0	112.1	1.4
多米尼克	Dominica	6.8	6.9	7.2	7.3	0.4
多米尼加	Dominican Rep.	854.1	977.6	1100.0	1122.9	1.0
厄瓜多尔	Ecuador	1262.7	1499.0	1758.9	1800.1	1.1
埃　及	Egypt	7137.1	8725.2	10746.5	11099.0	1.6
萨尔瓦多	El Salvador	595.8	611.4	629.3	633.6	0.4
赤道几内亚	Equatorial Guinea	68.5	109.5	159.6	167.5	2.4
厄立特里亚	Eritrea	239.3	314.8	355.6	368.4	1.7
爱沙尼亚	Estonia	139.7	133.1	133.0	134.5	1.0
埃塞俄比亚	Ethiopia	6703.2	8923.8	11719.1	12338.0	2.5
法罗群岛	Faeroe Islands	4.6	4.8	5.2	5.3	0.4
斐　济	Fiji	83.3	90.5	92.0	93.0	0.6
芬　兰	Finland	517.6	536.3	553.0	555.7	0.3
法　国	France	6092.1	6503.1	6757.1	6793.6	0.3
法属波立尼西亚	French Polynesia	25.1	28.4	30.2	30.6	0.7
加　蓬	Gabon	127.3	171.1	229.3	238.9	2.0
冈比亚	Gambia	143.8	193.7	257.4	270.6	2.5
格鲁吉亚	Georgia	407.7	378.7	372.3	371.3	0.1
德　国	Germany	8221.2	8177.7	8316.1	8408.0	1.1
加　纳	Ghana	1966.6	2557.5	3218.0	3347.6	1.9
直布罗陀	Gibraltar	2.8	3.1	3.3	3.3	-0.1
希　腊	Greece	1080.6	1112.1	1069.9	1056.7	-0.7
格陵兰	Greenland	5.6	5.7	5.6	5.7	
格林纳达	Grenada	10.7	11.4	12.4	12.5	0.7
关　岛	Guam	16.0	16.5	16.9	17.2	0.7
危地马拉	Guatemala	1159.0	1426.0	1685.8	1735.8	1.4
几内亚	Guinea	833.7	1027.1	1320.5	1385.9	2.4
几内亚比绍	Guinea-Bissau	123.1	156.7	201.6	210.6	2.2
圭亚那	Guyana	75.9	74.8	79.7	80.9	0.5
海　地	Haiti	836.0	984.3	1130.7	1158.5	1.2
洪都拉斯	Honduras	665.7	845.1	1012.2	1043.3	1.5
匈牙利	Hungary	1021.1	1000.0	975.0	968.4	-0.3
冰　岛	Iceland	28.1	31.8	36.6	38.2	2.5
印　度	India	105963.4	124061.4	139638.7	141717.3	0.7
印度尼西亚	Indonesia	21407.2	24401.6	27185.8	27550.1	0.6
伊　朗	Iran	6554.4	7537.4	8729.0	8855.1	0.7
伊拉克	Iraq	2462.9	3126.5	4255.7	4449.6	2.2
爱尔兰	Ireland	380.5	456.0	498.5	508.7	1.1
马恩岛	Isle of Man	7.6	8.4	8.4	8.5	0.3
以色列	Israel	628.9	762.4	921.5	955.1	2.0
意大利	Italy	5694.2	5927.7	5943.9	5885.7	-0.4
牙买加	Jamaica	261.2	273.4	282.0	282.7	
日　本	Japan	12684.3	12807.0	12626.1	12512.5	-0.4
约　旦	Jordan	505.6	693.1	1092.9	1128.6	1.2
哈萨克斯坦	Kazakhstan	1488.4	1632.2	1875.6	1962.2	3.2
肯尼亚	Kenya	3085.2	4151.8	5198.6	5402.7	1.9
基里巴斯	Kiribati	8.9	10.8	12.6	13.1	1.8
朝　鲜	Korea, Dem.	2336.7	2468.6	2586.7	2606.9	0.4
韩　国	Korea, Rep.	4700.8	4955.4	5183.6	5162.8	-0.2
科威特	Kuwait	193.5	294.3	436.0	426.9	0.4

附录 2-10 续表 2 continued

国家或地区	Country or Area	年中人口（万人） Mid-year Population(10 000 persons) 2000	2010	2020	2022	增长率(%) Growth Rate(%) 2022
吉尔吉斯斯坦	Kyrgyzstan	489.8	544.8	658.0	680.3	1.7
老挝	Lao PDR	543.1	632.3	731.9	752.9	1.4
拉脱维亚	Latvia	236.8	209.8	190.0	188.3	-0.1
黎巴嫩	Lebanon	432.1	499.6	566.3	549.0	-1.9
莱索托	Lesotho	199.9	202.3	225.4	230.6	1.1
利比里亚	Liberia	289.5	402.0	508.8	530.3	2.1
利比亚	Libya	515.5	649.2	665.4	681.2	1.1
列支敦士登	Liechtenstein	3.3	3.6	3.9	3.9	0.7
立陶宛	Lithuania	350.0	309.7	279.5	283.3	1.1
卢森堡	Luxemburg	43.6	50.7	63.0	65.1	1.7
马达加斯加	Madagascar	1621.6	2173.1	2822.5	2961.2	2.4
马拉维	Malawi	1122.9	1471.8	1937.7	2040.5	2.6
马来西亚	Malaysia	2294.5	2871.8	3320.0	3393.8	1.1
马尔代夫	Maldives	28.3	36.2	51.4	52.4	0.4
马里	Mali	1123.9	1552.9	2122.4	2259.4	3.1
马耳他	Malta	39.0	41.5	51.5	52.3	0.9
马绍尔群岛	Marshall Islands	5.4	5.3	4.3	4.2	-1.2
毛里塔尼亚	Mauritania	269.5	341.9	449.9	473.6	2.6
毛里求斯	Mauritius	118.7	125.0	126.6	126.3	-0.3
墨西哥	Mexico	9787.3	11253.2	12599.8	12750.4	0.6
密克罗尼西亚	Micronesia, Fed.	11.2	10.8	11.2	11.4	0.9
摩尔多瓦	Moldova	292.5	286.2	263.5	259.2	-0.9
摩纳哥	Monaco	3.2	3.3	3.7	3.6	-0.6
蒙古	Mongolia	245.1	270.3	329.4	339.8	1.5
黑山	Montenegro	60.5	61.9	62.1	61.6	-0.5
摩洛哥	Morocco	2855.4	3246.5	3668.9	3745.8	1.0
莫桑比克	Mozambique	1776.9	2307.4	3117.8	3297.0	2.7
缅甸	Myanmar	4553.8	4939.1	5342.3	5417.9	0.7
纳米比亚	Namibia	181.9	209.9	248.9	256.7	1.4
尼泊尔	Nepal	2456.0	2716.2	2934.9	3054.8	1.7
荷兰	Netherlands	1592.6	1661.5	1744.2	1770.3	1.0
新喀里多尼亚	New Caledonia	21.3	25.0	27.2	27.7	0.8
新西兰	New Zealand	385.8	435.1	509.0	512.4	0.2
尼加拉瓜	Nicaragua	512.3	585.6	675.6	694.8	1.4
尼日尔	Niger	1162.3	1664.8	2433.4	2620.8	3.7
尼日利亚	Nigeria	12285.2	16095.3	20832.7	21854.1	2.4
马其顿	North Macedonia	202.6	205.5	207.3	205.8	-0.4
北马里亚纳群岛	Northern Mariana Islands	8.0	5.4	5.0	5.0	0.1
挪威	Norway	449.1	488.9	537.9	545.7	0.9
阿曼	Oman	234.4	288.2	454.3	457.6	1.2
巴基斯坦	Pakistan	15437.0	19445.4	22719.7	23582.5	1.9
帕劳	Palau	2.0	1.9	1.8	1.8	0.2
巴拿马	Panama	300.2	362.4	429.4	440.9	1.3
巴布亚新几内亚	Papua New Guinea	550.8	758.3	975.0	1014.3	1.9
巴拉圭	Paraguay	512.4	576.9	661.9	678.1	1.1
秘鲁	Peru	2665.4	2923.0	3330.5	3405.0	1.0
菲律宾	Philippines	7795.8	9463.7	11219.1	11555.9	1.5
波兰	Poland	3825.9	3804.3	3789.9	3756.2	-0.5
葡萄牙	Portugal	1029.0	1057.3	1029.7	1037.9	0.5
波多黎各	Puerto Rico	381.1	372.2	328.2	322.2	-1.3
卡塔尔	Qatar	64.6	171.4	276.0	269.5	0.3

附录 2-10 续表 3 continued

国家或地区	Country or Area	年中人口（万人） Mid-year Population (10 000 persons)				增长率(%) Growth Rate(%)
		2000	2010	2020	2022	2022
罗马尼亚	Romania	2244.3	2024.7	1926.5	1895.7	-0.9
俄 罗 斯	Russia	14659.7	14284.9	14407.3	14355.6	0.1
卢 旺 达	Rwanda	811.0	1030.9	1314.6	1377.7	2.3
圣基茨和尼维斯	Saint Kitts and Nevis	4.5	4.7	4.8	4.8	0.1
圣卢西亚	Saint Lucia	16.0	17.1	17.9	18.0	0.1
圣文森特和格林纳丁斯	Saint Vincent and the Grenadines	11.4	10.9	10.5	10.4	-0.4
萨 摩 亚	Samoa	18.4	19.5	21.5	22.2	1.6
圣马力诺	San Marino	2.7	3.2	3.4	3.4	-0.3
圣多美和普林西比	Sao Tome and Principe	14.4	18.2	21.9	22.7	1.9
沙特阿拉伯	Saudi Arabia	2154.7	2941.2	3599.7	3640.9	1.3
塞内加尔	Senegal	970.4	1253.0	1643.6	1731.6	2.6
塞尔维亚	Serbia	751.6	729.1	689.9	676.0	-1.1
塞 舌 尔	Seychelles	8.1	9.0	9.8	10.0	0.8
塞拉利昂	Sierra Leone	458.4	643.7	823.4	860.6	2.2
新 加 坡	Singapore	402.8	507.7	568.6	563.7	3.3
斯洛伐克	Slovakia	538.9	539.1	545.9	543.2	-0.3
斯洛文尼亚	Slovenia	198.9	204.9	210.2	210.9	
所罗门群岛	Solomon Islands	43.0	54.0	69.1	72.4	2.3
索 马 里	Somalia	872.1	1202.7	1653.7	1759.8	3.1
南 非	South Africa	4681.3	5178.5	5880.2	5989.4	0.8
西 班 牙	Spain	4056.8	4657.7	4736.6	4761.5	0.4
斯里兰卡	Sri Lanka	1877.6	2066.9	2191.9	2218.1	0.1
苏 丹	Sudan	2629.9	3374.0	4444.0	4687.4	2.6
苏 里 南	Suriname	47.9	54.6	60.7	61.8	0.8
斯威士兰	Swaziland	103.0	110.0	118.1	120.2	0.8
瑞 典	Sweden	887.2	937.8	1035.3	1048.7	0.7
瑞 士	Switzerland	718.4	782.5	863.8	877.0	0.8
叙 利 亚	Syrian Arab Republic	1630.8	2233.8	2077.3	2212.5	3.7
塔吉克斯坦	Tajikistan	627.3	762.2	954.3	995.3	2.1
坦桑尼亚	Tanzania	3446.4	4511.1	6170.5	6549.8	3.0
泰 国	Thailand	6306.7	6827.0	7147.6	7169.7	0.1
东 帝 汶	Timor-Leste	87.8	108.8	130.0	134.1	1.5
多 哥	Togo	500.8	657.2	844.3	884.9	2.3
汤 加	Tonga	10.3	10.7	10.5	10.7	0.8
特立尼达和多巴哥	Trinidad And Tobago	133.2	141.0	151.8	153.1	0.4
突 尼 斯	Tunisia	989.3	1089.5	1216.2	1235.6	0.8
土 耳 其	Turkey	6411.4	7319.5	8413.5	8534.1	0.7
土库曼斯坦	Turkmenistan	456.9	526.8	625.0	643.1	1.4
特克斯和凯科斯群岛	Turks and Caicos Islands	1.9	3.0	4.4	4.6	1.3
图 瓦 卢	Tuvalu	1.0	1.1	1.1	1.1	1.0
乌 干 达	Uganda	2402.1	3234.2	4440.5	4725.0	3.0
乌 克 兰	Ukraine	4917.7	4587.1	4413.2	3800.0	-14.2
阿 联 酋	United Arab Emirates	327.5	848.2	928.7	944.1	0.8
英 国	United Kingdom	5889.3	6276.6	6708.1	6697.1	-0.1
美 国	United States	28216.2	30932.7	33151.2	33328.8	0.4
美属维尔京群岛	Virgin Islands(US)	10.9	10.8	10.6	10.5	-0.4
乌 拉 圭	Uruguay	329.2	335.3	342.9	342.3	-0.1
乌兹别克斯坦	Uzbekistan	2465.0	2856.2	3423.2	3564.8	2.1
瓦努阿图	Vanuatu	19.2	24.5	31.2	32.7	2.4
委内瑞拉	Venezuela	2442.8	2871.5	2849.0	2830.2	0.4
越 南	Viet Nam	7900.1	8741.1	9664.9	9818.7	0.7
约旦河西岸和加沙	West Bank and Gaza	292.2	378.6	480.3	504.4	2.4
也 门	Yemen	1862.9	2474.4	3228.4	3369.7	2.1
赞 比 亚	Zambia	989.1	1379.2	1892.8	2001.8	2.8
津巴布韦	Zimbabwe	1183.5	1284.0	1567.0	1632.1	2.0

附录 2-11　一次能源强度水平(2017年购买力平价)
Energy Intensity Level of Primary Energy (2017 PPP)

资料来源：世界银行WDI数据库。
Source:World Bank WDI Database.
单位：兆焦耳/ 美元　　(MJ per USD)

国家或地区	Country or Area	2000	2005	2010	2015	2019	2020
世　界	**World**	**5.95**	**5.69**	**5.37**	**4.83**	**4.53**	**4.54**
高收入国家	**High Income**	**5.33**	**4.97**	**4.64**	**4.16**	**3.85**	**3.79**
中等收入国家	**Middle Income**	**6.97**	**6.71**	**6.18**	**5.46**	**5.10**	**5.16**
中　国	China	10.89	10.72	8.93	7.21	6.31	6.37
中国香港	Hong Kong SAR, China	2.45	1.79	1.57	1.49	1.32	1.26
孟加拉国	Bangladesh	2.61	2.58	2.47	2.32	2.07	2.01
文　莱	Brunei Darussalam	4.34	3.65	5.15	4.34	6.35	6.05
柬埔寨	Cambodia	7.91	5.73	5.05	4.58	4.85	5.09
印　度	India	6.42	5.52	5.34	4.82	4.25	4.28
印度尼西亚	Indonesia	5.42	4.94	4.26	3.26	3.19	3.12
伊　朗	Iran	7.13	7.73	7.52	8.68	9.12	8.78
以色列	Israel	4.05	3.71	3.76	2.93	2.48	2.45
日　本	Japan	4.69	4.45	4.29	3.52	3.28	3.19
哈萨克斯坦	Kazakhstan	9.77	8.51	8.55	5.38	6.27	5.78
韩　国	Korea, Rep.	7.24	6.38	6.14	5.76	5.30	5.27
马来西亚	Malaysia	5.48	5.85	5.24	4.72	4.44	4.51
蒙　古	Mongolia	9.25	8.45	8.13	5.90	6.92	6.64
缅　甸	Myanmar	12.13	7.65	4.16	3.97	3.70	3.59
巴基斯坦	Pakistan	5.12	4.78	4.53	4.18	3.94	3.97
菲律宾	Philippines	4.70	3.69	3.14	2.96	2.66	2.79
新加坡	Singapore	3.47	3.08	2.48	2.69	2.59	2.50
斯里兰卡	Sri Lanka	3.12	2.78	2.21	1.77	1.68	1.73
泰　国	Thailand	4.93	5.18	5.10	5.07	4.52	4.63
越　南	Viet Nam	4.13	4.25	4.44	3.54	4.11	4.05
埃　及	Egypt	3.27	4.17	3.66	3.45	3.26	3.00
尼日利亚	Nigeria	10.01	7.94	6.82	6.04	6.41	6.56
南　非	South Africa	9.22	8.24	7.99	6.95	6.72	6.95
加拿大	Canada	9.31	8.41	7.11	6.86	6.97	6.78
墨西哥	Mexico	3.60	4.01	3.68	3.30	3.04	3.21
美　国	United States	6.72	6.04	5.50	4.89	4.52	4.31
阿根廷	Argentina	3.69	3.68	3.26	3.36	3.35	3.46
巴　西	Brazil	3.88	3.88	3.85	4.05	3.94	4.01
捷　克	Czech Rep.	6.74	6.11	5.39	4.61	4.09	4.08
法　国	France	4.36	4.34	4.02	3.66	3.28	3.20
德　国	Germany	3.99	3.92	3.59	3.09	2.77	2.73
意大利	Italy	2.93	3.04	2.88	2.61	2.44	2.48
荷　兰	Netherlands	4.15	4.14	4.01	3.39	3.04	3.06
波　兰	Poland	5.98	5.34	4.61	3.76	3.48	3.47
俄罗斯	Russia	12.14	9.49	8.48	7.77	8.09	8.15
西班牙	Spain	3.60	3.57	3.07	2.86	2.64	2.66
土耳其	Turkey	3.27	2.84	3.06	2.65	2.61	2.57
乌克兰	Ukraine	15.20	11.08	9.88	8.09	6.95	6.98
英　国	United Kingdom	4.07	3.61	3.21	2.58	2.22	2.24
澳大利亚	Australia	6.18	5.52	5.34	4.68	4.33	4.39
新西兰	New Zealand	5.60	4.53	4.57	4.48	4.00	3.89

附录 2-12　广义货币占国内生产总值比重
Broad Money(% of GDP)

资料来源：世界银行WDI数据库。
Source: World Bank WDI Database.
单位：%　　(%)

国家或地区	Country or Area	2000	2005	2010	2015	2020	2021	2022
中国	**China**	**135.6**	**151.1**	**176.1**	**202.1**	**211.9**	**203.8**	**216.1**
中国香港	Hong Kong SAR, China	224.4	257.7	315.3	365.6	454.7	437.9	460.1
中国澳门	Macao SAR, China	156.2	139.3	107.5	131.4	342.0	277.3	370.1
孟加拉国	Bangladesh	30.6	47.4	58.7	64.5	57.8	56.6	54.1
文莱	Brunei Darussalam	85.7	57.8	67.3	80.8	93.6	84.6	70.1
柬埔寨	Cambodia	13.0	19.3	41.6	72.4	128.9	143.8	142.1
印度	India	54.6	65.5	77.7	78.0	87.8	82.5	
印度尼西亚	Indonesia	53.9	43.4	36.0	39.5	44.7	46.4	43.5
伊朗	Iran	37.2	41.5	54.1	76.8			
以色列	Israel	79.1	94.5	73.2	82.9	104.5	108.8	103.7
日本	Japan	229.1	195.0	215.3	233.4	280.7	283.6	286.1
哈萨克斯坦	Kazakhstan	15.3	27.2	38.9	41.9	35.3	35.9	33.1
韩国	Korea, Rep.	63.4	106.7	125.5	135.5	164.9	173.7	173.8
老挝	Lao PDR	16.5	19.1	36.2				
马来西亚	Malaysia	122.7	125.0	129.6	132.8	137.1	132.5	119.2
蒙古	Mongolia	21.1	37.5	48.0	43.9	65.4	64.0	55.1
缅甸	Myanmar	31.5	21.6	23.6	46.4	69.2		
巴基斯坦	Pakistan	28.7	37.6	47.3	48.1	54.5	51.3	46.1
菲律宾	Philippines	55.9	52.1	58.8	70.9	90.5	90.4	85.9
新加坡	Singapore	103.2	103.3	123.3	122.9	148.9		
斯里兰卡	Sri Lanka	38.4	41.7	31.5	49.7			
泰国	Thailand	111.2	104.1	109.0	127.7	146.6	148.8	143.9
越南	Viet Nam	44.6	71.0	90.5	96.2	122.9	127.2	122.5
埃及	Egypt	76.7	97.1	80.7	78.0	80.0	87.4	94.4
尼日利亚	Nigeria	14.7	11.3	21.4	22.4	25.2	25.2	25.8
南非	South Africa	47.4	59.8	68.2	67.3	74.0	70.1	71.4
加拿大	Canada	71.1	148.5					
墨西哥	Mexico	21.4	25.4	29.3	35.1	43.5	43.1	41.7
美国	United States	68.5	72.5	84.8	89.0	110.6	116.9	
阿根廷	Argentina	31.8	28.7	25.3	27.6	34.5	30.6	31.8
巴西	Brazil	46.5	60.1	74.2	88.1	109.2	104.8	106.5
委内瑞拉	Venezuela	19.8	23.7	32.2				
捷克	Czech Rep.	60.6	55.2	69.1	77.7	92.0	91.9	87.7
法国	France							
德国	Germany							
意大利	Italy							
荷兰	Netherlands							
波兰	Poland	40.4	43.1	54.6	64.2	78.0	75.4	68.1
俄罗斯	Russia		33.4	51.4	61.8	69.9		
西班牙	Spain							
土耳其	Turkey	33.5	38.7	52.9	52.4	67.5	71.6	55.5
乌克兰	Ukraine	17.9	42.4	53.4	50.0	43.8	38.0	48.2
英国	United Kingdom	94.1	116.2	163.4	134.1	163.8	165.6	163.9
澳大利亚	Australia	67.5	78.3	100.5	113.2	137.1	139.0	134.2
新西兰	New Zealand	78.9	78.7	92.7	99.2	111.6	108.4	101.9

附录 2-13 生产者价格指数
Producer Price Indices

资料来源：联合国统计月报数据库。
Source: UN Monthly Bulletin of Statistics Database.

2010年=100 (2010=100)

国家或地区	Country or Area	2010	2015	2018	2019	2020	2021	2022
中国香港	**Hong Kong SAR, China**							
按供给组成分	by Components of Supply							
工业产品	Industrial Products	100.0	100.4	107.7	108.7	111.3	112.6	113.5
孟加拉国	**Bangladesh**							
按生产阶段分	by Stage of Processing							
中间产品	Intermediate Products	218.3①			201.7⑨	201.2⑨	222.8⑨	
按最终用途分	by End-Use							
消费品	Consumers' Goods	296.8①			226.6⑨	230.3⑨	233.8⑨	
投资用品	Capital Goods	280.8①			272.3⑨	286.6⑨	286.7⑨	
印　度②	**India②**							
按供给组成分	by Components of Supply							
国内供应	Domestic Supply	100.0	110.8	119.0	121.2	121.8	134.8	151.3
农业产品	Agricultural Products	100.0	130.1	142.3	152.9	160.3	163.8	177.7
工业产品	Industrial Products	100.0	110.6	117.2	118.1	119.6	131.7	142.1
按生产阶段分	by Stage of Processing							
原材料	Raw Materials	100.0	120.8	133.0	141.2	144.5	155.1	175.3
印度尼西亚	**Indonesia**							
按供给组成分	by Components of Supply							
农业产品	Agricultural Products	100.0	129.8	140.7	143.2	146.6	152.4	162.0
工业产品	Industrial Products	100.0	134.6	144.8	147.5	149.6	153.9	161.0
伊　朗	**Iran**							
按供给组成分	by Components of Supply							
国内生产	Domestic Production	63.9③	90.8⑧	110.0⑧				
农业产品	Agricultural Products	75.9③	92.4⑧	111.0⑧				
工业产品	Industrial Products	53.1③	96.9⑧	110.7⑧				
以色列	**Israel**							
按供给组成分	by Components of Supply							
工业产品	Industrial Products	100.0	104.8	105.9	104.7	99.5	120.2	135.8
日　本	**Japan**							
按供给组成分	by Components of Supply							
国内供应④	Domestic Supply④	97.4	100.0	100.9	99.4	95.2	103.6	
国内生产	Domestic Production	100.2④	100.0	101.0④	101.2⑩	100.0⑩	104.5⑩	114.9⑩
农业产品	Agricultural Products	93.4④	100.0	101.8④	101.0⑩	100.0⑩	100.1⑩	99.0⑩
工业产品	Industrial Products	99.1④	100.0	100.7④	100.8⑩	100.0⑩	104.7⑩	113.7⑩
进口产品	Import Products	88.1④	100.0	117.8④	111.5⑩	100.0⑩	121.5⑩	169.1⑩
按生产阶段分	by Stage of Processing							
原材料④	Raw Materials④	97.2	100.0	109.5	103.8	86.4	118.9	
中间产品④	Intermediate Products④	96.3	100.0	101.6	100.6	97.1	105.3	97.2
按最终用途分	by End-Use							
消费品④	Consumers' Goods④	98.7	100.0	97.3	95.8	93.7	96.2	96.3
投资用品④	Capital Goods④	99.5	100.0	97.9	97.5	96.9	98.3	98.7
韩　国④	**Korea, Rep.④**							
按供给组成分	by Components of Supply							
国内供应	Domestic Supply		100.0	104.5	104.7	102.3	111.1	125.4
国内生产	Domestic Production	101.8	100.0	103.3	102.5	100.9	110.2	123.3
农业产品	Agricultural Products	95.3	100.0	116.7	114.0	124.9	135.1	136.5
工业产品	Industrial Products	104.0	100.0	103.3	102.3	99.7	110.0	122.9
按生产阶段分	by Stage of Processing							
原材料	Raw Materials	126.4	100.0	119.4	118.8	99.3	130.5	186.8
中间产品	Intermediate Products	105.9	100.0	103.6	103.5	101.5	111.1	124.7
按最终用途分	by End-Use							
消费品	Consumers' Goods	98.0	100.0	100.3	100.5	99.7	102.9	111.8
投资用品	Capital Goods	100.2	100.0	100.2	102.6	103.8	104.6	112.0

附录 2-13　续表 1　continued

2010年=100 (2010=100)

国家或地区	Country or Area	2010	2015	2018	2019	2020	2021	2022
马来西亚	**Malaysia**							
按供给组成分	by Components of Supply							
国内供应	Domestic Supply	100.0	104.0					
国内生产	Domestic Production	100.0	102.2	106.7	105.2	102.4	112.1	120.8
进口产品	Import Products	100.0	107.7					
巴基斯坦	**Pakistan**							
按供给组成分	by Components of Supply							
国内供应	Domestic Supply	100.0	140.1	159.6		143.8⑪	169.7⑪	222.7⑪
农业产品	Agricultural Products	100.0	138.6	165.8		144.5⑪	171.0⑪	219.1⑪
菲 律 宾	**Philippines**							
按供给组成分	by Components of Supply							
国内供应	Domestic Supply	100.0	107.0⑥	112.2⑥	114⑥	116.8⑥	120.3⑥	129.2⑥
工业产品	Industrial Products	100.0	85.8					
新 加 坡	**Singapore**							
按供给组成分	by Components of Supply							
国内供应	Domestic Supply	100.0	86.8	92.0	89.0	81.3	93.6	111.1
国内生产	Domestic Production	100.0	89.9	92.1	89.0	82.9	90.8	104.3
进口产品	Import Products	100.0	86.2	90.7	89.7	83.4	93.1	106.5
泰　　国	**Thailand**							
按供给组成分	by Components of Supply							
国内供应	Domestic Supply	100.0	100.0④	100.0④	99.3④	97.7④	102.3④	112.9④
按生产阶段分	by Stage of Processing							
原材料	Raw Materials	100.0	97.5	97.9	98.4	96.6	102.7	132.4
按最终用途分	by End-Use							
消费品	Consumers' Goods	100.0	109.5	105.1	109.3	110.7	111.1	115.7
投资用品	Capital Goods	100.0	101.1	97.8	95.6	93.6	93.0	96.6
埃　　及	**Egypt**							
按供给组成分	by Components of Supply							
国内生产	Domestic Production	156.1⑤	207.6⑤		203.8⑫			
农业产品	Agricultural Products	202.1⑤	299.5⑤		171.7⑫			
按生产阶段分	by Stage of Processing							
原材料	Raw Materials	152.4⑤	180.4⑤		158.3⑫			
中间产品	Intermediate Products	129.7⑤	161.5⑤		250.9⑫			
按最终用途分	by End-Use							
消费品	Consumers' Goods	110.2⑤	124.7⑤		183.0⑫			
投资用品	Capital Goods	140.6⑤	171.9⑤		231.5⑫			
南　　非⑥	**South Africa⑥**							
按供给组成分	by Components of Supply							
农业产品	Agricultural Products		113.1	134.0	131.6	137.8	150.6	172.6
工业产品	Industrial Products		118.0	139.7	146.2	149.9	160.4	183.6
按生产阶段分	by Stage of Processing							
中间产品	Intermediate Products		117.6	135.2	138.7	142.1	165.2	189.3
加 拿 大	**Canada**							
按供给组成分	by Components of Supply							
农业产品	Agricultural Products	100.0	130.2	124.3	125.5	128.2	154.6	189.4
工业产品	Industrial Products	100.0	110.3	100.2⑬	100.0⑬	99.6⑬	113.5⑬	128.0⑬
按生产阶段分	by Stage of Processing							
原材料	Raw Materials	100.0	94.2	103.6⑬	101.0⑬	92.8⑬	122.7⑬	151.6⑬

附录 2-13 续表 2 continued

2010年=100 (2010=100)

国家或地区	Country or Area	2010	2015	2018	2019	2020	2021	2022
墨西哥	**Mexico**							
按供给组成分	by Components of Supply							
国内供应	Domestic Supply	100.0	119.2	144.6	149.8	155.2	168.7	188.0
国内生产	Domestic Production	100.0	117.9	140.5	144.8	150.7	159.5	172.3
农业产品	Agricultural Products	100.0	119.6	144.7	147.4	154.3	169.8	194.8
工业产品	Industrial Products	100.0	118.6	143.3	148.1	157.1	163.6	175.6
进口产品	Import Products	100.0	105.3	110.6	110.8	109.9	122.2	138.8
按生产阶段分	by Stage of Processing							
中间产品	Intermediate Products	100.0	118.1	144.1	147.2	150.7	163.0	178.0
按最终用途分	by End-Use							
消费品	Consumers' Goods	100.0	120.2	142.2				
投资用品	Capital Goods	100.0	118.0	148.0	152.7	157.7	173.7	193.3
美国	**United States**							
按供给组成分	by Components of Supply							
国内生产	Domestic Production	100.0	103.1	109.4	108.2	105.3	123.1	143.2
农业产品	Agricultural Products	100.0	114.8	106.6	107.0	104.6	131.2	166.0
工业产品	Industrial Products	100.0	101.0	108.9	107.3	103.7	122.2	142.2
按生产阶段分	by Stage of Processing							
原材料	Raw Materials	100.0	89.1	94.3	87.6	79.0	114.2	149.3
中间产品	Intermediate Products	100.0	102.6	109.5	108.0	105.0		
按最终用途分	by End-Use							
消费品	Consumers' Goods	100.0	108.1	114.7	115.0	112.4	124.7	143.7
投资用品	Capital Goods	100.0	107.1	110.4	112.8	114.0	118.3	128.7
阿根廷	**Argentina**							
按供给组成分	by Components of Supply							
国内供应	Domestic Supply	100.0						
国内生产	Domestic Production	100.0						
农业产品	Agricultural Products	100.0						
工业产品	Industrial Products	100.0						
进口产品	Import Products	100.0						
白俄罗斯	**Belarus**							
按供给组成分	by Components of Supply							
农业产品	Agricultural Products	100.0					841.0	1029.3
工业产品	Industrial Products	100.0	444.4	584.2	626.8	655.7	736.0	851.2
按生产阶段分	by Stage of Processing							
中间产品	Intermediate Products	100.0	478.1	639.1	689.3	732.4	846.1	1003.2
按最终用途分	by End-Use							
消费品	Consumers' Goods	100.0	399.5	498.9	515.8	532.8	565.8	634.0
投资用品	Capital Goods	100.0	420.6	565.6	583.6	614.3	692.8	832.4
捷克	**Czech Rep.**							
按供给组成分	by Components of Supply							
农业产品	Agricultural Products	100.0	118.9	100.8④	106.5④	100.0④	110.7④	137.4④
工业产品	Industrial Products	100.0	104.4	104.9	107.7	107.8	115.5	143.5
进口产品	Import Products	100.0	108.3	104.2	104.5	103.4	109.7	128.6
按生产阶段分	by Stage of Processing							
中间产品	Intermediate Products	100.0	106.8	108.7	109.6	107.9	122.3	150.3
按最终用途分	by End-Use							
消费品	Consumers' Goods	100.0	108.3	109.1	112.7	115.2	116.2	135.6
投资用品	Capital Goods	100.0	103.7	102.4	104.1	106.8	108.7	116.0
法国	**France**							
按供给组成分	by Components of Supply							
国内供应	Domestic Supply	100.0	102.1	104.6	104.8	101.6	112.4	140.2
农业产品	Agricultural Products	100.0	113.3	120.2	122.4	123.1	134.1	162.0
工业产品	Industrial Products	100.0	104.8	107.6	108.1	105.7	115.5	145.0
进口产品	Import Products	100.0	98.4	100.3	100.1	96.1	107.7	133.5
按生产阶段分	by Stage of Processing							
原材料	Raw Materials	100.0	98.6	108.8	107.7	91.0	127.0	225.4
中间产品	Intermediate Products	100.0	101.1	103.8	103.9	101.1	112.2	134.5
按最终用途分	by End-Use							
消费品	Consumers' Goods	100.0	105.5	105.1	105.5	106.1	108.4	119.7
投资用品	Capital Goods	100.0	101.4	101.7	102.7	103.7	106.0	112.1

附录 2-13 续表 3 continued

2010年=100 (2010=100)

国家或地区	Country or Area	2010	2015	2018	2019	2020	2021	2022
德　国	**Germany**							
按供给组成分	by Components of Supply							
农业产品	Agricultural Products	100.0	105.3	114.7	117.4	113.7	123.6	164.5
工业产品	Industrial Products	100.0	103.9	107.8	108.9	107.9	119.2	158.4
进口产品	Import Products	100.0	100.7		101.8		110.0	139.4
按生产阶段分	by Stage of Processing							
中间产品	Intermediate Products	100.0	102.1	107.4	107.1	105.5	118.7	141.6
按最终用途分	by End-Use							
消费品	Consumers' Goods	100.0	108.1	112.8	114.7	116.1	117.6	133.9
投资用品	Capital Goods	100.0	104.1	107.3	108.9	110.0	112.2	120.2
意大利	**Italy**							
按供给组成分	by Components of Supply							
工业产品	Industrial Products	100.0	102.6	107.0	107.0	102.4	115.6	165.1
按生产阶段分	by Stage of Processing							
中间产品	Intermediate Products	100.0	103.8	107.6	107.5	106.8	117.2	139.0
按最终用途分	by End-Use							
消费品	Consumers' Goods	100.0	107.1	108.9	109.6	110.2	112.9	123.5
投资用品	Capital Goods	100.0	104.0	105.9	107.3	107.7	110.7	119.3
荷　兰	**Netherlands**							
按供给组成分	by Components of Supply							
工业产品	Industrial Products	100.0	100.9	105.9	107.7	104.8	122.0	162.3
按生产阶段分	by Stage of Processing							
中间产品	Intermediate Products	100.0	103.5	110.0	110.0	105.8	123.6	155.3
按最终用途分	by End-Use							
消费品	Consumers' Goods	100.0	109.1	113.7	116.9	120.2	128.8	150.6
投资用品	Capital Goods	100.0	105.2	109.3	116.5	118.6	123.6	135.0
波　兰	**Poland**							
按供给组成分	by Components of Supply							
工业产品	Industrial Products	100.0	106.1	114.2	115.5	114.9	126.2	163.9
按生产阶段分	by Stage of Processing							
原材料	Raw Materials	100.0	106.4	112.1④	116.7④	111.6④	130.1④	204.9④
中间产品	Intermediate Products	100.0	108.6	117.5	118.6	117.2	132.1	161.0
按最终用途分	by End-Use							
消费品	Consumers' Goods	100.0	106.5	112.5	114.4	116.8	121.6	146.6
投资用品	Capital Goods	100.0	101.0	105.0	104.3	105.0	109.1	119.7
俄罗斯	**Russia**							
按供给组成分	by Components of Supply							
农业产品	Agricultural Products	100.0	148.5	148.2	160.2	161.3	191.2	201.4
工业产品	Industrial Products	100.0	153.8	193.7	197.6	190.2	236.7	265.3

附录 2-13 续表 4 continued

2010年=100 (2010=100)

国家或地区	Country or Area	2010	2015	2018	2019	2020	2021	2022
西 班 牙	**Spain**							
按供给组成分	by Components of Supply							
工业产品	Industrial Products	100.0	107.9	112.3	111.8	107.0	125.6	170.1
按生产阶段分	by Stage of Processing							
中间产品	Intermediate Products	100.0	105.8	110.6	110.3	108.3	122.7	147.3
按最终用途分	by End-Use							
消费品	Consumers' Goods	100.0	108.2	110.3	110.5	111.7	115.5	127.9
投资用品	Capital Goods	100.0	102.5	104.8	105.9	106.9	109.0	115.0
土 耳 其	**Turkey**							
按供给组成分	by Components of Supply							
农业产品	Agricultural Products	100.0	100④	128.9④	158.2④	181.7④	224.8④	521.9④
工业产品	Industrial Products	100.0	142.9	219.3	257.8	289.2	416.0	950.6
乌 克 兰⑦	**Ukraine⑦**							
按供给组成分	by Components of Supply							
农业产品	Agricultural Products		234.6	327.2	310.6	343.4	475.9	
工业产品	Industrial Products		196.4	352.4	367.0	360.1	507.1	
英 国	**United Kingdom**							
按供给组成分	by Components of Supply							
农业产品	Agricultural Products	100.0	104.1	119.8④	117.0④	120.1④	131.9④	158.9④
工业产品	Industrial Products	100.0	106.6	107.7④	109.2④	108.2④	113.7④	132.1④
进口产品	Import Products	100.0	98.6	114.5④	116.1④	114.7④	119.2④	140.5④
按生产阶段分	by Stage of Processing							
原材料	Raw Materials	100.0	95.7	113.7④	114.6④	112.5④	123.5④	148.0④
中间产品	Intermediate Products	100.0	106.3	108.2④	110.4④	110.5④	119.4④	141.6④
按最终用途分	by End-Use							
消费品	Consumers' Goods	100.0	108.8	104.2④	105.1④	106.0④	108.4④	119.6④
投资用品	Capital Goods	100.0	108.7	107.8④	110.1④	111.3④	112.5④	121.5④
澳大利亚	**Australia**							
按供给组成分	by Components of Supply							
国内供应	Domestic Supply	100.0	109.2	113.9	115.9	116.1	118.6	125.4
国内生产	Domestic Production	100.0	109.3	114.5				
农业产品	Agricultural Products	100.0	127.1	134.9	144.4	155.3	165.4	179.1
工业产品	Industrial Products	100.0	107.4	116.0	119.9	121.1	128.0	146.5
进口产品	Import Products	100.0	110.5	111.3				
按生产阶段分	by Stage of Processing							
原材料	Raw Materials	100.0	110.6	118.8				
中间产品	Intermediate Products	100.0	110.7	118.9				
按最终用途分	by End-Use							
消费品	Consumers' Goods	100.0	110.9	115.7				
投资用品	Capital Goods	100.0	109.2	114.0				
新 西 兰	**New Zealand**							
按供给组成分	by Components of Supply							
农业产品	Agricultural Products	100.0	99.2	126.9	132.0	130.7	145.7	160.0
工业产品	Industrial Products	100.0	103.1	113.6	115.4	114.3	119.8	137.6
按生产阶段分	by Stage of Processing							
中间产品	Intermediate Products	100.0	105.1	114.3	117.6	117.5	124.3	135.6

注：① 以1988年7月1日至1989年6月30日为基期。 ② 以2011—2012年为基期。③ 以2011财政年度(2011年3月21日—2012年3月20日)为基期。 ④以2015年为基期。⑤以2004年7月1日至2005年6月30日为基期。⑥以2012年为基期。⑦以2005年为基期。⑧以2016财政年度(2016年3月21日—2017年3月20日)为基期。⑨以2005年7月1日至2006年6月30日为基期。⑩以2020年为基期。⑪ 以2009年为基期。⑫ 以2016年1月为基期。⑬ 以2020年1月为基期。

Note: ①The base year is from 1 July 1988 to 30 June 1989. ②The base year is 2011-2012. ③The base year is fiscal year 2011(from 21 March 2011 to 20 March 2012). ④The base year is 2015. ⑤The base year is from 1 July 2004 to 30 June 2005. ⑥The base year is 2012. ⑦The base year is 2005. ⑧The base year is fiscal year 2016(from 21 March 2016 to 20 March 2017). ⑨The base year is from 1 July 2005 to 30 June 2006. ⑩The base year is 2020. ⑪The base year is 2009. ⑫The base year is January 2016. ⑬The base year is January 2020.

附录 2-14 居民消费价格指数

Consumer Price Index

资料来源：世界银行WDI数据库。
Source: World Bank WDI Database.

2010年=100 (2010=100)

国家或地区	Country or Area	2015	2016	2017	2018	2019	2021	2022
中　　国	China	114.9	117.2	119.1	121.6	125.1	129.4	131.9
中国香港	Hong Kong SAR, China	123.0	125.9	127.8	130.9	134.6	137.1	139.7
中国澳门	Macao SAR, China	131.3	134.4	136.1	140.2	144.0	145.3	146.8
孟加拉国	Bangladesh	144.6	152.5	161.2	170.2	179.7	200.4	215.9
文　　莱	Brunei Darussalam	99.9	99.7	98.4	99.4	99.0	102.7	106.5
柬 埔 寨	Cambodia	117.5	121.0	124.6	127.6	130.1	137.9	145.2
印　　度	India	146.8	154.1	159.2	165.5	171.6	192.4	205.3
印度尼西亚	Indonesia	132.3	137.0	142.2	146.7	151.2	156.5	163.1
伊　　朗	Iran	288.0	308.8	333.7	393.8	550.9	1031.7	
以 色 列	Israel	106.7	106.2	106.4	107.3	108.2	109.1	113.9
日　　本	Japan	103.6	103.5	104.0	105.0	105.5	105.2	107.8
哈萨克斯坦	Kazakhstan	137.3	157.3	169.0	179.1	188.5	217.5	
韩　　国	Korea, Rep.	109.8	110.9	113.1	114.7	115.2	118.7	124.7
老　　挝	Lao PDR	125.8	127.8	128.9	131.5	135.9	148.2	182.2
马来西亚	Malaysia	112.8	115.1	119.6	120.7	121.5	123.1	127.2
蒙　　古	Mongolia	162.5	163.7	170.8	182.4	195.8	218.1	251.2
缅　　甸	Myanmar	129.3	138.3	144.6	154.5	168.2		
巴基斯坦	Pakistan	145.3	150.8	156.9	164.9	182.3	219.1	262.6
菲 律 宾	Philippines	115.4	116.9	120.2	126.6	129.6	137.9	146.0
新 加 坡	Singapore	113.2	112.6	113.3	113.8	114.4	116.8	124.0
斯里兰卡	Sri Lanka	131.4	136.6	147.1	150.2	155.5	176.7	264.5
泰　　国	Thailand	110.3	110.6	111.3	112.5	113.3	113.7	120.6
越　　南	Viet Nam	144.6	148.4	153.6	159.1	163.5	171.9	177.3
埃　　及	Egypt	156.8	178.4	231.1	264.4	288.6	318.9	363.3
尼日利亚	Nigeria	158.9	183.9	214.2	240.1	267.5	354.3	421.1
南　　非	South Africa	130.3	138.9	146.0	152.6	158.9	171.6	183.7
加 拿 大	Canada	108.7	110.2	112.0	114.5	116.8	121.6	129.9
墨 西 哥	Mexico	119.4	122.8	130.2	136.6	141.5	154.7	166.9
美　　国	United States	108.7	110.1	112.4	115.2	117.2	124.3	134.2
巴　　西	Brazil	138.4	150.5	155.7	161.4	167.4	187.1	204.5
委内瑞拉	Venezuela	772.0	2740.3					
捷　　克	Czech Rep.	107.5	108.2	110.9	113.3	116.5	124.8	143.6
法　　国	France	105.6	105.8	106.9	108.8	110.0	112.4	118.3
德　　国	Germany	107.2	107.7	109.4	111.2	112.9	116.5	124.5
意 大 利	Italy	107.5	107.4	108.7	110.0	110.6	112.5	121.8
荷　　兰	Netherlands	109.2	109.5	111.0	112.9	115.9	120.5	132.6
波　　兰	Poland	108.1	107.4	109.6	111.6	114.1	123.9	141.8
俄 罗 斯	Russia	151.5	162.2	168.2	173.0	180.8	199.4	
西 班 牙	Spain	106.5	106.3	108.4	110.2	111.0	114.0	123.6
土 耳 其	Turkey	146.1	157.4	175.0	203.5	234.4	314.8	542.4
乌 克 兰	Ukraine	180.5	205.6	235.3	261.1	281.7	316.4	380.3
英　　国	United Kingdom	111.0	112.1	114.9	117.6	119.6	123.8	133.7
澳大利亚	Australia	112.0	113.5	115.7	117.9	119.8	124.3	132.5
新 西 兰	New Zealand	107.9	108.6	110.7	112.4	114.2	120.8	129.4

附录 2-15　主要农产品产量
Production of Major Farm Crops

资料来源：联合国FAO数据库。
Source:FAO Database.
单位：万吨　(10 000 tons)

国家或地区	Country or Area	谷物 Cereals,Total 2010	2022	国家或地区	Country or Area	稻谷 Rice, paddy 2010	2022
世　界	**World**	**246345.0**	**305964.0**	**世　界**	**World**	**69650.3**	**77646.1**
中　国	China	49780.8	63329.3	中　国	China	19722.6	20849.5
美　国	United States	40112.6	41094.1	印　度	India	14396.3	19624.6
印　度	India	26783.8	35508.8	孟加拉国	Bangladesh	5006.1	5718.9
俄 罗 斯	Russia	5961.9	15309.6	印度尼西亚	Indonesia	5928.3	5474.9
巴　西	Brazil	7516.0	13548.5	越　南	Viet Nam	4000.6	4267.2
阿 根 廷	Argentina	3976.9	9158.4	泰　国	Thailand	3570.3	3431.7
印度尼西亚	Indonesia	7761.1	7831.3	缅　甸	Myanmar	3258.0	2468.0
加 拿 大	Canada	4612.2	6504.0	菲 律 宾	Philippines	1577.2	1975.6
孟加拉国	Bangladesh	5186.3	6255.0	柬 埔 寨	Cambodia	824.5	1162.4
法　国	France	6583.9	5992.7	巴基斯坦	Pakistan	723.5	1098.3
澳大利亚	Australia	3346.5	5630.7	巴　西	Brazil	1123.6	1077.6
乌 克 兰	Ukraine	3868.6	5353.6	日　本	Japan	1069.2	1036.4
巴基斯坦	Pakistan	3481.1	4771.8	尼日利亚	Nigeria	447.3	850.2
越　南	Viet Nam	4461.4	4709.7	美　国	United States	1102.7	727.4
德　国	Germany	4403.9	4347.9	埃　及	Egypt	433.0	580.0
泰　国	Thailand	4093.4	3973.0	尼 泊 尔	Nepal	446.0	548.7
土 耳 其	Turkey	3276.5	3866.7	韩　国	Korea	581.1	499.8
墨 西 哥	Mexico	3492.5	3631.7	马达加斯加	Madagascar	473.8	458.5
波　兰	Poland	2722.8	3498.8	老　挝	Lao PDR	307.1	359.5
埃塞俄比亚	Ethiopia	1838.0	3161.6	秘　鲁	Peru	283.1	344.9
尼日利亚	Nigeria	2465.0	3039.3	斯里兰卡	Sri Lanka	430.1	339.3
菲 律 宾	Philippines	2214.9	2801.3	马　里	Mali	129.6	286.5
缅　甸	Myanmar	3455.8	2721.0	坦桑尼亚	Tanzania	265.0	285.7
英　国	United Kingdom	2094.6	2436.2	哥伦比亚	Colombia	198.8	262.0
埃　及	Egypt	1946.5	2393.8	几 内 亚	Guinea	161.4	252.3
哈萨克斯坦	Kazakhstan	1211.6	2204.1	马来西亚	Malaysia	246.5	236.4
西 班 牙	Spain	1988.0	1929.2	朝　鲜	Korea,Dem.	242.6	206.1
罗马尼亚	Romania	1671.3	1886.0	科特迪瓦	Côte d'Ivoire	120.6	199.3
南　非	South Africa	1470.1	1868.6	刚果(金)	Congo, Dem. Rep.	75.5	169.2
伊　朗	Iran	1959.7	1481.3	中国台湾	Taiwan,China	145.1	157.6
意 大 利	Italy	1850.3	1430.1	伊　朗	Iran	249.0	150.0
柬 埔 寨	Cambodia	901.9	1278.7	塞内加尔	Senegal	60.4	140.9
日　本	Japan	1145.5	1163.1	塞拉利昂	Sierra Leone	102.7	139.7
尼 泊 尔	Nepal	820.7	1112.8	乌 拉 圭	Uruguay	114.9	137.3
马　里	Mali	533.9	1028.9	加　纳	Ghana	49.2	128.3
坦桑尼亚	Tanzania	864.3	1027.1	厄瓜多尔	Ecuador	136.9	125.3
保加利亚	Bulgaria	713.6	979.1	意 大 利	Italy	151.6	123.7
丹　麦	Denmark	886.3	946.4	阿 根 廷	Argentina	124.3	122.2
匈 牙 利	Hungary	1226.9	906.1	多米尼加	Dominican Rep.	85.0	114.9
捷　克	Czech Rep.	688.2	821.8	土 耳 其	Turkey	86.0	95.0
塞尔维亚	Serbia	929.5	803.7	圭 亚 那	Guyana	55.6	93.0
巴 拉 圭	Paraguay	497.6	790.7	俄 罗 斯	Russia	106.1	92.0
乌兹别克斯坦	Uzbekistan	747.4	751.7	巴 拉 圭	Paraguay	31.5	86.2
苏　丹	Sudan		745.6	乌 干 达	Uganda	21.8	73.0
白俄罗斯	Belarus	674.2	680.1	澳大利亚	Australia	19.7	69.1
尼 日 尔	Niger	526.4	592.4	玻利维亚	Bolivia	44.2	60.9
瑞　典	Sweden	428.0	582.3	阿 富 汗	Afghanistan	67.2	59.2
秘　鲁	Peru	486.8	564.3	贝　宁	Benin	12.5	52.5
立 陶 宛	Lithuania	279.7	562.4	尼加拉瓜	Nicaragua	45.4	50.4
韩　国	Korea	602.1	520.6	委内瑞拉	Venezuela	90.0	47.8

附录 2-15 续表 1 continued

单位：万吨 (10 000 tons)

国家或地区	Country or Area	小麦 Wheat 2010	小麦 Wheat 2022	国家或地区	Country or Area	玉米 Maize 2010	玉米 Maize 2022
世　界	**World**	**64080.3**	**80844.2**	**世　界**	**World**	**85269.4**	**116349.7**
中　国	China	11518.1	13772.0	美　国	United States	31561.8	34875.1
印　度	India	8080.4	10774.2	中　国	China	17742.5	27720.3
俄罗斯	Russia	4150.8	10423.4	巴　西	Brazil	5536.4	10942.1
美　国	United States	6006.2	4490.2	阿根廷	Argentina	2266.3	5903.7
澳大利亚	Australia	2183.4	3623.7	乌克兰	Ukraine	2172.6	3373.0
法　国	France	3820.7	3463.2	印　度	India	2330.2	2662.6
加拿大	Canada	2330.0	3433.5	墨西哥	Mexico	1195.3	2618.7
巴基斯坦	Pakistan	2331.1	2620.9	印度尼西亚	Indonesia	1832.8	2356.4
德　国	Germany	2378.3	2258.7	南　非	South Africa	1281.5	1613.7
阿根廷	Argentina	901.6	2215.0	俄罗斯	Russia	308.4	1586.2
乌克兰	Ukraine	1685.1	2072.9	加拿大	Canada	1204.3	1453.9
土耳其	Turkey	1967.4	1975.0	尼日利亚	Nigeria	767.7	1294.9
哈萨克斯坦	Kazakhstan	963.8	1640.4	法　国	France	1397.5	1087.7
英　国	United Kingdom	1487.8	1554.0	埃塞俄比亚	Ethiopia	548.1	1020.0
波　兰	Poland	940.8	1319.5	巴基斯坦	Pakistan	370.7	1018.3
巴　西	Brazil	617.1	1034.3	土耳其	Turkey	431.0	850.0
伊　朗	Iran	1214.3	1000.0	波　兰	Poland	199.4	834.5
埃　及	Egypt	717.7	970.0	非律宾	Philippines	637.7	825.6
罗马尼亚	Romania	581.2	868.4	罗马尼亚	Romania	904.2	803.7
埃塞俄比亚	Ethiopia	285.6	700.0	埃　及	Egypt	704.1	750.0
意大利	Italy	685.0	661.0	巴拉圭	Paraguay	310.9	619.2
西班牙	Spain	594.1	650.9	坦桑尼亚	Tanzania	473.3	590.0
保加利亚	Bulgaria	409.5	644.8	泰　国	Thailand	486.1	489.6
乌兹别克斯坦	Uzbekistan	674.5	627.0	意大利	Italy	849.6	469.7
捷　克	Czech Rep.	416.2	518.9	越　南	Viet Nam	460.7	442.3
立陶宛	Lithuania	171.0	448.3	塞尔维亚	Serbia	720.7	428.3
匈牙利	Hungary	374.5	435.5	孟加拉国	Bangladesh	88.7	426.2
丹　麦	Denmark	506.0	416.5	马　里	Mali	135.6	390.5
阿富汗	Afghanistan	453.2	381.0	德　国	Germany	421.2	383.7
墨西哥	Mexico	367.7	357.8	马拉维	Malawi	341.9	371.7
瑞　典	Sweden	214.3	322.9	西班牙	Spain	332.5	359.0
塞尔维亚	Serbia	163.0	311.0	加　纳	Ghana	187.2	325.6
阿尔及利亚	Algeria	260.5	300.0	尼泊尔	Nepal	185.5	310.6
伊拉克	Iraq	274.9	276.5	安哥拉	Angola	107.3	309.0
摩洛哥	Morocco	487.6	270.8	肯尼亚	Kenya	346.5	308.7
拉脱维亚	Latvia	98.9	253.9	乌干达	Uganda	237.4	280.0
白俄罗斯	Belarus	173.9	235.0	匈牙利	Hungary	698.5	276.6
尼泊尔	Nepal	155.7	214.5	赞比亚	Zambia	279.5	270.6
南　非	South Africa	143.0	208.9	保加利亚	Bulgaria	204.7	255.4
斯洛伐克	Slovakia	118.5	204.8	朝　鲜	Korea, Dem.	168.3	230.0
比利时	Belgium	185.0	185.2	刚果(金)	Congo, Dem. Rep.	178.2	228.4
奥地利	Austria	151.8	171.3	喀麦隆	Cameroon	167.0	220.0
阿塞拜疆	Azerbaijan	127.2	169.1	奥地利	Austria	195.6	211.4
叙利亚	Syrian Arab Republic	308.3	155.2	缅　甸	Myanmar	135.4	210.0
乌拉圭	Uruguay	184.4	128.3	莫桑比克	Mozambique	209.0	195.2
希　腊	Greece	192.1	120.3	危地马拉	Guatemala	163.8	195.0
荷　兰	Netherlands	137.0	116.3	哥伦比亚	Colombia	142.2	192.1
突尼斯	Tunisia	82.2	113.5	布基纳法索	Burkina Faso	113.3	181.0
智　利	Chile	152.4	110.7	克罗地亚	Croatia	206.8	164.2
土库曼斯坦	Turkmenistan	147.7	110.0	厄瓜多尔	Ecuador	98.4	164.1

附录 2-15 续表 2 continued

单位：万吨 (10 000 tons)

国家或地区	Country or Area	大豆 Soybeans 2010	大豆 Soybeans 2022	国家或地区	Country or Area	根茎类作物 Roots and Tubers,Total 2010	根茎类作物 Roots and Tubers,Total 2022
世　界	**World**	**26508.8**	**34885.6**	**世　界**	**World**	**74678.7**	**90684.6**
巴　西	Brazil	6875.6	12070.1	中　国	China	14836.0	14917.8
美　国	United States	9066.3	11637.7	尼日利亚	Nigeria	8731.2	13543.4
阿根廷	Argentina	5267.5	4386.1	印　度	India	4573.2	6357.3
中　国	China	1508.3	2028.0	刚果(金)	Congo, Dem. Rep.	3274.9	5057.7
印　度	India	1273.6	1298.7	加　纳	Ghana	2094.0	3815.3
加拿大	Canada	444.5	654.3	泰　国	Thailand	2245.7	3455.6
俄罗斯	Russia	122.2	600.3	巴　西	Brazil	2925.7	2263.8
巴拉圭	Paraguay	746.0	453.2	乌克兰	Ukraine	1870.5	2089.9
玻利维亚	Bolivia	169.3	345.7	美　国	United States	1943.3	1897.0
乌克兰	Ukraine	168.0	344.4	俄罗斯	Russia	2114.1	1888.8
南　非	South Africa	56.6	114.8	柬埔寨	Cambodia	436.1	1777.8
尼日利亚	Nigeria	36.5	106.0	印度尼西亚	Indonesia	2739.5	1633.2
意大利	Italy	55.3	94.3	马拉维	Malawi	767.5	1575.6
乌拉圭	Uruguay	179.3	64.8	科特迪瓦	Cote D'Ivoire	784.1	1408.9
赞比亚	Zambia	11.2	47.5	安哥拉	Angola	1568.7	1292.3
塞尔维亚	Serbia	54.1	39.9	越　南	Viet Nam	1026.7	1193.6
法　国	France	14.0	37.6	坦桑尼亚	Tanzania	845.6	1163.9
贝　宁	Benin	6.3	30.6	德　国	Germany	1014.3	1068.3
印度尼西亚	Indonesia	90.7	30.1	孟加拉国	Bangladesh	823.7	1044.9
罗马尼亚	Romania	15.0	25.9	喀麦隆	Cameroon	629.5	970.0
哈萨克斯坦	Kazakhstan	11.4	25.0	老　挝	Lao PDR	132.8	958.8
奥地利	Austria	9.5	24.8	巴基斯坦	Pakistan	332.8	847.9
日　本	Japan	22.3	24.3	法　国	France	666.1	806.7
墨西哥	Mexico	16.8	24.1	秘　鲁	Peru	560.2	796.4
多　哥	Togo	0.2	23.6	贝　宁	Benin	614.8	762.4
马拉维	Malawi	7.3	22.0	莫桑比克	Mozambique	657.6	706.0
伊　朗	Iran	15.7	21.0	荷　兰	Netherlands	684.4	691.6
加　纳	Ghana	14.6	20.0	埃　及	Egypt	413.8	682.7
克罗地亚	Croatia	15.4	19.5	加拿大	Canada	544.1	624.8
埃塞俄比亚	Ethiopia	1.6	19.0	波　兰	Poland	844.8	603.1
朝　鲜	Korea, Dem.	35.0	18.0	土耳其	Turkey	454.9	520.0
土耳其	Turkey	8.7	15.5	英　国	United Kingdom	605.6	479.7
布基纳法索	Burkina Faso	2.2	15.3	几内亚	Guinea	148.5	431.3
哥伦比亚	Colombia	5.4	14.2	阿尔及利亚	Algeria	330.0	430.0
乌干达	Uganda	2.7	14.0	哈萨克斯坦	Kazakhstan	255.5	408.0
匈牙利	Hungary	8.5	13.4	哥伦比亚	Colombia	439.8	405.3
缅　甸	Myanmar	25.5	13.1	马达加斯加	Madagascar	438.8	402.1
韩　国	Korea, Rep.	10.5	13.0	埃塞俄比亚	Ethiopia	236.1	401.9
德　国	Germany	0.2	12.1	卢旺达	Rwanda	381.3	391.4
斯洛伐克	Slovakia	2.4	9.9	白俄罗斯	Belarus	783.1	385.7
孟加拉国	Bangladesh	7.0	9.9	布隆迪	Burundi	166.3	381.8
喀麦隆	Cameroon	1.3	9.8	乌干达	Uganda	517.1	376.6
捷　克	Czech Rep.	1.6	6.6	赞比亚	Zambia	142.8	368.2
澳大利亚	Australia	6.0	5.7	比利时	Belgium	345.6	357.8
柬埔寨	Cambodia	15.7	5.6	尼泊尔	Nepal	267.5	356.9
越　南	Viet Nam	29.9	5.2	乌兹别克斯坦	Uzbekistan	169.5	344.3
津巴布韦	Zimbabwe	5.7	5.1	菲律宾	Philippines	291.6	336.1
莫桑比克	Mozambique		5.0	肯尼亚	Kenya	389.7	320.3
波　兰	Poland		4.4	日　本	Japan	355.5	318.7
危地马拉	Guatemala	4.4	4.3	巴拉圭	Paraguay	266.8	267.4

附录 2-15 续表 3 continued

单位：万吨 (10 000 tons)

国家或地区	Country or Area	花生 Groundnuts, with Shell 2010	花生 Groundnuts, with Shell 2022	国家或地区	Country or Area	油菜籽 Rapeseed 2010	油菜籽 Rapeseed 2022
世界	**World**	**4377.8**	**5423.9**	**世界**	**World**	**5986.1**	**8722.1**
中国	China	1564.4	1833.0	加拿大	Canada	1278.9	1869.5
印度	India	826.5	1013.5	中国	China	1308.2	1553.1
尼日利亚	Nigeria	379.9	428.4	印度	India	660.8	1196.3
美国	United States	188.6	252.6	澳大利亚	Australia	190.7	682.0
苏丹	Sudan		250.0	法国	France	481.5	451.7
缅甸	Myanmar	137.0	174.1	俄罗斯	Russia	67.0	451.4
塞内加尔	Senegal	128.7	150.1	德国	Germany	569.8	429.5
阿根廷	Argentina	61.1	134.6	波兰	Poland	222.9	348.7
几内亚	Guinea	33.2	102.5	乌克兰	Ukraine	147.0	331.8
巴西	Brazil	26.1	84.8	美国	United States	111.2	174.2
乍得	Chad	110.3	82.9	英国	United Kingdom	223.0	136.1
坦桑尼亚	Tanzania	46.5	71.0	罗马尼亚	Romania	94.3	123.0
尼日尔	Niger	40.6	67.1	捷克	Czech Rep.	104.2	116.6
加纳	Ghana	53.1	61.1	立陶宛	Lithuania	41.7	90.1
中非	Central African Rep.	38.3	57.4	丹麦	Denmark	58.0	88.9
布基纳法索	Burkina Faso	34.0	55.9	白俄罗斯	Belarus	37.5	80.5
喀麦隆	Cameroon	53.6	50.0	乌拉圭	Uruguay	0.9	58.7
刚果(金)	Congo, Dem. Rep.	38.8	48.6	匈牙利	Hungary	53.1	50.5
马里	Mali	31.4	44.3	巴基斯坦	Pakistan	16.2	48.2
越南	Viet Nam	48.7	40.8	斯洛伐克	Slovakia	32.2	44.7
印度尼西亚	Indonesia	136.7	37.9	瑞典	Sweden	27.6	42.8
马拉维	Malawi	29.7	35.0	孟加拉国	Bangladesh	22.2	41.0
科特迪瓦	Côte d'Ivoire	9.0	24.3	拉脱维亚	Latvia	22.6	35.9
安哥拉	Angola	11.5	22.6	伊朗	Iran	14.6	30.0
尼加拉瓜	Nicaragua	18.0	22.2	保加利亚	Bulgaria	54.5	29.9
埃及	Egypt	20.3	20.5	西班牙	Spain	3.6	25.5
赞比亚	Zambia	16.4	19.0	爱沙尼亚	Estonia	13.1	21.9
南苏丹	South Sudan		19.0	南非	South Africa	3.7	21.1
土耳其	Turkey	9.7	18.6	哈萨克斯坦	Kazakhstan	10.9	18.9
贝宁	Benin	15.4	16.4	土耳其	Turkey	10.6	15.0
埃塞俄比亚	Ethiopia	7.2	14.5	智利	Chile	4.4	13.5
几内亚比绍	Guinea-Bissau	3.6	12.8	瑞士	Switzerland	6.8	9.2
乌干达	Uganda	27.6	12.0	奥地利	Austria	17.1	9.2
巴基斯坦	Pakistan	6.8	11.4	塞尔维亚	Serbia	2.4	8.8
莫桑比克	Mozambique	15.8	11.4	巴西	Brazil	7.0	8.2
墨西哥	Mexico	8.1	11.1	摩尔多瓦	Moldova	4.5	7.7
塞拉利昂	Sierra Leone	8.1	10.8	爱尔兰	Ireland	2.8	7.7
津巴布韦	Zimbabwe	13.7	8.2	巴拉圭	Paraguay	10.2	6.5
孟加拉国	Bangladesh	5.3	7.5	克罗地亚	Croatia	3.3	5.8
马达加斯加	Madagascar	3.0	6.3	芬兰	Finland	17.9	5.7
冈比亚	Gambia	13.8	5.6	意大利	Italy	5.0	5.4
中国台湾	Taiwan, China	6.5	5.1	阿根廷	Argentina	1.7	5.3
南非	South Africa	8.8	4.9	蒙古	Mongolia	1.1	4.9
多哥	Togo	4.6	4.5	比利时	Belgium	4.6	3.7
老挝	Lao PDR	5.1	4.1	埃塞俄比亚	Ethiopia	1.9	2.9
加蓬	Gabon	2.0	4.0	希腊	Greece	2.5	2.5
菲律宾	Philippines	3.0	3.2	阿尔及利亚	Algeria	2.5	2.3
摩洛哥	Morocco	5.0	2.8	挪威	Norway	1.0	1.0
斯里兰卡	Sri Lanka	1.4	2.7	斯洛文尼亚	Slovenia	1.6	0.8
刚果(布)	Congo, Rep.	2.9	2.7	卢森堡	Luxembourg	1.6	0.7

附录 2-15 续表 4 continued

单位：万吨 (10 000 tons)

国家或地区	Country or Area	芝麻 Sesame Seed 2010	芝麻 Sesame Seed 2022	国家或地区	Country or Area	籽棉 Seed Cotton 2010	籽棉 Seed Cotton 2022
世　界	**World**	**448.1**	**674.1**	**世　界**	**World**	**6919.3**	**6966.8**
苏　丹	Sudan		123.2	中　国	China	1791.0	1812.2
印　度	India	89.3	78.9	印　度	India	1776.0	1499.0
缅　甸	Myanmar	78.7	76.1	美　国	United States	947.4	846.9
坦桑尼亚	Tanzania	14.4	70.0	巴　西	Brazil	295.0	642.2
尼日利亚	Nigeria	14.9	45.0	乌兹别克斯坦	Uzbekistan	344.3	350.1
中　国	China	58.7	43.5	澳大利亚	Australia	93.9	280.0
布基纳法索	Burkina Faso	9.1	20.9	土耳其	Turkey	215.0	275.0
乍　得	Chad	12.6	20.2	巴基斯坦	Pakistan	561.4	241.0
中　非	Central African Rep.	18.7	19.1	土库曼斯坦	Turkmenistan	128.6	120.1
埃塞俄比亚	Ethiopia	32.8	18.0	阿根廷	Argentina	75.4	111.6
南苏丹	South Sudan		18.0	墨西哥	Mexico	44.0	87.2
巴　西	Brazil	0.5	16.5	布基纳法索	Burkina Faso	53.0	66.9
巴基斯坦	Pakistan	3.1	15.2	贝　宁	Benin	13.7	58.8
乌干达	Uganda	11.9	13.8	马　里	Mali	24.4	52.6
莫桑比克	Mozambique	6.3	12.0	塔吉克斯坦	Tajikistan	31.1	51.2
尼日尔	Niger	8.6	10.4	科特迪瓦	Cote D'Ivoire	17.5	44.9
喀麦隆	Cameroon	1.3	7.0	喀麦隆	Cameroon	20.0	40.5
墨西哥	Mexico	3.7	5.6	坦桑尼亚	Tanzania	26.7	37.3
马　里	Mali	1.3	4.8	哈萨克斯坦	Kazakhstan	24.0	36.2
埃　及	Egypt	4.6	4.8	阿塞拜疆	Azerbaijan	3.8	32.2
阿富汗	Afghanistan	3.2	4.2	缅　甸	Myanmar	50.5	28.9
塞内加尔	Senegal	0.5	4.0	苏　丹	Sudan		25.8
巴拉圭	Paraguay	4.0	4.0	尼日利亚	Nigeria	60.2	22.4
索马里	Somalia	2.6	3.4	埃　及	Egypt	37.8	19.1
孟加拉国	Bangladesh	3.2	3.1	埃塞俄比亚	Ethiopia	5.8	17.2
泰　国	Thailand	4.8	3.1	津巴布韦	Zimbabwe	21.4	16.0
危地马拉	Guatemala	5.0	3.0	乍　得	Chad	6.4	13.7
伊　朗	Iran	4.5	2.9	乌干达	Uganda	8.4	13.5
越　南	Viet Nam	1.7	2.3	伊　朗	Iran	16.7	12.8
委内瑞拉	Venezuela	1.5	2.2	叙利亚	Syrian Arab Republic	47.2	12.1
也　门	Yemen	2.5	1.9	西班牙	Spain	11.5	11.5
土耳其	Turkey	2.3	1.7	莫桑比克	Mozambique	6.2	8.2
乌兹别克斯坦	Uzbekistan	0.4	1.4	吉尔吉斯斯坦	Kyrgyzstan	7.4	7.7
玻利维亚	Bolivia	1.0	1.2	阿富汗	Afghanistan	3.3	7.4
韩　国	Korea, Rep.	1.3	1.2	孟加拉国	Bangladesh	4.3	6.5
肯尼亚	Kenya	1.1	1.2	多　哥	Togo	4.3	5.2
斯里兰卡	Sri Lanka	1.7	1.0	以色列	Israel	1.8	4.5
贝　宁	Benin	1.0	1.0	几内亚	Guinea	3.7	4.4
老　挝	Lao PDR	1.0	0.9	南　非	South Africa	2.1	4.1
柬埔寨	Cambodia	3.0	0.9	秘　鲁	Peru	6.4	3.9
叙利亚	Syrian Arab Republic	0.5	0.8	巴拉圭	Paraguay	1.5	3.8
马拉维	Malawi		0.7	朝　鲜	Korea, Dem.	3.5	3.5
厄立特里亚	Eritrea	0.4	0.5	哥伦比亚	Colombia	8.9	3.4
刚果(金)	Congo, Dem. Rep	0.5	0.5	刚果(金)	Congo, Dem. Rep	2.6	3.1
海　地	Haiti	0.4	0.4	马拉维	Malawi	2.9	2.9
沙特阿拉伯	Saudi Arabia	0.5	0.4	加　纳	Ghana	0.6	2.8
哥伦比亚	Colombia	0.2	0.4	塞内加尔	Senegal	2.6	2.6
尼加拉瓜	Nicaragua	0.4	0.4	中　非	Central African Rep.	1.0	2.4
塞拉利昂	Sierra Leone	0.3	0.3	赞比亚	Zambia	10.7	2.3
安哥拉	Angola	0.3	0.3	马达加斯加	Madagascar	1.4	1.4

附录 2-15 续表 5 continued

单位：万吨 (10 000 tons)

国家或地区	Country or Area	甘蔗 Sugar Cane 2010	2022	国家或地区	Country or Area	甜菜 Sugar Beets 2010	2022
世界	**World**	**167588.4**	**192206.0**	**世界**	**World**	**22836.7**	**26099.9**
巴西	Brazil	71746.4	72442.8	俄罗斯	Russia	2225.6	4890.8
印度	India	29230.2	43942.5	法国	France	3187.5	3149.7
中国	China	11078.9	10338.1	美国	United States	2906.1	2955.1
泰国	Thailand	6880.8	9209.6	德国	Germany	2343.2	2820.1
巴基斯坦	Pakistan	4937.3	8798.1	土耳其	Turkey	1794.2	1900.0
墨西哥	Mexico	5042.2	5527.9	波兰	Poland	997.3	1415.4
哥伦比亚	Colombia	3253.9	3504.1	埃及	Egypt	784.0	1355.7
印度尼西亚	Indonesia	2660.0	3240.0	乌克兰	Ukraine	1374.9	994.1
美国	United States	2482.1	3145.7	中国	China	929.6	893.3
澳大利亚	Australia	3123.5	2866.9	荷兰	Netherlands	528.0	725.7
危地马拉	Guatemala	2231.4	2608.0	英国	United Kingdom	652.7	601.5
菲律宾	Philippines	1792.9	2345.5	伊朗	Iran	386.6	500.0
南非	South Africa	1601.6	1799.1	比利时	Belgium	446.5	474.4
阿根廷	Argentina	1889.0	1658.3	白俄罗斯	Belarus	377.3	422.7
埃及	Egypt	1570.9	1597.7	捷克	Czech Rep.	306.5	405.5
缅甸	Myanmar	925.0	1150.7	日本	Japan	309.0	354.5
越南	Viet Nam	1616.2	1108.3	奥地利	Austria	313.2	271.0
古巴	Cuba	1160.0	1063.5	丹麦	Denmark	240.9	229.2
玻利维亚	Bolivia	640.3	965.9	西班牙	Spain	353.5	200.1
秘鲁	Peru	985.5	958.4	摩洛哥	Morocco	243.6	189.8
肯尼亚	Kenya	571.0	870.8	瑞典	Sweden	197.4	189.3
伊朗	Iran	564.8	800.0	塞尔维亚	Serbia	332.5	166.7
萨尔瓦多	El Salvador	512.7	774.8	瑞士	Switzerland	130.2	135.3
厄瓜多尔	Ecuador	834.7	774.0	加拿大	Canada	50.8	127.9
尼加拉瓜	Nicaragua	489.4	735.1	意大利	Italy	355.0	111.0
巴拉圭	Paraguay	513.1	653.8	斯洛伐克	Slovakia	97.8	109.7
乌干达	Uganda	332.0	589.2	立陶宛	Lithuania	70.7	72.8
斯威士兰	Eswatini	511.0	581.3	智利	Chile	142.0	67.5
多米尼加	Dominican Rep.	457.7	561.8	克罗地亚	Croatia	124.9	57.2
洪都拉斯	Honduras	444.4	547.5	摩尔多瓦	Moldova	83.8	47.8
赞比亚	Zambia	370.0	487.7	匈牙利	Hungary	81.9	47.0
苏丹	Sudan		445.1	吉尔吉斯斯坦	Kyrgyzstan	13.9	46.8
哥斯达黎加	Costa Rica	373.5	389.8	芬兰	Finland	54.2	38.0
坦桑尼亚	Tanzania	280.1	353.5	哈萨克斯坦	Kazakhstan	15.2	30.6
津巴布韦	Zimbabwe	269.2	345.3	罗马尼亚	Romania	83.8	28.1
马达加斯加	Madagascar	290.6	319.1	阿塞拜疆	Azerbaijan	25.2	21.1
尼泊尔	Nepal	259.3	316.0	土库曼斯坦	Turkmenistan	18.0	14.3
马拉维	Malawi	270.0	311.2	突尼斯	Tunisia		9.2
孟加拉国	Bangladesh	449.1	308.7	亚美尼亚	Armenia	2.6	6.5
莫桑比克	Mozambique	272.0	296.9	叙利亚	Syrian Arab Republic	149.3	6.0
刚果(金)	Congo, Dem. Rep	207.9	234.8	伊拉克	Iraq	2.0	3.2
巴拿马	Panama	191.4	231.4	哥伦比亚	Colombia	1.5	3.0
毛里求斯	Mauritius	436.6	225.7	巴基斯坦	Pakistan		2.9
科特迪瓦	Côte d'Ivoire	180.0	211.4	委内瑞拉	Venezuela	2.0	2.5
委内瑞拉	Venezuela	684.2	207.2	阿尔巴尼亚	Albania	4.0	2.1
伯利兹	Belize	112.3	180.4	马里	Mali	0.4	1.1
斐济	Fiji	175.1	163.9	黎巴嫩	Lebanon	0.2	0.6
尼日利亚	Nigeria	100.9	152.6	阿富汗	Afghanistan	1.5	0.6
老挝	Lao PDR	81.9	150.2	希腊	Greece	88.9	0.5
海地	Haiti	122.0	145.8	厄瓜多尔	Ecuador	0.4	0.5

附录 2-15 续表 6 continued

单位：万吨 (10 000 tons)

国家或地区	Country or Area	茶叶 Tea 2010	茶叶 Tea 2022	国家或地区	Country or Area	水果 Fruit Primary 2010	水果 Fruit Primary 2022
世　界	**World**	**1949.8**	**2976.1**	**世　界**	**World**	**73720.4**	**93303.7**
中　国	China	660.0	1453.1	中　国	China	19522.4	26023.4
印　度	India	430.9	596.9	印　度	India	7640.9	11159.0
肯尼亚	Kenya	173.5	232.6	巴　西	Brazil	4155.7	4166.7
斯里兰卡	Sri Lanka	176.0	140.0	土耳其	Turkey	1922.9	2568.3
土耳其	Turkey	130.6	130.0	印度尼西亚	Indonesia	1563.5	2479.0
越　南	Viet Nam	83.5	111.7	墨西哥	Mexico	1705.9	2473.5
印度尼西亚	Indonesia	65.4	59.5	美　国	United States	2915.7	2134.7
孟加拉国	Bangladesh	26.1	44.0	意大利	Italy	1861.3	1812.2
阿根廷	Argentina	40.2	35.5	尼日利亚	Nigeria	1076.3	1693.2
乌干达	Uganda	21.4	32.6	菲律宾	Philippines	1618.9	1659.2
日　本	Japan	37.0	30.4	西班牙	Spain	1791.5	1654.3
马拉维	Malawi	22.4	20.8	伊　朗	Iran	1782.9	1599.1
卢旺达	Rwanda	9.7	16.0	埃　及	Egypt	1231.3	1428.9
坦桑尼亚	Tanzania	14.4	11.0	越　南	Viet Nam	736.5	1218.8
泰　国	Thailand	6.7	10.9	哥伦比亚	Colombia	856.5	1163.7
尼泊尔	Nepal	7.2	10.7	泰　国	Thailand	1039.5	1089.8
缅　甸	Myanmar	9.5	9.9	乌干达	Uganda	474.9	1050.6
伊　朗	Iran	12.1	9.3	法　国	France	904.4	950.9
津巴布韦	Zimbabwe	6.1	6.3	巴基斯坦	Pakistan	966.9	908.7
布隆迪	Burundi	3.8	5.0	南　非	South Africa	613.0	877.3
老　挝	Lao PDR	0.3	1.7	厄瓜多尔	Ecuador	936.5	816.8
马来西亚	Malaysia	2.0	1.6	秘　鲁	Peru	494.1	814.3
中国台湾	Taiwan, China	1.7	1.2	危地马拉	Guatemala	432.9	721.9
埃塞俄比亚	Ethiopia	0.8	1.0	阿根廷	Argentina	749.6	707.4
毛里求斯	Mauritius	0.8	0.6	阿尔及利亚	Algeria	444.8	697.5
巴布亚新几内亚	Papua New Guinea	0.6	0.6	俄罗斯	Russia	361.5	677.1
喀麦隆	Cameroon	0.6	0.6	刚果(金)	Congo, Dem. Rep.	449.8	672.5
莫桑比克	Mozambique	2.9	0.5	摩洛哥	Morocco	430.8	658.3
刚果(金)	Congo, Dem. Rep	0.2	0.3	加　纳	Ghana	488.7	654.0
格鲁吉亚	Georgia	0.4	0.3	智　利	Chile	615.4	643.9
韩　国	Korea, Rep.	0.2	0.2	乌兹别克斯坦	Uzbekistan	388.0	639.8
巴　西	Brazil	1.8	0.2	哥斯达黎加	Costa Rica	530.4	638.9
南　非	South Africa	0.2	0.2	多米尼加	Dominican Rep.	257.0	623.6
秘　鲁	Peru	0.3	0.2	喀麦隆	Cameroon	495.1	623.6
厄瓜多尔	Ecuador	0.2	0.2	安哥拉	Angola	264.1	612.0
玻利维亚	Bolivia	0.1	0.1	坦桑尼亚	Tanzania	497.3	571.4
阿塞拜疆	Azerbaijan	0.1	0.1	孟加拉国	Bangladesh	391.8	555.4
赞比亚	Zambia	0.1	0.1	波　兰	Poland	278.9	536.0
萨尔瓦多	El Salvador		0.1	希　腊	Greece	404.3	448.4
危地马拉	Guatemala	0.1	0.1	肯尼亚	Kenya	320.9	435.0
马达加斯加	Madagascar			马拉维	Malawi	113.0	375.8
哥伦比亚	Colombia			阿富汗	Afghanistan	136.0	350.1
黑　山	Montenegro			苏　丹	Sudan		347.8
马　里	Mali			委内瑞拉	Venezuela	283.3	332.2
俄罗斯	Russia			澳大利亚	Australia	360.4	329.9
塞舌尔	Seychelles			卢旺达	Rwanda	215.0	325.8
巴拿马	Panama			韩　国	Korea, Rep.	362.0	315.2
葡萄牙	Portugal			科特迪瓦	Côte d'Ivoire	217.1	308.0
				日　本	Japan	345.5	301.1
				哈萨克斯坦	Kazakhstan	135.3	299.9

附录 2-16 互联网网民占总人口比重
Individuals Using the Internet（% of population）

资料来源：世界银行WDI数据库。
Source: World Bank WDI Database.
单位：% (%)

国家或地区	Country or Area	2010	2015	2018	2019	2020	2021	2022
世　界	**World**	**28.8**	**40.3**	**49.2**	**53.7**	**59.6**	**63.1**	
高收入国家	**High Income**	**71.5**	**79.4**	**86.9**	**88.2**	**89.4**	**90.2**	
中等收入国家	**Middle Income**	**21.4**	**34.6**	**44.3**	**50.1**	**57.4**	**60.9**	
低收入国家	**Low Income**	**3.4**	**9.1**	**14.2**	**16.1**	**18.8**	**20.0**	
中　国	China	34.3	50.3	59.2	64.1	70.1	73.1	75.6
中国香港	Hong Kong SAR, China	72.0	84.9	90.5	91.7	92.4	93.1	95.6
中国澳门	Macao SAR, China	55.2	77.6	83.8	86.5	88.3	88.5	
孟加拉国	Bangladesh	3.7	12.9	23.4	27.8	32.9	38.9	
文　莱	Brunei Darussalam	53.0	71.2	95.0	95.0	96.1	98.1	
柬埔寨	Cambodia	1.3	18.0		52.3	53.7	60.2	
印　度	India	7.5	14.9	20.1	29.5	43.4	46.3	
印度尼西亚	Indonesia	10.9	22.1	39.9	47.7	53.7	62.1	66.5
伊　朗	Iran	15.9	45.3	70.2	72.5	75.6	78.6	
以色列	Israel	67.5	77.4	83.7	86.8	90.1	90.3	
日　本	Japan	78.2	91.1	88.7	92.7	90.2	82.9	
哈萨克斯坦	Kazakhstan	31.6	70.8	78.9	81.9	85.9	90.9	92.3
韩　国	Korea, Rep.	83.7	89.9	96.0	96.2	96.5	97.6	97.2
老　挝	Lao PDR	7.0	18.2	36.3	47.0	54.0	62.0	
马来西亚	Malaysia	56.3	71.1	81.2	84.2	89.6	96.8	97.4
蒙　古	Mongolia	10.2	22.5	47.1	51.1	65.6	81.6	
缅　甸	Myanmar	0.3	10.9	28.7	30.6	42.0	44.0	
巴基斯坦	Pakistan	8.0	11.0	15.3	17.1	18.9	21.0	
菲律宾	Philippines	25.0	36.9	44.1	43.0	47.1	52.7	
新加坡	Singapore	71.0	83.2	88.2	88.9	92.0	96.9	96.0
斯里兰卡	Sri Lanka	15.3	46.9	50.7	36.2	44.5		
泰　国	Thailand	22.4	39.3	56.8	66.7	77.8	85.3	88.0
越　南	Viet Nam	30.7	45.0	69.8	68.7	70.3	74.2	78.6
埃　及	Egypt	21.6	37.8	46.9	57.3	71.9	72.1	72.2
尼日利亚	Nigeria	11.5	24.5	38.7	45.0	51.5	55.4	
南　非	South Africa	24.0	51.9	62.4	69.7	70.3	72.3	
加拿大	Canada	80.3	90.0	94.6	91.9	92.3	92.8	
墨西哥	Mexico	31.1	57.4	56.7	69.6	71.5	75.6	
美　国	United States	71.7	74.6	88.5	89.4	90.6	91.8	
阿根廷	Argentina	45.0	68.0	77.7	79.9	85.5	87.2	88.4
巴　西	Brazil	40.7	58.3	70.4	73.9	81.3	80.7	80.5
委内瑞拉	Venezuela	37.4	58.0					
捷　克	Czech Rep.	68.8	75.7	80.7	80.9	81.3	82.7	84.5
法　国	France	77.3	78.0	82.0	83.3	84.7	86.1	85.3
德　国	Germany	82.0	87.6	87.0	88.1	89.8	91.4	91.6
意大利	Italy	53.7	58.1	74.4	67.9	70.5	74.9	85.1
荷　兰	Netherlands	90.7	91.7	91.9	93.3	91.3	92.1	92.5
波　兰	Poland	62.3	68.0	77.5	80.4	83.2	85.4	86.9
俄罗斯	Russia	49.0	70.1	80.9	82.6	85.0	88.2	90.4
西班牙	Spain	65.8	78.7	86.1	90.7	93.2	93.9	94.5
土耳其	Turkey	39.8	53.7	71.0	74.0	77.7	81.4	83.4
乌克兰	Ukraine	23.3	48.9	62.6	70.1	75.0	79.2	
英　国	United Kingdom	85.0	92.0	90.7	92.5	94.8	96.7	
澳大利亚	Australia	76.0	84.6	90.0	93.6	96.4	96.2	
新西兰	New Zealand	80.5	85.2	89.0	89.9	92.9	95.9	

附录 2-17 世界主要国家或地区货物进出口总额

Merchandise Imports and Exports by Country or Area

资料来源：世界贸易组织数据库。

Source: WTO Database.

单位：亿美元 (100 million USD)

国家或地区	Country or Area	2000	2010	2015	2020	2021	2022
世　界	**World**	**131015**	**307456**	**332906**	**355318**	**449686**	**505959**
中　国	China	4743	29740	39530	46559	60449	63097
中国香港	Hong Kong SAR, China	4167	8421	10693	11185	13823	12775
中国澳门	Macao SAR, China	52	65	119	129	208	190
孟加拉国	Bangladesh	153	470	744	864	1247	1429
文　莱	Brunei Darussalam	50	114	96	120	196	234
柬 埔 寨	Cambodia	33	119	218	368	479	523
印　度	India	939	5766	6621	6496	9685	11738
印度尼西亚	Indonesia	1090	2934	2931	3049	4277	5294
伊　朗	Iran	426	1667	1152	857	1206	1326
以 色 列	Israel	691	1171	1261	1194	1523	1809
日　本	Japan	8588	14638	12730	12768	15250	16442
哈萨克斯坦	Kazakhstan	139	911	765	837	1018	1342
韩　国	Korea, Rep.	3327	8916	9633	9801	12595	14150
老　挝	Lao PDR	9	38	93	115	140	154
马来西亚	Malaysia	1802	3632	3759	4256	5377	6468
蒙　古	Mongolia	12	62	85	129	161	212
缅　甸	Myanmar	40	134	283	346	295	345
巴基斯坦	Pakistan	199	592	663	678	1008	1020
菲 律 宾	Philippines	751	1100	1336	1546	1990	2248
新 加 坡	Singapore	2723	6627	6487	6924	8636	9914
斯里兰卡	Sri Lanka	117	221	295	261	331	314
泰　国	Thailand	1309	3762	4170	4378	5389	5903
越　南	Viet Nam	301	1571	3277	5453	6684	7304
埃　及	Egypt	199	794	849	870	1142	1347
尼日利亚	Nigeria	297	1282	949	714	988	1234
南　非	South Africa	597	1882	1857	1699	2376	2591
加 拿 大	Canada	5214	7902	8402	8113	10116	11810
墨 西 哥	Mexico	3458	6085	7858	8104	10172	12045
美　国	United States	20412	32477	38179	38319	46896	54401
阿 根 廷	Argentina	515	1250	1170	972	1411	1700
巴　西	Brazil	1138	3936	3672	3755	5155	6264
委内瑞拉	Venezuela	497	1047	706	116	113	149
捷　克	Czech Rep.	611	2596	2992	3630	4385	4782
法　国	France	6666	11348	10770	10699	13001	14361
德　国	Germany	10490	23137	23773	25543	30583	32283
意 大 利	Italy	4793	9344	8679	9267	11831	13463
荷　兰	Netherlands	4514	10907	10825	12697	15974	18650
波　兰	Poland	808	3378	3956	5355	6828	7417
俄 罗 斯	Russia	1499	6493	5344	5736	7984	8687
西 班 牙	Spain	2714	5814	5941	6345	7997	9117
土 耳 其	Turkey	823	2994	3646	3892	4966	6179
乌 克 兰	Ukraine	285	1124	756	1035	1409	996
英　国	United Kingdom	6228	10125	10959	10378	11651	13542
澳大利亚	Australia	1354	4143	3962	4626	6060	7218
新 西 兰	New Zealand	272	620	709	755	946	993

附录 2-18 货物出口总额

Merchandise Exports

资料来源：世界贸易组织数据库。
Source: WTO Database.
单位：亿美元 (100 million USD)

国家或地区	Country or Area	2000	2010	2015	2020	2021	2022
世　界	**World**	**64540**	**153017**	**165546**	**176533**	**223658**	**249258**
中　国	China	2492	15778	22735	25900	33582	35935
中国香港	Hong Kong SAR, China	2027	4007	5105	5488	6699	6099
中国澳门	Macao SAR, China	25	9	13	14	16	17
孟加拉国	Bangladesh	64	192	324	336	442	547
文　莱	Brunei Darussalam	39	89	64	66	111	142
柬埔寨	Cambodia	14	51	85	177	193	225
印　度	India	424	2264	2680	2764	3954	4534
印度尼西亚	Indonesia	654	1578	1504	1633	2315	2920
伊　朗	Iran	287	1013	703	469	716	772
以色列	Israel	314	584	641	502	602	736
日　本	Japan	4792	7698	6249	6413	7560	7469
哈萨克斯坦	Kazakhstan	88	600	460	464	606	847
韩　国	Korea, Rep.	1723	4664	5268	5125	6444	6836
老　挝	Lao PDR	3	17	37	61	77	82
马来西亚	Malaysia	982	1986	2000	2348	2994	3525
蒙　古	Mongolia	5	29	47	76	92	125
缅　甸	Myanmar	16	87	114	167	152	171
巴基斯坦	Pakistan	90	214	221	220	283	309
菲律宾	Philippines	381	515	588	639	746	789
新加坡	Singapore	1378	3519	3516	3625	4574	5158
斯里兰卡	Sri Lanka	54	86	105	100	125	131
泰　国	Thailand	690	1933	2143	2316	2720	2871
越　南	Viet Nam	145	722	1621	2826	3360	3713
埃　及	Egypt	53	264	213	271	408	488
尼日利亚	Nigeria	210	840	502	356	469	631
南　非	South Africa	300	913	810	858	1236	1229
加拿大	Canada	2766	3875	4101	3908	5076	5991
墨西哥	Mexico	1664	2983	3806	4172	4948	5782
美　国	United States	7819	12785	15026	14249	17543	20643
阿根廷	Argentina	263	682	568	549	779	884
巴　西	Brazil	551	2004	1868	2092	2808	3341
委内瑞拉	Venezuela	335	657	373	50	36	48
捷　克	Czech Rep.	291	1330	1579	1919	2266	2419
法　国	France	3276	5238	5063	4886	5850	6179
德　国	Germany	5518	12589	13262	13825	16367	16576
意大利	Italy	2405	4473	4570	4998	6156	6570
荷　兰	Netherlands	2331	5743	5704	6746	8400	9667
波　兰	Poland	317	1597	1991	2738	3406	3605
俄罗斯	Russia	1050	4006	3414	3335	4944	5883
西班牙	Spain	1153	2544	2823	3083	3800	4184
土耳其	Turkey	278	1139	1510	1696	2252	2542
乌克兰	Ukraine	146	515	381	492	681	444
英　国	United Kingdom	2832	4202	4659	3995	4705	5302
澳大利亚	Australia	639	2126	1877	2508	3449	4126
新西兰	New Zealand	133	314	344	384	448	451

附录 2-19 官方汇率(年平均价)
Official Exchange Rate (Period Average)

资料来源：世界银行WDI数据库。
Source: World Bank WDI Database.
单位：1美元合本币数 (local currency unit per US dollar)

国家或地区	Country or Area	2000	2010	2015	2020	2021	2022
中　国	**China**	**8.28**	**6.77**	**6.23**	**6.90**	**6.45**	**6.74**
中国香港	Hong Kong SAR, China	7.79	7.77	7.75	7.76	7.77	7.83
中国澳门	Macao SAR, China	8.03	8.00	7.98	7.99	8.01	8.07
孟加拉国	Bangladesh	52.14	69.65	77.95	84.87	85.08	91.75
文　莱	Brunei Darussalam	1.72	1.36	1.37	1.38	1.34	1.38
柬埔寨	Cambodia	3840.75	4184.92	4067.75	4092.78	4098.72	4102.04
印　度	India	44.94	45.73	64.15	74.10	73.92	78.60
印度尼西亚	Indonesia	8421.78	9090.43	13389.41	14582.20	14308.14	14849.85
伊　朗	Iran	1764.86	10254.18	29011.49	42000.00	42000.00	
以色列	Israel	4.08	3.74	3.89	3.44	3.23	3.36
日　本	Japan	107.77	87.78	121.04	106.77	109.75	131.50
哈萨克斯坦	Kazakhstan	142.13	147.36	221.73	412.95	425.91	460.17
韩　国	Korea, Rep.	1130.36	1156.46	1130.95	1180.27	1143.95	1291.45
老　挝	Lao PDR	7887.64	8254.16	8127.61	9045.79	9697.92	14035.23
马来西亚	Malaysia	3.80	3.22	3.91	4.20	4.14	4.40
蒙　古	Mongolia	1076.67	1357.06	1970.31	2813.29	2849.29	3140.68
缅　甸	Myanmar	6.52	5.63	1162.62	1381.62		
巴基斯坦	Pakistan	53.65	85.19	102.77	161.84	162.91	204.87
菲律宾	Philippines	44.19	45.11	45.50	49.62	49.25	54.48
新加坡	Singapore	1.72	1.36	1.37	1.38	1.34	1.38
斯里兰卡	Sri Lanka	77.01	113.06	135.86	185.59	198.76	
泰　国	Thailand	40.11	31.69	34.25	31.29	31.98	35.06
越　南	Viet Nam	14167.75	18612.92	21697.57	23208.37	23159.78	23271.21
埃　及	Egypt	3.47	5.62	7.69	15.76	15.64	19.16
尼日利亚	Nigeria	101.70	150.30	192.44	358.81	401.15	425.98
南　非	South Africa	6.94	7.32	12.76	16.46	14.78	16.36
加拿大	Canada	1.49	1.03	1.28	1.34	1.25	1.30
墨西哥	Mexico	9.46	12.64	15.85	21.49	20.27	20.13
美　国	United States	1.00	1.00	1.00	1.00	1.00	1.00
阿根廷	Argentina	1.00	3.90	9.23	70.54	94.99	130.62
巴　西	Brazil	1.83	1.76	3.33	5.16	5.39	5.16
委内瑞拉	Venezuela	0.68	2.58	6.28			
捷　克	Czech Rep.	38.60	19.10	24.60	23.21	21.68	23.36
法　国	France	1.08	0.75	0.90	0.88	0.85	0.95
德　国	Germany	1.08	0.75	0.90	0.88	0.85	0.95
意大利	Italy	1.08	0.75	0.90	0.88	0.85	0.95
荷　兰	Netherlands	1.08	0.75	0.90	0.88	0.85	0.95
波　兰	Poland	4.35	3.02	3.77	3.90	3.86	4.46
俄罗斯	Russia	28.13	30.37	60.94	72.10	73.65	68.48
西班牙	Spain	1.08	0.75	0.90	0.88	0.85	0.95
土耳其	Turkey	0.63	1.50	2.72	7.01	8.85	16.55
乌克兰	Ukraine	5.44	7.94	21.84	26.96	27.29	32.34
英　国	United Kingdom	0.66	0.65	0.65	0.78	0.73	0.81
澳大利亚	Australia	1.72	1.09	1.33	1.45	1.33	1.44
新西兰	New Zealand	2.20	1.39	1.43	1.54	1.41	1.58

附录 2-20 外商直接投资
Foreign Direct Investment

资料来源：联合国贸发会议FDI数据库。
Source: UNCTAD FDI Database .
单位：亿美元 (100 million USD)

国家或地区	Country or Area	外商直接投资 FDI Inflows			对外直接投资 FDI Outflows		
		2000	2010	2022	2000	2010	2022
世　　界	**World**	**13566.9**	**13930.1**	**12947.4**	**11624.9**	**13912.9**	**14897.6**
中　　国	China	407.2	1147.3	1891.3	9.2	688.1	1465.0
中国香港	Hong Kong SAR, China	545.8	705.4	1177.3	540.8	862.5	1035.9
中国澳门	Macao SAR, China		28.3	40.0		-4.4	25.0
孟加拉国	Bangladesh	5.8	9.1	34.8		0.2	0.5
文　　莱	Brunei Darussalam	5.5	4.8	-2.9			
柬 埔 寨	Cambodia	1.5	14.0	35.8	0.1	0.2	1.5
印　　度	India	35.9	274.2	493.6	5.1	159.5	145.4
印度尼西亚	Indonesia		137.7	219.7		26.6	68.5
伊　　朗	Iran	1.9	36.5	15.0	0.1	2.4	1.0
以 色 列	Israel	69.6	69.9	277.6	33.4	80.0	92.4
日　　本	Japan	83.2	-12.5	325.1	315.6	562.6	1614.7
哈萨克斯坦	Kazakhstan	12.8	115.5	61.1		78.9	-18.1
韩　　国	Korea, Rep.	115.1	95.0	180.0	48.4	282.2	664.1
老　　挝	Lao PDR	0.3	2.8	5.3	0.1	0.3	
马来西亚	Malaysia	37.9	90.6	169.4	20.3	134.0	133.2
蒙　　古	Mongolia	0.5	16.9	25.0		0.6	0.8
缅　　甸	Myanmar	0.9	66.7	12.4			
巴基斯坦	Pakistan	3.1	20.2	13.4	0.1	0.5	13.3
菲 律 宾	Philippines	22.4	10.7	92.0	1.3	27.1	39.0
新 加 坡	Singapore	147.5	574.6	1412.1	68.5	354.1	507.9
斯里兰卡	Sri Lanka	1.8	4.8	9.0		0.4	0.2
泰　　国	Thailand	34.1	146.6	100.3	-0.2	80.4	82.2
越　　南	Viet Nam	12.9	80.0	179.0		9.0	26.7
埃　　及	Egypt	12.4	63.9	114.0	0.5	11.8	3.4
尼日利亚	Nigeria	13.1	61.0	-1.9	1.7	9.2	-0.7
南　　非	South Africa	8.9	36.4	90.5	2.7	-0.8	25.7
加 拿 大	Canada	668.0	284.0	526.3	446.8	347.2	792.8
墨 西 哥	Mexico	182.5	271.9	352.9		145.6	128.5
美　　国	United States	3140.1	1980.5	2850.6	1426.3	2777.8	3730.0
阿 根 廷	Argentina	104.2	113.3	150.9	9.0	9.7	23.2
巴　　西	Brazil	327.8	776.9	860.5	22.8	220.6	252.4
委内瑞拉	Venezuela	47.0	15.7	9.4	5.2	24.9	3.9
捷　　克	Czech Rep.	49.9	61.4	98.5	0.4	11.7	24.7
法　　国	France	275.0	138.9	364.1	1619.5	481.6	480.3
德　　国	Germany	1982.8	656.4	110.5	570.9	1254.5	1429.8
意 大 利	Italy	133.8	91.8	199.5	66.9	326.9	-18.7
荷　　兰	Netherlands	638.6	-71.8	-673.4	756.3	683.6	-16.5
波　　兰	Poland	94.5	128.0	294.6	0.2	61.5	21.8
俄 罗 斯	Russia	26.5	316.7	-186.8	31.5	411.2	104.4
西 班 牙	Spain	395.8	398.7	348.1	582.1	378.4	394.4
土 耳 其	Turkey	9.8	90.9	128.8	8.7	14.7	47.2
乌 克 兰	Ukraine	6.0	65.0	8.5		7.4	3.4
英　　国	United Kingdom	1153.0	582.0	140.9	2327.4	480.9	1296.0
澳大利亚	Australia	141.9	368.0	616.3	28.6	198.0	1165.6
新 西 兰	New Zealand	13.5	-0.6	75.4	6.1	7.2	6.1

附录 2-21　外汇储备与黄金储备
International Reserves on Foreign Exchange and Gold

资料来源：国际货币基金组织IFS数据库。
Source: IMF IFS Database.

国家或地区	Country or Area	外汇储备(亿美元) Foreign Exchange(100 million USD)			黄金储备(万盎司) Gold Reserves(10 000 fine troy ounces)		
		2000	2010	2022	2000	2010	2022
中国	**China**	**1655.7**	**28473.4**	**31276.9**	**1270.0**	**3389.0**	**6464.0**
中国香港	Hong Kong SAR, China	1075.4	2686.5	4239.0	6.7	6.7	6.7
中国澳门	Macao SAR, China	33.2	237.3	259.7			
孟加拉国	Bangladesh	14.9	99.0	300.5	10.9	43.4	45.1
文莱	Brunei Darussalam	3.6	12.1	40.5			4121.8
柬埔寨	Cambodia	5.0	31.5	143.7	40.0	40.0	169.0
印度	India	372.6	2678.1	4980.2	325516.2	507478.4	8.9
印度尼西亚	Indonesia	282.8	899.7	1241.8	310.1	235.0	252.6
以色列	Israel	231.6	692.7	1897.4			
日本	Japan	3472.1	10362.6	11081.9	2454.7	696249.1	2719.9
哈萨克斯坦	Kazakhstan	15.9	246.9	123.7	52058.0	216.4	1130.6
韩国	Korea, Rep.	958.6	2869.3	3990.4	12426.0	13135.7	335.8
老挝	Lao PDR	1.4	7.3	14.8	477.1	8077.6	
马来西亚	Malaysia	274.3	1023.2	1052.5	117.0	117.0	125.0
蒙古	Mongolia	1.8	21.2	28.9	8.5	6.5	21.0
缅甸	Myanmar	2.2	57.1		23.1	23.4	
巴基斯坦	Pakistan	15.0	131.2	61.1	209.1	207.0	58826.6
菲律宾	Philippines	129.7	539.9	823.1	722.8	495.4	507.1
新加坡	Singapore	795.1	2236.8	2798.0	409.6	409.6	494.3
斯里兰卡	Sri Lanka	9.8	66.3		33.6	9778.3	
泰国	Thailand	319.3	1656.6	1955.8	236.7	320.0	785.0
越南	Viet Nam	34.2	120.5	846.9			
埃及	Egypt	129.1	323.5	244.5	243.2	243.1	403.9
尼日利亚	Nigeria	99.1	297.6	303.3	68.7	68.7	
南非	South Africa	57.9	354.2	464.9	590.0	401.6	403.1
加拿大	Canada	290.2	448.9	797.3	118.4	10.9	
墨西哥	Mexico	351.4	1148.8	1747.7	7056.9	22.7	109208.4
美国	United States	312.4	520.8	372.1	26161.1	26149.9	26149.9
阿根廷	Argentina	244.1	466.2	354.5	1.9	176.0	198.5
巴西	Brazil	324.3	2805.7	2938.5	211.8	30577.0	117967.5
委内瑞拉	Venezuela	126.3	91.9		1024.0	1176.0	
捷克	Czech Rep.	130.2	403.4	1351.4	44.6	40.8	38.5
法国	France	321.1	362.1	528.4	9724.5	7830.1	7834.4
德国	Germany	496.7	373.6	367.0	11151.9	10934.4	10787.1
意大利	Italy	224.2	356.8	466.4	7882.9	7882.9	7882.9
荷兰	Netherlands	70.0	89.0	51.8	2931.5	1969.1	1969.1
波兰	Poland	263.2	863.2	1462.7	330.6	330.9	735.2
俄罗斯	Russia	3.5	28.6	34.2		113.4	173.3
西班牙	Spain	295.2	133.1	559.3	1682.9	905.4	905.3
土耳其	Turkey	223.1	790.5	704.1	105805.5	105638.8	715894.9
乌克兰	Ukraine	11.0	333.2	252.4	45.4	88.5	87.0
英国	United Kingdom	341.6	493.3	1102.9	1567.3	997.5	282322.0
澳大利亚	Australia	167.8	327.9	384.8	256.3	256.7	183.0
新西兰	New Zealand	36.2	151.3	110.6			

附录 2-22 研究与开发经费支出和公共教育经费支出占国内生产总值比重
Research and Development Expenditure and Public Spending on Education(% of GDP)

资料来源：世界银行WDI数据库。
Source: World Bank WDI Database.
单位：%　　(%)

国家或地区	Country or Area	研究与开发经费支出占国内生产总值比重 Research and Development Expenditure(% of GDP)			公共教育经费支出占国内生产总值比重 Public Spending on Education, Total(% of GDP)		
		2000	2010	2020	2000	2010	2021
世　界	**World**	**2.0**	**2.0**	**2.5**	**4.0**	**4.3**	**4.2**
高收入国家	**High Income**	**2.3**	**2.4**	**2.9**	**4.9**	**5.3**	**5.0**
中等收入国家	**Middle Income**	**0.6**	**1.1**	**1.6**	**3.5**	**3.9**	**3.7**
中　国	China	0.9	1.7	2.4		3.8	3.3
中国香港	Hong Kong SAR, China	0.5	0.7	1.0		3.5	4.0
中国澳门	Macao SAR, China		0.1	0.5	3.3	2.6	5.3
孟加拉国	Bangladesh				2.1		1.8
文　莱	Brunei Darussalam				3.7	2.0	
柬埔寨	Cambodia				1.7	1.5	1.7
印　度	India	0.8	0.8	0.6	4.3	3.4	4.6
印度尼西亚	Indonesia	0.1		0.3		2.8	3.0
伊　朗	Iran		0.3		4.0	3.7	
以色列	Israel	3.8	3.9	5.7	6.0	5.4	7.4
日　本	Japan	2.9	3.1	3.3	3.5	3.6	3.3
哈萨克斯坦	Kazakhstan	0.2	0.2	0.1	3.3	3.5	4.4
韩　国	Korea, Rep.	2.1	3.3	4.8		3.5	
老　挝	Lao PDR				1.5	1.7	1.9
马来西亚	Malaysia	0.5	1.0	1.0	6.0	5.0	4.3
蒙　古	Mongolia	0.2	0.2	0.1	5.6	4.6	3.3
缅　甸	Myanmar	0.1		0.1			
巴基斯坦	Pakistan	0.1			1.8	2.3	1.7
菲律宾	Philippines				3.2		3.9
新加坡	Singapore	1.8	1.9	2.2	3.3	3.1	2.8
斯里兰卡	Sri Lanka	0.1	0.1	0.1		1.7	1.5
泰　国	Thailand	0.2		1.3	5.3	3.5	3.0
越　南	Viet Nam					4.0	2.9
埃　及	Egypt	0.2	0.4	0.9		3.5	
尼日利亚	Nigeria						
南　非	South Africa		0.7	0.6	4.9	5.1	6.6
加拿大	Canada	1.9	1.8	1.9	5.4	5.4	4.6
墨西哥	Mexico	0.3	0.5	0.3	4.0	5.2	
美　国	United States	2.6	2.7	3.5	6.1	6.7	
阿根廷	Argentina	0.4	0.6	0.5	4.6	5.0	4.6
巴　西	Brazil	1.0	1.2	1.1	3.9	5.6	
委内瑞拉	Venezuela		0.2				
捷　克	Czech Rep.	1.1	1.3	2.0	3.6	4.0	5.1
法　国	France	2.1	2.2	2.3	5.6	5.7	5.2
德　国	Germany	2.4	2.7	3.1	4.1	5.1	4.5
意大利	Italy	1.0	1.2	1.5	4.3	4.3	4.1
荷　兰	Netherlands	1.8	1.7	2.3	4.6	5.5	5.1
波　兰	Poland	0.6	0.7	1.4	5.0	5.1	4.9
俄罗斯	Russia	1.0	1.1	1.1	2.9	3.8	
西班牙	Spain	0.9	1.4	1.4	4.2	4.9	4.6
土耳其	Turkey	0.5	0.8	1.4		3.8	2.8
乌克兰	Ukraine	0.9	0.8	0.4	4.0		5.7
英　国	United Kingdom	1.6	1.6	2.9	4.0	5.7	5.3
澳大利亚	Australia	1.6	2.4		4.9	5.5	5.6
新西兰	New Zealand				5.6	6.5	5.5

附录 2-23　医疗支出占国内生产总值比重及人均医疗支出
Current Health Expenditure as Percentage of GDP and per Capita Health Expenditure

资料来源：世界银行WDI数据库。
Source: World Bank WDI Database.

国家或地区	Country or Area	医疗支出占国内生产总值的比重(%) Current Health Expenditure(% of GDP)			人均医疗支出(美元) Current Health Expenditure per Capita (current US$)		
		2000	2010	2020	2000	2010	2020
世　界	**World**	**8.6**	**9.5**	**10.9**	**476.4**	**904.9**	**1177.2**
高收入国家	**High Income**	**9.4**	**11.5**	**14.0**	**2395.0**	**4531.3**	**6176.5**
中等收入国家	**Middle Income**	**5.0**	**5.0**	**5.6**	**63.8**	**190.4**	**297.7**
低收入国家	**Low Income**	**4.1**	**4.5**	**5.1**	**14.7**	**36.1**	**34.0**
中　国	China	4.5	4.2	5.6	43.0	189.3	583.4
孟加拉国	Bangladesh	2.1	2.7	2.6	8.6	21.2	50.7
文　莱	Brunei Darussalam	2.6	2.3	2.4	507.4	788.5	650.5
柬埔寨	Cambodia	6.5	6.9	7.5	19.8	54.1	115.8
印　度	India	4.0	3.3	3.0	18.4	44.9	56.6
印度尼西亚	Indonesia	1.9	2.8	3.4	15.5	86.4	133.0
伊　朗	Iran	4.7	6.3	5.3	81.0	436.1	573.4
以色列	Israel	6.8	7.0	8.3	1471.6	2240.4	3867.4
日　本	Japan	7.0	9.1	10.9	2756.2	4074.3	4388.1
哈萨克斯坦	Kazakhstan	4.2	2.7	3.8	49.9	243.6	341.5
韩　国	Korea, Rep.	3.9	5.9	8.4	480.2	1386.4	2642.4
老　挝	Lao PDR	4.3	2.9	2.7	14.1	34.6	68.3
马来西亚	Malaysia	2.5	3.2	4.1	111.9	285.0	418.7
蒙　古	Mongolia	5.7	3.7	4.9	26.4	99.5	199.8
缅　甸	Myanmar	2.0	2.0	4.6	4.4	20.1	72.1
巴基斯坦	Pakistan	2.7	2.4	3.0	15.4	24.2	38.2
菲律宾	Philippines	3.1	4.1	5.1	32.8	91.0	164.7
新加坡	Singapore	3.3	3.2	6.1	792.4	1487.4	3537.0
斯里兰卡	Sri Lanka	4.2	3.9	4.1	43.7	106.1	151.1
泰　国	Thailand	3.1	3.4	4.4	62.2	169.4	305.1
越　南	Viet Nam	3.8	4.7	4.7	19.1	79.1	166.2
埃　及	Egypt	4.9	4.2	4.4	71.0	107.4	150.9
尼日利亚	Nigeria	3.2	3.3	3.4	17.7	75.6	69.8
南　非	South Africa	7.3	7.8	8.6	237.8	628.1	489.6
加拿大	Canada	8.2	10.7	12.9	2001.7	5096.1	5619.4
墨西哥	Mexico	4.4	5.7	6.2	321.8	539.3	538.6
美　国	United States	12.5	16.2	18.8	4532.8	7832.3	11702.4
阿根廷	Argentina	8.2	9.4	10.0	704.9	980.1	863.7
巴　西	Brazil	8.3	7.9	10.3	310.6	893.8	700.7
委内瑞拉	Venezuela	7.3	6.8	3.8	351.7	936.9	142.5
捷　克	Czech Rep.	5.7	6.9	9.2	342.9	1373.9	2119.8
法　国	France	9.6	11.2	12.2	2161.9	4592.4	4768.7
德　国	Germany	9.9	11.1	12.8	2344.4	4611.4	5930.3
意大利	Italy	7.6	8.9	9.6	1524.2	3217.7	3057.0
荷　兰	Netherlands	7.7	10.2	11.1	2028.2	5191.7	5846.2
波　兰	Poland	5.3	6.4	6.5	238.0	809.2	1026.0
俄罗斯	Russia	5.0	5.0	7.6	95.1	567.0	773.9
西班牙	Spain	6.8	9.1	10.7	1005.3	2789.6	2900.6
土耳其	Turkey	4.6	5.0	4.6	196.8	532.9	395.2
乌克兰	Ukraine	5.3	6.8	7.6	35.1	202.8	269.7
英　国	United Kingdom	7.2	10.0	12.0	2033.2	3965.9	4926.6
澳大利亚	Australia	7.6	8.4	10.6	1636.5	4975.5	5901.1
新西兰	New Zealand	7.5	9.6	10.0	1054.9	3233.8	4201.6

附录3

统计公报和统计工作

Shandong Statistics Communique and Shandong Statistical Undertaking

简　要　说　明

一、本篇资料的主要内容

本篇主要包括统计公报、统计工作综述和山东省统计局工作大事记。统计公报和统计工作综述综合反映全省经济社会发展概况和山东省统计工作情况；山东省统计局工作大事记按时间顺序记载了2023年山东省统计局发生的大事要事，包括局领导重要活动、方法制度改革、统计法制建设、统计基层基础建设、统计信息化建设、统计干部队伍建设等方面的内容。

二、本篇资料的来源

本篇资料由省统计局办公室和综合处整理提供。

Brief Introduction

I. Content

This chapter contains Bureau of Statistics Shandong Statistics Communique, Summary of Shandong Statistical Undertaking and Events of Shandong Provincial. Bureau of Statistics Shandong Statistics Communique and Summary of Shandong Statistical Undertaking comprehensively reflect the development of society and economy and show the achievements in statistics of Shandong Province. Events happened in 2023 of Shandong Statistical Bureau are recorded in time order, mainly including important activities of leaders, reform of statistical laws, development of primary-level statistical work, construction of information system, and training of statistics professionals, etc.

II. Source of Data

Data and files are provided by the Administrative Office and the Division of Comprehensive Statistics of Shandong Provincial Bureau of statistics.

2023年山东省国民经济和社会发展统计公报

山 东 省 统 计 局

国家统计局山东调查总队

2024年3月3日

2023年是全面贯彻落实党的二十大精神的开局之年，是实施“十四五”规划承前启后的关键一年，也是绿色低碳高质量发展先行区建设起步之年。全省上下坚持以习近平新时代中国特色社会主义思想为指导，深入贯彻落实党的二十大精神和习近平总书记对山东工作的重要指示要求，扎实开展学习贯彻习近平新时代中国特色社会主义思想主题教育，以建设绿色低碳高质量发展先行区为总抓手，锚定“走在前、开新局”，稳扎稳打、踏踏实实，突出做好稳增长、稳就业、稳物价工作，全力促进经济回升向好，实现经济质的有效提升和量的合理增长，新时代社会主义现代化强省建设迈出坚实步伐。

一、综 合

初步核算，全年实现地区生产总值92068.7亿元，比上年增长6.0%。其中，第一产业增加值6506.2亿元，增长4.5%；第二产业增加值35987.9亿元，增长6.5%；第三产业增加值49574.6亿元，增长5.8%。三次产业结构为7.1∶39.1∶53.8。

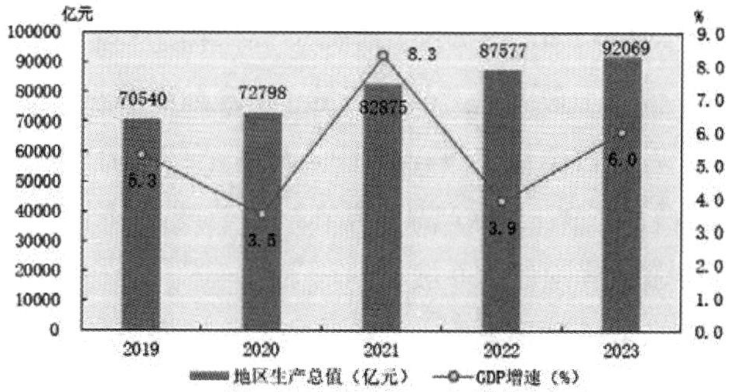

图1 2019-2023年地区生产总值及其增长速度

年末常住人口10122.97万人。其中，0-15岁人口占总人口的18.52%，16-59岁人口占57.86%，60岁及以上人口占23.62%。常住人口城镇化率为65.53%，比上年末提高0.99个百分点。全年出生人口61.0万人，出生率6.01‰；死亡人口83.1万人，死亡率8.19‰；人口自然增长率-2.18‰。

全年城镇新增就业124.5万人，完成全年目标的113.2%。失业人员实现再就业51.9万人，就业困难人员实现就业9.2万人，分别完成全年目标的162.3%、135.3%。

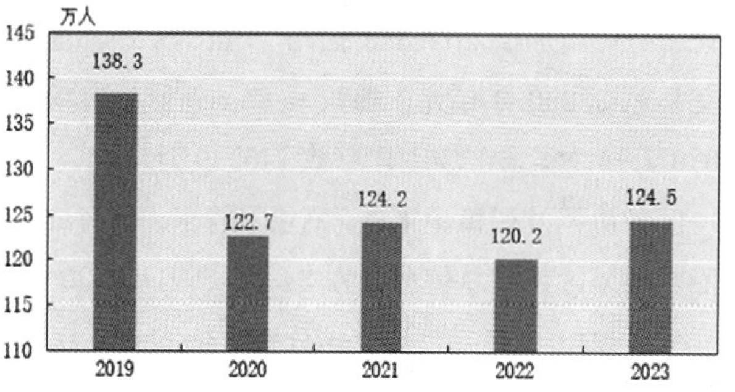

图2 2019-2023年城镇新增就业人数

全年居民消费价格比上年上涨0.1%。其中，消费品价格下降0.3%，服务价格上涨0.9%；食品价格下降0.4%，非食品价格上涨0.2%。农产品生产者价格上涨1.0%。工业生产者出厂价格下降3.5%。工业生产者购进价格下降3.0%。

表1 2023年居民消费价格指数（以上年为100）

指 标	全省	城市	农村
居民消费价格指数	100.1	100.2	99.8
食品烟酒	100.3	100.4	99.8
粮食	101.7	101.8	101.4
鲜菜	96.8	97.1	96.0

续表

指　标	全省	城市	农村
猪肉	86.1	86.7	84.8
鸡蛋	99.6	98.9	101.1
鲜果	103.6	104.0	101.8
衣着	100.6	100.9	99.7
居住	100.1	100.1	100.1
生活用品及服务	100.0	100.1	99.6
交通通信	97.7	97.7	97.6
教育文化娱乐	102.0	102.1	101.6
健身活动	99.9	99.9	99.4
旅游	111.7	112.3	106.1
医疗保健	100.2	100.2	100.0
其他用品及服务	103.7	104.0	102.5
养老服务	100.9	100.5	102.7

新产业新业态新模式较快成长。规模以上工业中，高技术制造业增加值比上年增长 5.6%，占规模以上工业增加值的比重为 9.7%；装备制造业增加值增长 9.7%，占比为 22.8%。工业机器人产量 13184 套，增长 9.7%；太阳能电池（光伏电池）产量 45.5 万千瓦，增长 5.8%。现代服务业增加值 25268.5 亿元，增长 5.4%。电子商务交易额 33290.3 亿元，增长 6.8%。新登记市场主体 216.0 万户，年末市场主体总数 1465.9 万户。

区域协调发展稳步推进。省会、胶东、鲁南三大经济圈实现地区生产总值分别为 34392.6 亿元、39433.2 亿元和 18242.9 亿元，比上年分别增长 6.0%、5.9%和 6.4%，对全省经济增长的贡献率分别为 37.3%、41.4%和 21.3%。济南、青岛、烟台合计实现地区生产总值 38680.2 亿元，对全省经济增长的贡献率为 42.0%。

绿色转型发展迈出新步伐。水电、核电、风电、太阳能发电等清洁能源发电量 1584.7 亿千瓦时，比上年增长 21.9%。新能源和可再生能源装机容量为 9794.1 万千瓦，增长 28.6%，占全部装机容量比重为 46.3%，比上年提高 6.1 个百分点。

二、农　业

全年农林牧渔业产值 12531.9 亿元，按可比价格计算，比上年增长 5.1%。粮食再获丰收，粮食总产量 5655.3 万吨，比上年增加 111.5 万吨，增长 2.0%。

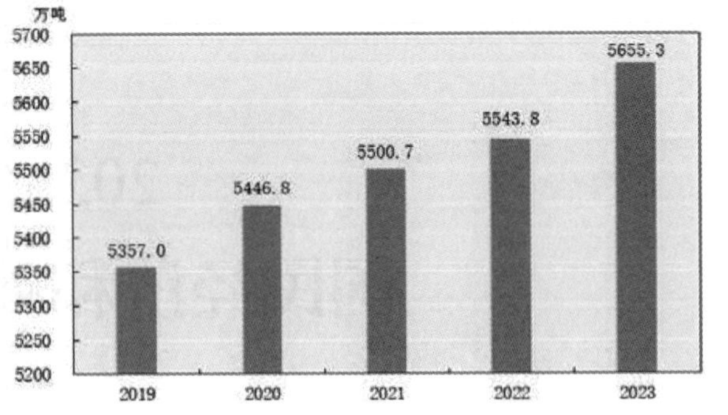

图 3 2019-2023 年粮食产量

表 2 2023 年农林牧渔业产值及增长速度

指　标	总产值（亿元）	比上年增长（%）
农林牧渔业	12531.9	5.1
农业	6462.4	4.1
林业	244.5	9.9
牧业	2973.7	6.4
渔业	1807.6	4.4
农林牧渔专业及辅助性活动	1043.7	8.2

表 3 2023 年主要农产品产量及增长速度

指　标	产量（万吨）	比上年增长（%）
粮食	5655.3	2.0
夏粮	2674.1	1.2
秋粮	2981.2	2.7
棉花	12.6	-13.1
油料	280.7	2.5
蔬菜及食用菌	9272.4	2.5
水果	3208.2	3.6
园林水果	2042.1	3.9

森林面积 224.6 万公顷，森林覆盖率 14.2%。猪牛羊禽肉产量 905.3 万吨，比上年增长 8.0%；禽蛋产量（不含小品种）462.2 万吨，增长 5.5%；牛奶产量 318.1 万吨，增长 4.5%。水产品总产量（不含远洋渔业产量）876.8 万吨，增长 3.9%。其中，海水产品产量 753.3 万吨，增长 3.9%；淡水产品产量 123.5 万吨，增长 3.7%。年末专业远洋渔船 550 艘。

现代农业加快发展。累计建成高标准农田 7643.7 万亩，发展高效节水灌溉 5136.6 万亩。高标准创建国家级水产健康养殖和生态养殖示范区 9 个。实施水产绿色健康养殖“五大行动”，重点培树 80 个骨干基地。

主要农作物良种覆盖率达到98%以上，粮食作物良种基本实现全覆盖，畜禽粪污综合利用率稳定在90%以上。

农业经营主体不断壮大，累计培育家庭农场 13.1 万家，农民专业合作社 23.1 万户，农业产业化省级以上重点龙头企业 1257 家。休闲农业稳步发展，累计创建中国美丽休闲乡村 83 个，全国休闲农业重点县 6 个。农村人居环境持续优化，排查农房 2347.8 万户，整治 C、D 级危房 25.1 万户，改造低收入群体危房 1.2 万户，改造户厕 1.86 万户。

三、工业和建筑业

全年全部工业增加值 29191.2 亿元，比上年增长 6.3%。规模以上工业增加值增长 7.1%。分门类看，规模以上采矿业增加值增长 6.6%，制造业增加值增长 7.8%，电力、热力、燃气及水的生产和供应业增加值增长 0.9%。规模以上工业企业营业收入增长 3.8%。

建筑业总产值 18686.6 亿元，比上年增长 6.4%。具有总承包或专业承包资质的有工作量建筑业企业 12483 家，比上年增加 1840 家。

四、服务业

全年服务业实现增加值 49574.6 亿元，比上年增长 5.8%；占地区生产总值的比重为 53.8%，对经济增长的贡献率为 52.9%。规模以上服务业企业营业收入比上年增长 5.3%。重点行业支撑作用明显，信息传输、软件和信息技术服务业、租赁和商务服务业、科学研究和技术服务业企业营业收入分别增长 8.7%、11.1%和 6.8%。

铁路、公路、水路共完成客运量 3.3 亿人次。完成货运量 33.6 亿吨。铁路、公路、水路共完成旅客周转量 979.7 亿人公里。货物周转量 14970.8 亿吨公里，增长 5.4%。沿海港口货物吞吐量 19.7 亿吨，增长 4.4%，集装箱吞吐量 4175 万标准箱，增长 11.0%；集装箱航线 343 条。

电信业务总量 1127.7 亿元。邮政业务总量 828.8 亿标准量。快递业务量 70.7 亿件。全省（固定）互联网宽带接入用户 4581.9 万户，其中 100M 以上高速率固定宽带接入用户占 97.7%。固定宽带家庭普及率 112.6 部/百户。移动互联网用户 10370.1 万户。

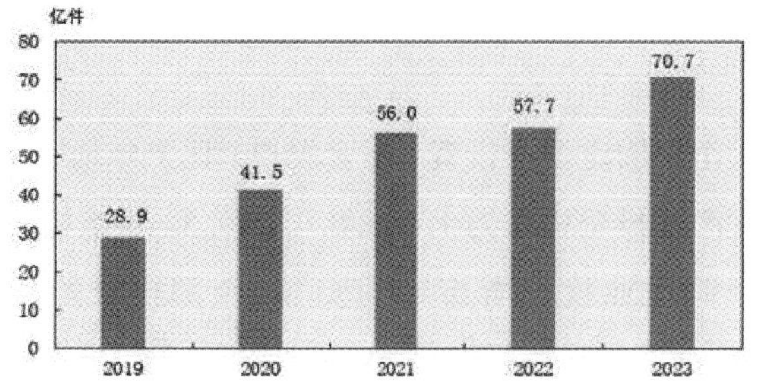

图 4 2019-2023 年快递业务量

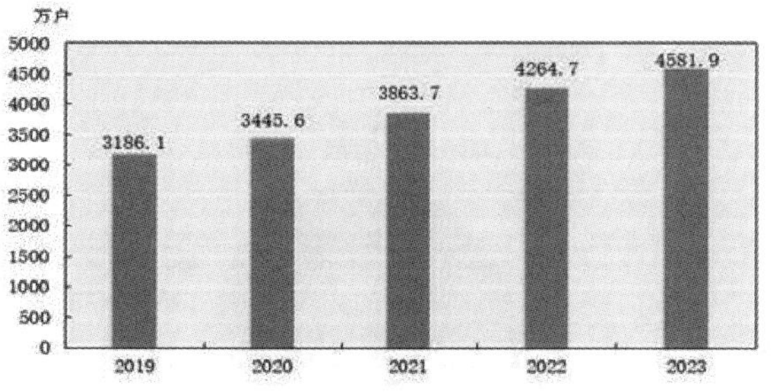

图5 2019-2023 年年末全省（固定）互联网宽带接入用户数

五、消费市场

全年社会消费品零售总额 36141.8 亿元，比上年增长 8.7%。其中，餐饮收入额 4345.5 亿元，增长 19.9%；商品零售额 31796.3 亿元，增长 7.4%。城镇消费品零售额 30362.0 亿元，增长 8.6%；乡村消费品零售额 5779.9 亿元，增长 9.5%。

限额以上单位商品零售额中，粮油、食品类零售额比上年增长 9.9%，饮料类增长 6.1%，烟酒类增长 19.9%，服装、鞋帽、针纺织品类增长 17.6%，金银珠宝类增长 11.3%，日用品类增长 10.1%，中西药品类增长 7.9%，通讯器材类增长 13.8%，石油及制品类增长 5.9%，汽车类增长 10.6%。

网上零售额 7728.5 亿元，比上年增长 11.0%。其中，实物商品网上零售额 6723.1 亿元，增长 8.6%；占社会消费品零售总额的比重为 18.6%，比上年提高 0.7 个百分点。

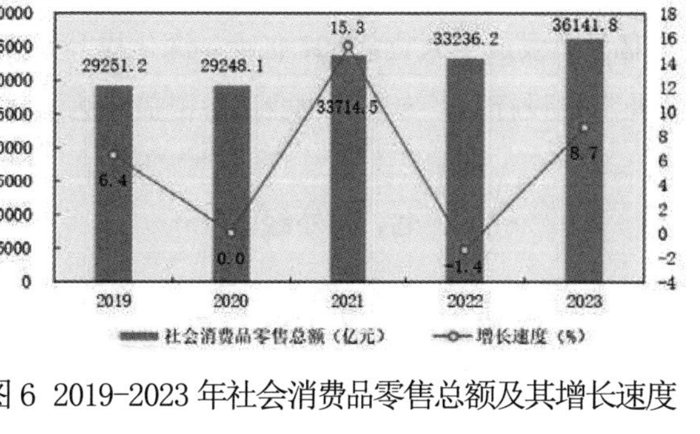

图 6 2019-2023 年社会消费品零售总额及其增长速度

六、固定资产投资

全年固定资产投资（不含农户）比上年增长 5.2%，三次产业投资构成为 1.6∶38.1∶60.3。重点投资领域中，制造业投资增长 11.5%，占全部投资的比重为 30.9%；基础设施投资增长 22.9%，占全部投资的比重为 23.4%；高新技术产业投资增长 22.8%，占全部投资的比重为 20.3%。

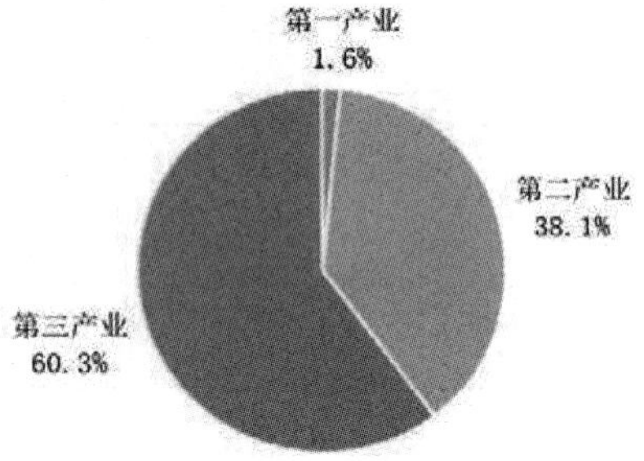

图7 2023年三次产业投资占固定资产投资（不含农户）比重

房地产开发投资 8168.9 亿元，比上年下降 10.2%，其中住宅投资 6562.3 亿元，下降 8.1%。商品房施工面积 71308.2 万平方米，下降 5.8%，其中住宅施工面积 52050.7 万平方米，下降 5.8%。商品房销售面积 11286.8 万平方米，下降 3.4%，其中住宅销售面积 9443.7 万平方米，下降 3.8%。商品房销售额 9541.5 亿元，下降 2.7%，其中住宅销售额 8174.2 亿元，下降 3.6%。

新改建城市道路 1130 公里，新增综合管廊 58 公里、海绵城市 216 平方公里。改造雨污合流管网 1793 公里，新增 67 个县（市、区）实现清零，城市建成区黑臭水体动态清零，污水处理厂提标改造率 49%。更新改造燃气老化管道 1040 公里。新建各类公园及街头游园 1013 个、城市绿道 572 公里。

开工改造老旧小区 72.51 万户。筹建保障性租赁住房 8.45 万套（间），发放租赁补贴 8.2 万户。棚户区改造开工 9.3 万套、基本建成 18.3 万套。缴存住房公积金 1990 亿元，发放个人贷款 897 亿元。深化提升“齐鲁红色物业”建设行动，专业化物业服务覆盖率达到 90%。

七、对外经济

全年货物进出口总值 3.26 万亿元。其中，出口 1.94 万亿元；进口 1.32 万亿元。出口商品中，机电产品出口 8938.3 亿元，占出口总值的比重为 46.0%。民营企业进出口 2.42 万亿元，占进出口总值的比重为 74.3%。

表 4 2023 年货物进出口总值

指　标	金额（亿元）
货物进出口总值	32642.6
货物出口值	19430.2
其中：一般贸易	14077.1
加工贸易	3737.5
其中：机电产品	8938.3
高新技术产品	1425.7
货物进口值	13212.4
其中：一般贸易	7196.7
加工贸易	1406.2
其中：机电产品	2521.8
高新技术产品	1826.5

表 5 2023 年对主要国家和地区货物进出口总值

国家和地区	进出口总值（亿元）	出口总值（亿元）	进口总值（亿元）
合　计	32642.6	19430.2	13212.4
东　盟	6498.6	2948.7	3549.9
美　国	3269.4	2519.9	749.5
欧　盟	2975.9	2351.1	624.7
韩　国	2621.8	1755.2	866.5
日　本	1874.0	1396.5	477.5

实际使用外资 175.3 亿美元，占全国实际使用外资的比重为 11.0%。全省重大招商活动签约重点外资项目 272 个，总投资 101.7 亿美元。到资过亿美元项目 26 个，比上年增加 4 个。制造业实际使用外资 66.5 亿美元，占全省实际使用外资的比重为 38.0%。高技术产业实际使用外资 59.6 亿美元，占全省实际使用外资的比重为 34.0%。截至 2023 年底，有 235 家世界 500 强企业在鲁投资 929 家企业。

实际对外投资 94.5 亿美元，规模居全国第 4 位，增长 16.5%。对外承包工程完成营业额 92.5 亿美元，增长 2.8%，规模居全国第 2 位。8 家企业上榜“全球最大 250 家国际承包商”。

对共建“一带一路”国家和地区进出口总值 1.84 万亿元，占全省进出口总值的比重为 56.3%，比上年提升 0.8 个百分点，规模和占比均为“一带一路”倡议提出以来的最高水平。实际对外投资 25.4 亿美元。对外承包工程完成营业额 87.7 亿美元。

八、财政金融

全年全省一般公共预算收入 7464.7 亿元，比上年增长 5.1%。其中，税收收入 5229.6 亿元，增长 9.1%，占一般公共预算收入的比重为 70.1%。一般公共预算支出 12582.7 亿元，比上年增长 3.7%。其中，民生支出占一般公共预算支出的比重 79.3%，卫生健康、教育、住房保障、就业社保等支出保持增长。

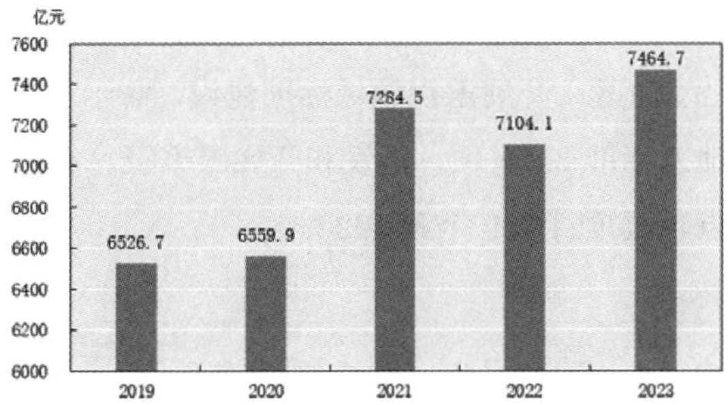

图 8 2019-2023 年全省一般公共预算收入

社会融资规模增量 23510.1 亿元。年末金融机构本外币存款余额 159927.0 亿元，比上年增长 9.5%，比年初增加 13805.4 亿元。年末金融机构本外币贷款余额 138667.3 亿元，增长 11.7%，比年初增加 14465.3 亿元。涉农贷款余额 41532.4 亿元，增长 13.4%，增加 5043.2 亿元。小微企业贷款余额 28897.6 亿元，增长 23.5%，增加 5548.2 亿元。其中，普惠小微贷款余额 17756.1 亿元，增长 27.0%，增加 3783.7 亿元。绿色贷款余额 17047.6 亿元，增长 45.7%，增加 5315.2 亿元。

表 6 2023 年年末全部金融机构本外币存贷款余额及其增长速度

指　标	年末余额（亿元）	比上年末增长（%）
各项存款	159927	9.5
其中：境内住户存款	97230	14.3
其中：人民币	96869	14.4
境内非金融企业存款	43454	3.4
各项贷款	138667	11.7
其中：境内住户贷款	46134	7.3
境内企(事)业单位贷款	91061	14.4

年末上市公司 422 家，其中新增 25 家。齐鲁股权交易中心、青岛蓝海股权交易中心挂牌企业分别为 6232 家和 2214 家。私募基金管理机构 777 家，管理基金规模 3809.8 亿元，比上年增加 288.8 亿元。

保险公司原保险保费收入 3100.1 亿元，比上年增长 6.6%。其中，财产险公司原保险保费收入 910.1 亿元，增长 5.7%；人身险公司原保险保费收入 2190.0 亿元，增长 7.0%。承担各类风险责任金额 640.7 万亿元，增长 83.1%。赔付支出 1110.9 亿元。农业保险保费收入 73.9 亿元，增长 14.1%，为 1487.8 万户（次）农户提供 1797.3 亿元风险保障。

九、居民收入消费和社会保障

全年全省居民人均可支配收入 39890 元，比上年增长 6.2%。其中，城镇居民人均可支配收入 51571 元，增长 5.1%；农村居民人均可支配收入 23776 元，增长 7.5%。全省居民人均消费支出 24293 元，增长 7.3%。其中，城镇居民人均消费支出 30251 元，增长 5.9%；农村居民人均消费支出 16075 元，增长 9.5%。全省居民人均住房建筑面积 43.7 平方米。

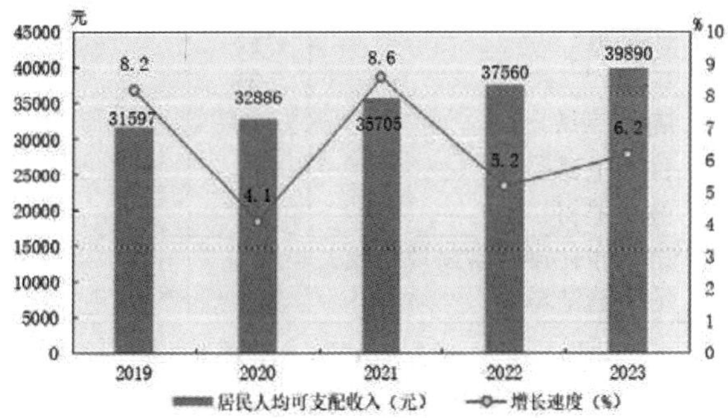

图 9 2019-2023 年全省居民人均可支配收入及其增长速度

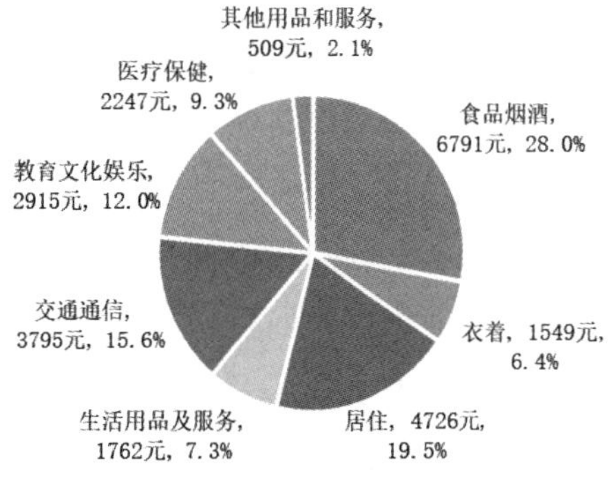

图 10 2023 年全省居民人均消费支出及其构成

表 7 2023 年全省居民人均收入、消费支出情况

指　标	绝对量（元）	比上年增长（%）
一、人均可支配收入	39890	6.2
工资性收入	22908	6.9
经营净收入	8374	4.9
财产净收入	2676	4.5
转移净收入	5932	6.1
二、人均消费支出	24293	7.3
食品烟酒	6791	8.3
衣着	1549	4.2
居住	4726	-1.8
生活用品及服务	1762	5.6
交通通信	3795	13.1
教育文化娱乐	2915	13.6
医疗保健	2247	11.6
其他用品和服务	509	8.2

表 8 2023 年末每百户居民家庭主要耐用消费品拥有量

指　标	单位	数　量
家用汽车	辆	63.5
摩托车	辆	14.4
电冰箱(柜)	台	103.3
洗衣机	台	99.8
热水器	台	96.1
空调	台	160.2
彩色电视机	台	101.2
照相机	台	7.5
计算机	台	50.2
乐器	架	7.2
固定电话	部	4.4
移动电话	部	228.1
健身器材	台	5.1
空气净化器（含新风系统）	台	7.6
地面清洁电器	台	14.3

年末职工基本养老、失业、工伤保险参保人数分别为 3423.9 万人、1615.8 万人、2045.6 万人。居民基本养老保险、基本医疗保险参保人数分别为 4566.3 万人和 9654.7 万人。居民基本养老保险基础养老金最低标准提高到每人每月 168 元，居民医保人均财政补助标准和个人缴费最低标准分别提高到 640 元、380 元。医保电子凭证激活人数 9434.7 万人。1 至 4 级工伤职工伤残津贴平均增长 4.7%。城市最低生活保障人数 9.0 万人，月人均保障标准提高至 944 元；农村最低生活保障人数 130.7 万人，月人均保障标准提高至 769 元。养老机构 2670 处，养老机构床位 45.1 万张，护理型床位 33.6 万张。建有社区老年人日间照料中心 7287 处、农村幸福院 13514 处。

十、科学技术和教育

全年发明专利授权 55318 件，比上年增长 13.6%；PCT 国际专利申请量 2336 件。年末有效发明专利拥有量 239558 件，比上年末增长 26.5%，每万人口有效发明专利量 23.56 件，比上年末增加 4.91 件。年末有效注册商标 264.3 万件，比上年末增长 9.9%。其中，驰名商标 806 件，地理标志商标 869 件。地理标志保护产品 83 个，中欧地理标志协定互认清单产品 17 个。45 个品牌入围 2023 年“中国 500 最具价值品牌”榜单。累计培育遴选“好品山东”品牌 328 个，山东省制造业高端品牌培育企业 1061 家、山东省服务业高端品牌培育企业 299 家。开展重点领域标准建设，累计发布现行有效地方标准 3465 项，建设和开展国家级、省级标准化试点示范项目 729 个和 1922 个。

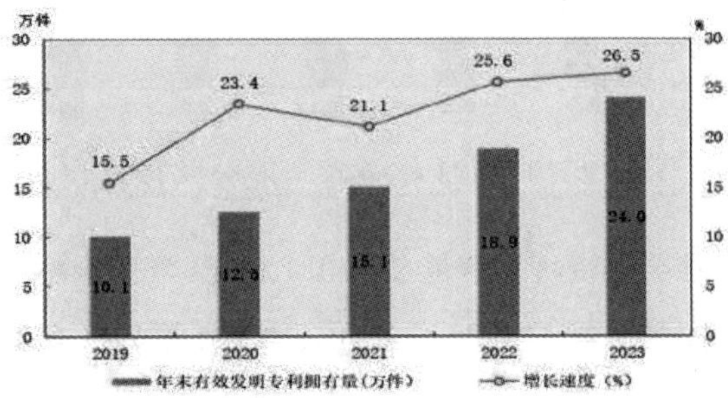

图 11 2019-2023 年末有效发明专利拥有量及增长速度

关键核心技术加速突破，组织实施重大科技攻关项目 110 项。新获批 10 家全国重点实验室，总数达到 21 家，建设领域类国家技术创新中心 3 家，居全国第 2 位；新布局 7 家省级高新区，省级以上高新区达到 27 家；省级技术创新中心达到 156 家，省级新型研发机构达到 442 家。享受国务院政府特殊津贴专家 3636 人、齐鲁首席技师 2102 人、高技能人才 402 万人、“山东惠才卡”持卡人 9359 人。

表 9　2023 年主要人才培养平台数量

指　标	数量（个）
博士后科研工作站	405
博士后创新实践基地	477
国家级高技能人才培训基地	46
国家技能大师工作室	54
国家级人力资源服务产业园	3
省级人力资源服务产业园	24
齐鲁技能大师特色工作站	160

企业创新主体地位不断提升。新建国家级孵化器10家，全省国家级孵化载体达到330家，居全国第3位；入库科技型中小企业4.57万家，居全国第3位。高新技术企业总数突破3.2万家。科技成果转化全面加速，省级技术转移服务机构达到72家，省级科技成果转化中试示范基地25家，技术经纪人超5600名。启动"山东好成果"遴选发布，征集入库成果603项，遴选6批共30项重大科技成果，发布2023年度山东省十大科技创新成果。

共有各级各类学校（不含技工院校）3.6万所，在校生2211.27万人，教职工168.65万人。技工院校215所，招生18.4万人，年末在校生44.8万人。新建改扩建中小学245所、幼儿园376所。启动实施一流学科建设"811"项目，确定10个优势学科和10个潜力学科建设名单。

表10 2023年各类学校基本情况

指　标	数量（个）	招生数（万人）	在校生数（万人）
研究生教育	35	6.0	17.6
普通高等教育（普通本专科）	156	90.9	267.3
中等职业教育（不含技工院校）	413	30.1	88.3
技工院校	215	18.4	44.8
普通中学	4109	199.3	598.9
普通小学	8654	180.2	812.1

十一、文化旅游、卫生健康和体育

第七次全国公共图书馆评估定级，我省国家一级图书馆数量由全国第3位上升为全国第1位。年末广播人口、电视人口综合覆盖率分别为99.69%和99.73%。城市、县城和乡镇影院715家，票房29.6亿元。公有制艺术表演团体92个，艺术表演场馆65个，备案博物馆796个，公共图书馆154个，群众艺术馆和文化馆155个，美术馆59个，文化站1820个。国家级、省级文化产业示范园区（基地）分别为17个和189个。国家级非遗代表性项目186项，省级非遗代表性项目1073项。全国重点文物保护单位226处，省级重点文物保护单位1968处。

接待国内游客8.2亿人次，实现国内旅游收入9713.6亿元，按可比口径，比上年分别增长63.5%和68.3%。国家A级旅游景区1229家。其中，5A级景区14家。当年全省新增4A级景区8家，智慧旅游样板景区23家，省级全域旅游示范区10家，生态旅游区20家，五星级酒店3家，四星级酒店14家。新评第二批旅游民宿集聚区19个，省级精品文旅名镇36个、乡村旅游重点村66个、景区化村庄183个。

年末医疗卫生机构8.8万所。其中，医院2861所，比上年末增加195所；基层医疗卫生机构8.4万所，增加0.2万所。人均基本公共卫生服务经费补助标准提高至89元。服务人口1万人以上的乡镇卫生院（社区卫生服务中心）全部达到国家优质服务基本标准，建成县域医疗服务次中心156家、中心村卫生室3879个。家庭医生服务全人群签约率和重点人群签约率分别达到61.5%、85.6%。医养结合示范省成效显著，两证齐全的医养结合机构增加到962家。

在杭州亚运会获得38枚金牌，比上届翻一番。在国际大赛获得16枚金牌，全国比赛获得56枚金牌。首届全国学生（青年）运动会获42枚金牌，居全国第2位。体教共建的济南历城二中女足夺得世界中学生足球锦标赛冠军。县乡全民健身工程覆盖率均提升至95%以上，新增4万平米以上体育公园35个，提前完成"十四五"规划任务。举办群众性赛事活动超过5万场，参与人数超过700万人。体育产业总规模突破4200亿元，体育彩票年度销售290亿元，创历史新高。创建83所国家高水平体育后备人才基地，数量居全国第1位。

十二、环境和应急管理

$PM_{2.5}$平均浓度连续三年达到"30+"水平，优于国家下达年度目标10%以上。地表水优良水体比例84.3%、超年度目标15.7个百分点，黄河流域、南四湖东平湖流域优良水体比例均达100%，五类及以下水体动态清零。近岸海域优良水质比例为95.6%，比上年提升10.2个百分点，首次进入全国沿海省市前3名。

启动重大气象灾害应急响应1171次，人工影响天气作业增加降水约7.28亿立方米，减少雹灾造成的经济损失约1.65亿元。妥善应对M2.3级以上地震23次。

各类生产安全事故起数和死亡人数比上年分别下降14.9%和10.1%。亿元GDP生产安全事故死亡率0.0086，十万人工矿商贸企业就业人员生产安全事故死亡率0.49，道路交通事故万车死亡率0.84（人/万车）。

注：

1．本公报中数据均为初步统计数，部分数据因四舍五入的原因，存在总计与分项合计不等的情况。

2．地区生产总值、三次产业及相关行业增加值按现价计算，增长速度按不变价格计算。

3．规模以上工业统计范围：年主营业务收入2000万元及以上的工业企业。

4．规模以上服务业统计范围包括：年营业收入2000万元及以上的交通运输、仓储和邮政业，信息传输、软件和信息技术服务业，水利、环境和公共设施管理业，卫生行业法人单位；年营业收入1000万元及以上的房地产业（不含房地产开发经营），租赁和商务服务业，科学研究和技术服务业，教育行业法人单位；以及年营业收入500万元及以上的居民服务、修理和其他服务业，文化、体育和娱乐业，社会工作行业法人单位。

5．电信业务总量按上年价格计算，邮政业务总量按2020年价格计算。

6．固定资产投资统计范围包括：辖区内计划总投资500万元及以上建设项目投资，全部房地产开发经营业法人单位开发项目投资，不包括农户投资。

7．社会消费品零售总额统计范围包括：从事商品零售活动或提供餐饮服务的法人企业、产业活动单位和个体户。其中，限额以上单位是指年主营业务收入2000万元及以上的批发业企业（单位）、500万元及以上的零售业企业（单位）、200万元及以上的住宿和餐饮业企业（单位）。

8．保险业数据不含青岛。

9．森林面积、森林覆盖率为2022年数据。

2023 年山东统计工作综述

2023 年是全面贯彻落实党的二十大精神的开局之年。全省统计系统深入学习贯彻党的二十大精神和习近平总书记关于统计工作重要讲话指示批示精神，扎实开展学习贯彻习近平新时代中国特色社会主义思想主题教育，锚定“走在前、开新局”，坚持“稳中求进”工作总基调，完整准确全面贯彻新发展理念，充分发挥统计职能作用，各项工作迈出新步伐、取得新成效。在省直机关考核中获得优秀等次，在国家统计局 30 项年度工作考核中有 23 项获得优良等次。省委书记林武批示指出，全省统计系统围绕中心、服务大局，认真履职尽责，各项工作取得明显成效。省长周乃翔批示指出，全省统计系统坚持依法统计依法治统，扎实推进重大普查调查，全面提升统计监测水平，企业入库纳统、经济运行分析、统计监督等工作取得积极成效。

一、强化政治引领，全面从严治党纵深推进

一是政治机关建设持续深化。坚持把学习贯彻习近平新时代中国特色社会主义思想和党的二十大精神作为首要政治任务，严格落实“第一议题”、党组理论中心组学习制度，制定对标对表政治台账，切实将学习成果转化为提升能力、提高质量、推进改革的具体举措。二是管党治党责任不断压实。建立党建责任清单，围绕“七个聚焦”深化模范机关创建，维护意识形态领域安全，坚持党管保密和国家安全，与派驻纪检组共同制定《关于推动构建统计系统不敢、不能、不想造假政治生态的意见》，研究制定贯彻执行中央八项规定精神的若干措施，从严治党不断向纵深推进。三是主题教育取得丰硕成果。各级统计机构扎实开展主题教育，一体推进理论学习、调查研究、推动发展、检视整改、建章立制。深入开展调查研究，省市县三级统计机构形成 600 余篇调研报告，一批高质量对策建议进入党委政府决策。认真检视整改，查摆的 15 个方面突出问题全部整改完成。四是干部队伍建设全面加强。省统计局突出实干实绩导向调整提拔干部 80 余人，各市统计局不断选优配强领导班子和干部队伍，干部队伍梯次结构、知识结构进一步优化提升，干事创业的精气神得到进一步激发。

二、精心组织推进，五经普工作有序开展

一是组织保障坚强有力。成立常务副省长任组长的普查领导小组，组建 42 个部门参加的领导小组办公室。13 个市、128 个县（市、区）成立党政主要负责同志“双组长”领导机构。省市县各级普查经费、设备、物资等保障及时到位，对 57 个财政困难县进行补助。各级经普办联合宣传部门广泛开展普查宣传动员，大力营造普查良好氛围。二是单位清查到边到底。全省 20.7 万名普查“两员”深入一线，开展“地毯式”入户清查，全面摸清了全省第二、第三产业法人单位和个体户情况，为正式普查登记奠定坚实基础。三是质量控制严抓细管。召开 5 次经普数据质量专题会议，制定数据质量管控指导文件 20 余件，数据审核模板 400 余项，利用部门数据多角度评估清查质量，对 16 市开展 4 轮全覆盖督导，严把源头数据质量关，真实反映发展情况。

三、深化专项治理，统计监督作用有效发挥

一是从严开展专项治理。将防治统计造假专项治理纳入省委主题教育专项整治内容，成立工作专班，严打快处统计违法问题。全省共核查企业（项目）17.3 万家（个），发现并改正问题 1 万余件，执法检查 8600 余家企业，处罚 500 余家，120 名责任人受到处理，有力打击了统计违法行为。中央主题教育指导组组长胡泽君调研期间，对山东专项治理工作给予高度肯定。二是全面推进统计督察。率先在全国开展省级统计督察，实现 16 市首轮全覆盖。向被督察地区反馈问题线索 210 余件，持续跟进监督、督促整改。首次对省直部门（省商务厅）开展统计督察，推动部门统计工作水平提升。国家统计局康义局长对山东工作予以肯定。三是有效发挥监督合力。联合省纪委监委、省委巡视办、山东调查总队等部门先后出台 3 项制度文件，建立健全统计监督与其他监督贯通协调制度体系。统计监督结果充分运用于考核评价、巡查检查、选人用人等方面，监督合力有效发挥。

四、狠抓源头管控，统计数据质量全面提升

一是抓实抓牢高质量纳统。建立纳统联动配合、

考核激励、精简流程三项工作机制，全面提升纳统工作质效。2023年新纳统单位数量和增速均创历史新高，林武书记、周乃翔省长先后批示肯定。二是完善数据质量管理体系。建立核算与各专业协同配合机制，优化完善各专业数据质量审核方案和评价办法，强化数据生产全流程管控。修订业务工作评价实施办法，对各市评价中数据质量比重提高至50%，进一步压实各地区数据质量主体责任。三是扎实开展数据质量核查。建立工业数据质量月通报制度，实施投资数据质量下沉式管理，加大贸易数据异常单位排查，组织开展劳动工资和研发数据督导核查，联合发改等6部门对全省千余家“两高”企业开展现场核查，夯实统计数据基础。

五、围绕中心大局，统计监测分析优质高效

一是紧盯经济运行抓监测。密切关注重点行业、重点领域、重点区域经济运行，打开数据、研判走势、反映发展、提出建议。“一对一”靠上指导16市分析研判，为经济恢复发展做出积极贡献。二是紧盯重大战略抓监测。紧跟绿色低碳高质量发展、黄河重大战略发展步伐，及时调整完善监测制度，统筹开展10余项重点监测，科学评价实施进程，监测报告均获得省领导批示。配合相关部门完成16市、县域经济、民营经济等高质量发展考核评价任务，充分发挥监测结果作用。三是紧盯重点工作抓监测。研究完善山东数字经济统计监测制度，牵头建立全省开发区信息统计体系，统筹开展“十强产业”“四新”经济等十余项派生产业监测核算，精准服务全省重点工作。四是紧盯民生民意抓监测。围绕就业、教育、养老、消费、医疗等民生重点领域，开展13项民意调查，协助相关部门开展群众安全感、营商环境等8项调查，有力推动社会民生事业健康发展。省统计局全年120余篇次分析报告获省领导批示，累计向“两办”报送经济信息850余篇，省级以上领导批示50余篇，得分在省“两办”居于前列。各市着力优化数据分析服务，形成一批具有参考价值的分析研究成果，参谋助手作用得到有效发挥。

六、坚持与时俱进，统计改革创新持续深化

一是深入推动统计战略合作。围绕贯彻党的二十大精神和“十四五”统计现代化改革规划，推动省政府与国家统计局达成战略合作意向，深化统计制度方法、国民经济核算、统计监督监测、统计体制机制、统计数字化转型等重点领域改革创新，开创部省战略合作新局面。二是扎实开展制度方法创新。高质量完成工业生产过程碳排放专项调查、国家先进制造业集群统计监测、固定资产投资当月统计、人口变动追踪调查等试点任务；积极参加全国黄河流域生态保护和高质量发展、生态保护补偿、乡村振兴等统计监测制度体系研究；探索新型农业经营主体统计制度和调查方法，指导各市建立民营经济统计监测体系，主动跟进服务重点工作。三是着力提升统计信息化水平。大力推进企业电子统计台账建设，最大限度保障源头数据质量，国家统计局在我省召开现场会推广山东做法。积极参与国家统计云建设，开展数据生产全流程地方测试，为优化统计云系统贡献山东智慧。

七、筑牢基层基础，系统建设水平不断提升

一是夯实各级统计领导责任。聚焦“关键少数”，先后举办两期市、县政府分管负责同志和统计局局长培训班，省领导出席开班动员，国家统计局多位领导现场授课，有力提升各级领导干部管好统计、干好统计、用好统计能力水平。二是深化统计人才培养。在全系统开展“大调研、大比武、大服务”活动，开展第三届基层统计人才培育工程，举办全省统计分析大赛、统计建模大赛，各级统计人员专业知识不断更新、能力素质不断提升。三是加强统计基层基础建设。建立《山东省统计基层基础建设情况统计调查制度》，推动各级规范机构人员配备，强化调查制度执行。制定《山东省部门统计工作规范化管理办法》，规范部门统计工作。严格部门统计调查项目审批，将部门统计工作情况纳入省级统计督察，部门统计工作水平明显提升。

成绩的取得，得益于省委省政府的坚强领导，得益于国家统计局的大力指导，得益于各级各部门的鼎力支持，得益于全系统上下的团结奋斗、攻坚克难。全省统计系统将坚持以习近平新时代中国特色社会主义思想为指导，深入贯彻党的二十大和二十届二中全会精神，认真落实省委经济工作会议和全国统计工作会议精神，以党的政治建设为统领，以提高统计数据质量为中心，以统计现代化改革为动力，以高标准完成第五次经济普查为重点，持续推进依法统计依法治统，不断夯实统计基层基础，充分发挥统计监督职能作用，全面服务经济高质量发展，为新时代社会主义现代化强省建设提供坚强统计保障。

2023 年山东省统计局大事记

1 月 5 日，省委常委、常务副省长曾赞荣对省统计局报送的《全年企业综合运营指数为 48.4% 市场主体对未来发展预期显著增强》作出批示。

1 月 11 日，省委常委、常务副省长曾赞荣，副省长凌文分别对省统计局报送的《关于我省大型企业和小微企业运营分化持续加剧的报告》作出批示。

1 月 11 日，省统计局办公室印发《山东省劳动工资统计数据调研三年行动计划（2023-2025 年）》（鲁统办字〔2023〕1 号）。

1 月 12 日至 20 日，省统计局到“双报到”社区和“双联共建”村开展春节走访慰问活动。

1 月 17 日，省统计局党组印发贯彻执行中央八项规定精神的若干措施，持续推进机关作风建设。

1 月 18 日，省统计局召开处级以上干部会议，省委组织部部务委员吴宪利受省委委派，宣读省委关于省统计局主要负责同志调整的决定，马金栋同志任山东省统计局党组书记、局长，辛树人同志不再担任山东省统计局党组书记、局长职务。

1 月 29 日，省委副书记、省长周乃翔，省委常委、常务副省长曾赞荣，副省长宋军继、周立伟分别对省工业和信息化厅、省统计局等 4 部门联合报送的《关于全省大气污染传输通道城市钢铁产能转移退出现场核查情况的报告》作出批示。

1 月 31 日，副省长周立伟对省统计局报送的《2022 年全省第六批数据情况》作出批示。

1 月 31 日，省统计局印发《关于开展固定资产投资当月统计国家试点工作的通知》（鲁统字〔2023〕9 号），在全省部署试点工作。

2 月 2 日，副省长宋军继对省统计局报送的《关于落实领导干部违规干预统计工作记录制度情况的报告》作出批示。

2 月 3 日，省委书记林武对全省统计工作作出批示。

2 月 4 日，省政府印发《山东省人民政府关于开展第五次全国经济普查的通知》（鲁政字〔2023〕17 号）。

2 月 4 日，副省长宋军继对省统计局报送的《关于 2022 年全省地区生产总值情况的分析报告》作出批示。

2 月 6 日至 10 日，省统计局 8 个调研组分赴 16 地市开展服务地方经济发展调研。

2 月 10 日，省统计局召开 2022 年度党支部书记抓基层党建工作述职会议、2022 年度述职述廉会议。局党组书记、局长马金栋主持会议并讲话。

2 月 13 日，省统计局党组召开 2022 年度民主生活会，省委第三十督导组组长梁建到会指导。

2 月 17 日，省统计局召开全省人口社科专业报表工作视频推进会，通报工作中的问题，安排部署任务。局党组成员、副局长李涛出席会议并讲话。

2 月 21 日，省委常委、常务副省长曾赞荣到省统计局调研统计工作和当前经济运行情况，列席指导省统计局党组会议，并对统计工作提出要求。

2 月 21 日，省统计局印发《山东省统计局关于贯彻落实〈山东省人民政府关于开展第五次全国经济普查的通知〉精神的通知》（鲁统字〔2023〕18 号）。

2 月 22 日，省统计局在济南召开全省统计工作会议，传达学习中央领导同志重要指示批示精神和省领导批示要求，贯彻落实全国统计工作会议、省委经济工作会议精神，总结 2022 年统计工作，通报表彰全省统计系统先进集体、先进个人，安排部署 2023 年重点任务。局党组书记、局长马金栋作了题为《勠力同心开新局　接续奋斗谱新篇》工作报告。

2 月 22 日至 23 日，省统计局在济南召开全省五经普专项试点总结暨筹备工作推进会议，总结交流工作，分析存在问题，安排部署下步重点任务。局党组书记、局长马金栋出席会议并讲话。

2 月 23 日，副省长周立伟对省统计局报送的《2022 年新旧动能转换监测情况分析》作出批示。

2 月 27 日，省委书记林武对省统计局报送的《我省制造业投资面临三方面压力需关注》作出批示。

2 月 27 日至 3 月 12 日，西藏日喀则市统计系统业务培训班在山东举办。省统计局党组书记、局长马金栋出席开班式并讲话。

3 月 1 日，副省长周立伟对省统计局报送的《关于全省工业高质量发展的几点思考》作出批示。

3 月 1 日，省委常委、常务副省长曾赞荣，副省长周立伟分别对省统计局报送的《我省规模以上专精特新工业企业 2022 年发展情况及有关建议》作出批示。

3 月 7 日，省统计局在济南举办全省农村统计工作暨县域统计培训班，传达全国农村统计工作会议精神，总结全省农村统计工作，安排部署重点任务，培训县域统计制度与联网直报平台操作方法。局党组成员、副局长陈汉臻出席开班式并讲话。

3 月 15 日，省统计局印发《全省统计系统“大调研、大比武、大服务”活动实施方案》(鲁统字〔2023〕26 号)。

3 月 16 日，国家统计局在青岛召开全国国民经济核算工作会议。国家统计局党组成员、副局长蔺涛出席会议并讲话。

3 月 16 日至 17 日，国家统计局党组成员、副局长蔺涛赴青岛调研经济运行、五经普筹备和投入产出电子台账等工作。省委副书记、青岛市委书记陆治原，省委常委、常务副省长曾赞荣，青岛市委副书记、市长赵豪志会见蔺涛一行。省统计局党组书记、局长马金栋，国家统计局山东调查总队党组书记、总队长卢山参加调研活动。

3 月 17 日，副省长周立伟对省统计局报送的《2023 年 1-2 月全省主要经济指标数据情况》作出批示。

3 月 17 日，省统计局党组印发《关于加强新时代离退休干部党的建设工作的若干具体措施》(鲁统党字〔2023〕12 号)。

3 月 20 日至 24 日，省统计局举办党的二十大精神处级干部专题学习班，深入学习宣传贯彻党的二十大精神。

3 月 21 日，省统计局召开 2023 年全面从严治党暨党风廉政建设工作会议。局党组书记、局长马金栋出席会议并讲话，省纪委监委驻省统计局纪检监察组组长李永进提出工作要求。

3 月 22 日至 24 日，国家统计局贸易外经司副司长俞炳彬一行 3 人到济南、青岛调研网上交易平台和商业综合体统计等工作。省统计局党组成员、副局长陆万明陪同调研。

3 月 24 日，省委常委、常务副省长曾赞荣对省统计局报送的《关于我省第三产业发展有关情况的汇报》作出批示。

3 月 30 日至 31 日，省统计局在济南召开全省第五次全国经济普查专家组研讨会议，局党组成员、副局长李涛主持会议并讲话。

3 月 31 日，副省长周立伟对省统计局报送的《1-2 月全省规模以上工业运行情况》作出批示。

3 月 31 日，省统计局机关召开第五届工会会员代表大会第一次全体会议，选举产生新一届工会委员会、经费审查委员会、妇女委员会委员。

4 月 3 日至 4 日，省统计局在济南召开全省投入产出调查布置暨核算工作会议，传达第五次全国经济普查投入产出调查布置培训班和全国核算工作会议精神，总结全省核算工作，安排部署重点任务。局党组成员、副局长陈汉臻出席会议并讲话。

4 月 6 日，副省长周立伟对省统计局报送的《我省民营工业企业发展情况及建议》作出批示。

4 月 6 日至 7 日，省统计局在济南举办全省综合统计暨新闻宣传培训班，传达全国综合统计暨新闻宣传工作会议精神，总结全省综合统计和新闻宣传工作，安排部署重点任务。局党组成员、副局长陆万明出席开班式并讲话。

4 月 7 日，省委常委、常务副省长曾赞荣，副省长周立伟分别对省统计局报送的《企业综合运营指数持续扩张 经济企稳复苏基础有待进一步筑牢》作出批示。

4 月 14 日，省统计局党组印发《中共山东省统计局党组印发〈关于开展习近平新时代中国特色社会主义思想主题教育实施方案〉的通知》(鲁统党字〔2023〕17 号)。

4 月 14 日，省统计局召开学习贯彻习近平新时代中国特色社会主义思想主题教育工作会议。局党组书记、局长马金栋出席会议并讲话，省委第十一巡回指导组组长郝宪印到会指导。

4 月 18 日，省统计局印发《山东省统计局关于组建山东省第五次全国经济普查领导小组办公室的通知》(鲁统字〔2023〕40 号)。

4 月 19 日，省委常委、常务副省长曾赞荣到国家统计局走访对接工作，国家统计局党组书记、局长康义主持双方座谈会，国家统计局党组成员、副局长毛有丰及办公室、执法监督局、综合司、工业司负责同志参加座谈，省政府副秘书长牟书岭、省统计局局长马金栋陪同走访。

4 月 19 日至 20 日，省统计局在济南召开一季度地区生产总值统一核算暨人口社科统计工作会议。局党组成员、副局长陈汉臻、李涛出席会议并讲话。

4 月 20 日至 21 日，省统计局举办学习贯彻习近平新时代中国特色社会主义思想主题教育第一专题读书班。局党组书记、局长马金栋作开班动员讲话，省委主题教育第十一巡回指导组派员到会指导。

4 月 23 日，省委常委、常务副省长曾赞荣对省统计局报送的《我省部分农村地区婚嫁负担较重 整治高价彩礼刻不容缓》作出批示。

4 月 23 日至 24 日，省统计局在济南召开全省第五次全国经济普查工作调度会议。

4 月 24 日，省政府新闻办召开发布会，介绍一季度全省经济社会发展情况。省统计局副局长、新闻发言人陆万明出席发布会并回答记者提问。

4 月 25 日，省统计局办公室印发《关于印发〈山东省统计数据安全管理办法〉等管理制度的通知》(鲁统办字〔2023〕16 号)。

4月26日，省委副书记、省长周乃翔，省委常委、常务副省长曾赞荣分别对省统计局报送的《一季度16市经济运行情况及建议》作出批示。

5月9日至10日，国家统计局党组书记、局长康义一行到山东调研专项治理行动、防治统计造假刚性制度建设和五经普工作开展情况。省委书记林武，省委副书记、省长周乃翔分别会见康义一行，省委常委、常务副省长曾赞荣陪同调研。

5月17日至18日，省统计局党组书记、局长马金栋到烟台调研第五次全国经济普查工作，烟台市委常委、常务副市长牟树青陪同调研。

5月17日至18日，省统计局举办学习贯彻习近平新时代中国特色社会主义思想主题教育第二专题读书班。

5月22日至23日，省统计局在济南举办全省第五次全国经济普查综合试点培训班。

5月22日至24日，国家统计局投资司司长翟善清一行到山东调研投资领域统计工作及投资领域统计方法制度改革情况。省统计局党组书记、局长马金栋，党组成员、副局长陈汉臻陪同调研。

5月28日至30日，省统计局在济南举办全省统计系统专题研讨培训班。省委常委、常务副省长曾赞荣出席开班式并讲话，国家统计局统计执法监督局局长刘玉琴、国民经济核算司司长赵同录、普查中心主任刘文华等分别为学员授课。各市、县（市、区）政府分管统计工作的负责同志，各市统计局主要负责同志参加培训。

5月29日，省统计局在济南召开全省经济形势分析座谈会，研究分析当前经济形势和下步经济走势。省统计局领导班子成员、各市统计局主要负责同志、部分县（市、区）政府分管统计工作负责同志参加座谈。

5月31日，副省长周立伟对省统计局报送的《一季度新旧动能转换监测情况分析》作出批示。

6月1日，省委常委、常务副省长曾赞荣对省统计局报送的《关于当前全省经济运行情况的分析》作出批示。

6月1日，省统计局印发《山东省部门统计工作规范化管理办法》（鲁统字〔2023〕75号）。

6月1日至2日，省统计局举办学习贯彻习近平新时代中国特色社会主义思想主题教育第三专题读书班。

6月5日，副省长周立伟对省统计局报送的《关于1-4月全省工业利润下降情况的调研报告》作出批示。

6月6日至8日，省统计局在济南举办全省社情民意调查工作培训班，传达全国信息民调统计工作会议精神，开展社情民意调查业务培训。局党组成员、副局长，一级总监周尊考出席开班式并讲话。

6月14日至16日，国家统计局能源司司长胡汉舟一行到山东调研煤电行业节能降耗与煤炭消费统计情况。局党组书记、局长马金栋，党组成员、副局长、一级总监周尊考参加调研活动。

6月15日，副省长宋军继、周立伟分别对省统计局报送的《1-5月全省经济运行情况》作出批示。

6月15日，省委主题教育第十一巡回指导组组长郝宪印一行到省统计局调研指导主题教育工作。

6月18日至19日，国家统计局财务司司长刘恒一行到山东调研第五次全国经济普查经费落实情况。

6月20日至21日，省统计局举办学习贯彻习近平新时代中国特色社会主义思想主题教育第四专题读书班。

6月21日，省统计局党组书记、局长马金栋以“更加有效发挥统计职能作用，为谱写中国式现代化‘山东实践’新篇章提供坚强服务保障”为题，为全局党员干部作专题党课辅导，省委主题教育第十一巡回指导组到会指导。

6月23日，副省长宋军继对省统计局报送的《全省农业经济运行情况的报告》作出批示。

7月6日，省委书记林武，省委副书记、省长周乃翔，省委常委、常务副省长曾赞荣分别对省统计局与省发展改革委联合报送的《关于全省“两高”行业核查工作情况的汇报》作出批示。

7月13日，省统计局办公室印发《山东省统计局各专业统计数据质量评价办法（试行）》（鲁统办字〔2023〕22号）。

7月17日，副省长宋军继对省统计局报送的《关于第五次全国经济普查电视电话会议主要精神及我省下步工作打算的报告》作出批示。

7月20日，省统计局组织党员干部赴淄博开展党风廉政警示教育活动。局党组成员，派驻纪检组长、一级巡视员、一级高级监察官李永进带队参加活动。

7月24日，全省第五次全国经济普查领导小组召开第一次全体会议。省委常委、常务副省长、省第五次全国经济普查领导小组组长曾赞荣出席会议并讲话。

7月24日，省政府召开全省第五次全国经济普查电视电话会议。省委常委、常务副省长、省第五次全国经济普查领导小组组长曾赞荣出席会议并讲话。省统计局局长、领导小组副组长马金栋汇报了普查工作进展情况。

7月26日，省委常委、常务副省长曾赞荣，副省长宋军继分别对省统计局报送的《关于上半年全省服务业运行情况的分析报告》作出批示。

7月28日至30日，省统计局在济南举办全省统计系统党组理论学习中心组（扩大）读书会暨市县统计局局长培训班。国家统计局统计执法监督局、国民经济核算司、人口和就业统计司有关负责同志应邀授课。局党组书记、局长马金栋出席开班仪式并讲话。

7月29日，省统计局召开主题教育调研成果交流暨典型案例剖析会议。局党组书记、局长马金栋主持会议并讲话，省委主题教育第十一巡回指导组到会指导，各市统计局主要负责同志参加会议。

7月29日，省统计局在济南召开全省统计工作座谈会，总结上半年统计工作情况，部署推进下半年重点工作任务。局党组书记、局长马金栋主持会议并讲话，各市统计局主要负责同志参加座谈。

8月15日，省委宣传部、省第五次全国经济普查领导小组办公室在济南联合召开全省五经普宣传工作会议。省五经普领导小组副组长、省文明办副主任张同海，省五经普领导小组办公室副主任、省统计局副局长陈汉臻出席会议并讲话。各市市委宣传部、经普办和省主要媒体有关负责同志参加会议。

8月15日，省统计局党组印发《中共山东省统计局党组工作规则》（鲁统党字〔2023〕30号）。

8月16日，副省长范波对省统计局报送的《1-7月全省经济运行情况》作出批示。

8月17日，省统计局党组印发《中共山东省统计局党组“第一议题”制度》（鲁统党字〔2023〕31号）。

8月23日，省统计局党组召开学习贯彻习近平新时代中国特色社会主义思想主题教育专题民主生活会。局党组书记、局长马金栋主持会议，省委主题教育第十一巡回指导组到会指导。

8月24日，省委常委、常务副省长曾赞荣，副省长宋军继分别对省统计局报送的《关于我省工业能效水平的分析报告》作出批示。

8月24日，省统计局在日照市举办全省工业统计业务培训班。国家统计局工业司有关人员来鲁授课指导。

8月24日，副省长陈平对省统计局报送的《上半年新旧动能转换监测情况分析》作出批示。

8月29日，省委常委、常务副省长曾赞荣对省统计局报送的《关于鲁苏浙粤高质量发展对比研究分析》作出批示。

8月29日至31日，国家统计局党组成员、副局长盛来运到山东调研经济运行情况，省委常委、常务副省长曾赞荣会见盛来运一行。

9月5日至6日，省五经普领导小组副组长，省统计局党组书记、局长马金栋带队到临沂市调研第五次全国经济普查和省统计局双联共建联系点工作情况，临沂市委书记任刚参加调研。

9月7日，省经普办召开五经普调研工作专题会议，听取各调研组工作情况汇报。省五经普领导小组副组长，省统计局党组书记、局长马金栋出席会议并讲话。

9月13日，省五经普领导小组副组长，省统计局党组书记、局长马金栋带队到济南调研五经普工作开展情况。济南市委常委、副市长王宏志参加调研座谈。

9月20日，省统计局在济南举办全省投资领域统计业务培训班。国家统计局投资司有关人员来鲁授课指导。

9月20日至21日，省统计局在济南举办基本单位年定报统计业务培训班。局党组成员、副局长李涛出席并讲话。

9月21日，省统计局党组与驻局纪检组联合召开党风廉政建设和全面从严治党专题工作会议，局领导班子成员，二级巡视员（总监）、总师，驻局纪检监察组全体人员，省统计局有关处室主要负责同志参加会议。

9月21日，省统计局举办2023年第3期“山东统计大讲堂”，邀请东营市广饶县、济宁市汶上县、聊城市阳谷县统计局局长介绍典型经验做法。

9月22日，省统计局、国家统计局山东调查总队在青岛举办第十四届“中国统计开放日”系列活动。活动以“经济大普查　数说新时代”为主题。省统计局党组书记、局长马金栋，国家统计局山东调查总队党组书记、总队长卢山，青岛市委副书记张惠出席现场活动并致辞。

10月7日，省政府在济南召开第二次全体会议，安排部署第五次全国经济普查等重点工作任务。省委副书记、省长周乃翔出席会议并讲话。

10月7日，省统计局办公室印发《山东省统计局专业技术类公务员任职资格评定专业条件标准》（鲁统办字〔2023〕30号）。

10月11日，省统计局在济南举办全省网站信息工作视频培训班。国家统计局资料管理中心有关人员来鲁授课指导。

10月18日，省统计局在济南召开全省统计法治暨五经普单位清查质量工作会议。总结统计法治工作和五经普单位清查工作，分析新形势新任务，部署重点工作。省统计局党组书记、局长、省五经普领导小组副组长马金栋出席会议并讲话。各市统计局局长、分管经济普查工作的副局长、执法监督机构负责人、经普办业务组组长参加会议。

10月19日，国家统计局党组成员、副局长毛盛勇到济南调研企业发展情况。省委常委、常务副省长曾赞荣会见调研组一行。省统计局党组书记、局长马金栋，国家统计局山东调查总队党组书记、总队长卢山陪同调研。

10月19日，副省长宋军继对省统计局报送的《关于报送〈2022年我省社会评价结果〉的报告》作出批示。

10月22日至26日，国家统计局信息民调中心主任彭永涛到山东开展“以高效能统计监督服务高质量发展”调研实践活动。省统计局党组书记、局长马金栋，国家统计局山东调查总队党组书记、总队长卢山陪同参加有关座谈会。

10 月 23 日，省政府新闻办召开发布会，介绍前三季度全省经济社会运行情况，省统计局党组成员、副局长陈汉臻出席发布会并回答记者提问。

10 月 26 日，省统计局在济南举办全省贸易统计工作培训班。国家统计局贸经司有关人员来鲁授课指导。

10 月 26 日至 27 日，省统计局在济南举办全省统计系统提升行政效能培训班。国家统计局办公室、省政府办公厅有关领导应邀授课指导。

10 月 27 日，副省长陈平对省统计局报送的《关于全省乡村振兴齐鲁样板监测情况的汇报》作出批示。

10 月 30 日，省统计局、省委省直机关工委、团省委、省人力资源社会保障厅联合举办的第二届山东省统计系统职业技能竞赛在济南落幕。日照市获得统计建模大赛一等奖，青岛市获得统计分析大赛团体一等奖。

11 月 1 日，省委常委、常务副省长曾赞荣对省统计局报送的《关于前三季度全省民营经济运行情况的分析》作出批示。

11 月 3 日，省纪委常委、监委委员窦虎一行到省社情民意调查中心调研。局党组成员、驻局纪检监察组组长李永进，党组成员、副局长陈汉臻陪同调研。

11 月 4 日，省委常委、常务副省长曾赞荣对省统计局报送的《扶持政策持续发力　民间投资稳定增长——前三季度山东民间投资情况分析》作出批示。

11 月 14 日至 15 日，省统计局举办全省统计执法监督能力提升视频培训班，对统计督察执法检查实务及工业、贸易、投资专业知识进行培训，齐鲁律师事务所、浪潮集团应邀对民法典、行政法律、企业研发和财务相关知识进行讲解。全省市、县（市、区）统计局 500 余人参加培训。

11 月 15 日，省委常委、常务副省长曾赞荣，副省长范波分别对省统计局报送的《1-10 月全省经济运行情况》作出批示。

11 月 15 日，省统计局办公室印发《关于加强新入职人员跟踪培养的实施意见》(鲁统办字〔2023〕32 号)。

11 月 18 日，副省长周立伟对省统计局报送的《我省智能家电产业集群化发展情况及有关建议》作出批示。

11 月 21 日至 22 日，省统计局在烟台召开全省综合统计工作会议。会议邀请有关专家就国内外宏观经济形势和新闻宣传进行授课，与省直有关部门、中央驻鲁有关单位座谈交流经济形势。省统计局党组成员、副局长傅相国出席会议并讲话。

11 月 22 日至 25 日，省统计局在聊城市孔繁森精神教学基地举办党务干部培训班。省委省直机关工委、省委党校有关领导和专家应邀授课。

11 月 25 日，省统计局开展“慈心一日捐”活动，共募集善款 8 万余元，全部汇缴山东省慈善总会。

11 月 27 日，省统计局 2023 年第 1 统计督察组进驻泰安市开展统计督察。

11 月 29 日，省统计局 2023 年第 2 统计督察组进驻东营市开展统计督察。

11 月 29 日，省经普办在济宁举办全省五经普数据处理系统培训班，对五经普数据处理工作流程、人员管理系统、数据采集处理系统、自主填报小程序、网络和数据安全等进行培训。市、县（市、区）经普办 230 余名工作人员参加培训。

11 月 30 日，省统计局 2023 年第 3 统计督察组进驻淄博市开展统计督察。

12 月 4 日，省统计局 2023 年第 4 统计督察组进驻聊城市开展统计督察。

12 月 4 日至 5 日，省经普办在济宁举办全省五经普投入产出调查数据处理软件培训班。对五经普投入产出调查数据处理工作流程、人员管理系统、数据采集处理系统等进行培训。省统计局党组成员、副局长陈汉臻出席培训班并讲话。

12 月 8 日，省统计局在《中华人民共和国统计法》颁布 40 周年之际，举办“大力弘扬法治精神，依法开展经济普查”主题书画展。

12 月 11 日，省委常委、常务副省长曾赞荣对省统计局报送的《基于千家企业综合运营指数的中小企业成长路径分析研究》作出批示。

12 月 11 日，省统计局 2023 年第 5 统计督察组进驻烟台市开展统计督察。

12 月 12 日，省统计局在济南召开全省贸易与服务业统计工作会议。局党组成员、副局长程连德、傅相国出席会议并讲话。

12 月 12 日，省统计局党组印发《关于进一步深化模范机关建设的实施方案》(鲁统党字〔2023〕44 号)。

12 月 13 日，省委常委、常务副省长曾赞荣对省统计局报送的《我省金融支持实体经济高质量发展研究》作出批示。

12 月 13 日，省统计局 2023 年第 6 统计督察组进驻济南市开展统计督察。

12 月 13 日至 14 日，省统计局在济南召开全省工业和能源统计工作会议。局党组成员、副局长傅相国出席会议并讲话。

12 月 15 日，省委书记林武，省委常委、常务副省长曾赞荣分别对省统计局报送的《全省民营加油站升规纳统工作取得显著成效》作出批示。

12 月 18 日，省委书记林武，省委常委、常务副省长曾赞荣分别对省统计局报送的《关于我省第五次全国经济普查工作开展情况的报告》作出批示。

12 月 18 日，省委书记林武对省统计局报送的《关于我省社零额统计有关情况的说明》作出批示。

12 月 25 日，省统计局 2023 年第 7 统计督察组进驻省商务厅开展统计督察。

12 月 27 日，省统计局、国家统计局山东调查总队联合印发《山东省统计行政处罚裁量基准》（鲁统字〔2023〕151 号）。